넓고 깊고 종합적으로 보는

임금과 복지

이 도서의 국립중앙도서관 출판예정도서목록(CIP)은 서지정보유통지원시스템 홈페이지(http://seoji.nl.go.kr)와
국가자료공동목록시스템(http://www.nl.go.kr/kolisnet)에서 이용하실 수 있습니다. CIP제어번호: CIP2017022720

넓고 깊고 종합적으로 보는

임금과 복지

(넓깊종 임금과 복지)

김부창 지음

한울
아카데미

차례

책을 펴내며

임금과 복지의 세계는 넓고 깊으며, 서로 연관되어 종합적인 특징을 띠고 있다. 그럼에도 임금과 복지를 좁고 얕게, 서로 관련이 없는 것처럼 단편적으로 인식하고 다루는 사람들도 있다. 그런 태도를 보이는 원인 중 하나는 눈앞의 일을 손쉽게 처리하기 위해 그런 태도가 더 유리하다고 생각하기 때문일 것이다. 그러나 좀 더 근본적으로는 임금과 복지에 대한 넓고 깊고 종합적인 지식과 정보를 손쉽게 얻지 못해 어쩔 수 없이 좁고 얕고 단편적인 지식과 정보에 의존하게 되는 것 아닌가 싶다. 임금과 복지를 다뤄오면서 좁고 얕고 단편적인 지식과 정보에 오랫동안 의존해온 필자가 이 책을 쓰게 된 것은 조금 더 넓고 깊고 종합적인 지식과 정보를 근거로 조금 더 나은 수준에서 일을 하고 싶어서였다. 이 책의 제목을 『넓고 깊고 종합적으로 보는 임금과 복지』, 줄여서 '넓깊종 임금과 복지'라고 정한 것도 그런 이유다.

이 책에서 특별히 남다른 노력을 기울인 점은 두 가지라고 할 수 있다. 먼저, 보상제도 전체를 일관된 틀 안에서 파악할 수 있는 모형을 마련하기 위해 노력했다. 그 결과, 다음과 같이 전체적인 보상 시스템을 7개 부분으로 이루어진 모형으로 구체화했다(자세한 설명은 제I부의 '보상전략, 보상, 보상운영의 구분' 참조).

7개 부분의 연관 관계를 더욱 쉽게 제시하기 위해 보상 시스템의 피자 모형도 만들었다. 피자 모형을 떠올릴 수만 있으면 보상제도라는 숲의 전체 모습을 누구나 쉽게 입체적으로 구분하고 다룰 수 있을 것으로 기대한다(자세한 설명은 제I부의 '보상전략, 보상, 보상운영의 구분' 참조).

| 그림 1 | **보상 시스템 모형: 7-block 모형**

<table>
<tr><td rowspan="2">⑥ 보상전략
(total rewards strategy)</td><td>① 고정임금
(fixed pay)</td><td>② 변동임금
(variable pay)</td><td rowspan="2">⑤ 일터환경
(work environment)</td><td rowspan="2">⑦ 보상운영
(total rewards administration)</td></tr>
<tr><td>③ 법정복지
(mandated benefits)</td><td>④ 자율복지
(voluntary benefits)</td></tr>
</table>

| 그림 2 | **보상 시스템 모형: 피자 모형**

다음으로 하나하나의 보상제도마다 최대한 입체적인 모습으로 밝혀내려고 노력했다. 이를 위해 한국, 미국, 일본을 기본적인 범위로 삼아, 제도마다 특징, 통계, 법률, 장단점, 도입 조건, 사례, 설계 쟁점 등 아홉 가지 측면을 검토해 제시했다.

1) 정의와 특징

각 제도의 정의와 개념, 목적, 일반적인 호칭, 핵심적인 특징이나 현황 등을 제시했다.

2) 변화 추세와 통계

기본적으로 한국, 미국, 일본에서의 변화 추세와 통계는 빠짐없이 제시했다. 추가로 북유럽에서는 스웨덴, 유럽 대륙에서는 독일, 동유럽에서는 체코, 남부 유럽에서는 이탈리아를 대표 국가로 선정해 각 국가의 변화 추세와 통계도 가능하면 제시했다. OECD(Organization for Economic Cooperation and Development)나 ILO(International Labour Organization)의 전반적인 변화 추세와 통계도 있으면 추가했다. 좁은 시야에 갇히지 않고 국제사회와 비교한 한국의 현황을 객관적으로 파악해야 우리 사회가 더 나은 상태로 나아갈 수 있을 것이라는 생각 때문이었다.

3) 관련 법률

제도와 관련이 있는 '노동법'의 내용, 판례, 해석을 제시했다. 기본적인 최소한도의 제약 조건이라고 할 수 있는 법률관계를 파악하는 일은 꼭 필요하다.

4) 장점

제도에 대해 기업 측과 직원 측에서 장점으로 여길 수 있는 특성을 제시했으며, 중요한 이해관계를 양측의 시각으로 모두 살펴보았다.

5) 단점

각 제도에 대해 기업 측과 직원 측이 단점으로 여길 수 있는 특성을 제시했다. 마찬가지로 중요한 이해관계를 양측의 시각으로 모두 살펴보았다.

6) 도입 조건

제도를 도입하기에 특별히 적합하거나 부적합한 환경이나 조건이 있으면 제시했다. 제도에 대해 더 전략적인 태도로 검토할 수 있도록 했다.

7) 도입 사례

한국, 미국, 일본에서 제도를 도입한 대표적인 기업의 이름과 처음 도입한 해 또는 적어도 도입하고 있던 해를 제시했다. 또한 최소한 한 가지의 실제 사례는 간단하게라도 제시해

각 제도의 구체적인 모습을 살펴볼 수 있게 했다. 제도마다 대표적인 사례 기업들의 실명을 최대한 제시하고 적어도 하나의 구체적인 사례를 제시하면, 누구라도 제도의 구체적인 모습을 좀 더 쉽게 이해하거나 추가로 찾아볼 수 있을 것이라고 생각했다.

8) 규정과 서식

제도를 도입하고 운영하는 데 필요한 규정이나 서식을 제시했으며, 설계하거나 운영하는 실무자들을 고려했다.

9) 제도 설계

제도를 설계할 때 핵심적인 과제나 쟁점, 절차 등을 제시했다. 또한 제도의 얼개에서 결국 핵심이 되는 요소가 무엇인지를 좀 더 구체적으로 알 수 있도록 고려했다.

다시 말해 보상제도 전체와 개별적인 보상제도 모두를 최대한 입체적으로 제시하기 위해 최선의 노력을 기울였다. 독자들이 이 책만으로도 보상제도의 숲과 나무 모두를 조금이나마 수월하게 파악할 수 있기를 기대한다.

이 책은 어디까지나 실무를 위한 책이다. 그렇지만 필자가 접할 수 있는 자료는 최대한 찾아내 제시하고 출처를 밝혀, 독자들이 또 다른 학습과 검토를 이어갈 수 있도록 했다. 근거를 제시하지 않고 제한된 경험이나 주장을 펼치면서 일반화하는 태도는 삼갔다. 이 책을 쓸 수 있도록 소중한 지식과 정보를 앞장서서 만들어주신 고용노동부, 한국노동연구원을 비롯한 관련 기관과 전문가, 실무자들에게 존경을 표하고 감사드린다. 전문적인 연구자가 아닌 필자가 어설픈 틀을 만들고 많은 분들이 생산한 소중한 지식과 정보를 두서없이 모아 원래의 취지에 맞지 않게 배치했더라도 너그럽게 이해해주시기를 부탁드린다. 필자가 제시하는 틀은 이론에 엄격히 기반을 두기보다 실무를 수월히 수행하도록 돕는 가설로 받아들여 주시기를 부탁드린다. 사례로 인용된 기업의 관계자들께서도 너그럽게 이해해주시기를 청한다. 선도적으로 제도를 도입하고 운영해 개척자 역할을 수행함으로써 뒤따르는 기업과 관계자들에게 소중한 배움의 기회를 주신 데 감사드린다.

이 책의 모든 내용은 온라인 콘텐츠 서비스 업체 '임금왕(http://pbrking.com)'에서 일부는 무료로, 일부는 유료로 이용할 수 있다. 이 책에 미처 싣지 못한 더 많은 통계, 사례, 규정, 서식도 이용할 수 있다.

보상제도에 대해 고민해야 하고 보상제도 때문에 시간과 노력을 기울여야 하는 이들이 이 책을 통해 시간과 노력을 단축하면서도 이전보다는 조금 더 낫고 조금 더 품격이 있는 결과를 얻게 된다면 더는 바랄 것이 없겠다.

끝으로 이 책을 완성할 수 있게 격려하고 지원해준 '임금왕'의 김종호 대표, 가끔씩 냉정한 채찍을 휘둘러준 아내 김영명, 이 책의 출판을 기꺼이 결정하고 훌륭한 책으로 만들어주신 한울엠플러스(주) 관계자분들께 깊이 감사드린다.

2017년 9월

김부창

주요 약어

1. 법령

건보법/령/칙	국민건강보험법/시행령/시행규칙
고보법/령/칙	고용보험법/시행령/시행규칙
고평법/령/칙	남녀고용평등과 일·가정 양립 지원에 관한 법률/시행령/시행규칙
근기법/령/칙	근로기준법/시행령/시행규칙
근참법/령	근로자참여 및 협력증진에 관한 법률/시행령
근퇴법/령/칙	근로자퇴직급여 보장법/시행령/시행규칙
기단법/령/칙	기간제 및 단시간근로자 보호등에 관한 법률/시행령/시행규칙
노위법/령	노동위원회법/시행령
노조법/령/칙	노동조합 및 노동관계조정법/시행령/시행규칙
산안법/령/칙	산업안전보건법/시행령/시행규칙
연금법/령/칙	국민연금법/시행령/시행규칙
연령법/령	고용상 연령차별금지 및 고령자고용촉진에 관한 법률/시행령
외고법/령/칙	외국인근로자의 고용 등에 관한 법률/시행령/시행규칙
임채법/령	임금채권보장법/시행령
장고법/령/칙	장애인고용촉진 및 직업재활법/시행령/시행규칙
장차법/령	장애인차별금지 및 권리구제 등에 관한 법률/시행령
직능법/령	근로자직업능력 개발법/시행령
채용절차법	채용절차의 공정화에 관한 법률
최임법/령/칙	최저임금법/시행령/시행규칙

2. 법령의 조문 표시

§1	제1조
§1의1	제1조의1조
①	제1항
1	제1호
§1①1	제1조 제1항 제1호
§1.1	제1조 제1호

3. 기타

노동부	고용노동부

제I부

임금, 복지, 일터환경

임금, 복지, 일터환경의 구분

1) 정의와 특징

임금과 복지의 세계는 다양하고 복잡하고 난해하다. 따라서 이 세계를 조금이라도 쉽게 이해하기 위해서는 반드시 '지도'를 준비해야 한다. '임금, 복지, 일터환경의 구분'과 '보상전략, 보상, 보상운영의 구분'에서 임금과 복지의 세계를 여행하기 위해 필자가 마련한 '지도'에 대해 다룬다.

첫째, 이 책에서는 기업이 직원에게 줄 수 있는 모든 대가나 혜택, 거꾸로 말하면 직원이 기업에서 얻을 수 있는 모든 대가나 혜택을 보상(total rewards)이라고 정의할 것이다. 직원이 기업에서 얻은 것 중에 개인별 금액으로 표시할 수 있는 것(compensation)은 당연히 모두 보상에 포함된다. 그러나 기업에서 얻을 수 있는 중요한 대가나 혜택 중에는 개인별 금액으로 표시하기 어려운 것들도 많다. 길지 않은 근로시간, 고용안전, 안전하고 쾌적한 작업장 환경, 차별 없는 공정한 대우, 풍부한 교육훈련이나 육성제도, 모든 이해관계자를 존중하는 기업문화 등은 돈으로 표시하기 곤란한데, 이런 것들은 무시해도 좋다고 말할 사람은 많지 않을 것이다. 이처럼 보상에는 환경 요소까지 포함시켜야 한다. 둘째, 보상(total rewards)은 크게 임금, 복지, 일터환경 세 가지로 구분할 것이다. 셋째, 임금(pay)은 고정임금(fixed pay)과 변동임금(variable pay)으로 구분할 것이다. 넷째, 복지(benefits)는 법정복지(mandated benefits)와 자율복지(voluntary benefits)로 구분할 것이다.

다시 말해 보상은 임금, 복지, 일터환경 등 세 가지로 구분하고, 세부적으로는 고정임금, 변동임금, 법정복지, 자율복지, 일터환경 다섯 가지로 구분할 것이다. 임금, 복지, 일터환경, 고정임금, 변동임금, 법정복지, 자율복지 등 각각의 특성에 대해 표로 제시했다. 〈그림 I-1〉

| 그림 I-1 | **보상의 구분 1**

<table>
<tr><td>I. 임금</td><td rowspan="2">III. 일터환경</td></tr>
<tr><td>II. 복지</td></tr>
</table>

| 표 I-1 | **보상의 구분 2**

<table>
<tr><td rowspan="2">I. 임금
·받은 혜택을 금액으로 표시할 수 있음.
·노동의 양이나 성과를 요건으로 지급함.
·보상의 용도나 소비 목적을 직원이 자유롭게 결정함.</td><td>①
고정임금
미리 확정한 금액을, 정기적으로, 일한 기간에 비례하여 지급해야 하는 임금</td><td rowspan="4">⑤
III. 일터환경
·받은 혜택을 금액으로 표시하기 곤란함.
·보상의 용도나 소비 목적을 기업이 사전에 정함.</td><td rowspan="4">임금이나 복지에 못지않게 가치가 있으나 개인별 금액을 표시하기 곤란한 보상제도</td></tr>
<tr><td>②
변동임금
지급하는 시점이 되어야 지급 여부나 지급액을 확정할 수 있는 임금</td></tr>
<tr><td rowspan="2">II. 복지
·받은 혜택을 금액으로 표시할 수 있음.
·노동 외에 일정한 다른 요건을 충족할 때 지급함.
·보상의 용도나 소비 목적을 기업이 사전에 정함.</td><td>③
법정복지
기업이 의무적으로 도입해야 하는 복지제도</td></tr>
<tr><td>④
자율복지
기업이 자율적으로 도입할 수 있는 복지제도</td></tr>
</table>

과 〈표 I-1〉는 필자가 마련한 가장 기본적인 '지도'에 해당한다. 보상을 임금, 복지, 일터환경으로 가르는 기준은 개인별 금액으로 표시할 수 있는지와 보상의 용도나 소비 목적을 직원이 자유롭게 결정할 수 있는지, 이 두 가지다.

2) 변화 추세와 통계

미국, 일본, 한국에서는 민간에서는 물론이고 정부에서도 보상을 구분하는 방법이 서로 다르기 때문에 보상제도나 노동비용에 대한 통계를 서로 비교하는 것도 쉽지 않다.

3) 관련 법률

임금, 복지, 일터환경의 구분 기준에 대해서는 어느 기업에서나 자율적으로 도입할 수 있다. '노동법'에서는 임금에 대해 정의하고 있으나 고정임금, 변동임금, 복지, 법정복지, 자율복지, 일터환경, 보상 등에 대해서는 정의하고 있지 않다. '노동법'에서의 임금에 대한 정의는 이 책에서 말하는 임금의 정의와는 차이가 있다.

| 표 I-2 | **한국, 미국, 일본의 노동비용 구성 비중 비교(2015)**

(단위: %)

<table>
<tr><th colspan="2">Ⅰ.임금</th><th>Ⅲ. 일터환경 ⑤</th></tr>
<tr><td>① 고정임금
미국: 69.6
일본: 59.8
한국: 62.3</td><td>② 변동임금
미국: 10.3
일본: 21.1
한국: 16.4</td><td rowspan="3">미국: -
일본: 1.4
한국: 0.7</td></tr>
<tr><th colspan="2">Ⅱ. 복지</th></tr>
<tr><td>③ 법정복지
미국: 8.0
일본: 11.4
한국: 16.1</td><td>④ 자율복지
미국: 12.2
일본: 6.2
한국: 4.5</td></tr>
</table>

자료: BLS(2015); 厚生勞働省(2017); 고용노동통계포털(2016) 등의 자료로 추정함.

4) 장점

기업으로서는 보상제도를 일관성 있고 체계적으로 관리할 수 있는 기준을 얻을 수 있다. 직원으로서는 보상제도를 일관성 있고 체계적으로 이해할 수 있는 기준을 얻을 수 있다.

5) 단점

기업으로서는 보상을 분류하고 정의하고 관리하는 데 시간과 노력이 필요하다. 직원으로서도 보상을 분류하고 정의하고 이해하는 데 시간과 노력이 필요하다.

6) 도입 사례

CJ(2001)에서는 보상을 임금(pay), 복지(benefits), 학습·개발(learning and development) 기회, 근무환경(work environment)으로 구분한다. LG전자(2002)에서는 보상을 기본연봉, 디지털인센티브, 경영성과급, 복리후생으로 구분한다. 풀무원(2004)에서는 보상을 연봉, 퍼포먼스 인센티브(performance incentive), 선택적 복리후생으로 구분한다. 삼양사(2005)에서는 보상을 급여, 복리후생, 근무환경, 교육과 개발로 구분한다. 신한은행(2005)에서는 보상을 기본급, 변동성과급, 복리후생급여로 구분한다. LG화학(2005)에서는 보상을 외재적 보상과 내재적 보상으로 구분한다. 태평양(2005)에서는 보상을 급여, 복리후생, 교육 및 개발, 근무환경으로 구분한다. 한국피앤지(2005)에서는 보상을 급여, 복리후생, 경력 개발, 성과 관리, 코칭으로

| 표 I-3 | CJ의 보상 구분

임금	복지
·고정임금 ·변동임금 ·인정 시상 ·주식	·의료 지원 ·노후 지원 ·연금저축 ·휴무
학습 개발	**업무환경**
·경력 개발 ·학습 기회 ·성과 관리 ·경영자 육성	·기업 분위기 ·리더십 ·성과 지원 ·일-가정 양립

자료: CJ(2001) 수정.

구분한다. 팬택(2006)에서는 보상을 경제적 보상, 관계적 보상, 환경적 보상으로 구분한다. 일본 아지렌트 테크놀로지사(2007)에서는 보상을 급여, 주식, 복리후생으로 구분한다(김환일, 2007: 115). 공공 기관(2016)에서는 보상을 기본급, 고정수당, 실적수당, 급여성 복리후생비, 경영평가성과급, 기타 성과상여금으로 구분한다.

7) 제도 설계

보상을 정의하고 구분하기 위해서는 보상에 포함시킬 항목의 범위, 항목의 분류 기준 등을 결정해야 한다.

보상전략, 보상, 보상운영의 구분

1) 정의와 특징

여기에서는 보상이 좀 더 넓게 이루어지는 세계를 전체적으로 구분하기 위한 틀을 제시할 것이다.

| 그림 I-2 | **보상 시스템 모형 1**

계획		대상물		실행
보상전략	➔	보상	➔	보상운영

| 그림 I-3 | **보상 시스템 모형 2: 7-block 모형**

<table>
<tr><th>보상전략
⑥</th><th rowspan="5">➔</th><th colspan="3">보상</th><th rowspan="5">➔</th><th>보상운영
⑦</th></tr>
<tr><td rowspan="4">보상(임금, 복지, 환경)를 도입, 설계, 운영할 때 지침으로 사용하는 핵심적인 원칙</td><td colspan="2">I. **임금**
- 받은 혜택을 개인별 금액으로 표시할 수 있음.
- 노동의 양이나 성과를 요건으로 지급함.
- 보상의 용도나 소비 목적을 직원이 자유롭게 결정함.</td><td>III. **일터환경**
⑤
- 받은 혜택을 개인별 금액으로 표시하기 곤란함.
- 보상의 용도나 소비 목적을 기업이 사전에 정함.</td><td rowspan="4">보상(임금, 복지, 환경)를 운영하고 관리하는 기준과 절차</td></tr>
<tr><td>①
고정임금
미리 확정한 금액을, 정기적으로, 일한 기간에 비례하여 지급해야 하는 임금</td><td>②
변동임금
지급하는 시점이 되어야 지급 여부나 지급액을 확정할 수 있는 임금</td><td rowspan="3">임금이나 복지에 못지않게 가치가 있으나 개인별 금액을 표시하기 곤란한 보상제도</td></tr>
<tr><td colspan="2">II. **복지**
- 받은 혜택을 개인별 금액으로 표시할 수 있음.
- 노동 외에 일정한 다른 요건을 충족할 때 지급함.
- 보상의 용도나 소비 목적을 기업이 사전에 정함.</td></tr>
<tr><td>③
법정복지
기업이 의무적으로 도입해야 하는 복지제도</td><td>④
자율복지
기업이 자율적으로 도입할 수 있는 복지제도</td></tr>
</table>

첫째, 이 책에서는 보상의 세계를 보상전략, 보상, 보상운영으로 이루어진 하나의 시스템으로 정의할 것이다. 보상은 기업 안에서 사람이 운영해야 존재할 수 있는, 사람과 결합되어 존재하는 제도다. 보상의 세계 즉 보상 시스템은 보상이 이루어지는 절차를 기준으로 볼 때 전략에 따라 보상을 선택하고 운영을 하는, 보상전략 → 보상 → 보상운영으로 이어지는 반복의 과정이라고 할 수 있다. 보상전략은 보상제도를 도입·설계·운영할 때의 의사 결정 기준과 지침이 되는 핵심적인 원칙들을 말한다. 보상은 기업 안에서 보상으로 지급하는 대상물에 해당한다. 보상운영은 선택하고 도입한 보상들이 보상전략을 실행할 수 있도록 효과적이

고 효율적으로 관리하기 위한 절차들을 말한다. 아무리 작은 기업이라도 어떤 보상을 선택해 도입하고 운영하게 된 나름의 판단이나 원칙이 있기 때문에, 보상전략 → 보상 → 보상운영으로 이어지는 반복적인 과정은 어느 기업에나 있게 마련이다.

둘째, 보상의 세계를 세부적으로 7개 요소(①~⑦)로 구성된 하나의 시스템으로 다룰 것이다. 앞에서 밝힌 보상전략 → 보상 → 보상운영으로 이어지는 반복적인 과정에서 보상제도를 고정임금, 변동임금, 법정복지, 자율복지, 일터환경 5개로 세분화하면, 전체적으로 7개 구성 요소로 이루어진 하나의 시스템이 된다. ① 고정임금부터 ④ 자율복지까지는 먹을거리인 피자의 역할을 하고, ⑤ 일터환경은 입에 넣을 수는 없지만 피자를 담고 있는 피자 판 역할을 한다.

셋째, 보상 시스템의 7개 구성 요소와 그 연관 관계를 좀 더 쉽게 이해할 수 있도록 피자 모형을 제시한다. ⑥ 보상전략은 피자를 몇 개로 어떤 모양으로 나눌 것인지를 결정하는 나이프 역할을 하고, ⑦ 보상운영은 피자를 입까지 가져가는 포크 역할을 한다.

결국 필자가 보기에 보상의 세계는 고정임금, 변동임금, 법정복지, 자율복지라는 네 가지 맛이 나는 콤보 피자를 일터환경이라는 판에 얹어 보상전략이라는 나이프와 보상운영이라는 포크를 사용해 둘러앉은 사람들이 나름대로 자르고 먹는 과정으로 보인다. 법정복지는 싫어도 반드시 먹어야 하며, 나머지 부분은 취향에 따라 먹을 수 있다. 판이 없으면 피자에 오물이 묻어 먹지 못하고 버려야 할지도 모르니 소중히 챙겨야 한다. 나이프는 어느 한 사람이 일

| 그림 I-4 | **보상 시스템 모형 3: 피자 모형**

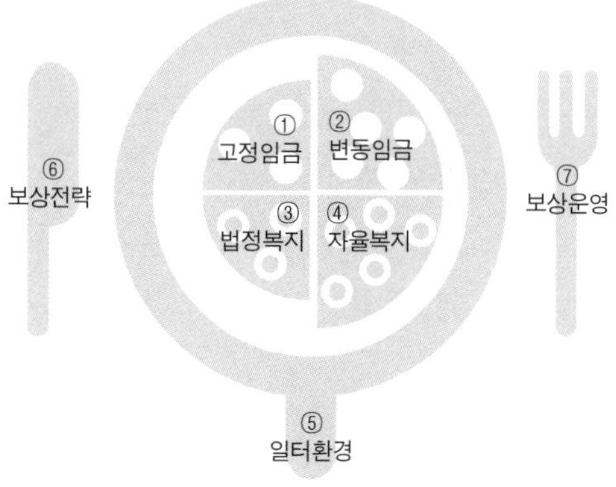

방적으로 사용하게 되면 다툼이 일어날 수 있다. 포크가 없으면 피자를 먹는 데 불편할 것이다. 이렇듯 피자 테이블에 있는 일곱 가지 부분 모두가 피자를 제대로 먹기 위해 꼭 필요하다는 것을 알 수 있다.

독자들이 이 피자 모형을 기억하면 복잡한 보상 세계를 좀 더 쉽게 계획적으로 여행할 수 있을 것이다. 피자 모형을 구성하는 일곱 가지 부분 어느 것도 허투루 여기지 말고 제대로 이해하고 사용함으로써 맛있고 건강하고 사이좋게 피자를 드실 수 있기를 기대한다.

보상 시스템의 다른 모형, 즉 다른 '지도'나 틀을 찾고자 하는 독자는 밀코비치 외(2016), 월드 앳 워크(WorldatWork, 2007), 워너 외(Werner et al., 2011) 등을 참고할 수 있다.

제II부

고정임금제도

고정임금제도의 정의와 구분

1) 정의와 특징

고정임금(fixed pay, base pay)은 소정근로에 대한 대가로서 미리 확정한 금액을 기준으로, 정기적으로, 일한 기간에 비례해 지급해야 하는 임금을 말한다.

고정임금은 정시 출퇴근을 제대로 하면 당연히 받을 수 있는 돈이다. 또 받을 금액이 일을 시작하기 전에 미리 정해져 있어, 그 후에 경영 상태나 업무 성과가 크게 변하더라도 이전에 정한 금액을 그대로 받는다. 미리 정한 시기가 돌아올 때마다 정기적으로 꼬박꼬박 받을 수 있다. 금액은 기본적으로 일한 시간 또는 기간에 비례하기 때문에 하루치보다 이틀 치는 2배가 되고, 연봉은 월급의 12배가 된다. 이런 특성을 지닌 임금이라면 상여금, 성과급, 복지수당 등 어떤 이름이 붙어 있더라도 실질적으로는 고정임금에 해당한다.

서구에서는 고정임금을 base pay, fixed pay, base compensation 등으로 부르며, 고정임금에 해당하는 구체적인 임금제도에는 salaries, wages 등이 있다. 일본과 한국에서는 이 책에서 말하는 고정임금을 대다수가 기본급으로 번역하지만, 논의를 전개할 때에는 임금체계, 기준 내 임금, 소정 내 급여, 정액급여, 고정급여, 고정급, 통상임금 등으로 매우 다양하게 부르며, 고정임금제도로는 기본급이나 고정임금 성격의 많은 수당들, 고정임금 성격의 상여금이나 성과급까지 수많은 이름의 임금제도를 운영한다.

고정임금은 다섯 가지 보상 유형(고정임금, 변동임금, 법정복지, 자율복지, 일터환경) 중 가장 기초가 되는 중요한 보상이다. 직원으로서는 변동 없이, 현금으로, 정기적으로 보장받는 가장 기본적인 주 수입원이다. 기업으로서는 보상비용 중 가장 큰 비중을 차지하며, 기업의 임금수준이나 임금 경쟁력을 좌우하는 가장 기본적인 보상비용이며 보상투자에 해당한다.

고정임금과 관련이 있는 제도를 좀 더 세분화하면, 고정임금 유형(근속급, 직무급 등), 고정수당·상여금제도(근속 수당, 직급 수당, 고정 정기 상여금 등), 개인인상제도(호봉제, 연봉제, 직무성과승급제 등), 일괄인상제도(최저임금제, 생활임금제, 고정임금구조 인상 등) 등으로 구분할 수 있다.

| 표 II-1 | 고정임금제도의 구분

고정임금 유형	고정수당·상여금제도	개인인상제도	일괄인상제도
·연령급 ·근속급 ·직능급 ·기술급 ·역량급 ·역할급 ·직무급	·고정 정기 수당 ·고정 정기 상여금	·호봉제 ·임금피크제 ·연봉제 ·직무성과승급제도 ·승격·승진	·최저임금제 ·생활임금제 ·물가연동인상(COLA) ·고정임금구조 인상

2) 변화 추세와 통계

미국에서는 고정임금을 주로 base pay, fixed pay, wages and salaries 등으로 부른다. 2015년에 민간 기업의 노동비용에서 고정임금이 차지하는 비중은 69.6%, 변동임금(supplemental pay +paid leave)이 차지하는 비중은 10.3%로 나타났다(BLS, 2015년도 분기별 보도자료 평균값).

일본에서는 고정임금에 대응하는 용어를 찾기 어렵다. 고정임금의 범위 안에 포함시킬 수 있는 임금제도 용어로는 기본급, 임금체계, 각종 수당, 소정 내 급여, 기준 내 임금 등을 들 수 있다. 후생노동성의 통계 작성 기준 중 소정 내 급여(기본급+제 수당)가 고정임금과 가장 가깝다고 할 수 있다. 2015년에 노동비용 중 고정임금은 59.8%로 추정할 수 있다(厚生勞働省, 2017, 2014a를 활용해 추정함).

한국에서도 고정임금에 대응하는 용어를 찾기 어렵다. 고정임금의 범위 안에 포함시킬 수 있는 임금제도로는 기본급, 임금체계, 정액급여, 고정임금 성격의 수당들, 고정임금 성격의 상여금이나 성과급 등을 들 수 있다. 2015년에 노동비용 중 고정임금은 62.3%로 추정할 수 있다(고용노동통계포털 자료; 류성민·김선웅, 2008 활용 추정).

3) 관련 법률

고정임금제도는 어느 기업에서나 자율적으로 도입할 수 있다. 다만 고정임금의 최저 허용 수준이라고 할 수 있는 최저임금에 대해서는 상시 근로자가 1명 이상인 모든 기업에서 의무적으로 도입해야 한다.

'노동법'에는 고정임금에 대해 직접 규정하는 내용이 없다. '근로기준법'에서 규정하고 있는 통상임금이 이 책에서 다루는 고정임금과 가장 비슷한 의미의 보상이라고 할 수 있다. 통상임금은 가산임금(연장/야간/휴일근로수당), 연차수당, 해고예고수당, 기타 유급 보상금을 계산할 때 기준이 된다. '통상임금'이란 근로자에게 정기적이고 일률적으로 소정근로 또는 총 근로에 대해 지급하기로 정한 시간급 금액, 일급 금액, 주급 금액, 월급 금액 또는 도급 금액을 말한다(근기령§6①). 개별 임금 항목이 소정근로의 대가로 정기적/일률적/고정적으로 지급하는 임금이면 통상임금에 포함시킬 수 있다(판례). 통상임금액은 시간급, 일급, 주급, 월급, 연봉 등 다양한 단위로 산출할 수 있다(근기령§6①). 고정임금을 아무리 낮추어도 최저임금보다는 높은 임금을 지급해야만 한다(최임법§6①, 징역 3년, 벌금 2000만 원 이하). '도급이나 그 밖에 이에 준하는 제도'(변동임금으로 해석할 수 있음)로 사용하는 근로자에게도 근로시간에 따라 일정액의 임금을 보장해야 하며(근기법§47, 벌금 500만 원 이하), 아무리 적어도 실제로 일한 근로시간에 해당하는 최저임금액 이상의 임금에 대해서는 보장해야 한다(하갑래, 2014: 454; 김수복, 2014: 187). 임금은 화폐로, 직접 근로자에게, 전액을, 매월 1회 이상 일정한 날짜를 정해서 지급해야 한다(근기법§43, 징역 3년, 벌금 2000만 원 이하). 다만 임시로 지급하는 임금 및 수당이나, 1개월을 초과하는 기간에 걸친 사유에 따라 산정하는 정근수당, 근속수당, 장려금, 능률수당, 상여금 등은 매월 1회 이상 일정한 날짜를 정해 지급하지 않아도 되며, 그 대신 부정기적으로 지급하거나, 또는 정기적으로 지급하더라도 격월, 분기별 등 좀 더 가끔 지급해야만 한다(근기법§43; 근기령§23).

4) 장점

기업으로서는 직원에게 안정감을 줄 수 있고, 필요한 직원을 채용할 때나 유지시킬 때 효과가 높으며, 다른 보상 유형에 비해 운영하기 쉽다. 직원으로서는 안정적인 고정 수입을 확보할 수 있다.

5) 단점

기업으로서는 고정비용이므로 조정하기 어렵고, 직원의 성과 의욕을 높이려 할 때 효과가 낮다. 직원으로서는 기업이나 개인의 성과가 좋을 때 더 보상받기 어렵다.

6) 규정과 서식

고정임금제도를 도입하기 위해서는 임금 규정을 준비해야 한다. 고정임금제도 도입에 대해 직원들의 의견이나 동의를 받고, 노동부에 신고하기 위해서는 취업규칙변경동의서, 취업규칙변경신고서를 준비해야 한다.

7) 제도 설계

고정임금제도를 설계할 때에는 먼저 경영 전략, 인사 정책 등을 고려해야 하며, 전체 보상 구조 구성, 각 보상 유형의 비중 등을 결정해야 한다. 그리고 직접적으로는 고정임금 유형, 직급 수, 직급 간 임금격차 등을 결정해야 한다. 고정임금의 금액이나 비중을 어느 수준으로 정할지는 기업이 재량권을 갖고 결정할 수 있으나, 고정임금액은 최소한 최저임금액보다는 높아야 한다(최임법§6①, 징역 3년, 벌금 2000만 원 이하).

제1장

고정임금의 유형

1. 연령급

1) 정의와 특징

연령급은 직원의 나이를 기준으로 임금의 차이를 결정하는 고정임금제도다. 직원 각자의 나이를 확인해 나이에 따라 미리 정한 임금을 지급한다. 나이마다 임금액을 정하는 연령급은 나이를 기준으로 조사한 표준생계비를 근거로 삼는다. 직원의 나이에 따라 필요한 생계비를 지급해 일정한 수준의 생활을 보장할 목적으로 만든 제도다.

연령급에서는 직무, 근속기간, 직급에 관계없이 나이만을 기준으로 하나의 단일호봉표를 만들어 모든 직원에게 적용한다. 일반적으로 1년마다 미리 정한 금액만큼 자동승급 시킨다. 그런데 고정임금제도를 연령급만으로 구성하는 기업은 거의 없고, 연령급을 직능급이나 역할급과 함께 일정 비율씩 결합해 구성한다.

2) 변화 추세와 통계

미국에는 연령급이 없다. 미국에서는 연령을 이유로 채용, 해고, 보수, 근로 조건 등을 차별하는 것을 법률[고용상연령차별금지법(ADEA)]로 금지하고 있다.

연령급은 일본에서 발전한 제도다. 일본에서 1946년에 전기산업노동조합이 사용자 측과 임금 교섭을 통해 연령급의 비중이 큰 임금제도(전산형임금제도라고 부름)를 합의했는데, 그 후 현재까지 일본에서는 연령급이 널리 퍼져 있다. 2001년에 연령급만으로 기본급을 구성한 기업은 4.3%(속인급형), 연령급을 일부라도 포함시켜 기본급을 구성한 기업은 최소 23.1%에서 최대 63.0%로 나타났다(오학수, 2006b: 41의 표에서 추정). 2012년에 상용 근로자 30명 이상 기업 중 47.0%(관리직층)~58.5%(비관리직층)에서 기본급을 결정할 때 연령, 근속 연수 등을 기준으로 반영했다(厚生勞働省, 2012: 18, 복수 응답).

한국에서는 1990년대 초반에 일부 직능급을 도입한 기업에서 연령급도 같이 도입했으나, 직능급이나 연령급 모두 확산되지 못했다. 현재 극히 일부 기업에서 연령급을 운영하고 있다.

3) 관련 법률

어느 기업에서나 자율적으로 도입할 수 있다. '노동법'에는 연령급에 대해 직접 규정하는 내용이 없다. 연령급에서는 연령을 이유로 임금에서 직원을 차별 대우하는데, 이 경우가 "근속기간의 차이를 고려하여 임금이나 임금 외의 금품과 복리후생에서 합리적인 차등을 두는 경우"로 인정을 받으면 '연령법' 위반이 아니다(연령법§4의4, §4의5).

4) 장점

기업으로서는 임금액을 객관적으로 결정할 수 있고, 제도를 도입하고 운영하는 데 시간과 비용이 적게 든다. 직원으로서는 임금의 안정성을 확보할 수 있다.

5) 단점

기업으로서는 임금의 계속적인 자동 인상에 따른 부담을 져야 하며, 직무의 차이나 능력의 차이를 임금에 반영하기 어렵다. 직원으로서는 기여도나 성과에 따라 보상을 받을 수 없고, 남성 외벌이 직원을 전제로 설계하고 운영하는 경우가 많기 때문에 운영 과정에서 여성 직원이 불이익을 받을 수 있다.

6) 도입 사례

일본에서는 전산형임금제도(1946~), 도요타자동차(1990~) 등을 사례로 들 수 있다. 한국에서는 한국전자(현재 KEC. 1991), LG전선(1994), 포스코휼스(1994), 민주노총사무총국(1996~),

한국노총사무총국(2003~) 등을 사례로 들 수 있다.

7) 규정과 서식

연령급을 도입하기 위해서는 임금 규정을 준비해야 한다. 연령급 도입에 대해 직원들의 의견이나 동의를 받고, 노동부에 신고하기 위해서는 취업규칙변경동의서, 취업규칙변경신고서를 준비해야 한다.

8) 제도 설계

| 표 II.1-1 | 2003년 도요타자동차 기능직 연령급

(단위: 세, 엔/월)

연령	금액	연령	금액	연령	금액	연령	금액	연령	금액
18	38,200	27	46,800	36	72,600	45	95,600	54	108,200
19	38,800	28	48,100	37	75,100	46	97,900	55	108,200
20	39,400	29	50,600	38	77,500	47	100,200	56	107,200
21	40,000	30	53,400	39	80,000	48	102,200	57	105,200
22	40,600	31	56,800	40	82,300	49	104,200	58	102,200
23	41,800	32	60,300	41	84,700	50	106,200	59	99,200
24	43,000	33	63,800	42	87,200	51	107,200	60	96,200
25	44,200	34	67,200	43	90,000	52	108,200	-	-
26	45,500	35	70,000	44	92,800	53	108,200	-	-

주: 1990년 도입 당시 고정임금 구성은 '기본급 + 생산수당 + 직능급 + 연령급'으로 함.
자료: 권성욱(2006: 201)에서 재인용.

연령급을 설계할 때에는 연령급 곡선 유형, 연령 판단 기준, 표준생계비 자료, 초임 금액, 호봉승급액 등을 결정해야 한다.

| 표 II.1-2 | **1964년 B사 근속급**

(단위: 원/월)

		1급	1갑	2을	3갑	3을	4갑	4을	5급(수습)
1		12,600	10,400	9,400	8,000	8,000	6,000	6,000	5,000
2		12,300	10,300	9,300	7,900	7,900	5,900	5,900	4,700
3		12,000	10,000	9,200	7,800	7,800	5,800	5,800	4,400
4		11,700	9,800	9,100	7,700	7,700	5,700	5,700	4,100
5			9,600	9,000	7,600	7,600	5,600	5,600	
6				8,900	7,500	7,500	5,500	5,500	
7				8,800	7,400	7,400	5,400	5,400	
8				8,700	7,300	7,300	5,300	5,300	
9					7,200	7,200	5,200	5,200	
10					7,100	7,100	5,100	5,100	
11					7,000	7,000	5,000	5,000	
12					6,900	6,900	4,900	4,900	
13						6,800	4,800	4,800	
14						6,700	4,700	4,700	
15						6,600	4,600	4,600	
16						6,500	4,500	4,500	
17						6,400		4,400	
18						6,300		4,300	
19						6,200		4,200	
20						6,100		4,100	
초호		대학원 4갑1호, 대졸 4갑4호, 초대졸 4갑7호, 고졸 4갑11호, 중졸 이하 4갑16호 (단, 초졸의 경우 4년간 승급 유보)							
승급 주기		1년	9개월	6개월	6개월	6개월	6개월	6개월	유보
직급명		참여	참사	부참사	주사	서기	·서기 (1~10) ·서기보 (11~16)	서기보	
승진 연한	대졸	11년	7년	5년	2년	←	입사		
	고졸	15년	11년	9년	6년	←	입사		

주: 2급을로의 승진은 고시에 의함. 승진 연한은 최소한의 근속기준인데, 대학원졸은 대졸보다 각 1년 빠르고, 초대졸은 대졸보다 각 1년씩 늦으며, 중졸은 고졸보다 각 3년씩 늦음.
자료: 김동배·박우성·박호환 외(2005: 366)에서 재인용.

2. 근속급

1) 정의와 특징

근속급은 직원의 근속기간을 기준으로 임금의 차이를 결정하는 고정임금제도다. 직원들에 대해 각자의 근속기간을 확인해 근속기간의 차이에 따라 정한 임금을 지급한다. 연공급(年功給, pay-for-seniority, seniority wages: 연공이란 여러 해 동안 계속 근무한 공로를 가리키는데, 한 기업 안에서 근속한 햇수로 표시함) 또는 호봉급이라고 부르기도 한다. 그 기업에서 더 오래 근무한 직원에게 더 많은 임금을 지급할 목적으로 만든 제도다.

일반적으로 직원을 채용할 때에는 학력과 성별을 기준으로 임금을 결정하고, 채용 후에는 근속기간을 기준으로 1년 또는 6개월마다 미리 정해진 금액만큼 자동으로 임금 승급을 시키고, 3~5년마다 승격·승진을 실시한다. 근속급에서는 직원을 사무관리직과 생산직 등으로 직군을 구분하고, 각각의 직군을 다시 몇 개의 직급으로 구분한 다음 직급별로 다른 호봉표를 만들어 운영한다.

2) 변화 추세와 통계

일본에서는 1945년 패전 이전까지 주로 연공급을 도입했으나, 패전 이후 연합군 최고사령부의 압력에 따라 연공급을 폐지하고 연령급 등을 도입했다.

한국에서는 1960년대 중반부터 근속급을 도입하기 시작해 그 후 현재까지 고정임금제도 중 근속급을 가장 많은 기업이 도입하고 있다. 노동부에서는 근속급을 "근속 연수에 따라 기본급을 정하는 제도(호봉급 또는 근속급)"로 정의하고 호봉급으로 부른다(노동부, 2016a). 상시근로자가 1명 이상인 기업 가운데 근속급(호봉급)을 도입하고 있는 기업은 2009년 43.5%, 2010년 46.3%, 2011년 39.9%, 2012년 36.3%, 2013년 36.3%, 2014년 27.1%, 2015년 24.5%, 2016년 21.7%로 나타났으나(임금근로시간정보시스템), 그중 57.8%(2016)에서만 호봉표를 운영하고 있는 것으로 나타났다(노동부, 2016d). 2015년에 5명 이상 사업체의 상용 근로자의 평균 근속기간은 6.2년이며, 사업체 규모가 클수록 평균 근속기간은 증가하는 것으로 나타났다(5~9명 4.6년, 10~29명 4.9년, 30~99명 5.8년, 100~299명 6.6년, 300~499명 7.8년, 500명 이상 10.4년)(한국노동연구원, 2017: 38).

3) 관련 법률

어느 기업에서나 자율적으로 도입할 수 있다. '노동법'에는 근속급에 대해 직접 규정하는 내용이 없다.

4) 장점

기업으로서는 제도를 도입하고 운영하는 데 시간과 비용이 적게 들고, 안정적인 고용을 유지할 수 있으며, 직원의 소속감을 높일 수 있고, 위계질서의 확립이 쉬우며, 직원을 배치 전환하기 쉽고, 장기 고용 관계를 기반으로 직원에 대한 지속적인 투자가 가능하며, 새로운 기술이나 작업 방식을 도입하기 쉽다. 직원으로서는 임금의 안정성을 확보할 수 있고, 지속적인 생산성 향상과 안정적인 근로 생애의 설계가 가능하며, 장기근속자가 많은 대기업의 직원, 정규직, 조합원, 장기근속자에게 유리하다.

5) 단점

기업으로서는 근속 연수에 따라 인건비가 자동으로 증가하는 부담이 있고, 생산성이 낮아질 경우 과도한 인건비를 부담할 수 있으며, 전체 직원이 고령화될 경우 인건비 부담이 커질 수 있고, 불경기 때에 인건비 조정이 어려우며, 성과나 역량 개발에 대한 동기부여가 어렵고, 직원의 능력을 활용하는 게 쉽지 않으며, 전문 기술 인력을 확보하기 곤란하다. 직원으로서는 장기근속자가 될수록 조기 퇴직 압력을 받을 수 있고, 불경기 때에 고용 조정 위험 부담이 커질 수 있으며, 외주화 비중이 확대될 수 있고, 비정규직 비중이 확대될 수 있으며, 정규직과 비정규직의 임금격차가 커질 수 있고, 고용 기회가 줄어들 수 있으며, 장기근속자가 적은 중소기업의 직원, 비정규직, 비조합원, 단기 근속자, 중도 입사자에게 불리하다.

6) 도입 조건

기업이 성장 속도를 높게 유지하고, 신규 채용을 많이 하면서 피라미드형 인력 구조를 유지하며, 직원을 장기근속 시키면서 육성하는 게 더 적합하고, 임금과 직무의 연계성이 적으며, 단순한 직무 또는 반숙련이 요구되는 직무가 주종을 이루는 경영 환경에서는 근속급이 효과를 내기 쉽다. 기업의 성장 속도가 둔화되고, 전체 직원의 근속기간과 연령이 높아지며, 기업의 경쟁이 심화되고, 높은 생산성과 품질이 요구되는 경영 환경에서는 근속급을 도입하는 것이 바람직하지 않다. 근속급에 따른 부작용을 개선하기 위해서는 먼저 고용안전을 유지하면서 직원의 생산성을 향상시켜 근속급과 생산성의 괴리를 줄이는 노력이 필요하며, 다음으로 근속급의 비중을 줄이고 임금에 직무·성과 요소를 연계시켜 동기부여→고생산성→고임금으로 이어지는 선순환 구조를 만들어낼 필요가 있다.

7) 도입 사례

한국에서는 한전(1964), 금성사(1965), 한국유리(1969), 포스코(1969~1990), LG전자(1958~1994), GS칼텍스정유(생산기술직 단일호봉제, 2001~), 현대자동차(2006.4.1~) 등을 사례로 들 수 있다.

8) 규정과 서식

근속급을 도입하기 위해서는 임금 규정을 준비해야 한다. 근속급 도입에 대해 직원들의 의견이나 동의를 받고 노동부에 신고하기 위해서는 취업규칙변경동의서, 취업규칙변경신고서를 준비해야 한다.

9) 제도 설계

근속급을 설계할 때에는 직군 구분, 직급 구분, 근속급 곡선 유형, 초임 금액, 호봉승급액 등을 결정해야 한다.

3. 직능급

1) 정의와 특징

직능급은 직원의 직무수행 능력(직능)을 기준으로 임금의 차이를 결정하는 고정임금제도다. 직원들에 대해 인사 평가를 통해 각자의 직무수행 능력을 확인해 직무수행 능력의 차이에 따라 미리 정해놓은 임금을 지급한다. 직무수행 능력이 더 뛰어난 직원에게 더 많은 임금을 지급하기 위해 만든 제도다.

직원을 채용할 때에는 학력과 성별을 기준으로 임금을 결정하고, 채용 후에는 매년 직무수행 능력을 평가해 임금 승급과 등급 승격을 결정한다. 고정임금제도를 직능급만으로 구성하는 기업은 거의 없고, 직능급을 연령급 또는 근속급과 함께 일정한 비율씩 결합해 구성한다.

2) 변화 추세와 통계

미국에는 직능급과 비슷한 고정임금제도로 기술급(skill-based pay, pay-for-knowledge)이 있다. 그러나 직능급과 기술급은 도입 시기, 임금 결정 요소, 평가 방식, 도입 동기에서 큰 차이가 있어 같은 유형의 제도라고 할 수 없다.

직능급은 일본에서 발전한 제도로, 1960년대 말부터 직능급이 널리 퍼졌다. 주로 연령급이 지닌 자동 승급의 문제점과 기업의 성장 속도 저하에 따른 부서 책임자의 자리 부족 문제를 해결하기 위해 도입했다. 2001년에 직능급만으로 기본급을 구성한 기업은 1.5%, 직능급을 일부라도 포함시켜 기본급을 구성한 기업은 최소 19.4%에서 최대 89.0%로 나타났다(오학수, 2006b: 41의 표에서 추정). 2012년에 상용 근로자 30명 이상 기업 중 70.7%(관리직층)~68.7%(비관리직층)에서 기본급을 결정할 때 직무수행 능력을 기준으로 반영했다(厚生勞働省, 2012: 18, 복수 응답).

한국에서는 1990년대 초반에 일부 기업에서 직능급을 도입했으나, 이후 확산되지 못했다. 상시 근로자가 1명 이상인 기업 가운데 직능급을 도입하고 있는 기업은 2009년 35.7%, 2010년 42.0%, 2011년 38.2%, 2012년 34.1%, 2013년 30.0%, 2014년 23.3%, 2015년 23.9%, 2016년 23.0%로 나타났고(임금근로시간정보시스템), 그중 66.7%(2016)에서만 직능등급제도를 운영하고 있는 것으로 나타났다(노동부, 2016e). 노동부에서는 직능급을 '업무 수행을 위해 반드시 필요한 능력을 설정한 후 그 능력을 보유한 정도를 평가해 능력별로 기본급을 정하는 제도(직능급·자격급·역량급)'로 정의해 통계조사 하고(노동부, 2016a) 있기 때문에 '직능급' 통계에는 직능급과 함께 기술급, 역량급도 포함되어 있을 수 있다고 보아야 할 것이다.

3) 관련 법률

어느 기업에서나 자율적으로 도입할 수 있다. '노동법'에는 직능급에 대해 직접 규정하는 내용이 없다. '노동법'에서는 직무 수행에 필요한 기술, 노력, 책임 및 작업조건 등을 기준으로 임금의 차이를 두는 것에 대해서는 부당한 차별로 보지 않는다(고평법§8②). 직능급을 운영할 때 수행하게 되는 인사 평가의 정당성에 대해서는, 평가권자가 인사평가제도의 취지를 무시하고 재량권을 남용한 경우가 아니면 정당성을 인정할 수 있다는 것이 일반적인 의견이다(스게노 카즈오, 2007: 211). 직능급은 직원에게 무조건 불리한 제도는 아니지만 무조건 유리한 제도라고 할 수도 없기 때문에, 도입하기 위해서는 대상 근로자 과반수의 동의를 얻어야 한다(근기법§94, 벌금 500만 원 이하).

4) 장점

기업으로서는 부서 책임자 자리를 늘려야 하는 부담을 줄일 수 있고, 직원의 능력 개발에 대한 동기부여가 가능하며, 직원의 능력에 맞는 처우가 가능하고, 생산직 직원의 승진·승격에 따른 불만을 누그러뜨리고 소외감을 줄일 수 있으며, 기업환경에 맞추어 유연하게 운영할 수 있다. 직원으로서는 부서 책임자로 승진하지 않고도 직능 등급 승격에 따라 임금 상승이 가능하고, 능력 개발의 기회가 늘어나며, 능력 향상에 대해 보상받을 수 있다.

5) 단점

기업으로서는 제도를 도입하고 운영하는 데 시간과 비용이 많이 들고, 제도의 취지를 살리지 못하고 연공주의로 운영될 가능성이 있으며, 전체적으로 고자격화가 이루어지면 인건비가 증가할 수 있고, 모든 직종에 적용하기에는 적합하지 않다. 직원으로서는 운영 과정이 공정하지 않을 경우 부당한 대우를 받을 수 있다.

6) 도입 조건

능력주의 인사관리에 대한 공감대가 높고, 직능급을 운영하는 데 필요한 관련 제도(직능등급제도, 평가제도, 직능급, 교육훈련제도)가 갖춰져 있고, 평가 관리를 충실하게 유지할 수 있을 때 직능급이 효과를 내기 쉽다.

7) 도입 사례

일본에서는 캐논(1969), 신일본제철(1970~), 도요타자동차(1990) 등을 사례로 들 수 있다. 한국에서는 한전(1983), 삼양사(1989), 포스코(1990), 한국전자(현재의 KEC, 1991), 유한킴벌리(1993, 1998), 제일합섬(1993), LG전자(1994), LG전선(1994), 포스코휼스(1994), 삼성전자

| 표 II.1-3 | 2003년 도요타자동차 기능직 직능급

(단위: 엔/월)

직능 자격	직위		임금 등급	직능기준급
	관리감독직	전문 기능직		
CX급	CL(Chief Leader)	CX(Chief Expert)	기능직 1등급	112,800
SX급	GL(Group Leader)	SX(Senior Expert)	기능직 2등급	87,800
EX급		EX(Expert)	기능직 3등급	75,300
			기능직 4등급	70,300
중견 기능직			기능직 5등급	60,300
			기능직 6등급	55,200
초급 기능직			기능직 7등급	47,700
			기능직 8등급	42,800
기초 기능직			기능직 9등급	37,700

자료: 권성욱(2006)을 수정.

(1995), 제일제당(1995), 코오롱상사(1995), 쌍용정보통신(1995), 동양제과(1997), ㈜SK(1998), 건국대학교병원(2005), 매일유업(2009) 등을 사례로 들 수 있다. 특히 유한킴벌리는 직능급 성공 사례로 꼽힌다.

8) 규정과 서식

직능급을 도입하기 위해서는 직능 자격 등급 기준, 직능급표, 인사고과표, 임금 규정, 승격 규정 등의 규정과 서식을 준비해야 한다. 또한 직능급 도입에 대한 직원들의 동의를 받고, 노동부에 신고하기 위해서는 취업규칙변경동의서, 취업규칙변경신고서를 준비해야 한다.

9) 제도 설계

직능급을 설계할 때에는 직능자격등급제도, 표준 승격 연수, 호봉표의 유형, 호봉승급액과 승격승급액, 등급별 초임, 등급별 상한선, 직급별 호봉표 등을 결정해야 한다. 아울러 평가제도와 교육훈련제도도 설계해야 한다.

4. 기술급

1) 정의와 특징

기술급(skill-based pay, pay-for-knowledge)은 직원이 습득한 직무 관련 기술 및 지식을 기준으로 임금의 차이를 결정하는 고정임금제도다. 직원들에 대해 각자가 습득한 직무 관련 기술 및 지식을 확인해 그 차이에 따라 정한 임금을 지급한다. 직무 관련 기술 및 지식을 더 넓고 깊게 습득해 수행할 직무가 더 많은 직원에게 더 많은 임금을 지급하기 위해 만든 제도다.

기술급(skill-based pay)과 지식급(pay-for-knowledge)을 서로 다른 것으로 구분하기도 하는데, 일반적으로 시간 외 수당 적용 직원(예를 들면 생산직)에게 적용할 경우에는 기술급으로, 시간 외 수당 적용 제외 직원(예를 들면 관리직)에게 적용할 경우에는 지식급으로 부른다. 이 책에서는 두 가지를 같은 것으로 취급해 기술급으로 부르기로 한다.

기술급에서는 신입 직원을 채용할 때는 누구에게나 같은 임금액을 지급하고, 채용 후에는 직원 각자가 기술 및 지식을 습득할 때마다 정해진 임금 승급을 시킨다.

2) 변화 추세와 통계

기술급은 미국에서 발전한 제도로, 1980년대 이후 확산되었다. 고품질의 소량 다품종 생산 체제를 뒷받침하기 위해 신축성과 융통성을 갖춘 기술 인력을 육성할 목적으로 도입했으며, 제지, 자동차, 전자, 식품 등 제조업 분야에서 적극적으로 도입했다. 2002년 현재 포춘 1000 가운데 56%의 기업에서 도입하고 있고, 2005년 현재 14.5%의 기업에서 도입하고 있다(笹島芳雄, 2008: 88~89).

일본과 한국에는 기술급과 비슷한 임금제도로 직능급이 있다. 그러나 기술급과 직능급은 도입 시기, 임금 결정 요소, 평가 방식, 도입 동기에서 큰 차이가 있어, 같은 유형의 제도라고 할 수 없다.

한국에서는 기술급에 대한 통계는 찾아보기 어렵다. 상시 근로자가 1명 이상인 기업 가운데 직능급을 도입하고 있는 기업은 2009년 35.7%, 2010년 42.0%, 2011년 38.2%, 2012년 34.1%, 2013년 30.0%, 2014년 23.3%, 2015년 23.9%, 2016년 23.0%로 나타났다(임금근로시간정보시스템). 노동부에서는 직능급을 "업무 수행을 위해 반드시 필요한 능력을 설정한 후, 그 능력을 보유한 정도를 평가하여 능력별로 기본급을 정하는 제도(직능급·자격급·

역량급)"로 정의하고(노동부, 2016a) 있기 때문에 '직능급' 통계에는 직능급과 함께 기술급, 역량급도 포함되어 있을 수 있다고 보아야 할 것이다.

3) 관련 법률

어느 기업에서나 자율적으로 도입할 수 있다. '노동법'에는 기술급에 대해 직접 규정하는 내용이 없다. '노동법'에서는 직무 수행에 필요한 기술, 노력, 책임 및 작업조건 등을 기준으로 임금의 차이를 두는 것을 부당한 차별로 보지 않는다(고평법§8②).

4) 장점

기업으로서는 직원의 다기능 습득을 촉진시킬 수 있고, 직무만족도를 높일 수 있으며, 조직몰입도를 높일 수 있고, 이직률을 줄일 수 있으며, 배치전환이 더 쉽고, 조직 학습과 지속적인 개선을 촉진시킬 수 있으며, 참여적인 조직문화를 만들 수 있고, 인력 수요를 줄일 수 있으며, 감독자 수 및 조직 계층 수를 줄일 수 있고, 품질을 향상시킬 수 있으며, 생산성을 높일 수 있고, 인건비를 절감할 수 있으며, 시장 변화에 대해 대처 능력을 높일 수 있다. 직원으로서는 기술 습득 기회가 많아지고, 다양하고 충실한 직무를 수행할 수 있는 기회가 많아지며, 인적 자본을 향상시킬 수 있는 기회가 많아지고, 임금 승급의 기회가 많아지며, 고용이 안정된다.

5) 단점

기업으로서는 제도를 도입하고 운영하는 데 시간과 비용이 많이 들고, 시장임금을 알기 어려워 적정한 임금수준을 정하기 어려우며, 기술 습득에 따른 적정한 임금승급액을 정하기 어렵고, 인당 임금수준이 높아질 수 있으며, 훈련비용이 증가할 수 있다. 여유 인력 비용이 증가할 수 있고, 전문성을 강화하기 어려우며, 짧은 기간에 상한선에 도달한 직원에 대해 더는 동기부여가 어렵고, 채용할 때 선발 기준을 정하기 어려우며, 습득한 기술을 활용할 기회가 부족할 때 낭비가 발생할 수 있고, 기술의 활용과 생산성 향상에 실패할 경우 인건비가 증가할 수 있다. 직원으로서는 계속해서 새로운 기술을 습득하는 노력을 해야 하며, 기술을 습득할 수 있는 기회가 부족할 수 있고, 상한선에 도달한 후에는 임금 승급의 기회가 없으며, 습득한 기술을 활용할 기회가 없을 때에는 기술이 쓸모없어질 수 있다.

6) 도입 조건

기술이 자주 바뀌고, 기술의 종류와 깊이가 계속 증가하며, 지속적으로 프로세스 개선이 필요하고, 팀워크와 참여가 중요하며, 개인의 다기능 습득이 필요하고, 개인이 이직할 경우 손실이 크며, 승진·승격 기회가 적고, 기술을 배울 기회가 많을 때 기술급이 효과를 내기 쉽다. 유연 생산과 적기 생산 시스템 같은 첨단 제조업이나 제조업과 비슷한 서비스업(금융보험업 등)에 적합하다.

7) 도입 사례

미국에서는 General Pet Food(1960년대), P&G(1960년대), Best Foods(1977), Motorola (1985), Eaton Corporation Plant(1986), Metal Container Corporation(1988), Lake Superior Paper Industries(1988), Northern Telecom(1988), Nabisco(Pay for skill, 1999), Corning(Pay for Skill, 1999), I/N Tek I/N Kote(Pay for Knowledge, Pay for skill, 1999), LSE(Pay for Skill, 1999), Shell(Pay for Knowledge, 1999), AT&T, General Foods, GE, GM, Shell Canada, Shenandoah Life, Polaroid 등을 사례로 들 수 있다.

8) 제도 설계

기술급을 설계할 때에는 적용 대상자, 기술 분석, 기술 블록, 기술 인증 방법, 기술급 유형, 기술급 금액, 교육훈련제도 등을 결정해야 한다.

| 표 II.1-4 | 미국 식품 제조 설비 생산업체 A 공장 탱크사업부의 기술급 구조

(단위: US$)

기술군	세부 기술
제작 1	Paper, shear, roll, storekeeper, and receiving; Whitney, plasma burn 등
제작 2	Seam welder; Spot welder; Hand griding; Certified welding and testing
작업 지원	Saw, straightening, fixture, pedrick bender, drill, and thread 등
돔	Spinner; Head polisher; Cone work
조립	Hand grinding and polishing; Painting and glass beading, Shipping
기계	Radial drills; Milling machines; Turret lathes; Engine lathes

각 기술군 내에서의 임금수준	1992	1993	1994
신입 직원	12.05	12.41	12.78
초보 수준	12.77	13.14	13.54
기술 수준 1	13.18	13.58	13.99
기술 수준 2	13.60	14.01	14.43
기술 수준 3	14.01	14.43	14.86
기술 수준 4	14.41	14.85	15.30

주: 탱크사업부의 모든 종업원은 ① 제작 1(fabrication 1), ② 제작 2(fabrication 2), ③ 작업 지원(support), ④ 돔(dome), ⑤ 조립(assembly), ⑥ 기계(machining) 중 둘 이상의 기술군을 습득해야 함. 단, 한 기술군의 기술을 모두 익힌 후 다른 기술군의 기술을 습득할 수 있음. 두 번째 기술군부터는 그 기술군 내의 기술을 기술 수준 1에서 4까지 모두 익히는 경우에만 임금이 인상됨. 즉 두 번째 기술군의 기술을 기술 수준 1에서 4까지 모두 익힐 경우 기존 임금의 25%가 인상됨.
자료: 김동원(1999: 27).

5. 역량급

1) 정의와 특징

역량급(competency-based pay, pay-for-competence)은 직원이 습득한 핵심 역량(core competencies: 기업에서 성과를 내는 데 결정적 역할을 하는 지식, 기술, 행동을 말한다. 예를 들면 창의력, 프로젝트 관리 능력, 협의 및 조정 능력, 팀워크 등을 들 수 있음)의 수준을 기준으로 임금의 차이를 결정하는 고정 임금제도다. 직원들에 대한 인사 평가를 통해 각자의 핵심 역량 수준을 확인해 핵심 역량의 차이에 따라 정한 임금을 지급한다. 핵심 역량을 더 많이 습득하고 발휘하는 직원에게 더 많은 임금을 지급하기 위해 만든 제도다.

이전의 직무급과 비교해 역량급에서는, 직급 수를 5~10개로 대폭 축소하고(broadbanding), 직급마다 직급의 특성과 직급에 필요한 핵심 역량을 정하며, 직급 승격을 통한 임금 승급보다는 직급 안에서의 역량 발휘나 성과 달성을 통한 임금 승급을 강조하고, 직군별 경력 관리(예를 들면 IBM의 경우 생산, 행정 지원, 기술 지원, 관리, 전문가로 구분함)를 강조하며, 개인의 역량이나 성과에 대한 평가 결과에 따라 임금 승급이나 직급 승격을 결정한다.

직원의 능력을 기준으로 임금의 차이를 결정하는 점에서 넓은 의미로 보면 기술급과 역량급은 공통점이 있다. 그러나 기술급에서는 주로 생산직 직원을 대상으로 적용하면서 구체적인 기술이나 기능에 중점을 두는 데 반해, 역량급에서는 주로 관리직·전문직 직원이나 전체 직원을 대상으로 적용하면서 많은 직원에게 공통적으로 필요한 핵심 역량에 중점을 두는 점에서 차이가 있다.

2) 변화 추세와 통계

역량급은 미국에서 발전한 제도다. 직무급이 지닌 여러 가지 문제점을 해결하기 위해 그 대안으로 1990년대에 적극적으로 도입했다. 주로 전문직 지식근로자에게 적용하는 경우가 많다. 머서 컨설팅이 조사한 결과 2003년 조사 대상 기업 중 15%가 도입하고 있다(Ledford Jr. et al., 2008: 144).

한국에서는 역량급에 대한 통계는 찾아보기 어려우며, 2000년대 이후 일부 외국계 기업에서 도입하고 있다. 2000년대 이후의 '직무급'은 직무급으로 보아야 할지 역량급으로 보아야 할지 역할급으로 보아야 할지가 명확하지 않다. 상시 근로자가 1명 이상인 기업 가운데 직능급을 도입하고 있는 기업은 2009년 35.7%, 2010년 42.0%, 2011년 38.2%, 2012년 34.1%, 2013년 30.0%, 2014년 23.3%, 2015년 23.9%, 2016년 23.0%로 나타났다(임금근로시간정보시스템). 노동부에서는 직능급을 "업무 수행을 위해 반드시 필요한 능력을 설정한 후, 그 능력을 보유한 정도를 평가해 능력별로 기본급을 정하는 제도(직능급/자격급/역량급)"로 정의하고(노동부, 2016a) 있기 때문에 '직능급' 통계에는 직능급과 함께 기술급, 역량급도 포함되어 있을 수 있다고 보아야 할 것이다.

3) 관련 법률

어느 기업에서나 자율적으로 도입할 수 있다. '노동법'에는 역량급에 대해 직접 규정하는 내용이 없으며, 직무 수행에 필요한 기술, 노력, 책임 및 작업조건 등을 기준으로 임금의 차이를 두는 것에 대해 부당한 차별로 보지 않는다(고평법§8②).

4) 장점

기업으로서는 직원의 지속적인 학습을 촉진시킬 수 있고, 인력 운영에서 유연성을 증가시킬 수 있으며, 배치전환이 더 쉽고, 모든 직원에게 적용할 수 있으며, 기업 성과를 강화할 수 있다. 직원으로서는 역량을 강화할 기회가 많아지고, 다양하고 충실한 직무를 수행할 기

| 표 II.1-5 | **IBM 역량 등급**

<table>
<tr><th>역량 등급</th><th>역량 정의</th><th colspan="5">직군별</th></tr>
<tr><td>Band 10</td><td>사업부 단위의 전략을 이끌 수 있는 역량</td><td colspan="3" rowspan="5"></td><td rowspan="4">관리</td><td rowspan="5">전문가</td></tr>
<tr><td>Band 9</td><td>전략적 의사 결정에 참여할 수 있는 역량</td></tr>
<tr><td>Band 8</td><td>팀 단위 조직의 목표나 기술을 가이드할 수 있는 역량</td></tr>
<tr><td>Band 7</td><td>독자적으로 팀이나 부서의 목표 달성에 기여할 수 있는 역량</td></tr>
<tr><td>Band 6</td><td>개인의 목표 달성에 기여하거나 전문가적인 역량을 개발할 수 있는 역량</td><td rowspan="6"></td></tr>
<tr><td>Band 5</td><td>기술적 지원을 리드할 수 있는 역량</td><td></td><td rowspan="5">행정 지원</td><td rowspan="5">기술 지원</td><td rowspan="5"></td></tr>
<tr><td>Band 4</td><td>과업에 우선순위를 설정하거나 방법론을 선택할 수 있는 역량</td><td rowspan="4">생산</td></tr>
<tr><td>Band 3</td><td>주어진 범위 내에서 과업을 선택할 수 있는 역량</td></tr>
<tr><td>Band 2</td><td>복수의 반복적인 업무를 수행할 수 있는 역량</td></tr>
<tr><td>Band 1</td><td>단순한 과업을 수행할 수 있는 역량</td></tr>
</table>

자료: 유규창(2014: 49).

회가 많아지며, 인적 자본을 향상시킬 수 있는 기회가 많아지고, 임금 승급의 기회가 많아지며, 고용이 안정된다.

5) 단점

기업으로서는 제도를 도입하고 운영하는 데 시간과 비용이 많이 들고, 시장임금을 알기 어려워 적정한 임금수준을 정하기 어렵고, 인당 임금수준이나 전체 인건비가 증가할 수 있고, 습득한 역량을 활용할 기회가 부족할 때 낭비가 발생할 수 있다. 직원으로서는 계속해서 역량을 습득하는 노력을 해야 하고, 역량을 습득할 수 있는 기회가 부족할 수 있으며, 승진 기회가 줄어들고, 평가 과정이 공정하지 않을 경우 부당한 대우를 받을 수 있다.

6) 도입 조건

차별화 전략을 경영 전략으로 삼고 있고, 역량에 대한 훈련 기회가 많을 때 역량급이 효과를 내기 쉽다.

7) 도입 사례

외국에서는 유니레버(6단계 work level, 2003), IBM(10단계 Band, 2014), 노텔네트웍스, 셔윈 윌리엄스, 프리토레이, 하니웰 등을 사례로 들 수 있다. 한국에서는 한국존슨앤존슨(5단계 직급, 1996), 삼양사(연구소·정보통신 4단계 직급, 2002) 등을 사례로 들 수 있다.

8) 규정과 서식

역량급을 도입하기 위해서는 임금 규정과 평가 규정을 준비해야 한다. 역량급 도입에 대해 직원들의 동의를 받고, 노동부에 신고하기 위해서는 취업규칙변경동의서, 취업규칙변경 신고서를 준비해야 한다.

9) 제도 설계

역량급을 설계할 때에는 직급 구조, 핵심 역량, 역량 모델, 역량 기술서, 평가표, 역량급 구조 등을 결정해야 한다.

6. 역할급

1) 정의와 특징

역할급은 기업이 직원에게 기대하는 역할(mission)을 기준으로 임금의 차이를 결정하는 고정임금제도다. 직무를 대상으로 직무 분석과 역할 평가를 실시해 각각의 직무를 통해 담당자가 공헌해야 하는 역할을 정하고, 역할의 차이에 따라 미리 정한 임금을 지급한다. 역할 수준, 즉 공헌도가 더 높은 직원에게 더 많은 임금을 지급하기 위해 만든 제도다.

역할급을 도입하는 경우 고정임금은 역할을 기준으로 역할급을 지급하고, 아울러 역할을 수행한 결과인 성과목표달성도를 기준으로 차등 성과급을 역할급과 별도로 지급함으로써, 직원의 역할에 대한 보상과 성과에 대한 보상을 결합해 운영하는 게 일반적이다. 이전의 직능급과 비교해 역할급에서는 직급 수를 축소하고, 연령급이나 직능급을 역할급으로 변경해 자동 승급이나 연공적인 승격을 최소화하고, 다수의 수당을 폐지하며, 전체적으로 성과주의를 강화한다.

| 그림 II.1-1 | **일본에서 역할급으로의 기본급의 변화**

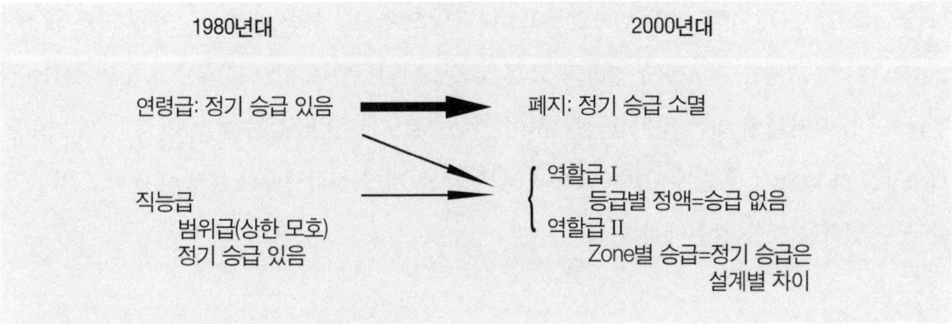

자료: 이영면·정승국·김동배 외(2015: 73)에서 재인용.

역할급을 직무급과 차이가 없는 것으로 취급하는 경우도 적지 않다. 그러나 역할급에서는 같은 직무라도 책임과 권한의 크기가 다르거나 공헌도가 다를 경우에는 역할 수준이 다른 것으로 판단하기 때문에, 직무와 역할을 구분하고 있으며, 직무급과 역할급은 같다고 하기 어렵다. 역할급은 직무급과 직능급의 특성을 모두 지니고 있고, 설계나 운영 방법에 따라 직무급에 가까울 수도 있으며, 또는 직능급에 가까울 수도 있어 논란이 이어지고 있다(스게노 카즈오, 2015: 305에서 재인용).

2) 변화 추세와 통계

역할급은 일본에서 발전한 제도다. 직능급의 단점인 연공적 성격을 해결하면서 직무급의 단점인 전환배치의 경직성도 해결하기 위한 대안으로 도입(스게노 카즈오, 2015: 305에서 재인용)했으며, 2000년대 이후 확산되고 있다. 2012년에 상용 근로자 30명 이상 기업의 관리직층72.5%, 비관리층 68.2%의 기본급을 결정할 때 직무나 직종 등 업무의 내용을 기준으로 반영했다(厚生勞働省, 2012: 18, 복수 응답). 2013년도 조사 대상 기업의 76.3%(관리직층)~58.0%(평사원)에 도입하고 있다고 하는데(노동부, 2016f: 36에서 재인용), 그러나 이 통계는 응답한 기업이 적고(상장기업 172개), 응답한 기업 중에서도 역할급이 지배적인 비중을 차지하고 있다고 할 수 없기 때문에, 일본 전체의 사정을 반영한다고 보기에는 한계가 있다(박우성·이병하, 2016: 101; 日本生産性本部, 2014: 12).

한국에서는 역할급에 대한 통계는 찾아보기 어렵다. 2000년대 이후 일부 기업에서 역할급을 도입하고 있다. 상시 근로자가 1명 이상인 기업 가운데 직무급을 도입하고 있는 기업은

2009년 34.4%, 2010년 41.9%, 2011년 32.8%, 2012년 29.4%, 2013년 24.2%, 2014년 12.2%, 2015년 13.4%, 2016년 12.2%로 나타났으나(임금근로시간정보시스템), 그중 62.8%(2016)만이 직무 평가 제도를 운영하고 있는 것으로 나타났다(노동부, 2016e). 노동부에서는 직무급을 "업무 자체에 대한 평가를 실시하여 업무별로 기본급을 정하는 제도"로 정의하고 통계조사를 하고 있기 때문에(노동부, 2016e), '직무급' 통계에는 직무급과 함께 역할급도 일부 포함될 수 있다는 것을 감안해야 한다.

3) 관련 법률

어느 기업에서나 자율적으로 도입할 수 있다. '노동법'에는 역할급에 대해 직접 규정하는 내용이 없다. '노동법'에서는 직무 수행에 요구되는 기술, 노력, 책임 및 작업조건 등을 노동의 기준으로 하며, 임금의 차이를 두는 것에 대해서는 부당한 차별로 보지 않는다(고평법§8②). 역할급은 직원에게 무조건 유리한 제도라고는 할 수 없기 때문에, 도입하기 위해서는 대상 근로자 과반수의 동의를 얻어야 한다(근기법§94, 벌금 500만 원 이하).

4) 장점

기업으로서는 자동 승급의 부담을 줄일 수 있고, 연공적인 승격의 부담을 줄일 수 있으며, 공헌도에 맞는 보상이 가능하고, 유연한 운영이 가능하며, 인건비 관리에 유리하다. 직원으로서는 가치 있는 역할과 공헌도에 따라 보상을 받을 수 있다.

5) 단점

기업으로서는 제도를 도입하고 운영하는 데 시간과 비용이 많이 든다. 직원으로서는 자동 승급이 폐지되고, 승격·승진 기회가 줄어들고, 임금의 안정성이 약해지며, 운영 과정에서 공정성이 확보되지 않을 경우 부당한 대우를 받을 수 있다.

6) 도입 조건

성과주의 조직문화에 대한 공감대가 넓게 형성되어 있고, 직무 분석, 역할 평가, 인사 평가가 충실하게 이루어지는 기업에 적합하다.

7) 도입 사례

일본에서는 캐논(2001), JT(2001, 2006), 다이닛폰인쇄(2001), NEC(2002), 일본 유니시스(2003), 닛산(2004), 도요타(기능직, 2004), 야마타케(山武, 2004), 라쿠텐(2006), 삿포로맥주(2007), 히타치제작소(日立製作所, 2011), 세이코엡손(2012) 등을 사례로 들 수 있다. 한국에서는 한국타이어(2000), LG전자(2001), 포스코건설(2002), 금호아시아나그룹(2005), 코레일(2010), 삼성그룹(2014), 한국가스공사, 광업진흥공사, 한국도로공사, 한국동서발전, 한국수자원공사, LG화학(팀장 이상 직책자 역할급), 대한주택공사, KT 등을 사례로 들 수 있다.

| 표 II.1-6 | 코레일 직무역할급 연봉제

직무등급		직무 평가 지표
2급 이상 직원	디렉터(1~5급)	·지역본부장: 조직 규모, 업무량, 매출 규모, 선로 거리, CEO 평가 ·본사 실·단장: 조직 규모, 업무 비중, 책임도, 조직기여도, CEO 평가 ·상임이사: 매출액, 조직 규모, 업무 비중, 조직기여도, CEO 평가 ·부속기관장: 조직 규모, 업무량, 조직기여도, CEO 평가
	매니저(1~10급)	·팀장급: 직무 요건, 직무 특성, 책임도, 소통 네트워킹, CEO 평가 ·현업 역·소장: 직무 요건, 직무 특성, 책임도, 근무환경, CEO 평가 ·팀원: 직무 요건, 직무 특성, 책임도, 소통 네트워킹, 소속장 평가

주: 1) 전체 직무 등급 구조 = 29단계(2급 이상 직원 15단계 + 3급 이하 직원 14단계)
2) 임금 구성=기본 연봉(기준 연봉+직무역할급 연봉)+기타 수당+법정 수당+명절 휴가비+급식비+학비 보조+성과연봉
자료: 한국철도공사(2010).

8) 규정과 서식

역할급을 도입하기 위해서는 임금 규정과 평가 규정을 준비해야 한다. 역할급 도입에 대해 직원의 동의를 받고 노동부에 신고하기 위한 취업규칙변경동의서, 취업규칙변경신고서를 준비해야 한다.

9) 제도 설계

역할급을 설계할 때에는 적용 대상자, 역할평가제도, 역할등급제도, 임금 항목의 구성, 임금구조 유형, 임금구조, 임금표, 상여 및 복지 기준 등을 결정해야 한다.

7. 직무급

1) 정의와 특징

직무급(job-based pay, pay-for-job)은 직무가 지닌 가치를 기준으로 임금의 차이를 결정하는 고정임금제도다. 직원이 아닌 직무를 대상으로 각각의 가치를 확인해 그 차이에 따라 정한 임금을 지급한다. 가치가 더 높은 일을 하는 직원에게 더 많은 임금을 지급하기 위해 만든 제도다.

직무급에서 직무의 가치를 판단할 때에는 일반적으로 더 복잡할수록, 지식과 기술이 더 많이 필요할수록, 육체적으로 더 힘들수록, 업무환경이 더 힘들수록 더 가치 있는 일로 취급해 더 많은 임금을 지급한다. 직무급에서는 같은 일을 하면 누가 일을 하든 관계없이 같은 임금을 지급한다. 나이는 임금액과 관련이 없고, 근속기간이 늘어나더라도 임금이 그다지 증가하지 않는다. 기본적으로 더 많은 임금을 받고 싶은 직원은 가치가 더 높은 일, 즉 더 비싼 직무로 담당 업무를 계속 변경해야 한다. 직무급에서는 직원을 채용할 때 직무를 기준으로 임금을 결정하고, 채용 후에는 매년 인사 평가를 통해 임금 승급을 결정하며, 직무마다 정한 임금상한선에 도달하면 그 이상의 임금 승급이 어렵다.

2) 변화 추세와 통계

직무급은 미국에서 발전해 일반화된 제도다. 산업화 시대 이후 기업의 자의적인 임금 결정에 노동조합들이 대항해 대안으로 정착시켰으며, 20세기 초반에 확립되었다. 직무급 도입률에 관한 통계는 드물다. 2003년 조사 대상 기업 중 82%가 직무 평가 또는 직무 등급 설정을 실시하고 있는데, 이 결과를 간접적으로 직무급 도입률로 볼 수 있을 것이다(笹島芳雄, 2008: 45에서 재인용).

일본에서는 1945년 패전 후 10여 년 동안 철강, 전력, 조선, 제지, 전기 등의 업종에 속한 일부 기업에서 도입했으나 정착시키지 못했다. 1990년대 이후로는 외국계 기업을 중심으로 글로벌 경쟁을 의식한 기업에서 도입했다(스게노 카즈오, 2015: 305). 2001년에 직무급만으로 기본급을 구성한 기업은 5.2%, 직무급을 일부라도 포함시켜 기본급을 구성한 기업은 최소 20.7%에서 최대 48.2%로 나타났다(오학수, 2006b: 41에서 재인용). 2012년 상용 근로자가 30명 이상인 기업 가운데 72.5%(관리직층)~68.2%(비관리직층)가 기본급을 결정할 때 직무나 직종 등 업무의 내용을 기준으로 반영했다(厚生労働省, 2012: 18, 복수 응답).

한국에서는 1960~1970년대에 일부 기업에서 도입했으나 정착시키지 못했으며, 2000년대 이후 일부 기업에서 도입하고 있다. 2004년에 외국인 투자 기업 464개 가운데 15.1%가 도입하고 있는 것으로 나타났다(정승국·노광표·김혜진, 2014: 100). 2009년 조사 대상 기업 중 9.8%가 직무급에 활용하기 위해 직무 분석을 실시한 것으로 나타났다(배규식·김정우·김기민, 2012). 상시 근로자가 1명 이상인 기업 가운데 직무급을 도입하고 있는 기업은 2009년 34.4%, 2010년 41.9%, 2011년 32.8%, 2012년 29.4%, 2013년 24.2%, 2014년 12.2%, 2015년 13.4%, 2016년 12.2%로 조사되었고(임금근로시간정보시스템), 그중 66.7%(2016)에서만 직무 평가 제도를 운영하고 있는 것으로 나타났다(노동부, 2016e). 노동부에서는 직무급을 "업무 자체에 대한 평가를 실시하여 업무별로 기본급을 정하는 제도"로 정의해 통계조사를 하고(노동부, 2016a) 있기 때문에, '직무급' 통계에는 직무급과 함께 역할급도 포함되어 있을 수 있다고 보아야 할 것이다.

3) 관련 법률

어느 기업에서나 자율적으로 도입할 수 있다. '노동법'에는 직무급에 대해 직접 규정하는 내용이 없다. '노동법'에서는 직무 수행에 필요한 기술, 노력, 책임 및 작업조건 등을 기준으로 임금의 차이를 두는 것에 대해서는 부당한 차별로 보지 않는다(고평법§8②). 직무급은 직원에게 무조건 유리한 제도라고는 할 수 없기 때문에, 도입하기 위해서는 대상 근로자 과반수의 동의를 얻어야 한다(근기법§94, 벌금 500만 원 이하).

4) 장점

기업으로서는 합리적이고 객관적이며 체계적인 운영이 가능하고, 임금 배분의 공정성을 높일 수 있으며, 임금수준 결정의 객관성을 높일 수 있고, 인력을 효율적으로 활용할 수 있으며, 불합리한 인건비 상승을 방지할 수 있고, 널리 적용할 수 있다. 직원으로서는 동일 노동, 동일 임금 원칙에 맞는 공정한 대우를 받을 수 있다.

5) 단점

기업으로서는 제도를 도입하고 운영하는 데 시간과 비용이 많이 들고, 유연성이 부족해 변화에 대응하기 어렵고, 배치전환이 어려우며, 다기능화가 어렵고, 직원들의 협력이 어렵다. 직원들이 능력 개발이나 성과 향상보다 직무 변경에 관심을 기울이기 쉽고, 상위 계층 직원이나 과학기술 분야 직원에게는 적합하지 않다. 직원으로서는 직무 평가나 시장 임금 조사, 인사 평가 과정에서 객관성과 공정성이 확보되지 않을 경우 부당한 대우를 받을 수 있고, 직무 변경을 하지 않으면 임금 승급이 어려우며, 여성 직원이 불이익을 받을 수 있다.

6) 도입 조건

사용하는 기술이 자주 변하지 않고, 직무가 표준화되어 있으며, 직무가 자주 변하지 않고, 다른 직원의 업무를 대신해야 할 경우가 많지 않으며, 많은 교육훈련이 필요하지 않고, 직무 평가 기준, 직무 평가 과정, 주기적인 직무 재평가가 합리적이고 원활하게 이루어질 수 있으며, 기업 사이의 인력 이동이 비교적 자유로운 기업이나 환경에 적합하다.

7) 도입 사례

독일에서는 NRW 금속업종(2004~) 등을 사례로 들 수 있다. 일본에서는 신닛폰제철(1962), 다케다약품공업(1997) 등을 사례로 들 수 있다. 한국에서는 충주비료(1963), 금성사(1966), 한국전력(1967), 유공(1967), 포철(1971), 동아제약(1973), 한국타이어(1973), 금성전선(1973), 호남정유(1979), 유한킴벌리(사무직, 1997), 한국바스프(job pointed competency based pay, 1999), CJ(2000), 태평양(2001), 삼양사(2002), 오리온(2002), 외환은행(2002), 풀무원(2004), 정부 고위공무원단(2005), KOTRA(2005), DHL코리아(2005), 대우조선해양(2007), 인천국제공항공사(직무급, 2009~), 한국농수산식품유통공사(2010), 학교회계직원(기본급, 2014), 와이즈산전(직무능력급, 2015), 코엔스(직무급, 2015), X자동차사내하청기업(직무등급별 시급, 2015), 나이키스포츠코리아, 인텔코리아, 한국듀폰, 한국마이크로소프트, 한국쓰리엠, 한국피자헛(점장 이상 직무성과급제), HP코리아 등을 사례로 들 수 있다.

8) 규정과 서식

직무급을 도입하기 위해서는 임금 규정과 평가 규정을 준비해야 한다. 직무급 도입에 대해 직원의 동의를 받고 노동부에 신고하기 위한 취업규칙변경동의서, 취업규칙변경신고서를 준비해야 한다.

| 표 II.1-7 | 1971년 미국 US Steel 직무급

직무등급	직무 수	시간당 임률(달러)
1~2		9.876
3	42	10.011
4	60	10.146
5	67	10.281
6	45	10.416
7	45	10.551
8	78	10.686
9	56	10.821
10	47	10.957
11	43	11.092
12	33	11.227
13	25	11.362
14	26	11.497
15	23	11.632
16	21	11.767
17	6	11.902
18	9	12.037
19	3	12.173
20	3	12.308
21	1	12.443
22	0	12.578
23	4	12.713
24	4	12.848
25	0	12.984
26	1	13.118
27	2	13.253
28	2	13.389
29	0	13.524
30	0	13.659
31	0	13.794
32	1	13.929

자료: 박호환(2007: 127)에서 재인용.

9) 제도 설계

직무급을 설계할 때에는 적용 대상자, 직무 분석, 직무기술서, 직무 재설계, 직무 평가, 직급 체계, 직무 등급, 임금 항목 구성, 시장임금 조사, 직무급 임금구조, 직무급 승급 방법, 직무급 승격 방법, 성과 관리 기준 등을 결정해야 한다.

제2장

고정수당·상여금제도

1. 수당제도

1) 정의와 특징

수당은 주요 보상 항목이 수행하지 못하는 여러 가지 기능을 보완하기 위해 도입하는 적은 비중의 보조적인 보상 항목을 말한다.

일본과 한국에서 매우 활발히 도입해왔는데, 필요한 보상 항목을 만들고 이름 끝에 수당이라는 말을 덧붙이면 수당이 될 수 있다. 심지어는 구체적인 목적이나 기능이 불명확한 보상 항목이라도 형식적으로 적당한 이름을 붙이고 수당이라는 말을 덧붙여 도입하는 경우도 드물지 않다. 예를 들어 2002년에 X자동차의 노동조합조합원에게 적용하는 수당의 종류는 근속수당을 비롯해 모두 37개였으며, 그중 목적이나 기능이 불명확한 수당으로는 복지수당, 생산성향상수당, 업무능률향상비 등이 있었다(김영두·인수범·권혜자, 2004). 일본과 한국에서는 수당(手當)이라고 부르고, 미국에서는 wage and salary add-ons, premium pay, pay differentials, allowance, supplemental pay 등으로 부른다.

다양한 목적을 위한 수많은 수당을 분류하는 기준에 대해서는 매우 다양한 논의가 있으며, 일반적으로는 보상 기능 또는 보상 목적을 기준으로 수당을 분류한다. 예를 들면 생활 관련 수당, 업무 관련 수당, 능력 관련 수당으로 분류하기도 한다. 여기에서는 고정임금수당, 변동임금수당, 법정복지수당, 자율복지수당으로 분류한다.

| 표 II.2-1 | **수당 유형 분류**

수당 유형		예시	
		법정수당	자율수당
고정임금수당	미리 확정한 금액을, 정기적으로, 일한 기간에 비례해 지급해야 하는 수당		가족수당, 근속수당, 직급수당, 직능수당, 자격면허수당, 박사수당, 직책수당, 보직수당, 위험수당, 유해수당, 고열수당, 특수업무수당, 출납수당, 야간조수당, 직무환경수당, 조정수당 등
변동임금수당	지급하는 시점이 되어야 지급 여부나 지급액을 확정할 수 있는 수당	연장근로수당, 휴일근로수당, 야간근로수당, 고정OT수당 등	일직숙직수당, 호출수당, 개근수당, 정근수당, 영업수당 등
법정복지수당	기업이 의무적으로 도입해야 하는 복지제도에 해당하는 수당	주휴수당,* 연차수당,** 휴업수당, 해고예고수당 등	
자율복지수당	기업이 자율적으로 도입할 수 있는 복지제도에 해당하는 수당		통근수당, 주택수당, 단신부임수당, 격오지수당, 해외부임수당, 해외근무수당, 식대수당, 물가수당 등

주: * 한국의 법원에서는 주휴수당을 고정임금수당(통상임금)으로 인정하고 있다. 이 책에서는 주휴수당에 대해 수당 유형으로서는 법정복지수당으로 분류하고, 노동비용으로서는 노동부의 통계 기준에 따라 고정임금으로 분류하기로 함.
** 한국의 법원에서는 연차수당을 고정임금수당(통상임금: 연차휴가를 사용했을 때 임금을 깎지 않고 그대로 지급하는 금액) 또는 변동임금수당(평균임금: 연차수당을 사용하지 않았을 때 추가로 지급하는 금액)으로 인정함. 이 책에서는 연차수당에 대해 수당 유형으로서는 법정복지수당으로 분류하고, 노동비용으로서는 노동부의 통계 기준에 따라 각각 고정임금 또는 변동임금으로 분류하기로 함.

최근에는 정기 상여금 및 각종 수당과 관련해 임금 해당 여부, 통상임금 해당 여부 등을 둘러싸고 많은 법적 다툼이 벌어지고 있다. 2013년 이후 2017년 8월까지 100인 이상 사업장 중 192개 기업이 통상임금을 둘러싼 소송에 휘말렸다(≪한국경제신문≫, 2017년 8월 29일 자).

2) 변화 추세와 통계

미국은 도입하는 수당의 종류가 매우 적다(笹島芳雄, 2008: 48~49). 2015년 민간 기업의 노동비용 가운데 수당으로 볼 수 있는 금액이 차지하는 비중은 최대 7.9%(연장/휴일수당 0.8%, 야간수당 0.2%, 유급휴가급여 6.9%. 이 가운데 유급휴가급여에 대해서는 임금 항목이 아닌 복지 항목으로 취급하는 것이 일반적임) 정도로 추정할 수 있다(BLS, 2015년도 분기별 보도 자료 평균값).

일본에서는 수많은 수당을 매우 활발히 도입하고 있다(吉田壽, 2010: 170; 高橋宏, 2007: 29). 가족수당, 직책수당, 통근수당이 대표적인 3대 수당이다(楠田丘, 2010: 135). 2014년에 상용근로자 30명 이상 기업에서 고정임금(소정 내 임금) 금액 가운데 기본급은 86.4%, 여러 수당은

13.6%를 차지하는 것으로 나타났고, 절반 이상의 기업에서 도입하고 있는 수당은 통근수당(91.7%), 직책수당(87.7%), 가족수당(66.9%)이다(厚生勞働省, 2015: 19~20). 2015년에 상용 근로자 30명 이상 기업의 노동비용 총액에서 모든 수당이 차지하는 비중은 13.6%(고정임금수당 8.1%, 변동임금수당 5.5%) 정도로 추정할 수 있다(厚生勞働省, 2017, 2015를 기초로 추정).

한국에서도 여러 수당이 매우 발달되어 있다. 2007년에 1년 동안 지급한 임금 중 수당이 차지하는 비중은 27.5%로 나타났다(통상수당+기타 수당+초과 급여)(류성민·김선웅, 2008: 93을 기초로 계산). 2014년의 단체협약 가운데 36.2%가 수당의 개수에 대해 규정을 두고 있고, 그중 7개 이내인 경우를 모두 합치면 80.9%로 나타났고, 40.8%가 수당의 종류에 대해 규정을 두고 있으며, 도입률로 보면 가족수당(24.7%), 근속수당(23.6%), 직책수당(16.6%) 순서로 나타났다(박명준·조성재·문무기, 2014: 158, 161). 2015년에 상용 근로자 30명 이상 기업의 노동비용 총액에서 모든 수당이 차지하는 비중은 21.6%(통상수당 7.9%, 기타 수당 3.7%, 초과 수당 10.1%) 정도로 추정할 수 있다(고용노동통계포털; 류성민·김선웅, 2008을 기초로 추정).

3) 관련 법률

법정 수당에 대해서는 의무적으로 도입해야 하고, 나머지 수당에 대해서는 어느 기업에서나 자율적으로 도입할 수 있다. '노동법'에는 수당에 대해 직접 규정하는 내용은 없고, 법정 수당에 대해서는 개별적으로 '근로기준법' 등에서 규정하고 있다. 상시 근로자가 10명 이상인 기업은 임금에 해당하는 수당에 대해 취업규칙에 수당의 결정, 계산, 지급 방법, 산정기간, 지급 시기, 승급에 관한 사항 등을 명시하여 신고해야 하고(근기법§93, 과태료 500만 원 이하), 수당을 변경할 때에는 근로자 과반수의 의견을 듣거나 동의를 얻어야 한다(근기법§94, 벌금 500만 원 이하).

4) 장점

기업으로서는 필요할 때 손쉽게 도입할 수 있고, 적은 비용으로 운영할 수 있어 위험 부담이 적으며, 보상의 목적이나 기능을 전달하기 쉬워 동기부여 효과가 크고, 운영하는 데 많은 시간과 노력이 필요하지 않다. 직원으로서는 주요 보상 항목이 지닌 문제점을 해소할 수 있고, 단순하고 명확히 이해하기 쉽다.

5) 단점

기업으로서는 수당의 종류나 비중이 과도하게 증가하기 쉽고, 수당의 종류가 늘어나면 운영하는 데 많은 시간과 노력이 필요하며, 수당의 종류가 많아지면 동기부여 효과가 분산되어 미약해질 수 있고, 수당의 성격과 관련해 적법성을 유지하기 어려우며, 수당의 성격과 관련해 법률적인 다툼이 발생하기 쉽다. 직원으로서는 주요 보상 항목들이 취약해질 수 있고, 수당의 종류가 많아지고 복잡해지면 이해하기 어려우며, 주요 보상 항목의 최소화나 정체 또는 법정 수당이나 법정 임금의 미지급 또는 축소 지급 등 불이익을 당하기 쉽다.

6) 규정과 서식

상시 근로자가 10명 이상인 기업은 임금에 해당하는 수당을 명시할 취업규칙을 준비해야 하고, 수당을 변경할 때에는 취업규칙의견청취서, 취업규칙변경동의서, 취업규칙변경신고서 등을 준비해야 한다(근기법§93~94).

| 표 II.2-2 | 자동차 부품 업체 B사의 자율 수당과 도입 시기

면허수당	1984~1985년
특수수당	1987년 10월 1일
금형수당	1987년 11월 1일
프레스수당	1989년 3월 1일
복지수당	1991년 3월 1일
생산수당	1991년 3월 2일
가족수당	1995년 3월 1일
근속수당	1997년 8월 1일
직급수당	2004년 1월 1일
직책수당	2004년 1월 1일
제도수당	2004년 1월 1일
조정수당	2004년 1월 1일

자료: 김영두·인수범·권혜자(2004: 82) 참조.

| 표 II.2-3 | **최근에 대법원에서 통상임금이라고 판결한 정기상여금제도 사례**

- ·주식회사금아리무진 상여금(2012년 3월 29일)
- ·갑을오토텍주식회사 상여금(2013년 12월 18일)
- ·에스앤티모티브주식회사 상여금(2014년 5월 29일)
- ·한국지엠주식회사 업적 연봉(2015년 11월 27일)
- ·한국노동교육원 정기 상여금(성과 연봉)(2016년 1월 14일)

자료: 대법원 판례 참고.

2. 고정정기상여금제도

1) 정의와 특징

고정정기상여금제도는 단체협약, 취업규칙, 근로계약 등에 지급 조건, 지급액(률), 지급 시기를 정하고 있거나 실제로 지급이 관례가 되어, 일정한 기간마다 일정한 금액을 당연히 지급받을 수 있다고 기대할 수 있는 고정임금제도다(한국노동연구원, 2017: 55). 일반적으로 반기, 분기, 격월, 매월 등 일정한 기간마다 정해진 날에 정해진 금액을 지급하며, 정해진 날 전이나 후에 입사하거나 퇴사하면 근무한 날수만큼 일할 계산해 지급한다.

고정정기상여금제도에는 상여금이라는 명칭이 붙어 있으나, 상여금이라면 갖추어야 할 변동적인 특성은 찾을 수 없고 고정임금으로서의 특성밖에는 없기 때문에, 고정임금으로 취급해야 하고, 명칭도 고정임금 또는 기본임금이라고 부르는 게 더 합리적이라고 할 수 있다. 단체협약, 취업규칙, 근로계약 등에 지급 의무를 명시하고 있고, 정기적이고 일률적으로 지급하며, 고정 금액 또는 일정한 지급률을 지급하는 고정정기상여금제도는 통상임금에도 해당할 수 있다.

고정정기상여금제도는 통상임금이 증가하는 것을 회피해 법정 수당 증가를 방지하고 인건비 증가 효과를 완화하기 위한 방안으로 활용하는 경우가 많다. 그러나 최근에는 법원에서 고정정기상여금제도를 통상임금으로 인정하는 추세이기 때문에 그와 같은 목적의 운영 방식은 더는 가능하지 않은 상황이 되었다.

기업에서는 상여금, 정기 상여, 고정 상여, 기본 상여 등으로 부르거나, 더 나아가 체력단련비, 자기 계발 지원비, 가계보조비, 복리후생비 등 사실상 실질적으로는 의미 없는 다양한 명칭을 붙이고, 그 명칭을 근거로 변동임금 항목 또는 자율복지 항목으로 취급하면서 고정정기상여금제도로 인정하지 않는 경우도 적지 않다. 물론 여기에서 예로 든 명칭의 임금 항목이 무조건 모두 고정임금제도인 고정정기상여금제도에 해당하는 것은 아니며, 앞에서 제시한 요건을 갖추지 않으면 고정정기상여금제도로 취급할 수 없다.

일본이나 한국에서의 '상여금'제도는 부르는 이름만으로는 구체적이고 실질적인 특성을 파악할 수 없기 때문에 고정정기상여금제도(특별한 시기와 관계없이 격월 등 일정한 기간마다 미리 정한 금액을 지급하고 지급일 전에 퇴직하면 일할 계산하여 지급), 정기일시상여금제도(특별한 시기와 관계없이 격월 등 일정한 기간마다 미리 정한 금액을 지급하되 지급일 전에 퇴직하면 미지급), 명절고정상여금제도(명절 같은 특별한 시기에 미리 정한 금액을 지급), 명절변동상여금제도(명절 같은 특별한 시기에 기업의 경영실적에 따라 금액을 결정해서 지급) 가운데 어느 것에 해당하는지 구분해 도입하거나 관리할 필요가 있다.

2) 변화 추세와 통계

미국에서는 이 책에서 말하는 고정정기상여금제도는 찾아보기 어렵다.

일본에서도 이 책에서 말하는 고정정기상여금제도는 찾아보기 어렵고, 대신 정기적으로 여름상여(6월경, お盆)와 겨울상여(12월경, 暮れ)를 회사 실적을 고려해 지급하는 명절상여금제도가 일반화되어 있다.

한국에서는 2007년 임금액 중 고정상여금액이 차지하는 비중이 15.1%로 나타났다(류성민·김선웅, 2008: 26). 2008년 취업규칙 가운데 63.0%가 상여금 지급 기준에 대한 규정을 두고 있고, 그중 35.7%가 기본급을 상여금 지급 기준으로 규정하고 있다(김정한·문무기·윤문희, 2008: 70). 2008년 취업규칙 가운데 58.2%가 상여금 지급률에 대한 규정을 두고 있고, 그중 52.9%가 구체적인 지급률을 명시하지 않고 규정하며, 14.1%는 100~200%, 11.3%는 201~300%, 9.9%는 301~400%, 9.9%는 500% 이상으로 각각 규정하고 있다(김정한·문무기·윤문희, 2008: 71). 2008년 취업규칙 가운데 71.5%가 상여금 지급 시기를 규정하고 있고, 그중 33.8%가 지급 시기를 명시하지 않고 규정하며, 22.1%가 별도 규정으로, 18.9%가 설날로, 17.9%가 추석으로, 14.0%가 하기휴가로 각각 규정하고 있다(김정한·문무기·윤문희, 2008: 72~73). 2014년의 단체협약 중 30%가 상여금(고정 또는 정기)을 규정하고 있고, 2%가 고정 상여금을 통상임금에 포함시키고 있는 것으로 나타났다(박명준·조성재·문무기, 2014: 150, 156).

3) 관련 법률

어느 기업에서나 자율적으로 도입할 수 있다. '노동법'에는 고정정기상여금제도에 대해 직접 규정하는 내용이 없다. 상여에 대한 사항은 취업규칙에 명시해야 한다(근기법§93.5, 과태료 500만 원 이하). 상여금은 매월 1회 이상 지급하지 않고 1개월을 초과하는 기간마다 또는 부정기적으로 지급할 수 있다(근기령§23.3). 상여금을 일정 금액 또는 일정 비율로 일정한 기간마다 고정적·정기적으로 지급하면, 상여금 지급일 도래 전에 퇴직한 근로자도 이미 근로를 제공한 기간에 해당하는 상여금을 근로의 대가로 청구할 수 있다(대판 1981.11.24, 81다카174; 법무 811-33935, 1980.12.22; 임금 68220-137, 1993.3.15; 하갑래, 2014: 805에서 재인용). 상여금 지급 기일에 재직할 것을 그 지급 조건으로 정하는 것(지급 기일 전에 퇴직하는 자에게는 상여금을 지급하지 않는다고 정하는 것)은 원칙적으로 무효로 보아야 한다는 해석(임종률, 2015: 413)도 있고, 단체협약, 취업규칙, 근로계약 등에 명시적으로 상여금 지급 대상자를 "재직 중인 자에 한한다"라고 규정하더라도 이는 유효하다(임금 68207-249, 1993.4.29; 하갑래, 2014: 805에서 재인용)는 해석도 있다.

4) 장점

기업으로서는 통상임금 인상을 회피해 법정 수당 증가를 방지하고 인건비 증가 효과를 완화할 수 있었다. 직원으로서는 기본급 인상이 어려울 때 기대할 수 있는 차선의 임금 인상 방법이었다.

5) 단점

기업으로서는 더는 비통상임금으로 운영할 수 없고, 법적 다툼이 발생할 수 있다. 직원으로서는 기업이 스스로 통상임금으로 변경하지 않을 경우 법적 다툼을 위해 비용과 시간을 들여야 한다.

6) 도입 사례

한국에서는 LG화학(상여금 800%, 2005), 삼성중공업(상여금 700%, 2008), 르노삼성자동차(정기 상여금 500%, 2011), 주식회사Y(상여금 600%, 2011), 강원랜드(정기 상여금 600%, 2013), 경희의료원(상여금 930%, 2013), 고려대의료원(상여금 1000%, 2013), 국립중앙의료원(상여금

| 표 II.2-4 | **2013년 충남대병원 고정정기상여금**

제58조(상여금) ① 병원은 전 조합원에게 다음과 같이 상여금을 지급한다. 1. 지급 시기: 5월, 11월 2. 지급 기준: 봉급의 50%, 연 100% ② 상여금 지급일 이전에 입사, 복직, 휴직, 퇴직자의 상여금은 일할 계산한다.

자료: 충남대병원 단체협약.

600%, 2013), 기아자동차(상여금 750%, 2014), 현대자동차(상여금 750%, 2013), 한국지엠(상여금 700%, 2014), 대구○○방송(정기 상여금 700%, 2014), 포스코(기본 상여 400%, 체력단련비 50%, 월동비 100%, 2004), ○○중공업(기간 상여, 연간 상여, 2015) 등을 사례로 들 수 있다. 현대자동차에서는 1990년 600%, 1993년 650%, 1995년 700%, 2007년 750%로 증가해왔다(김정한·김동배·문무기 외, 2009: 239~240). 포스코에서는 950%(1993~1996) → 600%(1997~1998) → 550%(1999년 이후)로 변화해왔다(박호환·박우성, 2004: 59).

7) 규정과 서식

고정정기상여금제도를 도입하기 위해서는 근로자 10인 이상 기업의 경우 취업규칙을 작성해 신고해야 한다.

8) 제도 설계

고정정기상여금제도를 유지 또는 변경할 때에는 통상임금 해당 여부를 확인해야 하며, 통상임금에 해당할 때에는 기본급에 통합하거나 통합하지 않고 통상임금으로 운영 방법만 변경할 수 있다.

제3장

개인인상제도

1. 고정임금조정제도의 정의와 구분

1) 정의와 특징

고정임금조정제도(pay adjustment)는 개인이나 집단의 고정임금 금액을 증가 또는 삭감하는 원칙과 절차를 말한다. 일반적으로 기업에서는 개인이나 전체 직원의 고정임금 금액을 해마다 또는 몇 년마다 증가시키는 조치를 하며, 드물게는 삭감하는 조치도 한다. 이렇듯 여러 가지 조치의 결과가 모여 개인 또는 전체 직원의 고정임금의 평균적인 수준이나 평균적인 증가율이 형성된다.

전체 직원에게 적용해온 고정임금구조나 고정임금 수준을 전체적이고 집단적으로 한꺼번에 조정하는 것을 일괄인상제도[인상(引上), 임금 인상, 베이스업 등으로 부르는 경우도 흔하다], 전체적인 고정임금구조나 고정임금 수준을 그대로 유지한 채 그 테두리 안에서 개인들의 고정임금만 조정하는 것을 개인인상제도[승급(昇給) 또는 개인 승급으로 부르는 경우도 흔하다]로 구분할 수 있다. 일반적으로 개인 인상은 고정임금제도 자체에 포함되어 있는 원칙과 절차에 따라 일정한 기간마다 정기적으로 실시한다. 개인인상제도는 개인의 직급 또는 임금 등급은 그대로 유지한 채 금액만 조정하는 등급 내 승급과, 개인의 직급 또는 임금 등급을 변경시키고 금액도 조정하는 등급 간 승급으로 다시 구분할 수 있다. 등급 내 승급에는 호봉제승급제도, 임금피크제, 연봉제, 직무성과승급제도 등이 있다. 등급 간 승급에는 승격이나 승진이 있다.

| 표 II.3-1 | **고정임금조정제도 구분**

개인인상제도		일괄인상제도	
등급 내 승급	등급 간 승급	법정 인상	자율 인상
·호봉제승급제도 ·임금피크제 ·연봉제 ·직무성과승급제도	·승격 ·승진	·최저임금제	·생활임금제 ·물가연동인상(COLA) ·고정임금구조 인상

일괄 인상은 고정임금제도 자체를 대상으로 하거나, 고정임금제도와는 별도의 의사 결정에 따라 부정기적으로 필요할 때마다 실시하는데, 최저임금제처럼 해마다 실시하기도 한다. 일괄인상제도는 다시 법률에 따른 법정 인상과 기업 스스로 결정할 수 있는 자율 인상으로 구분할 수 있다. 법정 인상에는 최저임금제가 있다. 자율 인상에는 생활임금제, 물가연동인상(COLA), 고정임금구조 인상 등이 있다.

2) 변화 추세와 통계

스웨덴에서는 최근 5년간(2010~2014) 임금증가율이 연평균 2.2%(명목)와 1.2%(실질)로 나타났다(한국노동연구원, 2016a: 63~64을 근거로 계산).

독일에서는 최근 5년간(2010~14) 임금증가율이 연평균 2.7%(명목)와 1.1%(실질)로 나타났다(한국노동연구원, 2016a: 63~64을 근거로 계산).

미국에서는 최근 5년간(2010~2014) 임금증가율이 연평균 2.2%(명목)와 0.5%(실질)로 나타났고(한국노동연구원, 2016a: 63 계산함), 고정임금의 증가율은 최근 5년간(2012~2016) 연평균 2.5%, 2016년 2.6%로 나타났다(BLS 분기별 보도 자료로 계산).

체코에서는 최근 5년간(2010~2014) 임금증가율이 연평균 1.8%(명목)와 0.5%(실질)로 나타났다(한국노동연구원, 2016a: 63~64을 근거로 계산).

이탈리아에서는 최근 5년간(2010~2014) 임금증가율이 연평균 1.1%(명목)와 -0.6%(실질)로 나타났다(한국노동연구원, 2016a: 63~64을 근거로 계산).

일본에서는 최근 5년간(2010~2014) 임금증가율이 연평균 -0.1%(명목)와 0.3%(실질)로 나타났다(한국노동연구원, 2016a: 63~64을 근거로 계산).

한국에서는 최근 5년간(2010~2014) 임금증가율이 연평균 2.7%(명목)와 0.6%(실질)로 나타났고(한국노동연구원, 2016a: 63~64을 근거로 계산), 10명 이상 기업의 상용 근로자 1인당 정액

급여(시간 외 수당을 제외한 모든 수당과 기본급의 합계 금액으로 고정임금과 비교적 가깝다고 할 수 있음)의 증가율은 최근 5년(2012~2016) 연평균 4.0%, 2016년 3.3%로 나타났다(한국노동연구원, 2017: 58을 근거로 계산).

3) 관련 법률

어느 기업에서나 자율적으로 도입할 수 있다. 다만 최저임금제에 따른 인상에 대해서는 상시 근로자가 1명 이상인 모든 기업에서 의무적으로 준수해야 한다. '노동법'에는 고정임금조정제도에 대해 직접 규정하는 내용이 없다. 상시 근로자가 10명 이상인 기업에서 취업규칙을 운영할 때에는 그 내용에 "임금의 결정·계산·지급 방법, 임금의 산정기간·지급시기 및 승급(昇給)에 관한 사항"을 포함시켜야 한다(근기법§93.2, 과태료 500만 원 이하).

4) 규정과 서식

상시 근로자가 10명 이상인 기업에서 승급에 관한 사항을 포함시킨 취업규칙을 작성·변경·신고할 때에는 취업규칙의견청취서, 취업규칙변경신고서를 준비해야 한다.

5) 제도 설계

고정임금조정제도를 설계할 때에는 개인인상제도와 일괄인상제도가 전체적인 정책과 조화를 이루면서 일관성을 유지할 수 있도록 외부공정성(구성) 정책, 외부공정성(수준) 정책을 고려해 설계해야 한다.

2. 호봉제승급제도

1) 정의와 특징

호봉(號俸, pay step)은 사전상으로 직계나 연공 따위를 기초로 정하는 어떤 급여 체계 안에서의 등급을 말한다. 호봉제승급제도는 근속기간, 즉 한 기업이나 특정 직무에서 근무한 기간을 기준으로 개인의 고정임금을 정기적으로 자동 승급시키는 개인인상제도를 말한다.

서구에서는 step progression, seniority-based increase, seniority-based pay adjustment, seniority pay system, longevity pay system, pay scales, incremental progression, automatic time-serve pay progression 등으로 부른다. 일본이나 한국에서는 정확히 호봉제승급제도에 초점을 맞춘 명칭을 찾기 쉽지 않고, 정승(定昇), 정기 승급, 기본급표에 의한 정기 승급, 호봉제, 직급별 호봉제, 호봉급 등으로 다양하게 부르며, 호봉제를 근속급과 동일한 용어로 취급(노동부임금근로시간정보시스템)하는 경우도 있다.

호봉제는 어디까지나 고정임금제도에서 개인의 고정임금 금액을 인상 또는 조정하는 여러 가지 방식 중 하나이며, 고정임금제도가 아니라 개인인상제도에 해당한다.

개인인상제도는 크게 자동 인상 방식과 차등 인상 방식으로 구분할 수 있고, 자동 인상 방식에는 호봉제 승급 방식, 임금피크제 등이 있으며, 차등 인상 방식에는 연봉제, 직무성과 승급제도 등이 있다. 호봉제의 반대말을 연봉제라고 하는 것이 틀린 것은 아니나 정확하다고 할 수도 없다. 호봉제 승급 방식을 근간으로 하는 임금제도를 연공급(seniority wages)이라고 부르기도 한다. 이 책에서는 호봉표를 운영하면서 근속기간을 기준으로 정기적으로 자동 승급시키는 승급 방식을 호봉제승급제도라 부르기로 한다.

호봉제승급제도의 이면에는 시간이 지날수록 기업에 대해 직원의 가치가 증가할 것이며, 시간이 지나도 임금이 오를 것이라 확신하지 못하면 가치가 높아진 직원은 회사를 그만둘 것이라는 가정이 깔려 있다. 따라서 직원이 근속기간에 비례해 기술을 습득하고 개선하는 데 대해 보상을 지급한다(Martocchio, 2011: 58; 황수경·강순희). 호봉제승급제도를 꼭 근속급에만 도입하는 것은 아니며 직무급에도 도입하는 경우가 있다(<표 II.3-2>).

| 표 II.3-2 | **직무급에서의 호봉제승급제도 사례**

직군 \ step	1	2	3	4		18	19	20
A	25,000	26,125	27,301	28,530		52,837	55,215	57,700
B	35,000	36,575	38,221	39,941	......	73,968	77,297	80,775
C	50,000	52,000	54,000	56,243		97,396	101,292	105,343
D	65,000	66,950	68,959	71,082		107,434	110,657	113,976
E	85,000	87,550	90,177	92,882		140,493	144,708	149,050

자료: 박호환(2007: 131)에서 재인용.

일반적으로 근속급에서는 근속기간을 기준으로 매년 개인의 임금을 자동으로 인상하는 호봉제승급제도를 운영한다. 연령급과 직능급에서는 공식적으로 근속기간을 기준으로 하지는 않지만, 사실상 근속기간을 반영해 매년 개인의 임금을 거의 자동으로 인상하는 승급제도를 운영한다. 반면에 기술급, 역량급, 역할급, 직무급 등에서는 일반적으로 인사 평가 결과를 기준으로 하는 차등 인상 방식을 운영한다. 그러나 직무급에서도 서구에서나 국내에서나 일부 기업에서는 근속기간을 기준으로 매년 개인의 임금을 자동으로 또는 차등해서 인상하는 호봉제승급제도를 운영하기도 한다(김동배, 2014: 23; Martocchio, 2011: 58; Lim et al., 2010: 408; Shields, 2007: 250; 박호환, 2007: 11; 안희탁, 1999: 34~35).

2) 변화 추세와 통계

영국에서는 공공 부문 기업 중 58%, 모든 기업 중 20%가 임금등급표제도(pay scales, 직무급에서의 호봉제승급제도라고 할 수 있음)를 운영하고 있다(Shields, 2007: 251).

미국에서는 고정임금의 승급 방법에는 고과 승급이 92%, 종합 승급이 45%, 직무 능력 승급이 32%, 근속 연수 승급이 24%를 차지하고 있다(안희탁, 1999: 34~35, 복수 응답). 2011년 현재, 대다수 민간 부문 유노조 기업과 공기업은 여전히 직원의 근속기간을 기준으로 고정임금을 지급하고 있으나, 민간 기업에서는 사라질 상황에 놓여 있다(Martocchio, 2011: 59~60). 법률에서는 동일한 사업장 안에서는 동일노동에 대해 동일임금을 지급하는 것을 원칙으로 하고 있지만, 선임권 제도(근속기간에 따른 차등), 업적급 제도, 생산량과 질에 근거한 매출액 임금지급제도 등에 따른 임금 차등에 대해서는 적법한 것으로 인정한다(이승길, 2005: 250).

일본에서는 후생노동성에서 정기 승급을 "해마다 일정한 시기를 정해 그 기업의 승급제도에 따라 실시하는 승급"이라고 정의하는데, 직무성과승급제도(해마다 시기를 정해 실시하는 능력 업적 평가를 통한 평가 승급)도 정기 승급에 포함시킨다(厚生勞働省, 2014d: 3). 일본생산성본부에서는 정기 승급을 "연령이나 근속 연수에 따라 정기적으로 승급이 있는 오른쪽 상단 방향으로 상승하는 곡선으로 나타나는 제도"라고 정의한다(日本生産性本部, 2014: 1). 2013년 상장 기업 172개 가운데 67.6%가 정기승급제도를 운영하고 있고(일정한 나이까지만 승급이 가능한 정기승급제도는 50%, 정년까지 승급이 가능한 정기승급제도는 17.6%), 그중 72.3%는 정기승급제도를 그 상태로 계속 유지하겠다고 응답했다(日本生産性本部, 2014: 1~2). 2014년에 상용근로자 100명 이상 기업 중 직무성과승급제도를 포함해 정기승급제도가 있는 기업은 관리직

73.0%부터 일반직 80.0%로 나타났다(厚生勞働省, 2014d: 7).

한국에서는 호봉제와 정기승급제는 연공임금과 함께 1960년대 중반부터 생성·확립되었다(최종태·박준성·이준우, 2007: 50). 2005년 경총이 정기승급제도에 대해 조사한 결과에 따르면 사무직은 66.7% 생산직은 80.3%가 도입하고 있다. 제도를 폐지한 기업의 경우 그 이유로는 성과급제 도입이 87.0%, 인건비 부담이 9.7%로 나타났고, 연간 호봉 승급은 1호봉이 51.5%(사무직) 또는 42.8%(생산직), 2호봉이 39.4%(사무직) 또는 44.0%(생산직)로 나타났으며, 제도를 유지하는 이유로는 근로자 생활 안정이 33.6%, 노동조합의 반대가 32.2%, 근로자 장기근속 유도가 30.7%로 나타났다. 정기 승급에 따른 임금 인상 효과는 임금 총액 대비 1.96%, 통상임금 대비 2.05%로 나타났고, 정기 승급에 따른 인건비 부담 정도는 매우 부담 3.5%, 약간 부담 51.0%, 별로 부담 안 됨 41.3%, 전혀 부담 안 됨 4.2%로 나타났으며, 향후 계획으로는 현행 유지 51.7%, 탄력적 유지 28.0%, 점진적 폐지 14.7%, 승급액 감액 2.8%로 나타났다(경총, 2005: 2~6). 2008년 취업규칙 가운데 30.4%가 정기 승급에 관한 규정을 두고 있고, 11.1%가 특별 승급에 관한 규정을 두고 있는 것으로 나타났다(김정한·문무기·윤문희, 2008: 77~78). 2015년 상용 근로자가 100명 이상인 기업 중 최소한 54.2% 이상이 호봉제 승급제도를 도입하고 있는 것으로 나타났다(노동부, 2016d. '호봉표 있음' 비율을 계산함).

3) 관련 법률

어느 기업에서나 자율적으로 도입할 수 있다. '노동법'에는 호봉제승급제도에 대해 직접 규정하는 내용이 없다. 일반적으로 근로자의 근속기간에 따라 임금에 차등을 두는 것을 불합리한 차별로 보지 않는다(하갑래, 2014: 154).

4) 장점

기업으로서는 운영하는 데 노력과 시간이 적게 들고, 불공정한 처우나 그에 따라 갈등이 발생할 가능성을 줄일 수 있으며, 직원 사이의 협력을 유지하는 데 도움이 된다. 직원으로서는 공정한 대우를 받는 데 도움이 된다.

5) 단점

기업으로서는 능력 향상이나 성과 향상을 위한 동기부여가 곤란하고, 성과나 기여도가 높은 직원에 대해 보상을 하기 곤란하다. 직원으로서는 성과나 기여도에 따라 보상을 받을 수 없다.

6) 도입 조건

노동조합은 세계 어디서나 개인인상제도와 관련해 차등 인상 제도보다는 자동 인상 제도인 호봉제승급제도를 선호하는 경향이 있다(Mondy, 2012: 277).

7) 도입 사례

미국에서는 로드아일랜드 여성·아동병원(2004), 엑슨모빌(2005), 보스턴 공립학교(2006) 등을 사례로 들 수 있다. 한국에서는 한전(1964), 금성사(1965), 한국유리(1969), 포스코(1969), 현대중공업(1979), 한국전자(현재 KEC 1991), 두산그룹(~1993), 유한킴벌리(단일호봉제, 1993), 제일합섬(1993), LG전자(1994), LG전선(1994), 포스코휼스(1994), 삼성전자(1995), 효성(1995), 동양제과(~1996), 대한항공(1999), 신한은행(밴드형 호봉제, 1999), 한진해운(2000), GS칼텍스 정유(생산기술직 단일호봉제, 2001~), 비유와상징(2004), 현대자동차(2006년 4월 1일 도입), 건국대학교병원(2005), 삼성중공업(2008), 경희의료원, SL, 연세의료원, 울산병원 등을 사례로 들 수 있다.

8) 규정과 서식

호봉제승급제도를 도입하기 위해서는 임금 규정과 호봉표를 준비해야 한다. 임금 규정과 호봉표는 취업규칙의 일부로 취급해야 하기 때문에 도입하거나 변경할 때에는 취업규칙 변경동의서, 취업규칙변경신고서를 준비해야 한다.

9) 제도 설계

호봉제승급제도를 설계할 때에는 호봉표를 설계해야 하는데, 대상자, 호봉표의 유형, 등급별 초임과 상한액, 호봉승급액, 승격승급액 등을 결정해야 한다.

3. 임금피크제

1) 정의와 특징

임금피크제는 직원의 정년을 보장하거나 연장시키는 대신 일정 연령부터 임금이나 근로시간을 줄이는 개인인상제도다. 일반적으로 연령급·근속급·직능급 제도에서 도입하며, 55세 이후부터 임금을 줄이고 대신 정년까지 고용을 보장한다. 임금피크제에서는 일정 연령부터 단계적으로 임금을 삭감하고, 임금의 자동 승급이나 직급 승격·승진은 제외하며, 업무 내용은 조정하고, 퇴직금 중간 정산을 실시하며, 전체 직원에게 일괄적으로 적용하는 임금 인상(base-up)은 같이 적용하고, 복지에 대해서는 이전과 동일하게 적용하며, 정년까지 고용을 보장한다. 임금피크제 유형은 정년보장형, 정년연장형, 고용연장형 세 가지로 나눌 수 있다.

| 표 II.3-3 | 유형별 임금피크제 도입 사례

유형	내용	도입 시기
정년보장형	·서울신문 - 정년 보장(만 55세) - 만 51세부터 감액 90%, 85%, 80%, 75%, 75%	2007년 3월
정년연장형	·LG전자 - 정년 연장(만 55세 → 만 58세) - 56세부터 10%씩 삭감(90%, 80%, 70%)	2007년 3월
고용연장형	·한국산업은행 - 정년퇴직 후 재계약(만 55세 → 만 59세) - 계약직으로 재채용, 직무 전환, 직전 연봉의 80%, 70%, 60%, 50%	2005년 1월

자료: 노동부(2009b: 25~26)를 수정.

2) 변화 추세와 통계

미국에는 일부 예외적인 경우를 제외하면 정년제도가 없고, 따라서 임금피크제도도 없다. 미국에서는 연령을 이유로 채용, 해고, 보수, 근로조건 등을 차별하는 것을 법률[고용상 연령차별금지법]로 금지하고 있고, 일정한 나이를 기준으로 강제 퇴직하게 하는 제도를 원칙적으로 금지하고 있다.

일본에서는 1970년대부터 정년 연장의 필요성과 그에 따른 임금제도 개선 방법에 대해 공식적으로 논의하고 연구를 진행했다. 이후 자율적으로 60세 정년제를 도입하면서, 55세 이후 임금을 동결하거나 삭감하는 제도를 도입하는 기업이 꾸준히 늘어났다. 1996년 현재 60세 정년제를 도입한 기업이 이미 88.3%였다. 1998년에는 60세를, 2006년에는 65세를 법적 정년으로 시행했다.

임금피크제는 한국에서 사용하는 용어다. 한국에서는 1997년 외환위기 이후 고령층의 조기 퇴직이 일반화되는 과정에서 고령층의 고용을 보장하는 대신 임금을 삭감하는 방식에 합의를 하면서 2003년부터 임금피크제를 도입했다. 2006년부터 정부의 재정 지원에 따라 도입이 늘어났고, 이후 인구고령화, 국민연금 지급 연령 조정, 60세 법정 정년 실시(2016)에 따라 관심이 커졌다. 상시 근로자가 1명 이상인 기업 중 임금피크제를 도입하고 있는 기업은 2009년 1.7%, 2010년 2.7%, 2011년 2.0%, 2012년 9.6%, 2013년 8.3%, 2014년 9.9%, 2015년 12.1%로 나타났고(노동부, 각 연도), 그중 정년보장형은 32.4%, 정년연장형은 37.2%, 재고용형은 30.4%가 도입(2015)하고 있는 것으로 나타났다(노동부, 2016d). 노동부에서는 임금피크제를 "근로자의 고용연장(정년연장 또는 정년퇴직 후 재고용 등)을 위해 일정 연령을 기준으로 급여를 동결시키거나 삭감하는 제도"로 정의하고 통계조사를 하고 있다(노동부, 2016a).

3) 관련 법률

어느 기업에서나 자율적으로 도입할 수 있다. 임금피크제는 '고용보험법', '근로자퇴직급여보장법'에서 직접 규정하고 있고, '근로기준법', '고용상 연령차별금지 및 고령자고용촉진에 관한 법률'에도 관련 조항이 있다. 근로자의 정년은 2016년부터는 60세 이상으로 정해야 한다(연령법§19, 1단계로 2016년 1월 1일부터 300인 이상 사업장과 공공 기관과, 지방 공사와 지방 공단에 적용하고, 2단계로 2017년 1월 1일부터 나머지 사업장에 적용함). "고령자와 준고령자의 고용안정 및 취업의 촉진 등을 목적으로 임금체계 개편, 직무 재설계 등에 관하여 전문기관의 진단을 받는 사업주에게 지원하는 고용 지원금"을 신청할 수 있다(연령법§14②3; 고보령§33, 고령자 고용안정프로그램 컨설팅 비용 지원 사업 운영 규정). 임금피크제(고보령§28①)를 실시해 임금이 줄어드는 경우에, 직원은 퇴직금 축소를 예방하기 위해 퇴직금 중간 정산을 신청할 권리가 있으나(근퇴법§8②, 근퇴령§3①6), 기업이 수용하지 않을 경우에는 퇴직금 중간 정산을 받을 수 없다. 임금피크제(고보령§28①)를 실시하는 경우에는 직원(고보령§28②) 또는 기업(고보령§28①)은 임금피크제지원금(고보령§28③~⑤, 고보칙§49)을 신청(고보칙§50)하면 받을 수 있다. 임금피크제는 직원에게 무조건 불리한 제도는 아니지만 유리한 제도라고 할 수는 없기 때문에, 도입하기 위해서는 대상 근로자 과반수의 동의를 얻어야 한다(근기법§94①, 벌금 500만 원 이하).

4) 장점

기업으로서는 인건비 부담을 줄일 수 있다. 직원으로서는 고용안전을 확보할 수 있다.

5) 단점

기업으로서는 직원의 사기가 떨어지고 생산성이 낮아지며, 인건비 절감 효과가 크지 않고, 모든 직원에게 적용하기에는 부적합하다. 직원으로서는 임금이 줄어들며, 복지도 줄어들 수 있고, 정년 보장이 불확실하다.

6) 도입 조건

임금수준이 비교적 높은 수준에 도달해 있고, 연공주의 임금제도의 문제점에 대한 공감대가 크며, 정년 보장과 인력 활용이 실질적으로 가능한 기업에 적합하다.

7) 도입 사례

우리나라의 신용보증기금(2003), 대한전선(2003), 한국컨테이너부두공단(2004), 한국감정원(2004), 한국수자원공사(2004), 대우조선해양(2004), 문화방송(2005), 대한주택공사(2005), 광주은행(2005), 기업은행(2005), 산업은행(2005), 수출입은행(2005), 우리은행(2005), 아세아제지(2006), 세플러코리아(2006), 하나은행(2006), LG디스플레이(2006), 외환은행(2007), 서울신문(2007), 한국광물자원공사(2007), 동부제철(2007), 유한킴벌리(2007), LG전자(2007), LG마이크론(2007), LG전선(2008), 국민은행(2008), 코레일(2009), 유한양행(2010), DBR동일(2010), 포스코(2011), GS칼텍스(2012), 삼성전자(2014), 삼성화재(2014), KB국민카드(2015), 수협은행(2015) 등을 사례로 들 수 있다.

8) 규정과 서식

임금피크제를 도입하기 위해서는 임금피크제 규정을 준비해야 한다. 임금피크제 도입에 대해 직원들의 동의를 받고, 노동부에 신고하기 위해 취업규칙변경동의서, 취업규칙변경신고서를 준비해야 한다.

9) 제도 설계

임금피크제를 설계할 때에는 적용 대상자, 임금피크제 유형, 피크 연령, 임금 삭감 방법, 복지제도 조정 기준, 직무 조정 방법 등을 결정해야 한다.

4. 연봉제

1) 정의와 특징

연봉제는 근속급·직능급·역할급 제도에서 매년 연봉의 증감액을 직원에 대한 정성적인 평가 결과에 따라 결정하는 개인인상제도다. 일반적으로 1년마다 개인에 대한 평가 결과에 따라 고정임금의 승급액을 결정한다.

연봉제에서는 호봉표나 많은 수당이 폐지되어 자동 승급이 없어지고, 임금 구성이 기본 연봉과 성과 연봉 등으로 단순하게 통합되며, 개인의 업적이나 능력에 대한 정성적인 평가 결과에 따라 기본 연봉이나 성과 연봉의 승급에서 개인의 차이가 커지고, 평가 결과가 좋은 경우에는 그 전에 비해 훨씬 높은 임금 승급이 가능하지만, 평가 결과가 아주 나쁠 경우 연봉이 동결되거나 경우에 따라서는 성과 연봉이 삭감되기도 한다. 연봉제에서는 임금 승급 방식만 자동 승급 중심에서 차등 승급을 강화하는 방향으로 바꾸고, 기존의 근속급, 직능급 자체를 직무급과 같은 다른 임금제도로 바꾸는 것이 아니기 때문에 근속급이나 직능급이 지닌 특성은 상당 부분 그대로 남아 있다.

기본 연봉과 성과 연봉 가운데 어느 것에 차등 인상을 적용할 것인지, 차등 인상이 누적인지 비누적인지를 기준으로 연봉제를 몇 가지 유형으로 구분할 수 있다. 여기에서는 누적식의 고정임금에 해당하는 기본 연봉을 대상으로 평가 차등 인상을 적용하는 제도를 연봉제라고 부른다. 비누적식의 변동임금에 해당하는 성과 연봉을 대상으로 평가 차등 지급 여부를 결정하는 제도는 따로 성과연봉제라고 부르기로 한다. 또한 연봉제는 고정임금제도로, 성과연봉제는 변동임금으로 분류해 취급하기로 한다.

2) 변화 추세와 통계

미국에는 이 책에서 말하는 연봉제는 없다. 미국에서 아주 널리 도입하고 있는 직무성과승급제도(merit increase, merit pay: 우리나라에서는 주로 직무성과급제라고 부름)나 정기평가상여금제도(lump-sum bonuses)가 연봉제와 형식적으로는 비슷하지만, 어디까지나 직무급 제도를 기반으로 하는 임금 승급 방식으로 연봉제와는 많이 다르다. 연봉제는 일본과 한국에서 발전한 제도다. 물론 연봉제를 고정임금에 대한 차등 인상 제도라고 아주 폭넓게 정의할 경우에는 일본이나 한국의 연봉제나 미국의 직무성과승급제나 모두 연봉제에 해당한다고 할 수 있을 것이다.

일본에서는 연봉제를 1990년대 중반부터 적극적으로 도입했다. 당시 직능급 제도가 지닌 근속기간에 따른 지속적인 자동 인상의 문제점을 해결하고 성과주의적인 차등 인상을 강화하기 위한 대안으로 도입했다. 2012년에 30명 이상 기업 중 13.3%가 연봉제를 도입하고 있으며, 해당 기업의 전체 직원 중 16.8%에게 연봉제를 적용하고 있다(厚生勞働省, 2012: 24).

한국에서는 1997년 외환위기 이후에 근속급이나 직능급의 개선 방안으로 급속히 도입되었다. 정부에서는 2010년 이후 공공 기관에 연봉제와 성과연봉제를 도입하기 위해 꾸준히 노력해왔다. 2012년에 상시 근로자가 30명 이상인 기업 가운데 65.4%가 연봉제를 도입하고 있다(노동부, 2016b를 근거로 계산). 노동부에서는 '연봉제'를 "근로자 개인의 능력, 성과 등을 평가해 그 개인의 임금 전부 또는 일부분(기본급, 상여금, 성과급 등)을 연 단위로 결정하는 임금 체계"로 정의하고 통계조사를 하고 있기 때문에(노동부, 2016a), '연봉제' 통계에는 연봉제만이 아니라 직무성과승급제, 목표달성상여금제도, 직무성과상여금제도, 성과연봉제 등 고정임금의 개인인상제도와 변동임금의 개인성과변동임금제도 다수가 포함되어 있다고 볼 수 있다. 2014년 단체협약 가운데 5%가 연봉제를 도입하고 있는 것으로 나타났고, 그중 1.1%만이 평가 여부에 대해 규정을 두고 있는 것으로 나타났다(박명준·조성재·문무기, 2014: 167~168).

| 표 II.3-4 | **연봉제 도입 현황**

(단위: %)

연도	2009	2010	2011	2012	2013	2014	2015	2016
도입률	30.6	33.4	30.2	33.4	33.4	31.4	32.8	31.2

주: 상시 근로자 1명 이상 기업 기준.
자료: 임금근로시간정보 시스템.

3) 관련 법률

어느 기업에서나 자율적으로 도입할 수 있다. '노동법'에는 연봉제에 대해 직접 규정하는 내용이 없다. 연봉제는 직원에게 무조건 불리한 제도는 아니지만 유리한 제도라고 할 수도 없기 때문에, 도입하기 위해서는 대상 근로자 과반수의 동의를 얻어야 한다(근기법§94, 벌금 500만 원 이하). 연봉계약 기간과 근로계약 기간은 전혀 다르기 때문에, 연봉계약 기간이 끝났다는 이유로 직원을 퇴직시킬 수 있는 것이 아니다. 연봉제를 도입하더라도 '노동법'을 준수해야 하며, 시간 외 수당, 퇴직급여제도, 통상임금, 평균임금, 결근, 지각, 징계 등의 경우 임금의 계산은 '근로기준법' 등 '노동법'에 따라 처리해야 한다.

4) 장점

기업으로서는 성과나 역량 개발에 대한 동기부여가 가능하고, 고성과자에 대한 좀 더 높은 보상이 가능하며, 인재를 확보하고 유지하는 데 도움이 되고, 생산성이 높아지며, 임금 통제가 쉬워진다. 2005년 연봉제 효과에 대한 설문조사에서 임금 관리 용이 3.5, 직원 태도 변화 3.4, 생산성 향상 3.3, 인건비 절감 2.7로 나타났다(5점 척도로서 1은 매우 작다, 5는 매우 크다로 설정)(김동배·정진호, 2006: 58). 직원으로서는 성과에 대해 보상을 받을 수 있는 장점이 있다.

5) 단점

기업으로서는 제도를 도입하고 운영하는 데 시간과 비용이 많이 들고, 평가 과정에서 공정성을 확보하지 못하면 제도의 목적을 달성하기 어려우며, 직원 사이의 협력이 약해질 수 있고, 전체 인건비가 증가할 수 있다. 직원으로서는 자동 승급이 축소 또는 폐지되고, 임금의 안정성이 약해지며, 평가 과정의 공정성이 확보되지 않을 경우 부당한 대우를 받을 수 있고, 고령자 고용안정이 약해지는 단점이 있다.

6) 도입 조건

임금수준이 비교적 높은 수준에 도달해 있고, 기업과 직원 사이에 능력성과주의 조직문화에 대한 공감대가 크며, 적용 대상자 범위가 넓고, 목표관리제도(MBO)가 충실히 이루어지며, 연봉 삭감이 없을 때 연봉제가 효과를 내기 쉽다.

7) 도입 사례

일본에서는 소니(1969), 산스타(1978), 동일본콘크리트(1982), 미쓰이물산 디지털(1988), 한큐전철(1989), 후지사와약품(1990), 도쿄가스(1990), 혼다(1992), 후지쯔(1994), 신닛폰제철(1995) 등을 사례로 들 수 있다. 한국에서는 LG화재해상보험(1992), 두산그룹(1994), 삼성데이터시스템(1994), 대상그룹(1995), 태평양(1996), 동양제과(1997), ㈜삼양사(1998), SK(주)(1998), 삼성전자(1998), LG전자(1999), LG전선(1999), 신한은행(1999), 포스코(2000), CJ 제일제당(2000), 유한양행(2010), 현대중공업(2014), 가스공사, 관광공사, 도로공사, 석유공사, 쎄트렉아이, 수자원공사, 전력공사, 철도시설공단, 한국공항공사 등을 사례로 들 수 있다.

| 표 II.3-5 | 두산그룹 연봉제 평가 요소 구성

고과 차원 및 영역		문항 수	평정 방법	영업	생산	관리
				팀장		
태도와 행동	일에 대한 태도와 행동	4문항(성취 지향성 등)	도식 척도법	35	30	30
	사람에 대한 태도와 행동	4문항(공정성 등)				
	조직에 대한 태도와 행동	4문항(미래 지향성 등)				
	소계	12문항				
업무 능력	전문 지식과 기술	1문항	행동 기준 척도법	25	30	25
	적성 요인	6문항(문제의식 등)				
	소계	7문항				
관리 능력	일 관리 능력	9문항(목표 판정 등)	변형 도식 척도법	40	40	45
	사람 관리 능력	12문항(부하 육성 등)				
	소계	21문항				
합계		40문항		100	100	100

자료: 신정식(2005: 137).

| 표 II.3-6 | **X기업 연봉승급률 기준(예시, 2001)**

(단위: %)

		연봉 등급과 등급별 인원 배분율				
		S(10~15%)	A(30%)	B(45%)	C(10%)	D(0~5%)
직급별 밴드 내부 위치	High	9.8	6.6	4.8	3.0	0
	Mid	11.4	8.1	5.7	3.6	0
	Low	13.6	9.8	6.6	4.2	0

주: 1) 평가 결과에 따른 연봉 등급과 직급별 연봉 밴드에서 개인의 현재 위치에 따라 차등화함.
2) 연봉 등급은 다섯 단계(S~D)이며, 등급마다 비중을 설정한 상대평가 방식임.

8) 규정과 서식

연봉제를 도입하기 위해서는 연봉제 규정, 인사고과표, 연봉계약서, 연봉적용동의서, 연봉통보서, 연봉이의신청서 등의 규정과 서식을 준비해야 한다. 또한 연봉제 도입에 대해 직원들의 동의를 받고, 노동부에 신고하기 위해서는 취업규칙변경동의서, 취업규칙변경신고서를 준비해야 한다.

9) 제도 설계

연봉제를 설계할 때에는 적용 대상자, 임금 항목 구성, 연봉제 유형, 기본 연봉과 성과 연봉의 구성 비율, 기본 연봉 임금구조, 성과연봉 임금구조, 연봉승급액 결정 방법, 연봉 차등 방법, 평가 절차 등을 결정해야 한다. 연봉제는 개인 평가를 통해 임금을 차등해 승급시키는 것을 목적으로 하는 제도다. 그러나 임금은 무조건 차등을 두어야 한다는 태도로 연봉제를 도입하거나, 성과 평가조차 충실하게 수행하지 않은 채 형식적인 상대평가를 기준으로 차등을 강화할 경우에는 오히려 기업과 직원 모두에게 해가 될 수 있다. 개인 사이에 실제로 업적이나 능력에 차이가 많은지, 개인 사이의 차이가 얼마나 되는지, 왜 임금에 차등을 두어야 하는지 등을 충분히 검토하고 공감대를 형성한 후 도입해야 하며, 충실하게 운영해야 한다.

5. 직무성과승급제도

1) 정의와 특징

직무성과승급제도(merit increase, merit pay, merit increment, merit raise)는 직무급에서 부서 책임자가 직원의 성과를 정성적으로 평가해 고정임금의 승급률을 결정하는 개인인상제도다. 일반적으로 1년마다 개인에 대한 평가 결과에 따라 고정임금의 승급률을 결정한다. 직무성과승급제도에서는 전년도 1년 동안의 직원 성과를 평가하며, 1년에 한 번 고정임금 승급을 실시한다. 평가 결과가 좋은 직원에게는 높은 승급률을 적용하고 나쁜 직원은 승급을 시키지 않으며, 누적 방식으로 운영하는데, 기존의 고정임금을 삭감하는 경우는 드물다. 직무성과승급제도에 대해 한국이나 일본에서는 직무성과급, 고과승급, 고과급, 사정승급, 사정급, 업적고과급, 업적급, 개인업적평가급, 능률제 승급, 능력제 승급, 메리트 임금, 메리트 제도, 기본급 차등 인상 제도, 차등 인상, 실적급 등 아주 다양한 용어로 부른다.

2) 변화 추세와 통계

미국에서는 직무성과승급제도가 일반화되어 있으며, 2009년 현재 기업 중 90%가 도입하고 있다(밀코비치·뉴먼·거하트, 2016: 38에서 재인용). 기업 중에는 직무성과승급제도의 문제점을 해결할 대안으로 비누적 방식의 직무성과상여금제도(merit bonus)를 도입하는 경우도 있다.

한국과 일본에서는 직무성과승급제도에 대한 통계를 찾아보기 어렵다. 직무급을 도입하고 있는 기업에서는 직무성과승급제도를 도입하고 있다고 추정할 수 있다. 한국과 일본에서 도입하고 있는 연봉제는 1년마다 개인에 대한 평가 결과에 따라 임금 승급을 결정한다는 점에서 직무성과승급제도와 공통점이 있지만, 주로 근속급·직능급·역할급 제도를 기반으로 운영하며 기본 연봉 승급률뿐 아니라 업적 연봉 지급액까지 결정하는 제도로, 직무성과승급제도와는 차이가 있다.

우리나라 노동부에서는 '연봉제'를 "근로자 개인의 능력, 성과 등을 평가해 그 개인의 임금 전부 또는 일부분(기본급, 상여금, 성과급 등)을 연 단위로 결정하는 임금 체계"로 정의하고 통계조사를 하고 있기 때문에(노동부, 2016a), '연봉제' 통계에는 연봉제만이 아니라 직무성과승급제, 목표달성상여금제도, 직무성과상여금제도, 성과연봉제 등 고정임금의 개인인상제도와 변동임금의 개인성과변동임금제도 다수가 포함되어 있다고 볼 수 있다. 상시 근로자가 1명 이상 기업 중 연봉제를 도입하고 있는 기업은 2009년 30.6%, 2010년 33.4%, 2011년 30.2%, 2012년 33.4%, 2013년 33.4%, 2014년 31.4%, 2015년 32.8%, 2016년 31.2%로 나타났다(임금근로시간정보시스템).

3) 관련 법률

어느 기업에서나 자율적으로 도입할 수 있다. '노동법'에는 직무성과승급제도에 대해 직접 규정하는 내용이 없다. '노동법'에서는 직무 수행에 필요한 기술, 노력, 책임 및 작업조건 등을 기준으로 임금의 차이를 두는 것에 대해서는 부당한 차별로 보지 않는다(고평법§8②). 직무급이나 직무성과승급제도는 직원에게 무조건 유리한 제도라고는 할 수 없기 때문에, 도입하기 위해서는 대상 근로자 과반수의 동의를 얻어야 한다(근기법§94, 벌금 500만 원 이하).

4) 장점

기업으로서는 성과주의 조직문화를 조성할 수 있고, 성과나 역량 개발에 대한 동기부여가 가능하며, 고성과자에 대한 보상이 가능하고, 생산성을 높일 수 있다. 직원으로서는 성과를 보상받을 수 있고, 비누적인 직무성과상여금제도나 변동임금제도에 비해 임금이 삭감될 위험이 없다.

5) 단점

기업으로서는 제도를 도입하고 운영하는 데 시간과 비용이 많이 들고, 성과 평가 과정을 제대로 운영하기 쉽지 않으며, 누적 방식이므로 고정임금 증가에 대해 부담을 져야 하고, 바람직하지 않은 경쟁을 유발할 수 있으며, 효과를 얻기가 쉽지 않다. 직원으로서는 평가 과정의 공정성이 확보되지 않을 경우 부당한 대우를 받을 수 있고, 전체 승급률 또는 개인 승급률이 가변적이다.

6) 도입 조건

직무성과승급제도는 성과주의 조직문화에 대한 공감대가 크고, 성과 관리가 충실히 이루어지며, 경영진과 인사 부서에 대한 신뢰가 높고, 평균 승급률과 개인 격차를 적절히 설정할 때 효과를 내기 쉽다.

7) 도입 사례

한국에서는 유한킴벌리(사무직, 1997), CJ(2000), 태평양(2001), 삼양사(2002), 오리온(2002), 외환은행(2002), 풀무원(2004), 정부고위공무원단(2005), 코트라(2005), DHL코리아(2005), 대우조선해양(2007), 한국농수산식품유통공사(2010) 등을 사례로 들 수 있다.

| 표 II.3-7 | DHL코리아 직무성과승급제도 평가제도 구성

평가제도 구성	평가 등급 배분 비율
개인 종합 평가=업적 평가+역량 평가(다섯 등급) 업적 평가: 다섯 등급(FE, E, FM, PM, DNM) 역량 평가: 다섯 등급(FE, E, FM, PM, DNM) 평가 횟수: 각각 연 1회	평가 등급: FE, E, FM, PM, DNM 배분 비율: 10% : 20% : 60% : 5~10% : 5% 내에서 임의 조정

자료: 박두석(2007).

8) 규정과 서식

직무성과승급제도를 도입하기 위해서는 직무급 임금 규정과 평가 규정을 준비해야 한다. 직무급 도입에 대해 직원의 동의를 받고 노동부에 신고하기 위해서는 취업규칙변경동의서, 취업규칙변경신고서를 준비해야 한다.

9) 제도 설계

직무성과승급제도를 설계하기 위해서는 직무급을 설계해야 하며, 적용 대상자, 직무 분석, 직무기술서, 직무재설계, 직무 평가, 직급 체계, 직무 등급, 임금 항목 구성, 시장 임금 조사, 직무급 임금구조, 직무급 승급 방법(직무성과승급제도), 직무급 승격 방법, 성과 관리 기준 등을 결정해야 한다.

6. 승격·승진제도

1) 정의와 특징

승격·승진제도(promotions)는 직원의 등급(grade, pay grade)을 기존의 등급에서 더 나은 등

| 표 II.3-8 | **고정임금 유형별 등급 수**

유형	연령급	근속급	직능급	기술급	역량급	역할급	직무급
등급 구분 기준	나이	근속기간	직무 능력	기술 습득	역량	역할과 직무 가치	직무 가치
등급 수	43~48	10~14	9~18	6~8	4~10	4~10	11~

급으로 변경시키는 것을 말한다(Dessler, 2008: 355; Snell et al., 2010: 209). 승격·승진 때문에 고정임금이 오르는 것을 승격·승진 승급 또는 승격·승진 인상(promotion increase, promotional increase)이라고 부른다. 승격·승진은 직원 개인의 고정임금을 조정하는 개인인상제도 중 하나이면서, 개인의 직무 경력을 관리하는 경력관리제도이기도 하다.

고정임금 유형마다 모두 고정임금 금액의 차이를 체계적으로 관리하기 위한 임금 등급 체계(grade, pay grade) 또는 직급 체계가 포함되어 있고, 그에 따라 직원마다 등급을 부여한다. 직원의 등급을 기존의 등급보다 더 나은 등급으로 변경하기 위해 직원에게 새로운 일자리나 지위를 부여하면 승격·승진이 이루어진다. 승격·승진을 시키면 고정임금을 미리 정한 기준만큼 승급시키는 게 일반적이다. 최근에는 중첩형 임금 밴드로 설계한 역량급, 역할급, 직무급 등에서는 승격·승진에 따른 임금 인상 없이 등급만 변경시키는 경우도 있다.

고정임금 유형마다 적으면 4개부터 많으면 수십 개의 등급이 포함되어 있고, 등급마다 지급할 하나의 금액 또는 지급 가능한 상하한선 금액이 결정되어 있다. 예를 들면 연령급에서는 나이를 기준으로 등급을 나누는데, 18세부터 60세(한국 정년) 또는 65세(일본 정년)까지 43~48개 등급을 설계하고 등급마다 지급할 금액을 정해둔다. 근속급에서는 근속기간을 기준으로 3~5년마다 구분해 사원, 대리, 과장, 차장, 부장, 이사, 상무, 전무, 부사장, 사장 등으로 등급을 설계하고, 등급마다 초임과 상한선 금액 등을 정해둔다.

일본과 한국에서는 승격·승진과 관련해 부서와 부서 직원들에 대한 관리자 역할을 담당하는 일자리나 지위로 변경하는 것을 직위 승진 또는 직책 승진이라 하며, 관리자 역할은 맡지 않고 등급만 상위 등급인 일자리나 지위로 변경하는 것을 등급 승격 또는 직급 승격으로 구분한다(廣石忠司, 2005: 58; 楠田丘, 2010: 214~215; 스게노 카즈오, 2015: 527~528; 이강성·윤종만, 1996: 92; 정종태, 2013: 255~256). 이 책에서는 두 가지를 구분은 하되, 같은 것으로 보아 승격·승진이라 부르기로 한다.

승격·승진은 연령급에서 자동으로 이루어지지만, 나머지 고정임금 유형에서는 상사에 의한 별도의 평가나 의사 결정을 거쳐 이루어진다.

2) 변화 추세와 통계

미국에서는 2003년 조사 대상 기업 중 82% 이상이 직무급을 도입하고 있는 것으로 추정된다(笹島芳雄, 2008: 45에서 재인용). 직무급에서는 기업마다 직무 등급의 수가 보통 10여 개에서 많게는 수십 개까지 다양하다. 상위 직무 등급에 속하는 직무를 새로 맡게 되면 자동으로 승격·승진이 되면서 일반적으로 고정임금의 8~12% 정도로 승격·승진 인상이 이루어진다(밀코비치·뉴먼·거하트, 2016: 38, 453). 1990년대 이후에는 직무급 대신 역량급을 도입하는 기업들이 나타나면서 전체 등급 수를 4~10개로 대폭 줄이고 승격·승진 횟수도 줄이며 승격·승진 인상 금액도 없애거나 줄이는 등의 변화가 나타났다.

일본에서는 2012년 상용 근로자가 30명 이상인 기업 가운데 70.7%(관리직층)~68.7%(비관리직층)에서 기본급을 결정할 때 직무 수행 능력을 기준으로 했기 때문에, 직능급의 도입률도 여전히 이 비율과 비슷한 수준으로 높게 유지하고 있을 것으로 추정할 수 있다(厚生勞働省, 2012: 18, 복수 응답). 직능급에서는 직능 자격 등급의 수가 기업에 따라 8~18개 정도 있고, 직능 자격 등급과 별도로 관리감독자에게만 추가로 적용하는 직위 등급(대표적인 게 부장급, 차장급, 과장급, 계장급)이 따로 있어, 직능 자격 등급이 오르는 승격과 직위 등급이 오르는 승진을 구분하는데, 승격이 되면 직능급 자체가 정해진 금액만큼 인상되며(승격승급액), 승진이 되면 직책수당이 증가한다. 직능 자격 등급과 직위 등급은 보통 대응 관계를 이루고 있어, 예를 들면 직능 자격 등급이 M-7급이면 직위 등급은 과장급에 해당되며, 관리·감독자들의 경우 승격이 되면 승진도 동시에 되는 경우가 많다(楠田丘, 2006: 178, 193; 楠田丘, 2010: 206). 2000년대 이후에 역할급을 도입한 기업에서는 전체 등급 수를 줄이고 연공주의적인 승격을 최소화하며 직책수당도 폐지하는 등 변화가 나타났다.

한국에서는 사무직 직원의 승진율(=실제 승진자÷승진 대상자×100)은 2004년에 44.5%, 2011년에 38.8%로 나타났다(경총, 2011: 4). 2009년에 무노조기업체에서 접수한 고충 사항 중에 승진 및 배치에서의 불이익이 6.3%를 차지했다(배규식·김정우·김기민, 2012: 220). 승진 관리에서의 문제점으로는 고위 경영층 의견의 과다 반영이 28.7%, 승진 탈락자의 사기 저하가 24.0%, 공정한 평가 방법 부재가 20.7%, 명확한 방침의 부재가 12.7% 등으로 나타났다(경총, 2011: 11). 2014년 단체협약 중 19.1%가 승급·승진에 대한 인사 원칙을 규정하고 있고, 회사가 결정해 노조에 통보한다가 7.6%로 가장 높게 나타났다(박명준·조성재·문무기, 2014: 47).

3) 관련 법률

어느 기업에서나 자율적으로 도입할 수 있다. '노동법'에는 승격·승진에 대해 직접 규정하는 내용이 없다. 직위나 직급을 낮추는 징계 조치인 강등·강위 등은 중징계에 해당하고, 그 요건은 취업규칙 등에 규정하는 것이 원칙이며, 해고에 준하는 정도의 사유가 있어 근로관계를 현재 수준으로 유지하는 것이 타당하지 않다는 점이 사회 통념상 인정되어야 가능하다(하갑래, 2014: 812).

4) 장점

기업으로서는 능력이나 업적이 뛰어난 직원을 선발하고 육성할 수 있으며, 능력이나 업적의 향상에 대해 동기를 부여할 수 있고, 보상의 효율성을 높일 수 있다. 직원으로서는 고정임금이 상당히 증가할 수 있고, 책임과 권한이 상승하며, 새로운 경력을 경험하고 성장할 수 있고, 기업 외부에서도 사회적 신분이 상승할 수 있다.

5) 단점

기업으로서는 직원의 권리 의식을 과도하게 높일 수 있고, 합리적인 의사 결정을 위해서는 시간과 노력을 기울여야 하고, 기업의 성장이 정체될 때에는 충분한 승격·승진을 실시하기 곤란하다. 직원으로서는 평가 과정이나 의사 결정 과정에서 공정성이 확보되지 않을 경우 부당한 대우를 받을 수 있고, 승진 실시 여부나 승진율 또는 승진승급액 등이 가변적인 경우가 많다.

6) 규정과 서식

승격·승진제도를 일관성 있고 공정하게 운영하기 위해서는 규정이 필요하다.

7) 제도 설계

승격·승진제도를 설계할 때에는 승격·승진 가능 경로, 대상자 자격 요건, 평가 기준, 승진율, 승진에 따른 보상 등을 결정해야 한다.

| 표 II.3-9 | **2014년 KOTRA 승진 원칙**

인사규정 제15조(승진의 원칙)

① 직원의 승진은 입사 시 최종 학력에 관계없이 근무평정, 경력평정, 교육훈련평정 및 기타 특별히 정하는 사항을 종합평가하여 작성한 승진 후보자명부에 의하여 행함을 원칙으로 한다.

② 2직급으로의 승진은 간부후보자 의무교육을 모두 이수한 자 중에서 선발한다. 간부후보자 의무교육과정은 인사규정시행세칙에서 정한 바에 따른다.

③ 직급별 승진에 필요한 사항은 세칙 등 별도로 정하는 바에 의한다.

④ 승진에 필요한 최저 소요년수는 1직급으로 승진 시에는 2직급으로 승진된 때로부터 4년, 2직급으로 승진 시에는 3직급으로 승진된 때로부터 3년, 3직급으로 승진 시에는 4직급으로 승진된 때로부터 8년, 4직급으로 승진 시에는 5직급으로 근무한 때로부터 4년, 6직급이 5직급으로 승진 시에는 6직급으로 근무한 때로부터 4년으로 한다. 〈개정 2012.05.04〉

⑤ 기능직직원의 승진에 관한 사항은 인사규정시행세칙이 정하는 바에 의한다.

자료: KOTRA 웹 사이트.

제4장

일괄인상제도

1. 최저임금제

1) 정의와 특징

최저임금제(minimum wage)는 국가가 노사의 임금 결정 과정에 개입해 임금의 최저 수준을 정하고, 사용자에게 이 수준 이상의 임금을 지급하도록 법으로 강제함으로써 저임금 근로자를 보호하는 일괄인상제도다. 일반적으로 1년마다 소비자물가, 생산성 등을 고려해 기준이 되는 최저임금액을 새로 결정하고, 저임금 근로자 모두에게 적용한다.

최저임금제는 1894년 뉴질랜드에서 최초로 도입한 후 점차 확산되었고, 오늘날 대다수의 선진국에서 도입하고 있다. 초기에는 극도로 낮은 임금, 장시간 근무, 근로자에게 유해한 작업환경 등으로부터 연소 근로자, 부녀 근로자, 가내 근로자와 같은 취약 근로자를 보호하는 사회정책적 목적에서 도입했다(유길상·민동세, 2008: 6에서 재인용). 오늘날에는 부당한 저임금으로부터 근로자를 보호하기 위한 사회안전망 제공, 또는 경제의 안정성장이나 소득분배 개선 등을 목적으로 운영하고 있다. ILO에서는 "근로 감독 행정이 취약하고 벌칙 수준이 낮으면 최저임금제도는 종이호랑이가 된다"라고 경고한다(김유선, 2016: 67에서 재인용).

2) 변화 추세와 통계

1894년 뉴질랜드에서 최초로 도입했다.

ILO에서는 1928년 제26호 협약을 채택해 최저임금액을 결정할 수 있는 제도를 수립하거나 유지할 것을 요구했다(협약 제26호 제1조 제1호). 1970년에는 제131호 협약을 채택해 최저 임금수준을 결정할 때에는 첫째, 근로자와 가족의 필요를 고려해 결정해야 하며 이때 일반적 임금수준, 생계비, 사회보장급여, 다른 사회집단의 상대적인 생활수준 등을 고려할 것과, 둘째, 경제 요인을 고려해 결정해야 하며, 여기에는 경제개발의 필요성, 생산성 수준, 높은 고용률을 확보하고 유지할 바람직한 상황 등을 고려할 것을 요구했다(협약 제131호 제3조)(노동부, 2010a: 12, 442).

2015년 OECD에 가입한 31개국의 풀타임 노동자 중간 임금(median) 대비 최저임금 수준은 평균 52%로 나타났다(OECD.Stat).

독일은 2015년에 뒤늦게 도입했다. 2015년 풀타임 노동자 중간 임금 대비 최저임금 수준은 48%로 OECD 31개국 중 20위로 나타났다(OECD.Stat).

미국에서는 1938년에 도입했다. 상원에서 부정기적으로 '노동기준법' 개정을 통해 조정하는데(이승길, 2005: 266), 2009년 이후 2016년 현재까지 연방 최저임금은 시급 7.25달러로 유지되고 있다(노동기준법§6(a)(1)(C)). 2015년에 풀타임 노동자 중간임금(median) 대비 최저임금 수준은 36%로 OECD 31개국 가운데 31위로 나타났다(OECD.Stat). 연방 최저임금과 주 최저임금으로 이원화되어 있고, 다수의 주(2014년에는 53%)에서는 연방 최저임금보다 높은 수준으로 주 최저임금을 따로 정해서 시행하는데(한주희, 2014: 67), 2016년에는 워싱턴 D.C.가 시급 11.50달러로 가장 높게 나타났다(원동호, 2016).

체코에서는 2015년 풀타임 노동자 중간임금 대비 최저임금 수준이 39%로 OECD 31개국 중 28위로 나타났다(OECD.Stat).

일본에서는 1959년에 도입했으며, 지방최저임금심의회에서 매년 조정한다(최저임금위원회, 2016: 229). 기본적으로 지역별 최저임금제(47개 지역)로 운영하는데, 2014년 이후 도쿄가 시급 888엔으로 가장 높고 돗토리 등 7개 지역이 시급 677엔으로 가장 낮다(최저임금위원회, 2016: 231). 2015년 풀타임 노동자 중간임금 대비 최저임금 수준은 39%로 OECD 31개국 중 28위로 나타났다(OECD.Stat).

한국에서는 1988년부터 도입했다. 2015년 풀타임 노동자 중간임금 대비 최저임금 수준은 48%로 OECD 31개국 중 19위로 나타났다(OECD.Stat). 2015년 8월 기준으로 최저임금 수혜 대상자는 사회적 약자가 182만 명인 것으로 나타났다(김유선, 2016: 67). 2015년 8월에

| 표 II.4-1 | **한국 최저임금액 변화**

(단위: 원)

	2016	2017	2018	2019*	2020*
시간급	6,030	6,470	7,530	8,770	10,000
전년 대비 인상률(%)	8.1	7.3	16.4	16.5	14.0
일급	48,240	51,760	60,240	70,160	80,000
주급	289,440	310,560	361,440	420,960	480,000
월급	1,260,270	1,352,230	1,573,770	1,832,930	1,090,000
연봉	15,123,240	16,226,760	18,885,240	21,995,160	25,080,000

주: 주휴수당 포함 기준. 일급=시급×8, 주급=시급×48, 월급=시급×209, 연봉=시급×209×12.
* 정부의 최저임금 정책 공약을 근거로 추정함.

최저임금 미달 근로자는 222만 명(전체 근로자의 11.5%)으로 나타났다(김유선, 2016: 67). 최저임금 인상률은 최근 5년(2013~2017) 연평균 7.2%로 나타났다(한국노동연구원, 2017: 83에서 계산함). 2018년 최저임금은 시간당 7530원으로, 전년 대비 16.4%로 크게 인상된 금액으로 결정되었다. 정부에서는 2019년과 2020년에도 최저임금을 크게 인상할 계획이다.

3) 관련 법률

상시 근로자가 1명 이상인 모든 기업에서 의무적으로 도입해야 한다. 정규직이거나 비정규직(일용 근로자, 아르바이트 등 단시간 근로자, 기간제 근로자, 파견근로자 등)이거나 '최저임금법'을 적용해야 한다. 최저임금제에 대해서는 '헌법'과 '최저임금법'에서 규정하고 있다. '헌법'에서는 "국가는 사회적·경제적 방법으로 근로자의 고용의 증진과 적정임금의 보장에 노력하여야 하며, 법률이 정하는 바에 의하여 최저임금제를 시행하여야 한다"(헌법§32①)라고 명시하고 있다. 최저임금은 고용노동부 장관이 매년 8월 5일까지 결정해(최임법§8①) 고시하면(최임법§10①) 다음 연도 1월 1일부터 1년 동안 효력이 발생한다(최임법§10②). "사용자는 최저임금의 적용을 받는 근로자에게 최저임금액 이상의 임금을 지급하여야 한다"(최임법§6①. 징역 3년, 벌금 2000만 원 이하). 근로계약 기간이 1년 이상인 직원으로 수습 3개월 이내인 경우에는 최저임금액보다 10% 적게 적용할 수 있다(최임법§5②). 감시·단속적 근로자에 대해 노동부의 승인을 얻은 경우에는 최저임금액보다 10% 적게 적용할 수 있다(최임법§5②, 단, 2014년 12월 31일까지만 유효한 규정임). 최저임금보다 낮은 임금을 지급하면 결국 부족한 금액을 지급하지 않을 수 없게 되며(최임법§6③), 형사처벌을 받을 수도 있다(최임법§6①, §28①, 징역 3년, 벌금 2000만 원 이하). 최저임금을 이유로 종전의 임금을 낮추어 지급하면, 형사처벌을 받을 수 있다(최임법§6②, §28①, 징역 3년, 벌금 2000만 원 이하). 도급계약 체결 당시 인건비 단가를 최저임금액 미만으로 결정하거나, 도급계약 기간 중 인건비 단가를 최저임금액 미만으로 낮춘 경우에 수급인이 근로자에게 최저임금보다 낮은 임금을 지급하면 도급인이 수급인과 연대해 책임을 지는데(최임법§6⑦, ⑧), 도급인이 연대책임을 이행하지 않으면 형사처벌을 받을 수 있다(최임법§28②, 징역 2년, 벌금 1000만 원 이하). 최저임금 내용(최저임금액, 최저임금에 산입하지 아니하는 임금, 최저임금의 적용을 제외할 근로자의 범위, 최저임금 효력 발생 연월일)을 직원이 쉽게 볼 수 있는 장소에 게시하거나 그 외 방법으로 직원에게 널리 알려야 한다(최임법§11, 과태료 100만 원 이하).

4) 장점

기업으로서는 임금 관리 기준으로 활용할 수 있고, 저임금 근로자에 대한 불필요한 임금 경쟁을 피할 수 있다. 직원으로서는 저임금근로자의 경우 최소한 정해진 임금을 확보할 수 있고, 매년 최소한도의 임금 인상을 기대할 수 있다.

5) 단점

기업으로서는 저임금 근로자에게 매년 불가피한 임금 인상을 해야 한다. 직원으로서는 저임금 근로자의 경우 최저임금의 틀에서 벗어나기가 쉽지 않다.

6) 규정과 서식

최저임금 내용(최저임금액, 최저임금에 산입하지 아니하는 임금, 최저임금의 적용을 제외할 근로자의 범위, 최저임금 효력 발생 연월일)을 포함한 최저임금 안내문을 준비해야 한다. 감시·단속적 근로자에 대해 10% 적은 최저임금액을 적용할 경우에는 '감시적·단속적 근로종사자에 대한 적용 제외 승인 신청서'를 제출해 노동부의 승인을 받아야 한다(최임법§5②, 단, 2014년 12월 31일까지 유효). 정신 또는 신체장애로 근로 능력이 현저히 낮은 직원에 대해 최저임금을 적용하지 않을 경우에는 '정신, 신체장애로 인한 최저임금 적용 제외 인가 신청서'를 제출해 노동부의 승인을 받아야 한다.

7) 제도 설계

최저임금에 맞게 임금을 설계하기 위해서는 적용 제외 대상자, 차등 적용 대상자, 근무 형태, 근로시간, 산입하는 임금 항목 범위, 임금액(시급, 일급, 월급), 임금 항목별 금액 등을 결정해야 한다.

2. 생활임금제

1) 정의와 특징

생활임금(living wage)이란 노동자와 그 가족의 생활에 기본적인 필수품 제공이 가능할 뿐 아니라 일정 수준 이상의 삶을 영위할 수 있는 임금액을 말한다(최봉·김범식·정현철, 2013: 5에서 재인용). 간단하게 말하면 노동자가 자신과 가족(family)을 부양하는 데 필수적으로 필요한 임금액이라고 할 수 있다(권순원, 2014: 7에서 재인용).

생활임금제는 일반적으로 지방자치단체가 민간 업체와 위탁·용역 계약을 맺을 때 민간 업체 소속 노동자들의 임금수준을 생활임금 이상으로 지급하도록 계약조건에 포함시켜 민간 업체 노동자들의 노동조건을 개선하기 위해 도입하는 제도다(최재혁, 2014: 80). 법정 최저임금이 너무 낮아 실제로는 노동자의 생활 안정에 큰 도움을 주지 못하고, 법정 최저임금을 급격히 상승시키는 것도 현실적으로 곤란하다는 문제점을 극복하기 위한 수단으로 도입하고 있다(최봉·김범식·정현철, 2013: 3).

1994년에 최초로 미국 볼티모어에서 노동조합과 지역사회 단체들이 주도해 생활임금 운동을 벌여 자치단체 차원에서 생활임금조례를 획득한 후 확산되었다(권순원, 2014: 7~8). 법정 최저임금제도를 소극적으로 수용해, 사회안전망으로서 최저 생계의 하한선 수준에 해당하는 낮은 최저임금을 제공하는 미국, 영국, 뉴질랜드, 캐나다 등 영미권 국가에서 적극적으로 도입하고 있다(최봉·김범식·정현철, 2013: 3; 권순원, 2014: 6).

2) 변화 추세와 통계

영국에서는 처음에 병원에서 도입한 후 정부 기관, 대학, 호텔, 금융권 등으로 확산되었으며, 런던시를 포함한 11개 지자체, 병원 4개, 중앙 부처 1개, 대학 14개, 민간 기업(바클레이,

HSBC, 모건스탠리, 맥쿼리, KPMG, Lush 등) 등 214개 사용자가 도입하고 있다(황선자, 2015: 6).

미국에서는 세계 최초로 1994년에 볼티모어에서 시와 상거래 관계를 유지하는 사업체에 연방 최저임금보다 44% 높은 시간당 6.10달러 이상의 임금을 노동자에게 지급할 것을 명시한 생활임금조례를 도입했고, 2011년 현재 125개 지자체에서 도입하고 있다(황선자, 2015: 6).

일본에서는 1990년대 이후 비정규직의 비중이 지속적으로 증가하면서(1990년 20.2%, 2013년 36.7%), 저임금 비정규직 근로자가 급격히 증가해 전체적으로도 상대적 빈곤율 및 근로빈곤층이 증가했으나, 정부가 대책을 마련하지 못하자 근로자 스스로 대응책으로 제기한 것이 생활임금운동이다. 2009년에 최초로 지바현(千葉縣) 노다시(野田市)에서 임금하한액을 규정한 공계약조례 제정에 성공한 후 2014년 12월 현재 임금하한액을 규정한 공계약조례를 제정한 지자체는 15개다(정영훈, 2015).

한국에서는 2012년에 참여연대가 제안했고, 2013년에 서울 노원구와 서울 성북구에서 처음으로 도입한 후 전국으로 확산되어(참여연대, 2014), 2016년 9월 현재 66개 지자체에서 도입하고 있다(김종진, 2016b: 5).

| 표 II.4-2 | 2017년 지자체 생활임금

	법정 최저임금	생활임금				
		서울시 노원구	서울시 성북구	경기도 부천시	경기도	서울시
시급액(원)	6,470	7,750	8,048	7,250	7,910	8,197
최저임금 대비(%)	100	120	124	112	122	127

자료: 정부와 지자체 발표를 참고해 작성.

3) 관련 법률

지방자치단체의 생활임금조례를 적용받는 기업에서 의무적으로 도입해야 한다. 지방자치단체와 관계없는 기업에서는 자율적으로 도입할 수 있다. '노동법'에는 생활임금제에 대해 직접 규정하는 내용이 없다.

4) 장점

기업으로서는 이직률 감소, 임금만족도 증가, 노동자 교육비용 감소 등 비용 절감 효과를 기대할 수 있고, 지자체로서는 계약비용의 별다른 증가 없이 사회보장비용 등의 감소를 기대할 수 있다(최봉·김범식·정현철, 2013; 권순원, 2014). 직원으로서는 최저임금보다 높은 수준의 임금을 확보할 수 있다.

5) 단점

기업으로서는 노동비용이 증가한다. 직원으로서는 최저임금과 비슷한 틀에서 크게 벗어나기가 쉽지 않다.

6) 도입 사례

외국에서는 미국 볼티모어시(1994), 영국 런던광역시(2005), 일본 노다시(2009) 등을 사례로 들 수 있다. 한국에서는 서울 노원구(2013), 서울 성북구(2013), 부천시(2014), 경기도(2014), 서울시(2015)를 비롯해 서울에서 구로구, 도봉구, 동작구, 서대문구, 중구, 인천에서 계양구, 부평구, 광주에서 광주시, 광산구, 서구, 대전 유성구, 세종시, 경기도 이천시, 전라북도 전주시 등을 사례로 들 수 있다.

7) 제도 설계

생활임금제를 설계하기 위해서는 제도의 형태, 적용 대상 기관, 적용 대상자, 생활임금액 산정 방법, 생활임금액 결정 절차, 결정 시기, 적용 기간, 이행 감독 방법 등을 결정해야 한다.

3. 고정임금구조 인상

1) 정의와 특징

고정임금구조 인상은 고정임금구조의 임금액이나 임금액의 범위를 전체적으로 상향 조정해 고정임금제도의 수준을 전체적으로 인상하는 것을 말한다. 고정임금제도 자체를 변경함으로써 제도의 적용을 받는 전체나 일부 집단의 고정임금 수준을 집단적으로 인상하는 집단 인상 방법 중 하나다. 미국에서는 general increase, across-the-board increase 등으로 부르고, 일본이나 한국에서는 베아(ベア), 베이스업(base up), 임금 인상 등으로 부른다. 일반적으로 경쟁 기업과의 전체적인 임금격차를 줄이기 위해서나, 임금 협상 결과를 반영하기 위해

서나, 높은 물가 인상에 따른 실질임금 하락을 보전하기 위해 고정임금구조 인상을 실시한다.

고정임금구조(base pay structures, wage structures)는 한 기업의 고정임금 유형의 특징을 등급과 금액으로 표시한 구조 형태를 말한다(DeCenzo et al., 2010: 271; Milkovich et al., 2008: 622; Shields, 2007: 249). 고정임금구조는 표와 그래프로 나타낼 수 있는데, 임금 테이블이나 호봉표처럼 표에 모든 등급을 나열하고 등급마다 대응하는 금액 또는 금액 범위를 표시할 수 있으며, 그 표를 그래프로 그릴 수 있다. 고정임금구조는 한 기업 안에서 직원들에게 고정임금을 분배하는 대원칙을 요약해 표현한 것으로 볼 수 있다. 고정임금구조를 보면 직원을 몇 개 등급으로 구분하는지, 각 등급의 기준 금액은 얼마인지, 각각의 등급에 지급할 수 있는 임금액의 범위는 어느 정도인지, 등급과 등급 사이의 임금액의 격차는 어느 정도인지 등을 가장 구체적으로 알 수 있다. 고정임금구조를 구성하는 등급 수, 임금액, 임금액의 범위 등은 고정임금제도를 설계할 때 결정하는데, 그 후에는 전체적인 구조 형태는 그대로 유지하되 임금액이나 임금액의 범위는 몇 년마다 전체적으로 상향 조정하는 게 일반적이다.

대다수 기업에서는 고정임금구조 전체나 특히 금액에 대해 기업 외부는 물론이고 내부에서도 공식화하지 않고 공개하지도 않는 정책을 유지하는 경우가 많기 때문에, 기업의 고정임금구조를 있는 그대로 파악하는 것은 거의 불가능하다.

2) 변화 추세와 통계

미국에서는 노동비용 중 1인당 고정임금의 증가율은 최근 5년간(2012~2016) 연평균 2.5%, 2016년 2.6%로 나타났다(BLS 분기별 보도 자료로 계산). 고정임금 증가율은 고정임금구조 인상뿐 아니라 직무성과승급제도 및 승격·승진에 따른 인상 등이 모두 반영된 결과라고 할 수 있다.

일본에서는 고정임금구조 인상을 보통 ベア라고 부르는데, 이는 일본인들이 만든 용어 ベースアップ(base up)의 약어로, 개별 기업의 임금 지불 총액을 종업원 총수로 나눈 평균임금(베이스 임금)을 인상하는 것을 말한다(Daum 일본어사전). 후생노동성에서는 ベースアップ를 임금표를 개정해 임금수준을 인상시키는 것이라고 정의한다(厚生勞働省, 2014d: 3). 2014년 상용 근로자 100명 이상 기업 중 50.7%가 임금을 조정할 때 가장 중요하게 생각하는 요소를 기업 실적이라고 대답했다(厚生勞働省, 2014d: 10).

한국에서는 10명 이상 기업 상용 근로자 1인당 정액 급여(시간 외 수당을 제외한 모든 수당과 기본급의 합계 금액으로서 고정임금과 비교적 가깝다고 할 수 있음)의 증가율은 최근 5년간(2012~

2016) 연평균 4.0%, 2016년 3.3%로 나타났다(한국노동연구원, 2017: 58을 근거로 계산). 정액 급여 증가율은 고정임금구조 인상뿐 아니라 호봉제승급제도, 연봉제, 직무성과승급제도, 승격·승진에 따른 인상 등이 모두 반영된 결과라고 할 수 있다.

3) 관련 법률

어느 기업에서나 자율적으로 도입할 수 있다. '노동법'에는 고정임금구조 인상에 대해 직접 규정하는 내용이 없다. 고정임금구조를 공식화해 취업규칙의 일부로 운영하는 기업에서 고정임금구조를 변경할 때에는 대상 근로자 과반수의 의견을 듣거나(근로자들에게 불리하지 않게 변경할 때) 동의를 받아야 한다(근로자들에게 불리하게 변경할 때)(근기법§94①, 벌금 500만 원 이하).

4) 장점

기업으로서는 보상전략을 반영하기 쉽고, 전략이나 정책의 일관성을 유지할 수 있다. 직원으로서는 고정임금의 전체적인 수준이 향상된다.

5) 단점

기업으로서는 고정임금의 전체적인 수준이 상향 조정되는 데 따라 비용 부담을 져야 하고, 고정임금구조를 공식화해 취업규칙의 일부로 운영하는 기업에서는 대상 근로자 과반수의 의견을 듣거나 동의를 얻어야 하는 노력이 필요하다. 직원으로서는 고정임금구조에 대한 정보를 충분히 알기 어렵고, 변경에 대한 의견을 반영하기 어렵다.

6) 규정과 서식

상시 근로자가 10명 이상인 기업에서 취업규칙 변경 절차를 거쳐 고정임금구조 인상을 시행할 때에는 취업규칙의견청취서, 취업규칙변경동의서, 취업규칙변경신고서를 준비해야 한다.

7) 제도 설계

고정임금구조 인상을 설계할 때에는 임금수준, 임금분포, 총보상 수준, 경쟁 기업 대비 임금수준, 보상전략 수정 여부 등에 대해 검토하고, 총보상 조정 여부나 방안, 고정임금구조 인상 방안, 소통 방안과 절차 등을 결정해야 한다.

제III부

변동임금제도

변동임금제도의 정의와 구분

1) 정의와 특징

변동임금(variable pay, incentives, incentives for performance)은 가산근로의 대가이거나, 지급하는 시점이 되어야 지급 여부나 지급액을 확정할 수 있는 임금을 말한다.

일반적인 출퇴근 시간을 넘어서는 가산근로는 예외적이거나 가변적이기 때문에 지급할 시점까지 기다렸다가 그때까지의 가산근로 실적에 따라 보상금을 계산해 지급한다. 지급하기 위한 요건이나 산정식은 일을 시작하기 전에 정하지만, 지급할 금액은 일을 시작하기 전에 미리 결정할 수 없고, 지급 시점까지 기다렸다가 요건을 충족하는지, 산정식을 적용했을 때 지급할 금액이 있는지를 확인해 보상금액을 결정하는 임금이면 변동임금에 해당한다. 계속해서 정기적으로 지급하는 것이 아니라 불규칙하게 필요할 때만 지급하거나, 일정한 기간 동안에만 한시적으로 지급하는, 비누적 방식은 변동임금의 기본적인 특성이다. 서구에서는 변동임금을 incentives, incentive pay, incentives for performance, performance pay, performance-based pay, performance-related pay, pay-for-performance plans, variable pay 등으로 다양하게 부른다. 일본이나 한국에서도 임시 급여, 상여, 자극임금(刺激給), '생산실적임금(出來高拂制)이나 그 밖에 실적임금(請負制)', 성과급, 인센티브, 변동급, '도급이나 그 밖에 이에 준하는 제도' 등으로 다양하게 부른다.

변동임금은 다섯 가지 보상 유형(고정임금, 변동임금, 법정복지, 자율복지, 일터환경) 가운데 가장 논란이 많은 보상이다. 기업으로서는 일반적으로 기업, 부서, 개인의 성과 목표 달성을 촉진하거나, 보상비용의 유연성을 강화하기 위한 목적으로 변동임금제도를 도입해 운영한다. 일부 기업에서는 노동조합의 영향을 약화시키고, 단체교섭을 약화시킬 목적으로 변동임금제도를 도입하는 경우도 있다(Shields, 2007: 354). 변동임금제도의 효과나 부작용을 둘러싼 증거 제시나 논란에서는 아직까지도 충분하고 단일한 결론은 나오지 않았다. 극단적인 찬성도 있고 극단적인 반대도 있다. 변동임금은 성과를 향상시킬 수 있는 잠재력이 있으나, 제도를 도입만 하면 그대로 효과를 얻을 수 있는 것이 아니며, 바람직한 효과를 얻고 공정성에 대한 직원의 공감도 얻기 위해서는 기업의 상황에 맞추어 제대로 설계해 운영하고, 직원들과 충분히 소통하지 않으면 안 된다(Shields, 2007). 변동임금에 대한 관련 법률에서는 변동임금을 평균임금이나 통상임금에 포함시킬 수 있는지, 변동임금 지급 여부나 지급액 결정에서 기업의

| 표 III-1 | **변동임금제도의 유형 구분**

개인성과변동임금	집단성과변동임금
·변동가산임금 ·고정가산임금 ·개수임금 ·영업수수료 ·목표 달성 상여금 ·직무 성과 상여금 ·성과연봉제 ·수시 상여금 ·개인 인정 시상 ·입사 상여금 ·잔류 상여금	·팀 성과급 ·집단 인정 시상 ·생산성 배분 ·목표 달성 배분 ·정기 일시 상여금 ·명절 고정 상여금 ·명절 변동 상여금 ·이익 배분 ·주식 부여

재량권을 어느 정도까지 인정할 것인지 등에서 논란이 이어지고 있다.

변동임금제도는 일반적으로 성과를 내는 주체의 특성에 따라 개인성과변동임금(가산임금, 영업수수료 등), 집단성과변동임금(팀 성과급, 이익 배분 등)으로 세분화할 수 있다. 성과를 내는 기간의 특성에 따라 단기 성과 변동임금(보통 1년 이하 기간. 대다수 변동임금), 장기 성과 변동임금(보통 1년 초과 기간. 스톡옵션 등 주식부여제도)으로 세분화하기도 한다.

2) 변화 추세와 통계

한국, 미국, 일본 3국의 2015년 노동비용에서 변동임금이 차지하는 비중을 계산한 결과 미국은 10.3%, 일본은 21.1%, 한국은 16.4%로 나타났다.

| 표 III-2 | **한국, 미국, 일본의 노동비용에서 변동임금이 차지하는 비중(2015)**

(단위: %)

	미국		일본		한국	
변동임금		10.3		21.1		16.4
	부가적 임금 유급휴가 급여	3.4 6.9	소정 외 급여 특별 지불 급여	5.5 15.6	초과급여 기타 수당 변동 상여	10.1 3.7 2.6

주: 1) 유급휴가 급여는 보상제도로서는 자율복지에 해당하지만, 노동비용으로서는 일본 및 한국과 최대한 동일한 조건에서 비교하기 위해 변동임금으로 계산했음.
2) 다른 자료를 활용해 원래의 항목 및 수치 대신 세부 항목 및 추정치를 계산했음.
3) 일본과 한국은 상용 근로자 30명 이상 기업 기준임.
자료: BLS(2015); 厚生労働省(2014a, 2017); 고용노동통계포털; 류성민·김선웅(2008: 25).

3) 관련 법률

어느 기업에서나 자율적으로 도입할 수 있다. '노동법'에는 변동임금에 대해 직접 규정하는 내용이 없다. 도급이나 그 밖에 이에 준하는 제도(변동임금으로 해석할 수 있음)로 사용하는 근로자에게 근로시간에 따라 일정액의 임금을 보장해야 한다(근기법§47, 벌금 500만 원 이하). 임금에서 고정임금 없이 변동임금만 설정하는 것도 가능하지만, 이 경우에도 실제로 일한 근로시간에 해당하는 최저임금액 이상의 임금액에 대해서는 보장해야 한다(하갑래, 2014: 454; 김수복, 2014: 187). 임금은 통화로 직접 근로자에게 전액을 매월 1회 이상 일정한 날짜를 정해 지급해야 한다(근기법§43, 징역 3년, 벌금 2000만 원 이하). 다만 임시로 지급하는 임금, 수당, 그 밖에 임시로 지급하는 임금 및 수당이나 1개월을 초과하는 기간에 걸친 사유에 따라 산정하는 정근수당, 근속수당, 장려금, 능률수당, 상여금 등은 매월 1회 이상 일정한 날짜를 정해 지급하지 않아도 된다(근기법§43; 근기령§23). 연장근로, 야간근로(오후 10시부터 오전 6시 사이의 근로), 휴일근로에 대하여는 통상임금의 100분의 50 이상을 가산하여 지급해야 한다(근기법§56, 징역 3년, 벌금 2000만 원 이하). 다만 근로자 대표와 서면 합의를 거치면 임금을 지급하는 대신 휴가를 줄 수 있다(근기법§57).

단체협약 등에 규정해 개인의 근무 성적이나 회사의 경영 목표에 도달하면 일정액 또는 일정 비율의 성과급을 일정한 시기에 주는 성과급적인 금품을 평균임금, 즉 임금으로 보지 않는 것이 판례와 행정해석의 일반적인 태도다(대판 1992.4.14, 91다5587; 대판 1998.1.20, 97다18936; 대판 1999.9.3, 98다34393; 대판 2000.1.19, 97다18963; 대판 2002.5.31, 2000다18127, 대판 2002.6.11, 2001다16722; 대판 2002.12.10, 2002다54615; 대판 2004.5.14, 2001다76328; 대판 2005.9.9, 2004다41217; 대판 2006.2.23, 2005다54029; 대판 2006.5.26, 2003다54322·54339; 근기 01254-7633, 1985.4.23; 임금68207-251, 1992.4.29; 하갑래, 2014: 402에서 재인용; 임종률, 2015: 392~393). 변동임금이라도 계속적·정기적으로 지급하면 임금으로 인정하는 판례(대판 2002.12.10, 2002다54615; 대판 2001.10.23, 2001다53950; 대판 2001.10.23, 2001다53950; 하갑래, 2014: 402~403에서 재인용)가 증가하고 있다. 판례의 법리는 업무 성적이나 경영 성과라는 변동성을 이유로 근로대가성을 부정하다가, 지급확정성을 고정성으로 보고 변동성이 있더라도 계속성이나 정기성이 있으면 근로대가성을 인정하는 모습으로 변화하는 중이다(하갑래, 2014: 403).

4) 장점

기업으로서는 우수한 인재를 채용하는 데 도움이 되고, 기업, 부서, 개인의 성과 목표 달성을 촉진시킬 수 있으며, 직원의 조직몰입도를 높일 수 있고, 보상비용을 효율적으로 사용할 수 있으며, 보상비용의 유연성을 높일 수 있다. 직원으로서는 노력이나 성과에 대해 추가로 보상받을 수 있고, 고성과자에게 유리하다.

5) 단점

기업으로서는 성과 목표에 해당하지 않는 중요한 업무는 취약해질 수 있고, 팀워크나 협업이 약화될 수 있으며, 주로 양적인 성과만 강화되고 질적인 성과는 취약해질 수 있고, 직원들이 목표 달성에만 골몰해 비윤리적인 행동을 할 수 있으며, 직원들에게 과도한 스트레스를 줄 수 있고, 도입하고 운영하는 데 많은 시간, 비용, 노력이 필요하다. 직원으로서는 지급액이 가변적이어서 임금의 안정성이 약하고, 목표 설정, 지급 수준 결정, 성과 평가 과정에서 공정성이 확보되지 않을 경우 부당한 대우를 받을 수 있고, 저성과자에게는 불리하다.

6) 규정과 서식

변동임금제도를 도입하기 위해서는 규정을 준비해야 한다. 변동임금제도가 임금이나 표창에 해당할 경우에는 취업규칙에 명시하고 직원의 동의를 얻어야 하며, 노동부에 신고하기 위해 취업규칙변경동의서, 취업규칙변경신고서를 준비해야 한다.

7) 제도 설계

변동임금제도를 설계하기 위해서는 대상자, 변동임금 유형, 성과지표, 성과 목표, 지급액 산정 방식, 지급 요건, 결정권자, 지급 횟수와 지급 시기 등을 결정해야 한다.

제1장

개인성과변동임금제도

1. 변동가산임금제도(변동 시간 외 수당)

1) 정의와 특징

변동가산임금제도는 일반적으로 연장근로, 휴일근로, 야간근로를 했을 때 정기적으로 그 시간을 집계해 통상적인 임금보다 추가로 가산한 금액으로 지급하는 제도를 말한다(임종률, 2015: 445; 하경효, 2013: 127). overtime pay, overtime compensation, overtime premium, 할증임금, 시간 외 수당, 소정 외 수당, 가산임금, 초과근무수당, 연장근로수당, 휴일근로수당, 야간근로수당 등으로 다양하게 부르지만, 용어 각각의 정의나 실제 용법에서는 차이가 있다. 이 책에서는 가산임금을 연장근로, 휴일근로, 야간근로 어느 것에나 적용하며, 추가로 가산하는 금액만이 아니라 그 전에 당연히 주어야 할 금액까지 모두(예를 들어 50+100=150%) 포함하는 용어로 사용된다. 추가로 가산하는 금액만 가리킬 때에는 편의상 가산수당으로 부를 것이다. 가산임금제도는 사용자에게 경제적 압박을 주어 연장근로, 야간근로, 휴일근로를 억제하고, 이러한 근로에 따른 근로자의 건강 및 문화생활의 침식을 경제적으로 보상하기 위한 목적으로 설정한 것이다(임종률, 2015: 445).

2) 변화 추세와 통계

독일에서는 근로자의 1일 근로시간은 8시간을 초과할 수 없으며(근로시간법§3), 일요일과 법정 공휴일에 0시부터 24시까지 근무할 수 없다(근로시간법§9)고만 규정하고 있을 뿐, 가산근로나 가산임금에 대해 어떠한 법률 규정도 마련해놓지 않고 있는데, 기업에서는 가산근로에 대해 금전으로 보상하기보다는 근로시간계좌제를 통해 보상 휴가를 사용하는 등 다양한 보상 방식을 운영하고 있다(하경효, 2013: 134). 2015년 취업자의 연평균 실제 근로시간은 1371시간으로 OECD 37개국 중 가장 적었다(OECD.Stat).

미국에는 연장근로에 대한 법정 가산임금제도는 있으나, 휴일근로나 야간근로에 대한 법정 가산임금제도는 없으며, 특히 법정 주휴일제도가 없기 때문에 휴일근로는 연장근로의 한 부분으로만 간주하며, 야간수당(shift differential: 근무시간대수당이라 부르는 게 정확한 표현이라고 할 수 있음)은 주간 근무시간대(day shift: 08:00~16:00)가 아닌 오후 근무시간대(evening shift: 16:00~24:00)나 새벽 근무시간대(graveyard shift: 00:00~08:00)에 근무하는 노동자들에게 기업이 자율적으로 지급한다(김장호, 2000; 이철수, 1999; Reed et al., 2012: 308~309). 노동자에게 통상의 임금의 1.5배 이상을 지급하지 않으면 주 40시간을 초과하는 연장근로는 시킬 수 없다(공정노동기준법§207(a)(1)). 연장근로 여부는 주 단위로 40시간 초과 여부만을 기준으로 판단한다(이승길, 2005: 274). 1992년에 400개 단체협약을 조사한 결과에 따르면 97%가 연장근로 관련 규정을 두고 있으며, 94%는 주 40시간 초과에 대해, 92%는 1일 8시간 초과에 대해, 4%는 7시간 또는 7시간 30분 초과에 대해 각각 가산임금을 지급해야 한다는 규정을 두고 있다(복수응답임). 또한 66%는 1주일 안에서 연속 근로 후 토요일 근로를 할 경우 1.5배의 가산임금을 지급하지만 일요일까지 계속 근로할 경우에는 2배의 가산임금을 지급하도록 규정하고 있고, 26%는 1일 4시간 초과근로에 대해 2배의 가산임금을 규정하고 있다(김장호, 2000: 23에서 재인용). 2015년에 민간 기업의 노동비용에서 가산임금(연장·휴일·야간 근로 합계액)이 차지하는 비중은 1.0%(overtime and premium 0.8+shift differentials 0.2)로 나타났다(BLS, 2015년도 분기별 보도 자료 평균값). 2015년 취업자의 연평균 실제 근로시간은 1790시간으로 OECD 37개 국가 중 15번째로 많았다(OECD.Stat).

일본에서는 '노동기준법'에서 추가로 가산하는 금액만을 가리키는 용어로 할증임금을 명시하고 있다(노동기준법§37). 실무에서는 추가로 가산하는 금액만이 아니라 그 전에 당연히 주어야 할 금액까지를 모두 가리키는 용어로 할증임금을 사용하는 경우도 적지 않다(이정, 2013: 178 표). 주 40시간 또는 일 8시간을 초과해 노동을 시키거나(=시간 외 노동), 주휴일에 노동을 시키거나(=휴일노동), 오후 10시부터 오전 5시까지 사이에 노동을 시키면(=심야노동),

통상 노동시간 또는 통상 노동일의 임금액의 25% 이상 50% 이하의 범위 안에서 시행령으로 정한 비율 이상의 비율로 계산한 할증임금을 지급하지 않으면 안 된다(노동기준법§37, §32, §33, §36). 시간 외 근로와 심야 근로에 대해서는 통상의 임금의 25% 이상(1개월 단위로 60시간을 초과하는 시간분에 대해서는 50% 이상)을, 휴일근로에 대해서는 통상의 임금의 35% 이상을 각각 할증임금으로 지급해야 한다(노동기준법§37; 할증률령; 스게노 카즈오, 2015: 373). 2013년에 5명 이상 사업장에서 월평균 기준으로, 총실노동시간은 145.5시간, 소정 외 노동시간은 10.6시간으로 나타났다(厚生勞働省, 2014a: 1). 2015년에 상용 근로자 30명 이상 기업의 노동비용에서 가산임금(소정 외 급여)이 차지하는 비중은 5.5%로 추정할 수 있다(厚生勞働省, 2014a: 2017를 활용해 계산). 2015년 취업자의 연평균 실제 근로시간은 1719시간으로 OECD 37개국 중 22번째로 많았다(OECD.Stat).

한국에서는 1953년에 연장근로와 야간근로에 대한 가산임금제도를 '근로기준법'에 도입했고, 1961년에는 휴일근로에 대한 가산임금제도를 추가했다(하경효, 2013: 127). 실무에서는 시간 외 수당이나 초과근무수당이라고 부르는 게 일반적이다. 2009년 조사 대상 기업 중 36.3%가 교대제를 실시했다(30인 이상 사업장)(배규식·김정우·김기민, 2012: 297). 2010년 조사 대상 기업에서는 휴일근로를 월평균 1.62일 했다(30인 이상 사업장)(배규식·김정우·김기민, 2012: 284). 2013년 조사 대상 기업에서 평일 연장근로나 휴일근로가 발생하는 이유로는 일의 양이 불규칙하기 때문이 35.9%, 고객과의 관계 등 외부 대응이 필요해서가 26.9%, 일의 양에 비해 인원이 적어서가16.8% 등으로 나타났다(7개 이유 가운데 1순위와 2순위를 선택하여 합계 200%인 통계 결과를 합계 100%가 되도록 지은이가 수정)(이승렬, 2015: 92). 2014년의 단체협약 중 연장근로는 규정 없음 46.1%, 개별 근로자의 동의 후 실시 16.9%, 노조의 동의 후 실시 10.7% 등의 순서였으며, 휴일근로는 규정 없음 47.2%, 개별 근로자의 동의 후 실시 17.1%, 노조와 협의 후 실시 9.9% 등의 순서였고, 야간근로는 규정 없음 66.6%, 개별 근로자의 동의 후 실시 10.3%, 노조와 협의 후 실시 6.2% 등의 순서로 절차를 규정하고 있다(박명준·조성재·문무기, 2014: 186, 189, 192). 2015년에 상용 근로자 30명 이상 기업의 노동비용에서 가산임금(초과급여)이 차지하는 비중은 10.1%로 추정할 수 있다(고용노동통계포털; 류성민·김선웅, 2008 참고 계산함). 2016년에 5인 이상 비농전산업에서는 1주 평균 3.4시간을, 제조업에서는 1주 평균 6.3시간을 초과근로(연장근로+휴일근로) 했다(한국노동연구원, 2017: 108). 2015년 취업자의 연평균 실제 근로시간은 2113시간으로 OECD 37개 국가 중 세 번째로 많아, 멕시코와 코스타리카 다음이었다(OECD.Stat).

3) 관련 법률

상시 근로자가 5명 이상인 사업장에서는 의무적으로 도입해야 한다(근기령 별표 1). 변동가산임금에 대해서는 '근로기준법'에서 규정하고 있다. 연장근로, 야간근로, 휴일근로에 대해서는 통상임금의 50% 이상을 가산해 지급해야 한다(근기법§56, 징역 3년, 벌금 2000만 원 이하). 근로자 대표와 서면 합의를 거치면 가산임금을 지급하는 대신 보상 휴가를 줄 수 있는데(근기법§57), 보상 휴가는 가산임금과 동일한 가치의 시간만큼 주어야 하며(하갑래, 2014: 381), 사용하지 않은 보상 휴가에 대해서는 가산임금을 지급해야 한다(하갑래, 2014: 382). 법정 근로시간을 초과하는 연장근로(근기법§50)에 대해서만 가산임금을 지급하면 되지만(근기법§56), 단시간 근로자에 대해서는 법정 근로시간 이내라 하더라도 소정근로시간을 초과하는 연장근로에 대해서 가산임금을 지급해야 한다(기단법§6③). 임금 구성 항목, 임금 계산 방법, 소정근로시간, 주휴일 등을 명시한 근로계약서를 체결해 근로자에게 주어야 한다(근기법§17②, 벌금 500만 원 이하). 상시 근로자가 10명 이상인 사업장에서는 업무의 시작과 종료 시각, 휴게 시간, 휴일 등에 관한 사항과 임금의 계산 방법 등에 관한 사항 등을 포함시켜 취업규칙을 작성하고 신고해야 한다(근기법§93.1~2, 과태료 500만 원 이하).

4) 장점

기업으로서는 연장근로, 야간근로, 휴일근로에 대한 동의를 얻기 쉬워진다. 직원으로서는 할증된 임금을 얻을 수 있다.

5) 단점

기업으로서는 임금을 할증해 지급해야 하는 부담을 떠안아야 한다. 직원으로서는 자신에게 가산임금 근로의 결정권이 없으며, 가산임금 근로를 지속할 경우에는 건강과 삶의 질이 악화될 수 있다.

6) 규정과 서식

임금 구성 항목, 임금 계산 방법, 소정근로시간, 주휴일 등을 명시한 근로계약서를 준비해야 한다. 상시 근로자가 10명 이상인 사업장에서는 업무의 시작과 종료 시각, 휴게 시간, 휴일 등에 관한 사항과 임금의 계산 방법 등에 관한 사항 등을 명시한 취업규칙을 작성·변경·신고하기 위해 취업규칙의견청취서, 취업규칙변경동의서, 취업규칙신고서 등을 준비해야 한다.

2. 고정가산임금제도(고정 시간 외 수당)와 포괄임금제

1) 정의와 특징

고정가산임금제도는 예를 들어 매일 1시간씩과 같이 일정한 시간만큼 연장근로, 휴일근로, 야간근로를 계속하기로 합의한 후 그 시간만큼 계산한 고정적인 금액의 가산임금을 이후 계속해서 정기적으로 지급하는 제도를 말한다. 변동가산임금제도에서는 실제의 가산근로시간에 따라 가산임금액이 계속 달라지는 게 일반적인데, 고정가산임금제도에서는 적어도 가산임금액은 계속 동일하다.

고정가산임금제도를 보통 '고정 시간 외 수당' 또는 포괄임금제라고 부르는데, 포괄임금제는 고정가산임금제도보다는 좀 더 넓은 개념이다. 포괄임금제는 수당 관련 정보를 그때마다 기록하고 집계하고 계산해 임금을 지급해야 하는 법적인 기준의 번거로움을 피할 목적에서 만든 예외적인 방식인데, 법원에서 인정해 일종의 법정 관행이 되었다. 포괄임금제는 기본임금을 미리 결정하지 않은 채 각종 수당까지 합한 금액을 월 급여액이나 일당으로 정하거나, 기본임금을 미리 결정하되 별도로 매월 일정한 금액을 각종 수당으로 정해 지급하는 임금 산정 방식을 말한다(임종률, 2015: 447). 포괄임금제를 포괄산정임금제, 포괄역산임금제, 포괄임금산정제, 포괄임금계약 등으로 부르기도 한다(하갑래, 2012: 12). 포괄임금제는 기본임금을 미리 결정하는 정액급제와 기본임금을 미리 결정하지 않는 정액수당제로 구분하기도 한다(김진석, 2011: 418~419; 하갑래, 2012: 41에서 재인용). 포괄임금제에서는 주로 가산임금(연장수당, 야간수당, 휴일수당)(근기법§56), 주휴수당(근기법§55), 연차수당(근기법§60), 퇴직금(근퇴법§8①)을 포괄임금에 포함시켜 지급하면서 문제가 된다. 법률에는 포괄임금제에 대해 규정하는 내용이 없고, 판례가 다양해 많은 혼란이 발생하고 있다. 포괄임금제가 성립된 것으로 인정받고, 또한 포괄임금제의 유효성을 인정받기 위해서는 일정한 요건을 갖추지 않으면 안 된다(이 책의 제VIII부 제2장 4. 포괄임금제근로계약 기준 참조).

2) 변화 추세와 통계

ILO에서는 법정 기준근로와 별도로 초과근로를 구분해 그 시간을 산정하도록 해 이에 대해 가산임금을 지급하도록 하고 있으며, 포괄임금제를 정당화할 만한 근거를 두고 있지 않다(하갑래, 2012: 97).

독일에서는 연장근로, 휴일근로, 야간근로에 대해 가산임금 지급률을 강제하지 않고, 노사는 수당을 지급하기보다는 근로시간계좌제를 통해 휴식을 부여하는 경향을 보이므로, 포괄임금제가 발생할 여지가 없다(하갑래, 2012: 102).

프랑스에서는 연장근로, 휴일근로, 야간근로에 대해 가산임금이나 보상휴가를 지급하도록 하고 있고, 근로시간을 엄격히 지켜 운영하도록 하고 있으며, 보상휴가제가 활성화되어 있어 가산임금 지급을 둘러싼 갈등의 소지가 적고, 포괄임금제가 발생할 여지가 적다(하갑래, 2012: 105).

일본에서는 연장근로, 휴일근로, 야간근로에 대해 가산임금 지급률을 강제하고 있고, 후생노동성이 가산임금을 지급하지 않는 연장근로를 근로감독의 가장 중요한 대상으로 취급하는 등 준법을 위한 정부의 노력이 강력하기 때문에 포괄임금제 사례를 발견하기 어렵다(하갑래, 2012: 107).

한국의 경우 포괄임금제 방식을 인정한 판례는 1970년대(대판 1974.5.28. 73다1258)부터 나타났으며(하갑래, 2014: 470), 포괄임금제라는 표현은 1992년(대판 1992.7.14. 91다37256)에 처음 등장했고(강선희, 2013), 2010년(대판 2010.5.13. 2008다6052) 이후에는 포괄임금제의 성립 여부와 유효성 여부를 구분해 판결하는 흐름이 나타났다. 2009년 조사 대상 기업 중 36.9%가 비관리직 근로자들에게 고정가산임금제도를 운영하고 있으며, 41%가 사무관리·전문직 근로자에게 초과근로수당을 연봉에 포괄(기본급 대비 초과근로수당의 비율은 평균 15.66%)해 반영하는 고정가산임금제도가 있는 것으로 나타났다(배규식·김정우·김기민, 2012: 300~302). 포괄임금제는 한국에만 있는 제도로 보인다. 한국의 비제조업 사업장에 널리 퍼져 있다(배규식·김정우·김기민, 2012: 301).

3) 관련 법률

어느 기업에서나 자율적으로 도입할 수 있다. 그러나 상시 근로자가 5명 이상인 사업장에서는 고정가산임금제도 안에 포함되어 있는 가산임금제도를 의무적으로 도입해야 한다(근기령 별표 1). '노동법'에는 포괄임금제나 고정가산임금제도에 대해 직접 규정하는 내용이 없다. 포괄임금에 포함시킬 수 있는 임금 항목으로는 가산임금(연장, 야간, 휴일)이 있으며, 주휴수당과 연차수당은 휴일이나 휴가를 언제든지 사용하도록 보장할 경우에만 가능하고, 퇴직금은 불가능하다. 실제 가산근로 여부나 휴일, 휴가의 사용 여부에 관계없이 포괄임금을 정한 대로 지급해야 하며 삭감하지 못한다. 포괄임금제가 성립된 것으로 인정하면 수당을 함께 지급한 것으로 인정하지만, 성립되지 않은 것으로 인정하면 수당을 함께 지급한 것으로 인정하지 않기 때문에 결국 별도로 계산해 지급해야 한다. 포괄임금제가 성립된 것으로 인정하더라도 포괄임금이 법정 기준보다 적어 유효성을 인정할 수 없으면 차액을 지급해야 한다.

4) 장점

기업으로서는 수당 관리에 드는 시간과 노력을 줄일 수 있고, 인건비를 안정적으로 관리할 수 있으며, 임금수준을 억제하는 데 유리하다. 직원으로서는 수당을 고정적으로 지급받으면서 근무를 탄력적으로 조정할 수 있다.

5) 단점

기업으로서는 명확한 기준을 파악하기 쉽지 않아, 자칫 적법한 기준에 어긋나는 제도를 운영할 가능성이 적지 않고, 직원들이 가산근로를 하지 않아도 고정가산임금 또는 포괄임금은 지급해야 하며, 실제로 꼬박꼬박 가산근로를 해야만 하는 직원들의 불만이 증가할 수 있고, 고정가산임금 또는 포괄임금으로 정한 범위를 넘어서는 가산근로에 대해서는 별도로 수당을 지급해야 한다. 직원으로서는 임금수준이 억제되기 쉽고, 고정가산임금 범위를 초과하는 수당은 지급받기 어려운 경우가 많으며, 고정가산임금 또는 포괄임금 범위를 초과하는 추가적인 수당을 받기 위해서는 수당 관리를 자신이 해야 하고, 실제로 꼬박꼬박 가산근로를 해야만 하는 직원에게 상대적으로 불리하다(배규식·김정우·김기민, 2012: 303).

6) 도입 조건

근로시간 측정이 어려운 업무나 가능한 업무 모두에 대해 포괄임금제나 고정가산임금제도의 적용이 가능하다. 일반적으로는 가산근로가 예정되어 있는 업무에서 근로시간 측정이 어렵거나 재량의 여지가 많은 경우에 포괄임금제나 고정가산임금제도를 도입하는 경우가 많다.

7) 도입 사례

도레이새한(2008), 대림산업(기본연장=기본급+연장수당, 2013) 등을 사례로 들 수 있다.

| 표 III.1-1 | 2012년 고정가산임금제도 사례: 주식회사 ○○고속

·고속버스 승무원 대상 ·월 근로시간을 기본근로 209시간, 연장근로 76시간, 야간근로 40시간으로 규정해 운영

판례 참고.

8) 규정과 서식

임금 구성 항목, 임금 계산 방법, 소정근로시간, 주휴일 등을 명시한 근로계약서를 체결해 근로자에게 주어야 한다(근기법§17②, 벌금 500만 원 이하). 상시 근로자가 10명 이상인 사업장에서는 업무의 시작과 종료 시각, 휴게 시간, 휴일 등에 관한 사항과 임금의 계산 방법 등에 관한 사항 등을 포함시켜 취업규칙을 작성하고 신고해야 한다(근기법§93.1~2, 과태료 500만 원 이하).

9) 제도 설계

포괄임금제나 고정가산임금제도를 설계하기 위해서는 대상자, 포함시킬 수당의 종류, 수당의 금액, 수당의 금액에 해당하는 시간 수, 수당의 금액의 적법성 등을 결정해야 한다.

3. 개수임금제도

1) 정의와 특징

개수임금제도(piece rate, piece work)는 직원이 작업한 생산물의 개수에 미리 정한 생산물 한 개당 단가 임금을 곱해 임금을 지급하는 개인성과변동임금제도다. 일반적으로 생산 분야에서 일정한 주기(매월, 격주, 매주 등)마다 직원이 작업한 생산물의 개수를 확인해 임금을 지급한다. 개수임금제도를 도입하는 경우에는 기본급과 같은 고정임금은 지급하지 않거나 아주 적은 금액만 지급하는 게 일반적이다. 한국과 일본에서는 개수급, 개수불임금, 개수제임금,

성과급, 생산량당 임금, 생산고에 따른 임금, 산출고임금, 산출량당 임금, 도급, 도급임금, 도급제, 도급지불제, 생산실적임금(出來高給, 出來高拂制), 실적임금(請負制), 생산고급, 생산건수제, 개수제임금제도 등 아주 다양한 용어로 부른다. 개수임금제도에는 크게 단순성과급, 복률성과급, 표준시간급, 할증급 등 네 가지 유형이 있으며, 각각의 유형에는 다시 여러 가지 유형의 제도가 있다.

개수임금제도와 영업수수료제도(commission)는 거의 같은 특성이 있다. 개수임금제도를 소매유통업 분야에 적용해 발전시킨 제도가 영업수수료제도라고 할 수 있다.

2) 변화 추세와 통계

미국에서는 20세기 초반에 현장감독자가 자기 마음대로 직원에게 작업을 할당한 후 작업한 생산량에 따라 개수임금을 지급하는 관리 방식이 일반적이었으며, 1920년 조사 대상 기업 중 80% 이상이 개수임금제도를 운영하고 있었다(김동배·강혜형·오학수 외, 2006: 114에서 재인용). 그 후 개수임금제도는 대폭 줄어들다가 최근에 늘어나고 있다. 2010년 조사 대상 기업 중 39%가 도입하고 있다(밀코비치·뉴먼·거하트, 2016: 384에서 재인용).

일본에서는 2014년 상용 근로자가 30명 이상인 기업 중 4.6%가 개수임금제도를 운영하고 있으며, 고정임금과 결합된 개수임금제도(개수임금 비중이 50% 이상)가 3.1%, 고정임금 없는 개수임금제도가 1.8%로 나타났다(厚生勞働省, 2014c: 16). 개수임금제도와 그 밖의 변동임금제도로 사용하는 노동자에 대해서는 노동시간에 따라 일정액의 임금을 보장하지 않으면 안 된다(노동기준법§27).

3) 관련 법률

어느 기업에서나 자율적으로 도입할 수 있다. 개수임금제도에 대해서는 '근로기준법'과 '최저임금법'에서 규정하고 있다. '근로기준법'과 '최저임금법'에서는 개수임금제도(도급, 도급금액, 도급제라는 용어를 사용하고 있음)에 대한 규정을 제시하고 있다. 그런데 개인성과변동임금제도의 한 유형인 개수임금제도와 간접고용의 한 유형인 도급을 같은 법률 안에서 '도급'이라는 용어로 같이 사용하면서도 명확한 구분이나 설명이 없어 혼란을 일으키고 있다. 개수임금제도를 도입하더라도 근로시간에 따라 일정액의 임금을 보장해야 하며(근기법§47, 벌금 500만 원 이하), 예를 들어 생산물이 전혀 없는 근로자에게도 실제 일한 근로시간에 해당하는 최저임금액

이상의 임금액을 보장해야 한다(하갑래, 2014: 454; 김수복, 2014: 187). 개수임금제도에서 통상임금을 계산할 때에는 개수임금제도에 따라 계산한 임금 총액을 해당 기간의 총근로시간 수로 나누어 산출하며(근기령§6②6.), 최저임금 위반 여부를 확인하기 위해 임금을 환산할 때에도 같은 방법으로 산출한다(최임령§5②). 개수임금제도는 직원에게 유리한 제도라고는 할 수 없기 때문에 도입하기 위해서는 근로자 과반수의 동의를 얻어야 한다(근기법§94, 벌금 500만 원 이하).

4) 장점

기업으로서는 고정임금을 거의 지급하지 않아도 되고, 인건비 관리와 억제가 쉬우며, 직원에 대한 관리·감독 부담을 최소한으로 줄일 수 있고, 성과 동기부여가 쉬우며, 생산성을 높일 수 있다. 직원으로서는 노력과 결과에 대해 보상받을 수 있고, 작업 속도를 조절할 수 있으며, 고숙련자에게 유리하다.

5) 단점

기업으로서는 제도를 도입하고 운영하는 데 시간과 비용이 많이 들고, 적정한 임금 단가나 생산 표준을 결정하는 게 쉽지 않으며, 품질에 문제가 발생하기 쉽고, 안전에 문제가 발생하기 쉬우며, 새로운 임금 단가나 생산 방법을 적용하기 어렵고, 산출량 외 나머지 모든 것에 대한 무관심을 유발할 수 있으며, 적용할 수 있는 직무나 직원의 범위가 넓지 않다. 직원으로서는 임금의 안정성이 가장 낮고, 작업 물량과 원자재와 작업 도구가 충분히 지원되지 않을 경우 작업이 불가능해 임금을 전혀 받지 못할 수도 있으며, 자신의 심신을 혹사하기 쉽고, 생산성을 높이면 고용이 불안해질 수 있으며, 임금 단가가 낮아질 수 있고, 미숙련자에게 불리하다.

6) 도입 조건

품질이 크게 중요하지 않고, 개인이 작업 속도와 산출량을 조절할 수 있으며, 기술이나 작업 절차에서 변화가 적고 안정적이며, 작업 물량과 원자재와 작업 도구의 공급이 안정적일 때 개수임금제도가 효과를 내기 쉽다.

7) 도입 사례

미국의 링컨 일렉트릭사를 예로 들 수 있다. 한국에서는 개성공단 입주업체(2014), 의류 제조업(흔히 객공 제도라 부름. 대법 2009.10.29, 2009다51417 판결) 등에서 사례를 찾을 수 있다.

8) 규정과 서식

개수임금제도를 도입하기 위해서는 명확한 규정을 준비해야 한다. 개수임금제도 도입에 대해 직원의 동의를 받고 노동부에 신고하려면 취업규칙변경동의서, 취업규칙변경신고서를 준비해야 한다.

4. 영업수수료제도

1) 정의와 특징

영업수수료제도(commission, sales commission, sales incentive)는 직원이 판매한 실적을 기준으로 일정 비율이나 일정 금액을 지급하는 개인변동임금제도다. 일반적으로 영업 또는 마케팅 분야에서 일정한 주기(매년, 매분기, 매월, 격주, 매주 등)마다 직원이 판매한 실적을 확인해 임금을 지급한다. 한국과 일본에서는 영업수수료제도를 영업수당, 영업 인센티브, 영업수수료, 커미션, 수수료(commission), 영업비율임금(歩合給) 등으로 부른다.

실제로 영업직 직원에 대한 임금제도를 도입할 때에는 영업수수료제도만을 운영하는 경우는 드물다. 고정임금 없이 영업수수료제도만으로 구성하거나, 영업수수료제도 없이 고정임금만으로 구성하거나, 영업수수료제도와 고정임금을 일정한 비율로 결합해 구성하거나, 영업상여금과 고정임금을 일정한 비율로 결합해 구성하거나, 영업수수료제도만으로 구성하되 영업 초기 선지급금을 지급하는 방법 등 몇 가지 대안 중에서 가장 적합한 방법을 선택할 수 있다. 대다수 기업에서는 고정임금과 영업수수료제도(또는 영업상여금)를 결합해 운영한다.

영업수수료제도는 개수임금제도(piece rate, piece work)와 거의 같은 특성이 있다. 개수임금제도를 소매유통업 분야에 적용해 발전시킨 제도가 영업수수료제도라고 할 수 있다.

2) 관련 법률

어느 기업에서나 자율적으로 도입할 수 있다. '노동법'에는 영업수수료제도에 대해 직접 규정하는 내용이 없다. '근로기준법'과 '최저임금법'에서는 개수임금제도(도급, 도급금액, 도급제라는 용어를 사용하고 있음)를 직접 거론하면서, "도급이나 그 밖에 이에 준하는 제도"(근기법§47), "도급제나 그 밖에 이와 비슷한 형태로 정하여져 있는 경우"(최임령§5③), "도급제나 그 밖에 이와 비슷한 형태로 정해진 경우"(최임령§4)로 설명하고 있는데, 이때 '그 밖에 이에 준하는 제도'는 영업수수료나 개수임금제도와 같은 개인변동임금제도를 가리킨다(임종률, 2015: 407; 하갑래, 2014: 454; 스게노 카즈오, 2007: 229~230). 영업수수료제도를 도입하더라도 근로시간에 따라 일정액의 임금을 보장해야 하며(근기법§47, 벌금 500만 원 이하), 예를 들어 영업 실적이 전혀 없는 경우에도 실제로 일한 근로시간에 해당하는 최저임금액 이상의 임금은 보장해야 한다(하갑래, 2014: 454; 김수복, 2014: 187). 영업수수료제도에서 통상임금을 계산할 때에는 영업수수료제도에 따라 계산한 임금 총액을 해당 기간의 총근로시간 수로 나누어 산출하며(근기령§6②6.), 최저임금 위반 여부를 확인하기 위해 임금을 환산할 때에도 같은 방법으로 산출한다(최임령§5②). 영업수수료제도는 직원에게 유리한 제도라고는 할 수 없기 때문에 도입하기 위해서는 근로자 과반수의 동의를 얻어야만 한다(근기법§94, 벌금 500만 원 이하).

3) 장점

기업으로서는 제도를 도입하고 운영하는 데 시간과 비용이 적게 들고, 고정임금을 지급하지 않아도 되며, 인건비 관리와 억제가 쉽고, 직원에 대한 관리·감독 부담을 최소한으로 줄일 수 있으며, 성과 동기부여가 쉽고, 생산성을 높일 수 있다. 직원으로서는 노력과 결과에 대한 보상을 받을 수 있고, 고성과자에게 유리하다.

4) 단점

기업으로서는 수단과 방법을 가리지 않는 비윤리적인 영업 활동을 부추길 수 있고, 직원 사이에 과도한 경쟁을 유발할 수 있으며, 영업 실적 외 나머지 모든 것에 대한 무관심을 유발할 수 있고, 영업 직무 외에는 적용하기 어렵다. 직원으로서는 임금의 안정성이 매우 낮고, 수요가 부족한 불경기 때에는 임금을 전혀 받지 못할 수도 있으며, 저성과자에게 불리하다.

5) 도입 조건

영업직보상제도를 도입하기 위해 영업수수료제도와 고정임금의 결합 방식을 결정할 때에는 경영전략(저비용 전략, 차별화 전략)을 고려하고, 영업 특성(고객 확보, 고객 유지)을 고려하며,

시장 특성(기존 시장, 신규 시장)을 고려하고, 제품 특성(기존 제품, 신규 제품)을 고려하며, 경쟁 수준 등 중요한 사항들을 종합적으로 고려해 적합한 결정을 내려야 영업직보상제도가 효과를 내기 쉽다.

6) 도입 사례

미국에서는 Black Box(판매직원, 1995) 등을, 일본에서는 지요다에너지(2005) 등을 사례로 들 수 있다. 한국에서는 경북항운노동조합(2004), 홍익회(2004), 택배 기사, 설치 기사, 수리 기사, 외환 딜러, 우편집배원, 의사, 자동차판매영업사원, 택시 기사, 텔레마케터, 항만 근로자, 기타 다양한 업종의 영업 직원 또는 서비스 직원 등에서 사례를 찾아볼 수 있다.

7) 규정과 서식

영업수수료제도를 도입하기 위해서는 명확한 규정을 준비해야 한다. 영업수수료제도 도입에 대해 직원의 동의를 받고 노동부에 신고하기 위해 취업규칙변경동의서, 취업규칙변경신고서를 준비해야 한다.

| 표 III.1-2 | **2007년 영업수수료 사례: 금융업종 X 기업**

- 보상 구성 = 고정임금 없음 + 성과급 + 법정복지 + 자율복지
- 성과급 = a 상품 성과급 + b 상품 성과급 + c 상품 성과급
- a 상품 성과급 산정 기준 = 월별 순수익×50% - 비용
- b 상품 성과급 산정 기준 = 월별 순수익×50% - 비용
- c 상품 성과급 산정 기준 = 월별 순수익×40% - 비용

5. 목표달성상여금제도

1) 정의와 특징

목표달성상여금제도(goal-based bonus, target incentive plan, performance bonus, management incentive plan, annual incentive plan)는 객관적이고 정량적으로 측정할 수 있는 개인의 성과 목표의 달성도를 기준으로 상여금 지급액을 결정하는 개인성과변동임금제도다. 일반적으로 1년

또는 분기마다 목표달성도에 따라 상여금 지급액을 결정해 지급한다. 한국과 일본에서는 타깃 인센티브, 업적상여금, 경영진상여금 등으로 부르기도 한다. 목표달성상여금제도에서는 개인의 성과 목표와 성과 목표 수행 기간과 목표달성도에 따른 상여금 지급액 기준을 사전에 결정하며, 이후 사전에 정한 시기가 되면 목표달성도를 확인해 사전에 정한 기준에 따라 상여금을 지급한다. 객관적이고 정량적인 성과 목표를 사전에 결정하는 점, 성과 목표 대비 달성도를 정량적으로 확인하는 객관적인 평가 과정을 거친다는 점, 상여금 지급액을 미리 정한 계산식에 따라 객관적으로 결정하는 점 등에서 다른 개인성과변동임금제도와 뚜렷이 구분된다.

개인에게 적용하는 목표달성상여금제도를 팀 단위에 적용한 제도가 팀성과급제도이며, 부문이나 기업 전체에 적용한 제도가 목표달성배분제다.

2) 변화 추세와 통계

미국에서는 2013년 조사 대상 기업 중 88%가 도입하고 있다(WorldatWork, 2014).

일본에서는 목표달성상여금제도에 대한 통계를 찾기 어렵다. 1990년대 이후부터, 당시까지는 개인이나 부서 사이에 별다른 차등 없이 지급해왔던 명절변동상여금제도에 대해 상여의 전부나 일부를 분리해 업적상여(인센티브 상여)로 변경하고 개인의 업적이나 소속 부문의 업적 차이에 따라 개인별 또는 소속별로 지급률을 크게 차등해 지급하는 사례가 증가해왔는데(스게노 카즈오, 2015: 308), 개인의 업적의 차이에 따라 지급률을 크게 차등해 지급하는 업적상여(인센티브 상여)제도의 일부는 운영 방법에 따라 이 책에서 말하는 목표달성상여금제도에 해당할 수도 있다.

한국에서는 일부 기업에서 도입하고 있다. 노동부에서는 '연봉제'를 "근로자 개인의 능력, 성과 등을 평가하여 그 개인의 임금 전부 또는 일부분(기본급, 상여금, 성과급 등)을 연 단위로 결정하는 임금 체계"로 정의하고 통계조사를 하고 있기 때문에(노동부, 2016a), '연봉제' 통계에는 연봉제만이 아니라 직무성과승급제, 목표달성상여금제도, 직무성과상여금제도, 성과연봉제 등 고정임금의 개인인상제도와 변동임금의 개인성과변동임금제도 다수가 포함되어 있다고 볼 수 있다. 상시 근로자가 1명 이상인 기업 중 연봉제를 도입하고 있는 기업은 2009년 30.6%, 2010년 33.4%, 2011년 30.2%, 2012년 33.4%, 2013년 33.4%, 2014년 31.4%, 2015년 32.8%, 2016년 31.2%로 나타났다(임금근로시간정보시스템).

3) 관련 법률

어느 기업에서나 자율적으로 도입할 수 있다. '노동법'에는 목표달성상여금제도에 대해 직접 규정하는 내용이 없다.

4) 장점

기업으로서는 좀 더 객관적이고 투명하게 운영할 수 있고, 직원의 주인의식을 높일 수 있다. 직원으로서는 평가 과정의 공정성을 확보하는 게 상대적으로 더 쉽고, 성과에 대해 보상을 받을 수 있다.

5) 단점

기업으로서는 제도를 도입하고 운영하는 데 시간이나 비용이 많이 들고, 적정 수준의 목표를 설정하는 게 쉽지 않으며, 달성하기 너무 쉽거나 너무 어렵게 목표를 설정하면 효과를 얻기 어렵고, 측정하기 쉬운 정량적인 목표를 제외한 다른 중요한 업무는 취약해질 수 있으며, 개인의 정량적인 성과를 확인하기 어려운 직원층에는 적용하기 어렵다. 직원으로서는 과도한 목표를 수용하게 되는 경우가 생길 수 있다.

6) 도입 조건

직원과 함께 구체적이고, 측정 가능하며, 달성 가능하고, 직원이 통제할 수 있는 목표를 수립하며, 목표를 수행하는 기간 동안 지속적으로 달성도를 측정해 알려주고, 목표를 달성하도록 지원해줄 때 효과를 내기 쉽다.

7) 도입 사례

미국의 사례로는 Rhino Entertainment 등을 들 수 있고, 한국의 사례로는 삼양사(2001), 한솔교육(현장영업직 분기성과급제, 2009), 교보생명(영업성과관리자인센티브, 2010), 대교, LG전자, SK텔레콤, 한국바스프(보너스 풀 제도, 2003) 등을 들 수 있다.

| 표 III.1-3 | 2006년 삼양사 그룹 목표달성상여금제도(경영자인센티브제도)

·보상 구성: 기본급, 단기 인센티브, 장기 인센티브 ·단기 인센티브(target incentive) - 단기 성과지표의 성과 달성 정도에 따라 비례해 지급액 결정 - 단기 성과지표는 단기 수익지표와 단기 수익 외 지표로 구분 - 달성도별 지급률: 80% 미만은 미지급, 80%는 80%, 100%는 100%, 120% 이상은 140% 지급 ·장기 인센티브(target incentive) - 장기 성과지표의 장기(3년간) 성과 달성 정도에 따라 비례해 지급액 결정 - 장기 성과지표는 장기 수익/성장 지표 - 달성도별 지급률: 80% 미만은 미지급, 80%는 80%, 100%는 100%, 120% 이상은 140% 지급

자료: 삼양사(2006).

8) 규정과 서식

목표달성상여금제도를 도입하기 위해서는 명확한 규정을 준비해야 한다.

9) 제도 설계

목표달성상여금제도를 설계하기 위해서는 대상자, 성과 지표, 성과 목표, 달성도 및 등급 판정 기준, 상여금 지급률 기준, 상여금 지급 시기 등을 결정해야 한다.

6. 직무성과상여금제도

1) 정의와 특징

직무성과상여금제도(merit bonus, lump-sum bonus, lump sum merit pay, lump sum merit raise)는 직무급에서 부서 책임자가 직원의 성과를 정성적으로 평가해 상여금 지급액을 결정하는 개인성과변동임금제도다. 일반적으로 1년마다 개인에 대한 평가 결과에 따라 상여금 지급액을 결정한다. 한국에서는 성과상여금, 성과가급, 능률제 보너스 등으로 부른다.

직무성과상여금제도에서는 지난 1년 동안 직원의 성과를 평가해 그에 따라 1년에 한 번 상여금을 지급하며, 평가 결과가 좋은 직원에게는 많은 상여금을 지급하고 나쁜 직원에게는 지급하지 않는다. 해마다 1회 지급으로 끝내는 비누적 방식으로 운영한다.

직무성과승급제도를 더욱 유연하고 눈에 띄게 변화시킨 제도다. 직무성과승급제도에서는 고정임금인 연봉을 누적식으로 해마다 인상해야 하는 부담이 있는데, 이러한 부담을 줄이기 위해 비누적 방식의 변동임금인 직무성과상여금제도로 대체하거나, 또는 직무성과승급제도의 비중을 축소하면서 직무성과상여금제도를 병행해 도입하는 경우도 있다.

2) 변화 추세와 통계

미국에서는 대상 기업 중 28%가 직무성과상여금제도를 운영하고 있다(Gomez-Mejia et al., 2010: 376). 기업이 직무성과상여금제도를 도입하는 주된 목적은 해마다 관행적이고 누적적으로 고정임금이 인상될 것이라는 직원들의 기대를 없애고, 개인이나 기업의 성과가 있을 때에만 1회성으로 변동임금을 지급하려는 것이다(Milkovich et al., 2008: 291).

한국과 일본에서 도입하고 있는 연봉제는, 개인에 대한 평가 결과에 따라 1년마다 임금 승급을 결정하는 점에서 직무성과승급제도나 직무성과상여금제도와 공통점이 있지만, 주로 근속급·직능급·역할급 제도에 기반을 두고 운영한다는 점에서 다르다. 형식에서만 보면 연봉제는 유형에 따라 직무성과승급제도와 비슷하거나(기본 연봉만으로 구성해 누적식으로 운영하는 경우), 직무성과상여금제도와 비슷하거나(기본 연봉과 업적 연봉으로 구성해 기본 연봉의 금액을 직급 안에서는 항상 고정시키고 업적 연봉만 비누적식으로 운영하는 경우), 둘을 동시에 결합한 제도(기본 연봉과 업적 연봉으로 구성해 기본 연봉은 누적식으로 운영하고 업적 연봉은 비누적식으로 운영하는 경우)와 비슷하다고 할 수 있다.

일본에서는 1990년대 이후부터 연봉제나 업적상여(인센티브 상여)를 도입하는 기업이 늘어났는데, 그중 비누적 방식의 업적연봉제나 비누적 방식의 업적상여제도 중 일부는 여기에서 말하는 직무성과상여금제도와 비슷하다고 할 수 있다.

노동부에서는 '연봉제'를 "근로자 개인의 능력, 성과 등을 평가해 그 개인의 임금 전부 또는 일부분(기본급, 상여금, 성과급 등)을 연 단위로 결정하는 임금 체계"로 정의해 통계조사를 하고 있기 때문에(노동부, 2016a), '연봉제' 통계에는 연봉제만이 아니라 직무성과승급제, 목표달성상여금제도, 직무성과상여금제도, 성과연봉제 등 고정임금의 개인인상제도와 변동임금의 개인성과변동임금제도 다수가 포함되어 있다고 볼 수 있다. 상시 근로자가 1명 이상인 기업 중 연봉제를 도입하고 있는 기업은 2009년 30.6%, 2010년 33.4%, 2011년 30.2%, 2012년 33.4%, 2013년 33.4%, 2014년 31.4%, 2015년 32.8%, 2016년 31.2%로 나타났다(임금근로시간정보시스템).

3) 관련 법률

어느 기업에서나 자율적으로 도입할 수 있다. '노동법'에는 직무성과상여금제도에 대해 직접 규정하는 내용이 없다. 이미 운영하고 있는 다른 임금 항목에 아무런 변화를 주지 않고, 별도의 예산을 마련해 직무성과상여금제도를 도입하는 경우에는 대상 근로자 과반수의 동의를 받을 필요 없이 의견만 들으면 가능하다(근기법§94, 벌금 500만 원 이하). 그러나 기존에 있던 임금 항목이나 금액이나 인상률 등을 축소하면서 직무성과상여금제도를 도입하는 경우에는 대상 근로자 과반수의 동의를 얻어야만 한다(근기법§94, 벌금 500만 원 이하).

4) 장점

기업으로서는 성과주의 조직문화를 조성할 수 있고, 성과나 역량 개발에 대한 더 강한 동기부여가 가능하며, 고성과자에 대한 보상이 가능하고, 생산성을 높일 수 있으며, 인건비 증가를 상대적으로 낮출 수 있고, 저성과자에게도 의욕이 생기게 해 패자 부활의 환경을 조성할 수 있다. 직원으로서는 성과에 대해 보상받을 수 있다.

5) 단점

기업으로서는 제도를 도입하고 운영하는 데 시간과 비용이 많이 소요되며, 성과 평가 과정을 제대로 운영하기가 쉽지 않고, 바람직하지 않은 경쟁을 유발할 수 있다. 직원으로서는 평가 과정의 공정성이 확보되지 않을 경우 부당한 대우를 받을 수 있고, 전체 지급액과 개인 지급액이 가변적이며 비누적 방식이므로 전년도보다 임금 총액이 줄어들 수 있다.

6) 도입 조건

성과주의 조직문화에 대한 공감대가 크고, 성과 관리가 충실하게 이루어지며, 경영진과 인사 부서에 대한 신뢰가 높고, 핵심적인 분야나 핵심 인재에게 적용할 때 효과를 내기 쉽다.

7) 도입 사례

미국에서는 링컨 일렉트릭(1934), 아메리칸 익스프레스, 타이맥스, 웨스팅하우스 등을 사례로 들 수 있다. 한국에서는 와이즈산전(직능성과급, 2015~) 등을 사례로 들 수 있다.

| 표 III.1-4 | 2015년 와이즈산전 임금 구성과 직무성과상여금제도(직능성과급)

임금 구성			주요 내용	결정 요인
변동 임금	경영성과급		·사업부 경영 이익 목표 달성 시 사업부 단위로 동일 지급 ·최대 300%(월 직무능력급 기준)	조직 성과
	OT수당		·통상임금=기본 연봉+제 수당 기준	근로시간
고정 임금	직책수당		·대리 5만 원, 과·차장 20만 원, 부장 30만 원	연공
	특수 직무수당		·방진복 용접 8~13만 원, 연구직 20만 원	직무
	기본 연봉	직능성과급	·기본 연봉의 20% ·개인 성과 평가 결과를 반영, 비누적식 차등 지급	직무 개별 성과
		직무능력급	·기본연봉의 80% ·개인 역량 평가 결과를 반영, 누적식 차등 인상 ·각각의 직무 등급 범위 안에서 운영	직무 역량

자료: 이영면·정승국·김동배 외(2015: 42)를 수정.

8) 규정과 서식

직무성과상여금제도를 도입하기 위해서는 직무급 임금 규정과 평가 규정을 준비해야 한다. 직무급 도입에 대해 직원의 동의를 받고 노동부에 신고하기 위해 취업규칙변경동의서, 취업규칙변경신고서를 준비해야 한다.

9) 제도 설계

직무성과상여금제도를 설계하기 위해서는 직무급을 설계해야 하며, 적용 대상자, 직무 분석, 직무기술서, 직무재설계, 직무 평가, 직급 체계, 직무 등급, 임금 항목 구성, 시장 임금 조사, 직무급 임금구조, 직무급 승급 방법(직무성과승급제도, 직무성과상여금제도), 직무급 승격 방법, 성과 관리 기준 등을 결정해야 한다.

7. 성과연봉제

1) 정의와 특징

성과연봉제는 근속급·직능급·역할급 제도에서 매년 성과 연봉의 지급 여부 및 지급액을 직원에 대한 정성적인 평가 결과에 따라 결정하는 변동임금제도다. 성과 연봉은 일반적으로 매년 1회만 정해진 시기에 지급하고, 평가 결과가 좋지 않은 직원에 대해서는 지급하지 않는다. 매년 받을 수 있는 금액이나 지급 여부가 가변적인 변동임금이다. 누적식으로 고정임금을 해마다 인상해야 하는 부담을 완화하기 위한 방안으로 도입하는 경우가 많다. 성과 연봉에 대해 일본과 한국에서는 변동업적상여, 업적연동형상여, 업적연봉, 성과연봉, 성과상여, 고과상여 등으로 다양하게 부르며, 개인에 대한 평가 결과만이 아니라 조직 성과와 연결해 운영하기도 하는 등 다소 혼란스러운 상황이다.

성과연봉제는 직무급 제도에서 평가 결과에 따라 매년 1회성 상여금의 지급 여부와 지급액을 결정하는 직무성과상여금제도(merit bonus, lump sum merit raise)와 큰 차이가 없으나, 전제가 되는 고정임금이 근속급, 직능급, 역할급인 경우에는 성과연봉제, 직무급인 경우에는 직무성과상여금제도로 구분할 수 있다. 성과연봉제와 달리 연봉제는 고정임금에 해당하는 연봉 또는 기본 연봉의 증감액을 결정하는 제도이며, 일반적으로 새로운 증감액은 가변적이지만 전년도에 받고 있던 연봉 금액은 그대로 유지되는 누적식의 고정임금제도다.

2) 변화 추세와 통계

미국에는 이 책에서 말하는 성과연봉제가 없다. 직무급을 전제로 하면서 성과연봉제와 큰 차이가 없는 직무성과상여금제도(merit bonus, lump sum merit raise)는 조사 대상 기업 중 28%가 도입하고 있다(Gomez-Mejia et al., 2010).

일본에서는 일부 기업에서 도입하고 있으나, 통계를 찾기 어렵다. 1990년대 이후부터 연봉제나 업적상여(인센티브 상여)를 도입하는 기업이 늘어났는데, 그중 비누적 방식의 업적연봉제나 비누적 방식의 업적상여제도는 이 책에서 말하는 성과연봉제와 비슷하다고 할 수 있다.

한국에서도 일부 기업에서 도입하고 있다. 정부에서는 2010년 이후 공공 기관에 성과연봉제 도입을 추진하고, 기획재정부에서는 2016년 1월 '공공 기관 성과연봉제 권고안'을 발표해 총연봉 대비 성과 연봉의 비중이 공기업은 30% 이상, 준정부 기관은 20% 이상이 되도록 설계할 것을 권고하고 적극적으로 추진해(기획재정부, 2016), 2016년 9월 말까지 119개 국가공공 기관 및 143개 지방공기업 중 5개를 제외한 모든 기관에서 도입했으나(행자부 보도 자료, 2016.9.30), 추진 과정에서 많은 논란과 갈등이 발생했으며, 2017년 새 정부가 들어서면서 폐지될 상황을 맞이했다. 노동부에서는 '연봉제'를 "근로자 개인의 능력, 성과 등을 평가해 그 개인의 임금 전부 또는 일부분(기본급, 상여금, 성과급 등)을 연 단위로 결정하는 임금 체계"로 정의하고 통계조사를 하고 있기 때문에(노동부, 2016a), '연봉제' 통계에는 연봉제만이 아니라 직무성과승급제, 목표달성상여금제도, 직무성과상여금제도, 성과연봉제 등 개인 임금에 대한 차등인상제도 모두가 포함되어 있다고 볼 수 있다. 상시 근로자가 1명 이상인 기업 중 연봉제를 도입하고 있는 기업은 2009년 30.6%, 2010년 33.4%, 2011년 30.2%, 2012년 33.4%, 2013년 33.4%, 2014년 31.4%, 2015년 32.8%, 2016년 31.2%로 나타났다(임금근로시간정보시스템).

3) 관련 법률

어느 기업에서나 자율적으로 도입할 수 있다. '노동법'에는 성과연봉제에 대해 직접 규정하는 내용이 없다. 이미 운영하고 있는 다른 임금 항목에 아무런 변화를 주지 않고, 별도의 예산을 마련해 성과연봉제를 도입하는 경우에는 대상 근로자 과반수의 동의를 받을 필요가 없으며, 의견만 들으면 가능하다(근기법§94, 벌금 500만 원 이하). 그러나 기존에 있던 임금 항목이나 금액이나 인상률 등을 축소하고 성과연봉제를 도입하는 경우에는 대상 근로자 과반수의 동의를 얻어야만 한다(근기법§94, 벌금 500만 원 이하).

4) 장점

기업으로서는 성과주의 조직문화를 조성할 수 있고, 성과나 역량 개발에 대한 더 강한 동기부여가 가능하며, 고성과자에 대한 보상이 가능하고, 생산성을 높일 수 있으며, 인건비 증가를 상대적으로 낮출 수 있고, 저성과자에게도 의욕이 생기게 해 패자부활의 환경을 조성할 수 있다. 직원으로서는 성과에 대해 보상받을 수 있다.

5) 단점

기업으로서는 제도를 도입하고 운영하는 데 시간과 비용이 많이 들며, 성과 평가 과정을 제대로 운영하는 것이 쉽지 않고, 바람직하지 않은 경쟁을 유발할 수 있다. 직원으로서는 평가 과정의 공정성이 확보되지 않을 경우 부당한 대우를 받을 수 있고, 전체 지급액과 개인 지급액이 가변적이고 비누적 방식이므로 전년도보다 임금 총액이 줄어들 수 있다.

6) 도입 조건

성과주의 조직문화에 대한 공감대가 크고, 성과 관리가 충실히 이루어지며, 경영진과 인사 부서에 대한 신뢰가 높고, 핵심적인 분야나 핵심 인재에게 적용할 때 효과를 내기 쉽다.

7) 도입 사례

한국에서는 KTF(개인성과급, 2001), 삼성중공업(성과상여금고과가급, 2008), 비유와상징(개인인사평가급제도, 2009), 교보생명(성과급, 2010), 코오롱인더스트리(고과상여제도, 2012), 120개 공공 기관(30개 공기업과 90개 준정부 기관, 2016) 등을 사례로 들 수 있다.

| 표 III.1-5 | 기획재정부 권고 성과연봉제 임금구조

<table>
<tr><td rowspan="2">호봉제</td><td colspan="4">월 급여</td><td colspan="2">상여금</td><td rowspan="2">급여성
복리후생비</td><td rowspan="2">경평성과급</td><td rowspan="2">법정 수당</td></tr>
<tr><td>본봉</td><td>직급
수당</td><td>책임자
수당</td><td>업무
수당</td><td>정기
상여금</td><td>직무
상여금</td></tr>
</table>

↓

<table>
<tr><td rowspan="2">성과연봉제</td><td colspan="2">기본연봉</td><td colspan="2">성과연봉</td><td rowspan="2">기타 수당
(법정 수당)</td></tr>
<tr><td>기본 급여</td><td>직무급</td><td>내부 평가급</td><td>경평성과급</td></tr>
</table>

자료: 기획재정부(2016: 3).

8) 규정과 서식

성과연봉제를 도입하기 위해서는 임금 규정과 평가 규정을 준비해야 한다. 성과연봉제 도입에 대해 직원의 동의를 받고, 노동부에 신고하기 위해 취업규칙변경동의서, 취업규칙변경신고서를 준비해야 한다.

9) 제도 설계

성과연봉제를 설계하기 위해서는 적용 대상자, 연봉과의 관계, 성과연봉 임금구조, 성과연봉 결정 방법, 평가 절차 등을 결정해야 한다.

8. 수시상여금제도

1) 정의와 특징

수시상여금제도(spot bonus, spot incentive, spot awards, discretionary bonus)는 직원이 맡은 직무에서 매우 뛰어난 성과를 냈을 때, 그 즉시 상사가 판단해 지급할 수 있는 일회성 개인성과

변동임금제도다. 부정기적으로 아무 때나 성과가 있을 때 지급하며, 공식적인 성과 평가 기준과 연계시키지 않고, 상사가 재량권을 갖고 결정해 지급한다. 한국과 일본에서는 스팟보너스, 온스팟(on-spot) 인센티브, 일시금인센티브, 특별보너스, 우수업무보너스, 즉시포상금 등으로 부른다.

수시상여금제도를 인정시상제도와 명확히 구분하기 어렵다. 실제로도 두 가지를 결합한 제도를 도입하는 경우가 많으며, 이를 구분하는 학자와 구분하지 않는 학자가 있다. 수시상여금제도와 인정시상제도 모두 직원이 뛰어난 성과를 내거나 공헌했을 때 준다는 점에서는 차이가 없다. 그러나 수시상여금제도는 직원의 담당 직무나 담당 책임에 초점을 맞춰 주로 현금으로 지급하는 데 비해, 인정시상제도는 직원의 담당 직무나 담당 책임보다는 더 폭넓은 활동을 대상으로 하며 현금이 아닌 형태로 지급한다.

2) 변화 추세와 통계

미국에서는 조사 대상 기업 중 2005년 35%(Milkovich et al., 2008: 292에서 재인용), 2007년 45%(Mondy, 2012: 276에서 재인용), 2010년 60%, 2012년 66%가 도입하고 있다(WorldatWork, 2012: 10).

한국에서는 일부 기업에서 도입하고 있다.

3) 관련 법률

어느 기업에서나 자율적으로 도입할 수 있다. '노동법'에는 수시상여금제도에 대해 직접 규정하는 내용이 없다.

4) 장점

기업으로서는 제도를 도입하고 운영하는 데 시간이나 비용이 많이 들지 않고, 제약 조건이 적으며, 성과 직후에 즉시 지급할 수 있고, 지속적으로 운영하는 것이 아니라 1회성으로 끝낼 수도 있으며, 인건비 예산이 부족할 때 활용할 수 있다. 직원으로서는 노력이나 성과에 대해 보상받을 수 있고, 더 나아가 추가적인 보상도 얻을 수 있다.

5) 단점

기업으로서는 그때그때 성과를 확인하기 쉬운 일부 직원층에만 적용할 수 있고, 일관성을 유지하기가 어려우며, 다른 직원들의 불만을 유발할 수 있다. 직원으로서는 기준을 알기 어렵다.

6) 도입 조건

뛰어난 성과를 낸 경우에 지급하고, 제때에 지급하며, 적정한 금액을 지급해야 효과를 얻을 수 있다. 전반적으로 임금수준이 높은 기업에 적합하다.

7) 도입 사례

미국에서는 구글, IBM, Mary Kay Cosmetics 등을 사례로 들 수 있다. 한국에서는 LG전자(1999), SK케미칼(2001), LG화학(2007), 굿모닝병원(2008), 코오롱인더스트리(2012), 한화그룹(2012), 한전(2012), LG화학(OSI On-Spot Incentive) 등을 사례로 들 수 있다.

| 표 III.1-6 | 2008년 굿모닝병원 수시상여금제도(성과급)

·목표 달성에 따른 성과급 ·연 20회 이상 부정기 성과급을 개인별·팀별로 지급 ·즉각적·공개적으로 지급하는 게 특징

자료: 구자숙(2008: 99).

8) 규정과 서식

수시상여금제도를 도입하기 위해 반드시 규정을 준비해야 하는 것은 아니다. 단, 지속적으로 실시할 경우에는 명확한 규정이 필요하다.

9) 제도 설계

수시상여금제도를 설계하기 위해서는 대상자, 결정권자, 지급사유, 지급액, 지급 시기 등을 결정해야 한다.

9. 인정시상제도

1) 정의와 특징

인정시상제도(recognition awards, recognition, awards, incentive awards)는 직원이 뛰어난 성과를 내거나 공헌한 데 대해 인정하고, 격려하고, 알리고, 모범으로 삼기 위해 일회성으로 상이나 상품을 주는 개인성과변동임금제도다. 일반적으로 상장, 상패, 상품, 여행, 휴가, 상품권 등을 주며, 일부는 상금을 주는 경우도 있다. 장기근속, 제안, 발명, 높은 성과, 획기적인 공헌, 드문 수고, 모범적인 행동 등 매우 다양한 이유로 실시할 수 있다. 부정기적으로 대상자가 나타날 때마다 실시할 수도 있고, 정기적(매년, 매분기, 매월, 매주)으로 실시할 수도 있다. 개인 또는 부서를 모두 대상으로 할 수 있다. 각각의 부서 차원 또는 전사 차원, 모두에서 실시할 수 있다. 공식적인 기준을 수립한 후 실시할 수도 있고, 특별한 기준 없이 필요할 때마다 실시할 수도 있다. 수상자로 선정된 사실만 알리고 칭찬으로 끝내는 방식부터 회사 차원의 행사를 열어 상패, 파격적인 상품, 휴가, 인사 평가 가점 부여 등을 동시에 제공하는 형태까지 매우 다양한 방식으로 제공할 수 있다. 지속적으로 운영할 수도 있고, 일시적으로 필요한 기간만 운영할 수도 있다.

2) 변화 추세와 통계

미국에서는 기업들에서 표창상여금(employee recognition bonus), 정근상여금(attendance bonus), 장기근속상여금(longevity bonus), 제안상여금(suggestion bonus), 안전상여금(safety bonus), 인재추천상여금(referral bonus) 등을 도입하고 있다(笹島芳雄, 2008: 103). 2015년에 민간 기업 근로자 중 각각 3%(표창상여금), 2%(장기근속상여금), 6%(인재추천상여금)에게 적용했다(BLS, 2015: 361).

한국에서는 2008년 취업규칙 중 65.0%가 표창으로 제공하는 혜택에 대해 규정을 두고 있고, 그중에는 포상증이 64.1%, 메달이나 상금이 57.8%, 상품이 53.8%, 포상휴가가 37.6%, 승격 등 인사 특권이 35.2%로 나타났다(김정한·문무기·윤문희, 2008: 153, 복수 응답). 취업규칙 중 96.9%는 표창 대상자 선정 기준에 대한 규정을 두고 있고, 그중에서는 비상 시 공로가 있는 직원(75.0%), 업무상 공적이 현저한 직원(62.5%), 작업효율화에 기여한 직원(62.2%), 품행이 단정하고 업무에 근면해 타의 모범이 되는 직원(59.5%), 회사 및 근로자의 이익을 위해 공로가 있는 직원(51.1%), 기타 공적으로 인정될 만한 직원(49.7%), 다년간 근속자로서 근무 성적이 양호한 직원(49.5%), 국가적·사회적 공헌이 인정된 직원(18.0%), 무사고의 다년간 근속자(11.0%), 교육훈련 성적이 우수한 직원(4.7%) 등의 순서였다(김정한·문무기·윤문희, 2008: 154~155). 2009년 조사 대상 기업 중 41.6%가 제안제도를 운영하고 있는 것으로 나타났다(배규식·김정우·김기민, 2012: 254).

3) 관련 법률

어느 기업에서나 자율적으로 도입할 수 있다. '노동법'에는 인정시상제도에 대해 직접 규정하는 내용이 없다. 근로자가 직무와 관련해 발명 또는 제안하거나 새로운 지식·정보·기술을 개발해 회사의 생산성·매출액 등의 증가에 이바지한 경우 이에 따라 적절한 보상을 하도록 노력해야 한다(근로복지기본법§85). 인정시상제도를 제도의 취지에 맞게 설계해 운영하는 경우에는 임금에 포함시키지 않아도 된다. 인정시상제도는 근로소득에 포함시켜 처리해야 한다.

4) 장점

기업으로서는 제약 조건이 적고, 필요할 때 즉시 활용할 수 있으며, 비용이 적게 들고, 비용에 비해 효과가 크며, 효과를 오래 지속시킬 수 있고, 제도를 설계하고 운영할 때 유연성이 매우 크며, 직원에게 인정받고 있다는 느낌을 줄 수 있고, 재미있게 운영할 수 있다. 직원으로서는 노력이나 성과에 대한 보상을 받을 수 있고, 보람을 느낄 수 있으며, 추가적으로 보상을 얻을 수 있다.

5) 단점

기업으로서는 노력할 만한 가치를 느끼게 하지 못하면 동기부여가 곤란하고, 저성과자층 직원들에게 동기를 부여하기 어려우며, 공정성을 유지하기가 쉽지 않고, 소수 직원만 계속 수상하거나 돌아가면서 모든 직원이 수상하는 결과를 낳기 쉽다. 직원으로서는 제도의 일관성이나 지속성이 보장되지 않고, 노력에 비해 얻을 수 있는 보상이 적을 수 있으며, 수상할 수 있는 기회가 많지 않고, 시상자 결정 과정에서 공정성이 유지되지 않을 경우 부당한 대우를 받을 수 있다는 단점이 있다.

6) 도입 조건

인정시상을 받기 위해 충족해야 할 자격이나 요건을 명확하게 정하고, 제때에 시상하며, 특별하고 진심 어린 방법으로 시상하고, 가능하면 공개적으로 시상할 때 효과적이다. 경영전략 측면에서는 전통적 조직문화를 바탕으로 저비용 전략을 추구하는 기업에서, 직원 계층 측면에서는 비책임자급 직원에서, 업종 측면에서는 서비스 업종에서 효과를 내기 쉽다.

7) 도입 사례

미국에서는 Black Box(특급성취자클럽상, 1995), 아메리칸 익스프레스, 나이키, 텍사스인스트루먼트, 아메리칸 스칸디아 등을 사례로 들 수 있다. 한국에서는 삼성에버랜드(2000), 삼성SDI(2001), 한국아스트라제네카(Find a Star상, 2007), 진미식품(2008), LG전자(2008), 굿모닝병원(2008), 한올제약(영업부서 special club, 2009), 삼성전자, LIG Nex1, 한국피자헛 등을 사례로 들 수 있다.

8) 규정과 서식

인정시상제도를 도입하기 위해 반드시 규정을 준비해야 하는 것은 아니다. 단, 정기적이고 지속적으로 실시할 경우에는 명확한 규정이 필요하다.

9) 제도 설계

인정시상제도를 설계하기 위해서는 대상자, 결정권자, 수상 요건, 시상 물품, 시행 기간 및 주기 등을 결정해야 한다.

10. 입사상여금제도

1) 정의와 특징

입사상여금제도(sign-on bonus, signing bonus, hiring bonus)는 중요한 직원을 채용할 때 입사 가능성을 높이기 위해, 입사하는 대가로 채용 초기에 한시적으로 지급하는 변동임금이다. 일반적으로 인력 수요가 많아 필요한 인재를 채용하기 어려운 직무 분야에서, 채용할 필요성이

| 표 III.1-7 | **삼성SDI 인정시상제도(2001)**

시상제도		대상자	포상 내용
회사 차원 시상	자랑스러운 삼성인상	매년 공정, 고객만족, 사회봉사, 환경안전, 효행, 근검절약 부문에서 귀감이 되는 사원	·1호봉 특진 ·포상금 1000만 원
	종합 Best-Practice 포상	매년 회사가 지향하는 가치 창조 및 경영 목표 달성을 위해 노력한 각 부문별 개인 및 단체	·승격 시 가점 ·포상금 600만 원
	7 Values 실천상	분기별로 업적과 행실이 우수한 사원 선발 포상	·승격 시 가점 ·포상금 10만 원
	SDI 인상	매월 우수 사원 선발 포상	·포상휴가 ·제주도 여행 특전
회사 차원 제안 시상	전사 제안왕	금, 은, 동 남녀 각 1명	·상금 30~70만 원 ·국내 또는 해외 견학
	전사 소집단 자랑대회	최우수상	·상금 100만 원 ·1호봉 특진
		우수상	상금 70만 원, 국내외 견학
부산 공장 제안 시상	연 제안왕	남녀 각 1명	·금상: 상금 20만 원, 1호봉 특진 ·은상: 상금 15만 원, 국내외 견학 ·동상: 상금 10만 원, 국내외 견학
	연 제안 우수 부서	직접 부문 두 개 팀	상금 30만 원
		간접 부문 한 개 팀	
	월 제안왕	남녀 각 1명	개인 제안료 소정액
	월 제안 우수 부서	직접 부문, 간접 부문 각 한 개 팀	상금 10만 원
	매년 소집단 자랑대회	최우수 한 개 팀	30만 원
		우수 두 개 팀	20만 원
		장려 여섯 개 팀	10만 원

자료: 노동부(2001: 70~71)를 수정.

큰 핵심 인재에게, 일정한 금액을 일시불이나 일정한 기간에 분할해 지급한다. 상여금이 아닌 스톡옵션을 부여하는 경우도 있다. 지급할 때에는 일정한 기간 이상 근무할 것과, 그 전에 사직하면 받은 상여금을 반환할 것을 요구한다. 한국과 일본에서는 사이닝 보너스, 사인온 보너스, 채용상여금 등으로 부른다.

입사상여금제도와 잔류상여금제도는 꼭 필요한 직원을 대상으로 일정한 기간 동안 근무할 것을 요구하고, 그 전에 사직하면 받은 상여금의 반환을 요구한다는 점에서는 차이가 없다. 그러나 입사상여금제도는 주로 직원을 채용하기 위한 제도이고, 잔류상여금제도는 주로 직원을 일정 기간 유지하기 위한 제도라는 점에서 차이가 있다.

2) 변화 추세와 통계

미국에서는 스톡옵션 도입률이 낮아지면서, 대안으로 입사상여금제도나 잔류상여금제도는 늘어났다(WorldatWork, 2007: 339). 일반적으로 입사할 때 정액으로 전액을 지급하는데, 그 금액은 대체로 고정임금의 5~10% 수준이며, 6개월~2년 정도의 의무 근무 기간을 정하므로 미리 사직할 경우에는 입사상여금을 반환해야 한다(Werner et al., 2011: 380; Mondy, 2012: 154). 조사 대상 기업 중 2010년 59%(입사상여금 또는 잔류상여금), 2012년 76%(입사상여금 또는 잔류상여금), 2014년에 74%(입사상여금)가 도입하고 있다(WorldatWork, 2012: 10; WorldatWork, 2014: 10). 2015년에 민간 기업 근로자의 1%가 입사 보상을 위해 스톡옵션제도를 적용했다(BLS, 2015: 350).

한국에서는 일부 기업에서 도입하고 있다.

3) 관련 법률

어느 기업에서나 자율적으로 도입할 수 있다. '노동법'에는 입사상여금제도에 대해 직접 규정하는 내용이 없다. '노동법'에서는 근로계약 내용을 직원이 이행하지 않는 데 대해 위약금 또는 손해배상액을 설정하는 형식으로 계약을 체결하는 것을 원칙적으로 금지하고 있다(근기법§20, 벌금 500만 원 이하). 그러나 이 법률 조항의 적용과 관련해 판례나 행정해석에서는 입사상여금의 계약 내용, 지급 방식, 의무 근무 기간, 반환 방식 등에 따라 적법성 여부를 다르게 판단하고 있다. 입사상여금제도를 제도의 취지에 맞게 설계해 운영하는 경우에는 평균임금에 포함시키지 않아도 된다. 입사상여금은 근로소득에 포함시켜 처리해야 한다.

4) 장점

기업으로서는 필요한 인력을 채용하는 데 도움이 되고, 정한 기간 동안 근무시키는 데 도움이 되며, 일시불로 지급하거나 일정한 기간만 지급하면 되고, 다른 직원들의 불만을 줄일 수 있으며, 기존 임금제도의 틀을 유지하면서 실시할 수 있다. 직원으로서는 별도의 임금을 확보할 수 있는 기회를 얻을 수 있고, 전직할 때 발생하는 비용으로 사용할 수 있다.

5) 단점

기업으로서는 인건비 부담이 증가하고, 장기간 근속하도록 동기를 부여하는 데 한계가 있으며, 다른 직원들의 불만을 유발할 수 있고, 일관성을 유지하기가 어렵다. 직원으로서는 약속한 기간 이전에 사직할 때에는 지급받은 상여금을 반환해야 한다.

6) 도입 조건

인재를 채용하기 어려운 직무에서 채용할 필요성이 큰 핵심 인재를 대상으로, 제도의 일관성을 최대한 유지하고 비밀을 유지하며 운영할 때 효과를 내기 쉽다.

7) 도입 사례

한국에서는 LG전자(1999), LG화학, 삼성전자, 삼성전기, SK텔레콤 등을 사례로 들 수 있다.

| 표 III.1-8 | 2008년 SK텔레콤 입사상여금 사례

· ○○○ 고문을 사장 겸 BCC 추진 단장으로 2008년 11~12월 두 달간 채용 · 급여 5500만 원과 사이닝 보너스 3억 원 지급

자료: ≪노컷뉴스≫, 2011년 5월 15일 자.

| 표 III.1-9 | 2009년 XX전자 사이닝 보너스

· 신규 사업을 추진하는 과정에서 필요한 특정 분야 박사급 엔지니어를 급하게 스카우트 · 연봉 7070만 원+사이닝 보너스 1억 원+원천징수세액 2821만 원+7년간 고용 보장

자료: 대법, 2012다55518(2015.6.11).

8) 규정과 서식

입사상여금제도를 도입하기 위해서는 규정을 꼭 준비할 필요는 없다. 입사상여금제도에 해당하는 내용을 명확히 기입한 계약서를 준비해야 한다.

9) 제도 설계

입사상여금제도를 설계하기 위해서는 대상 직무, 의무 근무 기간, 지급액, 지급 횟수와 지급 시기, 반환 조건 등을 결정해야 한다.

11. 잔류상여금제도

1) 정의와 특징

잔류상여금제도(retention bonus)는 중요한 직원이 사직하지 않도록, 계속 근무할 것을 조건으로 한시적으로 지급하는 변동임금제도다. 일반적으로 중요한 사업을 정상적으로 유지하는 데 꼭 필요한 직원이나 인수·합병, 구조조정 등의 과도기에 꼭 필요한 중요한 직원에게 일정한 금액을 일시불 또는 일정한 기간 동안 분할해 지급한다. 지급할 때에는 일정한 기간 이상 근무할 것과, 그 전에 사직하면 받은 상여금을 반환할 것을 요구한다. 또는 미리 지급하지 않고, 일정한 기간 근무를 완료한 시점에 지급하기도 한다. 한국과 일본에서는 리텐션 보너스, 유지 보너스, 잔류상여금, 근무계속상여금 등으로 부른다.

2) 변화 추세와 통계

미국에서는 조사 대상 기업 중 2010년에 59%(입사상여금 또는 잔류상여금)(WorldatWork, 2012: 10), 2012년에 76%(입사상여금 또는 잔류상여금)(WorldatWork, 2012: 10), 2014년 51%(잔류상여금)가 도입하고 있다(WorldatWork, 2014: 10). 2014년 조사 대상 기업에서 잔류상여금을 도입하고 있는 기업 중 73%는 공식적인 기준 없이 경영진의 판단에 따라 운영하고, 72%는 잔류 기간과 무관하게 지급하며, 66%는 한꺼번에 지급하고, 39%는 정액으로 지급한다. 지급액 수준에 대해 55%는 알 수 없지만, 20%는 고정임금의 10~20%를 지급한 것으로 나타났다(WorldatWork, 2014).

한국에서는 일부 기업에서 도입하고 있다.

3) 관련 법률

어느 기업에서나 자율적으로 도입할 수 있다. '노동법'에는 잔류상여금제도에 대해 직접 규정하는 내용이 없다. '노동법'에서는 근로계약 내용을 직원이 이행하지 않는 데 대해 위약금 또는 손해배상액을 설정하는 형식으로 계약을 체결하는 것을 원칙적으로 금지하고 있다

(근기법§20, 벌금 500만 원 이하). 그러나 이 법률 조항의 적용과 관련해 판례나 행정해석에서는 잔류상여금의 계약 내용, 지급 방식, 의무 근무 기간, 반환 방식 등에 따라 적법성 여부를 다르게 판단하고 있다. 잔류상여금제도를 제도의 취지에 맞게 설계해 운영하는 경우에는 평균임금에 포함시키지 않아도 된다. 잔류상여금은 근로소득에 포함시켜 처리해야 한다.

4) 장점

기업으로서는 필요한 직원을 유지하는 데 도움이 되고, 중요한 사업을 안정적으로 유지하는 데 도움이 되며, 일시불이나 일정 기간 동안만 지급하면 되고, 다른 직원들의 불만을 줄일 수 있으며, 전체적인 임금제도를 왜곡시키는 일을 피할 수 있다. 직원으로서는 별도의 임금을 확보할 수 있는 기회를 얻을 수 있고, 일정한 기간 동안 고용을 보장받을 수 있다.

5) 단점

기업으로서는 인건비 부담이 증가하고, 일정 기간 고용을 보장해야 하며, 장기간 계속 근무하도록 동기를 부여하기에는 한계가 있고, 성과에 대한 동기부여가 쉽지 않으며, 다른 직원들의 불만을 유발할 수 있고, 일관성을 유지하기가 어렵다. 직원으로서는 약속한 기간 이전에 사직할 때에는 상여금을 반환해야 한다.

6) 도입 조건

꼭 필요한 직원을 선정해 비교적 단기간 잔류시킬 필요가 있을 때 잔류시키는 데 충분할 만큼 상여금을 지급하거나, 일관성을 최대한 유지하고, 비밀을 유지하면서 운영하며, 정리해고를 하는 경우에도 상여금을 보장할 때 효과를 내기 쉽다.

7) 도입 사례

미국에서는 구글, AIG, 모건 스탠리 등을 사례로 들 수 있다. 한국에서는 LG전자(performance incentive, 1999), 한국얀센(excellence award, 1999), 삼성전자(핵심인력인센티브, 2000), LG화학(골든칼라인센티브, 2007), LIG 넥스원 등을 사례로 들 수 있다.

| 표 III.1-10 | 2007년 LG화학 잔류상여금제도(골든칼라인센티브)

·골든칼라란? - 탁월한 지적 능력과 남다른 재능을 바탕으로 고성과를 창출하며, 존재 그 자체가 기업의 핵심 역량이 되고, 외부 유출 시 기업에 치명적인 손실을 초래하는, 사업 달성을 위해 필수적인 핵심 인재 - 연봉, 국적, 지역, 성별에 관계없이 형식과 절차에 얽매이지 않고 확보해야 할 인재 ·골든칼라 인센티브는 핵심 인재를 유지하기 위한 보상제도 ·철저한 검증을 거쳐 9등급으로 구분하고 기본 연봉의 20~100%를 지급

자료: LG화학(2007).

8) 규정과 서식

잔류상여금제도를 도입하기 위해 반드시 규정을 준비해야 하는 것은 아니다. 단, 잔류상여금제도에 해당하는 내용을 명확히 서술한 계약서를 준비해야 한다.

9) 제도 설계

잔류상여금제도를 설계하기 위해서는 대상 직무, 의무 근무 기간, 지급액, 지급 횟수와 지급 시기, 반환 조건 등을 결정해야 한다.

제2장

집단성과변동임금제도

1. 팀성과급제도

1) 정의와 특징

팀성과급제도(team incentives)는 팀의 성과 목표의 달성도를 기준으로 상여금 지급액을 결정하는 집단성과변동임금제도다. 일반적으로 1년마다 또는 분기마다 목표달성도에 따라 상여금 지급액을 결정해 지급한다. 팀성과급 지급 여부와 수준은 기본적으로 팀마다 설정된 성과 목표의 달성도를 기준으로 결정한다. 팀원에게 지급하는 성과급 수준은 팀원에 따라 특별한 차이를 두지 않는 것이 원칙인데, 팀원의 고정임금 대비 동일한 비율로 지급하거나 모든 팀원에게 동일한 금액을 지급한다. 여기에서 말하는 팀(team)은 공동의 목적과 성과 목표를 함께 책임지고 달성하기 위해 서로 다른 보완적인 역할을 수행하며 팀플레이를 하는 소규모 부서를 말하며, 이와 같은 특성 없이 명칭에만 팀을 넣은 형식뿐인 팀은 해당하지 않는다.

팀성과급제도는 목표달성배분제도나 생산성배분제도와 거의 차이가 없고, 팀 조직에 적용한 목표달성배분제도 또는 생산성배분제도라고 할 수 있다.

2) 변화 추세와 통계

미국에서는 1990년대에 팀 조직 도입이 증가하면서 팀성과급제도 도입이 증가했다. 1996년 13%, 1997년 13%, 1998년 17%, 1999년 15%, 2002년 8%, 2007년 17%, 2010년

26%, 2013년 17%가 도입하고 있는 것으로 나타났다(Milkovich et al., 2008: 288; 밀코비치·뉴먼·거하트, 2016: 384; WorldatWork, 2014: 4).

한국에서는 2005년 조사 대상 기업 중 68.1%가 팀원의 고과와 보상에 팀 성과를 반영했다(박원우, 2006: 144). 2005년 조사 대상 기업 중 22.5%가 팀성과급제도를 실시했다(김용민·박기성·이수일, 2008: 84). 2008년 조사 대상 기업 중 23.1%가 도입하고 있다(安熙卓, 2011: 80에서 재인용). 상시 근로자가 1명 이상인 기업 중 성과배분제를 도입하고 있는 기업은 2009년 11.3%, 2010년 11.0%, 2011년 10.9%, 2012년 11.9%, 2013년 11.5%, 2014년 9.7%, 2015년 10.8%, 2016년 9.9%로 나타났다(임금근로시간정보시스템). 노동부에서는 성과배분제를 '기업 전체 또는 부서 단위로 정해놓은 경영 목표를 달성·상회하거나 생산비용이 절감된 경우, 근로자에게 현금, 주식, 복지기금 등의 형태로 배분하는 집단적 성과급제도'(개인별 성과 평가를 통한 배분이 아님)로 정의하고 통계조사를 하고 있다. 여기에는 팀성과급제도를 포함해 집단성과변동임금제도 대다수가 포함될 수 있을 것으로 보인다.

3) 관련 법률

어느 기업에서나 자율적으로 도입할 수 있다. '노동법'에는 팀성과급제도에 대해 직접 규정하는 내용이 없다.

4) 장점

기업으로서는 개인성과변동임금제도에 비해 도입하고 운영하는 데 시간과 비용이 적게 들고, 팀 내부의 협력을 강화할 수 있으며, 팀 성과를 높일 수 있고, 문제 해결과 개선을 촉진시킬 수 있다. 직원으로서는 평가 과정의 공정성을 확보하는 게 상대적으로 더 쉽다.

5) 단점

기업으로서는 어느 팀에나 난이도가 비슷한 성과 목표를 부여하는 것이 쉽지 않으며, 기업 전체의 경영 목표와 연관성이 부족한 팀 성과목표를 수립할 수 있고, 고성과 직원의 이직을 막기 어려우며, 팀 사이의 경쟁으로 협력이 약해질 수 있고, 팀 조직이 아닌 부서에는 적용하기 어렵다. 직원으로서는 과도한 목표를 수용해야 할 경우가 생길 수 있고, 일부 팀원의 무임승차를 막기 어려우며, 다른 팀원 때문에 피해를 볼 수 있다.

6) 도입 조건

팀 조직 즉 공동의 목적과 성과 목표를 같이 책임지고 달성하며, 팀원 각자의 역할이 서로 얽혀 있어 뚜렷한 구분이나 개인 성과 평가가 어렵고, 팀이 독립적으로 성과 업무를 수행할 수 있는 부서에 적용된다. 업무가 팀원들 간의 상호 연관성이 커서 각자 수행할 때 어려움이 있고, 계층이 많지 않아 팀원들의 관계가 비교적 수평적이며, 팀원들이 업무에 대한 헌신도가 높고, 팀원들이 스스로 동기 부여된 상황일 때 도입하는 것이 좋다(김성수·박찬희·김태호, 2007: 34). 팀원이 함께 구체적이며 측정 가능하고 달성 가능하며 부서가 통제하고 책임질 수 있는 목표를 수립하고, 목표를 수행하는 동안 지속적으로 달성도를 측정해 알려주며, 목표를 달성하는 데 필요한 지원을 해줄 때 효과를 내기 쉽다.

7) 도입 사례

미국에서는 AT&T(Team Merit Award, 1999), 제록스(Team Excellence Award, 1999), 보잉(Boeing), W. L. 고어(W. L. Gore), IBM, 리바이스(Levi's), 몬산토(Monsanto), 프랙스에어(Praxair), TRW 등을 사례로 들 수 있다. 일본에서는 일본 휴렛팩커드(영업인센티브제도, 1994) 등을 사례로 들 수 있다. 한국에서는 코오롱상사(BOSS, 1998), 일신방직(2009), KT(2011), 코오롱인더스트리(소단위포상제도, 2012), 자동포장기계제조업 X기업(기술영업팀 인센티브, 2016), 도서출판 길벗 등을 사례로 들 수 있다.

| 표 III.2-1 | **2000년 코오롱상사 팀성과급제도(BOSS)**

· 1998년 도입 · 35개 영업 팀이 회사와 목표 달성 계약을 맺고 목표 초과 달성 시 초과액 중 일정 비율을 가져가는 방식 · 팀마다 목표 이익을 설정 · 반기마다 지급 · 1999년 상반기에 목표달성률이 가장 높은 해외 의류 팀은 성과급으로 2억 5000만 원을 받아 27명의 팀원에게 500~2100만 원까지 지급

자료: 〈MBC뉴스〉, 1999년 9월 20일; ≪한국경제신문≫, 2000년 3월 31일 자.

8) 규정과 서식

팀성과급제도를 도입하기 위해서는 명확한 규정을 준비해야 한다.

9) 제도 설계

팀성과급제도를 설계하기 위해서는 대상 조직, 성과 지표, 성과 목표, 달성도 및 등급 판정 기준, 상여금 지급률 기준, 팀원에 대한 상여금 배분 기준, 상여금 지급 시기 등을 결정해야 한다.

2. 목표달성배분제

1) 정의와 특징

목표달성배분제(goalsharing, performance sharing, target incentives)는 부서에서 1년 이내의 짧은 기간에 달성해야 하는 소수의 부서 성과 목표를 설정하고 그 달성도를 기준으로 부서별 상여금을 결정해 지급하는 집단성과변동임금제도다. 일반적으로 1년마다 또는 반기마다 목표달성도에 따라 사전에 정한 상여금을 지급하며, 기업, 사업부, 부서 등 필요한 조직에는 모두 적용할 수 있다. 상여금 지급 여부 및 수준은 기본적으로 부서 성과 목표의 달성도를 기준으로 부서마다 결정한다. 성과가 좋지 않은 부서는 상여금을 받지 못한다. 부서상여금을 부서원에게 배분할 때에는 개인별로 특별한 차이를 두지 않고 지급하는 경우도 있고, 개인에 대한 성과 평가 결과와 연관시켜 차등해 지급하는 경우도 있다.

목표달성배분제의 특징은 목표달성상여금제도와 거의 같은데, 개인 대상 제도가 목표달성상여금제도라면 부서 대상 제도는 목표달성배분제다. 목표달성배분제는 팀성과급제도와도 상당히 비슷한데, 목표달성배분제 중 특히 팀 조직에 적용한 제도가 팀성과급제도라고 할 수 있다. 목표달성배분제는 생산성배분제나 이익배분제와도 비슷한데, 생산성배분제나 이익배분제를 대폭 유연하게 개선한 것이 목표달성배분제라고 할 수 있다.

2) 변화 추세와 통계

미국에서는 조사 대상 기업 중 2010년에 57%, 2012년에 58%가 도입하고 있다(WorldatWork, 2012: 10).

한국과 일본에서는 이론에서 목표달성배분제를 별로 다루지 않고 있다. 그러나 기업에서 도입하고 있는 집단성과변동임금제도 가운데 다수가 목표달성배분제일 것으로 추정할 수 있다. 일본의 많은 기업에서 도입하고 있는 업적연동상여, 업적상여(인센티브 상여) 등은 많은 경우가 목표달성배분제라고 할 수 있다. 한국의 삼성을 비롯해 여러 기업에서 도입하고 있는 PI(Productivity Incentive)는 이름만으로는 생산성배분제에 가깝지만 내용을 보면 목표달성배분제라고 할 수 있다.

일본에서는 1990년대 이후에 기존에 큰 차등 없이 지급해온 상여의 전부나 일부를 분리해 업적상여(인센티브 상여)로 변경하고 소속 부문의 업적이나 개인의 업적의 차이에 따라 소속별 또는 개인별로 지급액을 크게 차등해 지급하는 사례가 증가해왔다(스게노 카즈오, 2015: 308).

한국에서는 2005년 조사 대상 기업 중 17.0%(사업부성과급)~52.6%(전사성과급)에서 도입하고 있다(김용민·박기성·이수일, 2008: 85). 2008년 조사 대상 기업 중 21.8%(사업부성과급)~52.2%(전사성과급)에서 도입하고 있다(安熙卓, 2011: 80에서 재인용). 상시 근로자가 1명 이상인 기업 중 성과배분제를 도입하고 있는 기업은 2009년 11.3%, 2010년 11.0%, 2011년 10.9%, 2012년 11.9%, 2013년 11.5%, 2014년 9.7%, 2015년 10.8%, 2016년 9.9%로 나타났다(임금근로시간정보시스템) 노동부에서는 성과배분제를 "기업 전체 또는 부서 단위로 정해놓은 경영목표를 달성·상회하거나 생산비용이 절감된 경우, 근로자에게 현금, 주식, 복지기금 등의 형태로 배분하는 집단적 성과급제도(개인별 성과 평가를 통한 배분이 아님)"로 정의해 통계조사를 하고 있다(여기에는 집단성과변동임금제도 대다수가 포함될 수 있을 것으로 보임). 2009년 조사 대상 기업 가운데 30.9%가 성과배분제를 운영하고, 그중 89.2%가 전체 정규직 근로자에게 적용하며, 66.0%에는 성과산정식이 있는 것으로 나타났다(배규식·김정우·김기민, 2012: 63~64).

3) 관련 법률

어느 기업에서나 자율적으로 도입할 수 있다. '노동법'에는 목표달성배분제도에 대해 직접 규정하는 내용이 없다.

4) 장점

기업으로서는 어느 부서에나 적용할 수 있고, 성과 지표, 성과 목표, 보상 수준을 조정하는 게 어렵지 않고, 상황 변화나 경영 전략 변화에 대응하는 게 쉬우며, 성과 동기부여가 가능하고, 관리·감독 비용을 줄일 수 있으며, 특히 생산성배분제에 비해 도입과 운영이 쉽고 훨씬 유연하게 운영할 수 있다. 직원으로서는 부문별로 좀 더 타당한 성과 지표와 성과 목표를 정할 수 있고, 결과에 대해 보상을 받을 수 있으며, 추가적으로 보상을 받을 수 있다.

5) 단점

기업으로서는 제도 전체의 일관성에 대해 신뢰를 얻기 어렵고, 별도의 예산이 필요하며, 목표 설정에 대해 신뢰를 잃기 쉽고, 지급 수준 결정에 대해 신뢰를 잃기 쉬우며, 목표 업무 외 다른 중요한 업무에 대해 무관심을 유발할 수 있고, 고성과자나 저성과자에 대해 동기부여가 어렵고, 기업 전체의 성과가 좋지 않을 때 직원들의 사기가 크게 저하될 수 있다. 직원으로서는 제도의 전체적인 일관성이 부족하기 쉽고, 불공정한 목표 수준을 수용하게 되는 경우가 생길 수 있으며, 지급 수준 결정 과정에서 객관성이 부족하고, 일부 직원의 무임승차를 막기 어려우며, 임금의 안정성이 약하다.

6) 도입 조건

대상 부서와 함께 구체적이며 측정 가능하고 달성 가능하며 부서가 통제하고 책임질 수 있는 목표를 수립하고, 목표를 수행하는 동안 지속적으로 달성도를 측정해 알려주며, 목표를 달성하는 데 필요한 지원을 해줄 때 효과를 내기 쉽다. 성과 지표를 정할 때에는 BSC 방법을 활용할 수 있다.

7) 도입 사례

미국에서는 AES Corporation, Corning, Men's Warehouse, Whole Foods Market 등을 사례로 들 수 있다. 일본에서는 ADVANTEST, TCM 등을 사례로 들 수 있다. 한국에서는 한국존슨앤드존슨(성과상여금, 1992~), 현대중공업(1992), 삼양사(2000), KTF(전사성과급, 2001), 한국후지제록스(2007), 코엔스(성과급, 2015), 삼성물산, 삼성SDI, 삼성전자, 삼성중공업, CJ제일제당, SK이노베이션, LG디스플레이, LG화학(사업본부별 경영성과급), DBR동일, 코레일, 코오롱인더스트리, 홈플러스, 한국다우코닝(인센티브) 등을 사례로 들 수 있다.

| 표 III.2-2 | **2008년 한국후지제록스 목표달성배분제(PI) 지급률표**

(단위: %)

달성률	지급률	달성률	지급률	달성률	지급률
90	50	101	101.5	111	116.5
91	55	102	103	112	118
92	60	103	104.5	113	119.5
93	65	104	106	114	121
64	70	105	107.5	115	122.5
95	75	106	109	116	124
96	80	107	110.5	117	125.5
97	85	108	112	118	127
98	90	109	113.5	119	128.5
99	95	110	115	120	130
100	100	-	-	-	-

주: 1) 2007년 2월 직무성과형 신인사제도를 도입하면서 PI 도입함.
주: 2) PI(Productivity Incentive) 지급률 결정 기준.
국내영업본부 PI 지급률=전사이익달성률(50%)+사장KPI달성률(50%)
개발/생산본부 PI 지급률=전사이익달성률(50%)+본부장KPI달성률(50%)
자료: 이문호 외(2008: 182~183).

8) 규정과 서식

목표달성배분제를 도입하기 위해서는 규정을 준비해야 한다.

9) 제도 설계

목표달성배분제를 설계하기 위해서는 대상 부서, 성과 지표, 성과 목표, 달성도 및 등급 판정 기준, 상여금 지급률 기준, 부서원에 대한 상여금 배분 기준, 상여금 지급 시기 등을 결정해야 한다.

3. 생산성배분제도

1) 정의와 특징

생산성배분제(gain sharing, productivity sharing, productivity gainsharing, productivity incentives)는 공장, 사업부, 부서 등에서 전체 직원이 참여해 생산성 향상과 원가 절감을 추진하고 거기

에서 얻은 이득의 일부를 직원에게 배분하는 집단성과변동임금제도다. 일반적으로 매월 또는 분기마다 생산성 향상과 원가 절감 결과를 측정해 사전에 정한 공식에 따라 전체 직원에게 상여금을 지급한다. 생산성배분제는 상여금을 계산하는 기준이 서로 다른 세 가지 유형의 제도로 다시 구분할 수 있다. 스캔런 플랜(Scanlon Plan)에서는 생산액 대비 노동비용을 기준으로 계산하고, 럭커 플랜(Rucker Plan)에서는 부가가치 대비 노동비용을 기준으로 계산하며, 임프로셰어(ImproShare)에서는 표준 생산시간 대비 실제 생산시간을 기준으로 계산한다. 생산성배분제에 대해서는 서구에서도 부르는 용어가 다양하다. 한국과 일본에서는 집단성과배분제도, PI, 원가절감배분제, 생산이윤분배제, 성과배분제, 수익분배제, 게인셰어링 등으로 부르고 있다.

기업에서 도입하고 있는 제도의 이름만 보고 실질적으로 생산성배분제인지 목표달성배분제인지를 구분하는 것은 어렵다. 생산성배분제를 도입하고 운영하는 데 최근에는 생산성 향상과 원가 절감만이 아니라 다른 중요한 성과 지표와 성과 목표를 추가하고, 생산 부문뿐 아니라 다른 부문까지 적용 범위를 확대하며, 제조업뿐 아니라 다른 업종에도 적용을 확대하는 사례가 늘어나고 있다. 이와 같은 변화 과정에서 직원의 참여를 통한 생산성 향상과 원가 절감이라는 생산성배분제의 핵심적인 특성이 약해진 제도에 대해서는 목표달성배분제도로 보아야 할 것이다.

2) 변화 추세와 통계

미국에서는 1896년에 생산성배분제가 처음 생긴 후 1933년(럭커 플랜), 1935년(스캔런 플랜), 1973년(임프로셰어)에 세부 제도가 생겼다. 1990년대에 가장 많이 도입했다. 1996년 16%, 1997년 18%, 1998년 20%, 1999년 18%, 2002년 11%, 2007년 10%, 2010년 33%, 2013년 4%가 도입하는 것으로 나타났다(Milkovich et al., 2008: 288; 밀코비치·뉴먼·거하트, 2016: 384; WorldatWork, 2014: 4).

한국에서는 2005년 조사 대상 기업 중 5.3%가 도입하고 있으며(김용민·박기성·이수일, 2008: 84), 2008년 조사 대상 기업 중 5.7%가 도입하고 있다(安熙卓, 2011: 80에서 재인용). 상시 근로자가 1명 이상인 기업 중 성과배분제를 도입하고 있는 기업은 2009년 11.3%, 2010년 11.0%, 2011년 10.9%, 2012년 11.9%, 2013년 11.5%, 2014년 9.7%, 2015년 10.8%로 나타났다(임금근로시간정보시스템). 노동부에서는 성과배분제를 "기업 전체 또는 부서 단위로 정해놓은 경영 목표를 달성·상회하거나 생산비용이 절감된 경우 근로자에게 현금, 주식, 복지기금 등의 형태로 배분하는 집단적 성과급제도(개인별 성과 평가를 통한 배분이 아님)"로 정의하고 통계 조사를 하고 있다. 여기에는 집단성과변동임금제도 대다수가 포함될 수 있을 것으로 보인다. 2009년 조사 대상 기업 가운데 30.9%가 성과배분제를 운영하고, 그중 89.2%가 전체 정규직 근로자에게 적용하고, 66.0%에는 성과산정식이 있는 것으로 나타났다(배규식·김정우·김기민, 2012: 63~64). 2014년의 단체협약 가운데 3%가 생산 실적(경영 실적)에 따른 배분에 관한 사항을 단체교섭의 대상으로 규정하고 있는 것으로 나타났다(박명준·조성재·문무기, 2014: 375).

3) 관련 법률

어느 기업에서나 자율적으로 도입할 수 있다. '노동법'에는 생산성배분제도에 대해 직접 규정하는 내용이 없다.

4) 장점

기업으로서는 개인성과변동임금제도에 비해 도입하고 운영하는 데 시간과 비용이 적게 들고, 별도의 예산이 필요 없으며, 관리·감독 비용을 줄일 수 있고, 직원들의 협력 수준을 높일 수 있으며, 긍정적인 경영 성과를 얻을 수 있고, 생산성 향상이 가능하며, 제품 품질 향상이 가능하고, 노사 관계가 좋아지며, 성과 동기부여가 가능하고, 소속감을 높일 수 있으며, 작업 방식을 개선할 수 있고, 직무만족도를 높일 수 있으며, 좀 더 참여적인 의사 결정 구조를 만들 수 있다(김동원·유규창, 2000: 15~16). 직원으로서는 제도의 투명성과 공정성이 높고, 결과에 대한 보상을 받을 수 있으며, 추가적으로 보상받을 수 있다.

5) 단점

기업으로서는 모든 부서에 적용하기 곤란하며, 변화가 많은 상황에서 적용하기 곤란하고, 투명 경영을 해야 하며, 상여금을 계산하는 기준을 바꾸기 어렵고, 비용 절감이 기업 이익 증가로 연결되지 않을 수 있으며, 품질 저하 문제가 발생할 수 있고, 고성과 직원의 이직을 막기 어렵다. 직원으로서는 일부 직원의 무임승차를 막기 어렵다.

6) 도입 조건

직원들이 적극적으로 참여할 수 있는 제도와 조직문화를 만들고, 생산성 향상에 대해 보상할 수 있는 집단성과변동임금제도를 도입하며, 직원과 회사 사이에 높은 신뢰와 협력을 유지하고, 제품에 대한 수요를 안정적으로 확보하며, 생산성을 개선할 수 있는 여지가 클 때 생산성배분제가 효과를 내기 쉽다.

7) 도입 사례

미국에서는 Eggers(1981), Beth Israel Hospital Boston(1989), Bell South(Gainsharing, 1999), Champion(Gainsharing, 1999), I/N Tek I/N Kote(Gainsharing, 1999), Kaiser(Gainsharing, 1999), LSE(Gainsharing, 1999), Xerox(Gainsharing, 1999), American Value Company, Hinderliter

| 표 III.2-3 | **미국 에거스 인더스트리스(Eggers Industries) 생산성배분제 보너스 계산 예시**

(단위: 달러)

	보너스 지급 시	보너스 미지급 시
1. 실제 판매액	500,000	500,000
2. 지난 기(期)와 대비한 재고 변동 상황	50,000	50,000
3. 생산 가치(1+2)	550,000	550,000
4. 기준 비용(3의 81.5%)	448,250	448,250
5. 실제 비용	415,250	463,250
6. 배당금(4~5)	33,000	-15,000
7. 회사 측 배당(6의 45%)	14,850	0
8. 종업원 배당(6의 55%)	18,150	-8,250
9. 보너스 실지급액(8의 80%)	14,520	0
10. 적자 대비 예치금(8의 20%)	3,630	0
11. 종업원 봉급 총액	165,000	165,000
12. 보너스 비율(9/11)	8.8%	0
13. 지난달에서 이월된 적자 대비 예치금	10,270	13,900
14. 현재 적자 대비 예치금 누계 보너스 지급 시(10+13) 보너스 미지급 시(8+13)	13,900	5,650

자료: 김동원·유규창(2000: 41).

Energy Equipment, Levi Strauss, TRW, Watermark Credit Union, Weyerhaeuser 등을 사례로 들 수 있다. 한국에서는 포스코(1993~1994) 등을 사례로 들 수 있다.

8) 규정과 서식

생산성배분제를 도입하기 위해서는 명확한 규정을 준비해야 한다.

9) 제도 설계

생산성배분제를 설계하기 위해서는 대상 조직, 성과 지표, 표준 성과 수준, 성과 목표, 성과 배분 비율, 예비비 비율, 개인 지급 기준, 지급 시기 등을 결정해야 한다.

4. 정기일시상여금제도

1) 정의와 특징

정기일시상여금제도는 명절 등 특별한 시기와는 관계없이, 격월 등 일정한 기간마다 지급하기로 정한 날에 재직하는 직원에게만 사전에 정한 일정한 금액을 지급하는 상여금을 말한다. 일반적으로 연례, 반기, 분기, 격월, 매월 등 일정한 기간마다 정해진 날에 정해진 금액을 지급하되, 그날 전에 퇴직하면 전혀 지급하지 않는다. 지급받는 데 필요한 요건은 오직 지급일에 재직하고 있어야 한다는 것이다. 정기상여금제도 중 지급일 현재 재직하고 있는 직원에게만 지급한다는 제한 조건이 붙어 있는 제도가 바로 정기일시상여금제도에 해당한다. 임금 총액을 증액시키되 통상임금이 증가하는 것을 피해 법정 수당 증가를 방지하고 인건비 증가 효과를 완화하기 위한 방안으로 활용하는 경우가 많으며, 한국에만 있는 제도라고 할 수 있다. 한국의 정기상여금제도는 지급일 전에 퇴직하더라도 대상 기간 중 재직한 기간만큼 일할 계산해 지급하는 경우가 많지만, 한편으로는 일할 계산 없이 오직 지급일 현재 재직하고 있는 직원에게만 지급하는 경우도 있다. 이와 같은 제도에서는 지급하는 시점이 되어야 지급 여부나 지급액을 확정할 수 있기 때문에 변동임금에 해당한다. 기업에서는 상여금, 정기 상여, 고정 상여, 기본 상여, 체력단련비, 자기계발지원비, 가계보조비, 복리후생비 등 정기상여금제도와 같은 이름으로 부른다.

정기일시상여금제도는 고정정기상여금제도, 명절고정상여금제도, 명절변동상여금제도와 비슷하지만 차이가 있다.

2) 변화 추세와 통계

미국에서는 여기에서 말하는 정기일시상여금제도는 찾아보기 어렵다.

일본에서도 여기에서 말하는 정기일시상여금제도는 찾아보기 어렵다. 그 대신 명절 시기에 여름상여(6월경, お盆)와 겨울상여(12월경, 暮れ)를 정기적으로 지급하되 지급액은 해마다 새로 결정하는 명절변동상여금제도가 일반화되어 있다.

한국에서는 2008년 취업규칙 가운데 63.0%가 상여금 지급 기준에 대한 규정을 두고 있고, 그중 35.7%가 기본급을 상여금 지급 기준으로 규정하고 있다(김정한·문무기·윤문희, 2008: 70). 2008년 취업규칙 가운데 71.5%가 상여금 지급 시기를 규정하고 있고, 그중 33.8%가 지급 시기를 명시하지 않고 규정하며, 22.1%가 별도 규정으로, 18.9%가 설날로, 17.9%가 추석으로, 14.0%가 하기휴가로 각각 규정하고 있다(김정한·문무기·윤문희, 2008: 72~73). 2014년 단체협약 가운데 30%가 상여금(고정 또는 정기)을 규정하고 있고, 2%가 고정상여금을 통상임금에 포함시키고 있는 것으로 나타났다(박명준·조성재·문무기, 2014: 150, 156).

3) 관련 법률

어느 기업에서나 자율적으로 도입할 수 있다. '노동법'에는 정기일시상여금제도에 대해 직접 규정하는 내용이 없다. 상여에 대한 사항은 취업규칙에 명시해야 한다(근기법§93.5, 과태료 500만 원 이하). 상여금에 대해서는 매월 1회 이상 지급하지 않고 1개월을 초과하는 기간마다 또는 부정기적으로 지급할 수 있다(근기령§23.3). 상여금 지급 기일에 재직할 것을 그 지급 조건으로 정하는 것(지급 기일 전에 퇴직하는 자에게는 상여금을 지급하지 않는다고 정하는 것)은 원칙적으로 무효라고 보아야 한다는 해석(임종률, 2015: 413)도 있고, 단체협약, 취업규칙, 근로계약 등에 명시적으로 상여금 지급 대상자를 "재직 중인 자에 한한다"라고 규정하더라도 이는 유효하다(임금 68207-249, 1993.4.29; 하갑래, 2014: 805에서 재인용)는 해석도 있다.

4) 장점

기업으로서는 통상임금 인상을 회피해 법정 수당 증가를 방지하고, 인건비 증가 효과를 완화할 수 있다. 직원으로서는 추가로 현금을 확보할 수 있다.

5) 단점

기업으로서는 지급일 직전에 퇴직하는 직원들의 불만을 사기 쉽고, 퇴직할 직원들이 불필요하게 퇴직 일자를 늦추는 부작용이 발생할 수 있다. 직원으로서는 지급일 전에 퇴직하면 전혀 지급받지 못한다.

6) 도입 사례

한국에서는 ○○○공업(상여금, 1993), ○○메트로(정급상여수당, 2012), ○○교통공사(정급상여수당, 2013) 등을 사례로 들 수 있다.

7) 규정과 서식

정기일시상여금제도를 도입하기 위해서는 근로자 10인 이상 기업의 경우 취업규칙을 작성해 신고해야 한다.

8) 제도 설계

정기일시상여금제도를 설계하기 위해서는 대상자, 지급 시기, 지급액(지급률), 일할 계산 적용 여부, 고정 상여금과의 관계 등을 결정해야 하며, 제도의 취지에 맞춰 설계해 다른 상여금제도와 혼동되지 않도록 해야 한다.

| 표 III.2-4 | 2013년 ○○도시철도공사 정기일시상여금제도(정급상여수당)

·상여수당을 정급상여수당과 경영실적수당으로 구분하여 구성 ·정급상여수당 - 연간 기본급의 400% 기준 - 매년 1~10월 매월 기본급의 40%씩 지급 - 지급일 현재 재직 중인 임직원에게 지급한다고 규정하고 있음

자료: 대구고법(2015.10.21), 2015나305.

5. 명절고정상여금제도

1) 정의와 특징

명절고정상여금제도는 사회 전체나 직원 전체가 휴일이나 휴가로 며칠 동안 연속해 쉬는 명절 등 특별한 시기에, 전체 직원에게 미리 정한 금액을 지급하는 변동임금제도다. 일반적으로 해마다 설, 하계휴가 시기, 추석, 연말 등 정해진 시기에 미리 정한 금액을 지급한다. 상품이나 상품권 등의 선물과 함께 지급하기도 하고, 선물만 지급하기도 한다. 주로 한국에서 발전한 제도다. 일반적으로 해마다 지급해야만 하며 지급액이나 지급률이 고정되어 있고 지급 대상자도 정해져 있어 고정임금제도에 더 가깝다고 할 수 있으나, 명절이라는 그 시기적 특성 때문에 지급하고, 그 시기에 근무하고 있는 직원에게만 지급하며, 그 시기 전이나 후에 입사하거나 퇴사한 직원에게는 근무한 기간에 비례해 일할 계산해 지급하지 않기 때문에 일시금에 해당하므로 변동임금에 해당한다. 기업에서는 귀성 여비, 명절상여, 명절수당, 명절 성과금, 휴가비, 효도수당, 체력단련비, 월동비, 하계수당 등 아주 다양하게 부른다.

그러나 정기상여금제도를 운영하면서 그 정기적인 지급 시기에 설이나 추석을 포함시키고, 지급 시기 전이나 후에 입사하거나 퇴사한 직원에게도 근무한 기간에 비례해 일할 계산해 지급하는 경우에는 이 책에서 말하는 변동임금제도인 명절고정상여금제도가 아니라 고정임금제도인 고정정기상여금제도에 해당한다.

명절고정상여금제도는 고정정기상여금제도, 정기일시상여금제도, 명절변동상여금제도와 비슷하지만 차이가 있다.

2) 변화 추세와 통계

미국에서는 이 책에서 말하는 명절고정상여금제도는 찾아보기 어렵다.

일본에서도 이 책에서 말하는 명절고정상여금제도는 찾아보기 어렵고, 대신 여름상여(お盆, 6월경)와 겨울상여(暮れ, 12월경)를 정기적으로 지급하되 지급액은 해마다 다시 결정하는 명절변동상여금제도가 일반화되어 있다.

한국에서는 2008년 취업규칙 가운데 63.0%가 상여금 지급 기준에 대한 규정을 두고 있고, 그중 35.7%가 기본급을 상여금 지급 기준으로 규정하고 있다(김정한·문무기·윤문희, 2008: 70). 2008년 취업규칙 가운데 71.5%가 상여금 지급 시기를 규정하고 있고, 그중 33.8%가

지급 시기를 명시하지 않고 규정하며, 22.1%는 별도 규정으로, 18.9%는 설날로, 17.9%는 추석으로, 14.0%는 하기휴가로 각각 규정하고 있다(김정한·문무기·윤문희, 2008: 72~73).

3) 관련 법률

어느 기업에서나 자율적으로 도입할 수 있다. '노동법'에는 명절고정상여금제도에 대해 직접 규정하는 내용이 없다. 상여에 대한 사항은 취업규칙에 명시해야 한다(근기법§93.5, 과태료 500만 원 이하). 상여금에 대해서는 매월 1회 이상 지급하지 않고 1개월을 초과하는 기간마다 또는 부정기적으로 지급할 수 있다(근기령§23.3). 상여금 지급 기일에 재직할 것을 그 지급 조건으로 정하는 것(지급 기일 전에 퇴직하는 자에게는 상여금을 지급하지 않는다고 정하는 것)은 원칙적으로 무효라고 보아야 한다는 해석(임종률, 2015: 413)도 있고, 단체협약, 취업규칙, 근로계약 등에 명시적으로 상여금 지급 대상자를 "재직 중인 자에 한한다"라고 규정하더라도 이는 유효하다(임금 68207-249, 1993.4.29; 하갑래, 2014: 805에서 재인용)는 해석도 있다.

4) 장점

기업으로서는 특별한 시기를 맞이해 특별한 보상을 기대하는 직원들의 욕구를 충족시켜 불만을 방지할 수 있고, 제도를 도입하고 운영하는 데 별다른 시간이나 노력이 필요 없다. 직원으로서는 추가적·고정적으로 현금을 확보할 수 있다.

5) 단점

기업으로서는 고정임금과 거의 차이 없이 운영할 수밖에 없고, 정기상여금제도로 변질되기 쉬우며, 통상임금 여부를 둘러싸고 논란이 발생할 수 있다. 직원으로서는 지급 시점 전이나 후에 입사하거나 퇴사하면 지급받지 못한다.

6) 도입 사례

한국에서는 르노삼성자동차(명절상여금, 하계휴가비, 2011), 국립중앙의료원(명절상여금, 하계휴가비, 2013), 아주대병원(하계휴가비, 추석명절휴가비, 2013), 중앙대병원(명절성과금, 2013), 경희의료원(명절수당, 2013), 보훈병원(효도수당, 2013), 한국지엠(귀성여비, 휴가비, 2014), ○○중공업(명절상여, 하기휴가비, 2015) 등을 사례로 들 수 있다.

7) 규정과 서식

명절고정상여금제도를 도입하기 위해서는 근로자 10인 이상 기업의 경우 취업규칙을 작성해 신고해야 한다.

8) 제도 설계

명절고정상여금제도를 설계하기 위해서는 대상자, 지급 시기, 지급액(지급률), 일할 계산 적용 여부, 고정상여금과의 관계 등을 결정해야 하며, 제도의 취지에 맞게 설계해 다른 상여금제도와 혼동되지 않도록 해야 한다.

6. 명절변동상여금제도

1) 정의와 특징

명절변동상여금제도(discretionary bonus, 일시금)는 특정한 명절 시기에 그때마다 결정해 전체 직원에게 일시금을 지급하는 집단성과변동임금제도다. 일반적으로 해마다 연말연시나 연간 1~2회 명절 시기에 정기적으로 결정하고, 지급 여부 및 지급액은 지급 시점에서 기업의 경영 실적과 지불 능력을 판단해 결정하며, 개인별 성과 평가를 반영해 개인별로 어느 정도 차등 지급하기도 한다. 명절변동상여금제도에 대해 미국, 일본, 한국에서는 성탄절 보너스, 연말 보너스, 휴일 보너스, 임의 상여, 상여, 일시금, 임시 급여, 명절 상여, 하계 상여, 여름 수당, 동계 상여, 연말수당, 특별 상여 등으로 다양하게 부른다.

미국이나 일본에서는 연간 1~2회 특정한 명절 시기에 상여금을 지급하는 오랜 관행이 있고, 그 제도에 대한 명칭도 거의 통일되어 있다. 그러나 그 제도를 실제로 운영하는 방식에는 개별 기업마다 상당한 차이가 있다. 따라서 같은 이름으로 부른다고 하더라도 실질적인 운영 방식을 확인해야 그 제도의 실질적인 유형을 판단할 수 있다. 명절변동상여금제도는 고정정기상여금제도, 정기일시상여금제도, 명절고정상여금제도와 비슷하지만 차이가 있다. 또한 기업의 성과는 특별히 고려하지 않고, 개인에 대한 성과 평가에 따라 개인별로 지급액을 다르게 결정하는 데 치중하는 경우에는 개인성과변동임금제도인 직무성과상여금제도나 목표달성상여금제도로 보아야 한다.

2) 변화 추세와 통계

미국에서는 기업에서 경영 실적과 지불 능력을 고려해 연말에 상여금 지급 여부 및 지급액을 결정한 후 성탄절 보너스(Christmas bonus), 연말 보너스(year-end bonus), 휴일 보너스(holiday bonus) 등의 이름으로 지급하는 방식이 널리 퍼져 있다. 2013년 조사 대상 기업 중 47%가 도입하고 있다(WorldatWork, 2014). 2015년 민간 기업 근로자 중 10%(연말 보너스), 7%(휴일 보너스)에 각각 적용했다(BLS, 2015: 361).

일본에서는 에도 시대(1603~1867)에 여름에는 용돈, 겨울에는 떡값을 점원에게 주는 관습이 있었고, 이런 관행이 유지되어 오다가 1965년 이후부터 여름상여와 겨울상여를 정기적으로 지급하는 정기상여제도를 정착시켜 현재까지 유지하고 있다(박준성, 2004: 94). 기업마다 지급 시기는 고정하고 있지만, 지급액은 미리 정하지 않고 경기변동에 따라 연간 월 급여의 4.7~5.4개월분을 지급해왔다. 2011년 상시 근로자가 30명 이상인 기업 가운데 83.1%가 상여를 지급했으며, 그중 54.1%는 업적 성과를 기준으로, 32.2%는 기본급을 기준으로, 9.2%는 명확한 원칙 없이 각각 지급액을 결정한 것으로 나타났다(厚生勞働省, 2012: 20. 관리직 대상). 2014년에 노동조합이 있는 상시 근로자가 100명 이상인 기업 가운데 75.5%가 상여 교섭을 했으며, 그중 연간 2회(여름, 겨울) 지급하기로 결정한 기업에서 타결한 1인 평균 연간 상여 지급액은 4.74개월분으로 나타났다(厚生勞働省, 2014d: 13~14). 2015년 상용 근로자가 30명 이상인 기업의 노동비용에서 명절변동상여금제도('특별히 지불한 급여')가 차지하는 비중은 최대 15.6% 정도로 추정할 수 있다(厚生勞働省, 2017, 2014a 활용 계산). 1990년대 이후에는 성과주의 흐름이 강해져 기존에 큰 차등 없이 지급해온 상여의 전부나 일부를 분리해 업적상여(인센티브 상여)로 변경하고, 개인의 업적이나 소속 부문의 업적 차이에 따라 개인별 또는 소속별로 지급액에 큰 차이를 두고 지급하는 사례가 증가해왔다(스게노 카즈오, 2015: 308).

한국의 기업은 설과 추석에 선물을 주거나 상여금을 지급한다. 이 중 상여금은 대다수 기업에서 지급할 금액(지급률)을 미리 정해 운영하기 때문에 여기에서 다루고 있는 명절변동상여금제도는 드물고, 명절고정상여금제도가 일반적이다. 2014년의 단체협약 가운데 16%가 임시로 지급하는 특별 상여를 규정하고 있는 것으로 나타났다(박명준·조성재·문무기, 2014: 150).

3) 관련 법률

어느 기업에서나 자율적으로 도입할 수 있다. '노동법'에는 명절변동상여금제도에 대해 직접 규정하는 내용이 없다. 기존에 있던 명절고정상여금제도를 명절변동상여금제도로 변경할 경우에는 근로자 과반수의 동의를 받지 않으면 안 된다(근기법§94, 벌금 500만 원 이하). 명절변동상여금제도를 도입하는 경우에는 취업규칙에 그 내용을 명시해야 한다(근기법§93.5). 명절변동상여금제도를 도입하는 경우에는 매월 1회 이상 일정한 날짜를 정해 지급하지 않아도 된다(근기법§43②, 징역 3년, 벌금 2000만 원; 근기령§23.3). 명절변동상여금제도를 취지에 맞게 운영하는 경우에는 임금에 포함시키지 않는 것이 원칙이다.

4) 장점

기업으로서는 제도를 도입하고 운영하는 데 시간이나 비용이 별로 들지 않고, 제약 조건이 적으며, 모든 직원에게 적용할 수 있다. 직원으로서는 추가로 보상받을 수 있다.

5) 단점

기업으로서는 성과나 능력 향상에 대한 동기부여가 어렵고, 지급 여부나 지급액을 결정하는 데 일관성을 유지하기 어려우며, 무임승차를 막기 어렵고, 직원의 권리 의식을 유발하기 쉬우며, 고정임금으로 변질될 수 있고, 지급하지 못할 때에는 직원의 사기가 크게 저하된다. 직원으로서는 지급 여부가 불투명하고, 기준을 알기 어려우며, 임금의 안정성이 약하다.

6) 도입 조건

기업 실적이 불안정하고, 부서나 개인에 대한 성과 평가가 곤란하며, 부서 사이나 개인 사이에 성과나 기여도의 차이가 크지도 않고 뚜렷하지 않을 때 효과를 내기 쉽다.

7) 도입 사례

일본에서는 오키공업(여름상여, 겨울상여, ~1999), 도요타자동차(여름 일시금, 연말 일시금, 2003), 닛산자동차, 혼다 등을 사례로 들 수 있다. 한국에서는 ○○회계법인(특별상여금, 2008) 등을 들 수 있다.

| 표 III.2-5 | 1999년 일본 오키공업(沖電氣工業) 명절변동상여금제도(상여금)

·6월에 여름상여, 12월에 겨울상여를 지급함.
·연 1회 노사 교섭을 통해 조합원의 전체 평균 상여금 수준을 결정함.
·직능 자격 등급마다 평균 상여금 수준을 배당함.
·개인의 평가 결과를 평가분에 반영시켜, 개인마다 지급액을 결정함.
·2000년 이후에는 고정상여금과 이익배분제로 구분해 변경함.

자료: 노동부(2001: 32~40).

8) 규정과 서식

명절변동상여금제도를 도입하기 위해서는 혼란과 논란을 예방하기 위해 명확한 규정을 준비할 필요가 있다.

9) 제도 설계

명절변동상여금제도를 설계하기 위해서는 지급 시기, 대상자, 지급 여부 결정 기준, 지급액 결정 기준 등을 결정해야 한다.

7. 이익배분제도

1) 정의와 특징

이익배분제(profit sharing)는 기업의 목표 이익을 초과한 초과 이익을 사전에 정한 비율만큼 직원에게 배분하는 집단성과변동임금제도다. 일반적으로 1년마다 지급한다. 모든 직원에게 지급하거나 일부 계층에만 지급하기도 한다. 현금으로 지급하거나 주식으로 지급하기도 한다. 현금에 대해서는 즉시 지급 방식, 연금 지급 방식, 결합 방식이 있다. 개인에게 배분할 때에는 개인의 고정임금액에 비례해 지급하거나, 성과 평가 결과에 따라 차등 지급하거나, 근속기간에 따라 차등 지급하거나, 동일 금액을 모두에게 지급할 수도 있다.

2) 변화 추세와 통계

미국에서는 1794년에 이익배분제를 처음 도입했다. 현금 즉시 지급 방식의 이익배분제를 1950~1980년대까지 널리 도입했으나, 1990년대 이후에는 도입률이 낮고, 현금 즉시 지급 방식 대신 확정기여형 연금 방식을 많이 도입하고 있다. 1996년 22%, 1997년 20%, 1998년 22%, 1999년 23%, 2002년 18%, 2007년 24%, 2010년 19%, 2013년 16%가 도입하고 있는 것으로 나타났다(Milkovich et al., 2008: 288; 밀코비치·뉴먼·거하트, 2016: 384; WorldatWork, 2014: 4).

한국에서는 2008년 조사 대상 기업 중 5.7%가 도입하고 있다(安熙卓, 2011: 80에서 재인용). 상시 근로자가 1명 이상인 기업 중 성과배분제를 도입하고 있는 기업은 2009년 11.3%, 2010년 11.0%, 2011년 10.9%, 2012년 11.9%, 2013년 11.5%, 2014년 9.7%, 2015년 10.8%로 나타났다(노동부). 노동부에서는 성과배분제를 "기업 전체 또는 부서 단위로 정해놓은 경영 목표를 달성·상회하거나 생산비용이 절감된 경우, 근로자에게 현금, 주식, 복지기금 등의 형태로 배분하는 집단적 성과급 제도(개인별 성과 평가를 통한 배분이 아님)"로 정의해 통계 조사를 하고 있다. 여기에는 집단성과변동임금제도 대다수가 포함될 수 있을 것으로 보인다. 2009년 조사 대상 기업 가운데 30.9%가 성과배분제를 운영하고, 그중 89.2%가 전체 정규직 근로자에게 적용하며, 66.0%에는 성과산정식이 있는 것으로 나타났다(배규식·김정우·김기민, 2012: 63~64). 2014년 단체협약 가운데 3%가 생산 실적(경영 실적)에 따른 배분에 관한 사항을 단체교섭 대상으로 규정하고 있는 것으로 나타났다(박명준·조성재·문무기, 2014: 375).

3) 관련 법률

어느 기업에서나 자율적으로 도입할 수 있다. '노동법'에는 이익배분제에 대해 직접 규정하는 내용이 없다. 직원과 협의해 정한 해당 연도 이익 등의 경영목표가 초과 달성된 경우에는 그 초과된 성과를 직원에게 지급하거나 복지 증진을 위해 사용하도록 노력해야 한다(근로복지기본법 §84).

4) 장점

기업으로서는 제도를 도입하고 운영하는 데 시간과 비용이 적게 들고, 기업에 대한 직원의 관심과 헌신을 높일 수 있으며, 생산성을 높일 수 있고, 노사 관계를 향상시킬 수 있으며, 협력과 정보 공유를 강화할 수 있고, 임금유연성을 높일 수 있다. 직원으로서는 제도가 단순해서 이해하기 쉬우며, 기업 전체의 성과를 배분받을 수 있으며, 고용안전에 도움이 된다.

5) 단점

기업으로서는 투명 경영을 해야 하고, 성과 동기부여 효과가 크지 않으며, 이익이 줄어들면 불만과 사기 저하가 발생할 수 있다. 직원으로서는 임금의 안정성이 약하며, 직원이 통제할 수 없는 다른 요인에 영향을 받기 쉽고, 일부 직원의 무임승차를 막기 어렵다.

6) 도입 조건

회계 정보의 신뢰성이 높고, 경영이 투명하며, 전체적인 임금수준이 높고, 변동임금제도를 수용할 수 있는 기업문화가 조성되어야 이익배분제 도입률이 높아질 수 있다(박우성·임광동, 2001: 160~163). 공공 부문이나 비영리기업에는 적합하지 않다.

7) 도입 사례

미국에서는 Lincoln Electric Company(1934), HP(1962), Ford, GM, SAS Institute(퇴직연금 적립), Southwest Airline, Texas Instrument 등을 사례로 들 수 있다. 일본에서는 오키공업(2000)을 사례로 들 수 있다. 한국에서는 포스코(경영성과금, 1996~), LG전자(2000), 르노삼성자동차(PS, 2000), 레고코리아(PMP Performance Management Program, 2003), 인텔코리아(EB, ECBP, 2003), YK스틸(이익배분제도, 2004~), 교보생명, 대한항공, 도레이새한, 삼성물산, 삼성SDI, 삼성전자, 삼성중공업, 쎄트렉아이, 신한은행, LIG Nex1, 코오롱인더스트리,

| 표 III.2-6 | 포스코 이익배분제(경영성과배분제도)

	1993	1994	1996	1998~2002	2003~현재
	생산성배분제(gain sharing)		이익배분제(profit sharing)		
성과 지표	5개 지표: 제품생산량, 매출액, 경상이익, 인당 부가가치, 톤당 제조원가	6개 지표: 환경안전지표 추가	단일 지표: 경상이익의 10%	단일 지표: 영업이익의 4.5%	단일 지표: 영업이익의 5.5%
지급률	0~450%	0~450%	상하한 폐지	10~400%	상하한 폐지
배분 대상	전 직원				
배분 기준	동일 비율 배분				

주: 1) 1993년에 집단성과변동임금제도인 경영성과배분제를 도입함.
2) 1993~1994는 생산성배분제, 1996년 이후는 이익배분제로 볼 수 있음.
자료: 포스코(2004); 박호환·박우성(2004: 51) 수정.

홈플러스 등을 사례로 들 수 있다. 포스코에서는 1996년부터는 경상이익의 10%를, 1998년부터는 영업이익의 4.5%를 2003년부터는 영업이익의 5.5%를 배분했다(박호환·박우성, 2004: 50~51).

8) 규정과 서식

이익배분제를 도입하기 위해서는 규정을 준비해야 한다.

9) 제도 설계

이익배분제를 설계할 때에는 배분 비율, 배분 형태, 대상자 및 자격, 개인 배분 방식 등을 결정해야 한다.

제IV부

법정복지제도

법정복지제도의 정의와 구분

1) 정의와 특징

법정복지(mandated benefits, legally required benefits)는 기업이 의무적으로 도입해야 하는 복지제도를 말한다. 법정복지는 국가가 사회보장제도의 일부로서 근로자의 사회보장을 증진하기 위한 목적으로 기업 또는 근로자에게 의무를 부여해 실시한다.

법정복지제도가 다른 보상 유형과 다른 점은 다음과 같다. 직원이 받은 보상을 금액으로 표시할 수 있는 특성은 일터환경과 다른 점이다. 직원이 받게 될 보상의 용도나 소비 목적이 받기 전에 미리 정해져 있는 특성은 임금과 다른 점이다. 노동이 아닌 다른 요건을 충족할 때 지급하는 특성도 임금과 다른 점이다. 기업 스스로 도입 여부를 결정할 수 없고 법률에서 도입 여부나 운영 기준을 결정하는 특성은 자율복지와 다른 점이다. 일부는 직원에게 직접 현금으로 지급하기도 하지만, 휴일, 휴가, 연금, 보험 등 간접적인 혜택으로 제공하는 경우가 많다. 서구에서는 법정복지를 government-mandated benefits, mandated benefits, legally required benefits, involuntary benefits, benefits required by law, statutory benefits 등으로 부른다. 일본이나 한국에서는 법정복리, 법정복지, 법정복리후생, 법정복지후생 등으로 부른다.

복지제도는 너무 다양하기 때문에, 크게 법정복지제도와 자율복지제도 두 가지로 구분하는 방법론은 일반화되어 있지만, 그 이상으로 세분화하는 방법에 대해서는 일치된 의견을 찾기 어렵다. 따라서 복지제도를 일관성 있고 체계적으로 이해하고 운영하기 위해서는 나름의 합리적인 세분화 기준을 정해야 한다. 복지제도는 보상의 용도나 소비 목적의 종류를 기준으로 휴식복지, 의료지원복지, 모성가족지원복지, 소득보장복지, 노후지원복지, 추가복지 등 여섯 가지로 구분할 수 있다. 이런 구분 방법은 법정복지제도나 자율복지제도 어느 것에나 적용할 수 있다.

한국의 법정복지제도에는 주휴일 등 휴식복지, 건강보험에 의한 의료지원복지, 임신·출산·육아 및 가족돌봄 등 모성가족지원복지, 산재보험, 근로기준법, 고용보험에 의한 소득보장복지, 근로자퇴직급여제도, 국민연금, 노인장기요양보험에 의한 노후지원복지 등 다섯 가지 분야에 다양한 복지제도가 있다(<표 IV-1> 참고).

| 표 IV-1 | **복지제도의 유형 구분**

	법정복지	자율복지	특징
휴식 (time-off)	·유급주휴일 ·연차유급휴가	·자율 연차유급휴가 ·안식휴가	·근로의무를 면제 ·자유 이용 원칙
의료 지원 (healthcare)	·건강보험제도 - 요양급여 - 요양비 - 임신·출산 진료비 - 장애인보장구 보험급여 - 건강검진	·의료비 보조 ·정밀 건강검진	·병원 이용비용을 지원
모성가족 지원 (family benefits)	·임신 전 생리휴가 ·임신 중 - 시간 외 근로 금지 - 쉬운 근로로 전환 - 유해 위험 업무 배제 - 근로시간 단축 - 태아 검진 시간 ·출산 후 - 출산전후휴가 - 유산·사산휴가 - 배우자출산휴가 - 수유 시간 - 육아휴직 - 육아기 근로시간 단축 - 직장어린이집 설치 - 위탁 보육 ·가족돌봄 - 가족돌봄 휴직 - 가족돌봄 시간	·선택적 근로시간제 ·난임 휴직	·임신·출산·육아, 가족 간병을 지원 ·편의상 무급도 포함
소득 보장 (income security)	·근로기준법 - 공민권 행사 보장 - 근로자의 날 유급휴일 - 휴업수당 - 해고예고수당 - 요양급여(3일 이내) - 휴업급여(3일 이내) ·산재보험제도 - 요양급여 - 휴업급여 - 장해급여 - 간병급여 - 유족급여 - 상병보상연금 - 장의비 - 직업재활급여 ·고용보험제도 - 실업급여	·공휴일 유급휴일 ·경조사휴가제도 ·병가 ·단체상해보험 ·희망퇴직위로금 ·전직지원프로그램	·근로 불능 기간에 소득을 지원 ·청장년기의 원치 않는 근로 불능

노후 지원 (retirement)	·근로자퇴직급여보장법 - 퇴직금 - 확정급여형퇴직연금제도 - 확정기여형퇴직연금제도 - 개인형퇴직연금제도 ·국민연금제도 - 노령연금 - 장애연금 - 유족연금 - 반환일시금 ·노인장기요양보험법 - 재가급여 - 시설급여 - 특별현금급여 - 가족요양비 - 특례요양비 - 요양병원 간병비	·퇴직금누진제 ·개인연금료 보조 ·은퇴 지원 프로그램	·노후에 소득과 요양비를 지원
주가복지		·식대수당과 식사 제공 ·자가운전보조금, 차량유지비 ·명절 선물 ·상담지원제도(EAP) ·선택적 복지제도	

2) 변화 추세와 통계

미국은 국가복지 관점에서는 복지후진국으로 분류되는데, 공공복지가 빈약하고 복지를 시장의 자율에 맡기고 있기 때문이다(김장호, 1997: 6~7). 미국에는 노후지원보험(Social security), 실업보험(Unemployment insurance), 산재보험(Workers' compensation), 무급휴가(FMLA: famaly and medical leave act of 1993) 등 대표적으로 네 가지 법정복지제도가 있다(김원식·권병구, 2003: 84~86; Gomez-Mejia et al., 2010: 407~413). 노동통계국에서는 노동비용을 집계할 때 법정복지비용에 노후지원보험료, 실업보험료, 산재보험료를 포함시킨다(BLS). 법정퇴직급여제도가 없기 때문에 퇴직급여 비용은 법정복지비용에 포함되지 않는다. 2015년에 민간 기업의 노동비용에서 법정복지가 차지하는 비중은 8.0%로 나타났고, 자율복지제도에 해당하는 퇴직급여가 차지하는 비중은 4.0%로 나타났다(BLS, 2015년도 분기별 보도 자료 평균값).

일본 후생노동성에서는 노동비용을 집계할 때 법정복리비에 건강보험료, 간병보험료, 후생연금보험료, 고용보험료, 산재보험료, 아동수당부담금, 장애자고용부담금, 법정보상비, 석탄광업연금부담금, 선원보험료를 포함시킨다(厚生勞働省, 2017). 2015년에 상용 노동자 30인 이상 사업장에서 노동비용 중 법정복리비가 차지하는 비중은 11.4%로 나타났으며,

참고로 법정퇴직급여제도가 없기 때문에 자율복지제도에 해당하는 퇴직급여 비용이 차지하는 비중은 4.5%로 나타났다(厚生勞働省, 2017).

한국에서는 1953년에 퇴직금, 1963년에 산재보험, 1988년에 건강보험과 국민연금, 1993년에 고용보험, 2005년에 퇴직연금제도를 도입했다(하갑래, 2014). 노동부에서는 노동비용을 집계할 때 법정복리비에 국민연금, 건강보험료, 고용보험료, 산재보험료, 장애인고용부담금, 재해보상비를 포함시킨다. 그러나 법정복지제도인데도 법정복리비 항목과는 따로 퇴직급여 항목에 퇴직일시금, 중간정산금, 퇴직연금적립액, 해고예고수당을 포함시킨다(노동부, 2014a: 1, 5). 2015년에 상용 근로자 30인 이상 사업장에서 법정복리비가 차지하는 비중은 6.6%, 퇴직급여가 차지하는 비중은 9.5%로 나타나, 실제로 전체 법정복지비용이 차지하는 비중은 16.1%로 나타났다(고용노동통계포털을 근거로 계산).

3) 관련 법률

거의 모든 기업에서 의무적으로 도입해야 한다. 법정복지제도에 대해서는 '노동법' 등에서 상세히 규정하고 있다. 휴식제도에 대해서는 '근로기준법'에서, 의료지원제도에 대해서는 '국민건강보험법'에서, 모성가족지원제도에 대해서는 '근로기준법'·'남녀고용평등과 일·가정 양립 지원에 관한 법률'·'영유아보육법'에서, 소득보장제도에 대해서는 '근로기준법'·'근로자의 날 제정에 관한 법률'·'산업재해보상보험법'·'고용보험법'에서, 노후지원제도에 대해서는 '근로자퇴직급여 보장법'·'국민연금법'·'노인장기요양보험법'에서 각각 규정하고 있다.

4) 장점

기업으로서는 기본적인 복지 관리 기준으로 활용할 수 있고, 기본적인 복지제도에 대해서는 불필요한 보상 경쟁을 피할 수 있으며, 스스로 도입하고 운영하는 경우에 비해 비용과 노력이 훨씬 적게 든다. 직원으로서는 기본적이고 중요한 복지제도의 혜택을 낮은 비용 부담으로 얻을 수 있다.

5) 단점

기업으로서는 재량권을 행사할 수 없고, 중소기업이나 한계기업에는 불리하다. 중소기업이나 한계기업의 직원들은 혜택을 누리기 어려운 경우도 있다.

6) 규정과 서식

상시 근로자가 10명 이상인 기업에서는 취업규칙에 휴게 시간, 휴일, 휴가, 퇴직급여, 모성보호 및 일·가정 양립 지원에 관한 사항, 업무상 재해 부조에 관한 사항 등을 명시해서 신고해야 한다(근기법§93.1, 과태료 500만 원 이하). 취업규칙을 작성·변경하면서 근로자 과반수의 의견을 듣거나 동의를 받고, 노동부에 신고하기 위해 취업규칙의견청취서, 취업규칙변경동의서, 취업규칙신고서, 취업규칙변경신고서를 준비해야 한다.

제1장

법정휴식제도

1. 주휴일제도

1) 정의와 특징

주휴일제도는 근로자에게 1주일마다 휴일을 부여하는 법정복지제도로, 보통 1주일에 평균 1회 이상의 휴일을 준다. 업무에서 생긴 피로를 회복하고 문화생활을 할 수 있도록 보장하기 위한 제도다.

2) 변화 추세와 통계

주휴일제도(weekly rest)는 세계 공통의 제도이며, 많은 나라에서는 자율적인 주휴2일제가 일반화되어 있다. 대다수가 일요일에 쉬는데, 기독교의 전통이 강한 서유럽에서는 일요일 휴일노동에 대해 교회들이 강력히 비판할 뿐 아니라 안식일에 쉬어야 한다는 종교적 관행과 규범이 사회에 강하게 자리 잡고 있다(배규식·조성재·홍민기 외, 2011: 14). '베르사유 조약'(1919)에서는 일요일을 포함해 24시간의 휴식을 매주 1회 보장할 수 있게 노력할 것을 명시했고, ILO에서는 1921년에 7일마다 1회씩 최소한 24시간 계속되는 주휴를 주어야 한다는 협약을 채택했고, 1957년에는 주휴를 가능한 한 36시간으로 늘려야 한다는 협약을 채택했다(이철수, 1999).

스웨덴에서는 7일마다 가능하면 주말에 연속 36시간의 휴일을 주어야 한다(박지순, 2012).

핀란드에서는 1주일에 연속 35시간의 휴식 시간(가급적 일요일)을 보장하고 있다(박지순, 2012).

덴마크에서는 7일마다 1일의 휴일을 주어야 한다(박지순, 2012).

독일에서는 법률로 일요일과 법정 공휴일의 근로를 엄격히 제한하고 있으며, 예외적으로 일요일에 근로한 근로자에게는 그다음 주에 대체휴일을 부여해야 하며, 법정 공휴일은 유급이고, 통상적으로 부여하는 토요일 휴무는 무급이다(이철수, 1999; 박지순, 2012).

네덜란드에서는 원칙적으로 일요일 근로는 금지된다(박지순, 2012).

벨기에에서는 일요일 근로는 금지되고 무급휴일을 주어야 하는데, 일요일 근로에 대해서는 가산 임금 없이 통상의 임금만 지급한다(박지순, 2012).

프랑스에서는 1906년부터 근로자를 1주일에 7일 사용하는 것을 금지했으며, 현재 '노동법'에서는 일요일에 연속 24시간 주휴일을 보장할 것을 규정하고 있다(이철수, 1999; 박지순, 2012).

미국은 연방 차원에서 정한 주휴일에 관한 법적 규제는 없으나, 주 정부 차원에서는 법으로 일요일의 근로를 제한하고 있는 경우가 많고, 규제 내용은 주마다 다양하다(이철수, 1999).

영국에서는 주휴일을 규정하는 법률은 없고, 단체협약으로 정한다(이철수, 1999).

일본에서는 노동자에게 매주 적어도 1회의 휴일을 주어야만 한다(노동기준법§35①). 2016년에 상용 근로자 30명 이상 기업 가운데 54.8%가 매주 2일 이상을 주휴일로 쉬고, 5.6%가 매주 1일을 주휴일로 쉬며, 39.6%는 매주는 아니지만 가끔씩 2일을 주휴일로 쉬는 것으로 나타났다(厚生勞働省, 2017: 4).

타이완에서는 1주간 최소 1일의 유급휴일을 주어야 하고, 모든 공휴일, 노동절, 그 밖에 중앙 관서에서 지정하는 날에는 휴일을 주어야 한다(박지순, 2012).

싱가포르에서는 1주에 1일의 휴일을 주어야 한다(박지순, 2012).

한국에서는 1953년에는 1주일에 평균 1회 이상의 휴일을, 1961년부터는 1주일에 평균 1회 이상의 유급휴일을 '근로기준법'에 도입했다. 무급이 아닌 유급주휴제를 도입한 나라는 한국, 타이완, 태국 등뿐이다(하갑래, 2016: 413). 2010년 조사 대상 기업 중 월평균 휴일근로 일수는 1.62일로(배규식·김정우·김기민, 2012), 휴일 중 두 번 정도는 일을 하는 것으로 나타났다. 2014년 단체협약 가운데 73%가 주휴일을 유급휴일로 규정하고 있는 것으로 나타났다(박명준·조성재·문무기, 2014: 203).

3) 관련 법률

상시 근로자가 1명 이상인 모든 기업에서 의무적으로 도입해야 한다(근기령 별표 1). 1주 평균 15시간 미만의 단시간 근로자에게는 적용하지 않아도 된다(근기법§18③). 노동부의 승인을 받으면 감시·단속적 근로자에게는 적용하지 않아도 된다(근기법§63.3.). 대통령령으로 정하는 업무에 종사하는 근로자, 즉 관리·감독자, 기밀 취급자에 대해서는 적용하지 않을 수 있지만(근기법§63.4, 근기령§34), 그중 출퇴근이 엄격히 관리되는 근로자에게 적용해야 한다. 주휴일에 대해서는 '근로기준법'에서 규정하고 있다. "근로자에게 1주일에 평균 1회 이상의 유급휴일을 주어야 한다"(근기법§55, 징역 2년, 벌금 1000만 원 이하). 1주일을 개근하지 않은 근로자에게는 휴일은 주되 무급으로 주면 된다(근기령§30). 근로계약을 1일 단위로 체결해 1주간의 소정근로일수를 산정하기 곤란한 일용 근로자라고 하더라도 계속해서 근로를 한다면, 실근로일수를 기준으로 1주일에 소정근로일을 개근하면 주휴일을 부여해야 한다. 근로자의 휴직 기간 동안에는 주휴일을 부여할 필요가 없다. 유급 주휴일과 다른 유급 약정휴일이 같은 날이 중복되는 경우에는 같은 날에 각각의 휴일을 모두 실시한 것으로 인정하는 것이 원칙이다. 꼭 일요일로만 정해야 하는 것은 아니며, 모든 근로자에게 같은 요일로 정해야 하는 것도 아니다. 또한 반드시 어느 요일의 0시부터 24시까지로 정해야 하는 것은 아니다. 주 5일제인 경우에는 1일은 유급 주휴일로 정하고 나머지 1일은 무급 휴무일로 정할 수 있다. 취업규칙이나 단체협약으로 정하거나 근로자 개인의 동의를 얻으면, 주휴일에 근무하고 대신 다른 근무일을 주휴일로 쉬는 휴일대체제도를 도입할 수 있다. 주휴일에 대해서는 서면근로계약서에 명시해 전달해야 한다(근기법§17, 벌금 500만 원 이하). 주휴일에 관한 사항은 취업규칙에 명시해야 한다(근기법§93.1, 과태료 500만 원 이하).

4) 규정과 서식

주휴일에 관한 사항을 명시하기 위해 취업규칙을 준비해야 하며, 주휴일에 관한 사항을 명시하기 위해 서면근로계약서를 준비해야 한다. 또한 보상휴가제를 도입하기 위해서는 근로자 대표와의 서면 합의서를 준비해야 하며, 휴일대체제도를 전체적으로 도입하려면 직원들의 동의를 받고 노동부에 신고할 때 필요한 취업규칙변경동의서, 취업규칙변경신고서를 준비해야 한다.

2. 연차유급휴가제도

1) 정의와 특징

연차유급휴가제도(vacation, annual paid leave, annual leave)는 직원에게 1년마다 유급으로 휴가를 부여하는 법정복지제도다. 일반적으로 1년마다 20일 정도의 유급휴가를 부여한다. 이 제도는 세계 대다수 나라에서 도입하고 있다. 업무에서 생긴 육체적·정신적 피로를 회복시키기 위한 기본적인 휴식제도가 주휴일제도라면, 연차유급휴가제도는 유급으로 자유롭게 여가 생활을 누릴 수 있게 지원하는 한 차원 높은 복지제도다(이철수, 1999).

2) 변화 추세와 통계

ILO에서는 1936년 1년에 6일 이상의 연차유급휴가를 부여해야 한다는 조약을 채택했고, 1970년에는 1년에 21일 이상의 연차유급휴가를 부여해야 한다는 조약을 채택했다.

독일에서는 '연차휴가법'에 따라 6개월 이상 근속한 근로자에게 매년 최소 24근무일의 휴가를 부여해야 한다. 긴박한 경영상의 이유나 근로자의 개인적인 사유가 없는 이상 한번에 부여하는 게 원칙이고, 나누어 부여하더라도 각각 12근무일 이상이 되어야 한다. 휴가는 당해 연도에 사용해야 하고, 긴박한 경영상의 이유나 근로자의 개인적인 사유가 있는 경우에만 이듬해 3월까지 이월해 사용할 수 있으며, 근로관계의 종료 때문에 사용하지 못하고 남은 휴가에 대해서는 변상한다. 휴가수당은 휴가를 시작하기 전에 지급해야 한다(김기선·박수근·강성태 외, 2013: 423~428)

미국에는 법정연차유급휴가제도가 없다. 기업마다 기업과 개별 직원 또는 노사가 자율적으로 결정하는 자율연차휴가제도를 도입하고 있다.

일본에서는 1952년에 6일 이상, 1987년에 10일 이상을 기준으로 도입했다. 최대 20일까지 부여한다. 고용한 날부터 기산해 6개월 동안 계속 근무하고 모든 노동일의 80% 이상 출근한 노동자에 대해서는, 연속하거나 분할해 10노동일의 유급휴가를 주어야만 한다(노동기준법§39①). 2011년에 정규직 근로자들이 연차휴가를 사용하지 않고 남겨두는 주된 이유는 병이나 급한 일에 대비하기 위해 64.6%, 쉬면 직장 동료에게 폐를 끼치게 되므로 60.2%, 일이 너무 많아 쉴 여유가 없어서 52.7%, 쉬는 기간에 대신 일을 해줄 사람이 없어서 46.9%, 직장 동료가 쉬지 않아 쉬기 어렵기 때문에 42.2% 등이었다(오학수, 2011: 87). 2015년에 상

| 표 IV-1-1 | **법으로 강제된 유급휴일(기념일)과 유급휴가(연차휴가)**

	유급휴일(기념일)	유급휴가(연차휴가)	합계
오스트리아	13	22	35
포르투갈	13	22	35
스페인	12	22	34
핀란드	9	25	34
이탈리아	13	20	33
프랑스	1	30	31
벨기에	10	20	30
독일	10	20	30
덴마크	9	20	29
아일랜드	9	20	29
호주	7	20	27
뉴질랜드	7	20	27
노르웨이	2	25	27
그리스	6	20	26
스웨덴	-	25	25
네덜란드	-	20	20
스위스	-	20	20
영국	-	20	20
캐나다	8	10	18
한국	1	15	16
일본	-	10	10
미국	-	-	0

주: 한국은 별도로 추가했음(근로자의 날 1일, 연차유급휴가 15일).
자료: 배규식·김정우·김기민(2012: 158)에서 재인용.

용 근로자 30명 이상 기업에서 1인당 평균 부여일수는 18.1일로, 사용률(사용 일수÷부여 일수)은 48.7%로 나타났다(厚生勞働省, 2017: 7).

한국에서는 1953년에 3일 이상, 1989년에 8일 이상, 2003년에 15일 이상을 기준으로 도입했다(월차유급휴가 제외 기준). 최대 25일까지 부여한다. 2008년 취업규칙 가운데 96.1%가 연차유급휴가에 대한 규정을 두고 있고, 59.6%가 1년 미만 근무자의 연차휴가에 대한 규정을 두고 있으며, 그중 95.9%가 월차휴가를 인정한다고 규정하고 있다(김정한·문무기·윤문희, 2008: 97~98). 2009~2010년에 근로자들이 연차휴가를 사용하지 않고 남겨두는 주된 이유는 업무의 집단적·협력적 성격 때문에 42.9%(2009), 휴가 대신 연차수당 선호 27.7%(2009), 40.5%(2010), 업무가 많아서 24.4%(2009), 20.0%(2010) 등으로 나타났다(배규식·조성재·홍민기 외, 2011: 165~166). 2010년에 10인 이상 기업에서 1인당 평균 부여 일수는 11.4일이고, 사용률은 61.4%이며, 사용 촉진 실시율은 28.1%다(배규식·조성재·홍민기 외, 2011: 159~169).

3) 관련 법률

상시 근로자가 5명 이상인 기업은 의무적으로 도입해야 한다(근기령 별표 1). 연차유급휴가제도는 '근로기준법'에서 규정하고 있다.

3)-1 연차유급휴가제도 적용 제외자

상시 근로자가 4명 이하인 기업의 근로자에게는 적용하지 않을 수 있다(근기령 별표 1). 주 15시간 미만으로 근무하는 단시간 근로자에게는 적용하지 않을 수 있다(근기법§18③). 소정근로일이 없이 1일 단위로 근로계약을 체결하는 실질적인 일용직 근로자에게는 적용하지 않을 수 있다(하갑래, 2014: 331).

3)-2 휴가 일수 부여

1년이 되기 전(월차식 휴가): 입사한 지 1년 전까지는 1개월 개근할 때마다 1일 부여(근기법§60②, 징역 2년, 벌금 1000만 원).

1년 되는 날(월차식 휴가 포함한 연차휴가): 입사한 지 1년이 되는 날에는 그때까지 출근율을 계산해 80% 이상이면 15일의 연차휴가 부여(그때까지 발생한 월차식 휴가 포함한 15일), 80% 미만이면 연차휴가 미부여(그때까지 발생한 월차식 휴가만 인정)(근기법§60③).

2년 되는 날부터 매년 같은 날(연차휴가 또는 월차식 휴가): 1년마다 출근율을 계산해 출근율 80% 이상이면 15일의 연차휴가 부여(근기법§60①, 징역 2년, 벌금 1000만 원 이하), 80% 미만이면 연차휴가 대신 개근한 달마다 1일에 해당하는 월차식 휴가 부여(근기법§60②, 징역 2년, 벌금 1000만 원 이하). 또한 15일의 연차휴가를 부여하는 경우에는 3년 되는 날부터 2년마다 1일씩 휴가 일수를 추가해 25일이 될 때(21년 되는 날)까지 추가 부여(근기법§60④, 징역 2년, 벌금 1000만 원 이하).

3)-3 출근율 계산 기준

출근율을 계산할 때에는 개인마다 입사일을 기준으로 계산하는 것이 원칙이다. 단체협약이나 취업규칙으로 정하면 전체 근로자에 대해 개인 입사일과 관계없이 기업 회계연도를 기준으로 계산해도 되는데, 이 경우 입사일을 기준으로 계산할 때보다 근로자에게 불리하지 않게 적용해야 한다.

출근율(%)=[분모에 해당하는 날-출근하지 않은 날+(출근으로 인정하는 날: 산재 휴업, 산전후 휴가, 예비군 훈련, 민방위 훈련, 공민권 휴무, 연차휴가, 생리휴가)]÷[소정근로일수-(소정근로일수에서 제외하는 날: 근로자의 날, 약정휴일, 회사귀책 휴업, 회사귀책 대기 발령, 합법 쟁의, 육아휴직, 가족돌봄휴직)×100

합법 쟁의 기간과 육아휴직 기간이 있을 때에는 그 기간이 소정근로일수에 포함된 비율만큼 연차유급휴가 일수를 축소해 부여할 수 있다는 행정해석과 대법원판례가 있으나, 논란이 있다(임종률, 2015: 451~452; 하갑래, 2014: 335~336). 국내외 교육 파견자나 연수 파견자에 대해 그 기간이 소정근로일수에 포함된 비율만큼 연차유급휴가 일수를 축소해서 줄 수 있다는 행정해석이 있으나, 논란이 있다(임종률, 2015: 451~452; 하갑래, 2014: 335~336; 김수복, 2014: 393).

3)-4 연차유급휴가 사용

연차유급휴가가 발생한 지 1년간 사용하지 않으면 휴가청구권이 소멸되어 사용할 수 없다(근기법§60⑦). 연차유급휴가는 근로자가 특정해 청구한 시기에 주어야 한다(근기법§60⑤, 징역 2년, 벌금 1000만 원 이하). 연차유급휴가를 근로자가 특정해 청구한 시기에 주는 것이 사업 운영에 막대한 지장이 있는 경우에는 그 시기를 변경할 수 있다(근기법§60⑤). 소속 부서와 관련 부서의 업무가 불가능하게 되고 대체 근로자도 확보할 수 없는 경우를 말한다(임종률, 2015: 455; 김수복, 2014: 406). 사용자가 근로자 대표와 서면 합의를 거치면 특정한 근로일에 근로자 전체나 개인을 쉬게 하면서 연차유급휴가를 사용한 것으로 처리할 수 있으며(근기법§62), 취업규칙 변경 절차를 거치는 방법을 통해서도 가능하다. 사용자는 근로자에게 연차유급휴가를 모두 사용할 것을 요구(사용 촉진 조치)할 수 있으며, 이 요구가 있음에도 근로자가 연차유급휴가를 사용하지 않으면 휴가는 소멸되고 연차수당도 받을 수 없다(근기법§61). 사용 촉진 조치는 다음과 같은 절차를 거쳐야 한다. 1차 사용 촉진 조치는 휴가청구권이 소멸하기 6개월 전부터 10일 동안 서면으로 근로자마다 사용하지 않은 휴가 일수를 알려주면서 사용 시기를 정해 사용자에게 통보하도록 요구해야 하는데, 이때 근로자가 사용 시기를 정해 통보하면 이후 사용자의 승인이 없는 한 통보한 대로 사용하지 않으면 안 된다. 2차 사용 촉진 조치는 1차 사용 촉진 조치 후부터 휴가청구권이 소멸하기 2개월 전까지 사이에 서면으로 1차 사용 촉진 조치 때 사용 시기를 정해서 사용자에게 통보하지 않은 근로자만을 상대로 사용자가 사용 시기를 정해서 통보해야 한다(근기법§61).

3)-5 연차수당 지급

연차유급휴가가 발생한 뒤 1년 동안은 휴가청구권이 유지되기 때문에 연차휴가를 사용할 수 있다(근기법§60⑦). 1년이 지난 뒤부터 3년 동안은 휴가청구권은 없어도 임금청구권이 유지되기 때문에 휴가청구권이 없어진 연차휴가에 대해 연차수당을 받을 수 있다(노동부 지침, 근기법§49). 발생한 뒤 4년이 지난 연차유급휴가는 휴가를 사용할 수도 없고 연차수당을 받을 수도 없다. 사용자가 사용 촉진 조치를 했음에도 근로자가 연차유급휴가를 사용하지 않으면 연차휴가도 없어지고 연차수당도 받을 수 없다(근기법§61).

3)-6 근로계약서에 명시해 제공

연차유급휴가에 대한 사항은 근로계약을 체결할 때, 서면 근로계약서에 명시해 근로자에게 제공해야 한다(근기법§17, 벌금 500만 원 이하).

3)-7 취업규칙에 명시

연차유급휴가를 비롯해 휴가에 대한 사항은 취업규칙에 명시해야 한다(근기법§93.1, 벌금 500만 원 이하).

3)-8 3년간 관련 서류 보존

연차유급휴가를 비롯해 휴가에 관한 서류는 3년간 보존해야 한다(근기법§42, 근기령§22, 과태료 500만 원 이하).

4) 장점

기업으로서는 일률적인 관리가 가능하고, 경쟁사와 불필요한 휴가 경쟁을 하지 않아도 되고, 휴가의 증가를 억제하는 데 도움이 된다. 직원으로서는 사용 목적의 제한이 거의 없고, 적치해 사용할 수 있으며, 필요할 때 쉽게 이용할 수 있고 사용하지 않으면 추가 소득을 얻을 수 있다.

5) 단점

기업으로서는 내용이 너무 복잡해 이해하고 운영하는 게 쉽지 않고, 휴가 사용으로 업무 추진이나 인력 운영에 지장을 받을 수 있고, 미사용으로 연차수당을 지급해야 하는 부담이 적지 않고, 경영 전략에 맞는 자율적인 운영이 곤란하다. 직원으로서는 내용이 너무 복잡해 이해하고 활용하는 게 쉽지 않고, 사용하는 게 현실적으로 어려운 경우도 적지 않고, 사용 촉진 조치가 있을 경우 휴가 사용도 못하면서 연차수당도 받지 못할 수도 있다.

6) 도입 조건

주 15시간 미만을 근무하는 단시간 근로자나 소정근로일이 없이 1일 단위로 근로계약을 체결하는 실질적인 일용직 근로자를 제외한 모든 유형의 근로자에게 적용해야 한다.

7) 규정과 서식

연차유급휴가를 비롯해 휴일에 관한 사항을 명시하기 위해 취업규칙을 준비해야 한다. 연차유급휴가의 발생, 적치, 사용, 잔여, 지급 등 운영 내역을 관리하기 위한 현황 서식을 준비해야 한다. 연차유급휴가의 청구, 시기 변경, 승인에 필요한 신청서 서식을 준비해야 한다. 연차유급휴가의 대체제도를 도입할 경우에는 근로자 대표와의 서면 합의서를 준비하거나, 취업규칙변경동의서 및 취업규칙변경신고서를 준비해야 한다. 사용 촉진 조치를 할 경우에는 사용 촉구 서면 및 사용 지시 서면을 준비해야 한다. 연차유급휴가에 대한 사항을 명시한 근로계약서를 준비해야 한다. 연차유급휴가에 대한 사항을 명시한 취업규칙을 준비해야 한다.

8) 제도 설계

연차유급휴가제도를 설계할 때에는 기본적인 철학 및 정책, 적용 제외 대상자, 대체제도 도입 여부와 방법, 산정 기간 기산일 유형, 출근율 계산 기준, 적치 기간, 사용 기간, 신청 절차, 전결권자, 촉진 정책, 지급 정책 등을 결정해야 한다.

제2장

법정의료지원제도

1. 건강보험제도

1) 정의와 특징

국민건강보험제도는 국민을 대상으로 질병이나 부상에 대한 예방·진단·치료·재활과 출산·사망·건강 증진 등을 지원하기 위한 보험제도로서 법정복지제도다. 국민건강보험제도에서는 직장가입자를 기준으로 볼 때 국가가 보험사업자 역할을 수행하고, 근로자는 보험가입자이면서 보험수혜자가 되며, 보험료는 근로자와 기업이 절반씩 분담한다. 근로자는 적은 비용 부담으로 충분한 의료 혜택을 얻고, 기업도 결과적으로 적은 비용 부담으로 근로자에게 의료 혜택을 제공하며, 국가도 효율적인 의료복지를 유지할 수 있는 제도라고 할 수 있다.

의료비의 지출액이나 GDP에서 차지하는 비중 모두 계속해서 증가하고 있다. 의료비 지출에 어떻게 효과적이고 효율적으로 대응할 것인지는 모든 국가에서, 개인, 기업, 국가 모두에게 중요한 과제가 되고 있다.

2) 변화 추세와 통계

OECD에서 2014년에 GDP 대비 경상의료비(법정, 자율을 망라한 모든 의료 소비액)의 비율은 OECD 평균은 9.1%, 프랑스는 11.1%, 영국은 9.9%, 미국은 16.6%, 일본은 11.4%, 한국은 7.1% 등으로 나타났다(통계청 국가 주요 지표).

미국에서는 법정건강보험제도가 없어 자율적으로 사보험 의료보험에 의존해왔다. 2010년에 법률('오바마 케어')을 제정해, 사보험 의료보험에도 가입하지 않은 무보험자 3200만 명에 대해 의무적으로 사보험 의료보험에 가입하게 하고 정부와 기업에 비용 부담을 지원하게 했으나, 이후 갈등이 계속되어왔다(매경시사용어사전). 2015년에 민간 기업에서 자율적으로 직원의 건강보험으로 지출한 비용은 노동비용 총액의 7.7%로 나타났다(BLS, 2015년도 분기별 보도 자료 평균값).

일본에는 법정건강보험제도가 있다. 2015년에 상용 근로자 30명 이상 민영기업에서 기업이 부담한 근로자 1인당 월평균 건강보험료는 1만 6881엔(노동비용 총액의 4.0%)으로 나타났다(厚生勞働省, 2017을 근거로 계산).

한국에서는 1977년에 법정건강보험제도를 도입했다. 한국의 국민건강보험제도는 성공한 매우 효율적인 제도로 국제사회에서 인정하고 있다(신영석·황도경·강길원, 2010). 2014년에 전체 진료비 중 건강보험에서 부담하는 비율인 건강보험보장률은 63.2%로 나타났다(≪뉴시스≫, 2016.4.19). 2015년에 상용 근로자 30명 이상 기업체에서 기업이 부담한 근로자 1인당 월평균 건강보험료는 12만 2400원(노동비용 총액의 2.4%)으로 나타났다(고용노동통계포털을 근거로 계산). 2016년에 전체 근로자 중 72.6%, 정규직 중 98.7%, 임시직(1년 미만 기간제 등) 중 27.8%, 일용직 중 0.3%가 가입하고 있는 것으로 나타났다(한국노동연구원, 2017: 73).

3) 관련 법률

상시 근로자가 1명 이상인 모든 기업에서 의무적으로 도입해야 한다(건보법§6, 건보령§9). 국민건강보험제도에 대해서는 '국민건강보험법'에서 규정하고 있다.

3)-1 가입 자격

국내에 거주하는 국민이면 기본적으로 가입자 또는 피부양자가 되는 것이 원칙이며, 그 중 모든 사업장의 근로자 및 사용자와 공무원 및 교직원은 직장가입자로 구분하고, 나머지는 지역가입자로 구분한다(건보법§5§6). 고용기간이 1개월 미만인 일용 근로자, 비상근 근로자 또는 1개월간의 소정근로시간이 60시간 미만인 단시간 근로자는 가입 제외자(건보법§6, 건보령§9)가 된다.

3)-2 보험료 부담

보험료는 건강보험료의 경우에는 근로자의 보수월액의 6.12%를, 장기요양보험료의 경우에는 건강보험료의 6.55%를 각각 기업과 근로자가 절반씩 분담한다(건보령§44).

3)-3 보험 혜택

보험급여, 즉 보험 가입으로 받는 혜택은 다음과 같다.

● 요양급여

요양기관은 의료 기관, 약국, 한국희귀의약품센터, 각급 보건소, 인정서를 발급받은 전문 요양기관 가운데에서 이용할 수 있다(건보법§42). 가입자와 피부양자의 질병, 부상, 출산 등에 대해 진찰·검사, 약제·치료 재료의 지급, 처치·수술 및 그 밖의 치료, 예방·재활, 입원, 간호, 이송 등에 따르는 비용을 요양급여로 받을 수 있다(건보법§41). 다만 일부 비급여 대상 요양 내용이나 상한선을 넘는 비용이나 제외 대상 요양 내용은 요양급여에서 제외된다(건보법§41). 요양에 따른 전체 비용의 일부는 본인이 부담한다(본인 일부 부담금)(건보법§44). 외래 진료의 경우 의료 기관의 종류와 지역에 따라 다른데 전체 비용의 30~60% 정도를 부담한다. 일반 환자의 입원 진료의 경우 전체 비용의 20%와 식대의 50% 정도를 부담한다. 포괄수가제가 적용되는 질병의 입원 진료의 경우에는 별도의 기준에 따른 비용을 부담한다. 희귀난치성질환자나 중증질환자로 등록된 경우 전체 비용의 10%를 부담한다. 65세 이상인 사람이 틀니나 치아 임플란트를 하는 경우 전체 비용의 50%를 부담한다. 6세 미만인 아이가 입원 진료를 받는 경우 진료비의 10%와 식대의 50%를 부담하고, 외래 진료를 받은 경우 본인부담금의 70%를 부담한다. 같은 병원에서 계속 진료를 받는 중에 진료비의 본인부담금(건강보험이 적용된 병원비 기준)이 소득 수준에 따른 기준 금액을 초과한 경우(1년 기준) 그 초과액을 국민건강보험공단에서 부담해준다(본인부담금 상한제).

● 건강검진

건강보험 가입자 및 피부양자는 건강검진기관에서 실시하는 일반 건강검진, 암건강검진, 영유아건강검진을 받을 수 있고, 국가와 지자체와 공단이 비용을 부담한다.

● 출산비

자택에서나 요양기관으로 이송 도중에 출산한 경우, 청구하면 자녀 1명당 25만 원 지급한다.

● 자동복막투석 요양비

만성신부전증환자가 의사처방전에 따라 복막관류액 또는 자동복막투석에 사용하는 카세트 및 배액백을 요양기관 외의 의약품판매업소에서 구입·사용한 경우, 청구하면 해당 구입·대여 금액 또는 기준 금액(1일 5640원)의 90%에 해당하는 금액을 지원한다.

● 가정산소 치료비

만성심폐질환자 및 호흡기 장애인 등 산소치료를 필요로 하는 환자가 의사의 산소치료 처방전에 따라 가정에서 산소치료를 받는 경우, 청구하면 매월 12만 원을 지급한다.

● 당뇨병 환자 소모성 재료

당뇨병 환자가 의사의 처방전에 따라 혈당 검사 또는 인슐린 주사에 사용되는 소모성 재료를 요양기관 외의 의료기기판매업소에서 구입·사용한 경우, 청구하면 기준 금액의 90%를 지급한다.

● 선천성 신경인성 방광환자 소모성 재료

선천성 신경인성 방광환자가 의사의 처방전에 따라 자가도뇨에 사용되는 소모성 재료를 요양기관 외의 의료기기 판매업소에서 구입·사용한 경우, 청구하면 기준 금액의 90%를 지급한다.

● 임신·출산 진료비

임신한 건강보험 가입자 및 피부양자가 지정된 요양기관에서 임신과 출산에 관련된 진료(출산 전후 산모의 건강관리와 관련된 진료를 포함함)를 받은 경우에는 신청하면 국민행복카드를 발급받고, 카드 수령일 또는 해당 금액 생성일부터 분만 예정일 이후 60일까지의 기간 동안, 하나의 태아를 임신한 경우 50만 원, 둘 이상의 태아를 임신한 경우 70만 원 범위 안에서 진료비를 사용할 수 있다.

● 장애인보장구 급여비

'장애인복지법'에 따라 등록한 장애인 가입자 및 피부양자가 휠체어, 보청기, 의수족 등과 같이 장애인의 활동을 도와주는 장애인보장구(補裝具)를 구입한 경우, 청구하면 지급 기준 금액의 100~80% 범위에서 지원한다.

(찾기쉬운생활법령정보, http://oneclick.law.go.kr/CSP/CsmMain.laf?csmSeq=619 참고)

4) 장점

기업으로서는 적은 비용 부담으로 직원에게 의료복지 혜택을 제공할 수 있다. 직원으로서는 적은 비용 부담으로 의료복지 혜택을 얻을 수 있다.

5) 단점

기업으로서는 보험료의 일부를 부담해야 한다. 직원으로서는 보험료의 일부를 부담해야 한다.

2. 건강검진제도

1) 정의와 특징

건강검진제도는 질병을 조기 발견하고 그에 따라 요양하기 위해 국민건강보험제도의 보험급여 중 하나로 한국에서 실시하는 법정복지제도다(건보법§52). 일반 건강검진, 암 검진, 영유아 건강검진으로 구분해 실시한다(건보령§25).

2) 변화 추세와 통계

한국에서는 1977년에 법정건강보험제도를 도입했다. 건강검진제도와 건강진단제도는 연계되어 운영되는데, '국민건강보험법'에 따라 국가가 비용을 부담해 실시하는 일반 건강검진을 받은 경우에는 '산업안전보건법'에 따라 사업주가 비용을 부담해 의무적으로 실시해야 하는 근로자에 대한 건강진단 중 일반 건강진단을 실시한 것으로 인정한다(산안칙§99①).

3) 관련 법률

상시 근로자가 1명 이상인 모든 기업에서 의무적으로 도입해야 한다(건보법§6, 건보령§9). 건강검진제도에 대해서는 '국민건강보험법', '건강검진기본법' 등에서 규정하고 있다.

3)-1 **종류**

일반 건강검진, 암 검진, 영유아 건강검진으로 구분하여 실시한다(건보령§25). 일반건강검진 대상자 가운데 만 40세와 만 66세인 사람에게는 따로 생애전환기건강진단을 실시한다.

3)-2 **검진 기관**

'건강검진기본법'에 따라 인력, 시설, 장비를 갖추고 지정을 받은 건강검진기관에서 실시한다(건보법§25④, 건강검진기본법§14).

3)-3 일반건강검진

비용은 공단이 전액을 부담한다. 직장가입자와 40세 이상 피부양자가 대상자다. 만 40세와 만 66세는 생애전환기건강진단 대상자로, 일반 건강검진 및 암 검진에서 제외된다. 사무직은 2년에 1회 이상, 그 외 사람들은 1년에 1회 실시한다(<표 IV.2-1> 참조).

| 표 IV.2-1 | 사무직과 기타 직의 구분(예시)

사무직	기타 직(그 밖의 근로자)
·사무실에서 서무·인사·경리·판매·설계 등 사무 업무 종사자 ·임원, 관리자(관리 팀장, 인사 팀장 등)	·공장 또는 공사 현장과 같은 구역에 있는 사무실 종사자 ·제조·건설 작업 종사자, 단순노무 종사자 ·장치·기계 조작 및 조립 종사자 ·현장을 수시 출입하는 생산 팀장, 공무 팀장 등의 현장 관리자 ·안전관리자, 방화관리자 등
·총무, 서무, 인사, 기획, 노무, 홍보, 경리, 회계, 판매, 설계, 영업 등 사무 업무 종사자 ·고객 서비스 사무 종사자 - 방문·전화·인터넷 민원 일반 사무 업무 종사자 - 호텔·음식점 접수원 등 ·병원 행정, 원무, 보험 사무원 ·일반 사무 보조원, 비서 등	·영업 등 직접 종사자 - 직접 판매에 종사하는 자 - 방문 주문 및 수금 업무 등을 주 업무로 하는 영업직 근로자 ·114 안내 업무, 전화 고장 접수 등 TM 전담 상담원 ·항공기 승무원, 선원, 자동차 운전원 ·이·미용사, 조리사 ·의사, 간호사, 약사, 의료기사 등
·내근 기자	·외근 기자
·교육기관 종사자 중 - 학원 강사, 유치원교사, 보조교사, 일반교사 등	·교육기관 종사자 중 - 기능 강사, 실습 강사, 이공계 학교 실습 교사, 어린이집 보육교사 등
·문화예술, 방송, 공연관련 종사자 중 - 방송작가, 아나운서, 디자이너	·문화예술, 방송, 공연 관련 종사자 중 - 프로듀서, 연기자, 안무가 - 촬영, 녹음 등 방송 관련 기사
·금융, 증권, 보험업 종사자 - 은행원, 증권중개인, 손해사정인 등	·보험업 종사자 중 - 보험모집인 등 현장 종사자
·건축설계사, 제도사	
·건물관리업 중 - 소장, 경리 등 일반 행정업무 종사자	·건물관리업 중 - 경비, 청소, 시설관리 등 현장 업무 종사자

자료: 국민건강보험공단(2016: 121).

1차 검진을 실시한 후 고혈압, 당뇨병 등 질환 의심자 및 인지기능 장애 고위험군에 대해 2차 검진을 실시한다. 직장가입자는 기업에, 피부양자는 당사자에게 검진 실시를 통보한다. 검사 항목은 다음과 같다.

- 문진과 진찰
- 신체 계측, 혈압 측정, 시력 측정, 청력 측정
- 흉부 방사선 촬영, 요 검사, 혈액 검사
- 구강 검진
- 건강위험평가
- 인지 기능 장애 검사
- 1차 검진 결과 상담

일반 건강검진 대상자 중 만 40세, 만 66세는 생애전환기건강진단 대상자로서 일반 건강검진과 암 검진 대상에서 제외해 별도의 건강진단을 실시한다.

| 표 IV.2-2 | **생애전환기건강진단 검진 항목**

검진 종류		검진 항목
1차	만 40세	일반 건강검진+B형 간염 항원·항체 검사 등 25개 항목
	만 66세	일반 건강검진+골밀도 검사, 노인 기능 검사 등 25개 항목
2차	만 40세	고혈압, 당뇨병 확진 검사, 건강진단 결과 및 건강위험평가 상담, 정신 건강 검사(치매 및 우울증), 생활 습관 검사(평가 및 처방)
	만 66세	고혈압, 당뇨병 확진 검사, 건강진단 결과 및 건강위험평가 상담, 정신 건강 검사(치매 및 우울증), 생활 습관 검사(평가 및 처방)

자료: 국민건강보험공단(2016).

3)-4 암 검진

비용은 공단, 국가, 지자체가 분담해 전액 부담한다. 직장가입자와 40세 이상인 피부양자가 기본적인 대상자인데, 암의 종류별 특성을 고려해 대상자를 선정해 실시한다. 만 40세, 만 66세는 생애전환기건강진단 대상자로서 일반건강검진 및 암 검진 대상자에서 제외된다.

사무직은 2년마다 1회 이상, 나머지 사람은 1년에 1회 실시한다. 2차 검진과 검사 항목 선택에 따라 단계별로 실시하는 위암, 대장암의 2단계 이상 검진은 다음 연도 1월 말까지 실시할 수 있다. 직장가입자에게는 기업에, 피부양자에게는 당사자에게 검진 실시를 통보한다.

| 표 IV.2-3 | **건강검진 암 검진 대상자**

종류	검사 항목	대상자
위암	위장 조영 검사	·만 40세 이상인 자 ·위장 조영 검사 희망자
	위내시경 검사	·위내시경 검사 희망자 또는 위장 조영 검사에서 위암이 의심되는 자
	조직 검사	·위내시경 검사 도중 의사의 판단에 따라 필요한 경우 실시
간암	고위험군 선별 검사	·의료 급여 수급권자 중 해당자
	간초음파 검사	·해당 연도 전 2년간 간암 발생 고위험군 중 만 40세 이상자 ·과년도 일반 건강검진(생애전환기 건강진단 포함)의 B형 간염 표면 항원 검사 또는 C형 간염 항체 검사 결과가 '양성'인 자 중 만 40세 이상인 자
	혈청알파태아단백 검사	·의료급여수급권자로서 간장 질환 검사자 중 B형 간염표면항원 검사 또는 C형 간염항체 검사 결과가 '양성' 인자
대장암	분변잠혈 반응 검사	·만 50세 이상인 자
	대장이중조영 검사	·분변잠혈 반응 검사 결과에서 양성 판정을 받은 자
	대장내시경 검사	·분변잠혈 반응 검사 결과에서 양성 판정을 받은 자 또는 대장이중조영 검사 결과 대장용종이나 대장암이 의심되는 자
	조직 검사	·대장내시경 검사 도중 의사의 판단에 따라 필요한 경우 실시
유방암	유방 촬영	·만 40세 이상인 여성
자궁경부암	자궁 경부세포 검사	·만 30세 이상인 여성

자료: 찾기쉬운생활정보.

| 표 IV.2-4 | **암 검진 대상자 및 검진 주기**

구분	위암	대장암	간암	유방암	자궁경부암
대상 기준	만 40세 이상	만 50세 이상	만 40세 이상 고위험군	만 40세 이상	만 20세 이상
검진 주기	2년	1년	6개월	2년	2년

자료: 국민건강보험공단(2016).

3)-5 영유아건강검진

비용은 공단이 전액을 부담한다. 6세 미만(71개월 이하)의 피부양자가 대상자다. 나이에 따라 정한 시기(각각 생후 4, 9, 18, 30, 42, 54, 66개월 후)마다 1회씩 총 10회(일반 검진 7회, 구강 검진 3회) 실시한다. 직장가입자에게 검진 실시를 통보한다. 검사 항목은 다음과 같다.

- 문진과 진찰

- 신체 계측
- 발달 평가 및 상담(공인된 질문 도구를 이용해 영유아의 발달 사항을 점검하고 상담을 실시하는 것을 말함)
- 건강 교육(매 시기별 육아에 필요한 사항을 보호자에게 교육하고 보호자 설명서 등 자료를 제공하는 것을 말함)
- 구강 검진

(찾기쉬운생활법령정보, http://oneclick.law.go.kr/CSP/CnpClsMain.laf?popMenu=ov&csmSeq=619&ccfNo=3&cciNo=3&cnpClsNo=6; 국민건강보험공단, 2016 참고)

4) 장점

기업으로서는 정기적으로 직원의 건강을 확인할 수 있고, 직원의 질병에 조기에 대처할 수 있으며, 국가가 비용을 부담하기 때문에 따로 비용이 들지 않는다. 직원으로서는 정기적으로 건강을 확인할 수 있고, 질병에 조기에 대처할 수 있으며, 국가가 비용을 부담하기 때문에 따로 비용이 들지 않는다.

5) 단점

기업으로서는 보험료를 부담해야 한다. 직원으로서는 보험료를 부담해야 하며, 원하는 검사를 받을 수 없고, 부실한 검사를 받을 수 있다.

제3장

법정모성가족지원제도

1. 생리휴가제도

1) 정의와 특징

생리휴가제도(menstrual leave)는 여성 근로자의 생리 기간에 휴가를 부여하는 법정복지제도다. 청구하는 여성 근로자에게 1개월마다 1일의 무급휴가를 부여해야 한다. 여성 근로자가 생리 기간에 무리하게 일하여 건강을 해치는 것을 예방하기 위한 제도다. 일본, 인도네시아, 한국에만 있는 제도다(하갑래, 2014: 995).

2) 변화 추세와 통계

일본에서는 1927년에 처음 논의가 되어 1947년에 도입했다(하갑래, 2014: 995에서 재인용). 현재는 청구할 경우에 무급으로 월 1일의 휴가를 부여하고 있다. 생리일에 업무가 상당히 곤란한 여성이 휴가를 청구할 때에는 그 사람을 생리일에 업무를 시키면 안 된다(노동기준법§68).

한국에서는 1953년에 도입했다. 1953년에는 요구할 때 유급휴가를 부여하는 것으로, 1989년에는 요구하지 않아도 무조건 유급휴가를 부여하다가, 2003년 이후에는 요구할 때 무급휴가를 부여하는 것으로 변화 과정을 거쳤다. 2008년 취업규칙 가운데 88.3%가 생리휴가에 대한 규정을 두고 있고, 그중 50.0%가 유급휴가로, 43.5%가 무급휴가로, 3.1%가 관계 법령에 따르기로 되어 있으며, 3.4%는 그 밖에 기준으로 규정하고 있는 것으로 나타났다(김정한·

문무기·윤문희, 2008: 107). 2009년 조사 대상 기업 중 66.5%가 취업규칙이나 단체협약에 생리휴가제도를 명시하고 있고, 52.02%가 실제로 생리휴가제도를 활용하고 있다(배규식·김정우·김기민, 2012). 2014년의 단체협약 중 68.2%가 생리휴가에 대한 규정을 두고 있고, 33.4%가 청구할 때 무급휴가로, 9.9%가 청구할 때 유급휴가로, 9.9%가 월 1일 유급휴가로, 나머지에서는 그 밖의 기준으로 규정하거나 규정이 없는 것으로 나타났다(박명준·조성재·문무기, 2014: 226).

3) 관련 법률

상시 근로자가 5명 이상인 기업에서 의무적으로 도입해야 한다(고평법§3①; 고평령§2③). 생리휴가에 대해서는 '근로기준법'에 규정하고 있다. 여성 근로자가 청구하면 1개월마다 1일의 무급휴가를 주어야 한다(근기법§73, 벌금 500만 원 이하). 생리 기간에 청구해야 하며, 허위로 사용하면 징계를 받을 수 있다. 휴가일 이전에 청구해야 하나, 승인을 받을 필요는 없다. 휴가를 승인하지 않거나 날짜를 변경시킬 수 없다. 사용일에 대해서는 통상임금을 공제할 수 있다. 주휴일이나 연차유급휴가 등을 부여하기 위한 출근율을 계산할 때에는 생리휴가일은 소정근로일수에 포함시키고 출근한 것으로 계산해야 한다. 사용하지 않으면 자동으로 소멸한다. 대체제도는 도입할 수 없다. 취업규칙에 휴가에 관한 사항을 명시해 신고해야 한다(근기법§93.1, 과태료 500만 원 이하).

4) 장점

기업으로서는 청구하지 않으면 부여하지 않아도 되고 무급이기 때문에 사용할 경우 임금을 삭감할 수 있고, 청구할 가능성도 적다. 직원으로서는 필요할 때 사용할 수 있다.

5) 단점

기업으로서는 청구를 막을 수 없고, 사용하면 업무 공백이 발생할 수 있다. 직원으로서는 사용하면 임금이 삭감될 수 있고 사용하는 게 현실적으로 어려운 경우가 적지 않다.

6) 규정과 서식

취업규칙에 생리휴가 등 휴가에 관한 사항을 명시해야 한다. 생리휴가를 청구할 때 필요한 신청서 서식을 준비하는 것이 좋다.

2. 태아검진시간제도

1) 정의와 특징

태아검진시간제도는 여성 근로자의 임신 기간에 태아 검진 시간을 부여하는 법정복지제도다. 임신한 여성 근로자가 정기 건강진단을 받는 데 필요한 시간을 청구하면 유급으로 허용해야 한다. 여성 근로자에게 임신 기간에 정기 건강진단을 받을 수 있도록 해 여성과 태아를 보호하기 위한 제도다.

2) 변화 추세와 통계

일본에서는 '고용 분야에 있어서 남녀의 균등한 기회 및 대우의 확보 등에 관한 법률' 제12조에서 사업주에게 여성 근로자가 '모자보건법'의 규정에 따라 보건 지도나 건강 검진을 받을 수 있게 필요한 시간을 확보하도록 허용해야 하는 의무를 규정하고 있다.

한국에서는 2008년에 도입했다. 2009년 조사 대상 기업 가운데 17.37%가 취업규칙이나 단체협약에 태아검진시간제도를 명시하고 있고, 10.65%가 실제로 태아검진시간제도를 활용하고 있다(배규식·김정우·김기민, 2012).

3) 관련 법률

상시 근로자가 5명 이상인 기업에서 의무적으로 도입해야 한다(근기령 별표 2). 태아 검진 시간에 대해서는 '근로기준법'과 '모자보건법'에서 규정하고 있다. 임신한 여성 근로자가 임산부 정기 건강진단을 받는 데 필요한 시간을 청구하면 유급으로 허용해야 한다(근기법§74의2). 임신 7개월까지는 2개월마다 1회, 임신 8개월부터 9개월까지는 1개월마다 1회, 임신 10개월 이후에는 2주마다 1회가 임산부 정기 건강진단 실시 기준이다(모자보건칙§5①별표 1).

4) 장점

기업으로서는 청구하지 않으면 부여하지 않아도 되고, 하루가 아닌 필요한 시간만큼 부여하면 되며, 위반에 대한 벌칙 조항이 없다. 직원으로서는 유급으로 필요한 시간만큼 사용할 수 있다.

5) 단점

기업으로서는 필요한 시간을 제한하기 곤란하다. 직원으로서는 필요한 시간을 확보하기 곤란하며, 법률에 벌칙 조항이 없어 거부당하기 쉽다.

6) 규정과 서식

취업규칙에 태아 검진 시간을 명시해야 한다. 태아 검진 시간을 청구할 때 필요한 신청서 서식을 준비하는 것이 좋다.

3. 출산전후휴가제도와 유산사산휴가제도

1) 정의와 특징

출산전후휴가제도(maternity leave)는 임신한 여성 근로자에게 휴가를 부여하는 법정복지제도다. 출산 전후 일정 기간 동안 근로 제공 의무를 면제시켜 여성 근로자와 아이를 보호하기 위한 제도다.

2) 변화 추세와 통계

ILO에서는 1919년 3호 협약 및 1952년 103호 협약에 12주의 출산전후휴가를, 2000년 183호 협약에 14주의 출산전후휴가를 주어야 한다고 의결했다.

독일에서는 '모성보호법'에 출산전후휴가제도를 규정하고 있다. 임신한 여성 근로자는 출산 직전 6주 동안(이 기간에는 자신이 원할 경우에는 근로를 제공할 수 있음)과 출산 후 8주(쌍둥이일 때에는 12주)까지 근로가 금지된다. 출산전후휴가 기간에 대해서는 여러 가지 형태로 급여를 지급한다(모성보호법§3(2), §6(1), §11~§17; 김기선·박수근·강성태 외, 2013: 437~454).

미국에서는 1993년에 12주로 도입했다. 출산한 때부터 12개월 안에 총 12주의 무급휴가를 연결 또는 분할하거나 시간 단축 휴가 형태로 사용할 수 있다[가족의료휴가법(famaly and medical leave act of 1993)§101,§102, FMLA; 이승길, 2005: 272~276]. 세계에서 미국과 파푸아뉴기니만 법정유급출산전후휴가제도가 없는 나라다(≪매일경제≫, 2015년 2월 3일 자에서 재인용).

일본에서는 14주의 산전산후휴업제도(6주의 산전휴업제도와 8주의 산후휴업제도)를 도입하고 있다. 6주(쌍둥이를 임신한 경우에는 14주간) 이내에 출산할 예정인 여성이 휴업을 청구하는 경우에는 그 사람을 근무시키면 안 되고, 출산 후 8주간을 경과하지 않은 여성에 대해서는 무조건 근무시키면 안 된다(노동기준법§65①②). 무급이 원칙이며, 건강보험에 산전 42일, 산후 56일을 한도로 출산수당을 지급한다(스게노 카즈오, 2015: 447).

한국에서는 1953년 60일로 도입했다가 2001년 90일(출산 후 45일)로 개정하고, 2005년에는 유산·사산휴가를 추가했으며, 2012년에는 분할 사용을 도입하고, 2014년 쌍둥이 임신 120일 휴가제도를 추가했다(하갑래, 2014: 998). 2008년 취업규칙 중 88.8%가 출산전후휴가 규정을 두고 있다(김정한·문무기·윤문희, 2008: 109). 2009년 단체협약 중 59.7%가 출산전후휴가 규정을 두고 있다(김정한·김동배·문무기 외, 2009: 139). 2009년 조사 대상 기업 중 78.88%가 실제로 출산전후휴가제도를 활용하고 있다(배규식·김정우·김기민, 2012). 2013년 조사 대상 기업 중 57.1%가 정규직만 사용하도록 규정하고 있고, 42.9%에서는 비정규직도 사용할 수 있으며, 65.9%가 90일 이상의 산전산후휴가를 부여했고, 19.5%가 90일 미만의 산전산후휴가를 부여했으며, 14.6%가 부여하지 않았다. 64.2%가 대체 인력 채용 없이 회사 안에서 해결하고, 35.8%가 대체 인력 채용으로 해결하며, 산전산후휴가를 사용할 수 없는 가장 큰 이유를 묻는 질문에는 근로자 각자가 개별적으로 고유 업무를 수행하기 때문이라는 답변이 47.6%로 나타났다(김영옥·김종숙·배호중, 2013: 25~34).

3) 관련 법률

상시 근로자 1명 이상 모든 기업에서 의무적으로 도입해야 한다(근기령 별표 1). 출산전후휴가에 대해서는 '근로기준법'과 '남녀고용평등과 일·가정 양립 지원에 관한 법률'과 '고용보험법'에서 규정하고 있다.

3)-1 신청 자격

여성 근로자가 임신하면 출산전후휴가를 부여해야 한다(근기법§74①). 임신 아닌 다른 조건은 필요 없다.

3)-2 휴가 유형 선택

● 연속일반휴가

출산 전과 출산 후를 합쳐 90일의 휴가를 주어야 하고, 출산 후에 45일 이상을 주어야 한다(근기법§74①, 징역 2년, 벌금 1000만 원 이하). 근로자가 신청하지 않았다고 휴가를 주지 않아도 법률 위반이 되고, 근로자가 짧게 신청해 휴가를 짧게 주어도 법률 위반이 된다(임종률, 2015). 출산이 예정보다 늦어져 출산 전에 45일 이상을 사용했더라도 출산 후에는 꼭 45일 이상을 주어야 한다. 다만 이 경우 법정 기간을 초과하는 출산 전의 휴가 사용 일수에 대해서는 출산휴가가 아닌 것(무급 등)으로 처리할 수 있다(근기01254-4937, 19991.4.9; 임종률, 2015: 591)

● 연속쌍둥이휴가

쌍둥이를 임신한 경우에는 전체 120일의 휴가(출산 후 60일 이상)를 주어야 한다(근기법§74①, 징역 2년, 벌금 1000만 원 이하).

● 분할휴가

특별한 경우에는 출산 전 휴가를 분할 사용할 수 있게 허용해야 한다(근기법§74②, 징역 2년, 벌금 1000만 원 이하). 분할 사용이 가능한 근로자는 유산·사산 경험이 있거나, 휴가를 청구할 당시 만 40세 이상이거나, 유산·사산의 위험이 있다는 의료 기관의 진단서를 제출한 경우이어야 한다(근기령§43①). 몇 번에 걸쳐 분할 사용할지, 한 번 사용할 때 기간을 어떻게 할지는 근로자가 마음대로 결정할 수 있다(임종률, 2015: 592).

● 유산·사산휴가

유산·사산한 근로자에게는 임신 기간에 따라 유산·사산한 날부터 5일(임신 11주 이내), 10일(임신 12~15주), 30일(임신 16~21주), 60일(임신 22~27주), 90일(임신28주 이상)의 휴가를 주어야 한다(근기법§74③, 징역 2년, 벌금 1000만 원. 근기령§43③). '모자보건법'에서 허용하고 있지 않은 인공 임신중절수술로 유산한 근로자에게는 휴가를 주지 않아도 된다(근기법§74③).

3)-3 휴가신청 절차

연속일반휴가나 쌍둥이일반휴가에 대해서는 휴가 신청 절차에 대한 법 규정이 없다. 분할휴가에 대해서는 근로자가 신청할 때 허용하면 된다(근기법§74②). 유산사산휴가에 대해서는 근로자가 신청할 때 허용하면 되며(근기법§74③), 신청서에는 휴가 청구 사유, 유산·사산 발생일, 임신 기간 등을 적어야 하며, 의료 기관의 진단서를 첨부해야 한다(근기령§43②).

3)-4 임금 지급

출산전후휴가 중 최초 60일(쌍둥이 임신 75일)에 대해서는 기업이 유급으로 지급해야 하며(근기법§74④, 징역 2년, 벌금 1000만 원 이하), 통상임금으로 지급하면 된다. 나머지 30일에 대해서는 고용보험에서 정한 금액의 출산전후휴가급여를 지급하며(고평법§18①, 고보법§75§76), 휴가가 끝난 지 12개월 이내에 근로자가 공단에 신청해야 한다(고보법§75).

3)-5 불이익 금지

출산전후휴가 기간과 그 후 30일 동안은 해고하지 못한다(근기법§23②, 징역 5년, 벌금 3000만 원 이하). 출산전후휴가 기간에 해고 예고는 가능하다(2004.8.18, 근로기준과-5784. 경제단체협의회, 2014: 724). 출산전후휴가 후에는 휴직 전과 동일한 업무 또는 동등한 수준의 임금을 지급하는 직무에 복귀시켜야 한다(근기법§74⑥, 벌금 500만 원 이하). 출산전후휴가 기간은 근속기간에 포함되므로, 승진·승급, 퇴직금, 연차 계산 등에 반영해야 한다. 상여금을 계산할 때 총근속 연수에 따라 차등 지급하면 출산전후휴가 기간은 포함된다. 상여금을 계산할 때 출근성적에 따라 차등 지급하면 출산전후휴가 기간은 결근으로 볼 수 있다. 연차 결정을 위한 출근율을 계산할 때 출산전후휴가 기간은 소정근로일수에 포함시켜야 하며, 출근한 것으로 본다. 평균임금 계산을 할 때 출산전후휴가 기간은 제외하고 계산한다(하갑래, 2014).

3)-6 규정과 서식

취업규칙에 출산전후휴가제도 등 근로자의 모성보호 및 일·가정 양립 지원에 관한 사항을 명시해야 한다. 출산전후휴가 신청에 필요한 서식을 준비해야만 한다.

4. 배우자출산휴가제도

1) 정의와 특징

배우자출산휴가제도는 남성 근로자에게 출산한 배우자를 돌볼 수 있도록 휴가를 부여하는 법정복지제도다.

2) 변화 추세와 통계

독일은 '노동법'에 배우자출산휴가에 대한 규정을 두고 있지 않다(한국경총, 2011; ≪매일노동뉴스≫, 2011.5.13).

미국은 '노동법'에 배우자출산휴가에 대한 규정을 두고 있지 않다(이승길, 2005).

일본은 '노동법'에 배우자출산휴가에 대한 규정을 두고 있지 않다(한국경총, 2011; 매일≪노동뉴스≫, 2011.5.13).

한국은 2008년에 3일 무급휴가를 도입했고, 2012년부터 5일 범위에서 3일 이상 유급휴가로 변경했다. 2009년 조사 대상 기업 중 50.03%가 도입해 실시했고, 14.14%는 도입만 하고 실제로 실시하지는 않았으며, 35.82%는 도입도 실시도 않는 것으로 나타났다. 규모가 크거나 공공 부문에 속해 있는 사업체의 완전 위반 가능성은 낮고, 배우자출산휴가의 이행을 도와줄 수 있는 사내 시스템이 있는 사업체의 위반 가능성이 낮은 것으로 나타났다(백경민·박기태, 2013). 2013년 조사 대상 기업 중 32.4%가 도입하고 있고, 57.1%가 정규직에만 허용하며, 42.3%가 비정규직도 사용할 수 있다. 이 중 96.6%가 3일의 휴가를 부여했고, 59.9%가 활발히 사용하는 것으로 나타났다(김영옥·김종숙·배호중, 2013: 42~48).

3) 관련 법률

상시 근로자 1명 이상 모든 기업에서 의무적으로 도입해야 한다(근기령 별표 1). 배우자출산휴가제도에 대해서는 '남녀고용평등과 일·가정 양립 지원에 관한 법률'에서 규정하고 있다. 남성 근로자가 배우자의 출산을 이유로 휴가를 청구하면 5일의 범위에서 3일 이상의 휴가를 주어야 하고, 최초 3일은 유급으로 주어야 한다(고평법§18의2①, 과태료 500만 원 이하). 배우자가 출산한 날부터 30일이 지나면 휴가를 청구할 수 없다(고평법§18의2②). 최대 5일까지 청구할 수 있고, 청구하지 않을 수도 있다. 출산일 이후에 사용하는 것이 원칙이나, 출산 예정일을 포함시키면 출산일 전에도 휴가를 사용할 수 있다. 원칙적으로 연속해 사용해야 한다. 특별한 사유가 없는 한 청구한 날에 주는 것이 원칙이다. 5일 이내일 경우 청구한 일수를 삭감할 수 없다.

4) 규정과 서식

취업규칙에 배우자출산휴가 등 휴가에 대한 사항을 명시해야 한다. 취업규칙에 휴가에 관한 사항을 명시해 신고해야 한다(근기법§93.1, 과태료 500만 원 이하). 배우자출산휴가 신청에 필요한 서식을 준비하는 것이 좋다.

5. 육아휴직제도

1) 정의와 특징

육아휴직제도는 어린 자녀를 돌볼 수 있도록 휴직 기간을 허용하는 법정복지제도다. 육아 부담 때문에 퇴직하지 않고 직장생활과 가정생활을 조화롭게 양립시킬 수 있도록 근로자를 지원하기 위한 제도다. 육아기근로시간단축제도와 연계해 운영할 수 있다.

2) 변화 추세와 통계

지난 3년간 육아휴직을 사용한 근로자가 있는 사업체는 EU 평균 52%로 스웨덴이 89%, 독일이 52%, 네덜란드가 46%, 영국이 55%, 일본이 40.4%, 한국이 21.0%로 나타났다(EU는 2004~2005년 10명 이상 사업체, 일본은 2012년 5명 이상 사업체, 한국은 2013년 5명 이상 사업체 기준. 일본은 육아휴직을 도입하고 있는 사업체를 대상으로 지난 3년간이 아닌 '응답 당시까지'의 응답임)(김영옥·김종숙·배호중, 2013: 51~82). 육아휴직 사용자 중 남성이 있는 사업체는 EU 평균 33.0%로 스웨덴이 69.0%, 핀란드가 58.0%, 독일이 14.0%, 영국이 46.0%이며, 한국이 6.6%로 나타났다(EU는 2004~2005년 10명 이상 사업체, 한국은 2013년 5명 이상 사업체 기준)(김영옥·김종숙·배호중, 2013: 97).

독일은 '육아수당 및 육아휴직에 관한 법률'에 육아휴직을 규정하고 있다. 육아휴직 청구는 아이가 만 3세가 될 때까지 가능하나, 육아휴직 기간 중 최대 12개월에 대해서는 사용자가 동의하면 아이가 만 8세가 될 때까지도 청구할 수 있다. 휴직 개시 7주 전에 서면으로 2년 이내에서 휴직할 기간을 정해 육아휴직을 신청할 수 있다(김기선·박수근·강성태 외, 2013: 662~666).

미국은 '노동법'에 육아휴직제도를 두고 있지 않다(이승길, 2005).

일본은 '육아휴업법'을 1991년 제정해 1995년에 전면 시행하고, 1995년에는 '육아간병휴업법'을 통합 제정해 1999년부터 시행했다. 자녀가 만 1세가 될 때까지 원하는 기간 동안 육아휴업을 신청할 수 있고, 정해진 이유에 해당하면 만 1세 6개월이 될 때까지 부모 교체 신청 또는 연장 신청을 할 수 있다(육아간병휴업법§5§9§9의2). 무급이 원칙이며, 고용보험에서 육아휴업급여(휴업 개시 전 임금의 40% 수준)를 지급한다(스게노 카즈오, 2015: 452~455).

한국은 1987년 육아휴직제도를 도입했고, 2007년에는 육아기근로시간단축제도도 도입했다. 2008년 취업규칙 중 69.8%가 육아휴직 규정을 두고 있다(김정한·문무기·윤문희, 2008: 111). 2009년 조사 대상 기업 중 75.29%가 취업규칙이나 단체협약에 육아휴직제도를 명시하고 있고, 52.46%가 실제로 육아휴직제도를 활용하고 있다(배규식·김정우·김기민, 2012). 2013년 조사 대상 기업 중 42.0%가 도입하고 있고, 74.0%가 비정규직도 사용할 수 있으며, 89.5%가 12개월을 사용할 수 있고, 47.1%가 육아휴직 기간에 승진이 불가능하다. 71.9%가 언제든지 마음 놓고 신청할 수 있는 분위기이며, 43.3%가 대체 인력을 고용하지 않고 회사 내부에서 처리하고, 40.2%가 출산전후휴가와 육아휴직을 연결해 사용하는 것으로 나타났다(김영옥·김종숙·배호중,, 2013: 51~82). 2014년 단체협약 중 78%가 휴직 요건에 대한 규정을 두고 있고, 33%가 육아휴직을 휴직 요건으로 규정하고 있다(박명준·조성재·문무기, 2014: 111). 2015년 전체 육아휴직자는 8만 7339명(남성은 4872명으로 5.6%)이다(노동부, 2016.11.4).

3) 관련 법률

상시 근로자 1명 이상 모든 기업에서 의무적으로 도입해야 한다(고평법§3①; 고평령§2③). 육아휴직제도에 대해서는 '남녀고용평등과 일·가정 양립 지원에 관한 법률'과 '고용보험법'에서 규정하고 있다.

3)-1 신청 자격

만 8세 이하 또는 초등학교 2학년 이하의 자녀를 둔 남녀 근로자가 육아휴직을 신청하면 허용해야 한다(고평법§19①, 벌금 500만 원 이하). 육아휴직 개시 예정일 전날까지 근속기간이 1년 미만이거나, 배우자가 육아휴직 중인 경우에는 신청할 수 없다(고평령§10).

3)-2 휴직 유형 선택

총 1년 이내에서 필요한 기간과 시기를 정해, 육아휴직 기간과 육아기 근로시간 단축 중 선택해 사용하거나 각각 1회로 분할해 사용하거나 또는 둘을 교대로 사용할 수도 있다(고평법§19②, 고평법§19의4). 사용자는 기간과 시기를 변경시킬 수 없다(하갑래, 2014: 1005). 육아휴직 기간 도중에 자녀의 연령이 8세 또는 초등학교 3학년이 되어도 남은 휴직 기간을 계속 사용할 수 있다(김수복, 2014: 440). 같은 자녀에 대해 부부가 각각 1년씩 사용할 수도 있다(김수복, 2014: 440).

3)-3 휴직 신청 절차

육아휴직을 신청할 때에는 30일 전까지 신청서를 제출해야 하며, 신청서에는 영유아의 성명, 생년월일, 휴직 개시 예정일, 휴직 종료 예정일, 육아휴직 신청 연월일, 신청인 등을 기록해야 한다(고평령§11①). 특별한 경우에 육아휴직을 신청할 때에는 7일 전까지 신청서를 제출해도 된다(고평령§11②). 휴직 신청을 취소할 경우에는 휴직 개시 예정일 7일 전까지 해야 한다(고평령§13①). 휴직 기간 도중에 자녀가 사망하거나 자녀와 동거하지 않게 된 때에는 7일 이내에 신고해야 하며 절차를 거쳐 휴직은 종료된다(고평령§14). 휴직 종료 예정일은 한 번만 연기할 수 있다(고평령§13②).

3)-4 불이익 금지

육아휴직을 이유로 해고나 불리한 처우를 해서는 안 되며, 육아휴직 기간에는 해고할 수 없다(고평법§19③, 징역 3년, 벌금 2000만 원 이하). 육아휴직 기간에 해고 예고는 가능하다(2004.8.18, 근로기준과-5784. 경제단체협의회, 2014: 724). 육아휴직 후에는 휴직 전과 같은 업무 또는 같은 수준의 임금을 지급하는 직무로 복귀시켜야 한다(고평법§19④, 벌금 500만 원 이하). 육아휴직 기간은 근속기간에 포함된다(고평법§19④). 육아휴직 기간은 근속기간에 포함되므로, 승진·승급, 퇴직금, 연차 계산 등에 반영해야 한다. 상여금을 계산할 때 총근속 연수에 따라 차등 지급하면 육아휴직 기간은 포함된다. 상여금을 계산할 때 출근 성적에 따라 차등 지급하면 육아휴직 기간은 결근으로 볼 수 있다. 연차 결정을 위한 출근율을 계산할 때 육아휴직 기간은 소정근로일수에서 제외한다. 평균임금 계산을 할 때 육아휴직 기간은 제외하고 계산한다(하갑래, 2014: 1007~1008). 기간제근로자 또는 파견근로자의 육아휴직 기간은 사용기간 또는 파견 기간에 포함시키지 않는다(고평법§19⑤).

3)-5 임금 지급

육아휴직 기간에 임금을 지급할 법적 의무는 없다. 고용보험에서 월 50~100만 원의 육아휴직 급여를 지급한다(2017년 9월부터는 첫 3개월에는 월 70~150만 원을 지급함). 사업주가 육아휴직을 이유로 금품을 지급하는 경우에는 고용보험에서 육아휴직 급여를 감액해 지급할 수 있다(고보법§73②).

4) 도입 사례

롯데(육아휴직의무제, 2012~), SK(여성인력 자동육아휴직제도, 2013~)를 사례로 들 수 있다.

5) 규정과 서식

취업규칙에 육아휴직제도 등 근로자의 모성보호 및 일·가정 양립 지원에 관한 사항을 명시해야 한다. 육아휴직에 필요한 신청서 서식을 준비해야 한다.

6. 육아기근로시간단축제도

1) 정의와 특징

육아기근로시간단축제도는 어린 자녀를 돌볼 수 있도록 단축 근무를 허용하는 법정복지제도다. 육아 부담 때문에 퇴직하지 않고 직장생활과 가정생활을 조화롭게 양립할 수 있도록 근로자를 지원하기 위한 제도다. 육아휴직제도와 서로 연계해 운영할 수 있다. 특히 경력이 단절되지 않는다는 점이 육아휴직과 비교해 장점이라 할 수 있다.

2) 변화 추세와 통계

미국은 '노동법'에 육아기근로시간단축제도가 따로 없다(이승길, 2005).

일본에서는 '육아휴업법'을 1991년 제정해 1995년에 전면 시행했으며, 같은 해에 '육아간병휴업법'으로 통합 제정해 1999년부터 시행했다. 육아휴업을 신청하지 않은 노동자가 신청하면 자녀가 만 3세가 될 때까지 원하는 기간 동안 소정노동시간 단축 조치를 강구해야만 하며, 그것이 곤란할 때에는 시업 시각 변경 등의 조치를 취해야 한다(육아간병휴업법§23). 2012년에 62.4%의 기업에서 이를 도입했다(김영옥·김종숙·배호중, 2013: 84).

한국에서는 1987년에 육아휴직제도를 도입했고, 2007년에는 육아기근로시간단축제도도 도입했다. 2013년 조사 대상 기업 중 7.1%가 도입하고 있다(김영옥·김종숙·배호중, 2013: 83).

3) 관련 법률

상시 근로자가 1명 이상인 모든 기업에서 의무적으로 도입해야 한다(고평법§3①; 고평령§2③). 육아기근로시간단축제도에 대해서는 '남녀고용평등과 일·가정 양립 지원에 관한 법률'과 '고용보험법'에서 규정하고 있다.

3)-1 신청 자격

육아휴직을 신청할 수 있는 근로자는 육아기 근로시간 단축을 신청할 수 있다. 만 8세 이하 또는 초등학교 2학년 이하의 자녀를 둔 남녀 근로자가 육아기 근로시간 단축을 신청하면 허용해야 한다(고평법§19의2①, 과태료 1000만 원 이하). 육아기 근로시간 단축 개시 예정일 전날까지 근속기간이 1년 미만이거나, 배우자가 육아휴직을 하고 있는 경우에는 육아기 근로시간 단축을 신청할 수 없다(고평령§10, 고평령§15의2).

3)-2 시간 단축 유형 선택

총 1년 이내에서 필요한 기간과 시기와 시간을 정해, 육아휴직 기간과 육아기 근로시간 단축 가운데 선택해 사용할 수도 있고, 각각을 1회 분할해 사용할 수도 있으며, 둘을 교대로 사용할 수도 있다(고평법§19②, 고평법§19의4). 직업안정기관에 구인 신청을 하고 14일 이상 대체 인력을 채용하지 못하거나, 업무 성격상 근로시간을 분할해 수행하기 곤란한 경우에는 육아기 근로시간 단축을 허용하지 않을 수 있다(고평령§15의2). 이때에는 사유를 서면으로 통보하고 육아휴직을 사용하게 하거나 근로자와 협의해야 한다(고평법§19의2②, 과태료 500만 원 이하). 단축 후 근로시간은 주당 15시간 이상이어야 하고, 30시간을 넘어서는 안 된다(고평법§19의2③). 꼭 매일 근무해야 하는 것은 아니므로 일주일에 3일만 근무하는 방식으로 근로시간 단축을 실시할 수도 있다(김수복, 2014: 445). 사용자는 기간, 시기, 시간을 변경시킬 수 없다(하갑래, 2014: 1005, 1010). 육아기 근로시간 단축 기간(육아휴직 기간) 도중에 자녀의 연령이 8세 또는 초등학교 3학년이 되어도 남은 육아기 근로시간 단축(육아휴직)은 계속 사용할 수 있다(김수복, 2014: 440). 같은 자녀에 대해 부부가 각각 1년씩 사용할 수도 있다(김수복, 2014: 440).

3)-3 근로시간 단축 신청 절차(육아휴직 공통)

육아기 근로시간 단축(육아휴직)을 신청할 때에는 30일 전까지 신청서를 제출해야 하며, 신청서에는 영유아의 성명, 생년월일, 개시 예정일, 종료 예정일, 신청 연월일, 신청인 등을 기록해야 한다(고평령§11①). 특별한(출산 예정일 이전에 자녀가 출생한 경우나, 배우자의 사망, 부상, 질병 또는 신체적·정신적 장애나 배우자와의 이혼 등으로 해당 영유아를 양육하기 곤란한 경우) 경우에 육아기 근로시간 단축(육아휴직)을 신청할 때에는 7일 전까지 신청서를 제출해도 된다(고평령§11②). 신청을 취소할 경우에는 개시 예정일 7일 전까지 해야 한다(고평령§13①). 기간 도중에 자녀가 사망하거나 자녀와 동거하지 않게 된 때에는 7일 이내에 신고해야 하며 절차를 거쳐 근로시간 단축은 종료된다(고평령§14). 종료 예정일은 한 번만 연기할 수 있다(고평령§13②).

3)-4 불이익 금지(육아휴직 공통)

육아기 근로시간 단축을 이유로 해고나 불리한 처우를 해서는 안 된다(고평법§19의2⑤, 징역 3년, 벌금 2000만 원 이하). 육아기 근로시간 단축 기간에 해고는 가능하다(↔육아휴직 기간에는 불가능). 육아기 근로시간 단축 후에는 전과 같은 업무 또는 같은 수준의 임금을 지급하는 직무에 복귀시켜야 한다(고평법§19의2⑥, 벌금 500만 원 이하). 육아기 근로시간 단축을 한 근로자의 근로조건은 서면으로 정한다(고평법§19의3②, 과태료 500만 원 이하). 근로시간에 비례해 적용하는 경우 외에는 육아기 근로시간 단축을 이유로 근로조건을 불리하게 해서는 안 된다(고평법§19의3①, 징역 3년, 벌금 2000만 원 이하). 연차휴가는 근로시간에 비례해 적용한다(김수복, 2014: 447). 평균임금 계산을 할 때 육아기 근로시간 단축 기간은 제외하고 계산한다(하갑래, 2014: 1008).

3)-5 임금 지급

육아기 근로시간 단축에 따라 줄어든 근로시간에 대해서는 임금을 지급할 법적 의무는 없다. 고용보험에서 월 50~100만 원(2017년 9월부터는 첫 3개월에는 월 70~150만 원) 육아휴직 급여를 기준으로 줄어든 근로시간에 비례해 지급한다(고보령§104의2.2). 사업주가 육아기 근로시간 단축을 이유로 금품을 지급하는 경우에는 고용보험에서 육아휴직 급여를 감액해 지급할 수 있다(고보법§73②; 고보령§104의4).

4) 규정과 서식

취업규칙에 육아휴직제도 등 근로자의 모성보호 및 일가정 양립 지원에 관한 사항을 명시해야 한다. 육아기 근로시간 단축을 신청할 때 필요한 신청서 서식을 준비해야 한다.

7. 가족돌봄휴직 및 근로시간조정제도

1) 정의와 특징

가족돌봄휴직제도는 도움이 필요한 가족을 돌볼 수 있도록 휴직을 허용하는 법정복지제도다. 근로자가 가족(부모, 배우자, 자녀, 배우자의 부모)의 질병, 사고, 노령 때문에 그 가족을 돌보기 위해 휴직을 신청하면 허용해야 한다. 가족을 돌보기 위한 부담 때문에 퇴직하지 않고 직장생활과 가정생활을 조화롭게 양립시킬 수 있도록 근로자를 지원하기 위한 제도다.

2) 변화 추세와 통계

미국에서는 1993년에 12주로 도입했다. 배우자, 자녀, 부모가 중대한 건강 위험 상태에 있는 경우에는 12개월 안에 총 12주의 무급휴가를 연결 또는 분할하거나 시간 단축 휴가 형태로 사용할 수 있다[가족의료휴가법(FMLA: famaly and medical leave act of 1993) §101, §102; 이승길, 2005: 272~276]. 2015년에는 민간 기업에서 가족휴가(family leave)를 근로자의 87%(무급 기준, 유급은 12%)에게 적용했다(BLS, 2015: 313).

일본에서는 1995년 '육아간병휴업법'을 통합 제정해 1999년부터 시행했다. 부상, 질병, 신체나 정신의 장애 때문에 항상 돌봐야 할 상태인 배우자, 부모, 자녀, 배우자의 부모를 위해 노동자가 신청하면 대상 가족 1명마다 1회 93일까지 휴업하게 해주어야 한다(육아간병휴업법§2, §11, §12, §15; 스게노 카즈오, 2007: 342). 이때 무급이 원칙이며, 고용보험에서 간병휴업급부금(휴업 개시 전 임금의 40% 수준)을 지급한다(스게노 카즈오, 2015: 459~460).

한국에서는 2007년에 노력규정으로 도입했으며, 2012년에 법적 의무로 변경했다. 2013년 조사 대상 기업 중 10.1%가 도입하고 있다(김영옥·김종숙·배호중, 2013: 87).

3) 관련 법률

상시 근로자가 1명인 이상 모든 기업에서 의무적으로 도입해야 한다(고평법§3①; 고평령§2③). 가족돌봄휴직제도는 '남녀고용평등과 일·가정 양립 지원에 관한 법률'에서 규정하고 있다.

3)-1 신청 자격

근로자가 가족(부모, 배우자, 자녀 또는 배우자의 부모)의 질병, 사고, 노령으로 인해 그 가족을 돌보기 위한 휴직을 신청하는 경우 이를 허용해야 한다(고평법§22의2①, 과태료 500만 원 이하). 휴직 개시 예정일 전날까지 근속기간이 1년 미만이거나, 다른 가족이 돌볼 수 있거나, 직업안정기관에 구인 신청을 하고 14일 이상 대체 인력을 채용하지 못한 경우나, 정상적인 사업 운영에 중대한 지장을 초래하는 경우에는 허용하지 않을 수 있다(고평령§16의3). 휴직을 허용하지 않을 경우에는 서면으로 사유를 통보하고, 다른 노력(출퇴근 시간 조정, 연장근로 제한, 근로시간 단축, 근로시간 탄력적 운영)을 해야 한다(고평법§22의2②, 벌칙 없음).

3)-2 휴직 유형 선택

가족돌봄휴직 기간은 연간 최장 90일로 한다(고평법§22의2③). 1년마다 90일씩 사용할 수 있고, 1년을 나누는 기준은 특별히 정한 바가 없으면 입사일이 기준이 된다(김수복, 2014: 460). 가족돌봄휴직 기간은 나누어 사용할 수 있고, 1회의 기간은 30일 이상이 되어야 한다(고평법§22의2③). 사용자는 기간과 시기를 변경할 수 없다.

3)-3 휴직 신청 절차

가족돌봄휴직을 신청할 때에는 30일 전까지 신청서를 제출해야 하며, 신청서에는 가족의 성명, 생년월일, 돌봄이 필요한 사유, 휴직 개시 예정일, 휴직 종료 예정일, 신청 연월일, 신청인 등을 기록해야 한다(고평령§16의2①). 휴직 신청 취소는 휴직 개시 예정일 7일 전까지 해야 한다(고평령§13①). 휴직 기간 도중에 가족이 사망하거나 가족과 동거하지 않게 된 때에는 7일 이내에 신고해야 하며 절차를 거쳐 휴직은 종료된다(고평령§14). 휴직 종료 예정일 연기는 한 번만 할 수 있다(고평령§12②).

3)-4 불이익 금지

가족돌봄휴직을 이유로 해고하거나 근로조건을 악화시키는 등 불리한 처우를 해서는 안 된다(고평법§22의2④, 징역 3년, 벌금 2000만 원 이하). 가족돌봄휴직 기간에 해고는 금지되지 않는다(고평법§22의2④). 가족돌봄휴직 후에는 휴직 전과 같은 업무 또는 같은 수준의 임금을 지급하는 직무에 복귀시켜야 할 의무는 없다(고평법§22의2). 가족돌봄휴직 기간은 근속기간에 포함된다(고평법§22의2⑤, 벌칙 없음). 휴직 기간은 근속기간에 포함되므로, 승진·승급, 퇴직금, 연차 계산 등에 반영해야 한다. 상여금을 계산할 때 총근속 연수에 따라 차등 지급하면 휴직 기간은 포함된다. 상여금을 계산할 때 출근 성적에 따라 차등 지급하면 휴직 기간은 결근으로 볼 수 있다. 가족돌봄휴직 기간은 평균임금 산정 기간에서 제외한다(고평법§22의2⑤, 벌칙 없음). 평균임금을 계산할 때 가족돌봄휴직 기간은 제외하고 계산한다. 연차 결정을 위한 출근율을 계산할 때 가족돌봄휴직 기간은 소정근로 일수에서 제외한다. 연차유급휴가 일수는 가족돌봄휴직 기간을 제외한 나머지 소정근로일수와 연간 총소정근로일수의 비율에 따라 산정한다(김수복, 2014: 461). 기간제근로자 또는 파견근로자의 가족돌봄휴직 기간은 사용기간 또는 파견 기간에서 제외되지 않는다(고평법§22의2, 고평법§19⑤).

3)-5 임금 지급

가족돌봄휴직 기간에 임금을 지급할 법적 의무는 없다. 고용보험에서도 급여를 지급하지 않는다.

4) 규정과 서식

취업규칙에 가족돌봄휴직제도 등 근로자의 모성보호 및 일가정 양립 지원에 관한 사항을 명시해야 한다. 가족돌봄휴직을 신청할 때 필요한 신청서 서식을 준비해야 한다.

제4장

법정소득보장제도

1. 공민권행사보장제도

1) 정의와 특징

근로자도 국민으로서 '헌법'에 규정한 권리와 의무를 지니고 있기 때문에 공민권 행사 또는 공의 직무 집행을 위해 필요한 시간만큼 직장을 떠날 수 있도록 제도적으로 보장해야 한다. 공민권행사보장제도는 근로 제공 의무 때문에 근로자의 공민권 행사나 공의 직무 수행에 지장을 초래하지 않도록 보장하려는 것이다(하갑래, 2014: 271; 임종률, 2015: 372). 근로자가 근로시간 중에 선거권 등 참정권을 행사하거나 법령에 근거를 둔 예비군 훈련 등 공적인 업무를 수행하기 위해 필요한 시간을 청구하면 거부해서는 안 된다.

2) 변화 추세와 통계

미국에는 연방 차원의 공민권행사보장제도가 없다. 그러나 주 법에서는 배심원이 된 근로자를 보호하거나 근로자의 투표 시간을 보장하는 법률을 광범위하게 볼 수 있다(이승길, 2005). 2015년에는 민간 기업에서 유급배심원휴가제도(paid jury duty leave)를 근로자의 60%에게 적용했다(BLS, 2015: 313).

일본에서는 노동자가 노동시간 중에 선거권 그 밖에 공민으로서의 권리를 행사하거나 공의 직무를 집행하기 위해 필요한 시간을 청구한 경우 사용자는 이를 거부하면 안 된다. 다만 권리 행사 또는 직무 집행에 방해가 되지 않으면 청구한 시각을 변경하는 것은 가능하다(노동기준법§7).

한국에서는 2008년 취업규칙 중 66.4%가 공민권 행사 규정을 두고 있는데 임금 지급에 대해서는 72.9%가 유급으로 규정했고, 25.5%는 달리 규정이 없으며, 1.6%는 무급으로 규정하고 있다. 또한 96.2%가 유급휴일 규정을 두고 있고, 그중 36.7%는 국가 지정 임시 휴일을, 7.0%는 공민권 행사일을 유급휴일로 규정하고 있다(김정한·문무기·윤문희, 2008). 2014년 단체협약 가운데 87.0%가 유급휴일 규정을 두고 있으며, 15%가 공민권 행사일을, 45%가 정부 지정 임시 휴일을 유급휴일로 규정하고 있다(박명준·조성재·문무기, 2014).

3) 관련 법률

상시 근로자가 1명 이상인 모든 기업에서 의무적으로 도입해야 한다(근기령 별표 1). 공민권 행사 보장에 대해서는 '근로기준법'과 기타 관련 법률에서 규정하고 있다. 근로자가 근로시간 중 선거권, 그 밖의 공민권 행사 또는 공의 직무를 집행하기 위해 필요한 시간을 청구하면 거부하지 못한다. 다만 그 권리 행사나 공의 직무를 수행하는 데 지장이 없으면 청구한 시간을 변경할 수 있다(근기법§10, 징역 2년, 벌금 1000만 원 이하).

공민권이란 국민에게 보장되는 참정권을 말하는데, 공직에 대한 선거권, 피선거권, 국민투표권 등이 이에 해당한다(임종률, 2015; 하갑래, 2014). 공의 직무란 법령에 근거한 공적인 업무를 말하는데, 노동위원회 위원, 공직선거의 선거관리위원, 법원이나 노동위원회의 증인이나 감정인, 국회 또는 지방의회의 정기 회의나 임시 회의에의 출석이나 상임위원회 활동, 예비군 훈련, 민방위 훈련, 전시 비상 훈련 관련법에 의한 훈련, 주민등록 일제 갱신 등이 이에 해당한다(임종률, 2015; 하갑래, 2014). 공직선거에서 다른 사람을 위한 선거운동, 법원이나 노동위원회에서 사건 당사자로서의 활동, 정당 활동, 노동조합 활동 등은 공의 직무가 아니다(임종률, 2015; 하갑래, 2014).

필요한 시간이란 공민권 행사 등을 위해 실제로 필요한 시간을 말하는데, 왕복 시간 등 부수적인 시간, 사전 준비 시간, 사후 정리 시간 등도 포함된다(서울민지판 1993.1.19, 91가합19495; 임종률, 2015; 하갑래, 2014). 필요한 시간만 주면 되고, 그날 전체를 휴일로 할 의무는 없다(하갑래, 2014). 필요한 시간에 대한 임금 지급 여부를 살펴보면, 관련 법령에 따라 유급으로 처리하는 것이 원칙인 경우에는 필요한 시간이 소정근로시간과 맞물리는 시간에 대해서는 유급으로 처리해야 하나, 나머지 경우에는 무급으로 처리할 수 있다(임종률, 2015; 하갑래,

2014). 파업 기간에 훈련을 받은 경우 그 기간은 사용자의 관리 범위 밖에 있으므로 임금 지급 의무가 없다(근기68207-3197, 2002.11.4). 단체협약이나 취업규칙에 휴일로 정하는 것은 가능하지만, 관련 법령에 따라 유급으로 처리해야 하는 경우에 대해서는 유급휴일로 처리해야 하며, 나머지에 대해서도 무급휴일로 정하기 위해서는 근로자의 동의가 필요하다(하갑래, 2014). 필요한 시간에 대해서는 '노동법'에 따른 출근율 계산에서 불리한 처우를 하지 못한다(근기 01254-9404, 1991.6.28; 근기 1451-30552, 1983.12.12).

공직 취임에 대해 단체협약이나 취업규칙에 휴직 사유로 규정하고 있고, 공직 수행이 근로 제공과 양립할 수 없는 경우에는 휴직 처리할 수 있다(임종률, 2015). 공직 취임으로 상당 기간 근로 제공 의무를 이행할 수 없고 공직 수행과 양립할 수 있는 업무로 전환하기도 곤란한 경우에는 징계해고는 할 수 없으나, 일반 해고를 할 수 있다(근기 68207-2612, 2002.7.29; 임종률, 2015; 하갑래, 2014). 다른 자에게 고용된 사람이 사전 투표 기간 및 선거일에 모두 근무를 하는 경우에는 투표하기 위해 필요한 시간을 고용주에게 청구할 수 있고, 고용주는 청구가 있으면 고용된 사람이 투표하기 위해 필요한 시간을 보장해주어야 하며(과태료 1000만 원 이하), 고용주는 고용된 사람이 투표하기 위해 필요한 시간을 청구할 수 있다는 사실을 선거일 전 7일부터 선거일 전 3일까지 인터넷 홈페이지, 사보, 사내 게시판 등을 통해 알려야 한다(공직선거법§6의2③).

다른 사람을 사용하는 자는 그가 고용한 사람이 예비군 대원으로 동원되거나 훈련을 받을 때에는 그 기간을 휴무로 처리하거나 그 동원이나 훈련을 이유로 불리한 처우를 해서는 안 된다(예비군법§10, 징역 2년, 벌금 2000만 원 이하). 타인을 고용하는 자는 고용하는 자가 민방위 대원으로 동원되거나 교육 또는 훈련을 받은 때에는 그 기간을 휴무로 하거나 이를 이유로 불이익이 되는 처우(處遇)를 해서는 안 된다(민방위기본법§27, 징역 1년, 벌금구류 1000만 원 이하). 을지연습 등 '비상대비자원 관리법'에 따른 훈련에 참가한 사람에게는 식비·숙박료·교통비와 임금 상당액을 지급해야 한다. 다만 훈련 기간이 1일인 경우에는 숙박료와 임금 상당액을 지급하지 아니할 수 있고, 동시 관리 훈련인 경우에는 숙박료·교통비 및 임금 상당액을 지급하지 아니할 수 있다(비상대비자원 관리법 시행령§39; 하갑래, 2014).

대통령 선거일, 국회의원 선거일, 지방의회의원 선거일, 지방자치단체장 선거일은 관공서의 공휴일, 즉 관공서에서 근무하는 사람들의 휴일로 한다(공직선거법§34, 관공서의 공휴일에 관한 규정§2).

2. 근로자의날유급휴일제도

1) 정의와 특징

5월 1일은 법에서 정한 근로자의 날로 유급휴일이다(근로자의 날 제정에 관한 법률). 일반적으로 전체 직원이 쉬고, 불가피하게 근무하는 직원에게는 휴일근로수당을 추가로 지급한다. 근로자의 날은 주휴일이나 연차휴가처럼 휴식 기간을 늘리기 위한 목적으로 만든 날이 아니다. 역사적인 노동운동을 국가 차원에서 기념하기 위한 기념일이며, 기념의 효과를 높이기 위해 법정 휴일로 정하고 유급으로 정했다.

근로자의 날(Labour Day, May Day)은 세계 여러 나라에서 같이 기념하는 노동운동의 날이다. 대체로 매년 5월 1일을 노동절로 정해 기념하고 휴일로 쉰다. 장시간 노동을 1일 8시간 노동으로 단축하려는 세계적인 노동운동 과정에서 만들어졌다. 1886년 5월 1일부터 미국에서 대규모 총파업이 일어났고, 시카고에서 경찰이 발포하자 이를 계기로 대규모 유혈 사태가 발생했다. 이를 기념하기 위해 1889년 20개 국가가 참가한 파리국제노동자대회에서 5월 1일을 노동절로 정했다. 그 후 여러 나라에서 노동절을 정하고 기념해왔다. 미국에서는 노동절(Labor Day), 일본에서는 근로 감사의 날(勤労感謝の日), 한국에서는 근로자의 날로 부른다. 대다수의 국가에서는 노동절(Labour Day)로 부른다.

2) 변화 추세와 통계

나라에 따라 노동절 날짜는 5월 1일(영국, 스웨덴, 핀란드, 프랑스, 이탈리아, 독일, 체코, 러시아, 중국, 브라질, 아르헨티나, 칠레, 멕시코, 말레이시아, 태국), 5월 1일과 2일(불가리아), 9월 첫째 월요일(미국, 캐나다), 10월 23일(뉴질랜드), 11월 23일(일본, 벨기에, 오스트리아), 규정 없음(호주, 타이완) 등 다양하다(하갑래, 2014: 345~346).

미국은 1894년에 매년 9월 첫째 월요일을 노동절이자 연방공휴일로 정했다. 뉴욕 중앙노조가 1882년에 정한 9월 5일 노동절을 근거로 5월 1일이 아닌 9월 첫째 월요일로 정한 것이다. 노동절 연휴는 가장 대표적인 연휴이자 쇼핑 대목이기도 하다.

일본에서는 11월 23일을 근로 감사의 날로 정했다.

한국에서는 1923년 처음으로 조선노동총동맹 주도로 '메이데이(May Day)' 행사를 시작했고, 1963년에 법률을 만들어 3월 10일을 근로자의 날로 정했다가 1994년에 5월 1일로 날짜를 바꾸었다(하갑래, 2014: 346). 달력에는 근로자의 날이 빨간색으로 표시되어 있지 않으며, 실제로도 휴일로 지키는 기업이 있는가 하면 무시하는 기업도 있어, 해마다 혼란과 논란이 반복된다. 1993년 취업규칙 가운데 98.7%가 유급휴일에 대한 규정을 두고 있고, 그중 79.5%가 근로자의 날을 유급휴일로 규정하고 있다(김성환 외, 1993: 55). 2009년의 단체협약 중 87%가 유급휴일 규정을 두고 있고, 76%가 노동절을 유급휴일로 규정하고 있다(박명준·조성재·문무기, 2014).

3) 관련 법률

상시 근로자가 1명 이상인 모든 기업에서 의무적으로 도입해야 한다(근기령 별표 1). 근로자의 날에 대해서는 '근로자의 날 제정에 관한 법률'에서 규정하고 있고, 관련 법률로 '근로기준법'이 있다. 5월 1일을 근로자의 날로 하고 이날을 '근로기준법'에 의한 유급휴일로 한다(근로자의 날 제정에 관한 법률; 근기법§55, 징역 2년, 벌금 1000만 원 이하). 휴일에 관한 사항은 취업규칙에 명시해야 한다(근기법§93.1, 과태료 500만 원 이하). 근로자의 날은 유급휴일이기 때문에 직원을 근무시키기 위해서는 직원의 동의를 얻어야 하는 것이 원칙이다. 유급휴일인 근로자의 날에 근무한 직원에게는 휴일근로수당을 추가로 지급하거나(근기법§56, 징역 3년, 벌금 2000만 원 이하), 근로자 대표와의 서면 합의를 통해 휴일근로수당 대신 보상 휴가를 줄 수 있다(근기법§57). 취업규칙이나 단체협약으로 정하거나 직원 개인의 동의를 얻으면 근로자의 날에 근무하고 대신 다른 근무일을 휴일로 쉬는 휴일대체제도를 도입할 수 있다(판례)는 의견과 도입할 수 없다(노동부 지침)는 의견이 있다.

4) 장점

기업으로서는 노동절의 유래와 노동운동에 대한 직원의 관심을 줄일 수 있고, 기업 상황에 따라 융통성 있게 운영할 수 있다. 직원으로서는 휴일로 쉴 수 있고, 집단적인 행사에 참여할 수 있으며, 근무할 경우 추가 임금을 받을 수 있다.

5) 단점

기업으로서는 법률 규정이나 적용 기준이 명확하지 않아 운영의 일관성을 유지하기 어렵고, 운영 과정에서 직원과 다툼이 발생할 수 있다. 직원으로서는 법률 규정이나 적용 기준이 명확하지 않아 불이익을 받기 쉽다.

6) 도입 조건

특별한 사정이 없으면 기업 전체가 쉬는 휴일로 정착시켜 운영한다. 모든 직원이나 일부 직원을 근무시켜야 하는 기업에서는 휴일근로수당을 지급하는 방법, 보상 휴가를 주는 방법, 휴일대체제도를 도입하는 방법 중 적합한 방법을 결정해 일관성 있게 운영하는 것이 바람직하다.

7) 도입 사례

휴일대체제도를 도입한 사례로 국민건강보험공단(2013), 에스디바이오센서, 윈애드, 티오플러스솔루션, 파주시장애인주간보호센터, 남일광학기기, 청치과, 두온시스템, 소망재활센터, 안양대학교, 미래인재연구소 등을 들 수 있다.

8) 규정과 서식

근로자의 날을 포함한 휴일에 관한 사항을 명시하기 위해 취업규칙을 준비해야 한다. 보상휴가제를 도입하기 위해서는 근로자 대표와의 서면 합의서를 준비해야 한다. 휴일대체제도를 전체적으로 도입하기 위해서는 직원들의 동의를 받고 노동부에 신고하기 위해 취업규칙변경동의서, 취업규칙변경신고서를 준비해야 한다.

9) 제도 설계

근로자의 날을 체계적이고 일관성 있게 운영하기 위해서는 전체 직원의 휴일 여부, 휴일대체제도 도입 여부, 보상 휴가제 도입 여부 등을 결정해야 한다.

3. 산재보험제도

1) 정의와 특징

산재보험제도는 근로자의 업무상 재해를 보상하고 재활 및 사회 복귀를 촉진하기 위한 보험제도로서 법정복지제도다. 산재를 당한 근로자에게 요양급여, 휴업급여, 장해급여, 간병급여, 유족급여, 상병보상연금, 장의비, 직업재활급여, 진폐근로자 보상 등을 지급한다. 산재보험제도에서는 국가가 보험사업자 역할을 수행하고, 사업주가 보험가입자가 되어 보험료를 부담하며, 근로자가 수혜자가 된다. 업무상 재해를 당한 근로자에게 신속하고 확실한 보상을 제공해 보호하고, 기업으로서도 전체적으로 적은 비용 부담으로 보상책임을 이행할 수 있으며, 국가도 효율적인 산업복지를 유지할 수 있는 제도라고 할 수 있다.

2) 변화 추세와 통계

독일이 1884년에 '사회보험법'을, 영국이 1946년에 '국민보험법'을, ILO가 1964년에 '산업재해의 경우에 있어서의 급부에 관한 협약'을 각각 제정한 후 산재보험제도는 일반화되었다(하갑래, 2014: 1042). 인구 10만 명당 산업재해에 따른 사망자 수(중대 재해율)는 스웨덴 1.0명(2015), 독일 1.6명(2015), 일본 0.0명(2015), 한국은 10.8명(2014)으로 한국이 압도적으로 높은 수준이다(국가통계포털).

미국에서는 1916년에 '연방산재보험법(FECA: Federal Employees' Compensation Act)'을 제정했다(박찬임, 2002: 79~80). 산재보험제도를 일반적으로 Workers' compensation이라고 부른다. 2015년에 민간 기업의 노동비용에서 법정 산재보험료가 차지하는 비중은 1.4%로 나타났다(BLS, 2015년도 분기별 보도 자료 평균값).

일본에서는 1947년에 '노동자재해보상보험법'으로 도입했다(스게노 카즈오, 2007: 346). 2015년에 상용 근로자 30명 이상 민영기업에서 기업이 부담한 근로자 1인당 월평균 산재보험료는 1343엔(노동비용 총액의 0.3%)으로 나타났다(厚生勞働省, 2017을 근거로 계산).

한국에서는 1963년에 '산업재해보상보험법'이 제정되었고, 1964년에 산재보험제도를 도입했다. 2014년의 단체협약 중 43%가 요양급여, 휴업급여 규정을 두고 있고, 26%가 법정 기준에 따른 보상을, 17%가 법정 기준을 초과하는 보상을, 11%가 기타의 보상을 규정하고 있는 것으로 나타났다. 45.4%가 장해급여 규정을 두고 있고, 31.1%가 법정 기준에 따른 보상을, 9.2%가 법정 기준을 초과하는 보상을, 5.1%가 기타의 보상을 규정하고 있는 것으로 나타났다. 24.3%가 유족급여 규정을 두고 있고, 10.5%가 법정 기준에 따른 보상을, 3.2%가 법정 기준을 초과하는 보상을, 10.6%가 기타의 보상을 규정하고 있는 것으로 나타났다(박명준·조성재·문무기, 2014: 252, 257, 260). 2015년의 재해자 수는 9만 129명(사망 1810명, 부상

8만 999명, 직업병 7064명), 재해율(= 재해자 수÷근로자 수×100)은 0.5%, 산재에 의한 경제적 손실액은 20조 3955억 원으로 나타났다(한국노동연구원, 2017: 126). 2015년에 상용 근로자 30명 이상 기업체에서 기업이 부담한 근로자 1인당 월평균 산재보험료는 4만 2000원(노동비용 총액의 0.8%)으로 나타났다(고용노동통계포털을 근거로 계산).

3) 관련 법률

근로자가 1명 이상인 모든 기업에서 의무적으로 도입해야 한다(산재법§6). 산재보험제도에 대해서는 '산업재해보상보험법', '고용보험 및 산업재해보상보험의 보험료징수 등에 관한 법률'에서 규정하고 있다.

3)-1 보험급여를 신청할 권리

업무상 재해를 당해 4일 이상 요양 치료가 필요하거나 사망한 근로자라면 신청할 수 있다. 사망한 경우에는 다음 날부터 3년 이내에만 신청할 수 있다. 사망하지 않은 경우에는 업무상 재해를 당한 후 오랜 기간이 지난 때에도 신청할 수는 있는데, 보험급여는 신청한 시점부터 3년 전 이후의 재해에 대해서만 지급받을 수 있다. 퇴직한 후에도 신청할 수 있다.

사업주가 산재보험에 가입하지 않은 상태여도 신청할 수 있다.

3)-2 업무상 재해 여부 판단 기준

● 업무상 사고

업무상 사고로 재해가 발생하고, 업무와 재해 사이에 상당한 인과관계가 있으며, 근로자의 고의나 자해행위나 범죄행위로 발생한 것이 아니어야 한다.

● 업무상 질병

업무상 사유로 발생한 질병, 장해, 사망으로, 업무와 질병, 장해, 사망 사이에 상당한 인과관계가 있고, 근로자의 고의나 자해행위나 범죄행위로 발생한 것이 아니어야 한다.

3)-3 보험 혜택

보험급여, 즉 산재를 당한 근로자가 받을 수 있는 혜택은 다음과 같다.

● 요양급여

업무상의 사유로 부상을 당하거나 질병에 걸린 근로자를 산재보험의료기관에서 요양하게 하고 그 비용을 지급한다. 3일 이내의 요양으로 치유할 수 있으면 지급하지 않는다.

● 휴업급여

업무상의 사유로 부상을 당하거나 질병에 걸린 근로자에게 요양으로 취업하지 못한 기간에 1일당 평균임금의 70%를 지급한다. 취업하지 못한 기간이 3일 이내면 지급하지 않는다.

● 장해급여

업무상의 사유로 부상을 당하거나 질병에 걸려 치유된 후에 신체 등에 장해가 생긴 근로자에게 장해보상연금(평균임금 138~329일분)이나 장해보상일시금(평균임금 55~1474일분)을 장해 등급에 따라 지급한다.

● 간병급여

요양급여를 받고 치유된 후 의학적으로 상시 또는 수시로 간병이 필요해 간병을 받은 근로자에게 지급한다.

● 유족급여

업무상의 사유로 사망한 근로자의 유족에게 유족보상연금이나 유족보상일시금을 지급한다. 유족보상연금은 평균임금 월액의 47~67%를 유족이 사망할 때까지 매월 지급한다. 유족보상일시금은 평균임금의 1300일분을 기준으로 반액인 650일분만 지급하고, 나머지는 평균임금 월액의 47~67%의 절반을 유족보상연금으로 유족이 사망할 때까지 매월 지급한다.

● 상병보상연금

요양급여를 받으면서 요양을 시작한 지 2년이 지난 날 이후에도 부상이나 질병이 치유되지 않은 상태이면서 부상이나 질병에 따른 폐질 등급이 1~3급이고, 요양 때문에 취업하지 못하고 있으면 평균임금 257~329일분의 1/12씩을 매월 지급한다.

● 장의비

업무상의 사유로 사망한 근로자의 유족이 장제를 지낸 경우에 평균임금 120일분을 지급한다. 장제를 지낼 유족이 없거나 그 밖의 부득이한 사유로 유족이 아닌 사람이 장제를 지낸 경우에는 평균임금 120일분 범위에서 실제 들어간 비용을 장제를 지낸 사람에게 지급한다.

● 직업재활급여

장해급여 또는 진폐보상연금을 받은 근로자나 장해급여를 받을 것이 명백한 근로자로서 '산업재해보상보험법 시행령' 제68조 제1항에서 정하는 사람 중에 취업을 위해 직업훈련이 필요한 사람에게 직업훈련에 드는 비용 및 직업훈련수당을 지급한다. 업무상 재해가 발생했을 때의 업무로 복귀한 장해급여자에 대해 사업주가 고용을 유지하거나 직장 적응 훈련 또는 재활운동을 실시하는 경우에 각각 직장복귀지원금, 직장적응훈련비 및 재활운동비를 지급한다.

● 진폐근로자 보상

진폐에 따른 보험급여의 종류로는 요양급여, 간병급여, 장의비, 직업재활급여, 진폐보상연금 및 진폐유족연금 등이 있다(찾기쉬운생활법령정보; 산업재해보상보호법).

4) 장점

기업으로서는 적은 비용 부담으로 업무상 재해에 대한 보상을 직원에게 제공할 수 있다. 직원으로서는 적은 시간과 노력으로 업무상 재해에 대해 보상받을 수 있다.

5) 단점

기업으로서는 보험료를 전액 부담해야 하며, 3일 이내의 요양으로 치유할 수 있는 업무상 재해에 대해서는 직접 보상해야 하고, 민사소송에 따른 손해배상을 추가로 부담하게 될 수도 있다. 직원으로서는 청구하고 승인을 받기 위해 시간과 노력이 필요하고, 실제 입은 손해액보다 적은 보상을 받을 수 있으며, 3일 이내의 요양으로 치유할 수 있는 업무상 재해에 대해서는 기업에 별도로 청구해야 한다.

4. 휴업수당제도

1) 정의와 특징

휴업수당(shutdown allowance)이란 사용자의 책임 때문에 근로자가 근로를 할 수 없어 임금을 받을 수 없게 된 경우에 근로자에게 지급해야 하는 비용을 말한다. 휴업수당은 사용자의 책임 때문에 근로자가 근로를 할 수 없게 된 경우, 근로자가 임금을 받지 못해 생활이 어려워지는 상황을 방지해 근로자의 생활안정을 보장하기 위한 제도다.

2) 변화 추세와 통계

미국은 '노동법'에 휴업수당에 대한 규정을 두고 있지 않다(이승길, 2005).

일본에서는 사용자에게 책임이 있는 이유로 휴업하는 때에는 휴업 기간 동안 평균임금의 60% 이상의 수당을 지불해야만 한다(노동기준법§26).

한국에서는 1953년에 법정휴업수당제도를 도입했다. 휴업수당 수준은 1953년에 평균임금의 60% 이상으로 정했으며, 1989년에 평균임금의 70% 이상으로 개정되었다(하갑래, 2014: 530). 2008년 취업규칙 가운데 97.2%가 휴직 사유 규정을 두고 있고, 그중 19.6%가 회사 운영 불가피를 휴직 사유로 규정하고 있다(김정한·문무기·윤문희, 2008: 145). 2014년 단체협약 중 78%가 휴직 요건 규정이 있고, 4%가 회사 운영상 불가피를 휴직 조건으로 규정하고 있다. 단체협약 중 4%가 휴업 등을 단체교섭 대상으로 규정하고 있다(박명준·조성재·문무기, 2014: 109, 375).

3) 관련 법률

상시 근로자가 5명 이상인 모든 기업에서 의무적으로 도입해야 한다(근기령 별표 1). 휴업수당은 '근로기준법'에 규정되어 있다.

3)-1 휴업수당 금액

사용자의 귀책사유로 휴업하는 경우에 사용자는 평균임금의 70% 이상의 수당을 지급해야 하며(근기법§46①, 징역 3년, 벌금 2000만 원 이하), 그 금액이 통상임금을 초과하는 경우에는 통상임금을 휴업수당으로 지급할 수 있다(근기법§46①). 부득이한 사유로 사업을 계속하는 것이 불가능해 노동위원회의 승인을 받은 경우에는 평균임금의 70% 미만으로 지급하거나 전혀 지급하지 않을 수도 있다(근기법§46②; 임종률, 2015: 407 등 다수의 해석). 휴업 기간에 임금의 일부를 지급한 경우에는 평균임금에서 지급한 임금을 뺀 나머지 금액에 70/100을 곱해 휴업수당을 계산한다(근기령§26). 휴업 기간에 근로자가 다른 기업에서 얻은 수입이 있어도 이를 공제하고 그 차액만 지급하는 것은 허용되지 않는다(대법 1991.6.28, 90다카25277; 대법 1993.11.9, 93다37915; 임종률, 2015: 406에서 재인용).

3)-2 휴업수당 지급 시기

휴업수당도 임금과 마찬가지로 통화로 직접 근로자에게 매월 1회 이상 일정한 기일에 전액을 지급해야 한다(하갑래, 2014: 536).

3)-3 휴업 유형

근로자 전체에 대한 휴업뿐 아니라 특정 개인에 한정하는 휴업(대법 1991.12.13, 90다18999; 임종률, 2015: 405에서 재인용)도 포함되고, 1일 전체의 휴업뿐 아니라 1일 소정근로시간 중 일부에 한정되는 휴업도 포함되며, 휴직이나 대기 발령도 휴업에 포함된다(대법 2013.10.11, 2012다12870; 임종률, 2015: 405에서 재인용).

3)-4 사용자의 귀책사유

공장 이전, 공장이나 기계의 파손, 원자재 부족, 주문 감소 또는 판매 부진, 작업량 감소, 원도급 업체의 공사 중단에 따른 하도급 업체의 조업 중단, 전력회사의 전력 공급 중단, 감독 관청의 적법한 권고나 명령에 따른 조업 정지, 사회 통념상 요구되는 대피 또는 방제 시설을 게을리하여 발생한 사고, 시설 관리 소홀로 발생한 화재 등이 사용자의 귀책사유로 인정된다(임종률, 2015: 405; 하갑래, 2014: 532~533). 사용자가 지배·관리하기 어려운 돌발적으로 내리는 눈이나 비, 천재지변, 기타 제3자의 방화, 징계처분으로서의 정직이나 출근 정지, 질병 등에 따른 결근이나 휴직 등은 사용자의 귀책사유로 인정되지 않는다(하갑래, 2014: 532; 임종률, 2015: 405). 쟁의행위 기간에 쟁의행위에 참가하지 않고 근무하기를 희망했지만 근로를 제공할 수 없게 된 근로자에 대해서는, 근로희망자가 수행할 일거리가 있어 근로가 가능함에도 사용자가 거부한 경우에는 임금 또는 휴업수당을 지급해야 하며, 수행할 일거리가 없어 사용자가 거부한 경우나 노동조합의 저지로 근로가 불가능했던 경우에는 임금 또는 휴업수당을 지급하지 않아도 된다(임종률, 2015: 255~257; 하갑래, 2013: 265).

3)-5 기준 미달의 휴업수당 지급 승인 신청

신청자는 당해 사용자가 되고, 재심 신청 당사자는 당해 근로자 또는 사용자이며(대판 1995.6.30, 94누9955; 하갑래, 2014: 534), 노동조합의 재심 신청인 자격은 인정되지 않는다. 휴업 결정을 한 사용자가 관할 지방노동위원회에 기준 미달의 휴업수당 지급 승인 신청을 하면 확인과 검토를 거쳐 신청일로부터 30일 이내에 심의·의결한다. 지방노동위원회의 처분에 불복할 경우 처분이 있다는 것을 알게 된 날부터 90일 이내에, 처분이 있었던 날부터 180일 이내에 중앙노동위원회에 재심을 신청할 수 있다(하갑래, 2014: 534). 노동위원회는 심의·의결을 할 때 기업 외적인 요인과 내적인 요인 등을 종합적으로 고려하고, 사용자가 선량한 관리자로서 최선을 다했음에도 부득이하게 휴업할 수밖에 없는 상황이 초래된 것이 사회 통념상 인정될 수 있는지 여부, 법정 기준 이상을 지급하는 것이 기업 회생에 걸림돌로 작용해 기업 도산으로 근로자 보호에 역행할 소지가 있는지 여부, 그 밖에 성실한 노사 협의 또는 당사자 동의가 있었는지 여부 등을 고려한다(근로기준과-387 2009.2.13).

4) 장점

기업으로서는 인건비 일부를 절감할 수 있으며, 노동위원회의 승인을 받으면 전부를 절감할 수도 있다. 직원으로서는 임금 삭감의 부담을 피할 수 있다.

5) 단점

기업으로서는 무노동 근로자에게 인건비를 지급해야 하는 부담이 생긴다. 직원으로서는 임금의 일부가 삭감되는 것을 감수해야 하며, 기업이 노동위원회의 승인을 받을 경우 임금 전부가 삭감될 수도 있다.

6) 규정과 서식

노동위원회의 승인을 받기 위해서는 정해진 신청서를 제출해야 한다.

5. 해고예고수당제도

1) 정의와 특징

해고예고수당(redundancy pay)은 근로자에 대해 적법한 해고를 할 때, 해고 예고(advance notice of dismissal) 없이 즉시 해고할 경우에 지급해야 하는 비용을 말한다. 해고예고수당을 지급하기 싫으면 해고 예고를 하고 예고 기간 후에 해고해야 한다. 해고 예고나 해고예고수당은 해고를 당한 근로자에게 새 직장을 구하는 데 필요한 시간이나 생활비를 지원하기 위한 제도다(임종률, 2015: 538).

그런데 정당하지 않게 해고하는 경우에는 해고 예고를 하든 해고예고수당을 지급하든 간에 부당해고가 적법한 해고로 인정되지 않는다(대법 1990.10.10, 89도1882; 대법1992.3.31, 91누6184; 임종률, 2015: 538에서 재인용).

2) 변화 추세와 통계

ILO에서는 1963년 119호 권고, 1982년 158호 협약을 각각 채택해, 고용이 종료되는 근로자는 합리적인 예고 기간과 이에 갈음하는 보상금을 받을 권리가 있으며, 실행이 가능한 범위에서 예고 기간 중에 다른 직장을 구하기 위해 임금을 삭감당하지 않고 근로도 제공하지 않는 합리적인 시간을 부여받을 권리가 있다고 선언했다(하갑래, 2014: 775, 777).

스웨덴에서는 일반적인 해고와 정리해고를 포함하는 일반 해고에 대한 해고 예고 기간은 근속기간에 비례해 1~6개월, 일반 해고에 비해 해고 사안의 정도가 심각한 즉결 해고에 대한 해고 예고 기간은 1주로 규정하고 있다(이진영, 2015: 10).

독일에서는 '민법'에서 해고 예고 기간을 근속기간에 비례해 4주~7개월까지 규정하고 있다(민법§622; 박지순·김희성·김기선, 2014: 7; 이진영, 2015: 7). 정리해고를 할 때에는 해고 예고 기간과는 별도로, 대상자가 해고 예고 통지를 받은 후 부당해고 여부를 다투는 소송을 제기할 수 있는 기간(3주)에 소송을 제기하지 않으면, 근속기간 1년마다 0.5개월분을 곱한 보상금을 사용자에게서 받을 수 있는 규정도 있다(해고제한법§1의a; 김기선·박수근·강성태 외, 2013: 291~293).

미국에서는 노동자에 대한 해고 예고나 해고예고수당을 법정 의무로 규정하지 않고 자율에 맡기고 있다(이진영, 2015: 11). 다만 사업장을 영구적 또는 일시적으로 폐쇄해 50명 이상의 정규직 노동자가 30일 동안 고용을 상실하거나 대규모 정리해고로 단일 사업장 소속 정규직 노동자의 33% 이상에 해당하는 50명 이상 499명 이내 인원을 30일 이하로 일시 해고하거나 비율에 관계없이 500명 이상의 인원을 일시 해고할 때에는 60일 전까지는 서면으로 예고해야 하며, 예고 의무를 위반하면 민사소송을 통해 예고 의무 부족 일수에 해당하는 임금이나 여타 급여를 지급해야 하고 주정부에 제재금을 낼 수 있다(WARN: Worker Adjustment and Retraining Notification Act 근로자 조정·재훈련통지법; 이승길, 2005: 311~312).

체코에서는 일반적인 해고와 정리해고를 포함한 일반 해고에 대해서는 2개월의 예고 기간을 두고, 즉결 해고(징계해고)에 대해서는 예고 기간을 두지 않고 있다(이진영, 2015: 6).

이탈리아에서는 해고예고제도 및 수당을 노사의 자율적인 단체협약에 맡기고 있으며, 대다수 단체협약에서는 10~180일 정도의 예고 기간을 두고 있다(이진영, 2015: 8).

일본에서는 노동자를 해고할 때 적어도 30일 전에 예고하거나 예고하지 않을 경우 30일분 이상의 평균임금을 지불해야만 한다(노기법§20①).

한국에서는 2008년 취업규칙 가운데 89.8%가 해고 예고 규정을 두고 있고, 그중 30일 전으로 정한 규정이 99.3%로 나타났다(김정한·문무기·윤문희, 2008: 175). 2014년의 단체협약 중 29.6%가 해고 예고 기간에 대해 규정하고 있고, 대다수인 24.9%가 30일로 정하고 있으나, 4.3%는 30일보다 길게, 0.3%는 30일보다 짧게 규정하고 있는 것으로 나타났다(박명준·조성재·

문무기, 2014: 96). 2014년 단체협약 중 22.3%가 예고 없는 해고 시의 해고예고수당에 대해 규정하고 있고, 다수인 15.5%가 30일분 또는 법정 기준 등으로 정하고 있으나, 6.4%는 30일분보다 많게, 0.4%는 30일분보다 적게 규정하고 있는 것으로 나타났다(박명준·조성재·문무기, 2014: 101).

3) 관련 법률

상시 근로자가 1명 이상인 모든 기업에서 의무적으로 도입해야 한다(근기령 별표 1). 해고예고수당에 대해서는 '근로기준법'에서 규정하고 있다. 적법한 사유로 근로자를 해고할 때에는 적어도 30일 전에 예고를 하거나, 그렇게 하지 않을 경우에는 30일분 이상의 통상임금을 해고예고수당으로 지급해야 한다(근기법§26, 징역 2년, 벌금 1000만 원 이하). 해고 예고는 서면으로 해야 하며, 해고할 날짜를 명시해야 한다(하갑래, 2014: 777~778). 해고예고수당은 해고하려는 날까지 지급해야 한다(임종률, 2015: 539). 기간제 근로계약에서는 일반적으로 해고 예고나 해고예고수당을 적용할 필요가 없으나, 사업 완료에 필요한 기간을 정한 계약의 경우 건설 공사 등이 일찍 끝나 근로계약을 해지하는 경우나 사업 완료 시기가 공사 완성처럼 불확실한 경우에는 해고 예고나 해고예고수당 지급을 적용해야 한다(하갑래, 2014: 776). 법인 해산이나 폐업 등의 경우에도 해고 예고나 해고예고수당 지급을 적용해야 한다(하갑래, 2014: 777). 천재·사변, 그 밖의 부득이한 사유로 사업을 계속하는 것이 불가능한 경우에는 해고 예고나 해고예고수당의 지급 없이 해고할 수 있다(근기법§26).

근로자가 고의로 사업에 막대한 지장을 초래하거나 재산상 손해를 끼친 경우로서 '고용노동부령'에서 정한 사유에 해당하는 경우에는 해고 예고나 해고예고수당의 지급 없이 해고할 수 있다. ㉠ 납품 업체로부터 금품이나 향응을 제공받고 불량품을 납품받아 생산에 차질을 빚은 경우, ㉡ 영업용 차량을 임의로 타인에게 대리로 운전하게 해 교통사고를 일으킨 경우, ㉢ 사업 기밀이나 그 밖의 정보를 경쟁 관계에 있는 다른 사업자 등에게 제공해 사업에 지장을 초래한 경우, ㉣ 허위 사실을 날조해 유포하거나 불법 집단행동을 주도해 사업에 막대한 지장을 초래한 경우, ㉤ 영업용 차량의 운송 수입금을 부당하게 착복하는 등 직책을 이용해 공금을 착복, 장기 유용, 횡령 또는 배임한 경우, ㉥ 제품 또는 원료 등을 몰래 훔치거나 불법 반출한 경우, ㉦ 인사·경리·회계 담당 직원이 근로자의 근무 상황 실적을 조작하거나 허위 서류 등을 작성해 사업에 손해를 끼친 경우, ㉧ 사업장의 기물을 고의로 파손해 생산에 막대한 지장을 초래한 경우, ㉧ 그 밖에 사회통념상 고의로 사업에 막대한 지장을 주거나 재산상 손해를 끼쳤다고 인정되는 경우(근기법§26; 근기칙§4; 근기칙 별표)다. 법률에서 정한 다음의 일부 근로자에 대해서는 해고 예고나 해고예고수당 지급 없이 해고할 수 있다(근기법§35; 근기령§16; '월급근로자로서 6개월이 되지 못한 자'에 대해서는 2015.12.23 위헌 판결). ㉠ 일용 근로자로서 3개월을 계속 근무하지 아니한 자, ㉡ 2개월 이내의 기간을 정해 사용된 자, ㉢ 계절적 업무에 6개월 이내의 기간을 정하여 사용된 자, ㉣ 수습 사용 중인 근로자(근기령 16조에서 더 구체적으로 3개월 이내인 자임을 명시함). 해고 예고 기간에도 근로자는 근로를 제공할 의무가 있으나(임종률, 2015: 539; 하갑래, 2014: 777), 근로자가 새로운 직장을 구할 목적으로 부득이하게 결근한 경우에는 사용자는 이에 대해 임금을 지급해야 한다는 해석이 있다(임종률, 2015: 539; 하갑래, 2014: 777).

4) 장점

기업으로서는 해고에 따른 충격을 완화해 갈등을 줄일 수 있고, 적용 제외 사유에 해당하는 근로자에게는 적용하지 않을 수도 있다. 직원으로서는 새로운 일자리를 찾을 때까지 최소한의 시간과 생활비를 확보할 수 있다.

5) 단점

기업으로서는 예고 기간에 생산성이 떨어지거나, 예고수당 지급으로 무노동 근로자에게 인건비를 지급해야 하는 부담을 지게 된다. 직원으로서는 새로운 일자리를 찾을 때까지 충분한 시간과 생활비를 확보하기 어렵고, 적용 제외 사유에 해당할 경우에는 시간과 생활비도 전혀 확보할 수 없다.

6) 규정과 서식

해고 예고를 하는 경우에는 해고예고통지서와 해고통지서를 통합한 통지서를 준비해야 하며, 해고 예고 없이 즉시 또는 미리 해고를 하는 경우에는 해고통지서를 준비해야 한다.

6. 고용보험제도

1) 정의와 특징

고용보험제도는 근로자의 소득 보장과 고용 촉진을 함께 추진하기 위해, 전통적인 실업급여 사업과 더불어 실업 예방, 고용 촉진, 직업 능력 개발과 향상, 직업 지도와 직업 소개 기능 강화 등 더욱 적극적인 사업을 추진하는 법정복지제도다. 고용보험제도에서는 국가가 보험사업자 역할을 수행하고, 근로자는 피보험자가 되며, 근로자와 기업 모두 보험 수혜자가 된다. 보험료는 근로자와 기업이 분담한다. 근로자는 적은 비용을 부담해 큰 소득 보장 혜택을 얻고, 기업도 결과적으로 적은 비용을 부담해 근로자에게 소득 보장 혜택을 제공하며, 국가도 효율적으로 소득 보장과 고용 촉진을 추진할 수 있는 제도라고 할 수 있다.

2) 변화 추세와 통계

고용보험제도는 19세기 중반에 유럽의 일부 노동조합이 실직한 조합원에게 실업 급부를 지급하던 자주적인 실업급부제도에서 출발했다. 19세기 말에 노동조합에 의한 자주적인 실업급부제도가 벨기에, 프랑스, 독일, 영국, 노르웨이, 스웨덴, 스위스, 미국 등의 주요 도시로 확산되었다. 1905년 프랑스에서 세계 최초로 민간실업보험기금에 보조금을 지급하는 법률을 제정한 이후 노르웨이, 덴마크로 확산되었다. 영국에서는 1911년 세계 최초로 강제적인 실업보험제도를 도입한 후 확산되었다. ILO에서는 1919년에 '실업에 관한 권고'를 채택했다. 제2차 세계대전 후에는 독일과 일본을 중심으로 실업보험뿐 아니라 인력 수급, 고용구조 조정 등의 목적이 추가된 고용보험제도를 도입했다(유길상, 1992: 9~10; 하갑래, 2014: 596).

미국에서는 1935년에 '연방실업보험법(FUA: Federal Unemployment Act)'을 제정했다. 1976년 이후에는 주정부, 지방정부, 비영리기관의 근로자도 적용 대상자가 되었다. 1982년에 별도로 '직업훈련법'을 제정한 이후 실업자들과 저소득층을 대상으로 다양한 직업훈련과 고용 관련 프로그램 등을 실시하는 사업을 운영해왔다(이상 유길상·홍성호, 1999). 2015년에 민간 기업의 노동비용에서 실업보험료(연방+주)가 차지하는 비중은 0.8%로 나타났다(BLS, 2015년도 분기별 보도 자료 평균값).

일본에서는 1920년대 중반부터 주요 도시에서 일용 노동자를 대상으로 실업공제조합이 조직되어 실업 급부를 지급하기 시작했다. 1947년에는 '실업보험법'과 '실업수당법'을 제정하고 실업보험제도를 도입했다(유길상, 1992). 2015년에 상용 근로자가 30명 이상인 민영기업에서 기업이 부담한 근로자 1인당 월평균 고용보험료는 2902엔(노동비용 총액의 0.7%)으로 나타났다(厚生労働省, 2017을 근거로 계산).

한국에서는 1993년에 '고용보험법'을 제정하고, 1995년에 고용보험제도를 도입했다. 2015년 상용 근로자가 30명 이상인 기업체에서 기업이 부담한 근로자 1인당 월평균 고용보험료는 4만 5700원(노동비용 총액의 0.9%)으로 나타났다(고용노동통계포털을 근거로 계산). 2015년에 고용보험료로 지원한 사업의 비중은 실업급여(63.7%), 직업능력개발사업(16.4%), 육아휴직(8.7%), 고용안정사업(7.5%), 산전후휴가(3.6%) 순서로 나타났다(한국노동연구원, 2017: 52를 근거로 계산). 2015년에 고용보험으로부터 산전후휴가급여를 받은 사람은 9만 5000명, 육아휴직 급여를 받은 사람은 8만 7000명, 실업급여를 받은 사람은 130만 8000명으로 나타났다(한국노동연구원, 2017: 52).

3) 관련 법률

근로자를 사용하는 모든 기업에서 의무적으로 도입해야 한다(고보법§8). 고용보험제도에 대해서는 '고용보험법'과 '고용보험 및 산업재해보상보험의 보험료징수 등에 관한 법률'에 규정에서 규정하고 있다.

3)-1 가입자에서 제외되는 사람

65세 이후에 새로 고용한 사람, 1개월간 소정근로시간이 60시간 미만인 사람(3개월 이상 계속 근로한 사람은 제외), 1주간의 소정근로시간이 15시간 미만인 사람(3개월 이상 계속 근로한 사람은 제외)은 제외된다.

3)-2 보험료 부담

- 실업급여 보험료

근로자 보수 총액의 1.3%를 근로자와 기업이 0.65%씩 분담한다(징수법§13, 징수령§12).

- 고용안정·직업능력개발사업 보험료

근로자의 보수 총액의 0.25~0.85%(기업 규모에 따라 4단계로 구분)를 기업이 전액 부담한다(징수법§13, 징수령§12).

4) 장점

기업으로서는 적은 비용을 부담해 직원에게 실업 기간의 소득을 보장할 수 있다. 직원으로서는 적은 비용을 부담해 실업 기간의 소득을 확보할 수 있다.

| 표 IV.4-1 | **고용보험 혜택 전체 항목**

개인	기업
1) 실업급여 지급 ① 구직 급여 ② 조기 재취업 수당 ③ 광역 구직 활동비 ④ 이주비 ⑤ 개별 연장 급여 ⑥ 상병 급여 2) 모성보호 지원 ① 출산전후휴가 ② 유산사산휴가 ③ 육아기 근로시간 단축 3) 재직 근로자 훈련 지원 ① 직무 능력 향상 훈련 ② 내일배움카드제 훈련 ③ 직업 능력 개발 훈련 4) 실업자 훈련 지원 ① 국가 기간, 전략산업 직종 훈련	1) 고용 창출 지원 ① 고용 창출 ② 일자리 함께하기 ③ 시간선택제 일자리 ④ 고용 환경 개선 ⑤ 지역성장산업 고용 ⑥ 전문 인력 채용 ⑦ 정규직 전환 2) 고용 유지 지원 ① 고용 유지 ② 무급 휴업·휴직 고용 유지 3) 고용 촉진 지원 ① 고용 촉진 ② 고령자 고용 연장 ③ 출산·육아기 고용안정 ④ 임금피크제 ⑤ 60세 고령자 고용 연장 4) 건설근로자 고용안정 지원 ① 건설근로자 고용보험 관리 5) 직장 보육 시설 지원 ① 직장어린이집 ② 직장어린이집 운영비 ③ 직장어린이집 설치비 6) 직업훈련 지원 7) 자영업자 고용보험 가입

자료: 고용보험 웹 사이트를 참고해 작성.

5) 단점

기업으로서는 보험료를 분담해야 한다. 직원으로서는 짧은 기간 동안 최소한의 소득만을 확보할 수 있다.

7. 실업급여제도

1) 정의와 특징

실업급여제도는 근로자가 실업 상태가 되었을 때 급여를 지급하는 법정복지제도다. 연령과 고용보험 가입 기간에 따라 90~240일 동안 국가가 고용보험으로 정해진 급여를 지급한다. 비자발적인 이유로 실업 상태가 된 근로자가 생계를 유지하면서 조속히 재취업할 수 있도록 지원하기 위한 제도다. 실업급여제도에는 구직급여와 취업촉진수당이 있고, 구직급여는 다시 구직급여, 연장급여, 상병급여가 있다. 이 절에서는 실업급여 중 구직급여만 다룬다.

2) 변화 추세와 통계

미국에서는 1935년에 '사회보장법(Social Security Act)'을 제정하고 법의 일부로 비자발적 이유로 실업 상태가 된 노동자들에게 일시적으로 소득을 제공하기 위한 실업보험제도(Unemployment Insurance)를 도입했다(김원식·권병구, 2003: 84~85). 부담금은 노동자는 부담하지 않고 사용자만 임금의 0.8~10% 정도를 부담하며, 실업 전 소득의 50% 정도의 실업급여를 최대 26주 동안 지급한다(김근웅 외, 2003: 5~6). 2001년에 수급자는 870만 명, 수급액은 218억 달러로 나타났다(김근웅 외, 2003: 3). 2015년 민간 기업의 노동비용에서 실업보험 부담금이 차지하는 비중은 0.3%(연방 0.1% + 주 0.2%)로 나타났다(BLS, 2015년도 분기별 보도 자료 평균값).

일본에서는 1974년에 '고용보험법'으로 실업급여를 도입했다. 실업급여에는 구직자급여, 취직촉진급여, 교육훈련급여, 고용계속급여가 있다. 구직자급여는 90~330일 동안 지급한다(스게노 카즈오, 2015: 67~74). 2015년에 상용 근로자 30명 이상 기업의 노동비용 중 사용자의 고용보험료 부담금은 1인당 월평균 2902엔, 노동비용에서 차지하는 비중은 0.7%로 나타났다(厚生労働省, 2017을 근거로 계산).

한국에서는 1995년에 도입되었다. 2015년 상용 근로자 30명 이상 사업체에서 사용자의 고용보험료 부담금은 1인당 월평균 4만 5700원, 노동비용 중 차지하는 비중은 0.9%로 나타났다(고용노동통계포털을 근거로 계산). 2016년 실업급여 중 구직급여를 받은 인원은 121만 7700명이고, 1인당 평균 구직급여금액은 383만 6388원이다(한국노동연구원, 2017: 53을 근거로 계산).

3) 관련 법률

상시 근로자가 1명 이상인 모든 기업에서 의무적으로 도입해야 한다(고보법§8). 1개월간 소정근로시간이 60시간 미만인 근로자(1주간의 소정근로시간이 15시간 미만인 근로자를 포함함)에 대해서는 적용하지 않는다(고보령§3①). 일부 외국인 근로자에게는 적용하지 않는다(고보령§3②). 실업급여에 대해서는 '고용보험법'에서 규정하고 있다.

3)-1 신청 자격

이직 전 18개월 중 고용보험 가입 기간이 180일 이상이고, 근로 의사와 능력이 있으나 취업하지 못한 상태이며, 이직 사유에 문제가 없고, 재취업을 위한 노력을 적극적으로 하는 근로자이어야 실업급여(구직급여)를 신청해 받을 수 있다(고보법§40). 문제가 있는 이직 사유에 대해서는 '고용보험법'에 명시하고 있다(고보법§58). 문제가 없는 이직 사유에 대해서는 '고용보호법 시행 규칙' 별표 2에서 다음과 같이 명시하고 있다(고보칙 별표 2).

1. 다음 각 목의 어느 하나에 해당하는 사유가 이직일 전 1년 이내에 2개월 이상 발생한 경우
   가. 실제 근로조건이 채용 시 제시된 근로조건이나 채용 후 일반적으로 적용받던 근로조건보다 낮아지게 된 경우
   나. 임금 체불이 있는 경우
   다. 소정근로에 대하여 지급받은 임금이 '최저임금법'에 따른 최저임금에 미달하게 된 경우
   라. '근로기준법' 제53조에 따른 연장근로의 제한을 위반한 경우
   마. 사업장의 휴업으로 휴업 전 평균임금의 70퍼센트 미만을 지급받은 경우
2. 사업장에서 종교, 성별, 신체장애, 노조활동 등을 이유로 불합리한 차별대우를 받은 경우
3. 사업장에서 본인의 의사에 반하여 성희롱, 성폭력, 그 밖의 성적인 괴롭힘을 당한 경우
4. 사업장의 도산·폐업이 확실하거나 대량의 감원이 예정되어 있는 경우
5. 다음 각 목의 어느 하나에 해당하는 사정으로 사업주로부터 퇴직을 권고받거나, 인원 감축이 불가피하여 고용조정계획에 따라 실시하는 퇴직 희망자의 모집으로 이직하는 경우
   가. 사업의 양도 · 인수 · 합병
   나. 일부 사업의 폐지나 업종전환
   다. 직제개편에 따른 조직의 폐지 · 축소
   라. 신기술의 도입, 기술혁신 등에 따른 작업형태의 변경

마. 경영의 악화, 인사 적체, 그 밖에 이에 준하는 사유가 발생한 경우

6. 다음 각 목의 어느 하나에 해당하는 사유로 통근이 곤란(통근 시 이용할 수 있는 통상의 교통수단으로는 사업장으로의 왕복에 드는 시간이 3시간 이상인 경우를 말함)하게 된 경우

가. 사업장의 이전

나. 지역을 달리하는 사업장으로의 전근

다. 배우자나 부양하여야 할 친족과의 동거를 위한 거소 이전

라. 그 밖에 피할 수 없는 사유로 통근이 곤란한 경우

7. 부모나 동거 친족의 질병·부상 등으로 30일 이상 본인이 간호해야 하는 기간에 기업의 사정상 휴가나 휴직이 허용되지 않아 이직한 경우

8. '산업안전보건법' 제2조 제7호에 따른 "중대재해"가 발생한 사업장으로서 그 재해와 관련된 고용노동부장관의 안전보건상의 시정명령을 받고도 시정기간까지 시정하지 아니하여 같은 재해 위험에 노출된 경우

9. 체력의 부족, 심신장애, 질병, 부상, 시력·청력·촉각의 감퇴 등으로 피보험자가 주어진 업무를 수행하는 것이 곤란하고, 기업의 사정상 업무종류의 전환이나 휴직이 허용되지 않아 이직한 것이 의사의 소견서, 사업주 의견 등에 근거하여 객관적으로 인정되는 경우

10. 임신, 출산, 만 8세 이하 또는 초등학교 2학년 이하의 자녀(입양한 자녀를 포함함)의 육아, '병역법'에 따른 의무복무 등으로 업무를 계속적으로 수행하기 어려운 경우로서 사업주가 휴가나 휴직을 허용하지 않아 이직한 경우

11. 사업주의 사업 내용이 법령의 제정·개정으로 위법하게 되거나 취업 당시와는 달리 법령에서 금지하는 재화 또는 용역을 제조하거나 판매하게 된 경우

12. 정년의 도래나 계약기간의 만료로 회사를 계속 다닐 수 없게 된 경우

13. 그 밖에 피보험자와 사업장 등의 사정에 비추어 그러한 여건에서는 통상의 다른 근로자도 이직했을 것이라는 사실이 객관적으로 인정되는 경우

일용 근로자도 실업급여를 받을 수 있으며, 신청 자격은 '고용보호법' 제58조에서 명시하고 있다.

3)-2 신청 절차

이직한 후 12개월이 지나면 지급하지도 않고, 신청할 수도 없다(고보법§48①). 늦게 신청

할수록 일부만 지급받을 수 있다. 신청 절차 및 지급 절차는 구직 등록, 거주지 관할 고용센터 방문, 수급자격 인정 신청하기, 구직급여 신청하기, 구직 활동, 구직급여 지급, 구직급여 지급 만료, 구직급여 연장 지급 등의 순서로 진행된다(고용보험 웹 사이트, www.ei.go.kr 참고).

3)-3 지급 일수

신청자의 연령과 고용보험 가입 기간을 확인해 90일부터 240일까지 지급한다(고보법 별표 1)

3)-4 지급액

지급액은 이직 전 평균임금의 50%에 해당 지급 일수를 곱해 산출하되(고보법§46), 최고액과 최저액은 해마다 따로 정한다(고보법§45). 2017년도 기준 최고액은 1일 5만 원, 최저액은 1일 4만 6584원이다(고용보험 웹).

3)-5 부정 수급에 대한 제재

거짓이나 부정한 방법으로 실업급여를 받은 근로자는 그 금액을 반환하면서 그 금액만큼 추징금을 납부해야 하며(고보칙§104, §105), 추가로 형사처벌을 받을 수도 있다(고보법§116②, 징역 1년, 벌금 1000만 원 이하). 사업주가 거짓으로 신고·보고·증명함으로써 근로자가 거짓이나 부정한 방법으로 실업급여를 받은 경우에는 사업주가 근로자와 연대책임을 진다(고보법 §62②).

4) 규정과 서식

기업에서는 근로자고용보험피보험자격신고서, 피보험자이직확인서를 작성해야 한다. 근로자는 수급자격인정신청서, 실업인정신청서 등을 작성해야 한다(고용보험 웹 사이트 www.ei.go.kr 참고).

제5장

법정노후지원제도

1. 퇴직급여제도

1) 정의와 특징

퇴직급여제도(retirement benefits)는 근로자가 퇴직하거나 55세 이상이 되면 급여를 지급하는 법정복지제도다. 근로자가 퇴직할 때마다 또는 55세 이상이 되면 일시금이나 연금을 지급한다. 퇴직급여제도에는 퇴직금제도, 확정급여형퇴직연금제도(DB), 확정기여형퇴직연금제도(DC)가 있다. 별도로 개인형퇴직연금제도도 있다. 근로자의 안정적인 노후 생활을 보장하기 위한 제도다.

2) 변화 추세와 통계

미국에는 법정퇴직급여제도가 없다. 2015년에 민간 기업의 노동비용에서 자율퇴직급여(retirement and savings)가 차지하는 비중은 4.0%(확정 급여형 1.8%+확정 기여형 2.2%)로 나타났다(BLS, 2015년도 분기별 보도 자료 평균값).

일본에도 법정퇴직급여제도가 없다. 2015년에 상용 근로자 30명 이상 기업의 노동비용에서 자율퇴직급여가 차지하는 비중은 4.5%로 나타났다(厚生勞働省, 2017을 근거로 계산).

한국에서는 1961년에 퇴직금제도를 도입했으며, 2005년에 퇴직연금제도를 추가했고, 2010년부터는 상시 근로자가 1명 이상인 모든 사업장에서 의무적으로 도입하도록 했다. 한국의 퇴직급여제도는 실업 기간의 소득 보장 기능과 노후기간의 소득 보장 기능을 함께 수행하는 제도로 볼 수 있다. 2008년 취업규칙 가운데 93.2%가 퇴직금 지급 원칙을 규정하고 있고, 그 중 83.3%가 법정 퇴직금을, 8.9%가 기타를, 6.9%가 확정급여형퇴직연금을, 0.9%가 확정기여형퇴직연금을 지급 원칙으로 규정하고 있다(김정한·문무기·윤문희, 2008: 75). 2009년 조사 대상 기업 중 29.2%가 퇴직연금제도를 도입하고 있고, 그 기업 중 72.5%가 확정급여형퇴직연금제도(DB)를, 25.4%가 확정기여형퇴직연금제도(DC)를, 2.1%가 개인형퇴직연금제도를 도입하고 있다(배규식·김정우·김기민, 2012). 2014년에 단체협약 가운데 64.6%가 퇴직금지급원칙을 규정하고 있고, 23.0%가 법정퇴직금을, 13.8%가 퇴직금누진제를, 8.1%가 취업규칙에 일임을, 19.8%가 기타 등을 각각 원칙으로 규정하고 있는 것으로 나타났다(박명준·조성재·문무기, 2014: 171). 2015년에 상용 근로자 30명 이상 사업체에서 근로자 1명당 월평균 퇴직급여 비용은 47만 8500원, 노동비용 중 비중은 9.5%로 나타났다(고용노동통계포털을 근거로 계산).

3) 관련 법률

상시 근로자가 1명 이상인 모든 기업에서 의무적으로 도입해야 한다(근퇴법§3). 근속기간이 1년 미만이거나 4주간을 평균하여 1주간의 소정근로시간이 15시간 미만인 근로자에게는 적용하지 않는다(근퇴법§4①). 퇴직급여제도에 대해서는 '근로자퇴직급여 보장법'과 '근로기준법'에서 규정하고 있다.

3)-1 퇴직급여제도의 설정과 변경

세 가지 퇴직급여제도 중 하나 이상을 설정해야 한다(근퇴법§4①). 하나 이상이면 되고, 세 가지를 모두 설정해도 된다. 어느 제도도 설정하지 않으면 퇴직금제도를 설정한 것으로 본다(근퇴법§11). 퇴직급여제도를 새로 설정하거나 다른 퇴직급여제도로 변경하려면 근로자 과반수의 동의를 얻어야 한다(근퇴법§4③, 벌금 500만 원 이하). 하나의 퇴직급여제도 안에서 내용을 근로자에게 불리하게 변경하려면 근로자 과반수의 동의를 얻어야 하고, 불리하지 않게 변경하더라도 근로자 과반수의 의견을 들어야 한다(근퇴법§4④, 벌금 500만 원 이하).

3)-2 차등 적용 금지

하나의 사업에서 대상자에 따라 급여 및 부담금 산정 방법 등을 차등 적용하면 안 된다(근퇴법§4②, 징역 2년, 벌금 1000만 원 이하). 조합원과 비조합원, 취업규칙 변경 전 재직 근로자와 변경 후 입사 근로자, 인수·합병·양도·양수의 경우 기존 근로자와 승계된 근로자 사이에 차이가 생기는 것은 허용한다(판례)(임종률, 2015: 556).

3)-3 퇴직금제도

퇴직금은 퇴직한 날부터 14일 이내에 지급해야 한다(근퇴법§9, 징역 3년, 벌금 2000만 원 이하). 당사자가 합의하면 지급일을 연기할 수 있다(근퇴법§9). 무주택자로서 본인 명의로 주택을 구입하는 경우, 무주택자로서 주거를 목적으로 전세금이나 보증금을 부담하는 경우, 직원이나 직원의 배우자나 직원의 부양가족이 6개월 이상 요양을 하는 경우, 파산선고를 받은 경우, 개인 회생 절차 개시가 결정 난 경우, 임금피크제를 실시해 임금이 줄어드는 경우, 천재지변으로 피해를 입은 경우에는(근퇴령§3①) 근로자가 요청하고 회사가 승인하면 퇴직하기 전에도 퇴직금을 미리 중간 정산하여 지급할 수 있으며(근퇴법§8②), 지급해야 할 의무가 있는 것은 아니기 때문에 지급하지 않을 수도 있다. 퇴직할 때 지급하는 게 아니라 미리 연봉 등에 포함시키거나 연봉 등과 함께 매월 지급할 경우에는 퇴직금으로서 효력이 없고, 그렇게 지급한 금액은 돌려받기 어려운 임금으로 보아야 한다(하갑래, 2014: 577). 퇴직금은 계속 근로 기간 1년에 대해 30일분 이상의 평균임금을 기준으로 지급해야 한다(근퇴법§8①). 퇴직금을 받을 권리는 퇴직한 다음 날부터 3년이 지나면 소멸한다(근퇴법§10).

3)-4 확정급여형퇴직연금제도(DB)

확정급여형퇴직연금제도(DB)는 근로자가 받을 급여의 수준이 사전에 결정되어 있는 제도다(근퇴법§2.8). 근로자가 받을 급여의 수준은 퇴직금제도 수준 이상으로 정해야 한다(근퇴법§15). 급여는 연금이나 일시금으로 지급하는데(근퇴법§17①), 퇴직하고 55세 이상이며 가입기간이 10년 이상인 경우에만 5년 이상 연금으로 지급하고(근퇴법§17①1), 연금으로 지급할 요건을 갖추지 못했거나 일시금으로 받기를 원하는 경우에는 일시금으로 지급하며(근퇴법§17①2), 퇴직 후 14일 이내에 지급해야 한다(근퇴법§17②, 징역 3년, 벌금 2000만 원 이하). 급여는 근로자가 지정한 개인형퇴직연금제도 계정으로 이전하는 방식으로 지급하며, 법으로 정한 사유(근퇴령§9)일 때에는 예외로 한다(근퇴법§17⑤). 도입하려면 '확정급여형퇴직연금규약'을 작성해 근로자 과반수의 동의를 얻어 노동부에 신고해야 한다(근퇴법§13, 과태료 500만 원 이하). 퇴직연금 사업자에게 매년 말 법정 최소 적립금 이상을 적립금으로 적립해야 한다(근퇴법§16①).

3)-5 확정기여형퇴직연금제도(DC)

확정기여형퇴직연금제도(DC)는 사용자가 부담해야 할 부담금의 수준이 사전에 결정되어 있는 제도다(근퇴법§2.9). 근로자가 받을 급여의 수준은 적립금을 운용한 실적에 따라 변동되며, 운용 방법은 근로자가 결정한다(근퇴법§21①). 퇴직연금사업자는 반기마다 세 가지 이상의 운용 방법을 제시하고 필요한 정보를 제공해야 하며, 근로자는 반기마다 1회 이상 운용 방법을 변경할 수 있다(근퇴법§21). 급여는 연금이나 일시금으로 지급하는데(근퇴법§17①), 퇴직하고 55세 이상이며 가입 기간이 10년 이상인 경우에만 5년 이상 연금으로 지급하고(근퇴법§17①1), 연금으로 지급할 요건을 갖추지 못했거나 일시금으로 받기를 원하는 경우에는 일시금으로 지급하며(근퇴법§17①2), 퇴직 후 14일 이내에 지급해야 한다(근퇴법§17②, 징역 3년, 벌금 2000만 원 이하). 급여는 근로자가 지정한 개인형퇴직연금제도 계정으로 이전하는 방법으로 지급하며, 법으로 정한 사유(근퇴령§9)일 때에는 예외로 한다(근퇴법§17⑤). 법으로 정한 사유(근퇴령§14, §2①)가 발생하면 적립금을 중도 인출할 수 있다(근퇴법§22). 도입하려면 '확정기여형퇴직연금규약'을 작성해 근로자 과반수의 동의를 얻어 노동부에 신고해야 한다(근퇴법§19①, 과태료 500만 원 이하). 근로자의 연간 임금 총액의 12분의 1 이상에 해당하는 부담금을 현금으로 근로자의 확정기여형퇴직연금제도 계정에 납입해야 한다(근퇴법§20①).

3)-6 개인형퇴직연금제도

개인형퇴직연금제도는 근로자가 선택해야 설정할 수 있고 급여의 수준과 부담금의 수준 모두 사전에 결정되어 있지 않은 제도다(근퇴법§2.10). 퇴직급여제도의 일시금을 수령하거나, 확정급여형퇴직연금제도 또는 확정기여형퇴직연금제도에 가입하고 있거나, 근로자 10명 미만 사업에서 근무하는 근로자는 개인형퇴직연금제도를 설정할 수 있다(근퇴법§24②, §25①). 근로자가 받을 급여의 수준은 적립금을 운용한 실적에 따라 변동되며, 운용 방법은 근로자가 결정한다(근퇴법§24④, 근퇴법§21①). 퇴직연금사업자는 반기마다 세 가지 이상의 운용 방법을 제시하고 필요한 정보를 제공해야 하며, 근로자는 반기마다 1회 이상 운용 방법을 변경할 수 있다(근퇴법§24④, 근퇴법§21). 급여는 연금이나 일시금으로 지급하는데, 55세 이상이면 5년 이상 연금으로 지급하고, 55세 이상이면서 일시금을 원하면 일시금으로 지급한다(근퇴령§18①). 법으로 정한 사유(근퇴령§2①)에 해당하면 적립금을 중도 인출할 수 있다(근퇴령§18②). 근로자 10명 미만 사업에서 도입하려면 근로자 개인의 동의가 필요하며(근퇴법§25①, 벌금 500만 원 이하), 퇴직연금 사업자를 선정할 때 개인의 동의를 얻어야 한다(근퇴법§25②, 벌금 500만 원 이하). 기본적으로는 근로자 개인이 부담금을 납부해야 한다(근퇴법§24③). 근로자 10명 미만 사업에서 도입한 경우에는 근로자의 연간 임금 총액의 12분의 1 이상에 해당하는 부담금을 현금으로 근로자의 확정기여형퇴직연금제도 계정에 납입해야 한다(근퇴법§20①).

4) 규정과 서식

퇴직급여에 관한 사항은 취업규칙에 명시해야 한다(근기법§93.5.). 퇴직연금제도를 도입할 때에는 '연금규약'과 퇴직연금규약신고서를 준비해야 하고, 폐지할 때에는 퇴직연금제도 폐지신고서를 준비해야 한다. 퇴직급여제도를 새로 설정하거나 다른 제도로 변경할 때에는 취업규칙변경동의서, 취업규칙변경신고서를 준비해야 한다. 운영해오던 퇴직급여제도를 다른 유형으로는 변경하지 않고 유지하면서 불이익하지 않게 변경할 때에는 취업규칙의견청취서, 취업규칙변경신고서를 준비해야 한다. 퇴직금 중간 정산에 사용할 신청서 서식도 준비해야 한다.

2. 국민연금제도

1) 정의와 특징

국민연금제도는 국민의 노령, 장애, 사망에 대해 연금을 지급해 보호하는 보험제도로서 주로 노후 소득을 보장하기 위한 법정복지제도다. 국민연금제도에서는 사업장 가입자를 기준으로 볼 때 국가가 보험사업자 역할을 수행하고, 근로자는 보험가입자이면서 보험수혜자가 되고, 보험료는 근로자와 기업이 절반씩 분담한다. 근로자는 적은 비용을 부담해 큰 노후 소득 보장 혜택을 얻고, 기업도 결과적으로 적은 비용을 부담해 근로자에게 노후 소득 보장 혜택을 제공하며, 국가도 효율적으로 사회보장을 유지할 수 있는 제도라고 할 수 있다.

2) 변화 추세와 통계

스웨덴에서는 1913년 세계 최초로 모든 국민에게 강제 적용하는 국민연금제도를 도입했다. 1970년대 이후 경기 침체로 재정 불안정 문제가 발생해 1998년에 연금 개혁을 단행해 세 가지 연금제도(IP, PP, GP)로 개편했다.

미국에서는 1935년에 '사회보장법(Social Security Act)'을 제정해 근거 법률을 마련했다. 그 후 제도 중 하나로 노후지원보험에 해당하는 '연방노령유족장애보험제도(OASDI: Old Age,

Survivors, Disability Insurance)'를 도입했다. 2015년 민간 기업의 노동비용에서 연방노령유족장애보험료가 차지하는 비중은 4.6%로 나타났다(BLS, 2015년도 분기별 보도 자료 평균값).

일본에서는 1941년에 '노동자연금보험법(현재 후생연금보험법)'을 제정해 피용자를 위한 후생연금제도의 근거 법률을 마련했다. 1959년에는 '국민연금법'을 제정해 모든 거주자를 위한 국민연금제도의 근거 법률을 마련했다. 피용자를 포함한 모든 국민에게 적용하는 국민연금과 피용자에게만 적용하는 후생 연금을 병행해 운영하고 있다. 2015년에 상용 근로자 30명 이상 민영기업에서 기업이 부담한 근로자 1인당 월평균 후생연금보험료는 2만 5914엔(노동비용 총액의 6.2%)으로 나타났다(厚生労働省, 2017을 근거로 계산).

한국에서는 1973년에 근거 법률인 '국민복지연금법'을 제정했으나, 석유 파동과 경제 불황 때문에 국민연금제도의 시행을 무기한 연기했다. 1986년에 '국민연금법'을 개정하고, 1988년에 국민연금제도를 시행했다. 2015년에 상용 근로자 30명 이상 기업체에서 기업이 부담한 근로자 1인당 월평균 국민연금보험료는 11만 8800원(노동비용 총액의 2.4%)으로 나타났다(고용노동통계포털을 근거로 계산). 2016년에 전체 근로자 중 67.6%, 정규직 중 93.8%, 임시직(1년 미만 기간제 등) 중 21.4%, 일용직 중 0.3%가 가입하고 있는 것으로 나타났다(한국노동연구원, 2017: 73). 최근에 대표적인 쟁점으로 재정 건전성, 연금급여의 적정성, 연금 사각지대 등이 거론되고 있다.

3) 관련 법률

근로자를 1명 이상 사용하는 모든 기업에서 의무적으로 도입해야 한다(연금령§19). 근로자 없이 대표이사 1명만 있는 법인사업장도 의무적으로 도입해야 한다(국민연금공단, 2015: 13). 국민연금제도에 대해서는 '국민연금법'에서 규정하고 있다.

3)-1 가입 제외자

1개월 이상 계속 사용하지 않는 일용 근로자, 1개월 미만의 기한을 정해 사용하는 근로자, 1개월 동안의 소정근로시간이 60시간 미만인 단시간근로자, 법인의 이사 중 근로소득이 없는 사람, 60세 이상인 사람은 제외된다.

3)-2 보험료 부담

근로자의 기준 소득 월액의 9%를 개인과 기업이 절반씩 매월 납부한다.

3)-3 보험 혜택

연금급여 즉 가입자가 받을 수 있는 혜택은 다음과 같다.

① 노령연금: 가입 기간이 10년 이상이고 60~65세(단계적으로 65세까지로 지급 개시 시기를 늦추고 있음)가 된 사람에게 이후 매월 지급.

조기노령연금: 가입 기간이 10년 이상이고 55세 이상인 사람이 소득이 있는 업무에 종사하지 않고 60세가 되기 전에 청구하면 매월 지급.

분할연금: 가입 기간 중 혼인 기간이 5년 이상인 노령연금 수급권자의 이혼한 배우자가 60세가 된 경우에는 가입 기간 중 혼인 기간에 해당하는 연금액의 1/2을 지급.

② 장애연금: 가입 중에 발생한 질병이나 부상이 완치된 후에도 장애가 남았을 때 장애 정도(1~4급)에 따라 연금(1~3급)이나 일시금(4급)을 지급.

③ 유족연금: 가입자나 연금을 받던 사람이 사망할 경우 유족에게 이후 매월 지급.

④ 반환일시금: 지급연령(60~65세)이 되었을 때 연금급여를 받을 수 있는 요건을 충족하지 못하였거나 국외 이주 등으로 더 이상 국민연금 가입 대상이 아닌 경우 납부한 연금보험료에 이자를 더해 일시에 지급.

⑤ 사망일시금: 가입자 또는 가입자이었던 사람이 사망하였으나 유족연금 또는 반환일시금을 지급받을 수 있는 유족 범위에 해당하는 자가 없는 경우 배우자, 자녀, 부모, 손자녀, 조부모, 형제자매에게 장제부조적·보상적 성격으로 지급.

(이상 국민연금공단 2015; 국민연금법)

4) 장점

기업으로서는 적은 비용을 부담해 직원에게 노후 지원 복지 혜택을 제공할 수 있다. 직원으로서는 적은 비용을 부담해 노후 지원 복지 혜택을 얻을 수 있다.

5) 단점

기업으로서는 보험료의 일부를 부담해야 한다. 직원으로서도 보험료의 일부를 부담해야 한다.

제V부

자율복지제도

자율복지제도의 정의와 구분

1) 정의와 특징

자율복지(voluntary benefits, discretionary benefits)는 기업이 자율적으로 도입할 수 있는 복지제도를 말한다. 자율복지는 일반적으로 기업이 좀 더 우수한 인재를 채용하고, 유지하기 위한 목적으로 도입해 운영한다.

자율복지제도가 다른 보상 유형과 다른 점은 다음과 같다. 직원이 받은 보상을 금액으로 표시할 수 있다는 점에서 일터환경과 다르다. 직원이 받게 될 보상의 용도나 소비 목적이 받기 전에 정해져 있다는 점에서 임금과 다른 점이다. 노동이 아닌 다른 요건을 충족할 때 지급한다는 점도 임금과 다르다. 기업이 자율적으로 도입 여부나 운영 기준을 결정할 수 있다는 점에서 법정복지와 다르다. 일부는 현금으로 직접 지급하기도 하지만 휴일, 휴가, 서비스, 보험, 연금 등 간접적인 혜택으로 제공하는 경우가 많다.

서구에서는 자율복지를 voluntary benefits, discretionary benefits 등으로 부른다. 일본이나 한국에서는 법정 외 복리, 법정 외 복지, 법정 외 복리후생, 법정 외 복지후생, 비법정 복지후생, 자발적 복리후생, 자율복지 등으로 부른다. 자율복지제도는 보상의 용도나 소비 목적의 종류를 기준으로 다시 휴식 복지, 의료 지원 복지, 모성가족 지원 복지, 소득 보장 복지, 노후 지원 복지, 추가 복지 등 여섯 가지로 구분할 수 있다.

2) 변화 추세와 통계

미국 노동통계국에서는 노동비용을 집계할 때 복지 비용에 유급휴가, 변동임금, 보험료 지원, 노후 지원, 법정복지를 포함시키는데(BLS), 이 중 유급휴가, 보험료 지원, 노후 지원을 자율복지로 볼 수 있을 것이다. 2015년에 민간 기업의 노동비용 중 자율복지 비용이 차지하는 비중은 19.1%(6.9+8.2+4.0)로 나타났다(BLS, 2015년도 분기별 보도 자료 평균값).

일본 후생노동성에서는 노동비용을 집계할 때 현금 급여 외 노동비용에 법정복리비, 법정 외 복리비, 현물급여 비용, 퇴직급여 비용, 교육훈련비, 기타 노동비용(모집비, 전근비, 사보 제작비, 작업복, 표창비 등)을 포함시키는데(厚生勞働省, 2017: 20), 이 중 법정 외 복리비, 현물급여 비용, 퇴직급여 비용을 자율복지로 볼 수 있을 것이다. 2015년에 상용 노동자 30인 이상 사업장에서 노동비용 가운데 자율복지가 차지하는 비중은 6.2%로 나타났으며, 거기에는 퇴

| 표 V-1 | **복지제도의 유형 구분**

	법정복지	자율복지	특징
휴식 (time-off)	·유급 주휴일 ·연차 유급휴가	·자율연차유급휴가 ·안식 휴가	·근로 의무를 면제시킴 ·자유 이용을 원칙으로 함
의료 지원 (healthcare)	·건강보험제도 - 요양급여 - 요양비 - 임신·출산 진료비 - 장애인보장구보험급여 - 건강검진	·의료비 보조 ·정밀 건강검진	·병원 이용 비용을 지원함
모성가족 지원 (family benefits)	·임신 전 생리휴가 ·임신 중 - 시간 외 근로 금지 - 쉬운 근로로 전환 - 유해 위험 업무 배제 - 근로시간 단축 - 태아 검진 시간 ·출산 후 - 출산전후휴가 - 유산·사산휴가 - 배우자출산휴가 - 수유 시간 - 육아휴직 - 육아기 근로시간 단축 - 직장어린이집 설치 - 위탁 보육 ·가족돌봄 - 가족돌봄 휴직 - 가족돌봄 시간	·선택적 근로시간제 ·난임 휴직	·임신·출산·육아, 가족 간병을 지원함 ·편의상 무급도 포함시킴
소득보장 (income security)	·근로기준법 - 공민권 행사 보장 - 근로자의 날 유급휴일 - 휴업수당 - 해고예고수당 - 요양급여(3일 이내) - 휴업급여(3일 이내) ·산재보험제도 - 요양급여 - 휴업급여 - 장해급여 - 간병급여 - 유족급여 - 상병보상연금 - 장의비 - 직업재활급여 ·고용보험제도 - 실업급여	·공휴일유급휴일 ·경조사휴가제도 ·병가 ·단체상해보험 ·희망퇴직 위로금 ·전직 지원 프로그램	·근로 불능 기간에 소득을 지원함 ·청장년기의 원치 않는 근로 불능

노후 지원 (retirement)	·근로자퇴직급여보장법 - 퇴직금 - 확정급여형퇴직연금제도 - 확정기여형퇴직연금제도 - 개인형퇴직연금제도 ·국민연금제도 - 노령연금 - 장애연금 - 유족연금 - 반환일시금 ·노인장기요양보험법 - 재가급여 - 시설급여 - 특별현금급여 - 가족요양비 - 특례요양비 - 요양병원 간병비	·퇴직금 누진제 ·개인 연금료 보조 ·은퇴 지원프로 그램	·노후에 소득과 요양비를 지원함
추가 복지		·식대수당과식사 제공 ·자가운전보조금, 차량유지비 ·명절 선물 ·상담지원제도(EAP) ·선택적 복지제도	

직급여 비용 4.5%가 포함되어 있다(厚生勞働省, 2017을 근거로 계산).

한국 노동부에서는 노동비용을 집계할 때 간접노동비용에 퇴직급여, 법정노동비용, 법정 외 복지 비용, 교육훈련 비용, 채용 관련 비용을 포함시키는데, 이 중 법정 외 복지 비용만을 자율복지로 볼 수 있을 것이다(교육훈련 비용 항목에도 근로자 본인을 위한 외부 교육 지원 비용이 포함되어 있어 자율복지의 특성도 지닌 것으로 볼 수 있으나 편의상 일터환경으로 분류하기로 함). 법정 외 복지 비용에 대해서는 다시 11가지 항목(주거 비용, 건강·보건 비용, 식사 비용, 교통·통신 지원 비용, 보육 지원금, 보험료 지원금, 자녀 학비 보조 비용, 휴양문화·체육 오락 비용, 우리사주제도 지원금, 사내 근로 복지 기금 출연금, 기타)으로 세분화해 집계한다(노동부 기업체 노동비용 조사표; 노동부 고용노동통계포털 기업체 노동비용). 2014년에 단체협약 중 80%가 복리 후생 시설을 규정하고 있고, 64%가 학자금 지급을 규정하고 있으며, 37%가 급식 제공을 규정하고 있고, 25.4%가 사내 근로 복지 기금 설치를 규정하고 있고, 22.7%에서 주택자금 대출을 규정하고 있고, 3.9%에서 우리사주제도 설치를 규정하고 있는 것으로 나타났다(박명준·조성재·문무기, 2014: 267~285). 2015년에 상용 근로자 30인 이상 사업장에서 법정 외 복지 비용이 차지하는 비중은 4.5%로 나타났다. 법정 노동비용인 퇴직급여 비용은 9.5%로 나타났다(노동부 고용노동통계포털 기업체 노동비용; 계산한

| 표 V-2 | **자율복지제도 한국 도입 비율**

(단위: %)

		2005	2007	2009	추세	2014 (노동비용)
휴식	근로자 휴양	35.72	36.33	29.45	↓	7위
의료 지원	의료비 지원	67.52	65.20	60.21	↓	4위
모성가족 지원	보육비 지원	4.99	5.77	9.40	↑	9위
	간병휴업제도	5.64	3.53	2.70	↓	
소득보장	보험료 지원	31.35	30.74	23.75	↓	6위
추가복지	경조비	93.95	93.08	91.42	↓	
	식사비 보조	87.70	88.12	84.14	↴	1위
	통근 비용 지원	54.58	49.27	39.46	↓	3위
	주거비 보조	39.96	31.43	25.47	↓	5위
	자녀 학비 보조	50.65	49.25	38.82	↓	2위
	자기 계발 지원	26.47	25.55	19.31	↓	
	문화·체육·오락	48.28	37.90	31.26	↓	7위
	근로자 상담	15.75	16.01	10.33	↓	
	사내 복지기금	16.34	16.08	11.16	↓	8위
	저축 장려금	1.51	2.59	3.94	↑	
	종업원 지주제	5.27	3.76	1.40	↓	10위

주: ↑큰 증가 추세, ↴약한 감소 추세.

자료: 배규식·김정우·김기민(2012: 76), 고용노동통계를 바탕으로 수정.

수치임). 상대적으로 많은 기업에서 도입하고 있는 자율복지제도 다섯 가지는 경조비, 식사비 보조, 의료비 지원, 통근 비용 지원, 자녀 학비 보조로 나타났다(배규식·김정우·김기민, 2012: 76).

3) 관련 법률

어느 기업에서나 자율적으로 도입할 수 있다. '노동법'에는 자율복지제도에 대해 직접 규정하는 내용이 없다. 공휴일에 대해서는 '관공서의 공휴일에 관한 규정'과 '국경일에 관한 법률'에서 규정하고 있다. 우리사주제도, 사내 근로 복지 기금, 선택적 복지제도, 근로자 지원 프로그램, 성과 배분, 발명 제안 등에 대한 보상 등에 대해서는 '근로복지기본법'에서 규정하고 있다. 기업 내부에서 자율복지제도와 비슷한 명칭을 붙이고 자율복지제도로 취급하고 있더라도 단체협약, 취업규칙, 근로계약에 따라 사용자에게 지급 의무가 있고, 계속적이며 정기적으로 지급하는 금품이면 임금에 해당하며(대법 1990.11.27, 90다카23868; 대법 2005.9.9, 2004다

41217; 임종률, 2015: 392에서 재인용), 소정근로의 대가로 정기적이고 일률적이며 고정적으로 지급하는 금품이면 통상임금에도 해당한다. 복리후생에 대해서도 남녀를 차별해서는 안 된다(고평법§9, 벌금 500만 원 이하). 상시 30명 이상의 근로자를 사용하는 사업장에서는 자율복지제도에 대한 사항은 노사협의회에서 협의해야 하며(근참법§20), 복지시설의 설치와 관리 및 사내 근로 복지 기금의 설치에 대한 사항은 노사협의회의 의결을 거쳐야 하며(근참법§21), 노사협의회에서 의결한 사항은 노사 모두 성실하게 이행해야 한다(근참법§24, 벌금 1000만 원 이하).

4) 장점

기업으로서는 좀 더 우수한 인재를 채용하거나 유지하는 데 도움이 되고, 임금에 비해 상대적으로 유연하게 운영할 수 있으며, 직원의 만족도와 몰입도를 높이는 데 도움이 되고, 교육·훈련·육성에 대한 지출을 통해 경영전략의 달성을 촉진시킬 수 있다. 직원으로서는 추가적인 수입이나 서비스를 받을 기회를 얻을 수 있고, 자신의 비용 부담과 노력으로 지출할 때에 비해 무료 또는 싼 비용 부담과 적은 노력으로 활용할 수 있으며, 삶의 질을 높일 수 있다.

5) 단점

기업으로서는 도입하고 운영하는 데 적지 않은 비용과 시간과 노력이 필요하고, 동기부여를 통한 성과 향상을 도모하는 데 도움을 얻기가 쉽지 않고, 임금제도에 비해 훨씬 다양하고 복잡해 효과적이고 효율적인 관리가 쉽지 않다. 직원으로서는 요건에 해당하지 않으면 혜택을 받기 어렵고, 별로 필요하지 않은 혜택이나 서비스를 받을 수 있으며, 기업의 경영 상태나 정책 변화에 따라 변경되거나 폐지될 수도 있다.

6) 규정과 서식

자율복지제도를 도입하기 위해서는 규정이 필요하다. 특히 임금과 구분해 복지제도로 운영하기 위해서는 취업규칙과 명확히 구별되는 규정을 준비해야 한다.

7) 제도 설계

자율복지제도를 설계할 때에는 대상자, 필요한 복지 항목 구성, 지급 수준, 지급 요건, 임금이나 법정복지제도와의 비율, 선택적 복지제도 도입 여부 등을 결정해야 한다.

제1장

자율휴식제도

1. 자율연차유급휴가제도

1) 정의와 특징

자율연차유급휴가제도(vacation, annual leave)는 기업에서 자율적으로 결정해 직원에게 1년마다 유급으로 휴가를 부여하는 자율복지제도다. 일반적으로 1년마다 일정한 개수의 유급휴가를 부여하며, 여가 활동에 사용할 수 있다. 한국을 포함해 거의 모든 선진국에서 법률에 의무로 정한 법정연차유급휴가제도를 도입하고 있으나, 미국에는 법정연차유급휴가제도가 없고 자율연차유급휴가제도가 발전했다. 물론 기업 차원으로 보면 미국이 아닌 세계 각국의 여러 선진기업에서 법정연차유급휴가와 병행해 다양한 자율연차유급휴가제도를 도입하고 있는 경우도 있다.

2) 변화 추세와 통계

대다수 국가에서는 법정연차유급휴가제도를 두고 있으나, 미국에는 없고 자율연차유급휴가제도가 발전했다.

미국에서는 기업마다 기업과 개별 직원 또는 노사가 자율적으로 결정하는 자율연차유급휴가제도를 도입하고 있다. 2014년 조사 대상 기업 중 99%에서 자율연차유급휴가제도를 도입하고 있고, 평균 휴가 일수를 보면 근속 1년 미만 직원에게는 9일을 시작으로, 근속 1년 이상 3년 미만 직원에게는 12일 등으로 근속연수에 비례해 증가하고, 근속 20년 이상인 직원에게는 22일을 부여하는 것으로 나타났다(WorldatWork, 2014: 24, 10). 2015년에 민간 기업 근로자 중 76%에게 적용했는데, 평균 부여일수는 근속기간에 따라 10~19일로 나타났다(BLS, 2015: 313, 337~338). 2015년에 민간 기업의 노동비용에서 자율연차유급휴가 비용이 차지하는 비중은 3.6%로 나타났다(BLS, 2015년도 분기별 보도 자료 평균값).

한국에서는 노동조합이 있는 일부 기업에서 도입하고 있는 자율월차휴가제도는 여기에서 말하는 자율연차유급휴가제도에 해당한다고 볼 수 있다.

3) 관련 법률

어느 기업에서나 자율적으로 도입할 수 있다. '노동법'에는 자율연차유급휴가제도에 대해 직접 규정하는 내용이 없다. 법정연차유급휴가제도에 대해서는 '근로기준법'에서 규정하고 있다.

4) 장점

기업으로서는 자율적인 운영이 가능하다. 직원으로서는 기업에 따라 충분한 휴가를 얻을 수 있다.

5) 단점

기업으로서는 경쟁사와 휴가 경쟁이 발생할 수 있고, 도입하고 운영하는 데 시간과 노력이 필요하다. 직원으로서는 기업에 따라서는 충분한 휴가를 얻을 수 없다.

6) 도입 사례

HP에서는 근속기간 1년에 15일의 자율연차휴가를 사용할 수 있고, 30년 근속 후에는 30일을 사용할 수 있다(Gomez-Mejia et al., 2010: 425~426). 미국 구글(2016)에서는 1년 차 직원에게 15일, 4년 차 이후 직원에게 20일, 6년 차 이후 직원에게 25일을 부여한다. 시카고대학교(2016)에서는 8년 차까지는 3주, 20년 차까지는 4주, 21년 차 이상에게는 5주를 부여한다. 현대자동차(2013)에서는 노동조합원에게 매년 하기 유급휴가를 5일, 월차 유급휴가를 12일 부여한다.

7) 규정과 서식

상시 근로자 10명 이상 기업에서는 취업규칙에 휴일에 관한 사항을 포함시켜 노동부에 신고하기 위해 취업규칙, 취업규칙변경동의서, 취업규칙신고서를 준비해야 한다. 현황 관리 서식과 신청서를 준비해야 한다.

8) 제도 설계

자율연차유급휴가를 설계할 때에는 대상자, 산정 기간, 휴일 수, 적치 기간, 사용 기간, 신청 절차, 지급 정책 등을 결정해야 한다.

2. 안식휴가제도

1) 정의와 특징

안식휴가(sabbatical leave)는 직장에서 일정 기간마다 연구, 여행 등을 위한 휴가를 부여하는 제도를 말한다. 처음에 대학교수에게 개인적인 연구나 저술을 할 수 있도록 부여하면서 시작되었다. 일정 기간 동안 연속해서 사용하는 것이 특징이며, 짧게는 2주에서 길게는 1년까지도 부여하고, 그 기간의 보상에 대해서는 유급, 무급, 일부 유급 등으로 다양하게 운영한다.

일본과 한국에서는 안식휴가제도를 리프레시휴가라는 이름으로 운영하기도 하는데, 리프레시휴가제도는 안식휴가제도보다 훨씬 넓은 개념이다. 리프레시휴가제도는 일반적으로 직원에게 특별한 일정의 휴가를 주어 활력을 높일 목적으로 운영하는 휴가제도 모두를 가리키는데 구체적인 운영 방법에는 안식년휴가제도를 비롯해 정기 휴가, 해외 연수 및 배낭여행, 레포츠 및 문화 활동, 전 직원 단체 또는 동시 여행, 국내외 교육 파견, 개인 유학 휴직, 해외 행사 참관, 포상휴가 등 매우 다양한 것이 있다(이정일, 2004).

2) 변화 추세와 통계

영국에서는 기업 중 20%에서 안식휴가를 도입하고 있다.

미국에서는 2014년 조사 대상 기업 중 14%가 도입하고 있고, 7%는 무급, 5%는 유급, 2%는 일부유급으로 부여하고 있는 것으로 나타났다(WorldatWork, 2014: 11).

일본에서는 2012년 상용 근로자 30명 이상 기업 가운데 57.5%가 자율휴가제도를, 그중 43.5%가 하계휴가, 21.8%가 병가, 10.9%가 리프레시휴가, 2.5%가 프런티어휴가, 3.1%가 교육훈련휴가, 9.7%가 또 다른 형식의 1주 이상의 장기휴가제도가 있는 것으로 나타났다(厚生勞働省, 2012: 7, 복수 응답).

한국에서는 2009년 조사 대상 기업 중 6.3%에서 교육훈련휴가제를 도입하고 있는 것으로 나타났다(배규식·김정우·김기민, 2012: 240).

3) 관련 법률

어느 기업에서나 자율적으로 도입할 수 있다. 안식휴가제도에 대해서는 '노동법'에서 직접 규정하고 있는 내용이 없다.

4) 장점

기업으로서는 이직률을 낮추고, 성과몰입을 높일 수 있다(Lim et al., 2010: 296). 직원으로서는 탈진증후군을 예방하고, 재충전을 할 수 있으며, 필요한 활동에 몰입할 수 있는 기회를 얻을 수 있다(Lim et al., 2010: 296).

5) 단점

기업으로서는 대체 인력이 필요하다. 직원으로서는 기업의 관심이 부족할 경우 일부 직원은 혜택을 누리기 어려울 수 있다.

6) 도입 사례

미국에서는 인텔(1990), 맥도날드(2006), 라이스 대학교(2016) 등에서 도입하고 있다. 한국에서는 신세계그룹(2010), LG그룹(2010), GS그룹(2010), KT(2010), 두산그룹(2011), 웅진씽크빅(2012), 크레모아커뮤니케이션즈(2013), 서울시(2015), 넥슨, 다산네트웍스, 다음커뮤니케이션, 대우조선해양, 비유와상징, 삼성그룹, 서울대학교, 쎄트렉아이, 신한은행, 에쓰오일, SK텔레콤, 옥션, 유비쿼스, 제일기획(Idea Vacation), 퍼플프렌즈, 피델릭스, 한국존슨앤드존슨(Sabbatical Leave Planning), 한미글로벌, 휴넷 등에서 2주에서 1년까지 안식휴가를 부여하고 있다(≪한국뉴스투데이≫, 2014; 김성수, 2011; 월간인사관리).

| 표 V.1-1 | 2014년 카카오 안식휴가제도

·합병 전 다음커뮤니케이션 - 3년 차 10일, 6년 차 30일, 9년 차 60일을 부여 - 특별 휴가비도 차등 지급 ·합병 전 카카오 - 5년마다 90일 부여 ·합병 후 - 3년마다 30일 부여로 통일 - 휴가비 지급

자료: ≪연합뉴스≫, 2014년 12월 10일 자.

7) 규정과 서식

상시 근로자 10명 이상 기업에서 취업규칙에 휴일에 관한 사항을 포함시켜 노동부에 신고하려면 취업규칙, 취업규칙변경동의서, 취업규칙신고서를 준비해야 한다.

8) 제도 설계

안식휴가제도를 설계할 때에는 대상자, 산정 기간, 휴일 수, 적치 기간, 사용 기간, 신청 절차, 지급 정책 등을 결정해야 한다.

제2장

자율의료지원제도

1. 의료비지원제도

1) 정의와 특징

의료비지원제도는 직원이나 가족이 의료 기관을 이용한 비용을 기업이 지원하는 자율복지제도다. 법정건강보험제도의 보험료 일부를 지원하는 것과는 별도로 지원한다. 법정건강보험제도를 이용할 때의 직원이나 가족의 본인부담금의 일부를 지원하거나, 법정건강보험제도를 이용할 수 없는 비용의 일부를 지원한다. 의료비지원제도는 법정건강보험제도가 없고 의료비가 비싼 미국에서는 특히 중요한 자율복지제도 중 하나이며, 민간의료보험에 가입시켜 지원하는 게 일반적이다.

2) 변화 추세와 통계

2014년 OECD 국가 중 GDP 대비 경상 의료비(법정, 자율을 망라한 모든 의료소비액)의 비율을 살펴보면 OECD 평균이 9.1%이고, 이 중 한국은 7.1%, 영국은 9.9%, 프랑스는 11.1%, 일본은 11.4%, 미국은 16.6% 등으로 나타났다(통계청 국가 주요 지표).

미국에서는 2008년에 기업이 부담하는 연평균 자율건강보험료는 1인용 4704달러, 가족용 1만 2680달러로 나타났고, 2001~2008년 자율건강보험료는 78% 증가했다(DeCenzo et al., 2010: 293에서 재인용). 2015년 민간 기업 근로자 중 70%(의료보험은 69%, 치과보험은 45%,

안과보험은 24%, 처방약은 93%)에게 적용했다(BLS, 2015: 217~218). 2015년에 민간 기업의 노동비용에서 자율의료보험료가 차지하는 비중이 7.7%로 나타났다(BLS, 2015년도 분기별 보도자료 평균값). 미국에는 법정건강보험제도는 없다.

일본에서는 2015년에 30명 이상 기업이 부담한 근로자 1인당 월평균 자율의료보건비용은 877엔(노동비용 총액의 0.2%)으로 나타났으며, 별도로 법정건강보험료는 1만 6881엔(노동비용 총액의 4.0%)으로 나타났다(厚生労働省, 2017).

한국에서는 2009년 조사 대상 기업 중 60.21%에서 도입하고 있다(배규식·김정우·김기민, 2012: 76). 2014년에 단체협약 중 21%가 도입하고 있는데, 일부 지원이 7%, 연 일정 금액 초과 시 초과액 일부 지원이 5%, 연 일정 금액 초과 시 초과액 전액 지원이 3%, 전액 지원이 1% 등으로 나타났다(박명준·조성재·문무기, 2014: 254). 2015년에 상용 근로자 30명 이상 기업체에서 기업이 부담한 근로자 1인당 월평균 자율건강보건비용은 1만 6100원(노동비용 총액의 0.3%), 법정건강보험료는 12만 2400원(노동비용 총액의 2.4%)으로 나타났다(고용노동통계포털을 근거로 계산).

3) 관련 법률

어느 기업에서나 자율적으로 도입할 수 있다. '노동법'에는 자율의료비지원제도에 대해 직접 규정하는 내용이 없다.

4) 장점

기업으로서는 경영전략을 반영해 자율적으로 설계하고 운영할 수 있다. 직원으로서는 부담스러운 의료 비용에 대한 지원을 받을 수 있다.

5) 단점

기업으로서는 적지 않은 비용을 부담해야 하고, 운영하는 데 시간과 노력이 들고, 일부 직원만 혜택을 보는 문제가 발생할 수 있다. 직원으로서는 수혜 범위나 금액이 제한될 수 있다.

6) 도입 사례

한국IBM(2001), 도레이새한(2008), 삼성중공업(2008), 현대중공업(2008), 현대자동차(2013), 유한킴벌리(2015), CJ올리브네트웍스(2015), 메리케이코리아(단체보험) 등을 사례로 들 수 있다.

| 표 V.2-1 | **2014년 현대중공업 의료지원제도**

단체협약 제79조(의료혜택) ② 회사는 조합원 및 배우자와 건강보험증에 등재된 부모, 자녀 및 동거 부양 중인 배우자의 부모가 전국 병, 의원 및 한방병원(한의원 제외)에서 질병 치료 시 다음과 같이 의료혜택을 부여한다. 1. 입원 진료: 건강보험공단과 본인이 공동 부담하는 건강보험 급여항목의 본인부담금 전액 2. 외래 진료: 건강보험공단과 본인이 공동 부담하는 건강보험 급여항목의 본인부담금 중 본인은 전액, 배우자·부모·배우자의 부모·자녀는 반액 3. 개인별 연간 의료비 지원 금액은 3,000만 원 이내로 한다. 4. 연간 외래 진료비 및 약값의 합이 30만 원 미만인 경우 연 1회 12월 급여에 10만 원을 보전한다. 5. 연간 외래 진료비 및 약값의 합이 30만 원 이상인 경우 연 30만 원까지 10만 원을 지급하고, 초과된 금액은 별도계산 지급한다. 6. 외래 진료비 및 약값은 연 2회(6월·12월 급여) 정산 지급한다.

자료: 현대중공업(2014).

7) 제도 설계

의료지원제도를 설계할 때에는 대상자, 의료 범위, 법정건강보험제도와의 관계, 지원 요건, 지원 한도, 현금 지원 또는 보험 가입 후 지원 선택, 지원 절차 등을 결정해야 한다.

제3장

자율모성가족지원제도

1. 모성지원제도

1) 정의와 특징

모성지원제도는 기업에서 모성보호를 위해 도입하는 제도를 말한다. 모성보호란 여성의 생리, 임신, 출산, 육아 등의 모성 기능에 대한 보호를 말한다(장지연·정혜선·류임량 외, 2004: 3).

여성 근로자를 특별히 보호해야 하는 이유는 임신, 출산, 수유를 하는 모성 기능을 지니고 있기 때문이다. 모성 기능은 여성만의 과제가 아니라 사회 전체의 과제이기 때문에 모성보호는 여성의 적극적인 권리로 인정해야 한다(장지연·정혜선·류임량 외, 2004: 4). 국가사회 차원에서 "취업여성의 모성보호와 육아를 위한 근로 복지 정책은 취업 여성의 직업의 연속성 보장, 여성 근로자와 2세의 건강보호, 취업 여성의 건강 악화 방지로 인한 장기적인 사회적 손실 비용 감소, 여성건강과 육아로 인한 결근율·조퇴율 감소, 기업의 생산성 향상, 국가의 향후 출산력 향상에도 영향을 준다는 점에서 매우 중요하다. 또 유능한 여성인력을 확보하여 기업의 경쟁력을 강화시킬 수 있다는 점에서 중요하다. 특히 취약계층의 경우에는 여성이 직장과 가정을 양립할 수 있도록 정부에서 지원을 함으로써 경제적 자립능력을 향상시킬 수 있어, 저소득 계층의 보호에도 크게 기여할 수 있다. 따라서 직장여성을 위한 모성보호는 여성 개인을 위한 것이 아니라 우리 사회 인구의 자질향상 측면에서 중요한 요인이며, 특히 많은 수의 직장여성이 열악한 고용구조 속에서 충분한 건강보호를 받고 있지 못하기 때문에 취약한 건강 상태를 지니고 있으므로, 여성의 취업률이 날로 증가하는 추세에 맞추어 직장여성을 위한 모성보호제도를 정착시키는 것은 국가적·사회적으로 관심을 가져야 할 과제이다"(장지연·정혜선·류임량 외, 2004: 5). 1287개 기업을 대상으로 한 실증 연구에서 모성보호제도 도입에 적극적인 기업일수록 기업의 1인당 매출액은 증가하고, 근로자의 이직률은 낮아지는 것으로 나타났다(유규창·김향아, 2006: 119~120).

한국의 모성지원제도에는 법정 제도가 주류를 이루는데, 여기에서는 자율 제도들을 간략하게 소개하는 수준에서 다룬다. 한국에서는 법정 제도에 해당하는 제도도 미국에서는 대다수가 자율 제도에 해당하기 때문에, 제도에 따라 법정과 자율이 구분되는 것은 아니다.

2) 변화 추세와 통계

미국에서는 2015년 민간 기업 근로자 중 10%에게 보육료지원제도(childcare), 6%에게 유연시간근무제를 적용했다(BLS, 2015: 345).

한국에서는 2009년 조사 대상 기업 중 8.58%가 보육료 지원제도가 있고, 7.95%가 수유 공간을 제공하고 있고, 2.36%가 불임휴직제도를 도입하고 있는 것으로 나타났다(배규식·김정우·김기민, 2012: 95).

3) 관련 법률

'노동법'에는 자율적인 모성지원제도에 대해 직접 규정하는 내용이 없다. 법정모성지원제도에 대해서는 '근로기준법', '남녀고용평등과 일·가정 양립 지원에 관한 법률', '고용보험법' 등에서 규정하고 있다.

4) 장점

기업으로서는 결근을 감소시키고, 생산성을 향상시키며, 모집과 유지에 도움이 되고, 승진을 촉진키시며, 일하고 싶은 직장으로 만들 수 있다(유규창·김향아, 2006: 119~120; Mondy, 2012: 300). 직원으로서는 출산과 육아에 필요한 지원을 받을 수 있고, 경력 단절을 피할 수 있다.

5) 단점

기업으로서는 업무 공백이 발생하고 대체 인력이 필요하며, 추가 비용의 부담을 져야 한다. 직원으로서는 다른 직원의 업무 부담이 증가할 수 있고, 업무가 변경될 수 있다.

6) 도입 사례

미국에서는 다음과 같은 사례를 들 수 있다(Robbins·Judge, 2011: 636에서 재인용)

입양 지원: 카스웰(Carswell)은 입양아 1명당 5000달러 지원. 베인앤드컴퍼니(Bain & Company)는 입양아 1명당 1만 달러를 지원

출산 휴가: 언스트앤드영(Ernst & Young)은 유급출산휴가 보장

배우자 출산 휴가: 언스트앤드영은 배우자에게 6주의 유급휴가 보장

직장어린이집: SAS는 캐리 본부에서 어린이집 두 개 운영

어린이집 비용 지원: 아스트라제네카(AstraZeneca), 부즈·앨런 앤드 해밀턴(Booz Allen Hamilton), PWC 등 도입

근무시간 자유선택제: 제너럴 밀스(General Mills) 직원 45%, 올스테이트(Allstate) 직원 75% 선택

업무 분담: 웨그먼스(Wegmans)는 업무 분담, 집중근무제, 재택근무 도입

재택근무: KPMG 구성원 65%는 재택근무, 변동 근무시간제, 집중근무제 혜택

상담 제공: UBS에서는 멘토링 서비스를 제공해 복귀에 필요한 조언을 제공

한국에서는 유한킴벌리(가족친화경영, 2005~), 메리케이코리아, CJ오쇼핑, 아시아나항공 등을 사례로 들 수 있다.

| 표 V.3-1 | **2015년 유한킴벌리 가족친화제도**

2005년 가족 친화 경영을 선포한 이후 지속적으로 모성지원제도를 확대·유지해왔음. 2008년부터 9년 연속 가족 친화 우수 기업 지위 유지. ① 유연한 근무 체계 - 4조2교대(생산직): 4일 근무, 4일 휴무. 평생학습 지원 - 시차출근제(사무직): 오전 7~10시 출근 시간 자율 선택 - 현장출퇴근제(영업직): 정기 출퇴근 없이 현장 업무 수행 - 재택근무제: 집에서 모바일 기기를 이용해 근무 - 탄력적 점심시간제: 11시 30분~13시 30분 내 1시간 점심시간 자유 이용 - 유연복장제: 연중 자유 복장

② 사원 및 가족 지원
- 선택적 복지제도: 연간 1인당 220만 원(자기 계발, 건강, 레저 등)
- 전문가 심리상담(EAP): 사원과 지계 가족 대상, 24시간 연결
- 가족경조 지원: 관혼상제 관련 휴가 및 경조금
- 가족 간병 휴직: 가족 간병을 위한 휴직(3개월 이내)
- 의료비 지원: 본인 400만 원, 배우자 및 미혼 자녀 350만 원, 사원 배우자 대상 건강검진 지원(2년간 1회)
- 평생학습 지원: 사원 및 가족 온라인 어학연수원(500여 과정)
- 은퇴 프로그램: 정년 연장, 이모작 프로그램
- 장제 지원: 사원 및 지계 가족 장제 시 인력, 물품 지원

③ 문화 조성
- 가족 친화 우수기업: 가족 친화 기업 인증 연장 및 재인증 획득
- 가족사랑의 날: 매일 정시 퇴근 캠페인
- 야간 근무 지정 공간: 매일 저녁 7시 30분 이후 소등(본사)
- 가족 사보 발행: 사원 및 가족을 위한 사보 발행
- 가족 초청 행사: 대전 공장 철쭉제 등
- 가족 자원봉사: 인트라넷 자원봉사 페이지 운영
- 지역사회 공헌 활동: 저출산 극복 위한 생명사랑 신혼부부 학교. 여성 리더 양성을 위한 사회단체 협력 사업

④ 출산육아 지원
- 산임신 축하 및 임산부 보호
  · 도덕상·보건상 유해하거나 위험한 사업 배치 금지
  · 탄력적 근로시간제 적용 금지
  · 태아 검진 휴가 부여(임신 9개월까지 월 1일, 임신 10개월 이후 월 1일 및 검진 시간 1회)
  · 임산부 간담회 개최(연간 2회)
- 출산 축하 및 휴가제도
  · 산전 휴직 3개월, 산전 후 휴가 90일
  · 유사산 휴가(임신 13~21주 30일, 22~27주 60일, 28주 이상 90일)
  · 아버지 출산유급휴가 3일
  · 출산축하금(첫째 40만 원, 둘째 60만 원, 셋째 150만 원, 넷째 이상 300만 원)
  · 여사원 자궁암 및 유방암 검진
- 보육 육아 지원
  · 육아휴직(출생 이후~만 8세 이하, 1년 이내)
  · 육아기 근로시간 단축제도(육아휴직과 합쳐 1년 이내)
  · 임산부 배려석, 수유실 등 모성보호 공간 마련
  · 직장 보육 시설 마련(대전공장)
- 자녀학자금 지원
  · 유아교육비 지원(취학 전 3년 × 120만 원 = 360만 원)
  · 대학 졸업까지 자녀 학자금 지원(자녀 수 제한 없음)
  · 장애 자녀 학자금 지원

자료: 유한킴벌리(2016: 7, 50~51).

제4장

자율소득보장제도

1. 공휴일휴일제도

1) 정의와 특징

공휴일휴일제도(paid holidays)는 국가에서 정한 공휴일에 모든 직원들도 유급으로 쉴 수 있게 하는 제도를 말한다.

공휴일은 법률로 정할지, 의무적인 휴일로 정할지, 유급휴일로 정할지, 기업에서 어떤 방식으로 수용할지 등을 기준으로 나라마다 다양한 방식의 제도를 운영하고 있다. 공휴일 또는 공휴일휴일은 홀리데이(holiday), 축일, 국경일 등으로 부르며, 한국에서는 공휴일이라는 용어가 일반화되어 있다. 이 책에서는 공휴일과 공휴일휴일을 다른 말로 사용한다. 이 책에서 말하는 공휴일은 모든 일요일까지 포함하는 법률 용어인 한국 '관공서의 공휴일'이 아니라, 대다수 사람들이 생각하는 것처럼 일요일을 제외하고 국경일 등 국가에서 정한 특별한 기념일만을 가리키는 용어로 사용한다. 대체로 나라마다 10일 내외의 공휴일을 정하고 있으며, 일부 나라에서는 공휴일을 법정 유급휴일로 정해 의무적으로 쉬는 날로 규정하고 있고, 일부 나라에서는 자율에 맡겨 기업에 따라 자율적으로 공휴일을 유급휴일로 정하고 있다. 공휴일을 유급휴일로 정할 때 공휴일휴일이라고 부르기로 한다.

| 표 V.4-1 | **법으로 강제된 유급휴일(기념일)과 유급휴가(연차휴가)**

	유급휴일(기념일)	유급휴가(연차휴가)	합계
오스트리아	13	22	35
포르투갈	13	22	35
스페인	12	22	34
핀란드	9	25	34
이탈리아	13	20	33
프랑스	1	30	31
벨기에	10	20	30
독일	10	20	30
덴마크	9	20	29
아일랜드	9	20	29
호주	7	20	27
뉴질랜드	7	20	27
노르웨이	2	25	27
그리스	6	20	26
스웨덴	-	25	25
네덜란드	-	20	20
스위스	-	20	20
영국	-	20	20
캐나다	8	10	18
한국	1	15	16
일본	-	10	10
미국	-	-	0

주: 한국은 별도로 추가했음(근로자의 날 1일, 연차유급휴가 15일).
자료: Ray et al.(2007); 배규식·김정우·김기민(2012: 158)에서 재인용.

공휴일은 원래 주휴일이나 연차휴가처럼 휴식 기간을 늘릴 목적으로 만든 날이라기보다는, 근본적으로 국가 차원에서 모든 국민이 기념해야 마땅한 날을 정한 것으로 보아야 한다. 국가가 공휴일휴일제도를 도입해 공휴일을 유급휴일로 정하는 것은 국가기념일을 다 함께 더 적극적으로 기념하고 국민 통합을 강화하기 위해 근로자들도 출근하지 않도록 하고 그날의 소득도 보장하는 것으로 보아야 하기 때문에, 공휴일휴일제도를 단순한 휴식제도로 분류하기보다는 출근하기 어려운 불가피한 날에 대해 소득을 보장하는 소득보장제도로 분류하기로 한다.

2) 변화 추세와 통계

독일의 '근로시간법'은 일요일 또는 법정 휴일의 0~24시 근로를 제공할 수 없게 규정하고(§9(1)), 일부 예외 규정을 두고 있다. '휴일과 질병에 있어 임금 지급에 관한 법률'에서 법정 휴일 때문에 근로를 제공하지 못한 근로시간에 대해서는 사용자가 임금을 지급하도록 규정하고 있다(김기선·박수근·강성태 외, 2013: 398, 317).

미국에는 연방 차원에서 법으로 강제하는 공휴일휴일제도는 없다. 대다수 기업에서는 자율적으로 연간 10일 정도의 공휴일에 유급휴일을 부여한다(김성훈, 2006: 9). 2015년에 민간 기업 근로자 중 77%가 적용했으며, 평균 부여일수는 8일이다(BLS, 2015: 313, 317). 2015년에 노동비용 중 공휴일유급휴일수당(holiday)이 차지하는 비중은 2.1%로 나타났다(BLS, 2015년도 분기별 보도 자료 평균값).

일본에서는 법률로 연간 15일의 축일을 정하고 있지만, 기업이 휴일로 정할 의무는 없다(오학수, 2006a: 20).

한국에서는 1949년에 법률로 관공서의 공휴일을 도입했고, 2013년에는 일부 공휴일이 서로 겹칠 때는 다른 비공휴일을 공휴일로 쉬는 대체공휴일제를 추가로 도입했다. 2008년 취업규칙 가운데 96.2%가 유급휴일 규정을 두고 있고, 그중 80.4%는 법정 공휴일, 51.2%에서는 기타 국가 지정 공휴일, 36.7%에서는 국가 지정 임시휴일을 유급휴일로 규정하고 있다(김정한·문무기·윤문희, 2008: 92). 2014년 단체협약 중 87%가 유급휴일 규정을 두고 있고, 공휴일에 대해서는 50%, 정부 지정 임시 휴일에 대해서는 45%, 국경일에 대해서는 20%가 각각 유급휴일로 정하고 있다(박명준·조성재·문무기, 2014: 203~207).

3) 관련 법률

어느 기업에서나 자율적으로 도입할 수 있다. 한국의 '공휴일'은 달력의 빨간 날로서 관공서는 의무적으로 쉬지만, 기업이 의무적으로 쉬어야 하는 날은 아니다. 공휴일에 대해서는 '관공서의 공휴일에 관한 규정'에서 규정하고 있다. 일요일, 11개 기념일, 공직선거일, 정부에서 수시로 지정하는 날은 관공서의 공휴일이다(관공서의 공휴일에 관한 규정§2). 일요일 52일,

11개 기념일 15일, 공직선거일 등 임시 휴일까지 모두 합치면 1년 동안 67일 이상이다.

1. 일요일
2. 국경일 중 3·1절, 광복절, 개천절 및 한글날
3. 1월 1일
4. 설날 전날, 설날, 설날 다음날(음력 12월 말일, 1월 1일, 2일)
5. 삭제 〈2005.6.30.〉
6. 석가탄신일(음력 4월 8일)
7. 5월 5일(어린이날)
8. 6월 6일(현충일)
9. 추석 전날, 추석, 추석 다음날(음력 8월 14일, 15일, 16일)
10. 12월 25일(기독탄신일)
10의2. 「공직선거법」 제34조에 따른 임기만료에 의한 선거의 선거일
11. 기타 정부에서 수시 지정하는 날

설날이나 추석이 일요일과 겹치거나, 어린이날이 석가탄신일이나 토요일이나 일요일과 겹치는 경우에는 바로 다음 비공휴일을 공휴일로 한다(관공서의 공휴일에 관한 규정§3). 근로자의 날은 근로자들만 쉬는 날이며, 관공서가 쉬는 공휴일에 포함되지 않는다.

4) 도입 사례

무급휴무일로 도입한 기업에는 홈플러스(2006) 등을 사례로 들 수 있다.

5) 규정과 서식

취업규칙에 휴일에 대해 명시해야 한다.

6) 제도 설계

공휴일에 대해 휴일로 할 것인지 휴무일로 할 것인지 근무일로 할 것인지, 유급휴일로 할 것인지 등을 결정해야 한다.

2. 경조사휴가제도

1) 정의와 특징

경조사휴가제도는 가까운 가족이나 친지에게 중요한 애경사가 생겨 출근하지 못하는 직원에게 휴가를 허용하는 제도다. 경조사휴가제도와 함께 경조사비를 지급하거나 화환 등의 물품을 지원하는 경우도 적지 않다. 중요한 경조사가 발생한 그 시점에 가족 관계의 유지를 위해 불가피하게 결근을 하고라도 참석할 수밖에 없는 직원에 대해 휴가로 처리하고 급여를 지급한다는 점에서, 휴식제도로 분류하기보다는 출근하기 어려운 불가피한 날에 대해 소득을 보장하는 소득보장제도로 분류하기로 한다.

서구에서 조사휴가(bereavement leave, compassionate leave, funeral leave)는 보편화되어 있으나, 경사휴가를 휴가제도로 도입하는 경우는 거의 찾아보기 어렵다.

2) 변화 추세와 통계

호주에서는 노동자에게 2일의 조사휴가(compassionate & bereavement leave)를 주어야 하며, 상용 노동자와 단시간노동자에게는 유급으로 주어야 하나 기간제노동자에게는 무급으로 주어도 된다.

미국에서는 2015년 민간 기업 근로자 중 59%에게 조사휴가(paid funeral leave)를 적용하고, 38%에게 개인사정휴가(paid personal leave)를 적용했다(BLS, 2015: 313).

일본에서는 2011년에 노동비용 중 경조사비가 차지하는 비중은 0.1%로 나타났다(厚生勞働省).

한국에서는 2008년 취업규칙 가운데 97.7%가(김정한·문무기·윤문희, 2008: 99), 2009년 단체협약 중 91.5%가(김정한·김동배·문무기 외, 2009: 134) 각각 경조휴가에 대해 규정하고 있다. 2008년 취업규칙 가운데 35.8%가 경조비 지급에 대해 규정하고 있고, 취업규칙에 경조사휴가제도에 대한 개략적인 규정을 두고 있으면서 구체적인 내용은 별도의 규정으로 정하는 경우가 29.8%로 나타났다(김정한·문무기·윤문희, 2008: 99). 경사휴가 중 많은 기업에서 도입하고 있는 항목으로는 본인 결혼(87.8%), 자녀 결혼(79.2%), 부모 회갑(70.7%), 형제자매 결혼(70.4%), 배우자·부모 회갑(60.8%), 자녀 출산(41.8) 순서로 나타났고, 조사휴가의 경우에는 부모 사망(84.7%), 배우자 사망(82.3%), 배우자·부모 사망(75.2%), 조부모 사망(74.6%), 자녀 사망(72.9%), 형제자매 사망

(69.1%), 본인 사망(16.6%) 순서로 나타났다(김정한·문무기·윤문희, 2008: 101~102). 경조비 지급 규정이 있는 35.8%의 기업 가운데 경사 비용 지원 중 많은 기업에서 도입하고 있는 항목으로는 본인 결혼(63.8%), 자녀 결혼(54.7%), 부모 회갑(48.5%), 배우자 부모 회갑(43.4%), 형제자매 결혼(40.6%), 자녀 출산(25.9) 순서로 나타났으며, 조사 비용 지원의 경우에는 부모 사망(62.1%), 배우자 사망(59.8%), 배우자·부모 사망(56.4%), 자녀 사망(54.2%), 조부모 사망(49.1%), 형제자매 사망(44.7%), 본인 사망(20.2%) 순서로 나타났다(김정한·문무기·윤문희, 2008: 103~104).

3) 관련 법률

어느 기업에서나 자율적으로 도입할 수 있다. '노동법'에는 경조사휴가제도에 대해 직접 규정하는 내용이 없다. 경조사휴가제도와 함께 직원에게 지급하는 경조사비는 임금에 포함되지 않는다(노동부예규47호, 2012.9.25). 경조사휴가제도에 대해서는 기본적으로 사용자의 휴가 시기 변경권 행사가 불가능하고, 또한 그 기일이 경과하면 휴가 사용 목적이 소멸되어 휴가청구권 또한 상실되는 것으로 보아야 한다(근기68207-1452 1994.9.14).

4) 장점

기업으로서는 직원의 중요한 애경사 참석을 지원함으로써 조직몰입을 높일 수 있다. 직원으로서는 중요한 애경사에 결근 처리 또는 임금 삭감의 부담 없이 참석할 수 있다.

5) 단점

기업으로서는 경조사의 범위, 휴가 일수, 경조비 비용이 증가하는 부담을 질 수 있다. 직원으로서는 사용하지 못한 휴가는 적치하거나 수당으로 지급받을 수 없다.

6) 도입 사례

현대자동차의 2013년 경조 및 특별 휴가

① 본인 결혼 7일

② 자녀 결혼 3일

③ 자녀 출생 5일

④ 본인 및 배우자 형제자매 결혼 2일

⑤ 본인 및 배우자 부모 회갑 2일

⑥ 본인 배우자 및 형제자매 회갑 1일

⑦ 본인 조부모 사망 5일

⑧ 배우자 조부모 사망 3일

⑨ 본인 및 배우자 부모 사망 7일

⑩ 배우자 사망 10일

⑪ 자녀 사망 7일

⑫ 본인 및 배우자 형제자매 사망 4일

⑬ 본인 형제자매 배우자 사망 3일

⑭ 배우자 형제자매의 배우자 사망 1일

⑮ 본인 및 배우자 백숙부모 사망 2일

⑯ 본인 외조부모 사망 2일

⑰ 본인 및 배우자 부모 대소기(배우자 대소기 포함) 2일

⑱ 본인 조부모 탈상 1일

⑲ 본인 백숙부모 회갑 1일

⑳ 승중 2일

㉑ 승중상 7일

㉒ 본인 입학 또는 졸업 1일

㉓ 가족계획 시술 시 3일

㉔ 결혼기념일[석혼식(10주년) 및 은혼식(25주년)] 1일

7) 규정과 서식

경조사휴가제도를 도입하기 위해서는 규정을 준비해야 한다.

8) 제도 설계

경조사 포함 범위, 휴가 일수, 다른 휴일 또는 휴가와의 중복 처리 기준, 유급 또는 무급 여부, 휴가 절차, 합의변경제도 또는 임의변경제도 여부, 경조사비 지급 여부 및 금액, 화환 등 물품 지원 여부 등을 결정해야 한다.

3. 병가제도

1) 정의와 특징

병가(sick leave)는 직원이 업무와 관련이 없이 아프거나 장애가 생겨 짧은 기간 동안 출근할 수 없을 때 휴가를 허용하는 자율복지제도다(Gomez-Mejia et al., 2010: 425; 노동부, 2014b: 24). 발생한 시점에 치료나 요양을 위해 결근할 수밖에 없는 직원에 대해 휴가로 처리하는 점에서 휴식을 목적으로 직원이 계획해 사용하는 다른 휴가제도와는 특성이 다르기 때문에, 휴식제도로 분류하기보다는 출근하기 어려운 불가피한 날에 대해 소득을 보장하는 소득보장제도로 분류하기로 한다.

2) 변화 추세와 통계

독일은 '휴일과 질병에 있어 임금 지급에 관한 법률'에서 근로자가 귀책사유 없이 질병 때문에 근로를 제공하지 못한 경우, 그 기간 중 최대 6주간에 대해 사용자가 임금을 지급하도록 규정하고 있다(김기선·박수근·강성태 외, 2013: 318).

미국은 일반적으로 유급휴가로 부여하는데 근속기간 1년에 대해 평균 15일의 병가를 제공하고, 근속기간에 비례해 병가일수를 증가시키며, 적치해 사용할 수 있게 하는 경우도 많고, 일부 기업은 은퇴하는 구성원에게 적치된 병가를 지급하거나 장기 휴가를 제공한다(Gomez-Mejia et al., 2010). 최근에는 적치 사용 방식이 줄어들고 있다(DeCenzo et al., 2010: 302~303). 3일 이내의 산재에 대해서는 산재보험에서는 의료수당만 지급한다(이현주·정홍주·이홍무, 2004: 96). 2014년 조사 대상 기업 중 85%에서 병가제도를 도입하고 있고, 평균 휴가 일수를 보면 근속 1년 미만 직원에게 7일, 근속기간이 20년 이상이 되어도 9일로 대체로 8~9일 정도를 부여하는 것으로 나타났다(WorldatWork, 2014: 10, 24). 2015년 민간 기업 근로자 중 61%에 적용했는데, 연간 고정 일수를 부여하는 방식이 70%, 연간 평균 부여 일수는 7일, 이월 사용 가능한 근로자가 47%, 적치할 수 있는 상한 일수는 평균 50일로 나타났다(BLS, 2015: 313, 321~333). 2015년에 민간 기업의 노동비용에서 유급병가 비용이 차지하는 비중은 0.9%로 나타났다(BLS 2015년도 분기별 보도 자료 평균값).

일본에서는 2012년 상용 근로자 30명 이상인 기업 중 57.5%가 자율휴가제도를, 그중 21.8%가 병가제도를 규정하고 있는 것으로 나타났다(厚生勞働省, 2012: 7, 복수 응답).

한국에서는 주로 업무와 관련 없는 부상이나 질병으로 출근할 수 없을 때 무급휴가를 부여하는 방식으로 병가를 운영하는 것으로 보인다(노동부, 2014b: 24). 2014년 단체협약 중 78%가 휴직 요건을 규정하고 있고, 업무 외 질병은 36%, 업무 외 부상은 25%, 정신질환 등 심신장애는 13%가 각각 휴직 사유로 규정하고 있다(박명준·조성재·문무기, 2014: 107~111).

3) 관련 법률

어느 사업장에서나 자율적으로 도입할 수 있다. '노동법'에는 병가에 대해 직접 규정하는 내용이 없다. 업무와 관련 없이 부상 또는 질병으로 출근하지 못하는 근로자는 결근으로 처리하고 임금을 지급하지 않을 수 있고(대판 2009.12.24, 2007다73277; 근로개선정책과-3833, 2014.7.8), 적절한 치료 기회를 주었음에도 건강과 업무 수행 능력이 회복되지 않는 경우에는 해고할 수도 있다(임종률, 2015: 523).

그러나 업무상 부상이나 질병 즉 산재로 인한 휴업에 대해서는 '근로기준법'과 '산업재해보상보험법'에서 규정하고 있다. 근로자가 업무상 부상 또는 질병에 걸려 출근하지 못하면 사용자는 요양비를 부담해야 하며(근기법§78①, 징역 2년, 벌금 1000만 원 이하), 요양으로 출근하지 못하는 근로자에게는 평균임금의 60%를 휴업보상으로 지급해야 하는(근기법§79①, 징역 2년, 벌금 1000만 원 이하) 것이 원칙이다. 다만 4일 이상의 업무상 부상 또는 질병으로 출근하지 못할 때에는 근로자가 근로복지공단에 신청해 승인을 받으면 요양급여를 받을 수 있고(산재법 §40①), 요양으로 출근하지 못한 기간에 평균임금의 70%를 휴업급여로 받을 수 있기(산재법 §52①) 때문에 사용자로서는 책임이 면제된다(산재법§80①). 다만 산재라고 하더라도 3일 이내의 업무상 부상 또는 질병으로 출근하지 못할 경우에는 산재로 처리하지 못하고, 사용자가 요양비와 평균임금 60%의 휴업보상을 직접 지급해야 한다(근기법§78①, §79①, 각각 징역 2년, 벌금 1000만 원 이하).

4) 장점

기업으로서는 직원의 불가피한 결근을 승인하고 지원함으로써 조직몰입을 높일 수 있다. 직원으로서는 결근에 따르는 책임을 부담하지 않아도 되고, 유급휴가를 부여받으면 임금 삭감 부담도 없어질 수 있다.

| 표 V.4-2 | **2014년 인천국제공항공사 병가제도**

취업규칙 제25조(병가) ① 직원이 업무상 부상 또는 질병으로 인하여 출근이 불가능한 경우에는 연누계 180일의 범위 안에서 병가를 허가할 수 있다. 〈개정 2014.6.30〉 ② 직원이 업무 외의 사유로 인한 부상 또는 질병으로 출근이 불가능한 경우에는 연누계 60일의 범위 안에서 병가를 허가할 수 있다. 〈개정 2014.6.30〉 ③ 병가일수가 근무일 기준으로 7일 이상일 경우에는 의사의 진단서를 첨부하여 복무담당부서의 장에게 송부하여야 한다. 〈개정 2010.12.28〉 ④ 공사는 불임부부 지원 대책의 일환으로 조합원에게 다음과 같은 특별 유급휴가를 부여한다. 다만, 난자 채취일에 1일의 휴가를 추가로 부여할 수 있다. 〈본항신설 2007.1.16, 개정 2014.6.30〉 가. 인공수정: 1일 나. 시험관아기: 1일

자료: 인천국제공항공사(2014: 7).

5) 단점

기업으로서는 병가의 범위, 휴가 일수, 유급수당 비용이 증기하는 부담을 질 수 있다. 직원으로서는 무급휴가일 때에는 임금이 줄어들 수 있다.

6) 도입 사례

한국IBM은 업무와 관련이 없는 질병이나 사고로 출근할 수 없을 때에는 최장 1년까지 유급병가를 부여하고, 상여금이나 수당을 포함한 급여 전액을 지급한다(유규창·조규성, 2001: 344).

7) 규정과 서식

병가제도를 도입하기 위해서는 취업규칙이나 별도의 규정 등이 필요하고, 휴가를 신청할 때 사용할 수 있는 신청서 서식을 준비할 필요가 있다.

8) 제도 설계

병가제도를 설계하기 위해서는 적용 대상자, 휴가 일수의 한도, 다른 휴일, 휴가, 휴무와 겹칠 때의 처리, 유급 또는 무급 여부, 사용 절차 등을 결정해야 한다.

4. 희망퇴직위로금제도

1) 정의와 특징

희망퇴직위로금(severance pay, retirement bonus)이란 기업의 요구를 수용해 비자발적으로 퇴직하는 직원에게 해고예고수당이나 퇴직급여 외에 자율적으로 지급하는 보상을 말한다. 주로 인력구조조정 과정에서 희망퇴직제도 또는 명예퇴직제도와 함께 실시한다. 주로 새로운 일자리를 찾는 실업 기간에 필요한 소득의 일부를 지원하고, 비자발적인 퇴직에 따르는 충격을 완화하며, 일방적인 해고보다는 합의에 의한 자발적인 퇴직을 촉진하고, 해고에 따르는 법적 다툼을 예방하며, 아무런 보상이 없는 정리해고가 재직 중인 직원들에게 미치는 악영향을 최소화하기 위해 도입한다. 퇴직위로금, 퇴직공로금, 명예퇴직금, 명예퇴직위로금, 희망퇴직금, 희망퇴직위로금, 퇴직수당, 해고수당 등으로 다양하게 부른다. 희망퇴직위로금 지급을 법률에 의무로 정한 국가들도 있고, 기업의 자율에 맡기고 있는 국가들도 있으며, 다수의 국가에서는 법정퇴직위로금제도를 도입하고 있다(이진영, 2015).

2) 변화 추세와 통계

덴마크에서는 화이트칼라 노동자에 대해 12년 이상 근속자부터 1~3개월의 법정퇴직위로금을 지급해야 한다.

네덜란드에서는 10년 미만 근속자에게 6개월마다 월급의 1/6을, 10년 이상 근속자에게는 그 기간에 대해 6개월마다 월급의 1/4을 추가한 법정퇴직위로금을 지급해야 한다.

룩셈부르크에서는 5년 이상 근속자부터 1~12개월까지의 법정퇴직위로금을 지급해야 한다.

프랑스에서는 10년 미만 근속자에게 1년에 월평균임금의 20%를, 10년 이상 근속자에게는 10년 이후 매년 월평균임금의 2/15씩 추가한 법정퇴직위로금을 지급해야 한다.

영국에서는 2년 이상 근속자에게 상한선 범위 안에서 1년마다 1주씩의 법정퇴직위로금을 지급해야 한다.

호주에서는 근속기간에 따라 4~16주까지의 법정퇴직위로금을 지급해야 한다.

중국에서는 근속기간에 따라 6개월 미만 근속자에게는 0.5개월, 6개월 이상 2년 미만 근속자에게는 1개월의 퇴직수당을 지급해야 하고, 2년 이상 근속자에게는 근속기간 1년마다 30일씩의 퇴직수당을 지급해야 한다.

노르웨이, 뉴질랜드, 독일, 미국, 벨기에, 스웨덴, 스위스, 아이슬란드, 일본, 핀란드에서는 법정퇴직위로금제도는 없고 기업의 자율에 맡기고 있다(이상 이진영, 2015: 5~11).

미국에서는 법정 해고예고수당이나 법정퇴직위로금제도는 없으나(이진영, 2015: 11), 사업장을 폐쇄하거나 대량 정리해고를 할 때에는 60일 전에 해야 한다(이승길, 2005: 311). 2009년 70~80%의 기업에서 희망퇴직위로금제도를 운영했다(Mondy, 2012: 397~398). 희망퇴직위로금 금액은 직급과 근속기간과 연계해 결정하는 게 일반적인데(Lim et al., 2010: 455; Mondy, 2012: 397~398), 구체적인 금액은 기업마다 매우 다양하며, 일반적으로 근속기간 1년마다 1~2주급에 해당하는 금액을 지급하며(Mondy, 2012: 397~398), 최대 고정임금 1년 치까지 지급한다(Gomez-Mejia et al., 2010: 426). 2002년(2001.11~2002.11)에 조사 대상 기업 중 55%가 정리해고 규정을 두고 있는데, 평균적으로 정규직의 9%를 정리해고 했고, 예고 기간은 2주 이내가 55%, 즉시가 53%, 2주 이상이 45%로 다양하게 나타났으며, 94%에서 희망퇴직위로금을 지급했고, 73%에서 전직 지원 서비스를 제공했다(WorldatWork, 2002).

일본에서는 법정 해고예고수당은 있으나 법정 퇴직급여나 법정퇴직위로금제도는 없다(스게노 카즈오, 2015: 574, 293). 2013년 30명 이상의 기업 중 75.5%에서 자율적으로 퇴직급여제도(퇴직금이나 퇴직연금)를 도입하고 있는 것으로 나타났다(厚生勞働省, 2013: 18).

한국에서는 법정 해고예고수당과 법정 퇴직급여제도는 있으나 법정퇴직위로금제도는 없다.

3) 관련 법률

어느 기업에서나 자율적으로 도입할 수 있다. '노동법'에는 희망퇴직위로금에 대해 직접 규정하는 내용이 없다. 희망퇴직위로금은 임금에 해당하지 않는다(노동부예규 제47호, 2012). 희망퇴직위로금이 회사의 퇴직급여지급규정, 취업규칙, 노사합의에 의해 지급받은 급여에 해당하거나, 사용자 부담금을 기초로 하여 현실적인 퇴직을 원인으로 지급받는 소득에 해당할 경우에는 퇴직소득에 포함된다.

4) 장점

기업으로서는 비자발적인 퇴직에 따르는 충격을 완화하고, 일방적인 해고보다는 합의에 의한 자발적인 퇴직을 촉진하며, 해고에 따르는 법적 다툼을 예방하고, 아무런 보상이 없는 정리해고가 재직 중인 직원들에게 미칠 악영향을 최소화할 수 있다. 직원으로서는 새로운 일자리를 찾는 실업 기간에 필요한 소득의 일부를 확보할 수 있고, 해고되는 충격을 피할 수 있다.

5) 단점

기업으로서는 비용 부담이 증가할 수 있고, 계속적인 관행이 될 수 있으며, 개인의 필요에 의한 자발적인 사직을 지연시킬 수 있다. 직원으로서는 제도의 실시 여부나 내용을 기업이 필요할 때마다 결정하는 경우가 많기 때문에 불확실한 제도다.

6) 도입 사례

한국에서는 2015년(SK이노베이션, SK텔레콤, 한국델파이, 현대중공업, 대우증권, 포스코플랜텍), 2014년(현대증권, 삼성SDI, NH농협증권, 대신증권, 한국씨티은행, 하나은행, SC제일은행, 국민은행, 한화생명, ING생명, 한국지엠), 2013년(현대중공업), 2012년(NC소프트, 르노삼성), 2011년(한진중공업) 등을 사례로 들 수 있다.

| 표 V.4-3 | **2015년 희망퇴직위로금 지급 사례**

·SK이노베이션: 최대 기본급 60개월분, 5000만 원 이내 자녀학자금 추가
·SK텔레콤: 최대 기본급 80개월분
·한국델파이: 통상임금의 20~45개월분
·현대중공업: 통상임금의 40개월분
·대우증권: 19~35개월분
·포스코플랜텍: 18개월분 임금

7) 규정과 서식

희망퇴직위로금제도를 도입하기 위해서는 희망퇴직위로금 지급 기준(신청자 자격, 신청 기간, 신청 절차, 승인 절차, 퇴직 일자, 희망퇴직위로금, 희망퇴직위로금 지급일), 공고문, 신청서 등을 준비해야 한다.

8) 제도 설계

희망퇴직위로금제도를 설계하기 위해서는 적용 대상자, 신청자 자격, 신청 기간, 신청 절차, 승인 절차, 퇴직 일자, 희망퇴직위로금, 희망퇴직위로금 지급일 등을 결정해야 한다.

제5장

자율노후지원제도

1) 정의와 특징

자율노후지원제도는 기업이 근로자의 안정적인 노후 생활을 지원하는 자율복지제도다. 자율노후지원제도에는 자율퇴직금제도, 퇴직금누진제, 자율퇴직연금제도, 개인연금지원제도, 은퇴지원프로그램 등이 있다.

저출산, 고령화, 수명 연장, 저성장 시대가 예상되면서 안정적인 노후 소득을 확보해야 할 필요성은 갈수록 커지고 있다. 일반적으로 근로자의 노후 소득은 사회보장제도, 개인의 저축, 기업노후지원제도 세 가지를 통해 마련하게 된다(김원식·권병구, 2003: 88). 한국의 경우 국민연금, 개인의 저축·연금, 법정 퇴직급여 및 자율 노후 지원이 이에 해당한다. 각각의 제도만으로는 충분하지 않기 때문에 기업이 지원하는 자율노후지원제도도 중요한 복지제도가 될 수 있다.

2) 변화 추세와 통계

미국에서는 2015년 민간 기업 근로자 중 66%(확정급여형만 4%, 확정기여형만 47%, 둘 다는 14%)에게 적용했다(BLS, 2015: 193, 197). 2015년 민간 기업의 노동비용에서 자율 노후 지원(retirement and savings)이 차지하는 비중은 4.0%로 나타났으며, 참고로 법정 국민연금에 해당하는 연방노령유족장애보험제도가 차지하는 비중은 4.6%로 나타났다(BLS, 2015년도 분기별 보도 자료 평균값). 법정퇴직급여제도는 없다.

일본에서는 2013년 상용 근로자가 30명 이상인 기업 중 75%가 자율퇴직급여제도(퇴직금 또는 연금)를 두고 있는 것으로 나타났는데, 그중 65.8%는 퇴직금제도만, 11.6%는 연금제도만, 22.6%는 퇴직금제도와 연금제도 모두가 있는 것으로 나타났다(厚生勞働省, 2013: 18). 2015년 상용 근로자가 30명 이상인 기업 중 노동비용에서 자율퇴직급여가 차지하는 비중은 4.5%로 나타났다. 참고로 법정국민연금에 해당하는 후생연금보험료가 차지하는 비중은 6.2%로 나타났다(厚生勞働省, 2017을 근거로 계산). 법정퇴직급여제도는 없다.

한국에서는 자율노후지원에 대한 통계는 찾기 어렵다. 2015년에 상용 근로자 30명 이상 사업체에서 법정퇴직급여제도가 차지하는 비중은 9.5%, 법정국민연금제도가 차지하는 비중은 2.4%로 나타났다(고용노동통계포털을 근거로 계산).

3) 관련 법률

어느 기업에서나 자율적으로 도입할 수 있다. 자율노후지원제도에 대해 직접 규정하는 내용이 '노동법'에는 없다. 법정퇴직급여제도에 대해서는 '근로자퇴직급여보장법', 법정국민연금제도에 대해서는 '국민연금법'에서 각각 규정하고 있다.

4) 도입 사례

포스코(개인연금보조금, 2004), 삼성중공업(개인연금지원, 2008), CJ(개인연금지원, 2008), 유한킴벌리(은퇴프로그램, 2008), 현대중공업(개인연금지원, 2008), 현대자동차(개인연금지원, 2013) 등을 사례로 들 수 있다.

| 표 V.5-1 | 2008년 도레이새한의 자율노후지원제도

·개인이 노후보장성 연금을 가입 ·개인 총소득 3%의 범위 내에서 회사와 종업원이 각각 50%씩 부담

자료: 김동원 외(2008: 227).

제6장

추가 복지제도

1. 식대수당과 식사 제공

1) 정의와 특징

식대수당은 직원의 근로시간 중에 식사 비용을 지원하기 위해 지급하는 수당을 말한다. 일부 기업에서는 식사(food services)를 제공하기도 한다. 식대수당은 직원의 절세 지원과 불만 예방을 목적으로 지급하는 경우가 많다. 식사는 시간 절약, 생산성 향상, 직원 사기 진작, 사업장 건강 증진 등을 목적으로 제공하는 경우가 많다(Mondy, 2012: 301).

2) 변화 추세와 통계

일본에서는 2002년 조사 대상 기업 중 27.3%가 사원식당을 운영했다(김정한·박찬임·오학수, 2004: 126). 2014년 상용 근로자가 30명 이상인 민영기업 중 최대 16.2%가 식대수당을 지급했으며, 1인 월평균 지급액은 2만 5464엔이었다(厚生勞働省, 2015). 2015년 상용 근로자가 30명 이상인 민영기업에서 식대수당과는 별도로 기업이 부담한 근로자 1인당 월평균 식사 관련 비용은 616엔(노동비용의 0.1%)으로 나타났다(厚生勞働省, 2017).

한국에서는 2008년 취업규칙 가운데 11.6%가 식대수당을 규정하고 있고(김정한·문무기·윤문희, 2008: 125), 2009년 조사 대상 기업 중 84.14%가 식대수당을 도입하고 있는 것으로 나타났다(배규식·김정우·김기민, 2012: 76). 2008년 취업규칙 가운데 20.0%가 중식 제공을 규정하고 있으며, 그중 회사가 전액 부담하는 경우가 59.0%, 회사가 일부 부담하는 경우가 25.7%, 근로자가 전액 부담하는 경우가 3.1%, 불명확한 경우가 12.2%로 나타났고(김정한·문무기·윤문희, 2008: 115), 2014년 단체협약 중 37%가 급식·식대 제공을 규정하고 있으며, 회사가 급식을 제공하고 전액 부담하는 경우가 23%, 회사가 급식을 제공하고 일부 부담하는 경우가 8%, 급식비만 지급하는 경우가 3%, 회사 규정에 따름이 2%로 나타났다(박명준·조성재·문무기, 2014: 278). 2015년 상용 근로자가 30명 이상인 기업체의 노동비용 중 1인당 월평균 식사 비용은 7만 8600원, 노동비용 중 차지하는 비중은 1.6%로 나타났다(고용노동통계포털을 근거로 계산).

3) 관련 법률

어느 기업에서나 자율적으로 도입할 수 있다. '노동법'에는 식대수당 또는 식사 제공에 대해 직접 규정하는 내용이 없다. 노동부에서는 근로계약, 취업규칙 등에 규정된 급식비로 근무 일수에 관계없이 전 근로자에게 일률적으로 지급하는 경우에는 평균임금에 해당하며, 출근 일수에 따라 차등 지급하는 급식비는 기타 금품에 해당한다고 해석하고 있다(노동부예규 제47호 2012.9.25). 식대수당에 대해 단체협약, 취업규칙, 근로계약 등에서 지급 의무를 명시하고 있고, 근로자 전체 또는 일정한 요건을 갖춘 일부 근로자에게 모두 지급하며 정기적이고 계속적으로 지급하는 경우에는 임금에 해당한다. 그것을 고정 금액으로 지급하는 경우에는 통상임금에도 해당한다(대법 1996.5.10, 95다2227; 임종률, 2015: 393에서 재인용). 현금이 아닌 식사를 제공하는 경우 식사를 하지 않는 근로자에게 식사에 상당하는 금액을 따로 지급할 때에는 식사와 금액 모두 임금에 해당하지만, 금액을 따로 지급하지 않는 경우 식사는 임금에 해당하지 않는다(대법 2002.7.23, 2000다29370; 대법 2005.9.9, 2004다41217; 대법 2006.5.26, 2003다54322; 임종률, 2015: 393에서 재인용). '노동법'과는 별도로 '소득세법'에서는 식사를 비과세소득으로 보지만, 식사대만 지급하는 경우에는 월 10만 원까지만 비과세소득으로 보며, 식사와 식대를 각각 제공하는 경우 식사는 비과세소득으로 보지만 식대는 과세소득으로 본다(소득세법§12.3러; 소득세령§17의2; 이항수·김성중, 2014: 395~396).

4) 장점

기업으로서는 식대수당을 지급하는 경우에는 식대를 둘러싼 불만을 줄일 수 있고, 식사를 제공하는 경우에는 생산성 향상, 직원 사기 진작, 사업장 건강 증진, 직원과의 관계 개선 등의 효과를 얻을 수 있다(Mondy, 2012: 301). 직원으로서는 식대수당을 받을 경우 소득과 절세에 도움이 되고, 식사를 제공받는 경우에는 시간과 비용을 절약할 수 있다.

5) 단점

기업으로서는 식대수당을 지급하는 경우에는 보상 구성(reward mix, pay mix)이 복잡해지고 법률적인 다툼이 발생할 가능성이 증가할 수 있고, 식사를 제공하는 경우에는 운영하는 데 비용과 시간이 필요하다. 직원으로서는 식대수당을 지급받는 경우에는 실제와 다르게 임금으로 인정받지 못하는 경우가 발생할 수 있고, 식사를 제공받은 경우에는 식사의 메뉴, 수준, 질을 선택하는 것이 어려워질 수 있다.

6) 도입 사례

포스코에서는 중식비로 10만 원을 지급하고 있다(박호환·박우성, 2004: 58). 식사를 차별화해 중요한 보상으로 제공하는 기업으로는 KOG(2011~), 현대카드·현대캐피탈(2013), 구글코리아(2014), 삼성엔지니어링(2014), NHN엔터테인먼트(2014) 등을 사례로 들 수 있다.

| 표 V.6-1 | **2014년 구글코리아 구내식당 운영**

·구내식당을 외주 업체를 통해 운영함. ·점심식사로 1인당 2만 원 수준인 뷔페형 급식을 회사 부담으로 제공 ·한식, 중식, 일식, 외국인 스페셜식 등으로 매일 다른 테마의 고급 식사 제공

자료: ≪중앙일보≫, 2014년 5월 7일 자.

7) 규정과 서식

식대 수당이나 식사 제공을 운영할 때에는 명확한 지침을 만들고 일관성 있게 운영할 필요가 있다.

8) 제도 설계

식대 수당에 대해서는 대상자, 지급 의무 여부, 지급 조건, 금액, 임금 해당 여부, 근로소득세 처리 방법 등을 결정할 필요가 있다. 식사 제공에 대해서는 대상자, 제공 의무 여부, 제공 조건, 수준이나 품질 기준, 식사하지 않은 직원에 대한 처리 방법, 근로소득세 처리 방법 등을 결정할 필요가 있다.

2. 자가운전보조금 또는 차량유지비

1) 정의와 특징

자가운전보조금 또는 차량유지비는 직원이 자기 명의의 차량을 업무 수행을 위해 사용하는 대가로 직원에게 지급하는 비용을 말한다.

자가운전보조금 또는 차량유지비라는 이름의 제도를 운영하면서도 실제로는, 직원 명의 차량을 업무 수행에 사용하는 대가로 지급하는 경우, 직원 명의 차량을 출퇴근에만 사용하는데 필요한 비용으로 지급하는 경우, 직원 명의 차량과는 관계없이 누구에게나 출퇴근에 필요한 비용을 지원하기 위해 지급하는 경우, 사실상 아무런 요건 없이 대다수 직원의 절세 지원과 불만 예방을 위해 지급하는 경우, 평균임금액이나 통상임금액을 줄이기 위해 형식적으로 지급하는 경우 등 자가운전보조금 또는 차량유지비를 운영하는 실제 이유는 다양하다.

2) 변화 추세와 통계

일본에서는 대다수 기업에서 '통근수당'을 지급하는데, 출퇴근하는 데 필요한 비용을 지원할 목적으로 거주지에서 직장까지의 거리를 고려해 지급하며, 자가용으로 출퇴근하는 직원에게는 유류비에 해당하는 금액을 지급하기도 한다(高橋宏, 2007). 2014년에 상용 근로자가 30명 이상인 기업체 중 91.7%에서 통근수당을 지급했는데, 1인당 월평균 지급액은 1만 1462엔으로 나타났다(厚生労働省, 2015).

한국에서는 2014년에 평균 출퇴근 소요 시간이 OECD 26개 국가 가운데 1위로 나타났다(≪연합뉴스≫, 2017.4.27). 2015년 상용 근로자가 30명 이상인 기업체의 노동비용 중 1인당 월평균 교통·통신 지원 비용은 2만 4800원(교통비와 통신비 합계), 노동비용 중에 차지하는 비중은 0.5%로 나타났다(고용노동통계포털을 근거로 계산).

3) 관련 법률

어느 기업에서나 자율적으로 도입할 수 있다. '노동법'에는 자가운전보조금 또는 차량유지비에 대해 직접 규정하는 내용이 없다. '노동부'에서는 예규를 통해 근로시간과 관계없이 생활보조적·복리후생적으로 지급하는 통근수당이나 차량유지비는 모든 근로자에게 정기적이고 일률적으로 지급하는 경우에는 평균임금에 해당하고, 출근 일수에 따라 변동적으로 지급하거나 일부 근로자에게 지급하는 경우에는 임금에 해당하지 않는다고 해석한다(노동부예규 제47호, 2012). 차량유지비나 교통비에 대해 단체협약, 취업규칙, 근로계약 등에서 지급 의무를 명시하고 있고, 근로자 전체 또는 일정한 요건을 갖춘 일부 근로자에게 모두 지급하며, 정기적이고 계속적으로 지급하는 경우에는 임금에 해당하고, 그것을 고정금액으로 지급하는 경우에는 통상임금에도 해당한다. 다만 차량 보유를 조건으로 지급하거나 직원 차량을 업무용으로 사용하는 데 필요한 비용을 보조하기 위해 지급하는 경우에는 실비 변상적인 것으로 보아 임금에 해당하지 않는다(대법 2002.5.31, 2000다18127; 대법 1996.5.10, 95다2227; 임종률, 2015: 393에서 재인용).

'노동법'과는 별도로 '소득세법'에서는, 첫째, 기업이 제공하는 출퇴근차량을 직원이 무료로 이용하는 데 따르는 운임 상당액은 근로소득으로 보지 않고, 둘째, 직원이 자기 명의의 차량을 직접 운전해 업무 수행에 이용하면서 정해진 지급 기준에 따라 시내 출장 여비 대신 소요 경비를 지급받을 때에는 비과세근로소득으로 취급하고, 셋째, 출퇴근 편의만을 위한 자신 명의의 차량 이용에 대한 자가운전보조금은 과세 대상 근로소득으로 취급하고, 넷째, 차량과 관계없이 출퇴근 편의를 위해 지급하는 출퇴근보조비는 과세 대상 근로소득으로 취급하고, 다섯째, 야간근무 직원에 대해 지급하는 차비보조금도 과세 대상 근로소득으로 취급한다(이항수·김성중, 2014: 388~392, 402).

4) 장점

기업으로서는 업무용 자가운전보조금 또는 차량유지비를 지급하는 경우에는 업무 비용 지급을 둘러싼 불만을 줄일 수 있고, 업무 비용 관리를 쉽게 할 수 있다. 직원으로서는 업무용의 자가운전보조금 또는 차량유지비를 받는 경우에는 소득과 절세에 도움이 될 수 있고, 출퇴근을 편히 하는 데에도 도움이 될 수 있다.

5) 단점

기업으로서는 업무용 자가운전보조금 또는 차량유지비를 지급하는 경우 금액 결정 기준을 마련하는 게 쉽지 않고, 업무용으로 직원 차량을 사용하는 경우가 아닌 상황에서 자가운전보조금 또는 차량유지비를 지급하는 경우 임금 해당 여부, 비과세 해당 여부 등을 둘러싸고 논란이나 혼란이 생길 수 있다. 직원으로서는 업무용 자가운전보조금 또는 차량유지비를 받는 경우에는 합리적이고 충분한 금액 결정 기준을 확보하는 게 쉽지 않으며, 업무용으로 직원 차량을 사용하는 경우가 아닌 상황에서 자가운전보조금 또는 차량유지비를 받는 경우에는 임금 해당 여부, 비과세 해당 여부 등을 둘러싸고 불이익을 볼 수 있다.

6) 도입 사례

다수 기업에서 실제 지급 이유는 불명확한 상태에서 자가운전보조금 또는 차량유지비라는 이름으로 매월 20만 원씩을 지급하는 경우가 많다.

7) 규정과 서식

자가운전보조금이나 차량유지비를 운영할 때에는 명확한 지침을 만들고 일관성 있게 운영할 필요가 있다.

8) 제도 설계

자가운전보조금 또는 차량유지비에 대해서는 대상자, 지급 의무 여부, 지급 이유와 지급 조건, 금액 결정 기준, 금액, 임금 해당 여부, 근로소득세 처리 방법 등을 결정할 필요가 있다. 특히 직원 명의 차량의 사용 여부, 업무용 또는 출퇴근용 여부, 실제 비용 고려 여부 등을 검토해 실질적인 제도가 될 수 있게 설계할 필요가 있다.

3. 명절 선물

1) 정의와 특징

명절 선물은 한국에서 주로 설이나 추석에 직원들에게 선물의 의미로 지급하는 물품을 말한다. 명절 선물로는 주로 상품이나 상품교환권을 지급한다. 기업 중 명절 선물만 지급하는 기업도 있으나, 명절 선물은 지급하지 않고 임금으로 명절상여금만 지급하거나, 명절 선물과 명절상여금을 같이 지급하는 기업도 있고, 명절 선물이나 명절상여금 어느 것도 지급하지 않는 기업도 있다.

2) 변화 추세와 통계

명절 선물에 대한 통계는 찾아보기 어렵다.

일본에서는 2015년에 상용 근로자 30명 이상 민영기업에서 기업이 부담한 근로자 1인당 월평균 현물 급여 비용은 465엔(노동비용의 0.1%)으로 나타났다(厚生勞働省, 2017을 근거로 계산).

3) 관련 법률

어느 기업에서나 자유롭게 도입할 수 있다. '노동법'에는 명절 선물에 대해 직접 규정하는 내용이 없다. 명절 선물이라고 하더라도 단체협약, 취업규칙, 근로계약 등에 지급해야 할 의무가 있는 보상 항목으로 규정하고 있고, 정기적으로 계속 지급하며, 전체 근로자 또는 일정한 조건을 갖춘 근로자 모두에게 지급하고, 선물을 받지 못한 근로자에게 일정한 금액을 주는 방식으로 환가가 가능한 경우에는 임금에 해당하며, 거기에 금액도 고정되어 있으면 통상임금에도 해당할 수 있다(하갑래, 2014: 406~407).

4) 장점

기업으로서는 직원의 사기를 높일 수 있고, 지급하지 않을 때 발생하는 불만을 줄일 수 있으며, 현금보다 적은 비용으로 큰 효과를 낼 수 있고, 많은 양이 필요한 경우 낮은 가격으로 구입할 수 있다. 직원으로서는 받으면 기분이 좋고, 필요하고 쓸모 있는 것을 받으면 도움도 된다.

5) 단점

기업으로서는 직원들이 좋아하지 않는 물품을 지급하면 불만을 살 수 있고, 지급하는 데 시간과 비용이 더 들고, 관리를 잘못하면 임금이 될 수도 있다. 직원으로서는 불필요하고 쓸모없는 것을 받을 수도 있고, 가져가는 데 불편할 수 있다.

6) 도입 사례

다음커뮤니케이션(2011), NC소프트(2011), NHN(2011), 웹젠(2011), 현대자동차(2013) 등을 사례로 들 수 있다.

| 표 V.6-2 | 2013년 현대자동차 명절 선물

단체협약 제106조(선물 지급) ① 회사는 조합원의 사기 진작을 고취시켜 생산성 향상 및 업무 효율을 극대화하고자 소정의 선물을 지급한다. ② 선물 품목 및 업체 선정, 지급 시기는 조합과 협의하여 결정한다. ③ 선물(설날·추석) 단가는 연 50만 원으로 한다.

자료: 현대자동차(2013).

7) 규정과 서식

명절 선물을 운영할 때에는 명확한 지침을 만들고 일관성 있게 운영할 필요가 있다.

8) 제도 설계

지급 의무 여부, 대상자, 지급받지 못하는 사람, 가격 수준, 품목, 선택권, 지급 시기, 지급받지 못한 사람에 대한 처리 방법 등을 결정할 필요가 있다.

4. 상담지원제도(EAP)

1) 정의와 특징

상담지원제도(EAP: employee assistance program)는 개인적인 문제 때문에 어려움을 겪고 있는 직원에게 전문가 상담을 제공하는 자율복지제도다. 업무와 관련이 없고, 업무 도중에는 처리할 수 없는 개인적인 문제들을 해결하는 데 필요한 상담을 지원한다(Reed et al., 2012: 364). 일반적으로 알코올중독, 약물중독, 우울증, 스트레스, 금연, 건강, 법률 판단, 자산 관리, 부부 관계, 자녀의 양육 및 교육, 전직 등에 대한 상담을 제공한다. 한국에서는 직무 스트레스, 조직 내 관계 갈등, 업무 과다, 역량 개발 등 업무 관련 상담도 구분하지 않고 포함시키는 경우도 있다. EAP, EAP 프로그램, 근로자 지원 프로그램, 종업원 후원 프로그램, 직원 상담 프로그램, 상담지원제도 등 다양한 이름으로 부른다. 직원이 개인적으로 어려운 문제를 겪을 때 직무성과나 기업 성과가 저하될 수 있는 문제점을 예방하기 위한 목적으로 도입한다. 운영 주체가 누구인가, 서비스 수행자가 누구인가에 따라 사내 모형, 외부 모형, 컨소시엄 모형, 협회 모형, 노동조합 모형, 정부지원형 모형 등으로 유형을 구분하기도 한다(노동부, 2011: 166~168).

2) 변화 추세와 통계

미국에서는 20세기 초부터 기업에서 직장 알코올중독 프로그램을 도입하기 시작했고, 1970년에 알코올 남용 및 알코올중독 예방, 치료, 재활종합법을 제정해 모든 연방 기관과 군대에서 직장 알코올중독 프로그램을 의무적으로 시행하게 했으며, 이후 개인 상담, 가족 치료, 재정 상담 등의 서비스를 추가해 EAP로 발전시켰다. 2000년에 1만 2000개 이상의 EAP 기관이 있는 것으로 나타났다(노동부, 2011: 157~158). 2006년 실제로 이용한 근로자는 5~7%인 것으로 나타났다(Lim et al., 2010: 507에서 재인용). 2015년에 민간 기업 근로자의 51%에게 제도를 적용했다(BLS, 2015: 345).

일본에서는 1990년대에 경기침체와 일본식 고용제도의 변화를 겪으면서 스트레스, 과도한 초과근로, 과로사가 증가했다. 정부는 초과근로시간에 따른 기업의 책임에 대한 규정을 신설하고, '마음의 건강 만들기 지침'을 만드는 등 대책을 마련했으며, 기업은 정신건강관리 방법으로 EAP를 도입하기 시작했다(이상 노동부, 2011: 159~160).

한국에서는 1999년에 듀폰코리아에서 처음으로 도입한 후 2009년에 정부에서 직접 서비스를 시작했고, 2010년에 '근로자복지기본법시행령'을 개정하면서 사업주에게 근로자 지원 프로그램 시행 노력 의무를 부과했다(노동부, 2011: 158~159).

3) 관련 법률

어느 기업에서나 자율적으로 도입할 수 있다. 상담지원제도에 대해서는 '근로복지기본법'에서 규정하고 있으나, 현재까지는 벌칙이 없어 의무 사항은 아니다. 사업주는 근로자의 업무 수행 또는 일상생활에서 발생하는 스트레스, 개인의 고충 등 업무 저해 요인의 해결을 지원해 근로자를 보호하고, 생산성 향상을 위한 전문가 상담 등 일련의 서비스를 제공하는 근로자 지원 프로그램을 시행하도록 노력해야 한다(복지법§83①). 사업주와 근로자 지원 프로그램 참여자는 근로자 지원 프로그램을 시행하는 과정에서 근로자가 공개에 동의한 경우를 제외하고는 근로자의 비밀이 침해받지 않도록 익명성을 보장해야 한다(복지법§83②, 복지령 §55). 기업 내부에서 업무와 관련이 있는 근로조건이나 근로환경에 대한 근로자의 불만이나 애로(고충이라 부름)에 대해서는 상시 근로자가 30명 이상인 기업에서는 고충처리위원회를 설치해(근참법§26, 벌금 200만 원 이하) 처리해야 한다(근참법§26~§28).

4) 장점

기업으로서는 직무 성과나 기업 성과의 저하를 예방하는 데 도움이 된다. 직원으로서는 무료 또는 적은 비용으로 전문가의 상담을 받을 수 있다.

5) 단점

기업으로서는 도입하고 운영하는 데 비용, 시간, 노력이 필요하다. 직원으로서는 비밀이 보장되지 않을 경우 불리한 정보가 노출되어 불이익을 받을 수 있다.

6) 도입 사례

미국에서는 DuPont(1942~), 푸르덴셜(1990~), Ford, GM, IBM 등을 사례로 들 수 있다. 일본에서는 소니, 캐논 등을 사례로 들 수 있다. 한국에서는 듀폰코리아(1999~), 유한킴벌리(2002~), SK에너지(2005~), 구글코리아, 기업은행, 대우증권, 로레알코리아, 롯데하이마트, 삼성그룹, 신세계백화점, LG전자, 우리은행, 인천국제공항공사, 포항제철, 풀무원, 하나은행, 한국Microsoft, 한국수력원자력, 한국수자원공사, 한국IBM, 한국전력기술, 한국전자통신연구원, 한국P&G, 현대하이스코, 한국화학연구원 등을 사례로 들 수 있다.

| 표 V.6-3 | **SK에너지 상담지원제도(EAP 프로그램)**

- 2005년 5월 도입하여 본사 임직원들에게 시행한다.
- 경력 개발, 역량 개발, 생활 상담, 가족 상담 등 4개 분야에 대한 전문 상담을 지원한다.
- 제도의 일부로 업무 과정에서의 재충전을 위한 휴식 공간도 운영한다.
- 상담 접수는 내부에서 받고, 상담은 경력 관리 컨설턴트, 정신과 의사, 전문 심리상담사, 재테크 컨설턴트 등 외부의 전문 상담가가 실시한다.

자료: 노동부(2011: 194).

7) 제도 설계

상담지원제도를 설계할 때에는 전략, 제도 유형, 예산, 주요 정책과 절차 등을 결정해야 한다(노동부, 2011: 173). 제도를 제대로 운영하고 효과를 얻기 위해서는 특히 상담 내용의 비밀 보장이 필수적이다.

5. 선택적 복지제도

1) 정의와 특징

선택적 복지제도(flexible benefits plan)란 여러 가지 복지 항목 중에서 직원이 자신의 선호와 필요에 따라 자율적으로 선택해 복지 혜택을 받는 제도를 말한다(근로복지기본법§81). 선택적 복지제도에서는 기업이 여러 가지 복지제도 메뉴를 제시하고 직원에게는 해마다 일정한 금액을 부여하며, 직원은 주어진 금액 범위에서는 메뉴 중 선택해 혜택을 받을 수 있다. 이와 달리 전통적 복지제도에서는 기업이 여러 가지 복지제도 메뉴와 메뉴별 수혜 자격 요건을 제시하며, 직원은 그 메뉴 중 자신에게 수혜 자격이 생긴 시점에 해당 복지제도에 대해서만 혜택을 받을 수 있을 뿐이고, 해마다 전체 금액도 일정하지 않고 선택권도 행사할 수 없다.

선택적 복지제도는 엄밀하게 말하면 휴가제도, 의료지원제도 등과 같은 복지제도의 일종이 아니라 복지제도를 운영하는 방식 즉 복지운영제도의 일종이라고 할 수 있다. 주로 직원에게 선택권을 부여해 복지제도에 대한 만족도를 높이고, 전체 복지 비용을 제한해 관리할 목적으로 도입한다. flexible benefits plan, flex plan, cafeteria plan, customized benefit plans, 선택적 복리후생제도, 선택적 복지제도, 선택식 복지제도, 카페테리아식 복리후생제도, 맞춤형 복지제도 등으로 다양하게 부른다. 선택적 복지제도는 일반적으로 세 가지 유형으로 구분하는데, 첫째, 몇 가지 복지 항목은 모든 직원에게 고정적으로 적용하고 나머지 복지 항목은 직원마다 선택할 수 있도록 하는 선택 항목 추가형(core-plus options plans), 둘째, 여러 가지 복지항목을 몇 가지 묶음으로 구성해 직원이 묶음 중 하나를 선택하도록 하는 모듈선택형(modular plans), 셋째, 일정한 금액 한도 안에서 복지 항목을 자유롭게 선택하도록 하는 소비계정형(flexible spending accounts) 등이다.

2) 변화 추세와 통계

선택적 복지제도는 1963년 미국 캘리포니아 대학의 산업 심리학 교수였던 스탠리 닐리(Stanley M. Nealey)가 GE를 대상으로 실시한 연구에서 처음 창안했다(노동부, 2011: 127).

미국에서는 1974년에 최초로 TRW와 ETS에서 선택적 복지제도를 도입했다. 복지 비용의 급증, 근로자 구성 및 욕구의 다양화, 1978년의 세법 개정에 따른 세제 혜택 부여 등을 계기로 1980년대에 급격히 확산되었다. 1997년 근로자가 100인 이상의 기업 중 52%, 포춘

500대 기업의 4분의 3 이상이 도입하고 있다(노동부, 2002a: 62). 2015년의 민간 기업 근로자 중 17~40%(Section 125 cafeteria benefits, 즉 '내국세법' 제125조에 따른 제도 기준)에 적용했다(BLS, 2015: 349).

일본에서는 1995년에 최초로 베네세 코퍼레이션과 세이토모(西友)에서 선택적 복지제도를 도입했다. 세제 지원 미비와 1990년대 이후 경기 불황이 계속되면서 선택적 복지제도는 확산되지 못했다. 2002년 기업 중 1.2%에서 도입하고 있다(김정한·박찬임·오학수, 2004).

한국에서는 1997년 최초로 한국IBM에서 선택적 복지제도를 도입했다. 대기업 및 공기업을 중심으로 확산되었다. 2005년에 '공무원 후생복지에 관한 규정'을 개정해 선택적 복지제도를 도입할 수 있는 근거 규정을 마련한 이후 중앙행정기관, 지방자치단체, 공공 기관에 확산되었다. 2008년 취업규칙 가운데 0.4%가 규정하고 있다(김정한·문무기·윤문희, 2008). 2009년 조사 대상 기업 가운데 5.89%에서 도입하고 있는데, 민간 기업 중 5.27%, 공공기업 중 69.89%에서 도입하고 있다(배규식·김정우·김기민, 2012).

3) 관련 법률

어느 기업에서나 자율적으로 도입할 수 있다. 선택적 복지제도에 대해서는 '근로복지기본법'에 규정하고 있다. 기업은 선택적 복지제도를 실시할 때 모든 근로자가 공평하게 복지 혜택을 받을 수 있도록 해야 하며, 근로자의 직급, 근속연수, 부양가족 등을 고려해 합리적인 기준에 따라 수혜 수준을 달리할 수 있다(근로자복지기본법§81②). 기업은 선택적 복지제도를 설계할 때 근로자의 사망, 장해, 질병 등에 관한 기본적 생활 보장 항목과 건전한 여가·문화·체육활동 등을 지원할 수 있는 개인별 추가 선택 항목을 균형 있게 반영할 수 있도록 노력해야 한다(근로자복지기본법§82①). 기업은 근로자가 선택적 복지제도의 복지 항목을 선택하고 사용하는 데 불편이 없도록 전산 관리 서비스를 직접 제공하거나 제3자에게 위탁해 제공될 수 있도록 노력해야 한다(근로자복지기본법§82②). 사내근로복지기금법인은 기본 재산을 선택적 복지제도 운영에 사용할 수 있다(근로자복지기본법§82③, §62②). 선택적 복지제도를 통해 직원에게 부여하는 복지비는 임금이나 통상임금으로서 요건을 갖출 경우에는 복지가 아니라 임금 또는 통상임금이 될 수 있다(판례).

4) 장점

기업으로서는 직원의 복지후생 만족도를 높일 수 있고, 변화하는 직원의 복지후생 요구를 반영하기 쉽고, 복지후생에 대한 직원의 이해도를 높일 수 있으며, 전체 복지 비용의 안정적인 관리가 쉽고, 노사 협력을 증진시킬 수 있으며, 직무 만족도를 높일 수 있고, 생산성을 높이는 데 도움이 된다(유규창·조규성, 2001: 326~328). 직원으로서는 필요한 복지제도를 선택할 수 있고, 불필요한 복지제도는 선택하지 않을 수 있으며, 복지비를 합리적이고 계획적으로 사용할 수 있다.

5) 단점

기업으로서는 제도를 설계하고 운영하는 데 많은 비용과 시간이 필요하고, 객관적으로 필요한 복지 항목을 직원들이 선택하지 않는 부작용이 나타날 수 있고, 작은 기업이나 지불 능력이 적은 기업에서는 도입하기 어렵다. 직원으로서는 선택하고 사용하는 데 시간과 노력이 필요하고, 잘못 선택할 수 있다.

6) 도입 조건

매우 다양한 인력으로 구성된 대기업, 인력의 모집과 유지가 매우 중요한 기업, 유연성을 매우 강조하는 기업, 거래적 또는 균형 잡힌 심리적 계약을 추구하는 기업, 고관여문화 기업, 분석형 또는 공격형 경영전략 기업에 적합하다(Shields, 2007: 336~337). 선택적 복지제도를 성공적으로 도입하기 위해서는 단계적으로 명확한 목표 정립, 경영진의 적극적인 이해와 협조, 종업원의 이해 증진과 기대 수준 관리, 종업원의 선택 능력 강화와 교육, 노조와의 협력, 전문 컨설팅 회사의 이용, 관리 시스템 및 관련 규정 정비, 세제 혜택 여부의 사전 점검, 정기적인 제도 검토 및 수정 등의 요건이 필요하다(유규창·조규성, 2001: 365~369).

7) 도입 사례

미국에서는 TRW(1974), ETS(1974), Chrysler, Verizon, AT&T, Xerox, Met Life, 델타항공 등을 사례로 들 수 있다. 일본에서는 베네세 코퍼레이션(1995), 세이토모(1995), 미쓰비시자동차(2000), 도요타자동차(well choice, 2000), 마쓰다자동차(마쓰다 flex benefit, 2000), 덴소(덴소 Cafeteria Plan, 2001), 간토자동차(2001), 아이싱정밀기기(아이 selection, 2002) 등을 사례로

들 수 있다. 한국에서는 한국IBM(1997), LG유통(1998), CJ(1998), 한국가스공사(1999), 동양제과(2000), 한전(2000), 한글과컴퓨터(2000), 나이키코리아(2000), 델파이코리아(2000), 삼성생명(2000), KTF(2001), NHN(2002), 포스코(2003), 기획예산처(2003), 중앙인사위원회(2003), 경찰청(2003), 웅진씽크빅(2006), LG화학(2006), 대림산업(2008), 유한킴벌리, SK텔레콤, 도서출판길벗 등을 사례로 들 수 있다.

8) 규정과 서식

선택적 복지제도를 도입하기 위해서는 규정이 필요하다.

9) 제도 설계

선택적 복지제도를 설계할 때에는 선택적 복지제도 유형, 세부 복지제도 메뉴 구성, 개인별 점수 운영 방식 등을 결정해야 한다(유규창·조규성, 2001: 332~336).

| 표 V.6-4 | X공단 선택적 복지제도 포인트 부여 및 자율 선택 항목(2012)

포인트		
공통 포인트	근속 포인트	가족 포인트
전 직원 450P 일률 배정	·1년 이하: 0p ·5년 이하: 50p ·5년 초과~10년 이하: 100p ·10년 초과~15년 이하: 150p ·15년 초과: 200P(최고 200p 배정)	·배우자 200p ·부모 1인당 50p ·자녀(첫째 50p, 둘째 100p, 셋째부터 150p) ·공통·근속 포인트를 포함해 최고 950p 배정
합계: 최소 450p~ 최고 1600p 부여(45~160만 원)		

자율 선택 항목				
구분	항목별	수혜 대상	지급 범위	지급 제외
자기 계발	온라인/일반 서점	본인	지식 및 정서 함양을 위한 도서 구입	게임, 자녀 참고서 등
	음반(CD, DVD)		지식 및 정서 함양을 위한 음반 구입	게임, 자녀 교육용
	자기 계발 강좌		요가, 미술, 꽃꽂이, 제빵 등	
	전화 강의		영어, 일어, 중국어 등	
	온라인 교육		영어, 일어, 중국어, 토익, 토플 등	
	자기 계발 관련 교육		시험 응시 수수료	운전면허, 중기면허 등

건강관리	건강검진	본인, 부양가족	종합건강검진(직계 존비속) 노인복지시설	
	병원비 및 약제비		단순 질병 등으로 소요되는 병원비 및 약제비	입원 등으로 보험 적용 가능 시 제외
	지역특산물		복지매장 지역특산물 등	
	치과 및 한방		치과, 한방 치료(건강보험급여 항목만 해당)	미용 및 한방 보약 등
	스포츠센터		· 스포츠/피트니스에서 운영하는 모든 항목(헬스, 수영, 스쿼시 ,탁구, 볼링, 골프 기타) · 종합 시설이 아닌 단일 시설에서도 이용가능(탁구장, 볼링장, 수영장 등)	
	골프교실		골프는 실내/실외 연습장만 가능	골프경기, 골프용품 구입 등
	안경/콘택트렌즈		시력교정용 안경/콘택트렌즈로 한정	선글라스, 고글 등
문화레저	숙박시설	본인, 부양가족	호텔, 콘도, 펜션 이용료	
	렌터카		복리후생관을 통한 온라인 예약	
	레포츠		래프팅, 번지점프, 서바이벌, 패러글라이딩, 기타	장비 구입
	영화/공연/전시		영화, 연극, 음악회, 공연, 전시회 등	
	여행(국내/국외)		국내/해외여행(후생복지관 및 여행사를 통한 상품만 가능)	기념품 및 여행 물품 구입
가족친화	자녀교육	부양가족	관인(피아노, 태권도, 미술학원 등)	
	자녀보육		놀이방, 유치원, 어린이집/유아용품	
	꽃 배달	본인, 부양가족	꽃다발, 화환	
	케이크/떡 배달		케이크, 떡	
	주말농장/농촌 체험		주말농장, 과일 수확	지정 업체 외
	테마파크		에버랜드, 서울랜드, 롯데월드, 아쿠아리움	입장료/자유 이용권 외
	가족사진		가족사진 촬영	
	사진 인화		디지털 사진 인화	
생활편의	복지매장	본인	두 개 카테고리(스포츠, 건강/운동)	오프라인 구매 시 스포츠, 운동 용품 전문 매장 이용 가능
	법률/세무 상담		생활법률/세무 상담	
	차량 경정비		차량 클리닝 및 경정비	차량 튜닝 및 인테리어 제품 구입 등

제VI부

일터환경제도

일터환경제도의 정의와 구분

1) 정의와 특징

일터환경제도(work environment)는 임금이나 복지에 못지않게 가치가 있으나 개인별 금액을 표시하기 곤란한 보상을 말한다.

일터환경제도는 직원이 받게 될 보상의 용도나 소비 목적이 받기 전에 정해져 있고, 노동이 아닌 다른 요건을 충족하거나 단지 특정 집단에 소속되었다는 사실만으로도 보상을 받을 수 있고, 직원 개개인을 대상으로 하기보다는 전체 직원이나 특정 집단을 대상으로 제공하는 특성이 있다. 특히 일터환경이 다른 보상 유형인 임금이나 복지와 결정적으로 구별되는 특징은 직원이 받은 보상을 개인별 금액으로 표시하기 곤란한 점이다. 서구에서는 일터환경을 relational returns, non-financial compensation, work environment, job environment, alternative reward 등으로 부른다. 한국에서는 관계 보상, 비경제적 복리후생, 근무환경 등으로 부른다.

일터환경은 5가지 보상 유형(고정임금, 변동임금, 법정복지, 자율복지, 일터환경) 중 가장 불명확한 보상이다. 일터환경에 대한 일반화된 정의나 세분화 방법을 찾아보기는 쉽지 않다. 일터환경을 보상제도의 한 구성 요소로 인정하지 않는 경우도 흔하다. 그러나 일터환경의 중요성을 기업으로서나 직원으로서나 결코 무시할 수 없으며, 오히려 최근 들어 중요성이 증가하고 주목의 대상이 되고 있다. 고용 불안과 비정규직 문제의 심화, 수시로 발생하는 심각한 안전사고, 잊을 만하면 터져 나오는 성희롱 사건, 갑질 논란 등은 일터환경이 보상제도 가운데 기초가 되지 않으면 안 된다는 사실을 알려준다. 또 많은 기업에서 열성적으로 도입하는 '일하기 좋은 기업(GWP: Good WorkPlace)' 운동도 일터환경을 최선의 상태로 조성하기 위한 활동의 하나라고 할 수 있다.

일터환경제도는 제도의 목적에 따라 다시 근로시간 환경, 고용안전 환경, 산업안전 환경, 차별 금지 환경, 성장 지원 환경, 기업문화 환경 등으로 세분화할 수 있다. 앞의 네 가지는 주로 법정 제도에 해당하고, 뒤의 두 가지는 주로 자율제도에 해당한다.

2) 변화 추세와 통계

미국 노동통계국에서는 노동비용을 집계할 때 일터환경제도로 볼 수 있는 항목은 포함시

| 표 VI-1 | 일터환경제도의 구분

근로시간 환경	고용안전 환경	산업안전 환경
·법정 근로시간 ·연장근로 제한 ·휴일근로 제한 ·야간근로 제한 ·휴게 시간 ·유연 근무시간	·해고 징계 제한 ·정리해고 제한 ·기간제근로자 보호 ·단시간근로자 보호 ·파견근로자 보호	·건강 진단 ·위험 업무 제한 ·작업 환경 측정 ·유해 위험 예방 ·유해 위험 기구 제한 ·유해물질 취급 제한 ·안전보건 관리 체계
차별 금지 환경	**성장 지원 환경**	**기업문화 환경**
·성차별 금지 ·비정규직 차별 금지 ·연령 차별 금지 ·장애인 차별 금지 ·외국인 차별 금지	·교육훈련 ·승진·승격 ·경영진 승계 ·전환 배치 ·성과 관리	·경영진의 리더십 ·직원 존중 ·공정한 대우 ·상호 배려 ·직원 만족 ·노사 관계 존중 ·이해관계자 존중

키지 않고 있다(BLS, 2014: 5).

일본 후생노동성에서는 노동비용을 집계할 때 현금급여 외 노동비용에 법정복리비, 법정 외 복리비, 현물급여 비용, 퇴직급여 비용, 교육훈련비, 기타 노동비용(모집비, 전근비, 사보제작비, 작업복, 표창비 등)을 포함시킨다(厚生勞働省, 2017). 여기에서 교육훈련비와 기타 노동비용을 일터환경제도로 볼 수 있을 것이다. 2015년에 상용 근로자가 30명 이상인 민영기업에서 기업이 부담한 근로자 1인당 월평균 교육훈련비는 1008엔(노동비용의 0.2%), 기타 노동비용은 5104엔(노동비용의 1.2%)으로 나타났다(厚生勞働省, 2017을 근거로 계산).

한국 노동부에서는 노동비용을 집계할 때 간접노동비용에 퇴직급여, 법정 노동비용, 법정 외 복지 비용, 교육훈련 비용, 채용 관련 비용을 포함시킨다. 여기에서 교육훈련 비용과 채용 관련 비용을 일터환경제도로 볼 수 있을 것이다(교육훈련 비용 항목에는 근로자 본인을 위한 외부 교육 지원 비용이 포함되어 있어 자율복지의 특성도 지닌 것으로 볼 수 있으나, 편의상 일터환경으로 분류하기로 함). 2015년에 상용 근로자가 30명 이상인 민영기업에서 기업이 부담한 근로자 1인당 월평균 교육훈련비는 2만 8400원(노동비용의 0.6%), 채용 관련 비용은 5500원(노동비용의 0.1%)으로 나타났다(고용노동통계포털을 근거로 계산).

3) 관련 법률

일터환경제도의 세부 항목마다 법률에서 정한 기업의 상시 근로자 수에 따라 의무적인 도입 여부가 달라진다. '노동법'에는 일터환경제도에 대해 직접 규정하는 내용이 없다. 근로시간 환경에 대해서는 '근로기준법'에서 규정하고 있다. 고용안전 환경에 대해서는 '근로기준법', '기간제 및 단시간근로자 보호 등에 관한 법률', '파견근로자보호 등에 관한 법률' 등에서 규정하고 있다. 산업안전 환경에 대해 '산업안전보건법'에서 규정하고 있다. 차별 금지 환경에 대해서는 '남녀고용평등과 일·가정 양립 지원에 관한 법률', '고용상 연령차별금지 및 고령자고용촉진에 관한 법률', '장애인고용촉진 및 직업재활법', '외국인근로자의 고용 등에 관한 법률', '근로기준법' 등에서 규정하고 있다. 성장 지원 환경에 대해 '근로자직업능력 개발법'에서 규정하고 있다. 상시 10인 이상인 사업장의 경우에는 일터환경제도 중 안전과 보건에 관한 사항, 근로자의 성별, 연령 또는 신체적 조건 등의 특성에 따른 사업장 환경의 개선에 관한 사항, 제재에 관한 사항에 대해서는 취업규칙에 명시해야 한다(근기법§93, 과태료 500만원 이하).

4) 장점

기업으로서는 기업이 일터로서 갖추어야 할 가장 기초적인 환경을 제대로 제공할 수 있다. 직원으로서는 근로자로서 확보해야 할 가장 기초적인 환경을 누릴 수 있다.

5) 단점

기업으로서는 도입하고 운영하는 데 적지 않은 시간, 노력, 비용이 필요하고, 필요한 직원을 채용, 유지, 동기부여 하는 데 도움을 얻기가 쉽지 않다. 직원으로서는 정부나 기업의 관심이 적을 경우에는 혜택을 제대로 얻기 어렵다.

6) 규정과 서식

일터환경제도 중 일부 의무 사항을 명시하기 위해서는 취업규칙을 준비해야 하고, 변경할 때에는 직원들의 동의를 받고 노동부에 신고하기 위해 '취업규칙변경동의서', '취업규칙변경신고서'를 준비해야 한다.

제1장

근로시간 환경

1. 법정근로시간제도

1) 정의와 특징

법정근로시간제도(work hours)는 1일 또는 1주일 동안 근로자를 사용할 수 있는 최대 시간을 법률로 제한하는 제도를 말한다. 근로자의 노동에 의한 피로를 회복시키고, 삶의 질을 향상시키기 위해 만든 제도다. 근로시간은 임금과 함께 가장 기본적인 근로조건 중 하나다. 영국 산업혁명기에는 근로시간이 1일 19시간일 정도로 가혹한 수준이었으나 끊임없는 단축 과정을 거쳐 현재에 이르렀다. 법정근로시간제도는 근로시간을 단축시키는 가장 중요한 수단이다. 법정근로시간제도는 허용 근로시간을 정하고, 이를 초과하는 근로시간에 대해 기업에는 벌칙이나 경제적인 압박을 주어 결과적으로 실제 근로시간을 단축시키는 기능을 한다.

2) 변화 추세와 통계

국제적으로 근로시간 단축의 역사는 19세기에 1일 근로시간의 단축에서 시작되어, 나중에 1주 근로시간의 단축으로 초점이 변화했다(하갑래, 2014: 249). 1일 근로시간 단축은 1866년 제1회 인터내셔널대회에서 1일8시간근로제를 국제 노동운동의 강령으로 채택해 시작되고, 1919년 ILO에서 제1호 협약으로 채택해 세계적인 표준이 되었다. 1주 근로시간 단축은 1935년에 ILO에서 제47호 협약으로 1주40시간근로제를 채택해 시작되고, 1962년에 다시 제116호 권고로 1주40시간근로제를 채택해 세계적인 표준이 되었다. OECD 회원국의 2015년 취업자 1인당 연간 실근로시간은 37개국 평균 1766시간으로 나타났다(OECD.Stat).

스웨덴의 2015년 취업자 1인당 연간 실근로시간은 1612시간으로 37개국 중 29위로 나타났다(OECD.Stat).

독일의 2015년 취업자 1인당 연간 실근로시간은 1371시간으로 37개국 중 37위로 가장 적었다(OECD.Stat). '근로시간법'에서는 1일 근로시간은 8시간을 초과해서는 안 되며, 6개월 또는 24주 이내에 일평균 8시간을 초과하지 않는 경우에만 1일 근로시간을 10시간으로 연장할 수 있도록 규정하고 있다(김기선·박수근·강성태 외, 2013: 388).

프랑스는 1998년에 1주35시간근로제를 도입했으며(노동부, 2002b: 33), 2015년 취업자 1인당 연간 실근로시간은 1482시간으로 37개국 중 33위로 나타났다(OECD.Stat).

미국은 1868년에 연방 정부 공무원을 대상으로 1일8시간근로제를 도입했다(하갑래, 2014: 249). 1938년에 '공정노동기준법(FLSA)'을 제정하고 1주40시간근로제를 도입했으나, 1일 근로 상한선에 대한 규정은 없다(김장호, 2000: 16). 연장근로 여부는 주 단위로 주 40시간 초과 여부만을 기준으로 판단한다(이승길, 2005: 274). 통상적인 임금액의 1.5배 이상을 지급하지 않으면 주 40시간을 초과하는 연장근로는 시킬 수 없다[공정노동기준법§207(a)(1)]. 1992년에 400개 단체협약을 조사한 결과에 따르면 85%에서 근로시간에 대한 규정을 두고 있고, 그중 94%가 1일 8시간, 5%가 1일 8시간 미만, 2%가 1일 8시간 이상을 각각 1일 기준시간으로 규정하고 있는 것으로 나타나 대다수 사업장에서 1일8시간근로제를 도입하고 있는 것으로 나타났다(김장호, 2000: 21에서 재인용). 2015년에 취업자 1인당 연간 실근로시간은 1790시간으로 37개국 중 15위로 나타났다(OECD.Stat).

영국에서도 산업혁명기인 1830년대의 근로자들은 새벽 3시부터 밤 10시까지 1일 19시간을 일할 정도로 가혹한 근로조건이었다. 이런 까닭에 1833년 '공장법'을 제정해 1일 12시간으로 제한했다. 현재는 법정근로시간제도가 없다(노동부, 2002b: 34). 2015년에 취업자 1인당 연간 실근로시간은 1674시간으로 37개국 중 25위로 나타났다(OECD.Stat).

체코의 2015년 취업자 1인당 연간 실근로시간은 1779시간으로 37개국 중 16위로 나타났다(OECD.Stat).

이탈리아의 2015년 취업자 1인당 연간 실근로시간은 1725시간으로 37개국 중 20위로 나타났다(OECD.Stat).

일본에서는 1947년에 '노동기준법'을 제정하고 1일8시간근로제 및 1주48시간근로제를 도입했다. 1987년 1주40시간제를 도입해, 1997년까지 단계적으로 시행했다. 법정 노동시간을 초과하는 시간 외 노동을 시키면 통상 노동시간 또는 통상 노동일 임금액의 25% 이상(1개월 단위로 60시간을 초과하는 시간분에 대해서는 50% 이상)을 할증임금으로 지급해야 한다(노동기준법§37; 할증률령; 스게노 카즈오, 2015: 373). 2015년에 취업자 1인당 연간 실근로시간은 1719시간으로 37개국 중 21위로 나타났다(OECD.Stat).

한국은 1953년에 '근로기준법'을 제정하고 1일8시간근로제와 1주48시간근로제를 도입했다. 1989년에 1주44시간근로제를 도입하고 1991년까지 단계적으로 시행했다. 2003년에 1주40시간제를 도입하고 2011년까지 단계적으로 시행했다(한국노동연구원, 2017: 107). 2008년 취업규칙 가운데 76.1%가 시간 외 근로 실시에 대한 규정을 두고 있고, 그중 실시 방법에 대해서는 53.0%가 해당 근로자와의 합의로, 19%가 회사 임의 결정으로, 10%가 관계 법령에 따름으로, 7.9%가 노조 및 근로자 대표와의 합의로, 5.0%가 협의로 규정하고 있다(김정한·문무기·윤문희, 2008: 84). 2014년 단체 협약 중 53.9%가 연장근로 실시 절차에 대한 규정을 두고 있는데, 개별 근로자의 동의 후 실시가 16.9%, 노조 동의 후 실시가 10.7%, 노조와 협의 후 실시가 9.4%, 관계 법규에 따름이 5.5%, 회사 임의 결정이 4.4%, 노조 및 당사자와 합의 후 실시가 2.6%, 노조나 근로자에게 사전 통보 후 실시가 1.0%, 기타 등으로 나타났다(박명준·조성재·문무기, 2014: 186). 한국은 OECD 국가 중 취업자 1인당 연간 실근로시간이 2000~2007년 매년 1위, 2008~2009년 매년 2위, 2010~2015년 매년 3위를 할 정도로 근로시간이 세계적으로 많은 나라다(OECD.Stat). 2015년에 취업자 1인당 연간 실근로시간은 2113시간으로 OECD 37개국 중 3위로 나타났으며, 한국보다 많은 나라는 멕시코와 코스타리카뿐이다(OECD.Stat).

| 표 VI.1-1 | **한국 법정 근로시간 경과**

	주48시간제	주44시간제	주40시간제
법률 제정	1953년 5월 10일	1989년 3월 29일	2003년 8월 29일
전체 적용	1953년 5월 10일	1991년 10월 1일	2011년 7월 1일

자료: 한국노동연구원(2017: 107)을 수정.

3) 관련 법률

상시 근로자가 5명 이상인 모든 기업에서 의무적으로 도입해야 한다(근기령 별표 1). 법정 근로시간에 대해서는 '근로기준법'과 '산업안전보건법'에 규정하고 있다. 근로시간은 휴게 시간을 제외하고 1일 8시간, 1주 40시간을 초과할 수 없다(근기법§50, 징역 2년, 벌금 1000만 원 이하). 18세 미만인 연소자의 근로시간은 1일 7시간, 1주 40시간을 초과할 수 없다(근기법§69, 징역 2년, 벌금 1000만 원 이하). 잠함 또는 잠수 작업 등 높은 기압에서 하는 유해·위험 작업 근로자의 근로시간은 1일 6시간, 1주 34시간을 초과할 수 없다(산안법§46; 산안령32의8, 징역 3년, 벌금 2000만 원 이하). 법정 근로시간을 초과하는 연장근로에 대해서는 통상임금을 기준으로 50% 이상을 가산해 150% 이상의 임금을 지급해야 한다(근기법§56, 징역 3년, 벌금 2000만 원 이하). 임금 구성 항목, 임금 계산 방법, 소정근로시간, 주휴일 등을 명시한 근로계약서를 체결해 근로자에게 주어야 한다(근기법§17②, 벌금 500만 원 이하). 상시 근로자가 10명 이상인 사업장에서는 업무의 시작과 종료 시각, 휴게 시간, 휴일 등에 관한 사항과 임금의 계산 방법 등에 관한 사항 등을 포함시켜 취업규칙을 작성하고 신고해야 한다(근기법§93.1.~2. 과태료 500만 원 이하). 사용자와 근로자가 서로 합의하지 않으면 법정 근로시간을 초과하는 근로는 시킬 수 없으며(근기법§53①, 징역 1년, 벌금 1000만 원 이하), 휴일근로를 시킬 수 없다(하갑래, 2016: 416).

4) 장점

기업으로서는 직원이 좀 더 건강한 상태를 유지할 수 있게 하고, 경쟁 기업과 작업 시간 또는 조업 시간을 둘러싼 경쟁이 줄어든다. 직원으로서는 더 많은 휴식과 문화생활을 누릴 수 있고, 연장근로를 할 때 가산임금을 받을 수 있다.

5) 단점

기업으로서는 작업 시간이나 조업 시간을 유연하게 운영하기 어렵고, 연장근로를 시킬 경우 가산임금을 지급해야 한다. 직원으로서는 연장근로를 거부하기 쉽지 않다.

6) 규정과 서식

소정근로시간 등을 명시한 근로계약서를 준비해야 한다. 상시 근로자가 10명 이상인 사업장에서는 업무의 시작과 종료 시각 등에 관한 사항을 명시한 취업규칙을 작성·변경·신고하기 위해 '취업규칙의견청취서', '취업규칙변경동의서', '취업규칙신고서' 등을 준비해야 한다.

2. 휴게시간제도

1) 정의와 특징

휴게 시간(break time, recess)은 하루의 근로시간 도중 잠시 사용자의 지배를 완전히 벗어나 휴식을 취하는 시간을 말한다. 휴게 시간은 계속적인 근로에 따른 피로 누적을 줄이려는 목적에서 만든 것이다(임종률, 2015; 하갑래, 2014).

2) 변화 추세와 통계

EU에서는 6시간을 초과하는 근로에 대해 휴게 시간을 설정할 것을 요구하고 있으나, 그 시간과 조건에 대해서는 국가별 국내법과 노사협정에 위임하고 있다(박지순, 2012).

핀란드에서는 하루 6시간 이상 일하는 근로자에게 최소 1시간의 휴게 시간을 부여한다. 근로자의 업무에 계속성이 요구되는 경우에는 휴게 시간을 부여하지 않을 수 있다. 교대제나 주기적 업무의 경우 근로자에게 적어도 1시간 30분의 휴게 시간 또는 근무 도중 식사를 할 수 있는 시간을 부여해야 한다. 휴게 시간에 관한 규정 역시 사용자와 근로자의 합의에 의해 조정이 가능하나, 최소한 30분이 되어야 한다(박지순, 2012).

독일에서는 6시간 초과 9시간 미만의 근로시간일 때는 30분 이상, 9시간을 초과하는 근로시간에 대해서는 45분을 근로시간 도중에 휴게 시간으로 하여 최소 15분 이상 나누거나 한 번에 주어야 한다고 규정하고 있다. 휴게 없이 6시간 이상 연속해 근로를 시킬 수 없다. 1일 근로시간 종료 이후 최소 11시간 이상의 휴식 시간을 주어야 한다(근로시간법§4§5(1); 김기선·박수근·강성태 외, 2013: 389).

벨기에에서는 근무시간이 6시간을 초과하면 반드시 휴게 시간을 부여해야 하며, 휴게 시간의 길이는 단체협약으로 정하거나 단체협약이 없으면 6시간당 15분을 부여해야 한다(박지순, 2012).

네덜란드에서는 근로자가 5.5시간 이상을 근무하는 경우 적어도 30분의 휴식 시간을 부여해야 한다. 이 휴식 시간은 15분씩 나눠줄 수 있다. 근로자가 10시간 이상 근무한다면 최소 45분의 휴식 시간을 주어야 한다. 이 휴식 시간은 여러 휴식 시간으로 나눠줄 수 있는데, 각각의 휴식 시간은 적어도 15분이 되어야 한다. 단체협약을 통한 휴게 시간 단축도 가능하다. 그러나 만약 근로자가 5.5시간 이상을 근무한다면 최소 15분의 휴게 시간을 부여해야 한다(박지순, 2012).

미국의 '노동법'에는 휴게 시간에 대해 아무런 규정도 두지 않고 있다(이승길, 2005; 김장호, 2000). 1992년 400개 단체협약을 조사한 결과에 따르면 식사 휴식 시간은 15분에서 1시간으로 규정하고 있으며, 식사 휴식 시간에 대해 임금이 지급되는 경우보다 지급되지 않는 경우가 좀 더 일반적이고, 임금 지급이 되지 않을수록 식사 휴식 시간은 30분 이상으로 상대적으로 길다(김장호, 2000에서 재인용).

일본에서는 노동시간이 6시간을 넘는 경우 적어도 45분, 8시간을 넘는 경우 적어도 1시간의 휴게 시간을 노동시간 도중에 주어야만 한다(노동기준법§34①). 휴게 시간은 일제히 부여해야 하며(노동기준법§34②), 즉 사업장 단위로 같은 시간에 부여해야 한다(스게노 카즈오, 2015: 347). 휴게 시간은 자유롭게 이용하도록 해야 한다(노동기준법§34③).

타이완에서는 근로자에게 연속된 4시간의 근로에 대해 최소 30분의 휴게 시간을 주어야 한다(박지순, 2012).

한국에서는 2008년 취업규칙 중 93.1%가 휴게 시간에 대한 규정을 두고 있고, 85.2%가 1일 1시간으로 규정하고 있다(김정한·문무기·윤문희, 2008). 2014년 단체협약 중 7%가 휴게 시간을 근로시간에 포함되는 시간으로 규정했다(박명준·조성재·문무기, 2014: 180). 2015년 주요 서비스산업 노동자의 1일 평균 휴게 시간은 39.6분으로 나타났다(김종진, 2016a).

3) 관련 법률

상시 근로자가 1명 이상인 모든 기업에서 의무적으로 도입해야 한다(근기령 별표 1). 휴게 시간에 대해서는 '근로기준법'에서 규정하고 있다. 근로시간이 4시간인 경우에는 30분 이상, 8시간인 경우에는 1시간 이상의 휴게 시간을 근로시간 도중에 주어야 한다(근기법§54①, 징역 2년, 벌금 1000만 원 이하). 근로시간이 4시간 미만이면 주지 않아도 되고, 4시간 이상 8시간 미만이면 30분 이상을 주면 되며, 8시간 이상이면 1시간 이상을 주면 된다. 법정 기준보다 긴 휴게제도를 도입해도 위법으로 볼 수 없으나, 타당성을 인정받을 수 있어야 한다(하갑래, 2014: 277). 근로시간 전이나 후에 주면 안 되고 도중에 주어야 한다. 휴게 시간을 몇 차례 분할해 주어도 무방하지만, 자유 이용이 불가능할 정도로 미세하게 분할해서는 안 된다(임종률, 2015: 441; 하갑래, 2014: 278). 작업 부서 또는 담당 업무별로 시간대에 차등을 두어 부여할 수도 있다(하갑래, 2014: 279). 휴게 시간은 근로자가 자유롭게 이용할 수 있다(근기법§54①, 징역 2년, 벌금 1000만 원 이하). 질서유지나 시설 관리를 위해 필요한 최소한의 범위 안에서 외출허가제, 출입 금지 구역 등 휴게의 장소 및 방법에 제한을 가할 수 있으나(법무 811-28862 1980.5.15; 하갑래, 2014에서 재인용), 직장 질서를 문란하게 하지 않고 다른 근로자들의 휴식을 방해하지 않는 조합 활동 등 근로자의 활동은 제한할 수 없다(대법 1991.11.12, 91누4164).

4) 장점

기업으로서는 직원이 지치지 않는 상태를 유지하게 할 수 있고, 일정한 생산성을 유지하는 데 도움이 되고, 사고를 방지하는 데 도움이 되며, 비용이 들지 않는다. 직원으로서는 건강을 유지하는 데 도움이 된다.

5) 단점

기업으로서는 연속성이 필요한 업무에 공백이 생길 수 있고, 업무 공백을 허용하기 곤란한 업무에 대처하기 위해서는 노력과 비용이 발생할 수 있다. 직원으로서는 공백을 허용하기 곤란한 업무를 담당하는 경우에는 쉬지 못하고, 무급으로 업무를 수행할 수도 있다.

6) 규정과 서식

소정근로시간 등을 명시한 근로계약서를 체결해 근로자에게 주어야 하므로(근기법§17②, 벌금 500만 원 이하), 시업 시각, 종업 시각, 휴게 시각을 근로계약서에 표기해야 한다. 상시 근로자 10명 이상 사업장에서는 휴게 시간 등을 포함시켜 취업규칙을 작성하고 신고해야 한다(근기법§93.1, 과태료, 500만 원 이하).

제2장

고용안전 환경

1. 해고·징계제한제도

1) 정의와 특징

해고·징계제한제도는 근로자를 해고나 징계할 때 요건을 갖추도록 제한하는 고용안전환경제도다. 해고·징계제한제도는 근로자가 부당하게 불이익을 받지 않도록 보호하면서, 사용자가 규율과 질서를 유지하는 데 필요한 제재를 할 수 있도록 지원하기 위해 설정한다(임종률, 2015: 505).

2) 변화 추세와 통계

2013년 OECD 34개 회원국의 상용 근로자 개별 해고에 대한 규제 수준을 살펴보면(가장 약한 0에서 가장 강한 6까지의 점수로 평가), 스웨덴 2.52(8위), 독일 2.53(6위), 미국 0.49(34위), 체코 2.87(2위), 이탈리아 2.55(5위), 일본 1.62(26위), 한국 2.29(11위) 등으로 나타났다(OECD.Stat).

독일에서는 6개월 이상 근속한 근로자에 대해 사회적으로 정당한 경우에만 해고할 수 있다[해고제한법§1(1); 김기선·박수근·강성태 외, 2013: 287].

미국에서는 근로계약 기간을 정하지 않은 고용계약에서는 사용자나 근로자나 언제든지 자유롭게 고용계약을 종료할 수 있다는 임의 고용의 원칙(employment at will)이 각 주의 판례

법인 보통법(common law)을 통해 확립되어 있기 때문에, 사용자는 사유가 무엇이든 관계없이 언제라도 즉시 근로자를 해고할 수 있다. 다만 단체협약에서 정한 사유나 여러 '차별금지법'에서 정한 사유를 위반하고 해고할 수는 없다(이승길, 2005: 303~305).

일본에서는 한국과 비슷하게 객관적으로 합리적인 이유가 없거나 사회 통념상 상당하다고 인정할 수 없는 해고에 대해서는 권리를 남용한 것으로 보고 무효로 한다(노동계약법§16).

한국에서는 2008년 취업규칙 중 86.6%가 해고·징계 사유 규정을 두고 있고, 85.4%가 해고·징계 종류 규정을 두고 있고(도입 비율이 높은 것부터 감봉, 징계해고, 견책, 정직, 경고, 강등, 출근 정지, 권고사직, 근신, 시말서, 승급 정지, 전직 등이 있음), 64.8%에서 해고·징계 절차 규정을 두고 있고(이 중 81.2%에서 징계위원회 규정을 두고 있음), 84.6%에서 해고·징계 사유 규정을 두고 있다(김정한·문무기·윤문희, 2008: 156~163, 170). 2009년 조사 대상 기업 중 징계위원회를 둔 경우 33.0%가 사용자위원만으로, 30.8%가 노사위원 동수로, 30.2%가 사용자위원을 다수로, 6.0%가 노동자위원을 다수로 각각 징계위원회를 구성하고 있다(배규식·김정우·김기민, 2012: 221). 2009년 조사 대상 기업 중 해고·징계 등과 관련해 근로자가 노동위원회에 구제신청을 한 기업은 4.2%로 나타났다(배규식·김정우·김기민, 2012: 222). 2014년 단체협약 중 49%가 해고·징계 사유를, 61%가 해고·징계 종류를, 62%가 징계 절차를, 41.5%가 징계위원회를, 24.9%가 징계위원회에의 노조 참여를, 12%가 징계위원회 노사 동수 구성을 규정하고 있고, 16%가 부당해고 및 부당 징계 시 미지급 임금 및 가산임금 지급을 규정하고 있는 것으로 나타났다(박명준·조성재·문무기, 2014: 55~105).

| 표 VI.2-1 | **해고·징계 구제신청 추세**

	2011	2012	2013	2014	2015
구제신청 건수(건) (증가율, %)	10,361	11,021 6.3	12,271 11.3	12,662 3.2	12,140 - 4.1
행정소송 건수(건)	457	352	443	384	415
분쟁해결률(%)	95.6	96.8	96.5	97.0	96.4

주: 분쟁해결률=(구제신청 건수-행정소송 건수)÷구제신청 건수×100
자료: e-나라지표.

3) 관련 법률

상시 근로자가 5명 이상인 모든 기업에서 의무적으로 도입해야 한다(근기령 별표 1). 단, 해고 예고(근기법§26)나 산재 및 출산전후휴가 기간의 해고 제한(근기법§23②)은 상시 근로자 1명 이상 모든 기업에서 의무적으로 도입해야 한다. 해고·징계제한제도에 대해서는 '근로기준법'에서 규정하고 있다.

3)-1 해고·징계 제한의 원칙

사용자는 근로자를 정당한 이유 없이 해고나 징계할 수 없다(근기법§23①). 정당한 이유란 일반적으로 정당한 사유, 양정(量定)의 종류와 절차를 말한다. 정당하게 해고나 징계를 하기 위해서는 정당한 이유가 있어야 하고, 그 밖에 법률이나 판례를 통해 정립된 기준을 지켜야 한다. 첫째, 해고나 징계할 때에는 정당한 사유가 있어야 한다. 둘째, 해고나 징계를 할 때에는 정당한 사유에 상응하는 타당한 징계의 양정의 종류를 선택해 해야 한다. 셋째, 해고나 징계를 할 때에는 정당한 절차를 거쳐야 한다.

3)-2 해고·징계의 사유

해고·징계가 정당한 것이 되기 위해서는 정당한 사유가 있어야 한다. 해고·징계의 이유가 되는 사유에 대해서는 '노동법'에서 규정하고 있지 않다. 판례에서 해고·징계의 사유로 인정하는 행동은 대체로 다음과 같은 것들이 있다(김지형, 2001: 544).

1. 학력, 경력, 이력 등을 사칭, 은폐, 허위 기재, 허위 신고한 때
2. 무단결근, 결근, 지각, 조퇴, 외출 등이 있거나 업무 태도가 불성실할 때
3. 회사의 제반 규정이나 정당한 인사 명령에 따르지 않을 때
4. 상사의 정당한 업무상 지시에 따르지 않을 때
5. 상사나 동료에게 지나친 폭언이나 폭행을 했을 때
6. 고의 또는 과실로 회사에 손실을 끼쳤을 때
7. 회사의 명예나 신용을 훼손했을 때
8. 회사의 허락을 얻지 않고 자신의 사업을 영위하거나 회사 외 타인의 업무에 종사하여 회사에 지장을 초래했을 때
9. 회사 내에서 업무와 무관한 집회, 연설, 유인물 게시, 유인물 배포 등을 하여 기업 질서를 어지럽혔을 때

10. 집단적으로 업무 거부나 업무 방해를 했을 때

11. 형사상 범죄로 인하여 유죄 확정 판결을 받았을 때

12. 도박, 음주, 풍기 문란, 성희롱 등으로 기업질서를 어지럽혔을 때

13. 회사의 허락 없이 회사의 물품을 반출하거나 반출하려고 했을 때

14. 회사의 비밀을 타인에게 누설하여 회사에 손해나 업무상 지장을 초래했을 때

15. 고객이나 거래 업체 등으로부터 부당 이득을 취했을 때

취업규칙에는 해고·징계 사유를 구체적으로 명시하고 그 사유에 해당할 때에만 해고·징계를 할 수 있도록 엄격하게 규정할 수도 있고, 정당한 사유가 있을 때에는 해고·징계를 할 수 있다는 방식으로 포괄적으로 규정할 수도 있다.

3)-3 해고·징계의 양정의 종류와 결정

해고·징계가 정당한 것이 되기 위해서는 해고·징계 사유에 상응하는 타당한 해고·징계의 양정의 종류를 선택해 해고·징계를 주어야 한다. 해고·징계의 양정의 종류와 특성에 대해서는 감봉(감급) 외에는 '노동법'에 구체적으로 규정하고 있지 않고, 기업에서 자유롭게 규정할 수 있으며, 규정이 없어도 자유롭게 선택해 실시할 수 있다. 기업에서 운영하는 해고·징계의 양정의 종류에는 대표적으로 경고, 감봉, 정직, 징계해고가 있는데 경고는 실질적인 불이익은 주지 않고 통보로만 끝나며, 감봉은 일정 기간 동안 임금의 일부를 감액 지급하고 (한 번의 감봉 징계로 감액할 수 있는 총액은 1임금지급기 임금 총액의 10% 이내, 감봉 1회 금액은 평균임금 반일분 이내에서만 가능함)(근기법§95, 벌금 500만 원. 근기68207-997, 1999.12.30), 정직은 일정 기간 동안 출근을 중지시키고 임금 지급을 중단하며, 징계해고는 근로계약을 해지한다(임종률, 2015: 511~512). 해고·징계의 양정의 종류 중 대상자에게 어떤 해고·징계를 줄 것인지는 사회 통념상 타당성에 위배되지 않는 범위에서 사용자가 재량권을 행사해 결정할 수 있는 것이 원칙이나(대법 2002.8.23, 2000다60890, 60906 등), 실제로 어떤 사유에 어떤 해고·징계를 줄 수 있는지에 대한 판단은 판례를 참조할 수밖에 없다. 단체협약이나 취업규칙에서 해고·징계 사유마다 선택할 수 있는 해고·징계의 양정의 종류를 규정하고 있는 경우에는 그에 따라야 하나, 그 규정한 기준이 사회 통념상 타당성에 위배되는 경우에는 그 기준에 따르더라도 정당한 해고·징계가 될 수 없다.

3)-4 해고·징계 절차

해고·징계가 정당한 것이 되기 위해서는 정당한 절차를 거쳐야 한다. 해고·징계의 절차에 대해서는 해고를 제외하고는 '노동법'에서 규정하고 있지 않으며, 기업에서 자유롭게 규정할 수 있고, 규정이 없어도 자유롭게 선택해 실시할 수 있다. 기업에서 운영하는 해고·징계의 절차에는 일반적으로 사전 조사, 징계위원회 출석 통지, 변명 기회 부여, 징계위원회 의결, 징계 통지 등이 있으며, 재심 신청, 재심징계위원회 개최, 재심 징계 통지 등 절차 등을 추가로 두고 있는 경우도 있다. 단체협약이나 취업규칙에서 해고·징계의 절차를 규정하고 있는 경우에는 그에 따르지 않으면 안 되나, 규정하고 있지 않은 경우에는 절차를 거치지 않았다는 이유만으로 부당한 해고·징계가 되는 것이 아니다. 징계해고를 비롯한 모든 해고에 대해서는 '노동법'에 다음과 같은 절차를 규정하고 있다. 근로자가 산재로 요양을 위해 휴업한 기간과 그 후 30일 동안 또는 출산전후휴가로 휴업한 기간과 그 후 30일 동안은 해고하지 못하며, 다만 사용자가 산재 일시 보상을 했을 경우 또는 사업을 계속할 수 없게 된 경우에는 그러하지 아니하다(근기법§23②, 징역 5년, 벌금 3000만 원 이하). 해고 사유와 해고 시기를 서면으로 통지하지 않으면 해고의 효력이 없고(근기법§27), 부당해고에 해당한다(서울고법 2009.7.29, 2009누1619; 서울고법 2010.1.28, 2009누19764; 임종률, 2015: 543에서 재인용)

해고할 때에는 적어도 30일 전에 예고를 하거나 30일분 이상의 통상임금을 지급해야 한다(근기법§26, 징역 2년, 벌금 1000만 원 이하).

4) 장점

기업으로서는 필요한 해고·징계를 할 수 있고, 해고·징계에 따른 갈등을 줄일 수 있다. 직원으로서는 부당한 해고·징계를 피하는 데 도움이 되고, 부당한 해고·징계에 대응할 수 있는 근거가 된다.

5) 단점

기업으로서는 시간, 노력, 비용이 든다. 직원으로서는 부당한 해고·징계를 막는 게 어렵고, 부당한 해고·징계에 대응하는 데 시간, 노력, 비용이 든다.

6) 규정과 서식

해고·징계에 대한 사항은 취업규칙에 명시해야 한다(근기법§93.11. 과태료 500만 원 이하). 필요한 경우에는 징계위원회출석통지서, 징계의결서, 징계통지서, 재심신청서, 해고예고통지서 등의 서식을 준비해야 한다. 징계해고를 할 때에는 해고통지서 서식을 꼭 준비해야 한다(근기법§27).

7) 제도 설계

해고·징계제한제도를 설계할 때에는 '노동법'에서 명시하는 내용 외에도 해고·징계의 사유, 양정의 종류와 절차를 결정해야 하며, 이때 해고·징계 사유나 양정의 종류나 절차를 구체적이고 체계적으로 설계할 수도 있고, 포괄적이고 간단하게 설계할 수도 있다.

2. 정리해고제한제도

1) 정의와 특징정리해고제한제도

정리해고제한제도는 정리해고를 할 때 필요한 요건을 갖추도록 제한하는 고용안전환경제도다. 근로자의 보호를 강화하면서 구조 조정을 원활히 지원하기 위한 제도다. 정리해고는 경영상의 필요에 의해 기업의 유지와 존속을 전제로 일정한 요건 아래 그 소속 근로자들 중에 일부를 해고하는 것이다(대판2001.11.13, 2001다27975, 하갑래, 2014: 697). '근로기준법'에서는 경영상 이유에 의한 해고라고 부른다.

정리해고의 필요성이나 효과에 대해서는 찬반 의견이 대립한다. 실증적인 연구 결과에서도 정리해고의 효과는 부분적인 수준에 그치고, 부정적인 효과가 상당히 큰 것으로 나타났다(권석균·이영면, 1999: 63; 윤윤규·정승국·노용진 외, 2008: 242). 따라서 정리해고가 불가피한 경우에는 정리해고만으로 경영 개선을 확보하려는 태도는 지양해야 하며, 자산 구조 조정을 비롯한 전체적인 구조 조정과 조직 변신을 추진하는 가운데 기업과 직원을 모두 살릴 수 있는 방식을 마련하여 추진해야 한다(권석균·이영면, 1999: 74).

2) 변화 추세와 통계

2013년 OECD 34개 회원국의 집단 해고에 대한 규제 수준수준을 살펴보면(가장 약한 0에서 가장 강한 6까지의 점수로 평가), 스웨덴 2.50(27위), 독일 3.63(5위), 미국 2.88(23위), 체코 2.13(28위), 이탈리아 3.75(4위), 일본 3.25(16위), 한국 1.88(30위) 등으로 나타났다(OECD.Stat).

독일에서는 정리해고를 할 때 해고 인원 선발에 근속기간, 연령, 부양의무 및 근로자의 장애를 전혀 또는 충분히 고려하지 않으면 사회적 정당성을 인정할 수 없어 부당해고로 보며, 근로자가 요구하면 해고 대상자의 선정 이유를 통지해야 한다(해고제한법§1(3)(김기선·박수근·강성태 외, 2013: 289).

미국에서는 원칙적으로 사용자가 사유에 관계없이 언제라도 즉시 노동자를 해고할 수 있고(이승길, 2005: 23), 노동자에 대한 해고예고나 해고예고수당에 대해서도 법정 의무로 설정하지 않고 자율에 맡기고 있다(이진영, 2015: 11). 다만 사업장을 영구적 또는 일시적으로 폐쇄해 50명 이상의 정규직 노동자가 30일 동안 고용을 상실하거나, 대규모 정리해고로 단일 사업장 소속 정규직 노동자의 33% 이상에 해당하는 50명 이상 499명까지의 인원을 30일 이내 기간 동안 일시 해고하거나 비율에 관계없이 500명 이상의 인원을 일시 해고할 때에는 60일 전까지는 서면으로 예고해야 하며, 예고 의무를 위반하면 민사소송을 통해 예고 의무 부족 일수에 해당하는 임금이나 여타 급여를 지급하게 되고 주정부에 제재금을 낼 수 있다(WARN: Worker Adjustment and Retraining Notification Act 근로자조정·재훈련통지법; 이승길, 2005: 311~312). 2002년(2001.11.~2002.11) 조사 대상 기업 중 55%에서 정리해고가 있었고, 평균해서 정규직 9%를 정리해고 했으며, 예고 기간은 2주 이내가 55%, 즉시가 53%, 2주 이상이 45%로 다양하게 나타났고, 94%에서 퇴직위로금을 지급했으며, 73%에서 전직 지원 서비스를 제공했다(WorldatWork 2002).

일본의 '노동법'에는 정리해고를 직접 규정하는 내용이 없다. 판례를 통해 정리해고에 필요한 네 가지 요건을 정립해왔다(스게노 카즈오, 2015: 587~588).

한국에서는 판례를 통해 정리해고에 필요한 요건을 정립해오다가, 1997년에 '근로기준법'에 '경영상 이유에 의한 해고의 제한' 조항을 도입했다. 2008년 취업규칙 중 84.6%에서 해고 사유 규정을 두고 있는데, 53.2%에서 경영상 사유에 의한 인원 감소를 해고 사유로 규정하고 있다(김정한·문무기·윤문희, 2008: 172~173). 2014년 단체협약 중 44.6%에서 정리해고를 할 때 노조 참여를 규정하고 있는데, 17.2%에서 사전 합의, 14.2%에서 사전 협의, 8.4%에서 사전 통보와 사전 협의, 2.8%에서 사전 통보, 기타 등으로 규정하고 있다. 8%에서 해고 회피를 규정하고 있으며, 3.0%에서 명예퇴직을 시행할 때 노조 참여를 규정하고 있는 것으로 나타났다(이상 박명준·조성재·문무기, 2014: 84~94).

3) 관련 법률

상시 근로자가 5명 이상인 모든 기업에서 의무적으로 도입해야 한다(근기령 별표 1). 상시 근로자가 4명 이하인 기업에서는 해고금지기간(산재, 출산전후휴가, 유산사산휴가, 육아휴직) 규정만 적용된다.

정리해고제한제도에 대해서는 '근로기준법'에서 규정하고 있다. 정당하게 정리해고 하기 위해서는 ① 긴박한 경영상의 필요가 있어야 하고, ② 해고를 피하기 위한 노력을 다해야 하며, ③ 합리적이고 공정한 해고의 기준에 따라 대상자를 선정해야 하고, ④ 근로자 대표에게 해고일 50일 전까지 통보하고 성실히 협의해야 한다(근기법§24, 벌칙 없음).

첫째, 긴박한 경영상의 필요성은 기업의 적자나 도산 등 고도의 경영 위기를 넘기기 위한 경우나, 신기술 도입이나 작업 형태 변경이나 조직 개편 등 기업의 경쟁력 강화를 위해 객관적으로 인원 삭감의 합리성이 인정되는 경우나, 경영 악화를 방지하기 위해 사업의 양도, 인수·합병을 추진하는 경우에 인정한다(임종률, 2015: 528~530).

둘째, 해고 회피 노력의 방법과 정도는 확정적이거나 고정적인 것이 아니라 상황에 따라 달라질 수밖에 없고, 근로자 대표와 성실하게 협의해 정리해고 실시에 관한 합의를 한 경우에는 참작해 판단한다(임종률, 2015: 530~531).

셋째, 합리적이고 공정한 대상자 선정 기준은 확정적이거나 고정적인 것이 아니라 상황에 따라 달라질 수밖에 없고, 근로자 대표와 해고 기준에 관해 합의를 한 경우에는 참작해 판단한다(임종률, 2015: 531~532). 기업 이익과 근로자의 생활보호를 적절히 조화시킬 수 있도록 정해야 한다(하갑래, 2014: 709). 성별이나 국적이나 신앙이나 사회적 신분을 기준으로 하거나(근기법§6), 조합원 신분이나 조합 활동이나 쟁의행위 참가를 기준으로 하면(노조법§81) 안 된다.

넷째, 근로자 대표와의 협의는 과반수 노조나 근로자 과반수를 대표하는 근로자를 상대로 해고를 피하기 위한 방법과 해고의 기준 등에 대해 해고일 50일 전까지 통보하고, 그 후에

합의할 필요까지는 없지만, 성실하게 의견 교환과 논의를 하면 인정한다(임종률, 2014: 532~533).

또한 정리해고 통지 또는 정리해고 예고 통지를 할 때에는 해고의 사유와 시기를 서면으로 통지하지 않으면 해고가 무효가 된다(근기법§27①). 또한 산재로 요양을 위해 휴업한 기간과 그 후 30일(근기법§23②, 징역 5년, 벌금 3000만 원 이하), 산전·산후 휴가 기간 및 유산·사산 휴가 기간과 그 후 30일(근기법§23②, 징역 5년, 벌금 3000만 원 이하), 육아휴직 기간(고평법§19③, 징역 3년, 벌금 2000만 원 이하)에 정리해고를 하면 무효가 되며, 해고 예고는 할 수 있다. 법률에서 정한 인원 규모 이상을 해고할 때에는(근기령§10) 정리해고 30일 전까지 노동부에 신고해야 하나(근기법§24④, 벌칙 없음), 신고하지 않을 경우 부당해고가 되는 것은 아니다. 해고시킨 업무에 해고일부터 3년 이내에 근로자를 채용할 경우에는 정리해고 된 근로자를 우선적으로 고용해야 한다(근기법§25①, 벌칙 없음).

4) 규정과 서식

해고통지서 또는 해고예고통지서를 준비해야 한다. 노동부에 신고하기 위한 신고서 서식을 준비해야 한다.

3. 기간제근로자보호제도

1) 정의와 특징

기간제근로자보호제도는 기간제근로자를 사용할 때 요건을 갖추도록 제한하는 고용안전환경제도다. 기간제근로자로 사용하기 위해서는 법률에서 정한 요건을 갖추어야 한다. 기간제근로자의 근로조건 보호를 강화하고 불합리한 차별을 시정하기 위한 제도다. 기간제근로자는 사용하는 기간이 언제까지인지 구체적으로 정한 근로자를 말한다. 현실에서는 기간제, 계약직, 임시직, 일용직, 아르바이트 등으로 다양하게 부른다. 아르바이트의 경우 기간을 정하지 않으면 기간제근로자에 포함되지 않는다.

2) 변화 추세와 통계

EU에서는 1999년 회원국을 대상으로 기간제근로자에 대해 ① 고용조건에 관해서 차별을 금지할 것, ② 기간제 근로계약과 관련해서 계약을 갱신할 수 있는 정당한 이유를 정하거나, 기간제 근로계약을 계속할 수 있는 총계속 기간의 상한선을 정하거나, 기간제 근로계약을 갱신할 수 있는 총횟수를 정하는 조치 가운데 하나 이상의 조치를 취해야 한다는 의무 지침을 정했는데, 예전부터 이러한 지침을 법률로 정한 회원국이 적지 않았다(김희성, 2015: 6). 2013년 OECD 34개 회원국 중 임시직 고용에 대한 규제 수준(가장 약한 0에서 가장 강한 6까지의 점수로 평가)을 살펴보면, 스웨덴 1.17(29위), 독일 1.75(22위), 미국 0.33(33위), 체코 2.13(17위), 이탈리아 2.71(8위), 일본 1.25(26위), 한국 2.54(9위) 등으로 나타났다(OECD.Stat). 2015년 OECD의 근로자 대비 기간제근로자(temporary) 비율은 평균 11.4%로 나타났다(OECD.Stat).

스웨덴에서는 기간제 근로계약을 체결할 수 있는 사유를 제한해오다가, 2007년부터는 객관적 이유 없이도 5년 이내에서 2회까지 기간제 근로계약을 체결할 수 있게 했다(김희성 2015, 7). 2015년에 근로자 대비 기간제근로자(temporary)는 17.2%로 나타났다(OECD.Stat).

독일에서는 1985년 전까지는 객관적인 이유가 있을 때에만 기간제 근로계약을 할 수 있게 했으나, 1985년부터는 객관적 이유 없이도 1년 6개월 이내에서 1회만 기간제 근로계약을 할 수 있는 예외를 허용했으며, 1996년부터는 객관적 이유 없이도 2년 이내에서 3회까지 기간제 근로계약을 할 수 있게 예외 규정을 두었고, 2001년에는 '단시간 기간제 근로자 근로계약법'을 만들고 단체협약을 체결할 경우에는 제한(2년 이내에서 3회까지)을 받지 않도록 허용했고, 2004년부터는 신규 설립 사업에 대해 객관적 이유 없이도 4년 이내에서 횟수에 관계없이 기간제 근로계약을 할 수 있도록 예외 규정을 두는 등 계속해서 규제를 완화해왔다(김희성, 2015: 7). 기간제 근로계약은 서면으로 체결해야 유효하다(김기선·박수근·강성태 외, 2013: 818). 2015년에 근로자 대비 기간제근로자는 13.1%로 나타났다(OECD.Stat).

미국에는 기간제 근로를 규제하는 법률은 없다. 기간제근로자를 보통 temporary workers 또는 temps라고 부른다. 노동성에서는 기간제 근로계약 여부와 관계없이 대체로 1년 이내의 기간 동안만 고용하는 근로자를 한시적 근로자(contingent workers)로 구분해 통계조사를 한다. 2005년 한시적 근로자의 비중은 4.2%로 나타났다(김유선, 2010: 69).

체코에서는 2015년 근로자 대비 기간제근로자가 10.5%로 나타났다(OECD.Stat).

이탈리아에서는 2015년 근로자 대비 기간제근로자가 14.0%로 나타났다(OECD.Stat).

일본에서는 기간제근로자를 기간고용근로자, 일용직, 임시공, 계절근로자, 기간사원, 아르바이트(학생 아르바이트, 프리터), 촉탁, 파트사원, 계약사원 등으로 다양하게 부른다(스게노 카즈오, 2007: 177). 기간제 근로를 규제하는 독립된 법률이 없다가, 2007년에 '노동계약법'을 제정한 후, 2012년 개정 이후 실질적으로 기간제 근로를 규제하기 시작했다(스게노 카즈오, 2015: 233~234). 기간제 근로계약에서 총기간 5년을 초과한 날부터는, 각각의 기간제 근로계약의 계약 기간이 만료하는 날 이전까지 근로자가 희망해 신청하기만 하면, 신청 당시의 계약 기간이 만료된 다음 날부터 자동으로 정규직 근로계약(계약 기간이 없는 근로계약)을 체결한 근로자가 되며(노동계약법§18), 근로자가 신청하지 않을 경우에는 계속해서 횟수에 관계없이 기간제 근로계약을 체결할 수 있다(스게노 카즈오, 2015: 239~240). 반복 갱신되어 정규직 근로계약과 실질적으로 같거나 갱신될 것이라고 기대할 만한 합리적인 이유가 있는 경우에는, 기간제근로계약의 갱신을 승낙해야 한다(노동계약법§19; 스게노 카즈오, 2015: 234). 정규직 근로자와 직무의 내용이 같은 기간제근로자에 대해 근로조건을 차별하면 안 된다(노동계약법§20; 스게노 카즈오, 2015: 234). 2015년에 근로자 대비 기간제근로자는 7.5%로 나타났다(OECD.Stat).

한국에서는 2007년 '기간제 및 단시간근로자 보호 등에 관한 법률'을 시행했다. 2008년 취업규칙 중 91.7%가 취업규칙 적용 범위 규정을 두고 있고, 그중 21.4%가 비정규직을 제외하고 있다(김정한·문무기·윤문희, 2008: 33). 2002년에 실증 분석 결과를 보면, 기업에서 비정규직을 사용하는 핵심 이유는 인건비 절감인 것으로 나타났다(김유선, 2003: 24). 2009년 기업에서 기간제근로자를 사용하는 가장 큰 이유는 고용유연성을 확보하기 위해서가 54.9%로 나타났다(배규식·김정우·김기민, 2012). 2014년 단체협약 중 45%에서 조합원 신분을 규정하고 있는데 2%에서 비정규직을 포함하고 있으며, 43%에서는 비정규직을 배제하고 있는 것으로 나타났다(박명준·조성재·문무기, 2014: 287). 2015년 근로자 대비 기간제근로자는 22.3%로 나타났다(OECD.Stat). 2016년 기간제근로자는 293만 명으로 전체 임금근로자의 14.9%를 차지하며, 월평균임금은 정규직 대비 59.3% 수준이고, 비자발적 취업자가 40.9%이며, 근로계약서를 작성하는 경우가 85.3%이고, 1년으로 근로계약을 하는 경우가 41.7%로 가장 많다(한국노동연구원, 2016b).

3) 관련 법률

상시 근로자가 5명 이상인 기업에서는 의무적으로 도입해야 한다(기단법§3①). 상시 근로자 4명 이하 기업에서도 일부 법률은 지켜야 한다(기단법§3②, 기단령 별표 1). 기간제근로자보호제도에 대해서는 '기간제 및 단시간근로자 보호 등에 관한 법률'에서 규정하고 있다.

3)-1 사용 기간 제한

기간제근로자는 총기간 2년 이내에서만 기간제근로자로 사용할 수 있다(기단법§4①). 2년을 초과해 사용하면 자동으로 정규직 근로자가 된다(기단법§4②). 사용 기간에는 육아휴직 기간은 합산하지 않는다(고평법§19⑤). 총기간 2년 이내에서는 여러 차례 계약해도 되고, 그때마다 계약 기간을 달리해도 된다.

3)-2 사용 기간 제한 제외

2년을 초과해 계속 기간제근로자로 사용할 수 있는 경우는 법률에서 정한다. 사업의 완료 또는 특정한 업무의 완성에 필요한 기간을 정한 경우에는 2년을 초과해서 계속 기간제근로자로 사용할 수 있다(기단법§4①1). 휴직·파견 등으로 결원이 발생해 당해 근로자가 복귀할 때까지 그 업무를 대신할 필요가 있는 경우에는 2년을 초과해 계속 기간제근로자로 사용할 수 있다(기단법§4①2). 근로자가 학업, 직업훈련 등을 이수하면서 그 이수에 필요한 기간을 정한 경우에는 2년을 초과해 계속 기간제근로자로 사용할 수 있다(기단법§4①3). 55세 이상인 사람과 근로계약을 체결하는 경우에는 2년을 초과해 계속 기간제근로자로 사용할 수 있다(기단법§4①4). 전문적 지식과 기술의 활용이 필요한 경우(기단령§3①, 기단령 별표 2), 정부가 복지 정책, 실업 대책 등에 따라 일자리를 제공하는 경우(기단령§3②)에는 2년을 초과해 계속 기간제근로자로 사용할 수 있다(기단법§4①5). 대통령령(기단령§3③)이 정하는 경우에는 2년을 초과해 계속 기간제근로자로 사용할 수 있다(기단법§4.6).

3)-3 서면 계약

기간제근로자와 근로계약을 체결할 때에는 법률에서 정한 모든 사항을 근로계약서에 명시해 서면으로 전달해야 한다(기단법§17. 과태료 500만 원 이하). 근로계약서에 명시해야 할 내용은 근로계약 기간에 관한 사항, 근로시간·휴게에 관한 사항, 임금의 구성 항목, 계산 방법 및 지불 방법에 관한 사항, 휴일·휴가에 관한 사항, 취업 장소와 종사해야 할 업무에 관한 사항이다(기간법§17). 기간제근로자이면서 단시간근로자일 경우에는 근로일 및 근로일별 근로시간을 추가로 명시해야 한다(기단법§17).

3)-4 차별 금지

기간제근로자라는 이유로 같은 사업 또는 사업장에서 같은 종류 또는 유사한 업무에 종사하는 정규직 근로자에 비해 차별적 처우를 해서는 안 된다(기단법§8①). 차별해서는 안 되는 처우에는 임금, 상여금, 그 밖의 근로조건과 복리후생 등이 포함된다(기단법§2.3). 차별적인 처우를 받은 근로자는 6개월 안에 노동위원회에 시정신청을 할 수 있다(기단법§9①). 사용자가 기간제근로자 관련 법률을 위반한 사실이 있으면 근로자는 노동부에 알려줄 수 있고(기단법§18), 알려준 사실을 이유로 불리한 처우를 하는 사용자는 형사처벌을 받을 수 있다(기단법§16, 징역 2년, 벌금 1000만 원 이하).

4) 규정과 서식

근로계약서를 준비해야 한다. 기간제근로자에게 정규직과 다른 처우를 할 경우에는 별도의 취업규칙을 준비해야 한다.

4. 단시간근로자보호제도

1) 정의와 특징

단시간근로자보호제도는 단시간근로자로 사용할 때 요건을 갖추도록 제한하는 고용안전환경제도다. 단시간근로자로 사용하기 위해서는 법률에서 정한 요건을 갖추어야 한다. 단시간근로자의 근로조건 보호를 강화하고 불합리한 차별을 시정하기 위한 제도다. 단시간근로자는 1주의 소정근로시간이 그 사업장에서 같은 종류의 업무에 종사하는 통상(정규직) 근로자에 비해 짧은 근로자를 말한다.

2) 변화 추세와 통계

OECD 전체의 2015년 취업자 대비 단시간근로자가 16.8%로 나타났다(OECD.Stat).

스웨덴에서는 2015년 취업자 대비 단시간근로자가 14.1%로 나타났다(OECD.Stat).

독일에서는 2015년 취업자 대비 단시간근로자가 22.4%로 나타났다(OECD.Stat).

미국에는 단시간 근로를 규제하는 법률이 없다. 단시간근로자를 part-time employee,

part-timer 등으로 부른다. 연방회계감사원(Government Accountability Office: GAO)에서는 비정규직을 여덟 가지로 구분하고 그중 하나로 일반적인 파트타임 근로자(standard part-time workers)를 포함시켜 통계조사를 한다(이영면, 2007: 55~56). 2009년 취업자 대비 파트타임 근로자가 차지하는 비중은 14.1%로 나타났다(김유선, 2010: 71).

체코에서는 2015년 취업자 대비 단시간근로자는 4.7%로 나타났다(OECD.Stat).

이탈리아에서는 2015년 취업자 대비 단시간근로자는 18.7%로 나타났다(OECD.Stat).

일본에서는 1993년 '단시간 노동자의 고용 관리 개선 등에 관한 법률'을 도입했다. 근로조건에 관한 문서를 교부할 의무, 취업규칙 작성 절차, 처우 원칙, 차별 금지, 임금, 교육훈련, 복지후생 시설, 정규직 전환, 설명 의무, 지침 작성, 상담 체제 마련, 단시간 고용 관리자 선임 등을 규정하고 있다. 단시간근로자를 파트타이머, 파트, 아르바이트, 촉탁, 계약사원, 임시사원, 준사원 등으로 다양하게 부른다(스게노 카즈오, 2015: 256). 2015년 취업자 대비 단시간근로자는 22.7%로 나타났다(OECD.Stat).

한국에서는 2007년 '기간제 및 단시간근로자 보호 등에 관한 법률'을 시행했다. 2008년 취업규칙 중 91.7%가 취업규칙 적용 범위 규정을 두고 있고, 그중 21.4%가 비정규직을 제외하고 있다(김정한·문무기·윤문희, 2008: 33). 2014년 단체협약 중 45%에서 조합원 신분을 규정하고 있는 것으로 나타났는데, 2%에서는 비정규직을 포함시키고 있으나, 43%에서는 비정규직을 배제하고 있는 것으로 나타났다(박명준·조성재·문무기, 2014: 287). 2015년에 취업자 대비 단시간근로자는 10.6%로 나타났다(OECD.Stat). 2016년에 단시간근로자는 24만 8300명으로, 전체 임금근로자의 12.6%(2006년 이후 해마다 증가)를 차지하며, 비자발적 취업자가 42.2%, 근로계약서를 작성하는 경우가 46.3%이고, 월평균임금은 정규직 대비 26.5% 수준이다(한국노동연구원, 2016b). 단시간근로자를 일반적으로 단시간근로자, 시간제 근로자, 아르바이트, 알바 등으로 부른다.

3) 관련 법률

상시 근로자가 5명 이상인 기업은 의무적으로 도입해야 한다(기단법§3①). 상시 근로자가 4명 이하인 기업에서도 일부 법률은 의무적으로 도입해야 한다(기단법§3②, 기단령 별표 1). 단시간근로자보호제도에 대해서는 '기간제 및 단시간근로자 보호 등에 관한 법률'과 '근로기준법'에서 규정하고 있다.

3)-1 근로시간 비례 원칙 적용

단시간근로자에게도 모든 '노동법'을 적용하는 것이 원칙이다. 그러나 단시간근로자는 통상(정규직)근로자에 비해 근로시간이 상대적으로 짧기 때문에 짧은 만큼 비례해 '노동법'을 축소 적용하는 것이 대원칙이다(근기법§18①). 유급주휴일, 생리휴가, 출산전후휴가, 유산·사산휴가 등을 단시간근로자에게 적용할 때에는 임금이나 수당은 일급 통상임금을 기준으로 하되, 통상(정규직) 근로자의 근로시간 대비 단시간근로자의 근로시간 비율만큼 축소 적용한 일급 통상임금을 계산해 적용한다(근기령 별표 2.4). 유급연차휴가를 단시간근로자에게 적용할 때에는 휴가 일수는 통상 근로자와 동일하게 부여하지만, 임금이나 수당은 일급 통상임금이 아닌 시간급을 기준으로 하되, 통상(정규직) 근로자의 근로시간 대비 단시간근로자의 근로시간 비율만큼 축소 적용한 시간급으로 계산해 적용하는데(근기령 별표 2.4), 예를 들어 일주일의 소정근로시간이 20시간인 단시간근로자의 유급연차휴가 하루는 8시간짜리가 아닌 4시간짜리 휴가로 취급하고 임금을 지급하거나 수당을 지급하면 된다.

3)-2 서면계약과 취업규칙

단시간근로자와 근로계약을 체결할 때에는 법률에서 정한 모든 사항을 근로계약서에 명시해 서면으로 전달해야 한다(기단법§17, 과태료 500만 원 이하). 근로계약서에 명시해야 할 내용은 근로계약 기간에 관한 사항, 근로시간·휴게에 관한 사항, 임금의 구성 항목과 계산 방법 및 지불 방법에 관한 사항, 휴일·휴가에 관한 사항, 취업의 장소와 종사해야 할 업무에 관한 사항, 근로일 및 근로일별 근로시간이다(기단법§17). 단시간근로자에게 통상(정규직) 근로자와는 다른 취업규칙을 적용하려면 단시간근로자 과반수의 의견이나 동의를 얻어야 한다(근기령 별표 2.5)

3)-3 차별 금지

단시간근로자라는 이유로 같은 사업 또는 사업장에서 같은 종류 또는 유사한 업무에 종사하는 통상(정규직) 근로자에 비해 차별적 처우를 해서는 안 된다(기단법§8②). 차별해서는 안 되는 처우에는 임금, 상여금, 그 밖의 근로조건과 복리후생 등이 포함된다(기단법§2.3). 차별적인 처우를 받은 근로자는 6개월 안에 노동위원회에 시정 신청을 할 수 있다(기단법§9①). 사용자가 단시간근로자 관련 법률을 위반한 사실이 있으면 근로자는 노동부에 알려줄 수 있고(기단법§18), 알려준 사실을 이유로 사용자가 불리한 처우를 하면 형사처벌을 받을 수 있다(기단법§16, 징역 2년, 벌금 1000만 원 이하). 단시간근로자에게 소정근로시간을 넘는 초과근로를 시키려면 동의를 얻어야 하고 1주 12시간을 초과할 수 없으며(기단법§6①, 벌금 1000만 원 이하), 통상임금의 50%를 추가로 지급해야 한다(기단법§6③, 벌칙 없음).

3)-4 초단시간근로자에 대한 특례 적용

근로시간이 1주 평균 15시간 미만인 초단시간근로자에게는 일부 '노동법' 조항을 적용하지 않는다(근기법§18③, §55, §60; 근퇴법§4①; 고보령§3①). 즉 주휴일제도, 연차유급휴가제도, 퇴직급여, 고용보험은 적용하지 않는다. 근로시간이 1개월 평균 60시간 미만인 근로자에게는 국민건강보험제도, 국민연금제도도 적용하지 않는다(건보령§9.1, 연금령§2.4).

4) 규정과 서식

근로계약서를 준비해야 한다. 기간제근로자에게 정규직과 다른 처우를 할 경우에는 별도의 취업규칙을 준비해야 한다.

5. 자율휴직제도

1) 정의와 특징

자율휴직제도란 직원이 근로를 제공하는 게 불가능하거나 부적당한 경우에 근로계약 관계는 유지하면서 일정한 기간 동안 근로 제공 의무를 면제하거나 근로 제공을 금지하는 인사처분을 말한다(임종률, 2015: 500). 근로가 없는 상태인데도 일정한 조건 아래 근로계약을 유지할 수 있도록 함으로써 근로자를 보호하는 제도다.

2) 변화 추세와 통계

한국에서는 2008년 취업규칙 중 97.2%가 휴직 사유 규정을 두고 있고, 휴직 사유로는 병역 휴직 83.1%, 형사사건 기소 휴직 70.1%, 업무 외 질병 휴직 63.7%, 일신상 사유 휴직 56.5%, 회사 인정 휴직 43.7%, 심신 장애 휴직 24.3%, 회사 운영 불가피 휴직 19.6%, 의원 휴직 17.2%, 전염병휴직 15.2%, 천재지변 휴직 7.4%, 징계 회부 감사 휴직 4.4% 등으로 규정하고 있는 것으로 나타났다(김정한·문무기·윤문희, 2008: 144~145). 2009년 단체협약 중 86.4%에서 휴직 요건 규정을 두고 있고, 휴직 요건으로는 병역 관계에 의한 징집 및 소집

65.7%, 형사사건 기소 49.3%, 일신상 사유 48.7%, 업무 외 질병 44.7%, 질병 27.7%, 육아 휴직 27.5%, 기타 25.8%, 업무 외 재해 25.5%, 업무상 질병 24.9%, 노사협의 또는 노사합의 19.0%, 정신 질환 등 심신 장애 18.4%, 업무상 재해 16.5%, 천재지변 14.5%, 근로 동원법에 의한 동원 12.1%, 국내 외 교육 9.3%, 회사 운영상 불가피 6.2%, 면허정지 4.0%, 유계 결근 ○○일 초과 3.1%, 정부 국제기관 취임 2.5%, 취업규칙에 일임 2.3%, 출산 전 신청 1.7%, 징계사유 발생 1.2%, 취업규칙 위반 0.6%, 징계 심사 회부 0.6%, 공직 취임 0.3% 등으로 규정하고 있는 것으로 나타났다(김정한·김동배·문무기 외, 2009: 120).

3) 관련 법률

어느 기업에서나 자율적으로 도입할 수 있다. '노동법'에서는 자율 휴직제도에 대해 직접 규정하고 있는 내용이 없다. 정당한 이유가 없으면 사용자가 일방적으로 근로자를 휴직시킬 수 없다(근기법§23①). 휴직 명령이 정당한 이유를 가지기 위해서는 취업규칙 등으로 정한 휴직 사유에 해당하는 것만으로는 부족하고 그 규정의 목적, 그 실제의 기능, 휴직 명령의 합리성 여부 및 휴직에 따라 근로자가 받게 될 불이익 등 제반 사정에 비추어 근로자가 상당한 기간에 걸쳐 근로 제공을 할 수 없거나 근로 제공이 매우 부적당하다고 인정되어야 한다(대판 1992.11.13, 92다16690; 디판 2005.2.18, 2003다63029; 임종률, 2015: 500~501에서 재인용). 법률에서 보장한 것이 아닌 의원 휴직에 대한 승인 여부는 원칙적으로 사용자에게 재량권이 있으나, 취업규칙에 그 사유와 절차가 미리 규정되어 있고 근로자의 휴직 신청이 이에 합치하면 사용자는 휴직을 명해야 하고 휴직의 승인을 거부할 수 없다(임종률, 2015: 501). 직권 휴직 기간 중이라도 휴직의 사유가 소멸해 근로자가 복직을 신청한 경우에는 사용자는 근로자를 복직시켜야 한다. 의원 휴직의 경우 휴직의 사유가 소멸하면 근로자는 휴직 기간 중이라도 즉시 복직을 신청할 의무가 있다고 보아야 하며, 휴직 사유가 소멸해 복직을 신청한 이상 사용자는 이를 승인할 의무가 있다(임종률, 2015: 501~502).

휴직 기간이 만료된 후에도 휴직의 사유가 소멸되지 않거나 복직 신청이 없는 경우에는 정당한 이유가 있으면 휴직 근로자를 해고할 수 있다. 휴직 기간이 지났는데도 근로자가 복직 신청을 않는 것은 정당한 해고 사유로 인정될 수 있다. 기소를 이유로 휴직을 한 자가 취업규칙에 규정된 퇴직 사유인 '1심에서 실형을 선고받은 때'에 해당하더라도 그에 대한 해고는 조기 석방 가능성 유무, 구속이 직장에 미치는 영향, 해당 형사사건의 성질 등 제반 사정을 종합해 정당한 이유가 있어야 한다(대판 1992.11.13, 92누6082; 임종률, 2015: 502에서 재인용).

4) 장점

기업으로서는 출근이 불가능하거나 부적당한 직원이 출근하지 않게 허용함으로써 직원에게는 근로계약을 유지할 수 있는 기회를 주고, 사업장 질서를 유지할 수 있다. 직원으로서는 결근 처리에 따르는 책임을 부담하지 않아도 되고 유급휴직을 부여받으면 임금 삭감의 부담도 없어질 수 있다.

5) 단점

기업으로서는 휴직 사유의 범위, 휴직 일수, 유급수당 비용의 증가 등 부담을 질 수 있다. 직원으로서는 무급휴직일 때에는 임금이 줄어들 수 있다.

6) 도입 사례

한전(1961), 현대자동차(2013), 현대중공업(2014) 등을 사례로 들 수 있다.

표 VI.2-2 | **한전 자율휴직제도(2014)**

사유	기간
일신상 사정으로 휴직을 청원할 때	1년 이내
신체·정신상의 장애로 장기 요양을 원할 때	1년 이내
법령에 의거 징소집되었을 때	해당 기간
형사사건으로 구속 기소되었을 때	해당 기간
공상 치료 기간이 3개월 이상에 이를 때	해당 기간
천재·사변이나 그 밖의 특별한 사유가 발생했을 때	해당 기간
공사가 인정하는 기관에서 연수하거나 대학원에서 공사가 인정하는 분야의 석사·박사 학위를 취득하기 위해 연수하게 된 때	2년 이내로 하되 학위 취득으로 인해 부득이한 경우에는 2년 범위에서 그 기간을 연장
전력 분야 벤처기업 예비 창업자로 선정되었을 때	3년 이내
난임 직원이 임신(인공수정, 시험관 시술 등)을 위해 의사 소견을 첨부 후 그에 따른 휴직을 요청할 때	자녀 1인에 대해 1년 이내로 하며 1회에 한하여 분할 사용
배우자가 외국에서 근무·유학 또는 연수하게 되어 동반하게 된 때	1년 이내

주: 육아휴직 등 법정휴직제도는 생략.
자료: 한전(2014).

7) 규정과 서식

휴직제도를 도입하기 위해서는 취업규칙이나 별도의 규정 등이 필요하고 휴직이나 복직을 신청할 때 사용할 수 있는 신청서 서식을 준비할 필요가 있다.

8) 제도 설계

자율 휴직제도를 설계하기 위해서는 적용 대상자, 휴직 기간의 한도, 다른 휴일, 휴가, 휴무와 겹칠 때의 처리, 유급 또는 무급 여부, 사용 절차 등을 결정해야 한다.

6. 고용유연안전성제도

1) 정의와 특징

고용유연안전성(flexicurity)은 고용의 유연성과 안전성을 조화시켜 동시에 제고시키기 위한 통합적인 정책을 말한다(김대환, 2009: 4에서 재인용). 고용유연성이나 고용안전성 어느 하나만을 일방적으로 추구하는 것을 지양하고, 둘을 조화시키는 것이 가능하며 또한 필요하다는 견해에서 나온 접근 방법이다.

| 표 VI.2-3 | 유연성과 안전성의 갈등과 조화

		안전성	
		높다	낮다
유연성	높다	유연성과 안전성 조화 (기업과 근로자의 윈윈)	고용 불안 (근로자에게 불리)
	낮다	고용안전 (기업에게 불리)	-

자료: 김대환(2009: 6)을 수정.

기업은 경영 상태나 경영전략에 따라 고용을 탄력적으로 조정할 수 있기를 바라는 것이 일반적이다. 고용유연성(flexibility)은 환경 변화에 따라 고용을 신속하고 탄력적으로 조정할 수 있는 능력을 말한다(김동배·김주일, 2004: 4; 황수경, 2008: 1). 그러나 고용유연성이 지나치면 직원은 항상 위태로워지고, 나아가 일터나 사회 전체도 안정을 유지하기 곤란할 것이다.

| 표 VI.2-4 | **고용유연성 추진 방법의 유형과 수단**

		전략의 초점	
		내부	외부
유연성 유형	수량 유연성	·근로시간 유연성 - 근로시간의 유연한 운영 - 일자리공유제	·수량유연성 - 정리해고 - 고용 조정 목적의 비정규직 활용
	기능 유연성	·기능유연성 - 소집단 활동 - 직무 순환 - 직무 확대 - 다기능 교육훈련	·외부화 - 기술·숙련 획득 목적의 비정규직 활용
	보상 유연성	·보상유연성 - 성과주의임금제도 - 선택적 복지제도	·외부화 - 인건비 절감 목적의 비정규직 활용

자료: 김동배·김주일(2004: 5); 윤윤규·정승국·노용진 외(2008: 7) 참조.

| 표 VI.2-5 | **빌트하겐 유연안전성 매트릭스**

		안전성			
		일자리 안전성	고용안전성	소득안전성	결합안전성
유연성	외부 수량유연성	·고용 보호 입법 ·고용 계약 유형 ·조기 퇴직	·고용서비스 적극적 노동시장 ·훈련, 평생학습	·실업보험 ·기타 사회급여 ·최저임금	·휴가 기간 해고 금지
	내부 수량유연성	·근로시간 단축 파트타임	·고용 보호 입법 ·훈련, 평생학습	·파트타임 보충 급여 ·학습 보조금 ·질병급여	·다양한 휴가제도 ·파트타임 연금
	기능유연성	·직무 확대 ·훈련 ·노동 임대 ·하도급 ·외주화	·훈련, 평생학습 ·직무 순환 ·팀제 ·다기능화	·성과급제도	·자발적 노동시간 조정
	보상유연성	·노동비용 조정 ·사회보장 급여 조정·삭감	·사회보장급여 변경 ·고용보조금 ·취업급여	·임금 협약 ·노동시간 단축 시 급여 조정	·자발적 노동시간 조정

자료: 김유선(2009: 24)에서 재인용.

직원은 경영 상태에 관계없이 고용이 항상 안정된 상태를 유지하기 바라는 게 일반적이다. 고용안전성(security)은 환경 변화에 관계없이 근로자의 소득안정성을 보장하는 특성을 말한다(황수경, 2008: 1). 그러나 고용안전성도 지나치면 기업은 환경 변화에 대처하기 어려워지고, 기업과 직원 모두의 생존까지 위태로워지는 원인이 될 수도 있을 것이다.

기업은 유연성을 일방적으로 추진하고 직원도 안전성을 일방적으로 지키려 하면 상대방의 이해관계는 훼손이 불가피해 기업과 직원의 이해관계의 갈등은 커지고, 후유증 때문에 기업의 생존과 성장은 지장을 받게 될 것이다.

유연성과 안전성을 조합하고 조화시키는 방법에 따라 유연안전성을 제고할 수 있다(김유선, 2009: 23에서 재인용). 〈표 VI.2-5〉에서 볼 수 있듯이 직원의 일자리 안전성을 고려하면서 기업의 유연성을 추진하는 방법에는 크게 4가지가 있는데, 그중 보상유연성을 통한 방법을 추진할 경우 노동비용 조정을 선택해 활용할 수 있을 것이다.

2) 변화 추세와 통계

2014년 OECD 국가의 10년 이상 장기근속자 비중이 평균 33.1%로 나타났으며, 스웨덴은 33.8%, 독일은 41.9%, 미국은 27.3%, 체코는 41.0%, 이탈리아는 50.1%, 한국은 20.1%(31/34위)로 나타났다. 2014년 평균 근속기간은 스웨덴은 9.1년, 독일은 10.7년, 체코는 9.9년, 이탈리아는 12.2년, 한국은 5.6년(27/27위)로 나타났다(OECD.Stat).

네덜란드와 덴마크는 높은 실업률과 경제 부진을 겪어오다가 1990년대 중반 이후 사회 전체적으로 유연안전성에 입각한 개혁 정책(네덜란드의 폴더 모형, 덴마크의 황금 삼각형 모형)을 추진해 낮은 실업률과 높은 경제성장을 달성함으로써 유럽연합에서 모범 사례가 되었다(김대환, 2009: 11).

미국에서는 유연안전성과는 거리가 먼 유연화 정책, 협력보다는 경쟁, 낮은 고용보호, 낮은 사회보장, 미흡한 노동시장 정책 등으로 기업의 유연성은 높고, 근로자의 안전성은 낮은 편이다(김대환, 2009: 16).

일본에서는 기업 중심의 고용안전성을 유지해오다가 최근에는 유연안전성을 모색하고 있다(김대환, 2009: 16).

한국에서는 대기업-정규직-유노조 근로자들은 고용안전성이 지나치게 높고, 나머지 근로자들은 고용유연성이 지나치게 높다(김대환, 2009: 42). 그 결과 전체적으로 고용이 매우 불안정하고, 소득분배는 매우 불평등하고, 노사 관계도 파편화된 상태에게 갈등이 큰 사회가 되었다(김유선, 2015: 88).

3) 도입 사례

고용유연성이 높은 기업으로는 인천국제공항공사(1999~), 한국마사회(2011~) 등을 사례로 들 수 있고, 고용안전성이 높은 기업으로는 롯데그룹(1967~), 유한킴벌리(1970~) 등을 들 수 있다.

| 표 Ⅵ.2-6 | 2011~2015년 한국마사회 고용유연성(인원 현황)

(단위: 명)

구분		2011	2012	2013	2014	2015
임원	계	15	15	15	15	15
	상임	7	7	7	7	7
	비상임*	8	8	8	8	8
정규직	계	844	851	859	852	872
	전일제	844	851	857	850	870
	단시간*			2	2	2
무기 계약직	계	181	177	193	180	179
	전일제	181	177	193	177	178
	단시간*				3	1
기간제	계*	7,681	7,380	6,876	6,808	6,418
	전일제	120	119	81	104	146
	단시간	7,561	7,261	6,795	6,704	6,272
소속 인원 합계	계	8,721	8,423	7,943	7,855	7,484
	정규직	1,152	1,154	1,138	1,138	1,201
	비정규직	7,569	7,269	6,805	6,717	6,283
소속 외 인력	계*	1,135	1,158	1,477	1,520	1,555
	파견	39	40	43	45	73
	용역	1,096	1,118	1,434	1,475	1,482
인원 합계	계	9,856	9,581	9,420	9,375	9,039
	정규직 합계	1,152	1,154	1,138	1,138	1,201
	비정규직 합계	8,704	8,427	8,282	8,237	7,838
비정규직 비율(%)		88	88	88	88	87

주: 1) 인원 구분의 용어는 기업이 사용하는 용어를 그대로 사용함. 소수점 이하는 반올림해 계산함.
2) 비정규직 합계는 비상임 임원, 단시간 정규직, 단시간 무기 계약직, 기간제 전체, 소속 외 인력의 합계로 계산함(* 표시).
3) 비정규직 비율은 인원 합계 대비 비정규직 합계의 비율임.
4) 2014년 기준으로 전체 공기업 중 가장 높은 비정규직 비율을 유지하고 있음(≪한겨레≫, 2015.9.14).
자료: 경영 공시(2016)을 참고해 작성.

제3장

산업안전 환경

1. 법정안전보건제도

1) 정의와 특징

법정안전보건제도는 산재를 예방하고 안전한 일터를 유지하기 위해 기업에서 의무적으로 이행해야 하는 법정일터환경제도다. 법정안전보건제도에는 〈표 VI.3-1〉과 같은 제도가 있다.

| 표 VI.3-1 | **법정안전보건제도**

구분		주요 내용	근거 법률 (산안법)
계획	안전관리자 선임	안전관리를 담당할 직원을 두어야 한다.	§15
	보건관리자 선임	보건관리를 담당할 직원을 두어야 한다.	§16
조치	안전보건 교육	근로자에게 정기적으로 안전보건교육을 해야 한다.	§31
	안전 표지	유해위험한 시설이나 장소에 경고 등의 표지를 설치하거나 부착해야 한다.	§12
	안전 조치	위험한 설비, 물질, 작업, 장소에 사고를 방지하기 위한 조치를 해야 한다.	§23
	보건 조치	건강장해를 일으킬 수 있는 물질, 환경, 작업에 방지조치를 해야 한다.	§24
	방호 조치	유해·위험한 기계나 기구에 사고를 방지하기 위한 장치를 부착하거나 설치해야 한다.	§33
	화학물질 조치	화학물질에 대해서는 자료 비치, 경고표지 부착, 근로자 교육 등의 조치를 해야 한다.	§41

진단	자체 검사	위험한 기계나 설비를 정기적으로 검사하고 관리해야 한다.	§36
	작업 환경 측정	유해위험한 물질이나 환경에 노출되는 작업장에 대해서는 정기적으로 작업 환경을 측정해야 한다.	§42
	건강진단	정기적으로 근로자의 건강진단을 해야 한다.	§43
보고	산재 보고	산재가 발생하면 노동부에 보고해야 한다.	§10
	산재 기록	산재를 기록하고 보존해야 한다.	§10의 2

자료: '산업안전보건법' 참조.

2) 변화 추세와 통계

인구 10만 명당 산업재해에 의한 사망자 수(중대 재해율)는 스웨덴 1.0명(2015), 독일 1.6명(2015), 일본 0.0명(2015), 한국은 10.8명(2014)으로 한국이 압도적으로 높다(국가통계포털).

한국에서는 2008년 취업규칙 중 88.9%가 안전보건에 대해 규정하고 있고, 33.7%가 안전 보건 교육에 대해 규정하고 있으며, 84.7%가 정기 건강진단에 대해 규정하고 있는 것으로 나타났다(김정한·문무기·윤문희, 2008: 128~130). 2009년 조사 대상 기업 가운데 공식적으로 접수된 고충 중 산업안전 근로 환경에 대한 고충이 32.4%로 가장 큰 비중을 차지했고, 54.8%가 안전보건 교육을 실시한 것으로 나타났다(배규식·김정우·김기민, 2012: 220, 241). 2014년 단체협약 중 27%가 산업안전보건위원회 활동에 대해 규정하고 있고, 7.7%가 산업안전보건위원회 결정 사항의 효력을 단체협약과 동등한 것으로 규정하고 있으며, 11%가 노조의 산업안전보건 활동에 대해 규정하고 있고, 24.9%가 안전보건 교육시간에 대해 규정하고 있으며, 31%가 작업환경 측정에 대해 규정하고 있고, 9%가 작업자의 작업중지권에 대해 규정하고 있으며, 83%가 일반건강진단에 대해 규정하고 있는 것으로 나타났다(박명준·조성재·문무기, 2014: 235~248). 2015년의 재해자 수는 9만 129명(사망 1810명, 부상 8만 999명, 질병 7064명), 재해율(=재해자 수 ÷근로자 수×100)은 0.5%, 산재에 따른 경제적 손실액은 20조 3955억 원으로 나타났다(한국노동연구원, 2017: 126).

3) 관련 법률

기본적으로 모든 사업 또는 사업장에서 의무적으로 도입해야 한다(산안법§3①). 법정안전보건제도는 '산업안전보건법'에서 규정하고 있다. 안전보건에 관한 사항은 취업규칙에 명시해야 한다(근기법§93.9, 과태료 500만 원 이하).

2. 건강진단제도

1) 정의와 특징

건강진단제도는 근로자의 건강을 보호·유지하기 위해 사업주에게 건강진단을 실시할 의무와 근로자에게 건강진단을 받을 의무를 각각 부여하는 제도다. 건강진단 결과를 알려주고, 근로자의 건강을 유지하기 위해 필요하다고 인정할 때에는 작업 장소 변경, 작업 전환, 근로시간 단축, 야간근로 제한, 작업 환경 측정 또는 시설·설비의 설치·개선 등 적절한 조치를 하도록 한다.

2) 변화 추세와 통계

독일은 '산업안전보건법'에 사용자가 안전 및 건강에 대한 위험 정도에 따라 주기적인 의료 검진을 실시할 의무를 정하고(산업안전보건법§11), 특히 '연소근로자보호법'에서는 입사 전 건강검진, 입사 1년 후 건강검진, 입사 2년째부터 매년 건강검진, 특별 건강검진, 보충 건강검진 등 매우 엄격한 건강검진 의무를 정하고(제4절) 있다(김기선·박수근·강성태 외, 2013).

미국에서는 1970년에 연방법으로 '직업안전위생법(OSHA: Occupational Safety and Health Act, 산업안전보건법)'을 제정했다. 사용자는 근로자에게 사망 또는 중대한 신체적 위해를 입히거나 입힐 개연성이 있는 것으로 알려진 위험이 없는 고용 및 직장을 제공해야 한다. 근로자나 근로자 대표는 서면으로 사용자의 안전위생 기준 위반을 노동부 장관에게 신고할 권리를 가진다. 안전위생 기준의 내용은 보호구의 제공, 기계 설비의 안전 확보, 위험·유해물질의 관리, 안전교육, 건강진단, 환경 측정, 안전 관리 체계 정비 등 다양하다. 그러나 '미국인장애인법(ADA: Americans with Disabilities Act)'에서는 법률에 따른 건강진단이나 업무상 필요성이 있는 건강진단을 제외한 나머지 건강진단에 대해서는 장애인에 대한 차별로 보고 채용할 때나 채용 후에도 허용하지 않고 있다(이승길, 2005: 11, 281~289).

일본에서도 '노동안전위생법'에서 사업자에게 건강진단을 실시할 의무와 근로자에게 건강진단을 받을 의무를 부여하고 있다(스게노 카즈오, 2015: 432).

한국에서는 2008년 취업규칙 중 84.7%가 정기 건강검진 규정을 두고 있고(김정한·문무기·윤문희, 2008: 130), 2014년에 단체협약 중 83%가 일반건강진단을 규정하고 있으며, 41%가 건강진단 결과 이상 발견 시 조치를 규정하고 있다(박명준·조성재·문무기, 2014: 248~249).

2015년에 전체 산업재해자 수는 9만 129명, 그중 산재·질병 요양자는 7064명(7.8%)으로 나타났다(한국노동연구원, 2017: 126). 건강진단제도는 건강검진제도와 연계해 운영하는데, '건강보험법'에 따라 국가가 비용을 부담해 실시하는 일반 건강검진을 받으면, '산업안전보건법'에 따라 사업주가 비용을 부담해 의무적으로 실시해야 하는 건강진단 중 일반건강진단을 실시한 것으로 인정한다(산안칙§99①).

3) 관련 법률

상시 근로자가 1명 이상인 모든 기업에서 의무적으로 도입해야 한다. 건강진단제도에 대해서는 '산업안전보건법'에서 규정하고 있다.

3)-1 건강진단 의무

사업주는 자격을 갖춘 건강진단 기관에서 근로자에 대해 건강진단을 해야 한다(산안법§43①, 과태료 1000만 원 이하). 사업주는 근로자 대표가 요구하면 건강진단 시 근로자 대표를 입회시켜야 한다(산안법§43①, 과태료 1000만 원 이하). 건강진단을 하지 않은 경우 대상 근로자 1명당 위반 횟수에 따라 5만 원(1차), 10만 원(2차), 15만 원(3차)의 과태료를 부과받을 수 있다(국민건강보험공단, 2016: 120). 근로자는 '산업안전법' 43조에서 정한 건강진단을 받아야 하며(산안법§43③, 과태료 300만 원 이하), 다만 사업주가 지정한 건강진단 기관에서 진단받기를 희망하지 아니하는 경우에는 다른 건강진단 기관으로부터 이에 상응하는 건강진단을 받아 그 결과를 증명하는 서류를 사업주에게 제출할 수 있다. 건강진단을 받지 않은 경우 위반 횟수에 따라 5만 원(1차), 10만 원(2차), 15만 원(3차)의 과태료를 부과받을 수 있다(국민건강보험공단, 2016: 120). 고용노동부 장관은 필요하다고 인정할 때에는 사업주에게 특정 근로자에 대한 임시 건강진단의 실시나 그 밖에 필요한 조치를 명할 수 있다(산안법§43②, 징역 3년, 벌금 2000만 원 이하).

3)-2 건강진단 주기

일반건강진단은 사무직 근로자에 대해서는 2년에 1회 이상, 그 밖의 근로자에 대해서는 1년에 1회 이상 실시해야 한다(산안칙§99①)(사무직 근로자와 그 밖의 근로자의 구분에 대해서는 이 책 179쪽의 <표 IV.2-1>을 참고). 특수건강진단은 유해 인자별로 6개월/1년/2년마다 1회 이상 실시해야 한다(산안칙§99②, 별표 12의3).

3)-3 건강진단 종류

건강진단에는 일반건강진단, 특수건강진단, 배치전건강진단, 수시건강진단, 임시건강진단이 있다(산안칙§98). 일반건강진단은 상시 사용하는 근로자를 대상으로 주기적으로 실시하는 건강진단을 말한다(산안칙§98.1). 특수건강진단은 특수건강진단 대상 업무에 종사하는 근로자나, 근로자 건강진단 결과 직업병 유소견자로 판정받아 건강진단이 필요하다는 의사의 소견이 있는 근로자에게 실시하는 건강진단을 말한다(산안칙§98.2). 배치전건강진단은 특수건강진단 대상 업무에 종사할 근로자에 대해 적합성 평가를 위해 실시하는 건강진단을 말한다(산안칙§98.3). 수시건강진단은 특수건강진단 대상 업무에 의해 해당 유해 인자에 증상을 보이거나 의학적 소견이 있는 근로자에 대해 실시하는 건강진단을 말한다(산안칙§98.4).

임시건강진단은 지방고용노동관서의 명령에 따라 실시하는 건강진단을 말한다(산안칙§98.5).

3)-4 건강진단 기관

일반건강진단은 특수건강진단 기관이나 건강진단 기관에서 실시해야 한다(산안칙§98의3②). 특수건강진단, 배치전건강진단, 수시건강진단은 지방고용노동관서가 지정한 특수건강진단 기관에서 실시해야 한다(산안칙§98의3①).

3)-5 건강진단의 검진 비용

건강진단 검진 비용의 기준은 '국민건강보험법'에서 정한 기준에 따른다(산안칙§101). 건강진단·검진 비용은 사업주가 부담한다(산보 68307-631, 2000.9.26).

3)-6 건강진단 실시 인정 요건

일반건강진단으로 인정하는 건강진단은 다음과 같다(산안칙§99①).

1.「국민건강보험법」에 따른 건강검진
2.「항공법」에 따른 신체검사
3.「학교보건법」에 따른 건강검사
4.「진폐의 예방과 진폐근로자의 보호 등에 관한 법률」에 따른 정기 건강진단
5.「선원법」에 따른 건강진단
6. 다음과 같은 일반건강진단의 검사 항목을 모두 포함하여 실시한 건강진단(산안칙§100)
    1) 과거병력, 작업경력 및 자각·타각증상(시진·촉진·청진 및 문진)

2) 혈압·혈당·요당·요단백 및 빈혈검사

3) 체중·시력 및 청력

4) 흉부방사선 간접촬영

5) 혈청 지·오·티 및 지·피·티, 감마 지·티·피 및 총콜레스테롤

이 검사 항목 중 혈당, 총콜레스테롤, 감마 지·티·피 검사는 고용노동부 장관이 정하는 근로자(고용노동부고시 제2012-45호)에 대하여만 실시한다.

특수건강진단으로 인정하는 건강진단은 법률에서 정하고 있다(산안칙§99②).

배치전건강진단으로 인정하는 건강진단은 법률에서 정하고 있다(산안칙§99④).

3)-7 건강진단 결과 보고

건강진단 기관은 '산업안전법' 43조에 따라 건강진단을 한때에는 그 결과를 근로자 및 사업주에게 통보하고 고용노동부 장관에게 보고해야 한다(산안법§43④, 과태료 300만 원 이하). 건강진단 기관은 건강진단 결과를 건강진단 개인표에 기록하고, 건강진단 실시일부터 30일 이내에 근로자에게 송부해야 한다(산안칙§105①). 건강진단 기관은 건강진단 결과 질병 유소견자가 발견된 경우에는 건강진단을 실시한 날부터 30일 이내에 근로자에게 의학적 소견 및 사후 관리에 필요한 사항을 설명해야 한다(산안칙§105②). 건강진단 기관은 건강진단을 실시한 날부터 30일 이내에 건강진단 결과표를 사업주에게 송부해야 한다(산안칙§105③). 특수건강진단기관은 건강진단을 실시한 날부터 30일 이내에 건강진단 결과표를 지방고용노동관서의 장에게 제출해야 한다(산안칙§105⑤).

3)-8 건강진단 사후 조치

사업주는 '산업안전법' 43조 등에 따른 건강진단 결과 근로자의 건강을 유지하기 위해 필요하다고 인정할 때에는 작업 장소 변경, 작업 전환, 근로시간 단축, 야간근로의 제한, 작업환경 측정 또는 시설·설비의 설치·개선 등 적절한 조치를 해야 한다(산안법§43⑤, 벌금 1000만 원 이하).

사업주는 건강진단 결과표에 따라 필요하면 조치를 하고, 근로자에게 해당 조치 내용에 대해 설명해야 한다(산안칙§105④). 사업주는 산업안전보건위원회 또는 근로자 대표가 요구할 때에는 직접 또는 건강진단기관이 건강진단 결과를 설명해야 하고, 다만 본인의 동의 없이는 개별 근로자의 건강진단 결과를 공개하여서는 안 된다(산안법§43⑥, 과태료 500만 원 이하).

사업주는 '산업안전법' 43조에 따른 건강진단 결과를 근로자의 건강 보호·유지 외의 목적으로 사용해서는 안 된다(산안법§43⑦, 과태료 300만 원 이하). 사업주는 건강진단 결과를 5년간 보존해야 하며, 고용노동부 장관이 고시하는 물질을 취급하는 근로자에 대한 건강진단 결과는 30년간 보존해야 한다(산안법§64①7, 산안칙§107, 과태료 300만 원 이하).

3)-9 장애인 여부를 조사하기 위한 건강검사 금지

'장애인차별금지법'에서는 채용 이전에 장애인 여부를 조사하기 위한 의학적 검사를 실시하면 안 된다고 규정하고 있다(장차법§12①).

4) 장점

기업으로서는 정기적으로 직원의 건강을 확인할 수 있고, 직원의 질병에 조기 대처할 수 있으며, 건강보험에 의한 건강검진을 활용할 경우 따로 비용이 들지 않는다. 직원으로서는 정기적으로 건강진단을 받을 수 있고, 질병에 조기 대처할 수 있다.

5) 단점

기업으로서는 건강진단을 받지 않는 직원들에 대한 관리 및 건강진단 사후 조치에 시간과 노력이 들고, 더 중요한 검사도 받게 하려면 상당한 비용이 필요하다. 직원으로서는 자신이 원하는 검사를 받을 수 없고, 부실한 검사를 받을 수 있다.

제4장

차별 금지 환경

1. 성차별금지제도

1) 정의와 특징

성차별금지제도는 합리적인 이유가 없이는 성의 차이를 이유로 채용조건이나 근로조건을 차별할 수 없도록 금지하는 제도다. 일반적으로 모집 채용, 임금, 복지, 교육훈련, 배치, 승진, 정년, 해고, 퇴직 등 영역에서 여성에 대해 여성이라는 이유, 용모나 키나 체중 등의 신체적 조건, 혼인 여부, 임신, 출산 등을 이유로 남성과 채용조건이나 근로조건을 차별하는 것을 금지한다.

| 표 VI.4-1 | **2015년 유한킴벌리 차별 금지 환경**

(단위: %)

- 장애인 고용률: 2.4
- 여성 직원 비율: 18.8
- 사무직 여성 직원 비율: 37.9
- 신규 채용 여성 직원 비율: 61.9
- 이사 대우 이상 여성 직원 비율: 18.9

자료: 유한킴벌리(2016: 48).

2) 변화 추세와 통계

독일에서는 '보편평등법(AGG)'을 통해 인종, 민족적 혈통, 성별, 종교 또는 세계관, 장애, 연령, 성적 정체성을 이유로 차별하는 것을 금지하고 있다(김기선·박수근·강성태 외, 2013: 701).

미국에서는 1963년에 남녀 임금 차별 금지, 1964년에 채용에서 해고까지 전 과정에서 인종, 피부색, 성, 종교, 출신 국가(국가가 아닌 민족을 뜻함) 등에 의한 차별 금지, 1967년에 연령 차별 금지, 1978년에 임신 차별 금지, 1980년대에 성희롱 금지, 1990년에 장해인 차별 금지 등을 법률로 규정했다(이승길 2005, 3~4). 2013년에 저임금 근로자 비중(=임금 중윗값의 2/3 미만 근로자 비중)은 남성 21.7%, 여성 27.4%로 나타났다(한국노동연구원, 2016a: 70~71).

일본에서는 1986년 '고용분야에 있어 남녀의 균등한 기회 및 대우 확보 등 여자 근로자의 복지 증진에 관한 법률'을 시행했다. 2013년에 저임금 근로자 비중(=임금 중윗값의 2/3 미만 근로자 비중)은 남성 8.4%, 여성 26.3%로 나타났다(한국노동연구원, 2016a: 70~71).

한국에서는 1988년 '남녀고용평등 및 일·가정 양립 지원에 관한 법률'을 시행했다. 2009년 조사 대상 기업 중 19.6%에서 채용할 때 여성을 특별히 권장하거나 별도로 관리하는 절차를 두고 있는 것으로 나타났다(배규식·김정우·김기민, 2012: 36). 2009년 조사 대상 기업의 교육훈련 수혜 근로자 배율(=참여 근로자 수/전체 근로자 수)은 2.01, 여성 근로자의 교육훈련 수혜 근로자 배율은 2.59로 나타났다(배규식·김정우·김기민, 2012: 242). 2009년 조사 대상 기업의 과장급 이상 비율은 23.8%, 그중 여성의 비율은 8.9%로 나타났다(배규식·김정우·김기민, 2012: 16). 2013년의 저임금 근로자 비중(=임금 중윗값의 2/3 미만 근로자 비중)은 남성 16.6%, 여성 38.9%로 나타났다(한국노동연구원, 2016a: 70~71). 2014년 단체협약 가운데 28%가 남녀 고용 평등을 규정했는데, 12%가 교육 배치 승진에서의 남녀 차별 금지를 규정하고 있고, 11%가 동일가치노동에 동일 임금 지급을 규정하고 있고, 기타 등으로 규정하고 있는 것으로 나타났다(박명준·조성재·문무기, 2014: 234). 2015년에 비농전산업 상시 근로자 1인 이상 사업장에서 월평균 임금 총액은 남성 326만 5000원(166%), 여성 197만 원(100%)으로 나타났다(한국노동연구원, 2017: 65). 2016년에 취업자 중에 고위 임직원 및 관리자는 남성이 90.3% 여성 9.7%, 상용 근로자 비중은 남성이 52.5% 여성이 43.1%, 임시 근로자 비중은 남성이 13.8% 여성이27.5%, 일용 근로자 비중은 남성이 6.2% 여성이 5.5%, 비정규 근로자 비중은 남성이 26.5% 여성이 40.2%로 나타났다(한국노동연구원, 2017).

3) 관련 법률

상시 근로자 5명 이상 기업에서 의무적으로 도입해야 한다(고평령§2②). 모집 채용에서 성차별 금지 및 혼인, 임신, 출산을 이유로 한 퇴직 금지에 대해서는 상시 근로자 1명 이상 모든 기업에서 의무적으로 도입해야 한다(고평법§3①). 성차별금지제도에 대해서는 '헌법', '노동조합 및 노동관계조정법', '근로기준법', '고용정책 기본법', '직업안정법', '파견근로자보호 등에 관한 법률', '남녀고용평등과 일·가정 양립 지원에 관한 법률', '양성평등기본법', '방송법', '아동복지법', '교육기본법', '행형법', '영유아보육법' 등 13개 법률에서 규정하고 있다(박명준·조성재·문무기, 2014: 231).

3)-1 성차별 금지의 목적

모든 국민은 법 앞에 평등하다. 누구든지 성별·종교 또는 사회적 신분에 의하여 정치적·경제적·사회적·문화적 생활의 모든 영역에서 차별을 받지 아니한다(헌법§11①). 여성의 근로는 특별한 보호를 받으며, 고용·임금 및 근로조건에서 부당한 차별을 받지 아니한다(헌법§32④). 사용자는 근로자에 대해 남녀의 성(性)을 이유로 차별적 대우를 하지 못한다(근기법§6, 벌금 500만 원 이하). '헌법'의 평등 이념에 따라 고용에서 남녀의 평등한 기회와 대우를 보장하기 위해 '남녀고용평등과 일·가정 양립 지원에 관한 법률'을 제정했다(고평법§1). '차별'이란 사업주가 근로자에게 성별, 혼인, 가족 안에서의 지위, 임신 또는 출산 등을 사유로 합리적인 이유 없이 채용 또는 근로의 조건을 다르게 하거나 그 밖의 불리한 조치를 하는 경우[사업주가 채용조건이나 근로조건은 동일하게 적용하더라도 그 조건을 충족할 수 있는 남성 또는 여성의 비율이 다른 한 성(性)에 비해 현저히 적고 그에 따라 특정 성에게 불리한 결과를 초래하며 그 조건이 정당한 것임을 증명할 수 없는 경우를 포함한다]를 말한다(고평법§2.1).

3)-2 모집 채용에서 성차별 금지

사업주는 근로자를 모집하거나 채용할 때 남녀를 차별하여서는 안 된다(고평법§7①, 벌금 500만 원 이하). 여성 근로자를 모집·채용할 때 그 직무의 수행에 필요하지 않은 용모·키·체중 등의 신체적 조건, 미혼 조건 등을 제시하거나 요구해서는 안 된다(고평법§7②, 벌금 500만 원 이하). 모집 채용에서의 성차별 예시를 보면 여성 응모 기회 배제(남성 사원 모집, 병역을 필한 남성 사원 모집 등), 남녀 분리 모집(남성 ○○명, 여성 ○명 등), 남성을 채용 요건으로 표시(남성 환영, 남성 적합 직종 등), 남녀 직급 차등(고졸 남성은 사무직 5급, 고졸 여성은 사무직 6급 등), 남녀 고용형태 차이 등(남성은 정규직, 여성은 임시직 등), 여성에게만 설정한 제한적 조건(여성은 ○○세 이하, 여성은 미혼에 한함, 여성은 용모 단정한 자, 여성은 부양가족 없는 자 등), 불필요한 신체적 조건 제시(신장 170cm, 체중 60kg 이상인 자 등), 군필 남성에게 가산점을 주는 것 등(하갑래, 2014: 147~148)이 있다. 직무의 성격에 비춰 특정한 성이 불가피하게 요구되는 경우(예: 남성 배우, 남성 모델, 남성 목욕 관리사, 남성 도우미, 여성 사감 등)에는 성차별로 보지 않는다(하갑래, 2014: 148).

3)-3 임금에서 성차별 금지

동일한 사업 내의 동일가치노동에 대하여는 동일한 임금을 지급해야 한다(고평법§8①, 징역 3년, 벌금 2000만 원 이하). 사업주가 임금 차별을 목적으로 설립한 별개의 사업은 동일한 사업으로 본다(고평법§8③). 동일가치노동의 기준은 직무 수행에서 요구되는 기술, 노력, 책임 및 작업조건 등으로 하고, 사업주가 그 기준을 정할 때에는 노사협의회의 근로자를 대표하는 위원의 의견을 들어야 한다(고평법§8②). 동일가치노동이란 직무 수행에서 요구되는 기술, 노력, 책임 및 작업조건 등의 기준에서 볼 때 서로 비교되는 남녀 간의 노동이 동일하거나 거의 같은 성질인 노동 또는 두 업무가 다소 다르더라도 직무 평가 등의 방법에 의해 본질적으로 동일한 가치가 있다고 인정되는 노동을 말한다(대판 2003.3.14, 2002도3883; 대판 2013.3.14, 2010다101011; 하갑래 2014, 151; 임종률, 2015: 368). 동일가치노동 여부를 판단하는 기준은 다음과 같다(노동부 예규 제622호, 2010.6.22; 하갑래, 2014: 151; 임종률, 2015: 388).

기술	자격증, 습득한 경험 등 업무 수행 능력 또는 솜씨의 객관적 수준
노력	업무 수행에 필요한 육체적·정신적인 힘 작용
책임	업무에 내재된 의무의 성격이나 범위, 사업주가 당해 직무에 의존하는 정도
작업조건	소음, 열, 기타 물리적·화학적 위험의 정도 등 당해 업무에 종사하는 근로자가 통상적으로 처한 작업환경(해당 근로자의 학력, 경력, 근속 연수 등을 종합적으로 고려)

3)-4 복지에서의 성차별 금지

복리후생에서 남녀를 차별해서는 안 된다(고평법§9, 벌금 500만 원 이하). 복지에서의 성차별로는 결과적으로 여성 근로자에게 불리한 결과를 초래하는 경우(소득이 없는 배우자가 있는 자, 부양 의무가 있는 자, '소득세법'상 배우자 공제 대상, 주민등록상 세대주 등), 사내 부부 중 1명 또는 여성 근로자 제외 등(하갑래, 2014: 153~154)을 들 수 있다.

3)-5 교육 배치 승진에서 성차별 금지

근로자의 교육·배치 및 승진에서 남녀를 차별해서는 안 된다(고평법§10, 벌금 500만 원 이하). 교육·배치 및 승진에서의 성차별로는 특정 직무에 여성 배치 배제(남성만 영업직, 남성만 해외 근무, 남성만 순환 근무 등), 혼인·임신·출산 연령을 이유로 한 불리한 배치, 특정 분야의 성별 구분 배치(여성은 보조 업무 또는 단순 업무 등), 여성에게 승진 기회 박탈(승진 시험 기회 박탈, 특정직급까지만 승진 기회 부여, 자동 승진·승급에서 여성 제외 등), 여성에게 불리한 승진 요건 부과, 여성에게 더 많은 단계의 직급 설정 등(하갑래, 2014: 155)을 들 수 있다.

3)-6 퇴직·해고에서 성차별 금지

근로자의 정년·퇴직 및 해고에서 남녀를 차별해서는 안 된다(고평법§11①, 징역 5년, 벌금 3000만 원 이하). 여성 근로자의 혼인, 임신 또는 출산을 퇴직 사유로 예정하는 근로계약을 체결해서는 안 된다(고평법§11②, 징역 5년, 벌금 3000만 원 이하). 퇴직·해고에서의 성차별로는 불합리하게 남녀를 차별하는 정년제도, 결혼하면 퇴직시키는 제도, 사내 부부가 되면 1명을 퇴직시키는 제도, 정리해고 과정에서 여성 근로자에게 불이익을 주는 행동 등(하갑래, 2014: 157~159)을 들 수 있다.

2. 성희롱방지제도

1) 정의와 특징

성희롱방지제도는 직장 안에서 근로자가 성희롱에 의해 업무환경을 침해당하거나 성희롱에 대응한 행동 때문에 불이익을 받는 일이 없도록 필요한 의무를 규정한 일터환경 제도다(스게노 카즈오, 2007: 168). 직장 내 성희롱이란 성적 언동으로 근로자에게 굴욕감이나 혐오감을 느끼게 하는 행동을 말하며, 성적 요구 등에 따르지 않았다고 근로자에게 불이익을 주는 행동도 포함된다. 직장 내 성희롱을 방지하기 위해 규정한 의무로는 성희롱 금지 의무, 성희롱 예방 교육 의무, 성희롱 가해자 징계 의무, 성희롱 피해자 보호 및 지원 의무 등이 있다.

2) 변화 추세와 통계

UN에서는 1985년 '여성의 진보를 위한 나이로비 미래 지향 전략'을 채택해 직장 내에서의 성희롱 대책을 여성 지위 향상을 위한 국가 및 국제사회의 전략으로 제시한 이래로 '여성에 대한 성폭력에 관한 일반 권고 제19호'(1992), '여성에 대한 폭력 철폐 선언'(1993), '세계 여성 행동 강령'(1995) 등을 채택했다(김정혜 외, 2011: 181). ILO에서는 1985년 '여성 근로자의 기회 및 대우의 평등을 촉진하기 위한 결의'를 채택하고, 1991년에는 '여성 근로자를 위한 ILO의 행동 결의'를 채택했다(김정혜 외, 2011: 181). EU에서는 1991년 '직장에서의 여성과 남성의 존엄성 보호에 관한 권고', '성희롱에 대처하기 위한 행동 규범'을 각각 채택했다.

미국에서는 1970년대 후반에 성희롱을 성차별로 인정하는 판례가 있었으며, 1981년에는 '공민권법 제7편에 관한 지침'에 성희롱에 관한 조항을 신설해 성희롱에 대한 해석 기준을 마련했다. 연방 형법에는 성희롱에 대한 포괄 규정이 없으나 대다수 주의 형법에는 성희롱 규정을 두고 있다(이승길, 2005: 229~234).

일본에서는 1986년에 '고용 분야에 있어 남녀의 균등한 기회 및 대우 확보 등 여자 근로자의 복지 증진에 관한 법률'을 시행했다. 직장에서 이루어지는 성적 언동에 대해 노동자가 대응한 것 때문에 노동조건에서 불이익을 받거나 그 성적 언동에 의해 취업환경을 침해당하지 않도록 사업주는 해당 노동자의 상담에 응하고, 적절하게 대응하는 데 필요한 체제의 정비와 그 밖에 고용 관리에 필요한 조치를 강구해야만 한다(법§11①).

한국에서는 1996년 '여성발전기본법'(2015년에 '양성평등기본법'으로 변경)에 처음 법제화했으며, 1988년에 시행한 '남녀고용평등과 일·가정 양립 지원에 관한 법률'을 1999년에 개정하면서 직장 내 성희롱 관련 조항을 신설했다(박선영·권혜자·김원정, 2009: vii). 2008년 취업규칙 가운데 70.3%가 성희롱 금지 규정을 두고 있다(김정한·문무기·윤문희, 2008: 113). 국가인권위원회가 2013년까지 처리한 성희롱 진정 사건은 1498건으로 1년 평균 150건이며, 구제 건수는 459건(구제율 30.6%)이다. 구제 방법으로는 권고, 합의 종결, 조정, 조사 중 해결 네 가지가 있으며, 위원회가 내린 권고 건수는 140건(권고율 9.3%)이며, 권고 방법에는 가해자 특별인권교육, 재발 방지대책 수립, 손해배상, 인사 조치, 기타 등 다섯 가지가 있다. 권고 건수의 피해자로는 여성이 95.7%, 남성이 3.6%, 성전환자가 0.7%이며, 피해자의 나이는 20~29세 40.0%, 30~39세 34.3%이었다. 피해자의 직위는 평직원이 77.1%로 가장 많고, 가해자의 직위로는 중간관리자가 37.1%, 대표자가 32.8%였다. 발생 기관으로는 사기업이 65.7%, 국가 등 공공 기관이 34.3%이고, 발생 장소로는 사업장 안이 47.0%, 회식 장소가 20.5%이며, 성희롱 방식은 언어 39.3%, 언어와 육체 함께 30.7%, 육체 20.7%로 각각 나타났다(국가

| 표 VI.4-2 | 성희롱 진정 사건 처리 현황

	계	2004	2005	2006	2007	2008	2009	2010	2011	2012	2013
건수	1,498	4	42	99	156	142	172	197	211	230	245
구제 건수	459	1	11	52	67	58	61	72	57	41	39
구제율(%)	30.6	25.0	26.2	52.5	42.9	40.8	35.5	36.5	27.0	17.8	15.9

자료: 국가인권위원회(2014: 16) 자료를 수정.

인권위원회, 2014: 16~20).

3) 관련 법률

모든 기업에서 의무적으로 도입해야 한다. 성희롱 방지 제도와 관련해서는 '남녀고용평등과 일·가정 양립 지원에 관한 법률', '양성평등기본법', '국가인권위원회법' 등에서 규정하고 있다.

3)-1 성희롱의 정의와 예시

직장 내 성희롱이란 사업주, 상급자, 근로자가 직장 내의 지위를 이용하거나 업무와 관련해 다른 근로자에게 성적 언동 등으로 성적 굴욕감 또는 혐오감을 느끼게 하거나 성적 언동 또는 그 밖의 요구 등에 따르지 아니했다는 이유로 고용에서 불이익을 주는 것을 말한다(고평법§2.2). 성희롱이 될 수 있는 성적인 언동의 예는 다음과 같다(고평칙 별표 1.1)

- 육체적 행위
  - ① 입맞춤, 포옹 또는 뒤에서 껴안는 등의 신체적 접촉 행위
  - ② 가슴·엉덩이 등 특정 신체 부위를 만지는 행위
  - ③ 안마나 애무를 강요하는 행위
- 언어적 행위
  - ① 음란한 농담을 하거나 음탕하고 상스러운 이야기를 하는 행위(전화 통화를 포함)
  - ② 외모에 대한 성적인 비유나 평가를 하는 행위
  - ③ 성적인 사실 관계를 묻거나 성적인 내용의 정보를 의도적으로 퍼뜨리는 행위
  - ④ 성적인 관계를 강요하거나 회유하는 행위

⑤ 회식 자리 등에서 무리하게 옆에 앉혀 술을 따르도록 강요하는 행위

- 시각적 행위

① 음란한 사진·그림·낙서·출판물 등을 게시하거나 보여주는 행위(컴퓨터 통신이나 팩시밀리 등을 이용하는 경우 포함)

② 성과 관련된 자신의 특정 신체 부위를 고의적으로 노출하거나 만지는 행위

- 그 밖에 사회 통념상 성적 굴욕감 또는 혐오감을 느끼게 하는 것으로 인정되는 언어나 행동

성희롱이 될 수 있는 고용에서의 불이익으로는 성적 언동 또는 그 밖의 요구 등에 따르지 아니했다는 이유로 채용 탈락, 감봉, 승진 탈락, 전직, 정직, 휴직, 해고 등과 같이 채용 또는 근로조건을 일방적으로 불리하게 하는 것을 들 수 있다(고평칙 별표 1.2).

3)-2 성희롱 피해자와 가해자

성희롱을 당하거나 성희롱 요구에 따르지 않아 불이익을 당한 남녀 근로자는 누구나 성희롱 피해자에 해당할 수 있다(하갑래, 2014: 159~160). 기업 내부의 사업주, 상급자, 동료, 하급자 등은 물론이고(고평법§12), 기업 외부의 고객, 거래처 직원, 협력 업체 직원, 파견근로자, 구직자 등도 성희롱 가해자에 해당할 수 있다(하갑래, 2014: 159).

3)-3 성희롱 방지 의무

사업장의 구성원 누구도 직장 내 성희롱을 해서는 안 되며(고평법§12), 사업주가 성희롱을 하면 1000만 원 이하의 과태료를 부과한다(고평법§39). 사업주는 성희롱 예방 교육을 매년 1회 이상 실시해야 하며(고평법§13①; 고평령§3①; 과태료 300만 원 이하), 성희롱 예방 교육은 내부 강사가 직접 할 수도 있고, 성희롱예방교육기관에 위탁(고평법§13의2)해 할 수도 있으며 외부 강사를 초빙해 할 수도 있다. 사업주와 근로자는 누구나 성희롱 예방 교육을 받아야 한다(고평법§13②). 사업주는 성희롱 발생을 확인한 경우 지체 없이 사업장 내부 행위자에 대해 징계나 그 밖에 이에 준하는 조치를 해야 한다(고평법§14①. 과태료 500만 원 이하). 사업주는 사업장 외부 행위자가 성희롱을 하여 근로자가 고충 해소를 요청할 경우 근무 장소 변경, 배치 전환 등 가능한 조치를 취하도록 노력해야 한다(고평법§14의2). 사업주는 성희롱 피해를 입은 근로자 또는 성희롱 피해 발생을 주장하는 근로자에게 해고나 그 밖의 불리한 조치를 해서는 안 된다(고평법§14②. 징역 3년, 벌금 2000만 원 이하). 사업주는 근로자가 사업장 외부 행위자의 성희롱에 따른 피해를 주장하거나 성적 요구 등에 불응한 것을 이유로 해고나 그 밖의 불이

익한 조치를 해서는 안 된다(고평법§14의2, 과태료 500만 원 이하).

3)-4 성희롱 피해자의 구제

성희롱 피해자는 국가인권위원회에 진정을 내거나, 노동부에 신고를 하거나, 법원에 손해배상 소송을 제기할 수 있다.

4) 장점

기업으로서는 성희롱을 방지하는 데 도움이 된다. 직원으로서는 성희롱 피해를 줄일 수 있으며, 성희롱에 대응하는 데 도움을 받을 수 있다.

5) 단점

기업으로서는 의무를 이행하는 데 시간과 노력이 든다. 직원으로서는 기업이 소극적일 경우 더 큰 피해를 당할 수도 있다.

6) 도입 사례

한국에서는 인천공항공사(성희롱고충전담창구, 2010) 등을 사례로 들 수 있다.

7) 규정과 서식

성희롱 예방 교육의 실시 사실을 입증하려면 교육 일지, 참석자 명단 등을 준비해야 한다.

8) 제도 설계

성희롱 예방 교육을 실시하기 위해서는 시기, 횟수, 강사(내부강사, 성희롱예방교육기관, 외부강사 등) 등을 결정해야 한다.

3. 비정규직차별금지제도

1) 정의와 특징

비정규직차별금지제도는 비정규직 근로자라는 이유로 근로조건을 차별할 수 없도록 금지하는 제도다. 한국에서는 임금, 정기상여금, 성과금, 그 밖의 근로조건, 복리후생 등의 영역에서, 기간제근로자, 단시간근로자, 파견근로자라는 이유를 들어 정규직 근로자와 차별하는 것을 금지하고 있다.

2) 변화 추세와 통계

독일에서는 2014년 임시직 취업자(고용계약 기간이 있는 근로자)의 비중이 13.0%, 파트타임 취업자(주당 30시간 미만 일하는 취업자)의 비중이 22.3%로 나타났다(한국노동연구원, 2016a: 57, 59).

미국에서는 비정규직 차별 금지를 규정하는 법률은 없다. 2014년에 파트타임취업자의 비중은 13.0%로 나타났다(한국노동연구원, 2016a: 57).

이탈리아에서는 2014년에 임시직취업자의 비중이 13.6%, 파트타임취업자의 비중이 18.8%로 나타났다(한국노동연구원, 2016a: 57, 59).

일본에서는 2007년에는 단시간근로자, 2012년에는 파견근로자 및 기간제근로자에 대해 각각 정규직 근로자와의 차별 대우를 금지하는 내용으로 각각의 법률을 개정하여 비정규직 차별 금지를 도입했다(스게노 카즈오, 2015: 229~230). 1990년에 20.2%였던 비정규직은 2013년 36.7%에 이를 때까지 지속적으로 증가해왔다(정영훈, 2015: 32). 2014년 임시직 취업자 비중이 7.6%, 파트타임 취업자 비중이 22.7%로 나타났다(한국노동연구원, 2016a: 57, 59).

한국에서는 2007~2011년 노동위원회 비정규직 '차별시정' 신청을 살펴보면 접수 2433건, 처리 2428건, 진행 중 5건으로, 처리 건수 중 인정 7.4%, 기각 26.0%, 각하 6.2%, 취하 38.6%, 조정 21.7%, 중재 0.1%로 나타났다(이성희, 2012: 17). 2009~2011년 노동위원회 비정규직 차별시정 신청 1300건 가운데 임금이 77.6%, 복리후생이 14.6%, 근로시간이 1.5%, 기타가 6.2%로 나타났고, 판정을 받은 건수만을 기준으로 인정받은 비율은 28.0%로 나타났으며, 인정받은 비율이 높은 근로조건은 제 수당(38.1%), 상여금(33.3%), 복리후생(20.6%) 등으로 나타났다(이성희, 2012: 20, 퇴직금을 복리후생으로 재분류하고 계산함). 2009년 조사 대상 기업 가운데 기간제근로자를 활용하는 주된 사유로는 고용유연성 56.4%, 업무 성격상 26.4%, 인건비 절감 11.9%, 정원 동결 2.7%, 기타 2.6%로 나타났고, 파견근로자를 활용하는 주된 사유로는 고용유연성 49.5%, 업무 성격 34.7%, 인건비 절감 15.3%, 정원 동결 0.4%로 나타났다(배규식·김정우·김기민, 2012: 113~114). 2009년 조사 대상 기업 가운데 직접

| 표 VI.4-3 | **비정규직 근로자의 정규직 근로자 대비 근로조건 현황(2016)**

구분	정규직 근로자	기간제근로자	단시간근로자	파견근로자
인원(천 명)	13,138	2,930	2,483	201
임금근로자 대비 비중(%)	67.2	14.9	12.6	1.0
비자발적 취업자 비중(%)	23.8	40.9	42.2	45.8
주평균 근로시간(시간)	43.7	36.9	20.8	39.1
평균 근속기간(개월)	88.6	28.9	19.8	34.6
근로계약서 작성 비중(%)	62.2	85.3	46.3	88.8
월평균 상대임금(%)	100.0	59.3	26.5	62.4
시간당 상대임금(%)	100.0	69.6	59.1	67.4
시간 외 수당 수혜율(%)	58.4	35.4	11.1	46.1
상여금 수혜율(%)	85.4	53.0	18.2	61.8
유급휴가 수혜율(%)	74.3	51.2	9.2	58.8
퇴직금 수혜율(%)	85.5	62.8	16.6	73.8
국민연금 가입률(%)	82.9	55.3	15.3	64.9
고용보험 가입률(%)	75.1	62.4	20.8	75.1
건강보험 가입률(%)	86.2	69.0	19.3	76.3
노동조합 조직률(%)	16.5	4.0	0.6	2.8

자료: 한국노동연구원(2016b)을 근거로 작성.

고용 비정규직과 비슷한 업무를 수행하는 정규직이 있는 기업의 비율은 57.2%, 간접고용 비정규직과 비슷한 업무를 수행하는 정규직이 있는 기업의 비율은 20.0%로 나타났다(배규식·김정우·김기민, 2012: 120). 2009년 조사 대상 기업 가운데 직접고용 비정규직의 임금수준이 비슷한 업무를 수행하는 정규직보다 낮은 기업의 비율은 58.8%, 간접고용 비정규직의 임금수준이 비슷한 업무를 수행하는 정규직보다 낮은 기업의 비율은 60.9%로 나타났다(배규식·김정우·김기민, 2012: 120). 2014년 임시직 취업자의 비중은 21.7%, 파트타임 취업자의 비중은 10.5%로 나타났다(한국노동연구원, 2016a: 57, 59). 2016년 전체 비정규직근로자는 644만 4000명으로, 임금근로자 중 32.8%로 나타났으며, 비정규직 근로자 중 기간제근로자는 293만 명(14.9%), 단시간근로자는 248만 3000명(12.6%), 파견근로자는 20만 1000명(1.0%) 등으로 나타났다(한국노동연구원, 2016b).

3) 관련 법률

상시 근로자 5명 이상 기업에서 의무적으로 도입해야 한다. 비정규직 차별 금지와 관련해서는 '기간제 및 단시간근로자 보호 등에 관한 법률'과 '파견근로자보호 등에 관한 법률'에서 규정하고 있다.

3)-1 차별이 금지되는 대상자

기간제근로자, 단시간근로자, 파견근로자라는 이유로 사업 또는 사업장에서 동종 또는 유사한 업무에 종사하는 정규직근로자에 비해 차별적 처우를 해서는 안 된다(기단법§8①, 기단법§8②, 파견법§①).

3)-2 차별이 금지되는 근로조건

임금, 정기적으로 지급되는 상여금, 경영 성과에 따른 성과금, 그 밖에 근로조건 및 복리후생 등에 관한 사항에서 합리적인 이유 없이 불리하게 처우를 해서는 안 된다(기단법§2.3). 모집과 채용은 금지 영역에 포함되지 않는다.

3)-3 차별 판단 기준

그 사업 또는 사업장에서 동종 또는 유사한 업무에 종사하는 정규직 근로자가 없다면, 비교를 할 수 없기 때문에 차별 여부를 판단할 수 없고, 차별이 존재하지 않는 것으로 판단한다(비정규직대책팀-2411, 2007.6.26; 하갑래, 2014: 924에서 재인용). 기간제근로자는 근로계약 기간이 없는 근로자와, 단시간근로자는 통상근로자와, 파견근로자는 사용사업주의 근로자와 각각 비교해 차별 여부를 판단한다(하갑래, 2014: 922). 동종 유사 업무에 해당하는지 여부는, 실제 수행하는 업무를 기준으로 판단하며, 업무의 기능적 분류와 업무의 명칭뿐 아니라 주된 업무의 성질, 종류, 내용, 수행 방법, 업무 수행 과정에서의 권한과 책임의 정도, 상호 대체 가능성, 작업조건, 업무 난이도, 근로자의 경력 등을 종합적으로 고려하고, 부서 또는 직군이 아닌 사업 또는 사업장 전체를 고려해 판단한다(하갑래, 2014: 924). 근로조건에서 불리한 처우를 한 사실이 있어야 하고, 불리한 처우를 한 합리적 이유가 없어야 차별적 처우에 해당한다(하갑래, 2014: 928). 합리적 이유가 없는 경우란 다르게 처우할 필요성이 인정되지 않거나 다르게 처우할 필요성이 인정된다고 하더라도 그 방법, 정도 등이 정당하지 않은 경우를 말한다. 합리적 이유가 있는지 여부는 개별 사안에서 문제가 된 불리한 처우의 내용과 사용자가 불리한 처우의 사유로 삼은 내용이나 이유를 기준으로, 고용 형태, 업무의 내용과 범위, 권한과 책임, 임금, 정기상여금, 그 밖의 근로조건, 복리후생 등의 결정 요소 등을 종합적으로 고려해 판단해야 한다(대판 2011두2132, 2012.3.29; 고용차별개선정책과-2432, 2009.12.30; 하갑래, 2014: 928에서 재인용).

3)-4 차별에 대한 구제 절차

차별적 처우를 받은 비정규직 근로자는 차별적 처우가 있은 날(계속되는 차별적 처우는 그 종료일)부터 6개월 이내에 노동위원회에 차별시정 신청을 하거나(기단법§9①), 지방노동관서에 진정을 낼 수 있다(노동부, 2012: 44; 근로감독관집무규정§2).

4. 연령차별금지제도

1) 정의와 특징

연령차별금지제도는 합리적인 이유가 없이, 나이의 차이를 이유로 채용조건이나 근로조건을 차별할 수 없도록 금지하는 제도다. 한국에서는 모집·채용, 임금, 임금 외의 금품 지급, 복리후생, 교육·훈련, 배치, 전보, 승진, 퇴직, 해고 등의 영역에서 연령을 이유로 특정 연령집단에 대해 채용조건이나 근로조건을 차별하는 것을 금지한다.

연령 차별은 다양한 연령 계층의 활용을 방해하고, 고령층의 경제활동 기회를 제한하며, 능력에 기초한 합리적인 인사관리와 기업문화 형성에 장애가 되고, 장기적으로는 기업에 대한 충성도를 저하시켜 기업 발전에도 걸림돌이 될 수 있다(하갑래, 2016: 604).

2) 변화 추세와 통계

독일에서는 '보편평등법(AGG)'을 통해 인종, 민족적 혈통, 성별, 종교 또는 세계관, 장애, 연령, 성적 정체성을 이유로 차별하는 것을 금지하고 있다(김기선·박수근·강성태 외, 2013: 701).

영국에서는 'EEAR(고용평등규칙)'에서 보복에 의한 차별, 차별 지시, 연령에 의한 괴롭힘, 승진, 전보, 훈련 또는 기타의 혜택을 위한 기회, 해고 등에서 연령을 이유로 한 차별 행위를 금지하고 있다(하갑래, 2014: 831에서 재인용).

호주에서는 'ADA(연령차별금지법)'에서 사용자가 근로자에게 연령을 이유로 고용조건, 승진, 전보, 훈련 기회, 해고 등에서의 차별을 금지하고 있다(하갑래, 2014: 831에서 재인용).

미국에서는 1967년 'ADEA(Age Discrimination in Employment Act: 고용에 있어서 연령 차별 금

| 표 VI.4-4 | **연령계층별 월평균임금 총액(2015)**

(단위: 천 원/월)

연령	~19	20~24	25~29	30~34	35~39	40~44	45~49	50~54	55~59	60~64
임금 총액	1,435	1,886	2,489	3,058	3,606	3,896	3,866	3,742	3,304	2,513
비율	100	131	173	213	251	271	269	261	230	175
증감		↑	↑	↑	↑	↑	↓	↓	↓	↓

주: 비농전산업 10인 이상 사업장 기준.
임금 총액=정액급여+초과급여+전년도연간특별급여/12.
단위 비율은 19세 이하 임금 총액을 100으로 한 상대적 비율임.
자료: 한국노동연구원(2017: 67) 자료를 수정.

지법)'를 제정했다(이승길, 2005: 255). ADEA에서는 채용, 해고, 보수, 고용조건, 고용기간, 고용상의 이익과 관련한 차별이나 고용 기회를 박탈하거나 지위에 부정적 영향을 미치는 방식으로 근로자를 제한·격리·분류하는 행위나, ADEA 준수를 이유로 임금액을 삭감하는 행위, 연령에 근거해 차별을 드러내는 인쇄물이나 광고를 제작·발간하는 행위나, ADEA 위반과 관련한 구제신청, 소송 제기, 증언 등을 이유로 한 차별 등을 금지하고 있다(하갑래, 2014: 831에서 재인용).

일본에서는 2001년에 고용대책법을 개정하여 근로자의 모집 및 채용에 대하여 그 연령에 관계없이 평등한 기회를 주도록 노력할 의무를 규정했다(스게노 카즈오, 2007: 67).

한국에서는 1992년부터 고령자고용촉진법을 시행하여 오다가 2009년부터 '고용상 연령차별금지 및 고령자고용촉진에 관한 법률'로 개정하여 시행했다. 2009년 조사 대상 기업 중 2.1%가 채용할 때 고령자를 특별히 권장하거나 별도로 관리하는 절차를 두고 있는 것으로 나타났다(배규식·김정우·김기민, 2012: 36). 2009년 조사 대상 기업 가운데 신입사원 선발 기준 중 연령이 차지하는 중요도는 2.1%(순위는 8/13위), 경력사원 선발 기준 중 연령이 차지하는 중요도는 2.0%(순위는 9/13위)로 나타났다(배규식·김정우·김기민, 2012: 35).

3) 관련 법률

상시 근로자 1명 이상 모든 기업에서 의무적으로 도입해야 한다. 연령 차별 금지에 대해서는 '고용상 연령차별금지 및 고령자고용촉진에 관한 법률'에서 규정하고 있다.

3)-1 연령 차별 금지의 목적

차별 금지의 목적은 합리적인 이유 없이 연령을 이유로 한 고용 차별을 금지해 고령자의 고용 안전과 국민경제 발전에 이바지하는 것을 목적으로 한다(연령법§1).

3)-2 연령 차별이 금지되는 근로조건

모집·채용, 임금, 임금 외의 금품 지급 및 복리후생, 교육·훈련, 배치·전보·승진, 퇴직·해고 등에서 합리적인 이유 없이 연령을 이유로 근로자 또는 근로자가 되려는 자를 차별해서는 안 된다(연령법§4의4①, 모집 채용에서 연령 차별 시 벌금 500만 원 이하). 고용에서의 연령 차별 사례를 보면 연령을 기준으로 채용 지원 자격 제한(만 40세 이하, 18세 이상 28세 이하 등), 해외 교육 파견 자격 제한(만 45세 이하 등), 해외 파견 자격 제한(46세 이하 등), 직위 하향 조정 개시 기준으로 활용(은행 등), 정리해고 대상자 선정 기준으로 활용 등의 경우 연령 차별에 해당할 수 있다(하갑래, 2014: 837~840). 직무의 성격에 비추어 특정 연령 기준이 불가피하게 요구되는 경우, 근속기간의 차이를 고려해 임금이나 임금 외의 금품과 복리후생에서 합리적인 차등을 두는 경우, 법률에 따라 근로계약, 취업규칙, 단체협약 등에서 정년을 설정하는 경우, 법률에 따라 특정 연령 집단의 고용 유지 및 촉진을 위한 지원 조치를 하는 경우 등에 대해서는 연령 차별로 보지 않는다(연령법§4의5).

3)-3 연령 차별에 대한 구제 절차

연령 차별을 당한 피해자는 차별이 발생한 날부터 1년 이내에 국가인권위원회에 진정을 낼 수 있고(연령법§4의6①), 국가인권위원회가 구제 조치 등을 권고한 날부터 6개월 이내에 지방고용노동청장에게 시정명령 신청을 할 수 있고(연령법§4의7①; 연령령§4), 시정명령 신청에 대한 기각 결정에 불복하는 경우에는 90일 이내에 행정심판이나 행정소송을 제기할 수 있다(행정심판법§27; 하갑래, 2014: 841). 국가인권위원회는 연령 차별이 있다고 판단하면 구제 조치 등을 권고할 수 있으며(연령법§4의6①), 노동부는 권고를 받은 사업주가 정당한 사유 없이 권고를 이행하지 않고 그 피해의 정도가 심각하다고 인정되면 피해자신청 또는 직권으로 시정명령을 할 수 있으며(연령법§4의7①), 시정 명령을 이행하지 않은 사업주에게는 3000만 원까지 과태료(연령령 별표 2)를 부과할 수 있다.

5. 법정정년제도

1) 정의와 특징

법정정년제도는 정년으로 정한 나이가 되기 전에는 나이를 이유로 해고하지 못하도록 제한하는 일터환경 제도다. 연령차별금지제도 중 하나이며, 나이에 의한 고용 차별을 금지하고 고령자의 고용안전을 지원하기 위한 제도다.

2) 변화 추세와 통계

미국에서는 1967년에 ADEA(Age Discrimination in Employment Act: 고용에 있어서 연령 차별금지법)를 제정하고, 보호 대상자의 연령 상한을 1967년에 65세, 1978년에 70세, 1986년에는 연령 상한을 폐지해, 이후 연령을 기준으로 한 강제정년퇴직제는 위법이 되었다(이승길, 2005: 255~256). 정년제도가 없고 따라서 임금피크제도 없다. 미국에서는 연령을 이유로 채용, 해고, 보수, 근로조건 등을 차별하는 것을 법률(ADEA)로 금지하고 있다(조용만, 2006: 22).

일본에서는 기업이 자율적으로 주로 55세 정년제도를 도입해오다가 1970년대 중반부터 60세 정년제도를 도입했다. 1971년에 '고연령자고용안정법'을 제정했고, 1994년에는 이 법을 개정해 60세 정년제를 도입했으며, 2004년에 다시 개정해 65세 정년제를 도입하여 2006년 4월부터 단계적(1년 동안 62세 정년제, 3년 동안 63세 정년제, 3년 동안 64세 정년제, 2013년 4월부터 65세 정년제)으로 시행했다. 근로자의 정년을 정할 때에는 60세 이상으로만 정하면 되지만, 정년제도 개정, 근무연장제도, 재고용제도 등의 방법을 통해서 의무적으로 65세까지는 고용을 계속 유지해야만 한다(스게노 카즈오, 2015: 554~558). 2016년에 상용 근로자 30명 이상 기업 가운데 95.4%에 정년제도가 있고, 그중 98.2%가 전체 직원 일률정년제가 있다. 전체 직원 일률정년제를 시행하는 기업 중 80.7%가 60세 정년제를, 83.4%가 재고용제도를, 23.6%가 근무연장제도를 도입하고 있는 것으로 나타났다(厚生勞働省, 2017: 13~15).

한국에서는 단계적으로 300명 이상 사업장 등에서는 2016년 1월 1일부터 300명 미만 사업장 등에서는 2017년 1월 1일부터 60세 법정정년제도를 시행했다. 2009년에 정년제도를 도입하고 있는 기업 가운데 차등 없이 전체 근로자에게 동일하게 적용하는 단일정년제도를 도입하고 있는 기업은 72.1%다(노동부, 2010b: 1). 2009년 조사 대상 기업 가운데 70.7%가 정년제도를 도입하고 있고, 평균 정년 연령은 57.45세이며, 정년퇴직 후 재고용제도 도입률은

37.8%, 재고용 후 평균 근무연수는 3.64년이다(배규식·김정우·김기민, 2012). 2014년 단체협약 가운데 81%가 정년제를 규정하고 있고, 전체 동일한 정년이 73%, 직급·직종 간 차별 정년이 5%를 차지하고 있다(박명준·조성재·문무기, 2014: 124). 또한 2014년 단체협약 가운데 10.2%가 정년퇴직 후 재고용제도를 규정하고 있는 것으로 나타났다(박명준·조성재·문무기, 2014: 136).

3) 관련 법률

상시 근로자 1명 이상 모든 기업에서 의무적으로 도입해야 한다. 2016년부터는 300명 이상 사업장, 공공 기관, 지방 공사(公社), 지방 공단에 적용된다(연령법§19). 2017년부터는 300명 미만 사업장과 국가 및 지방자치단체에도 적용된다(연령법§19). 법정 정년제도는 '고용상 연령차별금지 및 고령자고용촉진에 관한 법률'에 규정되어 있다.

3)-1 정년 연령

근로자의 정년은 60세 이상으로 정해야 한다(연령법§19①). 그럼에도 자율적으로 60세 미만으로 정한 정년에 대해서는 자동으로 60세로 정한 것으로 본다(연령법§19②). 정년을 정하지 않으면 정년이 없는 사업장이 되어 연령을 이유로는 근로자를 퇴직시킬 수 없게 된다(하갑래, 2014: 662~664). 정년은 정년이 되는 해의 1년 전체 기간을 의미하는데, 정년퇴직일은 정년이 시작하는 날로 정할 수도 있고, 정년이 끝나는 날로 정해도 된다(하갑래, 2014: 667~668).

3)-2 정년 후 근로계약

정년이 되면 근로관계가 자동으로 종료되며, 사전에 별도의 통지도 필요 없다(하갑래 2014, 666~667). 정년을 초과한 사실을 알고도 계속 근무시키면 정년이 없는 근로계약을 체결한 결과가 되어 근로자를 해고할 수 없게 될 수 있다(하갑래, 2014: 668). 정년퇴직 처리 후에 재고용하는 경우에는, 근속기간 계산을 새로 시작할 수 있고, 임금도 다르게 정할 수 있으며(연령법§21②), 기간제근로자로 사용하고 싶으면 2년을 초과해 계속 기간제근로자로 사용할 수도 있다(기단법§4①4). 정년퇴직 처리 없이 정년을 연장하는 경우에는 동의를 얻지 않으면 근속기간 계산을 새로 시작하거나 임금 등 근로조건을 저하시킬 수 없으며, 연장하는 기한을 명확히 정하지 않으면 정년이 없는 근로계약을 체결한 것과 마찬가지가 되어 근로자를 해고할 수 없게 될 수 있다(하갑래, 2014: 668).

3)-3 차등 정년

직위, 직종, 직급, 직렬 등을 기준으로 정년에 차등을 두는 차등정년제도는 정년이 60세 이상이고 합리성이 인정되면 문제가 없다(하갑래, 2014: 661). 성별, 국적, 신앙, 사회적 신분을 기준으로 정년에 차등을 두는 것은 균등한 처우(근기법§6) 원칙을 위반하는 것으로 무효이고 벌칙을 받을 수 있다(하갑래, 2014: 661). 일정한 기간 안에 근로자가 승진·승격하지 못하면 퇴직시키는 직급정년제도는 부당해고에 해당한다(하갑래, 2014: 662).

3)-4 정년 위반 해고에 대한 근로자의 대응 방법

부당해고에 해당하기 때문에 노동위원회에 부당해고 구제신청을 제기할 수 있고, 법원에 무효 확인 소송과 손해배상 청구 소송을 할 수 있다. 또한 연령을 이유로 한 차별에 해당하기 때문에 국가인권위원회에 진정을 낼 수 있다(연령법§4의6~§4의9).

4) 규정과 서식

정년을 정해 운영할 때에는 취업규칙에 명시한다. 정년제도의 도입에 대한 직원들의 의견이나 동의를 받고 노동부에 신고하기 위해서는 취업규칙변경동의서, 취업규칙변경신고서를 준비해야 한다.

6. 장애인차별금지제도

1) 정의와 특징

장애인차별금지제도는 정당한 사유 없이는 장애 또는 과거의 장애 경력 또는 장애가 있다고 추측된다는 이유로 채용조건이나 근로조건을 차별할 수 없도록 금지하는 제도다. 장애인의 완전한 사회참여와 평등권 실현을 통해 인간으로서의 존엄과 가치를 구현하기 위한 제도다. 한국에서는 모집·채용, 임금, 복리후생, 교육, 배치, 승진, 전보, 정년, 퇴직, 해고 등의 영역에서 장애인이라는 이유를 들어 비장애인과 차별해서는 안 되며, 장애인이 비장애인과 동등한 근로조건에서 일할 수 있도록 편의를 제공해야 한다.

2) 변화 추세와 통계

UN 총회는 1975년 '장애인의 권리선언'을 채택했고, 1981년에는 세계 장애인의 해 행사를 추진했다(하갑래, 2014: 843).

독일에서는 '보편평등법(AGG)'을 통해 인종, 민족적 혈통, 성별, 종교 또는 세계관, 장애, 연령, 성적 정체성을 이유로 한 차별을 금지하고 있다(김기선·박수근·강성태 외, 2013: 701).

미국에서는 장애인 차별 금지를 목적으로 연방 정부와 계약을 체결하는 기업에만 적용되는 '갱생법(Rehabilitation Act)'을 1973년에 제정했다. 또한 1990년에는 일반 기업에도 이를 폭넓게 적용하는 '미국인장애인법(ADA Americans with Disabilities Act)'을 제정했다. 이로써 장애인에게 장애를 이유로 행해지는 모든 고용상의 차별은 금지되었다(이승길, 2005: 258).

일본에서는 1960년 '장애자의 고용 촉진 등에 관한 법률'을 제정하고 이후 개정해왔다(스게노 카즈오, 2007: 20, 68).

한국에서는 1990년 '장애인고용촉진등에관한법률(현재 장애인고용촉진 및 직업재활법)'을 제정하고 이후 개정해오다가, 2007년에 '장애인차별금지 및 권리구제 등에 관한 법률'을 제정했다(하갑래, 2014: 843). 2008년 취업규칙 중 휴직 사유 규정이 있는 사업장 가운데 24.3%가 심신장애를 휴직 사유로 규정하고 있고, 자동퇴직 사유 규정이 있는 사업장 가운데 17.0%가 심신장애를 퇴직 사유로 규정하고 있다(김정한·문무기·윤문희, 2008: 144, 168). 2009년 단체협약 중 휴직 조건 규정이 있는 사업장 가운데 18.4%가 심신장애를 휴직 사유로 규정하고 있고, 자동퇴직 사유 규정이 있는 사업장 가운데 8.8%가 심신장애를 퇴직 사유로 규정하고 있다(김정한·김동배·문무기 외, 2009: 120, 106). 2009년 조사 대상 기업의 장애인 근로자 비율은 평균 1.9%이며, 15.1%에서 채용할 때 장애인을 특별히 권장하거나 별도로 관리하는 절차를 두고 있다(배규식·김정우·김기민, 2012: 18, 36).

3) 관련 법률

상시 근로자 30명 이상 사업장은 의무적으로 도입해야 한다(장차령 별표 1). 장애인 차별 금지는 '장애인차별금지 및 권리구제 등에 관한 법률'과 '국가인권위원회법' 등에 규정되어 있다.

3)-1 장애인 차별 금지의 목적

장애인 차별 금지의 목적은 모든 생활 영역에서 장애를 이유로 한 차별을 금지하고 장애를 이유로 차별받은 사람의 권익을 효과적으로 구제함으로써 장애인의 완전한 사회참여와 평등권 실현을 통해 인간으로서의 존엄과 가치를 구현하는 것이다(장차법§1).

3)-2 장애인 차별이 금지되는 근로조건

사용자는 채용 이전에 장애인 여부를 조사하기 위한 의학적 검사를 실시하면 안 되고(장차법§12①), 모집·채용, 임금 및 복리후생, 교육·배치·승진·전보, 정년·퇴직·해고에서 장애인을 차별해서는 안 되며(장차법§10①), 정당한 사유 없이 장애를 이유로 장애인의 의사에 반해 다른 직무에 배치해서는 안 되고(장차법§11②), 장애인의 건강 상태나 장애 또는 과거 장애 경력 등에 관한 개인 정보를 누설하면 안 된다(장차법§12③). 노동조합은 장애인 근로자의 조합 가입을 거부하거나 조합원의 권리 및 활동에 차별을 두어서는 안 된다(장차법§10②).

3)-3 장애인에 대한 편의 제공 의무

사용자는 장애인이 해당 직무를 수행하는 데 장애인이 아닌 사람과 동등한 근로조건에서 일할 수 있도록 ① 시설·장비의 설치 또는 개조, ② 재활, 기능 평가, 치료 등을 위한 근무시간의 변경 또는 조정, ③ 훈련 제공 또는 훈련을 위한 편의 제공, ④ 지도 매뉴얼 또는 참고 자료의 변경, ⑤ 시험 또는 평가 과정 개선, ⑥ 화면 낭독·확대 프로그램, 무지점자단말기, 확대 독서기, 인쇄물 음성 변환 출력기 등 장애인 보조기구의 설치·운영과 낭독자, 한국수어 통역자 등의 보조인 배치 등의 정당한 편의를 제공해야 한다(장차법§11①).

3)-4 장애인 차별 판단 기준

장애인이란 신체적·정신적 손상 또는 기능 상실이 장기간에 걸쳐 개인의 일상 또는 사회생활에 상당한 제약을 초래하는 상태에 있는 사람을 말한다(장차법§2). 장애인 차별 행위는 ① 장애인을 장애를 사유로 정당한 사유 없이 제한·배제·분리·거부 등에 의하여 불리하게 대하는 경우, ② 장애인에 대하여 형식상으로는 제한·배제·분리·거부 등에 의하여 불리하게 대하지 아니하지만 정당한 사유 없이 장애를 고려하지 아니하는 기준을 적용함으로써 장애인에게 불리한 결과를 초래하는 경우, ③ 정당한 사유 없이 장애인에 대하여 정당한 편의 제공을 거부하는 경우, ④ 정당한 사유 없이 장애인에 대한 제한·배제·분리·거부 등 불리한 대우를 표시·조장하는 광고를 직접 행하거나 그러한 광고를 허용·조장하는 경우, ⑤ 장애인을 돕기 위한 목적에서 장애인을 대리·동행하는 자에 대하여 제1호부터 제4호까지의 행위를 하는 경우, ⑥ 보조견 또는 장애인보조기구 등의 정당한 사용을 방해하거나 보조견 및 장애인보조기구 등을 대상으로 제4호에 따라 금지된 행위를 하는 경우 등을 말한다(장차법§4①). 장애인 차별 여부를 판단할 때에는 장애인 당사자의 성별, 장애의 유형 및 정도, 특성 등을 충분히 고려해야 하며(장차법§5②), 차별의 원인이 두 가지 이상이고 그 주된 원인이 장애라고 인정되는 경우 그 행위는 장애인 차별로 본다(장차법§5①). 장애인 차별 행위로 보지 않는 행위는 금지된 차별행위를 하지 않음에 있어서 과도한 부담이나 현저히 곤란한 사정 등이 있는 경우, 금지된 차별행위가 특정 직무나 사업 수행의 성질상 불가피한 경우, 장애인의 실질적 평등권을 실현하고 장애인에 대한 차별을 시정하기 위하여 법에 따라 취하는 적극적 조치 등이다(장차법§4③④).

3)-5 장애인 차별에 대한 구제 절차

장애인 차별 행위의 피해자 또는 그 사실을 알고 있는 사람이나 단체는 국가인권위원회에 진정을 낼 수 있고(장차법§38), 국가인권위원회가 구제 조치 등을 권고한 후에는 법무부 장관에게 시정명령 신청을 할 수 있고(장차법§43①), 시정명령에 불복하는 경우에는 30일 이내에 행정소송을 제기할 수 있다(장차법§44①).

피해자는 장애인 차별 행위로 고의 또는 과실로 손해를 가한 자에 대해 법원에 손해배상 소송을 제기할 수 있고(장차법§46①), 소송 제기 전 또는 소송 제기 중에 본안 판결 전까지 차별 행위 중지 등 적절한 임시 조치를 신청할 수 있으며, 차별적 행위의 중지, 임금 등 근로조건의 개선, 그 시정을 위한 적극적 조치 등의 판결을 신청할 수 있다(장차법§48①②).

국가인권위원회는 장애인 차별이 있다고 판단하면 구제 조치 등을 권고할 수 있다(장차법§42). 법무부 장관은 권고를 받은 자가 정당한 사유 없이 권고를 이행하지 않고 그 피해의 정도가 심각하며 공익에 미치는 영향이 중대하다고 인정하면 피해자 신청 또는 직권으로 시정명령을 할 수 있으며(장차법§43①), 확정된 시정명령을 정당한 사유 없이 이행하지 않은 자에게 3000만 원까지 과태료를 부과할 수 있다(장차법§50).

법원은 금지된 차별 행위에 관한 소송 제기 전 또는 소송 제기 중에 피해자 신청으로 차별이 소명되는 경우 본안 판결 전까지 차별 행위의 중지 등 그 밖의 적절한 임시 조치를 명할 수 있고(장차법§48①), 피해자 청구에 따라 차별적 행위의 중지, 임금 등 근로조건의 개선, 그 시정을 위한 적극적 조치 등의 판결을 할 수 있으며(장차법§48②), 차별 행위의 중지 및 차별 시정을 위한 적극적 조치가 필요하다고 판단하는 경우에 그 이행 기간을 밝히고 이를 이행하지 아니하는 때에는 늦어진 기간에 따라 일정한 배상을 하도록 명할 수 있고(장차법§48③), 금지한 차별 행위를 행하고 그 행위가 악의적인 것으로 인정되는 자 및 그런 행위를 방지하기 위해 상당한 주의와 감독을 게을리한 사업주에 대해 3년 이하의 징역 또는 3000만 원 이하의 벌금에 처할 수 있다(장차법§49).

7. 장애인고용의무제도와 장애인고용부담금제도

1) 정의와 특징

장애인고용의무제도와 장애인고용부담금제도는 장애를 이유로 한 차별을 금지하고 장애인의 고용을 촉진하기 위한 국가의 적극적인 노력 중 하나라고 할 수 있다. 한국에서는 상시 50명 이상의 근로자를 고용하는 사업주는 근로자 총수의 1000분의 31 이상의 장애인을 고용해야 하고, 상시 100명 이상의 근로자를 고용하는 사업주는 의무고용률에 미달하는 장애인을 고용한 경우에는 매년 장애인고용부담금을 납부해야 한다.

2) 변화 추세와 통계

스웨덴의 2011년 장애인 고용률은 66.0%로 나타났다(장애인고용공단고용개발원, 2016: 25).

독일의 2011년 장애인 고용률은 52.0%로 나타났다(장애인고용공단고용개발원, 2016: 25). 상시 20인 이상을 고용한 민간 기업에서는 5%(일부 공공 기관은 6%) 이상 중증 장애인을 고용할 의무가 있으며, 2014년의 중증 장애인 의무고용률은 민간 기업에서 4.1%(일부 공공 기관은 6.6%)로 나타났다(장애인고용공단고용개발원, 2016: 27).

미국의 2014년 장애인 고용률은 26.0%로 나타났다(장애인고용공단고용개발원, 2016: 28).

체코의 2011년 장애인 고용률은 39.0%로 나타났다(장애인고용공단고용개발원, 2016: 25).

이탈리아의 2011년 장애인 고용률은 46.0%로 나타났다(장애인고용공단고용개발원, 2016: 25).

일본에서는 1960년에 '장애자의 고용 촉진 등에 관한 법률'을 제정한 이후 개정해왔다(스게노 카즈오, 2007: 20, 68). 2010년대 중반 장애인 고용률은 5.6%로 나타났다(장애인고용공단고용개발원, 2016: 24). 민간 기업의 장애인 고용 의무 대상 기업은 2013년 4월 1일부터 상시 근로자 50명 이상 기업에 적용되었는데, 2015년 장애인 의무고용률 기준은 2.0%(정부 부문 2.2~2.3%)이며 실제 장애인 고용율은 1.88%(정부 부문 2.36%)로 나타났다(장애인고용공단고용개발원, 2015: 289; 장애인고용공단고용개발원, 2016: 26).

한국에서는 1990년에 '장애인고용촉진등에관한법률'을 제정하고 이후 개정해왔으며, 2007년에 '장애인차별금지 및 권리구제 등에 관한 법률'을 제정했다(하갑래, 2014: 843). 2010년대 중반에 국가 차원에서의 장애인고용률은 5.6%로 나타났다(장애인고용공단고용개발원, 2016: 24). 2009년 조사 대상 기업의 장애인 근로자 비율은 평균 1.9%이며, 15.1%에서 채용할 때 장애인을 특별히 권장하거나 별도로 관리하는 절차를 두고 있다(배규식·김정우·김기민, 2012: 18, 36). 2015년 장애인고용률은 전체 2.62%, 정부 부문 3.11%, 민간 부문(민간 기업+공공 기관) 2.53%로 나타났다(한국장애인고용공단고용개발원, 2016: 16). 2015년에 상용 근로자 30인 이상 사업장에서 근로자 1인당 연간 장애인고용부담금은 6만 3600원, 노동비용 총액에서 차지하는 비중은 0.1%로 나타났다(고용노동통계포털을 근거로 계산).

3) 관련 법률

장애인 의무 고용은 상시 근로자 50명 이상 기업에서 의무적으로 도입해야 하며, 장애인고용부담금은 상시 근로자 100명 이상 기업에서 의무적으로 도입해야 한다. 장애인 고용 의무 및 장애인고용부담금은 '장애인고용촉진 및 직업재활법(장고법)'에 규정되어 있다.

3)-1 장애인 고용 의무 및 장애인고용부담금의 목적

장애인이 그 능력에 맞는 직업생활을 통해 인간다운 생활을 할 수 있도록 장애인의 고용 촉진 및 직업 재활을 꾀하는 것을 목적으로 한다(장고법§1).

3)-2 장애인 고용 의무

상시 50명 이상의 근로자를 고용하는 사업주는 근로자 총수에 대한 의무 고용률(2016년 12월 31일까지는 1000분의 27, 2007년 1월 1일부터 2018년 12월 31일까지는 1000분의 29, 2019년 이후로는 1000분의 31) 이상에 해당(소수점 이하는 버림)하는 장애인을 고용해야 한다(장고법§28①; 장고령§25). 상시 고용하는 근로자의 수는 해당 연도의 매월 16일 이상(임금 지급의 기초가 되는 날이 16일 이상인 경우를 말함) 고용한 근로자 수의 합계를 해당 연도의 조업 개월 수(조업한 날이 16일 미만인 달은 조업 개월 수에서 뺌)로 나누어 산정한다(장고령§24③). 건설업에서 근로자 수를 확인하기 곤란한 경우에는 공사실적액이 고용노동부 장관이 정해 고시하는 금액 이상인 사업주에게 고용 의무가 있으며, 근로자 총수는 {(총공사실적액-적법하게 하도급된 공사실적액)/고용노동부 장관의 고시액×50명}의 방법으로 산출한다(장고법§28①; 장고령§24). '공공기관의 운영에 관한 법률'에 따른 공공 기관과 '지방공기업법'에 따른 지방공사, 지방공단, 지방공사 및 지방공단 외의 출자법인, 출연법인의 의무고용률은 상시 고용하고 있는 근로자 수의 100분의 3으로 한다(장고법§28의2).

3)-3 장애인고용부담금

의무고용률을 초과해 장애인을 고용한 사업주에게는 고용장려금을 지급할 수 있고(장고법§30①), 고용장려금을 지급받으려는 사업주는 지급 신청을 해야 한다(장고령§28). 의무고용률에 미달하는 장애인을 고용하는 사업주(상시 100명 이상 근로자를 고용하는 사업주만 해당)는 매년 장애인고용부담금을 납부해야 하며(장고법§33), 장애인고용부담금은 {(월별 장애인 고용 의무 인원의 연간 합계-월별 장애인 고용 인원의 연간 합계)×부담기초액}의 산식으로 계산하며(장고법§33②), 2017년에 적용하는 부담기초액은 1명도 고용하지 않은 경우 135만 2230원, 1/4 미만 고용한 경우 113만 6800원, 1/4 이상~1/2 이하 고용한 경우 97만 4400원, 2/1 이상~3/4 미만 고용한 경우 86만 720원, 3/4 이상 고용한 경우 81만 2000원이다(노동부고시제 2016-64호).

4) 규정과 서식

노동부가 장애인의 고용에 관한 계획과 그 실시 상황 기록을 작성해 제출할 것을 명령하면 제출해야 하고(장고법§29①·②), 위반하면 위반 횟수에 따라 300만 원까지 과태료를 부과당할 수 있다(장고령 별표 2). 부담금 산출에 필요한 사항을 적은 신고서를 매년 1월 31일까지 노동부에 제출해야 하고(장고법§33⑤; 장고령§36①·②), 위반하면 위반 횟수에 따라 200만 원까지 과태료를 부과당할 수 있다(장고령 별표 2).

8. 외국인차별금지제도

1) 정의와 특징

외국인차별금지제도는 외국인 근로자라는 이유로 근로조건을 차별할 수 없도록 금지하는 제도다. 한국에서는 외국인 근로자에게도 '노동법'을 차별 없이 적용하는 것이 원칙이며, 외국인 근로자라는 이유로 근로조건에서 부당하게 차별적 처우를 하는 것을 금지한다.

2) 변화 추세와 통계

미국에서는 1964년에 채용에서 해고까지 전체 과정에서 인종, 피부색, 성, 종교, 출신 국가 등에 의한 차별을 금지했다(Title VII of the Civil Rights Act of 1964: 공민권법 제7편). 출신 국가란 조상이 태어난 나라를 포함하는 출신 민족의 개념이며, 국적에 따른 차별이나 외국인에 대한 차별은 직접적인 규제의 대상은 아니다(이승길, 2005: 3, 205, 236).

일본에서는 외국인 근로자에게 기본적으로 일본 '노동법'이 적용된다(스게노 카즈오, 2007: 93).

한국에서는 2004년 '외국인근로자의 고용 등에 관한 법률'을 시행했다. 2005년 자료를 사용한 분석에서 시간당 임금을 기준으로 내국인 근로자 대비 외국인 근로자의 임금은 50%가 적고, 내국인 비정규직 근로자 대비 외국인 근로자의 임금은 30%가 적은 것으로 나타났다(조동훈, 2010: 84). 2009년 조사 대상 기업 가운데 직접고용 비정규직을 사용하고 있는 사업체 중 외국인 고용을 주된 고용 형태로 하는 비율은 23.6%로 나타났다(배규식·김정우·김기민, 2012: 109). 2016년에 국내 상주 15세 이상 외국인은 142만 5000명, 그중 경제활동 인구는 100만 5000명, 취업자는 96만 2000명이다. 취업자 중 임금근로자는 95.5%인데, 임금근로자 중 상용 근로자는 60.0%, 임시 일용 근로자는 35.6%이다. 임금근로자 중 월평균 임금은 100만 원~200만 원 미만이 48.7%, 200만 원~300만 원 미만이 37.9%, 300만 원 이상이 8.9%, 100만 원 미만이 4.5%로 나타났다(통계청, 2016: 5, 17, 20).

3) 관련 법률

상시 근로자 1명 이상인 모든 기업에서 의무적으로 도입해야 한다. 외국인 차별 금지에 대해서는 '근로기준법'과 '외국인근로자의 고용 등에 관한 법률(외고법)'에서 규정하고 있다. 외국인 근로자라는 이유로 부당하게 차별하여 처우해서는 안 되며(외고법§22), 외국인 근로자에 대해서도 원칙적으로 '노동법'이 차별 없이 적용된다. 외국인 근로자에 대한 모집 채용 과정에서의 차별은 근로조건에 해당하지 않기 때문에 금지되는 차별적 처우에 해당하지 않는다(임종률, 2015: 371). 외국인 근로자에 대한 4대 사회보험의 경우 건강보험과 산재보험은 의무적으로 가입해야 하고, 국민연금은 국가 간 상호주의 원칙에 따라 15개 국가 중 7개 국가의 외국인 근로자는 가입을 할 수 없고, 고용보험은 임의 가입을 할 수 있다(산업인력공단 웹 사이트). 외국인 근로자에 대해서는 임금 체불에 대비해 보증보험에 가입해야 하고(외고법§23①, 외고령§27), 업무상 재해 외의 사망 또는 질병 등에 대비해 상해보험에 가입해야 하며(외고법§23②, 외고령§28), 퇴직금 지급을 위한 출국만기보험에 가입해야 하고(외고법§13, 외고령§21), 귀국할 때 필요한 비용을 위한 귀국비용보험에 가입해야 한다(외고법§15, 외고령§22).

제5장

성장 지원 환경

1. 성장지원제도

1) 정의와 특징

성장지원제도는 직원이 지식, 기술, 능력을 지속적으로 향상시킬 수 있도록 지원하는 일터환경 제도다. 성장지원제도는 크게 교육훈련, 지원 관계, 성장 진단, 업무 경험으로 구분할 수 있다(Noe et al., 2010: 215).

| 표 VI.5-1 | 성장지원제도의 구분

교육훈련	지원 관계	성장 진단	업무 경험
·훈련 ·개발	·멘토링 ·코칭	·인성 검사 ·성과 평가 ·평가센터	·직무 확대 ·전환 배치 ·승격·승진 ·경영진 육성

자료: Noe et al.(2010: 215~239); Mondy et al.(2012: 31) 참고해 작성.

2) 변화 추세와 통계

미국에서는 2003년 조사 대상 기업 가운데 98%가 성과평가제도를 도입하고 있는 것으로 나타났다(笹島芳雄, 2008: 130에서 재인용). 성과평가제도의 도입률이 높은 이유 중 하나는 공정한 성과평가제도를 도입하지 않으면 여러 가지 차별 금지 법률에 대처하기 어렵기 때문이다(笹島芳雄, 2008: 126).

일본에서는 2012년에 상용 근로자 30명 이상 기업 중 36.3%가 업적평가제도를 도입하고 있는 것으로 나타났고(厚生勞働省, 2012), 2015년에는 상용 근로자 30명 이상 기업의 노동비용 중 1인당 교육훈련비가 월평균 1008엔(0.2%)으로 나타났다[厚生勞働省(2017)을 근거로 계산].

한국에서는 2008년 취업규칙 가운데 44.7%가 교육훈련에 대해 규정하고 있으나, 그중 86.7%가 노력 대상으로 규정하고 있고, 별도로 독립된 교육훈련 규정을 두고 있는 기업은 11.1%로 나타났다(김정한·문무기·윤문희, 2008: 136~137). 2014년 단체협약 가운데 50%가 교육훈련에 대해 규정하고 있는데 규정률이 높은 교육훈련은 안전보건교육, 신규 채용자에 대한 노동관계법·단체협약·취업규칙에 대한 교육, 신규 채용자 기술 교육, 신기술·신기계 도입으로 인한 교육 등으로 나타났고, 32.2%가 전환 배치에 대해 규정하고 있으며, 19.1%가 승격·승진에 대해 규정하고 있는 것으로 나타났다(박명준·조성재·문무기, 2014: 53, 41, 47). 2015년에 상용 근로자가 30명 이상인 기업의 노동비용 중 1인당 교육훈련비는 월평균 2만 8400원(0.6%)으로 나타났다(고용노동통계포털을 근거로 계산).

3) 관련 법률

'노동법'에는 성장지원제도에 대해 직접 규정하는 내용이 없다. 산업안전보건교육 등 법정 의무교육에 대해서는 관련 법률에서 규정하고 있고, 전반적인 교육훈련 활동 지원에 대해서는 '근로자직업능력 개발법'에서 규정하고 있다.

4) 장점

기업으로서는 생산성을 높일 수 있고, 몰입도를 높일 수 있으며, 인력 배치의 효율성과 유연성을 높일 수 있고, 소통을 촉진할 수 있으며, 변화대응력을 높일 수 있고, 기업의 이미지에 도움이 된다(김성수, 2006: 192). 직원으로서는 능력을 향상시킬 수 있고, 성장할 수 있으며, 인력경쟁력을 높일 수 있다(김성수, 2006: 193).

5) 단점

기업으로서는 도입하고 운영하는 데 적지 않은 비용, 시간, 노력이 필요하다. 직원으로서는 자신이 원하는 만큼 충분히 지원받기 어렵다.

6) 도입 사례

한국에서는 유한킴벌리(평생학습 체제, 1993~), 포스코(평생학습제, 2005~), 락앤락(평생학습 체계, 2005~), 하나금융그룹(2006~), 동화기업(학습조직, 2007~), 신세계(2008), 인천국제공항공사(2010), 다음커뮤니케이션(2011), 웅진씽크빅(2012), 대림(2013), 삼성전자, LG전자, LG화학 등을 사례로 들 수 있다.

| 표 VI.5-2 | 하나금융그룹 성장지원제도

전략 영역		핵심 제도
인재 확보	인재상 정립	·인재상: 비전 달성을 위한 전문 역량과 리더십을 겸비한 리더 ·핵심 가치: 자주, 자율, 진취, 인테그러티(Integrity) ·3대 리더십: 성과 리더십, 조직 리더십, 혁신 리더십 ·12개 역량: 성과 지향, 문제 해결, 고객 지향, 휴먼 네트워크, 신뢰 구축, 감성 지능, 인재 육성, 커뮤니케이션, 비전 제시, 전략적 사고, 변화 선도, 글로벌 마인드
	선발 방식 개발	·세 개 영역으로 구분하여 역량별 면접 방법 운영
인재 육성	전문 인력	·그룹의 전략에서 중요한 분야에서 전문 역량이 필요하고 인력희소성이 높은 직무 양성
	핵심 인재	·차세대 인재 양성 ·세 개 풀 운영: 임원급, 관리자급, 비책임자급
	글로벌인력	·글로벌 네트워크 확장을 가능케 하는 국내외 인력 양성 ·세 개 풀 운영: 본부 인력, 한국 유학 인력, 현지 인력
인재 유지	총보상 제공	·네 가지 보상을 통합적으로 운영: 임금, 복지, 학습과 개발, 업무환경
	조직 정착 지원	·신규 입사자(신입, 경력)의 조직 정착을 적극적으로 지원 ·멘토링, 인큐베이팅, 인터넷 카페, 부모님 초청 행사 등

자료: 김성수(2012: 57~127) 참고.

2. 법정의무교육제도

1) 정의와 특징

법정 의무교육은 직원을 대상으로 일정한 기간마다 의무적으로 실시해야 하는 교육훈련을 말한다. 주로 일터환경을 개선하기 위한 목적으로 실시한다. 한국에서 이행하지 않으면 벌칙을 받게 되는 대표적인 법정 의무교육은 〈표 VI.5-3〉과 같다.

| 표 VI.5-3 | 주요 법정의무교육제도 개요

분야	교육	횟수 및 시간	대상기업
법정복지	퇴직연금교육	·매년 1회 이상	퇴직연금제도를 설정한 사업장
일터환경	산업안전보건교육	·정기교육 - 사무직: 매 분기 3시간 이상 - 판매직: 매 분기 3시간 이상 - 기타 직: 매 분기 6시간 이상 - 관리감독자: 연 16시간 이상 ·채용 시 교육 - 일용 근로자: 1시간 이상 - 나머지: 8시간 이상 ·작업 내용 변경 시 교육 - 일용 근로자: 1시간 이상 - 나머지: 2시간 이상 ·특별 교육 - 일용 근로자: 2시간 이상 - 나머지: 16시간 이상	근로자를 사용하는 사업장 (교육 면제 사업장에 대해서는 '산업안전보건법' 별표 1을 참조)
	성희롱예방교육	·매년 1회 이상	근로자를 사용하는 사업장
	개인정보보호교육	·매년 1회 이상	업무를 목적으로 개인 정보 파일을 운용하기 위해 스스로 또는 다른 사람을 통해 개인 정보를 처리하는 사업장

2) 변화 추세와 통계

한국에서는 2014년 단체협약 가운데 50%가 교육훈련을 규정하고 있으며, 산업안전보건교육이 21%, 신규 채용자를 대상으로 한 '노동법', 단협, 취업규칙에 대한 교육은 20%, 신규 채용자 기술교육·훈련이 17%, 신기술·신기계 도입에 의한 교육훈련이 16% 등으로 나타났다(박명준·조성재·문무기, 2014: 53).

3) 관련 법률

근로자를 사용하는 모든 기업에서 의무적으로 도입해야 한다. 퇴직연금교육은 '근로자퇴직급여 보장법'에서, 산업안전보건교육은 '산업안전보건법'에서, 성희롱예방교육은 '남녀고용평등과 일·가정 양립 지원에 관한 법률'에서, 개인정보보호교육은 '개인정보 보호법'에서 각각 규정하고 있다.

제6장

기업문화 환경

1. 기업문화제도

1) 정의와 특징

기업문화제도(organizational culture, the way to do things)는 그 기업 구성원들의 공동의 가치관과 행동 방식을 말한다. 어느 기업에나 나름의 공동 가치관이 있으며, 기업마다 행동 방식에 차이가 있다. 기업 입장에서 기업문화는 구성원의 생각이나 행동을 좌우하고, 전략 실행, 기업 경쟁력, 핵심 역량, 변화와 적응에 영향을 미치기 때문에 중요하게 관리할 필요가 있다. 그러나 직원 입장에서도 기업문화는 기초적이고 중요한 일터환경이 될 수 있기 때문에 중요하다. 예를 들면 어느 기업에 직원을 비롯해 기업의 주요 이해관계자들을 존중하지 않는 가치관과 업무 방식이 깊게 자리 잡고 있다면 경영진에게는 어떨지 몰라도 직원이 일하기 좋은 환경이라고는 할 수 없을 것이다. 기업문화의 구성 요소나 유형을 세분화하는 방법에 대해서는 매우 다양한 논의가 있다. 일터환경을 구성하는 한 부분으로서 어느 기업에나 기본적이고 보편적으로 적용할 수 있는 기업문화 환경은 경영진의 리더십, 직원 존중, 공정한 대우, 상호 배려, 직원 만족, 노사 관계 존중, 이해관계자 존중 등으로 세분화할 수 있을 것이다.

2) 변화 추세와 통계

한국에서는 2015년에 대한상공회의소와 매킨지가 100개 기업 4만 951명을 대상으로 조

| 표 VI.6-1 | **한국 기업의 기업문화 진단 결과**

	방향성	리더십	문화 및 분위기	책임 소재	조율 및 통제	역량	동기 부여	혁신 및 학습	외부 지향성
대기업	중상	중하	중상	최상	중하	중하	최상	중상	중하
중견기업	최하	최하	최하	중하	최하	최하	중하	중하	최하

주: 최상=상위 25%, 중상=상위 25~50%, 중하=상위 50~75%, 최하=하위 25%.
자료: 대한상공회의소(2016).

사해 글로벌 기업과 비교한 결과, 전반적인 기업문화 건강도는 최하 수준(하위 25%)으로 나타났다.

3) 관련 법률

어느 기업에서나 자율적으로 도입할 수 있다. '노동법'에서는 기업문화 환경에 대해 직접 규정하고 있는 내용은 없다.

4) 장점

기업으로서는 직원에게 행동 지침을 제공할 수 있고, 일체감을 형성할 수 있으며, 조직몰입도를 높일 수 있으며, 전략 실행, 기업경쟁력 강화, 핵심 역량 강화에 활용할 수 있다(임창희, 2008, 541~542; Hunger et al., 2011: 76). 직원으로서는 업무 수행의 기준을 아는 데 도움이 되고, 기업에 적응하고 행동하는 데 도움이 된다.

5) 단점

기업으로서는 체계적으로 관리하고 유지하기 위해 장기적이고 많은 시간과 노력이 필요하고, 쉽게 바꾸기 어렵다. 직원으로서는 불합리한 기업문화에 대응하기가 쉽지 않다.

6) 도입 사례

미국에서는 기업문화가 강한 기업으로는 Disney, GE, Herman Miller, HP, IBM, Intel, JCPenney, Levi Strauss, Microsoft, Motorola, Patagonia, Pepsi, Southwest Airlines, 3M 등을 사례로 들 수 있다. 일본에서는 기업문화가 강한 기업으로는 도요타, 소

| 표 VI.6-2 | **2004년 도요타자동차의 기업문화(4P 모형)**

4P	14 핵심 원칙	도요타 용어
I. 철학 (장기적인 사고)	① 단기적인 재무 목표를 희생해서라도, 장기적인 철학에 기초해 경영 의사 결정을 하라.	도전
II. 프로세스 (낭비 제거)	② 문제를 표면에 드러내기 위해 지속적인 프로세스 흐름을 만들어라. ③ 과잉생산을 피하기 위해 풀 시스템을 사용하라. ④ 작업 부담을 평준화하라. ⑤ 문제 해결과 품질 최우선을 위해 스톱문화를 구축하라. ⑥ 표준화된 업무는 지속적인 개선과 종업원에게 권한을 위임하는 토대이다. ⑦ 어떤 문제도 숨겨지지 않도록 시각적 관리 기법을 사용하라. ⑧ 종업원들과 프로세스에 도움이 되는 신뢰할 수 있고 철저히 검증된 기술만을 사용하라.	개선
III. 종업원들과 파트너들 (존중하고 도전하고 양성하라)	⑨ 작업을 철저히 이해하고, 철학을 가지고 살며, 다른 종업원에게 그것을 가르치는 리더를 육성하라. ⑩ 회사의 철학을 이행하는 뛰어난 종업원들과 팀을 개발하라. ⑪ 도전하게 하고 개선을 지원함으로써 파트너와 부품 업체로 하여금 그들과의 확장된 네트워크를 존중하라.	개선 존중과 팀워크
IV. 문제해결 (지속적인 개선과 학습)	⑫ 상황을 철저하게 이해하기 위해 직접 가서 보라. ⑬ 모든 대안을 철저히 고려하여 합의가 될 때까지 천천히 결정하라. 그러나 실행은 신속히 하라. ⑭ 냉정한 반성과 지속적인 개선을 통해 학습 조직이 되라.	개선 현지 현물

자료: 라이커(2004: 37)를 수정.

| 표 VI.6-3 | **2010년 현대자동차의 기업문화와 노사 관계**

· 창업주의 모험 정신, 불굴의 투지, 성공에 대한 확신 등은 현대차 특유의 기업문화를 형성해, 짧은 기간 동안에 목표를 달성한다는 현대차의 강점이 됨.
· 오너에게 정보와 권한이 집중되고 환경 변화에 신속하고 과감하게 대응함.
· '일단 일은 벌이고 본다'는 방식이 자리 잡아서 돌파력이나 추진력은 강하나 세밀함이나 기획력, 학습 능력, 문제 해결 역량 등은 저하됨.
· 관계자들의 협력이나 관련 부서의 협조보다는 주도하는 소수의 사람들이 가진 역량에 의존해 시행착오가 적지 않음.
· 인맥이 중요하게 작용하고 의사소통이 원활하지 못해 정보 공유가 어렵고 소문이 많음.
· 구성원들의 내부 지향성이 강해 외부의 목소리를 듣고 반영하는 데 소극적임.
· 저돌적인 성향이 노사 관계에도 스며들어 노사 갈등이 발생하면 쉽게 강대강의 분쟁으로 확산됨.
· 노사 분쟁이 해결되면 빠른 속도로 정상화됨.

자료: 김학린 외(2010: 55~56).

니(Sony) 등을 사례로 들 수 있다. 한국에서는 기업문화가 강한 기업으로는 삼성, CJ, LG, 유한킴벌리, 창비, 포스코, 한미파슨스, 현대자동차, 현대중공업, 현대카드 등을 사례로 들 수 있을 것이다.

7) 제도 설계

기업문화를 설계할 때에는 미션, 핵심 가치, 비전, 경쟁 전략, 핵심 역량, 지배 구조, 조직 구조, 이해관계자들에 대한 정책, 분야별 인사 정책 등을 결정해야 한다.

제VII부

보상전략

보상전략의 정의와 구분

1) 정의와 특징

보상전략이란 보상제도를 도입·설계·운영할 때 의사 결정 기준과 지침으로 삼기 위해 선택한 핵심적인 원칙을 말한다. 보상전략에 해당하는 말에는 total rewards strategy, reward strategy, pay policies, compensation strategy, compensation policies, strategic compensation policies, 임금 결정 원칙, 보상전략, 전략적 선택, 공정성과 안정성, 임금공정성, 보상공정성 등 다양한 용어가 있다. 보상전략은 기업의 전체 보상 시스템의 특성을 결정한다. 공식적이든 암묵적이든 관계없이 기업마다 보상전략이 다르기 때문에 개별적인 보상제도의 도입 여부나 도입한 보상제도의 특성이나 운영 방식이 달라진다. 예를 들면 높은 수준의 보상을 통해 우수한 인재를 확보해 사업을 추진하려는 기업과 우수한 인재의 필요성을 그다지 느끼지 못하고 가능하면 낮은 수준의 보상을 통해 사업 목적을 달성하려는 기업의 보상제도는 특성이 서로 다르다.

보상전략에 대해서는 일반적으로 내부공정성, 개인공정성, 외부공정성 세 가지로 세분화한다. 여기에서는 좀 더 세분화해 보상파악 정책, 보상목표 정책, 내부공정성 정책, 개인공정성 정책, 외부공정성 정책, 보상운영 정책 여섯 가지로 구분한다.

보상파악 정책은 보상과 보상 시스템을 어떻게 정의·구분·파악·진단할 것인지에 대한 정책을 말한다. 보상목표 정책은 보상제도나 보상 시스템을 운영해 얻고자 하는 결과나 효과를 무엇으로 정할 것인지에 대한 정책을 말한다. 내부공정성 정책은 고정임금의 유형, 직급 수, 임금격차에 대한 정책을 말한다. 개인공정성 정책은 보상의 차등화 수준, 비누적 수준, 개별화 수준에 대한 정책을 말한다. 외부공정성 정책은 경쟁 기업과 비교해 전체적으로 어느 수준의 보상을 어떻게 구성해 직원들에게 지급할지에 대한 정책을 말한다. 보상운영 정책은 정보 공개 수준, 결정 권한 수준, 선택 권한 수준, 비용 관리 방법, 전략적 보상 방법에 대한 정책을 말한다. 직원 자신이 받는 보상이 공정하다고 느끼는가 부당하다고 느끼는가는 직원의 성과에 영향을 미치고, 직원의 직무와 조직에 대한 생각에 영향을 미치며, 이직률에도 영향을 미치고, 기업 차원의 성과에도 영향을 미친다. 또한 보상제도는 기업의 목적을 달성하는 데 지대한 역할을 하기 때문에 기업은 반드시 보상제도의 공정성을 확보하지 않으면 안 된다. 결국 보상전략을 합리적이고 체계적으로 수립하고 일관성 있게 적용하는 일은 전체 보

| 표 VII-1 | 보상전략의 구분

보상파악 정책	보상목표 정책	내부공정성 정책	개인공정성 정책	외부공정성 정책	보상운영 정책
·보상 구분 ·보상 파악 ·보상 시스템 구분 ·보상 효과 진단	·효율성 ·공정성 ·적법성	·유형 선택 ·직급 수 ·임금격차	·차등화 수준 ·비누적 수준 ·개별화 수준	·보상 수준 ·보상 구성	·정보 공개 ·결정 권한 ·선택 권한 ·비용 관리 ·전략적 보상

상제도의 일관성과 효과를 확보하는 데 매우 중요한 역할을 한다.

2) 관련 법률

어느 기업에서나 자율적으로 도입할 수 있다. '노동법'에는 보상전략에 대해 직접 규정하는 내용이 없다.

3) 장점

기업으로서는 전체 보상제도의 일관성을 확보하고 효과와 효율성을 높이는 데 도움이 된다. 직원으로서는 보상의 공정성과 안정성을 확보하는 데 도움이 된다.

4) 단점

기업으로서는 보상전략을 수립하고 실행하는 데 시간과 노력이 필요하다. 직원으로서는 기업의 노력이 부족할 경우 필요한 지식과 정보를 얻기 어렵다.

5) 도입 사례

한국에서는 LG전선(연봉제 도입 필요성, 1999), SK케미칼(보상제도 개선 방향, 2001), LG전자(인사 방침, 2002), 풀무원(총보상 설계 원칙, 2004), CJ제일제당(보상 정책, 2005), 유한킴벌리(신인사제도 효과, 2007), 삼양사(신인사제도 효과, 2008), 한국지엠(임금 철학, 2011) 등을 사례로 들 수 있다. 실제로는 종합적이고 구체적이며 많은 양의 보상전략을 수립하여 운영하고 있는 기업인 경우에도 표면적으로는 그 가운데 단편적이고 다소 추상적인 몇 가지 내용만을 직원들과 소통하는 경우가 대부분이기 때문에, 기업의 보상전략을 실상 그대로 파악하는 일은 쉽지 않다.

| 표 VII-2 | **2004년 풀무원의 보상전략**

▶ HR 변화 방향
- EVP(New Employee Value Proposition) 창출
  - 우수 인재 확보 및 유지에 경쟁력을 지닌 HR
  - 과정과 결과가 투명한 HR
  - 조직과 직원의 파트너십을 강화하는 HR
- 생존을 위한 가치 경영을 지원하는 HR시스템 마련
  - 핵심 조직 역량 확대에 기여할 수 있는 HR
  - 공정한 성과주의를 실현하는 HR
  - 세계화를 지원하는 HR
  - 조직원의 사기 고양에 기여하는 HR
  - 변화를 주도하는 탄력적인 HR
  - 가치 창출을 지원하는 HR

▶ 보상제도 설계 원칙
- 내부형평성 향상
  - 직무의 중요도, 난이도에 따른 보상 기회 차별화
  - 직무의 요구 역량 보유 수준에 따른 보상 기회 차별화
  - 직무 내 개인별 성과 결과에 따른 보상 차별화
- 외부경쟁력 강화
  - 외부 노동시장과의 보상 수준 비교를 통한 외부경쟁력 강화
  - 보상철학과 현 지급 수준을 감안한 보상 수준을 설정
- 개인공정성
  - 보상 수준의 차등을 목적이 아닌 수단으로 활용
  - 보상기회의 차별화 원칙 강조
- 보상운영의 신뢰 강화
  - 조직이 추구하는 보상철학과 이를 이행하기 위한 구체적인 제도의 설계
  - 보상 원칙과 기준에 대한 직원 이해도 향상을 통해 보상 효과 극대화
  - 평가 결과와 보상과의 연계를 통해 보상에 대한 직원 신뢰성과 객관성 확보

자료: 풀무원(2004)를 근거로 작성.

6) 제도 설계

보상전략을 수립하기 위해서는 업종의 특성, 리더십의 특성, 경쟁전략, 조직전략, 기업문화, 필요한 인재의 특성, 인사 정책, 중점 보상 유형 등을 분석하고, 보상전략 각 분야의 선택안들의 장단점을 고려해, 기업의 환경과 경영전략에 가장 부합하는 정책들을 선택해야 한다.

제1장

보상파악 정책

1. 보상의 구분과 정의

1) 정의와 특징

보상을 일관성 있게 다루기 위해서는 그 대상이 되는 보상 구성 요소들을 구분하고 정의하는 것은 그 출발점으로서 중요한 의의가 있다. 그런데 아쉽게도 보상 구성 요소들을 어떻게 구분하고 어떻게 정의할 것인지에 대해서는 일치된 의견이 부족한 상태다. 따라서 보상의 구분과 정의에 대한 나름의 기준을 정할 수밖에 없다.

이 책에서는 보상(total rewards, total returns, 총보상, 총노동 대가)을 기업이 직원에게 줄 수 있는 모든 대가나 혜택, 직원이 기업에서 얻을 수 있는 모든 대가나 혜택으로 정의한다. 보상에는 연봉이나 복지처럼 금액으로 쉽게 표시할 수 있는 것뿐만 아니라 근로시간, 고용안전, 안

| 그림 VII.1-1 | **보상 구성 요소의 구분**

<table>
<tr><td>① 고정임금
(fixed pay)</td><td>② 변동임금
(variable pay)</td><td rowspan="2">⑤ 일터환경
(work environment)</td></tr>
<tr><td>③ 법정복지
(mandated benefits)</td><td>④ 자율복지
(voluntary benefits)</td></tr>
</table>

| 표 VII.1-1 | **보상의 구분과 정의**

<table>
<tr><td colspan="2">I. 임금
- 받은 혜택을 개인별 금액으로 표시할 수 있다.
- 노동의 양이나 성과를 요건으로 지급한다.
- 보상의 용도나 소비 목적을 직원이 자유롭게 결정한다.</td><td>III. 일터환경
⑤
- 받은 혜택을 개인별 금액으로 표시하기 곤란함
- 보상의 용도나 소비 목적을 기업이 사전에 정함</td></tr>
<tr><td>①
고정임금
미리 확정한 금액을, 정기적으로, 일한 기간에 비례해 지급해야 하는 임금</td><td>②
변동임금
지급하는 시점이 되어야 지급 여부나 지급액을 확정할 수 있는 임금</td><td rowspan="3">임금이나 복지에 못지않게 가치가 있으나 개인별 금액을 표시하기 곤란한 보상제도</td></tr>
<tr><td colspan="2">II. 복지
- 받은 혜택을 개인별 금액으로 표시할 수 있다.
- 노동 외에 일정한 다른 요건을 충족할 때 지급한다.
- 보상의 용도나 소비 목적을 기업이 사전에 정한다.</td></tr>
<tr><td>③
법정복지
기업이 의무적으로 도입해야 하는 복지제도</td><td>④
자율복지
기업이 자율적으로 도입할 수 있는 복지제도</td></tr>
</table>

전보건제도 등과 같이 금액으로 표시하기 곤란한 것까지도 포함시켜야 한다(Mathis et al., 2011: 420; Martocchio, 2011: 5; Milkovich et al., 2008: 9; WorldatWork. 2007: 343; 유규창·박우성, 2001: 9~11). 보상은 간단하게 임금, 복지, 일터환경(Mathis et al., 2011: 422; Milkovich et al., 2008: 9 등 참고) 세 가지로 구분할 수 있고, 좀 더 세분화하면 고정임금, 변동임금, 법정복지, 자율복지, 일터환경 다섯 가지로 구분할 수 있다.

보상을 임금과 복지와 일터환경으로 가르는 기준은 개인별 금액으로 표시할 수 있는지, 보상의 용도나 소비 목적을 직원이 자유롭게 결정할 수 있는지 이 두 가지다. 임금은 개인별 금액으로 표시할 수 있고, 보상의 용도나 소비 목적을 직원이 자유롭게 결정할 수 있는 보상 유형이다. 복지는 개인별 금액으로 표시할 수 있으나, 보상의 용도나 소비 목적을 기업이 사전에 결정하는 보상 유형이다. 일터환경은 개인별 금액으로 표시하기 곤란하며, 보상의 용도나 소비 목적을 기업이 사전에 결정하는 보상 유형이다.

임금을 고정임금과 변동임금으로 구분하는 가장 대표적인 기준은 지급 여부가 지급일이 되기 전에 확정되어 있는지, 지급액이 지급일이 되기 전에 확정되어 있는지 이 두 가지다. 고정임금은 지급 여부와 지급액이 지급일이 되기 전에 언제라도 확정되어 있는 보상 유형이다. 변동임금은 지급 여부와 지급액을 지급일이 되어야 확정할 수 있는 보상 유형이다.

법정복지는 기업 스스로 도입 여부를 결정할 수 없고 법률에서 도입 여부나 운영 기준을 결정하지만, 자율복지는 기업 스스로 도입 여부나 운영 기준을 결정할 수 있는 보상 유형으로 정의해 구분한다.

2) 변화 추세와 통계

미국 노동통계국에서는 노동비용을 조사할 때 보상을 크게 고정임금과 복지(유급휴가, 부가적 임금, 보험료, 퇴직급여, 법정복지비)로 구분한다(BLS, 분기별 보도 자료).

일본 후생노동성에서는 노동비용을 조사할 때 보상을 크게 현금급여와 현금급여 외 노동비용(법정복리비, 법정 외 복리비, 현물급여 비용, 퇴직급여 등의 비용, 교육훈련비, 기타 노동비용)으로 구분한다(厚生勞働省, 2017).

한국 노동부에서는 기업체의 노동비용을 조사할 때 보상을 크게 직접노동비용('임금')과 간접노동비용('퇴직급여 등의 비용', '법정 노동비용', '법정 외 복지 비용', '채용 및 교육훈련 비용')으로 구분한다(노동부, 2015).

3) 관련 법률

어느 기업에서나 자율적으로 도입할 수 있다. '노동법'은 임금에 대해 정의하고 있으나, 보상, 고정임금, 변동임금, 복지, 법정복지, 자율복지, 일터환경 등에 대해서는 정의하고 있지 않다.

4) 도입 사례

제I부의 '임금, 복지, 일터환경의 구분'에서 사례를 들었으므로 여기에서는 생략한다.

2. 한국·미국·일본의 보상 구분 방법 비교

보상을 구분하는 방법이나 기준은 매우 다양하다. 한국·미국·일본 정부의 보상 구분 방

| 표 VII.1-2 | **한국·미국·일본 정부의 보상 항목 분류**

미국	일본	한국
노동비용 총액 · 고정임금 · 복지 총액 - 유급휴가급여 자율연차휴가 공휴일유급휴일 병가 개인 사정 휴가 - 부가적 임금 연장근로수당과 휴일근로수당 야간근로수당 정성성과상여금 - 보험료 지원 생명보험 건강보험 단기상해보험 장기상해보험 - 퇴직급여 확정급여형 확정기여형 - 법정복지 노령연금과 고령자건강보험 노령연금 고령자건강보험 연방실업보험 주정부실업보험 산재보험	**노동비용 총액** · 현금급여액 · 현금급여액 외의 노동비용 - 법정복지비 건강보험료, 간병보험료 후생연금보험료 노동보험료(고용보험, 산재보험) 아동수당거출금 장애자고용납부금 법정보상비용 기타 법정복지비(석탄산업연금 거출금, 선원보험료 등) - 법정 외 복지비 주거 관련 비용 의료보건 관련 비용 식사 관련 비용 문화·체육·오락 관련 비용 사보험 관련 비용 산재 추가 급여 경조사 비용 재형저축 관련 비용 기타 법정 외 복지비(통근 차량, 매점, 공제회, 특수 원조 관련 비용 등) - 현물급여 비용 - 퇴직급여 등의 비용 - 교육훈련비 - 기타 노동비용 모집비용 여비 숙박비 사보 제작비 작업복 지원 포상비용 등	**노동비용 총액** · 직접노동비용 - 정액 및 초과급여 - 상여 및 성과급 · 간접노동비용 - 퇴직급여 - 법정노동비용 국민연금 건강보험료 고용보험료 산재보험료 기타(장애인고용부담금, 재해보상비 등) - 법정 외 복지 비용 주거비용 건강보건비용 보험료 지원금 자녀 학비 보조비용 휴양·문화·체육·오락 관련 비용 교통·통신 비용 기타(사내근로복지기금 출연금, 우리사주제도 지원금, 보육 지원금, 경조비, 피복비, 전근·이사 지원비, 현물 지급비용 등) - 교육훈련비 - 채용 관련 비용

자료: BLS(2016); 厚生勞働省(2017); 노동부(2015).

법도 서로 다르다. 한국·미국·일본 정부의 보상 관련 통계자료를 하나의 일관성 있는 기준에 맞춰 이용하기 위해서는 한국·미국·일본 정부의 보상 구분 방법을 이해하고, 일관성 있는 새로운 기준으로 재분류할 필요가 있다.

3. 보상의 구성과 비용 파악

1) 정의와 특징

전체 보상을 어떤 항목으로 구성하고, 얼마만큼의 금액 수준으로 결정할 것인지는 매우 중요한 문제다. 따라서 보상의 구성 현황과 비용 현황을 파악하는 것 또한 중요한 일이다. 보상비용 즉 직원에 대한 보상을 위해 사용하는 전체 비용을 가리키는 용어로는 인건비, 총액인건비, 총임금, 노무비, 피용자 보수, 직원 보상비용, 노동비용 등이 있다. 흔히 인건비라는 용어를 사용하지만 인건비와 보상비용을 무조건 동일한 용어로 볼 수 없고, 특히 '법인세법'이나 손익계산서에서 사용하는 인건비를 보상비용과 동일한 용어로 볼 수 없다. 보상비용에 가장 가까운 용어로는 노동비용(labor costs)이 있다. 이 책에서는 보상비용과 노동비용을 동일한 용어로 사용한다.

노동비용은 기업이 직원을 고용하면서 발생하는 모든 비용을 말한다(노동부 기업체노동비용조사표). 노동비용에는 고정임금, 변동임금, 법정복지, 자율복지, 일터환경 등 모든 보상 항목에 지출한 모든 비용이 포함된다. 노동비용을 정기적이고 체계적으로 파악하면 전체 보상제도의 실태를 구체적으로 알 수 있고, 필요한 진단을 수행해 시사점을 얻을 수 있으며, 보상계획을 위한 구체적인 근거 자료로 활용할 수 있으며, 개선 방안을 수행하는 데 활용할 수도 있다.

노동비용을 파악하는 방법은 목적에 따라 다양하게 정할 수 있다. 일관성을 유지하고, 외부 자료와 비교하며, 보상 관리를 효과적이고 전략적으로 수행하기 위해서는 보편적이고 체계적인 방법으로 노동비용을 파악하고 활용할 필요가 있다. 즉 고정임금, 변동임금, 법정복지, 자율복지, 일터환경으로 구분해 모든 보상 항목과 비용을 빠짐없이 정기적으로 파악할 필요가 있다. 특히 내부에서 파악한 노동비용 통계를 외부 자료와 비교할 때에는 노동비용을 파악하는 방법의 차이가 있는지를 확인한 후 비교할 수 있는 항목끼리 비교해야만 한다. 노동비용을 체계적으로 파악하고 외부와 비교하기 위해서는 노동부의 기업체노동비용조사 방법을 기본적으로 활용하면서 필요에 따라 분류 기준을 조정하는 방법을 활용할 수 있다. 다만, 노동부의 노동비용 분류 기준은 임금 이론에서의 보상제도 분류 기준이나 '노동법'에서의 임금과 비임금 분류 기준 또는 미국이나 국제기구의 보상제도 분류 기준과 차이가 있다는 점을 고려해야 한다.

| 표 VII.1-3 | **한국·미국·일본 정부의 보상 항목을 이 책의 기준에 따라 재분류한 결과**

	미국	일본	한국
고정임금	·고정임금	·현금급여액**	·직접노동비용*** - 정액 및 초과 급여 - 상여 및 성과금
변동임금	·부가적 임금 - 연장근로수당과 휴일근로수당 - 야간 근로수당 - 정성성과상여금 ·유급휴가급여* - 자율연차휴가 - 공휴일유급휴일 - 병가 - 개인 사정 휴가		
법정복지	·법정복지 - 노령연금과 고령자건강보험 - 노령연금 - 고령자건강보험 - 연방실업보험 - 주정부실업보험 - 산재보험	·법정복지비 - 건강보험료, 간병보험료 - 후생연금보험료 - 노동보험료(고용보험, 산재보험) - 아동수당거출금 - 장애자고용납부금 - 법정보상비용 - 기타 법정복지비(석탄산업연금거출금, 선원보험료 등)	·법정노동비용 - 국민연금 - 건강보험료 - 고용보험료 - 산재보험료 - 기타(장애인고용부담금, 재해보상비 등) ·퇴직급여
자율복지	·보험료 지원 - 생명보험 - 건강보험 - 단기 상해보험 - 장기 상해보험 ·퇴직급여 - 확정급여형 - 확정기여형	·법정 외 복지비 - 주거 관련 비용 - 의료보건 관련 비용 - 식사 관련 비용 - 문화체육오락 관련 비용 - 사보험 관련 비용 - 산재 추가 급여 - 경조사 비용 - 재형저축 관련 비용 - 기타 법정 외 복지비(통근 차량, 매점, 공제회, 특수 원조 관련 비용 등) ·현물급여 비용 ·퇴직급여 등의 비용	·법정 외 복지 비용 - 주거 비용 - 건강보건 비용 - 보험료 지원금 - 자녀 학비 보조 비용 - 휴양·문화·체육·오락 관련 비용 - 교통·통신 비용 - 기타(사내근로복지기금 출연금, 우리사주제도 지원금, 보육 지원금, 경조비, 피복비, 전근·이사 지원비, 현물지급비용 등)
일터환경		·교육훈련비 ·기타 노동비용 - 모집 비용 - 여비 - 숙박비 - 사보 제작비 - 작업복 지원 - 포상비용 등	·교육훈련비 ·채용 관련 비용

주: * 자율복지에 해당하지만, 보상비용 통계 수치의 비교를 위해 일관성을 유지하려고 변동임금으로 분류함(한국에서는 계속 임금으로 취급하고 있기 때문임).

** 고정임금과 변동임금으로 구분하지 않고 모든 임금을 한 항목으로 통계를 작성함.

*** 고정임금과 변동임금으로 구분하지 않고 두 가지가 모두 섞인 하위 두 항목으로 통계를 작성함.

자료: BLS(2016); 厚生勞働省(2017); 노동부(2015).

2) 변화 추세와 통계

한국·미국·일본 3국의 보상비용 구성 비율은 다음과 같이 나타났다.

| 표 VII.1-4 | 2011년 한국·미국·일본 3국 보상비용 구성 비율 비교

(단위: %)

구분	미국		일본		한국	
	합계	100.0	합계	100.0	합계	100.0
고정임금		70.5		81.5		60.5
	고정임금	70.5	현금급여액**	81.5	고정임금***	60.5
변동임금		9.6				15.9
	부가적임금 유급휴가급여*	2.8 6.8			변동임금***	15.9
법정복지		8.2		10.8		18.1
	법정복지	8.2	법정복지비	10.8	법정노동비용 퇴직급여	6.4 11.7
자율복지		11.7		7.2		4.8
	보험료 지원 퇴직급여	8.1 3.6	법정 외 복지비 현물 급여비용 퇴직급여	2.0 0.1 5.0	법정 외 복지 비용	4.8
일터환경				0.5		0.8
			교육훈련비 기타 노동비용	0.3 0.3	교육훈련비 채용 관련 비용	0.7 0.1

주: 일본, 한국은 상용 근로자 30명 이상 기업 기준임.
* 유급휴가급여는 자율복지에 해당하는 항목이지만, 한국에서는 임금으로 취급하기 때문에 변동임금에 반영했으므로, 최대한 동일한 조건에서 비교해보기 위해 변동임금으로 계산했음.
** 일본은 고정임금과 변동임금을 구분하지 않고 통계를 작성함.
*** 원래의 통계인 정액 및 초과급여 58.4%, 상여 및 성과금 18.0%, 합계 76.4%를 고정임금 : 변동임금=79.2 : 20.8(류성민·김선웅, 2008: 25) 비율로 다시 계산해 표시함.
자료: 고용노동통계(2011); 미국 노동통계국(2011); 일본 후생노동성(2011)을 바탕으로 각각 다시 계산함.

미국에서는 2015년 민간 기업의 근로자 1인의 시간당 노동비용이 31.57달러로 파악되었다(BLS, 2015년도 분기별 보도 자료 평균값).

일본에서는 2015년 상용 노동자 30명 이상 기업체의 1인당 월평균 노동비용은 41만 6824엔으로 파악되었다(厚生勞働省, 2017).

한국에서는 2015년 상용 근로자 30명 이상 기업체의 1인당 월평균 노동비용이 505만 4400원으로 나타났다(고용노동통계포털을 근거로 계산).

3) 관련 법률

어느 기업에서나 자율적으로 도입할 수 있다. '노동법'에는 노동비용에 대해 직접 규정하는 내용이 없다. 공공 기관은 임원 및 운영 인력 현황에 대해 공시해야 하며(공공기관의 운영에 관한 법률§11), 기획재정부 장관은 각 공공 기관이 공시하는 사항 중 주요 사항을 별도로 표준화하고 이를 통합 공시할 수 있다(공공기관의 운영에 관한 법률§12①).

4) 장점

기업으로서는 전체 보상제도의 실태를 구체적으로 알 수 있고, 필요한 진단을 수행해 시사점을 얻을 수 있으며, 보상 계획을 위한 구체적인 근거 자료로 활용할 수 있으며, 필요한 개선을 수행하는 데 활용할 수도 있다. 직원으로서는 객관적이고 풍부한 보상 정보를 얻을 수 있다.

5) 단점

기업으로서는 정보를 파악하고 분석하고 관리하는 데 시간과 노력이 필요하다. 직원으로서는 기업의 의지가 부족할 때에는 보상 정보를 얻기 어렵다.

6) 도입 사례

공공 기관에서는 임원과 직원의 1인당 평균 보수액(기본급, 고정수당, 실적수당, 급여성 복리후생비, 경영평가성과급, 기타 성과상여금) 최근 5년간의 내역을 공개하고 있다.

7) 제도 설계

노동비용을 파악하기 위해서는 대상자, 보상 항목, 보상 항목의 분류 기준, 금액 산정 기준 등을 결정해야 한다.

| 표 VII.1-5 | X기업 1인당 보상비용 구성과 구성 비율

(단위: %)

	보상 유형		보상 항목	
	합계	100.0	합계	100.0
1	고정임금	72.1	연봉	72.1
2	변동임금	8.6	인센티브	7.1
3			연차수당	1.6
4	법정복지	13.9	퇴직연금	5.6
5			국민연금	2.7
6			건강보험	4.3
7			고용보험	0.6
8			산재보험	0.7
9	자율복지	3.7	카페테리아	1.9
10			명절휴가비	0.6
11			5년 주기 휴가비	0.8
12			정밀건강검진	0.4
13			상해보험	0.1
14	일터환경	1.6	교육훈련비	0.8
15			워크숍 및 행사	0.9

4. 보상 수준 비교

1) 정의와 특징

보상 수준(compensation level, pay level)은 직원에게 지급하는 모든 보상금액을 직원 숫자로 나눈 금액 즉 1인당 평균보상금액을 말한다. 용도와 목적에 따라서 국가별, 산업별, 기업별, 기업규모별, 고용형태별, 성별, 학력별, 직종별, 연령별, 근속기간별, 직무별, 보상 유형별, 연도별 등 다양한 단위별로 보상 수준을 파악하고 비교할 수 있다. 특히 외부공정성(수준) 정책, 외부공정성(구성) 정책을 결정하거나 임금인상률 등을 결정할 때에는 보상 수준을 파악하고 비교하지 않으면 합리적인 결정을 내리기 어렵다. 예를 들어 자기 기업의 외부공정성(수준) 정책을 선도정책으로 결정해 구체적으로 보상 수준의 기준 금액을 결정할 때에는 경쟁 기업들의 보상 수준을 파악해야 실질적인 의사 결정이 가능하다. 보상 수준을 비교할 때에는 정부 기관의 무료 통계를 이용할 수도 있고, 민간 기업의 유료 통계를 이용할 수도 있으며, 직접 조사할 수도 있다.

보상 수준을 비교할 때에는 먼저 보상 파악 방법과 비교 방법을 합리적으로 설정해 동등한 기준에서 타당한 비교가 가능하도록 한 후에 비교해야 왜곡이 없는 의사 결정을 할 수 있다. 예를 들어 한쪽에는 복지 항목도 일부 포함시켜 통계를 작성하고 다른 쪽에는 변동임금의 일부를 누락시킨 임금 항목만 포함시켜 통계를 작성한 후에 두 쪽을 비교하면 사실과는 다른 자료를 얻게 된다.

또한 보상 수준에 대한 통계자료를 이용할 때에는 격차가 발생한 원인에 대해서도 관심을 기울여야 올바른 시사점을 얻을 수 있다. 예를 들어 기업규모별로 보상 수준이 큰 폭으로 차이가 나는 것을 보고 단순히 기업 규모가 다르면 보상 수준에 차이를 두어야 한다거나 기업 규모만 다르다고 보상 수준에 차이가 난 것이기 때문에 불공정하다는 식의 결론을 내리는 것은 성급한 행동이 될 수 있다.

2) 변화 추세와 통계

스웨덴은 2014년 연평균 임금수준(real wage)이 4만 994달러로 29개 국가 중 14위였다(한국노동연구원, 2016a: 66).

독일은 2014년 연평균 임금수준(real wage)이 4만 3872달러로 29개 국가 중 12위였다(한국노동연구원, 2016a: 66).

미국은 노동부의 노동통계국(BLS: Bureau of Labor Statistics)에서 분기마다 조사해 발표하는 국가 차원의 통계(NCS: National Compensation Survey, http://www.bls.gov/schedule/archives/ecec_nr.htm)를 이용할 수 있고, 민간 보상조사업체를 이용하면 좀 더 구체적인 통계를 얻을 수 있다. 2014년 연평균 임금수준(real wage)이 5만 7139달러로 29개 국가 중 2위였다(한국노동연구원, 2016a: 66).

체코는 2014년 연평균 임금수준(real wage)이 2만 1185달러로 29개 국가 중 27위였다(한국노동연구원, 2016a: 66).

이탈리아는 2014년 연평균 임금수준(real wage)이 3만 4744달러로 29개 국가 중 20위였다(한국노동연구원, 2016a: 66).

| 표 VII.1-6 | **일본의 임금수준 격차 현황(2013)**

(단위: %)

성	연령	학력	규모	산업
남성 : 여성	50~54세 : 20~24세	대학·대학원 : 고졸	대기업 : 소기업*	금융보험 : 숙박·음식·서비스
140	208	140	133	174
고용 형태		직종		직책
정규직 : 기간제		사무 관리 및 기술직 : 생산직		부장급 : 신입사원급
157		147		316

주: 상용 근로자 기준으로 대기업은 1000명 이상, 중기업은 999~100명, 소기업은 99~10명으로 정의하고 조사함.

* 상용 근로자 10명 이상 민영 사업소, 단시간 근로자를 제외한 통상 근로자, 남성 근로자, 고정임금(소정 내 임금)(가장 높은 계층÷가장 낮은 계층×100)

자료: 厚生勞働省(2014b)를 근거로 계산.

| 표 VII.1-7 | **한국의 임금수준 격차 현황(2013)**

(단위: %)

성	연령	학력	규모	산업
남성 : 여성	45~49세 : 20~24세	대학·대학원 : 고졸	대기업 : 소기업*	전기·가스 등 : 사업 시설 관리 등
154	206	153	154	291
고용 형태		직종		직책
정규직 : 기간제		전문 기술직 : 기능원**		부장급 : 신입사원급
208		125		-

주: 일본과의 비교를 위해 일본과 비슷한 직종을 정한 후 계산함.

* 상용 근로자 10명 이상, 단시간근로자를 제외한 통상근로자, 전체근로자, 임금(고정임금+변동임금)({가장 높은 계층÷가장 낮은 계층}×100)

** 일본과의 비교를 위해 상용 근로자 기준으로 대기업은 500명 이상, 소기업은 99~10명으로 정한 후 계산함.

자료: 한국노동연구원(2014, 2015)을 근거로 계산.

일본에서는 후생노동성에서 해마다 조사해 발표하는 국가 차원의 통계(취로조건종합조사 등, http://www.mhlw.go.jp/toukei/list/11-23c.html)에 일정한 기간마다 포함되는 노동비용 통계 및 임금 격차 통계를 이용할 수 있고, 그 밖의 공공 기관에서 조사해 발표하는 통계도 이용할 수 있다. 2014년에 연평균 임금수준(real wage)이 3만 5672달러로 29개 국가 중 19위였다(한국노동연구원, 2016a: 66).

| 표 VII.1-8 | 한국 64개 업종 1인당 평균 보상 총액, 순위, 격차 현황

(단위: 천 원/연/인, 등, %)

	업종별	보상 총액, 순위, 격차								
		2013			2014			2015		
		보상 총액	순위	격차	보상 총액	순위	격차	보상 총액	순위	격차
1	코크스·연탄 및 석유정제품 제조업	117,266	1	100	113,500	1	100	116,496	1	100
2	금융업	94,082	3	80.2	95,189	3	83.9	99,979	2	85.8
3	수도사업	94,340	2	80.4	95,862	2	84.5	99,269	3	85.2
4	전기·가스·증기 및 공기 조절 공급업	93,035	4	79.3	92,422	4	81.4	96,910	4	83.2
5	석탄·원유 및 천연가스·광업	89,063	6	75.9	88,561	5	78.0	94,828	5	81.4
6	담배제조업	88,097	7	75.1	87,114	6	76.8	92,924	6	79.8
7	금융 및 보험 관련 서비스업	85,130	9	72.6	85,189	9	75.1	90,678	7	77.9
8	보험 및 연금업	85,278	8	72.7	85,705	7	75.5	88,417	8	75.9
9	통신업	78,744	11	67.1	81,463	10	71.8	83,634	9	71.8
10	전자부품·컴퓨터·영상·음향 및 통신장비 제조업	77,513	12	66.1	85,505	8	75.3	81,258	10	69.8
11	방송업	89,737	5	76.5	78,282	13	69.0	80,814	11	69.4
12	항공운송업	71,987	16	61.4	75,278	14	66.3	80,384	12	69.0
13	자동차 및 트레일러 제조업	79,537	10	67.8	78,314	12	69.0	76,956	13	66.1
14	기타 운송장비 제조업	76,444	14	65.2	74,826	15	65.9	76,661	14	65.8
15	연구개발업	72,469	15	61.8	73,564	16	64.8	75,403	15	64.7
16	화학물질 및 화학제품 제조업 (의약품 제외)	68,174	17	58.1	69,215	17	61.0	72,444	16	62.2
17	1차 금속 제조업	66,984	19	57.1	66,660	19	58.7	70,426	17	60.5
18	음료 제조업	67,314	18	57.4	67,300	18	59.3	69,608	18	59.8
19	수상운송업	76,526	13	65.3	79,453	11	70.0	69,455	19	59.6
20	의료용 물질 및 의약품 제조업	64,117	21	54.7	65,806	20	58.0	67,930	20	58.3
21	종합건설업	64,619	20	55.1	65,309	21	57.5	67,322	21	57.8

22	전문 서비스업	61,711	23	52.6	64,679	22	57.0	66,638	22	57.2
23	자동차 및 부품 판매업	61,291	24	52.3	63,607	23	56.0	62,363	23	53.5
24	컴퓨터프로그래밍 시스템 통합 및 관리업	58,784	26	50.1	59,474	25	52.4	61,727	24	53.0
25	정보서비스업	63,540	22	54.2	58,301	26	51.4	61,492	25	52.8
26	비금속광물 제품 제조업	58,156	27	49.6	57,773	28	50.9	59,872	26	51.4
27	펄프 종이 및 종이 제품 제조업	57,676	28	49.2	56,608	29	49.9	59,458	27	51.1
28	환경 정화 및 복원업	59,585	25	50.8	61,225	24	53.9	58,889	28	50.6
29	기타 기계 및 장비 제조업	55,564	30	47.4	55,730	31	49.1	58,273	29	50.0
30	도매 및 상품 중개업	55,408	31	47.2	57,818	27	50.9	58,244	30	50.0
31	출판업	54,970	32	46.9	54,990	32	48.4	55,884	31	48.0
32	고무 제품 및 플라스틱 제품 제조업	50,484	37	43.1	51,457	34	45.3	54,451	32	46.8
33	창고 및 운송 관련 서비스업	52,195	33	44.5	51,248	35	45.2	54,232	33	46.6
34	비금속광물광업 (연료용 제외)	52,120	34	44.4	50,969	36	44.9	53,101	34	45.6
35	금속광업	56,668	29	48.3	56,552	30	49.8	52,673	35	45.2
36	스포츠 및 오락 관련 서비스업	52,058	35	44.4	52,962	33	46.7	52,562	36	45.1
37	영상·오디오 기록물 제작 및 배급업	51,917	36	44.3	50,600	39	44.6	52,385	37	45.0
38	전기장비 제조업	49,712	39	42.4	50,890	38	44.8	52,082	38	44.7
39	건축기술 엔지니어링 및 기타 과학기술 서비스업	49,772	38	42.4	50,916	37	44.9	51,529	39	44.2
40	하수·폐수 및 분뇨 처리업	46,472	42	39.6	48,000	40	42.3	50,015	40	42.9
41	금속 가공 제품 제조업 (기계 및 가구 제외)	45,156	46	38.5	46,357	41	40.8	48,779	41	41.9
42	전문직별 공사업	45,853	43	39.1	46,201	43	40.7	47,821	42	41.1
43	임대업(부동산 제외)	45,683	44	39.0	45,760	45	40.3	47,210	43	40.5
44	가구제조업	45,596	45	38.9	46,068	44	40.6	46,709	44	40.1

45	의료정밀 광학기기 및 시계 제조업	42,619	51	36.3	45,064	47	39.7	46,522	45	39.9
46	숙박업	48,253	40	41.1	45,725	46	40.3	46,440	46	39.9
47	식료품 제조업	46,714	41	39.8	46,350	42	40.8	46,218	47	39.7
48	의복, 의복 액세서리 및 모피 제품 제조업	43,772	48	37.3	44,353	49	39.1	46,031	48	39.5
49	폐기물 수집·운반 처리 및 원료 재생업	41,615	53	35.5	43,146	51	38.0	45,262	49	38.9
50	섬유 제품 제조업 (의복 제외)	43,756	49	37.3	44,465	48	39.2	45,113	50	38.7
51	수리업	43,548	50	37.1	43,310	50	38.2	44,497	51	38.2
52	창작 예술 및 여가 관련 서비스업	44,911	47	38.3	42,664	53	37.6	44,041	52	37.8
53	기타 전문 과학 및 기술 서비스업	41,920	52	35.7	43,120	52	38.0	43,507	53	37.4
54	인쇄 및 기록매체 복제업	41,453	54	35.3	41,696	54	36.7	43,159	54	37.1
55	소매업(자동차 제외)	41,156	55	35.1	41,602	55	36.7	43,037	55	37.0
56	목재 및 나무 제품 제조업(가구 제외)	39,395	56	33.6	39,539	57	34.8	41,954	56	36.0
57	가죽 가방 및 신발 제조업	38,801	57	33.1	40,274	56	35.5	41,678	57	35.8
58	기타 제품 제조업	38,594	58	32.9	39,414	58	34.7	40,025	58	34.4
59	부동산업	34,798	59	29.7	35,842	59	31.6	38,186	59	32.8
60	기타 개인 서비스업	33,847	60	28.9	33,047	60	29.1	34,076	60	29.3
61	육상 운송 및 파이프라인 운송업	30,299	61	25.8	31,948	61	28.1	32,966	61	28.3
62	음식점 및 주점업	29,521	62	25.2	31,740	62	28.0	32,261	62	27.7
63	사업 지원 서비스업	26,292	63	22.4	27,727	63	24.4	28,120	63	24.1
64	사업 시설 관리 및 조경 서비스업	24,250	64	20.7	25,626	64	22.6	25,874	64	22.2
65	광업 지원 서비스업									
66	협회 및 단체									

주: 1) 상용 근로자(정규직과 1년 이상의 기간제) 5명 이상 기업 기준임. 유급 임원도 포함 기준임.
2) 보상 총액=임금+복지+일터환경 비용(직원에게 제공한 모든 혜택의 금액).
3) 순서는 2015년 순위 기준으로 정렬함. 격차는 순위 1위를 100.0으로 한 상대적 비중임.
자료: 고용노동통계포털에서 계산.

한국에서는 노동부에서 해마다 조사해 발표하는 국가 차원의 통계[고용노동통계포털의 기업체 노동비용 조사 등; 임금·근로시간 정보 시스템 웹 사이트(http://www.wage.go.kr/index.jsp), 임금 체계 현황 등; 한국노동연구원의 노동 통계 연례 보고서)를 이용할 수 있고, 컨설팅 회사를 이용하면 보다 구체적인 통계를 얻을 수 있다. 2015년에 1000인 이상 기업은 상용 근로자 10~29인 기업에 비해 1인당 평균 1.83배의 보상을 지급했는데, 임금은 1.71배, 복지+일터환경은 2.34배를 지급한 것으로 나타났다(고용노동통계포털). 2015년에 1인당 평균 보상 수준이 가장 낮은 산업인 사업 시설 관리 및 사업 지원 서비스업에 비해 가장 높은 산업인 전기·가스·증기 및 수도 사업은 3.52배의 보상을 지급했는데, 임금은 3.36배, 복지+일터환경은 4.31배를 지급한 것으로 나타났다(고용노동통계포털). 2015년에 정규직 1인당 평균임금 수준에 비해 비정규직은 54.4% 수준으로 나타났다(한국노동연구원). 2014년에 비농전산업 남성 근로자의 1인당 평균임금 수준에 비해 여성 근로자는 64% 수준으로 나타났다(한국노동연구원). 2014년에 대졸 이상 근로자의 1인당 평균임금 수준에 비해 전문대졸은 74%, 고졸은 65%, 중졸 이하는 48% 수준으로 나타났다(한국노동연구원). 2014년에 19세 이하 근로자의 1인당 평균임금 수준에 비해 나이가 많을수록 증가해 40~44세 근로자는 2.67배로 가장 높았고, 그 이후는 계속 감소한 것으로 나타났다(한국노동연구원). 2014년에 연평균 임금수준이 3만 6653달러로 29개 국가 중 17위로 나타났다(한국노동연구원, 2016a: 66).

3) 관련 법률

'노동법'에는 보상 수준 비교에 대해 직접 규정하는 내용이 없다. 다만 최소한도의 보상 수준에 해당하는 최저임금액에 대해서는 최저임금법에서 규정하고 있다.

5. 보상 시스템의 구분과 정의

1) 정의와 특징

보상 시스템은 기업에서 보상제도를 도입하고, 설계하고, 운영하기 위해 필요한 구성 요소와 절차로 이루어진 전체 체계를 말한다. 서구에서는 보상 시스템을 pay model, total reward model, compensation system 등으로 부른다. 한국에서는 보상 체계, 보상 시스

| 그림 VII.1-2 | **단순한 보상 시스템 모형**

계획		대상물		실행
보상전략	➔	보상	➔	보상운영

| 그림 VII.1-3 | **표준 보상 시스템 모형: 7-block 모형**

보상전략 ⑥		보상		보상운영 ⑦
보상(임금, 복지, 환경)를 도입, 설계, 운영할 때 지침으로 사용하는 핵심적인 원칙	➔	Ⅰ.**임금** - 받은 혜택을 개인별 금액으로 표시할 수 있음. - 노동의 양이나 성과를 요건으로 지급함. - 보상의 용도나 소비 목적을 직원이 자유롭게 결정함. ① **고정임금** 미리 확정한 금액을, 정기적으로, 일한 기간에 비례해 지급해야 하는 임금 ② **변동임금** 지급하는 시점이 되어야 지급 여부나 지급액을 확정할 수 있는 임금 Ⅱ. **복지** - 받은 혜택을 개인별 금액으로 표시할 수 있음 - 노동 외에 일정한 다른 요건을 충족할 때 지급함 - 보상의 용도나 소비 목적을 기업이 사전에 정함 ③ **법정복지** 기업이 의무적으로 도입해야 하는 복지제도 ④ **자율복지** 기업이 자율적으로 도입할 수 있는 복지제도 Ⅲ. **일터환경** ⑤ - 받은 혜택을 개인별 금액으로 표시하기 곤란함. - 보상의 용도나 소비 목적을 기업이 사전에 정함. 임금이나 복지에 못지않게 가치가 있으나 개인별 금액을 표시하기 곤란한 보상제도	➔	보상(임금, 복지, 환경)를 운영하고 관리하는 기준과 절차

템 등으로 부른다.

보상 시스템의 구성 요소를 어떻게 구분할 것인지에 대해서는 다양한 논의가 있다(Milkovich et al., 2008: 15; WorldatWork, 2007: 6; Werner et al., 2011: 338, 379 등). 보상 시스템은 보상전략, 보상, 보상운영 세 가지 구성 요소로 이루어진 체계로 볼 수 있다. 보상 시스템은 절차를 기준으로 보상전략→보상→보상운영 또는 보상계획→보상선택→보상운영으로 표현할 수 있다. 보상전략은 보상제도를 도입·설계·운영할 때 의사 결정의 기준과 지침으로 삼기 위해 선택한 핵심적인 원칙을 말한다. 보상전략은 전체 보상 시스템의 특성과 일관성을 결정한다. 보상은 직원에게 제공하는 구체적인 대상물을 말하는데, 고정임금, 변동임금, 법정복지, 자율복지, 일터환경 다섯 가지로 구분할 수 있다. 보상운영은 도입한 보상이 보상전략을 달성

| 그림 VII.1-4 | **상세 보상 시스템 모형: 7-block 모형**

계획 →

⑥ 보상전략

[보상(임금, 복지, 환경)을 도입, 설계, 운영할 때 지침으로 사용하는 핵심적인 원칙]

- 보상 파악
- 보상목표
- 내부공정성
- 개인공정성
- 외부공정성
- 복지정책
- 일터환경정책
- 보상운영 정책

대상물 →

보상

임금

① 고정임금

[미리 확정한 금액을, 정기적으로, 일한 기간에 비례해 지급해야 하는 임금]

- **고정임금 유형**
  연령급, 근속급
  직능급, 기술급
  역량급, 역할급
  직무급
- **고정수당상여금**
  고정수당, 고정상여금
- **개인인상**
  호봉제, 임금피크제
  연봉제, 직무성과승급제
  승격·승진
- **집단인상**
  최저임금제, 생활임금제, 물가연동인상(COLA), 고정임금구조 인상

② 변동임금

[지급하는 시점이 되어야 지급 여부나 지급액을 확정할 수 있는 임금]

- **개인성과변동임금**
  변동가산임금, 고정가산임금, 개수임금, 영업수수료, 목표달성상여금, 직무성과상여금, 성과연봉제, 수시상여금, 개인 인정시상, 입사상여금, 잔류상여금
- **집단성과변동임금**
  팀 성과급, 집단인정시상, 목표 달성 배분, 생산성 배분, 정기 일시상여금, 명절 고정상여금, 명절 변동상여금, 이익 배분, 주식 부여

복지

→ **③ 법정복지**

[기업이 의무적으로 도입해야 하는 복지제도]

- **휴식제도**
  주휴일, 연차유급휴가
- **의료지원제도**
  건강보험, 건강검진
- **모성가족지원제도**
  생리휴가, 태아검진휴가, 출산 전후 휴가, 유산·사산 휴가, 배우자 출산 휴가, 육아휴직, 육아기 근로시간 단축, 가족돌봄휴직
- **소득보장제도**
  공민권 행사 보장, 근로자의 날 유급휴일, 산재보험, 휴업수당, 해고예고수당, 고용보험, 실업급여
- **노후지원제도**
  퇴직금, 퇴직연금, 국민연금

④ 자율복지

[기업이 자율적으로 도입할 수 있는 복지제도]

- **휴식제도**
  자율연차유급휴가, 안식휴가
- **의료지원제도**
  의료비 지원
- **모성가족지원제도**
  모성 지원
- **소득보장제도**
  공휴일유급휴일, 경조사유급휴가, 병가, 희망퇴직위로금
- **노후지원제도**
  자율퇴직금, 퇴직금누진제, 개인연금 지원, 은퇴 지원 프로그램
- **추가 복지제도**
  식사 제공, 자가운전보조금, 명절 선물, 상담지원제도, 선택적 복지제도

⑤ 일터환경

[임금이나 복지에 못지않게 가치가 있으나 개인별 금액을 표시하기 곤란한 보상]

- **근로시간 환경**
  법정근로시간, 휴게시간
- **고용안전 환경**
  해고징계 제한, 정리해고 제한, 기간제근로자보호, 단시간근로자보호, 파견근로자보호, 자율휴직
- **산업안전 환경**
  법정안전보건제도, 건강진단
- **차별 금지 환경**
  성차별 금지, 비정규직 차별 금지, 연령 차별 금지, 장애인 차별 금지, 외국인 차별 금지
- **성장 지원 환경**
  교육훈련, 지원 관계, 성장 진단, 업무 경험
- **기업문화 환경**
  경영진의 리더십, 직원 존중, 공정한 대우, 상호 배려, 직원 만족, 노사 관계 존중, 이해관계자 존중

→ 실행

⑦ 보상운영

[보상(임금, 복지, 환경)을 운영하고 관리하는 기준과 절차]

- **보상제도 소통**
  법정 소통 의무, 자율 소통 방법
- **보상계약 체결**
  근로계약 체결, 4대 보험 신고, 연봉계약 체결, 포괄임금제 근로계약, 취업규칙 체결, 단체협약 체결, 임금동결 반납 삭감, 자율복지제도 축소, 근로계약 서류 기록 보존
- **보상금액 계산**
  최저임금 계산, 통상임금·평균임금 구분, 통상임금 계산, 평균임금 계산
- → **보상금 지급**
  임금 지급 방법, 임금 체불 해결

할 수 있도록 효과적이고 효율적으로 운영하고 관리하기 위한 절차를 말한다.

'단순한 보상 시스템 모형'과 이미 앞에서 만든 '보상의 구분과 정의' 모형을 결합시키면 〈그림 VII.1-3〉와 같은 '표준 보상 시스템 모형'을 얻을 수 있다.

'표준 보상 시스템 모형'에 세부적인 구성 요소를 모두 표시하면 〈그림 VII.1-4〉와 '상세 보상 시스템 모형'을 얻을 수 있다.

6. 보상효과 진단

1) 정의와 특징

보상효과는 보상제도를 도입하고 운영해서 얻을 수 있는 효과를 말한다. 보상제도를 제대로 도입하고 운영하면 필요한 인재를 확보하고 동기부여하고 유지할 수 있고, 직원을 만족시키고 몰입시킬 수 있으며, 원하는 기업 성과를 달성할 수 있고, 보상비용을 효과적이고 효율적으로 관리할 수 있으며, 보상제도가 갖추어야 할 공정성을 확보할 수 있고, 보상제도가 지켜야 할 법적 요건을 준수할 수 있는 등 여러 가지 중요한 효과를 얻을 수 있다.

한편 보상제도를 도입하고 운영하기 위해서는 상당한 비용과 투자와 노력이 들어간다. 따라서 보상제도의 효과를 확인하지 않고 막연한 추측에 의지해 보상제도를 운영하면, 효과도 얻지 못하면서 귀중한 자원을 낭비할 수 있다.

인사제도의 효과를 진단하는 방법과 관련해서는 인사 감사, 인적자원제도 효과 분석 등이 논의되는데(Noe et al., 2010: 424~427; 최종태, 2000: 717~727), 이러한 방법은 보상제도의 효과를 진단할 때에도 적용할 수 있을 것이다. 보상제도의 효과를 진단하는 구체적인 방법은 객관적인 결과를 진단하는 방법과 주관적인 만족도를 진단하는 방법으로 구분할 수 있다. 객관적인 결과를 진단하기 위해서는 보상비용의 주요 특성(노동비용 구성 비율, 매출 대비 노동비용, 노동비용 증가율, 인당 노동비용, 경쟁사 대비 노동비용 수준 등), 인력 변동의 주요 특성(이직률, 유지율, 재해율, 비정규직 비율, 파업 성향 등), 경영 성과의 주요 특성(인당 매출, 매출 증가율, 인당 영업이익, 영업이익 증가율, 생산성 증가율 등) 등을 분석할 수 있다. 주관적인 만족도를 진단하기 위해서는 직원의 보상제도만족도, 직무만족도, 조직몰입도, 성과몰입도 등을 조사할 수 있으며, 퇴직하는 직원을 대상으로 퇴직 면담을 수행할 수 있고, 고객을 대상으로 제품이나 서비스에 대한 고객만족도를 조사할 수도 있다.

보상제도의 효과에 대해서는 정기적으로 진단해 변화 추이를 확인할 필요가 있으며, 보상제도의 효과를 진단한 결과는 보상목표와 실행 계획을 수립할 때 반영해 보상제도를 개선하는 데 활용할 필요가 있다.

2) 변화 추세와 통계

미국의 2010년 조사 대상 기업의 직원들에게 보상 항목마다 외부공정성과 내부공정성이 어느 정도인지 조사한 결과가 〈표 VII.1-9〉다.

한국에서는 호봉제 폐지, 직무급 도입, 직능급 도입, 연봉제 도입, 성과배분제 도입은 노동생산성과 정(+)의 관계로 나타났다. 호봉제, 연봉제, 성과배분제는 고령층 고용 비중을 낮추고, 직무급은 고령층 고용 비중을 높이는 것으로 나타났다(김동배·정진호, 2006: 112~113).

| 표 VII.1-9 | 보상 항목별 공정성이 부족한 수준

보상 관련 항목	외부공정성	내부공정성
고정임금 금액	2.94	3.14
고정임금 인상	3.14	2.98
직무등급 결정	3.80	3.46
직무 명칭	3.68	3.46
변동임금(성과급, 상여금)	3.45	3.42
업무 시간의 유연한 운영	3.68	3.53
인정	3.61	3.15
건강 복지	3.64	3.66
노후 복지	3.88	3.90
교육개발	3.57	3.34
경력개발	2.95	2.95

주: '직원들은 얼마나 자주 공정성이 부족하다는 우려를 표현하는가?'를 5점 척도(긍정 1~부정 5)로 조사.
자료: WorldatWork(2011: 6~7)를 수정.

3) 관련 법률

어느 기업에서나 자율적으로 도입할 수 있다. 노동법에선 보상제도의 효과진단에 대해서는 규정하고 있는 내용이 없다.

4) 장점

기업으로서는 보상제도의 강약점을 파악할 수 있고, 개선해야 할 과제를 파악할 수 있다. 직원으로서는 객관적이고 풍부한 보상정보를 얻을 수 있다.

5) 단점

기업으로서는 진단하고 분석하는 데 시간과 노력이 필요하다. 직원으로서는 기업의 의지가 부족할 때에는 진단 결과에 대한 정보를 얻기 어렵다.

| 표 VII.1-10 | **현대카드·현대캐피털 직원만족도 조사(ESI) 변화**

기업	영역	2003	2004	2005	2006	2007	2008	2009
전체	▶ESI 전체 평균					3.51	3.65	3.72
캐피털	ESI 전체 평균	3.03	3.11	3.36	3.36	3.47	3.64	3.71
카드	ESI 전체 평균	3.12	3.12	3.38	3.46	3.56	3.67	3.74
커머셜	ESI 전체 평균					3.55	3.68	3.77
전체	▶HR					3.29	3.44	3.54
	교육							3.71
	능력개발 투자					3.47	3.68	3.77
	업무 능력 향상 연계					3.43	3.61	3.71
	다양성·체계화					3.38	3.59	3.74
	업무 중심 경력 개발					3.30	3.53	3.61
	이동					3.18	3.39	3.43
	희망 직무 반영					3.23	3.47	3.47
	적재적소 배치					3.14	3.31	3.41
	승진							3.50
	평가					3.23	3.53	3.61
	평가 공정성					3.50	3.58	3.63
	업적·역량 파악도					3.49	3.56	3.65
	평가제도 효과성					3.30	3.43	3.55
	급여					3.03	3.21	3.44
	복리후생							3.31

	▶비전·전략					3.90	4.02	4.13
	▶리더십					3.75	3.86	3.90
	전략 방향·목표 제시					3.90	4.02	4.10
	경영진 신뢰도					3.75	3.93	4.01
	직원 의견의 정책 반영					3.54	3.71	3.81
	업무 방향·목표 제시					3.79	3.89	3.91
	팀원의견 반영					3.74	3.84	3.84
	▶전사 커뮤니케이션					3.45	3.58	3.67
	성과와 변화에 대한 공유					3.64	3.82	3.92
	의견 청취와 대응					3.48	3.65	3.74
	의견 개진					3.45	3.57	3.68
	의사 결정 참여					3.37	3.52	3.63
	▶조직 분위기					3.50	3.60	3.64
	일과 삶의 균형					3.67	3.62	3.39
	업무 외 활동 지원					3.16	3.40	3.53
	새로운 시도					3.37	3.68	3.97
	윤리 경영 준수					3.81	3.93	4.05
	공동 업무 해결					3.91	3.83	3.65
	공동체의식					3.12	3.29	3.33
	반대의견 제시					3.55	3.59	3.48
	아이디어 제시					3.38	3.57	3.76
	▶직무 태도					3.57	3.68	3.73
캐피털	이직률(%)	6.0	8.1	8.0	6.4	6.7	5.3	3.7
카드		10.9	12.2	8.3	8.7	8.1	6.3	5.8
캐피털	경상이익(억 원)	-2662	-4068	4041	4172	4750	5177	5410
카드		-6293	-2292	481	3063	2499	2715	2862

자료: 김성수(2011)를 요약해 작성.

6) 도입 사례

미국에서는 페덱스[SFA(Survey-Feedback-Action) 프로그램], 시어스백화점[ECP(Employee-Customer-Profit) 모형], 구글(사원만족도 조사) 등을 사례로 들 수 있다. 한국에서는 KT(사원 가치

[PVA]조사, 1998), 한국얀센(만족도 조사, 1999), 에스코(2001, 사원만족도 조사), 삼성전자(2002, GWP조사), 삼성화재(2002, GWP조사), 포스코(2003, 성과몰입도 조사), 현대카드·현대캐피탈[2003, 직원만족도 조사(ESI)], 한미파슨스[2007, 조직문화지수(HPTI) 조사], 인천국제공항공사(직무만족도 조사, 2010), 대홍기획(직무소통만족도 평가), 도시바일렉트로닉스코리아(직원만족도 조사), 유한킴벌리(사원만족도 조사), 포스코(행복지수), 한국지엠[WoC(Workplace of Choice) 조사], 한국페덱스[종업원 의견 조사(SFA)], 한국피앤지(직원 의견 조사), 홈플러스(직원만족도 조사, Viewpoint Survey) 등을 들 수 있다.

7) 규정과 서식

주관적인 만족도를 조사하기 위해서는 체계적인 설문지를 준비해야 한다.

8) 제도 설계

보상제도의 효과를 진단하기 위해서는 진단 목적, 진단 방법, 진단 주기와 시기, 결과 활용 방법 등을 결정해야 한다.

제2장

보상목표 정책

1) 정의와 특징

보상목표(reward objectives)는 보상이나 보상 시스템을 운영해 얻고자 하는 결과나 효과를 말한다. 직원에게 보상을 제공하고 얻을 수 있는 효과 중 선택해서 보상목표를 정한다.

보상목표는 일반적으로 효율성, 공정성, 준법성 등 세 가지로 구분할 수 있다. 보상제도나 보상 시스템을 제대로 운영하면 효율성, 공정성, 준법성을 높일 수 있고, 잘못 운영하면 효율성, 공정성, 준법성에 문제가 생길 수 있다. 효율성으로는 필요한 인재를 확보하고 동기부여하고 유지시키는 것, 직원을 만족시키고 몰입시키는 것, 원하는 기업 성과를 달성하는 것, 인건비를 효과적으로 관리하는 것 등을 들 수 있다. 공정성은 직원이 보상을 공정하다고 생각하는 정도를 말하는데, 공정성으로는 외부 기업과의 비교를 기준으로 하는 외부공정성, 내부 집단 사이의 비교를 기준으로 하는 내부공정성, 개인 사이의 비교를 기준으로 하는 개인공정성, 운영 과정에 대한 운영공정성 등을 들 수 있다. 준법성은 보상제도나 보상 시스템이나 운영 과정이 법적 요건을 준수하는 정도를 말한다. 일반적으로 보상목표, 보상철학, 보상전략, 보상정책은 서로 상하 연계를 맺고 있다고 할 수 있으나, 이것들을 서로 명확하게 구분하고 정의하는 것은 쉽지 않으며, 이론에서나 실무에서나 그 구분이 불명확하고 혼용해 사용하는 경우가 많다.

2) 관련 법률

어느 기업에서나 자율적으로 도입할 수 있다. '노동법'에는 보상목표 정책에 대해 직접 규정하는 내용이 없다.

3) 장점

기업으로서는 보상목표를 보상제도나 보상 시스템을 설계하고 운영하는 지침으로 삼을 수 있고, 보상 시스템의 성공 여부를 판단하는 기준으로 삼을 수 있다(Milkovich et al., 2008). 직원으로서는 보상목표를 통해 기업의 보상제도나 보상 시스템의 지향점과 기본적인 특징을 파악할 수 있다.

4) 단점

기업으로서는 경영전략이나 인사전략이 변하면 보상목표도 변경하고, 그에 따라 보상제도나 보상 시스템도 변경해야 하는 부담을 져야 한다. 직원으로서는 보상목표만으로는 보상제도나 보상 시스템의 실질적인 특징을 파악하기 어렵다.

5) 도입 사례

LG전선(1999)은 우수 핵심 인재의 확보 및 유지, 구성원의 능력 및 성과 향상, 경쟁적 사고와 성과 지향의 조직 분위기 형성, 인적 자원의 효율성 제고, 평가제도의 공정성 제고, 임금 관리의 유연성 확보를 연봉제 도입의 필요성으로 들었다. 풀무원(2004)은 성과주의(performance based), 공정성(fairness), 이해하기 쉬움(easy to understand), 경쟁력(competitiveness), 직무주의(Job based)를 보상제도 설계 원칙으로 정했다. 삼양사(2006)는 모티베이션(Motivation) 강화, 개인 중심의 역량 개발, 상하위 조직 목표 간 얼라인먼트(Alignment), 조직내 커뮤니케이션(Communication) 활성화, 직무별 성과 평가에 따른 보상 차별, 직무별 인력 관리 용이를 신인사제도 도입의 효과로 들었다. 유한킴벌리(2007)는 우수 인력의 확보 및 유지, 개인의 능력과 성과에 상응하는 공정한 처우, 대내적인 형평성 및 대외적인 임금경쟁력 강화를 신인사제도 도입의 효과로 들었다.

| 표 VII.2-1 | **하나은행그룹 보상목표 정책**

거래성 보상(transactional rewards)
↑

직접 보상 ←	임금 - 경쟁력 있는 연봉 - 공정한 성과 보상 - 핵심 인재에 대한 Retention Bonus	복지 - 경쟁력 있는 복리후생 - 퇴직연금	간접보상 →
	학습·개발 - 도전적이며 가치 있는 일 - 경력 개발을 위한 기회 제공 - 연수 기회 부여	업무환경 ·리더십 - 열정, 동기를 부여하는 상사 - 훌륭한 상사의 지원과 관리 - 존경할 만한 경영진 ·업무환경 - 일과 개인 생활의 균형 - 매력적인 조직문화 - 훌륭한 기업으로서의 명성 - 쾌적하고 좋은 근무환경 - 스트레스가 적은 업무환경 - 자유로운 의사소통 및 상호 신뢰 ·인정 - 성과 및 조직기여도에 대한 인정	

↓
관계성 보상

자료: 김성수(2012: 12).

6) 규정과 서식

보상목표를 규정이나 서식으로 명시하는 사례는 흔치 않다.

7) 제도 설계

보상목표를 정할 때에는 다양한 일반적인 보상목표 중 경영전략이나 인사전략에 특히 부합하는 것을 선택해 보상목표로 삼는다.

제3장

내부공정성 정책

1) 정의와 특징

자신이 받은 보상이 공정한지에 대한 직원의 인식은 직원의 성과나 직무, 조직에 대한 생각에 영향을 미치고, 이직률에도 영향을 미치며, 기업의 성과에도 영향을 미친다. 그래서 기업이 보상의 공정성을 높은 수준으로 유지하는 것은 중요하다. 보상의 공정성에 대한 인식은 외부공정성, 내부공정성, 개인공정성으로 구분할 수 있다(Gomez-Mejia et al., 2010; 笹島芳雄, 2008). 외부공정성은 다시 보상 구성에 대한 공정성인 외부공정성(구성)과 보상 수준에 대한 공정성인 외부공정성(수준)으로 구분할 수 있다.

내부공정성(internal fairness, internal equity)은 직원들이 고정임금의 임금구조를 공정한 것으로 인정하는 정도를 말한다. 일본과 한국에서는 내부공평성, 내적공정성, 내부공정성, 내부형평성 등으로 부른다. 고정임금의 임금구조는 직원들에게 고정임금을 분배하는 대원칙이라고 할 수 있는데, 직원들이 고정임금의 임금구조에 대해 얼마나 공정하고 합리적이라고 인정하는지가 내부공정성을 좌우한다. 내부공정성 정책은 기업이 내부공정성을 확보하기 위해 고정임금의 임금구조를 어떻게 설계하고 운영할 것인지에 대해 수립한 원칙을 말한다. 예를 들면 2000년에 CJ는 직무 간의 상대적 가치를 반영한 직무등급 체계를 구축하는 것을 내부공정성 정책으로 결정하고, 직무급 제도를 도입해 직무급 임금구조를 운영하고 있다(CJ, 2004).

내부공정성 정책을 수립할 때에는 첫째, 고정임금 유형을 무엇으로 선택할 것인가, 둘째,

| 표 VII.3-1 | **한국 고정임금 유형별 대표 사례**

연령급	근속급	직능급	기술급	역량급	역할급	직무급
민주노총사 무총국	현대자동차 (조합원)	유한킴벌리 (생산직)	-	한국존슨앤존슨	LG전자 (사무직)	DHL코리아
1996~	2006~	1993~	-	1996~	2001~	2005~

직급 체계를 어떻게 설계할 것인가, 셋째, 직급별 임금수준과 직급 사이의 임금격차는 어떻게 설계할 것인가, 넷째, 직급 내 승급이나 직급 간 승격·승진에 대한 기준은 어떻게 설계할 것인가에 대해 원칙을 정해야 한다(유규창, 2014).

고정임금 유형 문제에 대해서는 연령급, 근속급, 직능급, 기술급, 역량급, 역할급, 직무급 가운데 어느 것을 중심으로 삼을 것인지를 선택하게 된다. 직급 체계 문제에 대해서는 직급을 몇 개 단계로 나눌 것인지, 세분화해서 많이 둘 것인지, 통합해서 적게 둘 것인지를 결정해야 한다. 임금격차 문제에 대해서는 직급 사이의 임금격차를 크게 또는 작게 둘 것인지, 중첩되게 할 것인지 결정해야 한다. 승급이나 승격·승진 문제에 대해서는 근속 위주로 운영할 것인지 성과 위주로 운영할 것인지 등을 결정해야 한다. 고정임금 유형마다 각각 장단점을 모두 지니고 있고, 경영 전략이나 인사 전략에 따라 고정임금 유형의 선택은 달라져야 하기 때문에, 내부공정성 정책에는 가장 좋은 답이 정해져 있다는 식의 접근 태도는 바람직하지 않다.

2) 변화 추세와 통계

미국에서는 2015년 민간 기업의 노동비용 중 고정임금이 차지하는 비중이 69.6%로 나타났다(BLS, 2015년도 분기별 보도 자료 평균값). 서로 다른 시기에 따로따로 도입률을 조사한 결과에 따르면 직무급이 82% 정도(笹島芳雄, 2008: 45에서 재인용), 역량급이 15% 정도(Ledford Jr. et al., 2008: 144), 기술급이 14.5% 정도(笹島芳雄, 2008: 89에서 재인용)로 나타났다.

일본에서는 1945년 패전 이전까지 연공급, 1945년 이후에는 연공급과 연령급, 1960년대 말부터 직능급이 각각 주류를 형성했으나, 1990년 이후에는 직능급의 축소와 역할·직무급의 확대가 추진되어왔다. 2013년에 관리직에 대해서는 76.3%에서 역할·직무급, 69.2%에서 직능급, 25.6%에서 연령·근속급을 도입하고 있고, 비관리직에 대해서는 81.1%에서 직능급, 62.3%에서 연령·근속급, 58.0%에서 역할급을 도입하고 있는 것으로 나타났다(박우성·이병하, 2016에서 재인용).

한국에서는 체계적인 임금구조가 그다지 발달하지 못한 가운데, 고정임금 유형에 대해서는 1960년대 중반부터 근속급, 1990년대 초반에 직능급, 2000년대 이후 직무급이나 역할급의 도입을 추진하는 움직임이 각각 있었다. 2016년에 상시 근로자가 1명 이상인 기업에서 50.0%가 무체계, 21.7%가 호봉급, 23.0%가 직능급, 12.2%가 직무급, 7.2%가 기타 유형을 도입하고 있는 것으로 나타났다(임금근로시간정보시스템, 2016).

3) 관련 법률

어느 기업에서나 자율적으로 도입할 수 있다. '노동법'에는 내부공정성 정책에 대해 직접 규정하는 내용이 없다. 내부공정성 정책을 변경하고 고정임금의 임금구조를 변경할 때에는 근로자들에게 뚜렷이 유리하게 변경하는 경우를 제외하고는 대체로 대상 근로자 과반수의 동의를 얻어야 하며(근기법§94, 벌금 500만 원 이하), 동의를 얻지 않고 시행하면 효력을 인정받을 수 없다.

4) 규정과 서식

내부공정성 정책을 변경하고 고정임금의 임금구조를 변경할 때에는 새로운 임금 규정을 준비해야 하며, 직원들의 동의를 받고 노동부에 신고하기 위해 취업규칙변경동의서, 취업규칙변경신고서를 준비해야 한다.

제4장

개인공정성 정책

1) 정의와 특징

개인공정성(individual fairness, individual equity)은 직원들이 개인성과의 차이가 보상에 공정하게 반영된다고 인정하는 정도를 말한다. 일본과 한국에서는 개인 간 공평성, 개인 간 공정성, 개인공정성 등으로 부른다. 개인공정성 정책은 기업이 개인공정성을 확보하기 위해 개인성과나 집단성과의 차이를 보상제도에 어떻게 반영하고 운영할 것인지에 대해 수립한 원칙을 말한다. 예를 들면 2000년에 CJ에서는 회사의 성공에 기여한 개개인의 공헌도에 따라 차별화된 보상을 하는 것을 개인공정성 정책으로 결정하고 공헌도(성과)를 반영해 기본 연봉을 승급시키고, 회사 및 조직별 성과목표의 달성도에 따라 인센티브 재원을 결정하고 이를 조직 및 개인의 성과에 따라 차등 지급하는 제도를 만들어 운영하고 있다(CJ, 2004).

개인공정성 정책은 주로 변동임금제도를 대상으로 하는데, 많은 기업에서 고정임금의 승급이나 승격·승진에 대해서도 성과를 반영해 운영하려는 움직임이 강화되고 있다. 개인공정성 정책을 수립할 때에는 어느 정도까지 차등화할 것인가, 어느 정도까지 누적식 또는 비누적식을 적용할 것인가, 어느 정도까지 개별화 또는 집단화할 것인가 등에 대한 원칙을 결정해야 한다. 성과에 대한 보상은 가장 논란이 있는 쟁점이 되었다. 성과의 실제 수준이나 차이에 비해 과도한 차등 지급, 주관적이고 불공정한 성과 평가에 이은 부당한 차등 지급, 개별 성과와 집단 성과의 혼동에 이은 불합리한 차등 지급 등의 문제를 해결하지 못한 상태에서 기업이 일방적이고 무리한 성과 보상을 추진할 경우에는 효과도 얻지 못하고 심각한 부작용만

| 표 VII.4-1 | 한국 개인성과변동임금제도 유형별 대표 사례

개수임금	영업 수수료	목표달성 상여금	직무성과 상여금	성과 연봉제	수시 상여금	입사 상여금	잔류 상여금
봉제업계	금융업계	삼양사	와이즈산전	공공 기관	LG화학	삼성전자·LG전자	

| 표 VII.4-2 | 한국 집단성과변동임금제도 유형별 대표 사례

팀성과급제도	생산성배분제	목표달성배분제	이익배분제
도서출판 길벗	-	삼성전자	

초래할 수 있다.

2) 변화 추세와 통계

미국에서는 2016년 민간 기업의 노동비용 중 변동임금(supplemental pay + paid leave)이 차지하는 비중이 10.5%로 나타났다(BLS, 2016년도 분기별 보도 자료 평균값). 서로 다른 시기에 따로따로 변동임금의 도입률을 조사한 결과에 따르면 개수임금제도 39%(2010)(밀코비치·뉴먼·거하트, 2016), 목표달성상여금제도 88%(2013)(WorldatWork, 2014), 직무성과상여금제도 28%(Gomez-Mejia et al., 2010), 수시상여금제도 66%(2012)(WorldatWork, 2012), 입사상여금제도 74%(2014)(WorldatWork, 2014), 잔류상여금제도 51%(2014)(WorldatWork, 2014), 팀성과급제도 17%(2013)(WorldatWork, 2014), 생산성배분제 4%(2013)(WorldatWork, 2014), 목표달성배분제 58%(2012)(WorldatWork, 2012), 명절변동상여금제도 47%(2013)(WorldatWork, 2014), 이익배분제 16%(2013)(WorldatWork, 2014)로 나타났다. 고정임금의 직무성과승급제는 90%(2008)(Milkovich et al., 2011: 12에서 재인용)로 나타났다.

일본에서는 변동임금의 도입률을 조사한 결과에 따르면, 개수임금제도 4.6%(2014. 厚生勞働省, 2014c), 명절변동상여금제도 83.1%(2011)(厚生勞働省, 2012)로 나타났다.

2008년 한국에서의 변동임금 도입률을 조사한 결과에 따르면 팀성과급제도 23.1%, 생산성배분제 5.7%, 목표달성배분제 21.8%(사업부성과급)~52.2%(전사성과급), 이익배분제 5.7%로 나타났다(安熙卓, 2011: 80에서 재인용). 고정임금의 연봉제승급제도는 31.2%(2016)(상시 근로자 1명 이상 기준, 임금근로시간정보 시스템)로 나타났다.

3) 관련 법률

어느 기업에서나 자율적으로 도입할 수 있다. '노동법'에는 개인공정성 정책에 대해 직접 규정하는 내용이 없다. 개인공정성 정책을 변경하고 변동임금제도를 변경할 때에는 근로자들에게 뚜렷하고 유리하게 변경하는 경우를 제외하고는 대체로 대상 근로자 과반수의 동의를 얻어야만 하며(근기법§94, 벌금 500만 원 이하), 동의를 얻지 않고 시행하면 효력을 인정받을 수 없다. 고정임금의 승급제도나 승격·승진제도에 대해서도 마찬가지다.

4) 규정과 서식

개인공정성 정책을 변경하고 변동임금을 변경하거나 고정임금의 승급제도나 승격·승진제도를 변경할 때에는 새로운 임금 규정을 준비해야 하며, 직원들의 동의를 받고 노동부에 신고하기 위해 취업규칙변경동의서, 취업규칙변경신고서를 준비해야 한다.

제5장

외부공정성(구성) 정책

1. 외부공정성(구성) 정책

1) 정의와 특징

외부공정성은 다시 보상 구성에 대한 공정성인 외부공정성(구성)과 보상 수준에 대한 공정성인 외부공정성(수준)으로 구분할 수 있다. 보상 구성은 전체 보상에서 각각의 보상 유형(고정임금, 변동임금, 법정복지, 자율복지, 일터환경)이 차지하는 상대적인 비중을 말한다. 외부공정성(구성) 정책은 보상 구성 정책(reward mix policy, pay mix policy)이라고도 하는데, 전체 보상에서 각각의 보상 유형이 어느 정도의 비중을 차지하도록 구성할 것인지에 대해 수립한 원칙을 말한다.

외부공정성(구성) 정책에는 고정임금 강조 정책, 변동임금 강조 정책, 복지 강조 정책, 시장 추종 정책 등이 있다. 기업마다 보상철학, 전략 방향, 조직문화, 기업 특성, 조직 유형, 직원 계층 등에 따라 외부공정성(구성) 정책이나 보상 구성을 다르게 선택하고 운영할 수 있으며, 그 효과 또한 달라질 수 있다.

2) 변화 추세와 통계

미국은 고정임금과 자율복지의 비중이 높고, 일반적으로 생각하는 것보다 변동임금의 비중이 낮다. 일본은 변동임금의 비중이 높다. 한국은 법정복지의 비중이 높은데, 일반적으로 생각하는 것보다 변동임금의 비중이 미국보다 높다.

| 표 VII.5-1 | **한국·미국·일본의 노동비용 구성 비중 비교(2015)**

(단위: %)

<table>
<tr><th colspan="2">Ⅰ.임금</th><th>Ⅲ. 일터환경 ⑤</th></tr>
<tr><td>① 고정임금
미국: 69.6
일본: 59.8
한국: 62.3</td><td>② 변동임금
미국: 10.3
일본: 21.1
한국: 16.4</td><td rowspan="3">미국: -
일본: 1.4
한국: 0.7</td></tr>
<tr><th colspan="2">Ⅱ. 복지</th></tr>
<tr><td>③ 법정복지
미국: 8.0
일본: 11.4
한국: 16.1</td><td>④ 자율복지
미국: 12.2
일본: 6.2
한국: 4.5</td></tr>
</table>

자료: BLS(2015); 厚生勞働省(2017); 고용노동통계포털(2016) 등의 자료로 추정함.

한국의 임금 구성의 특징은 임금 구성 체계가 지나치게 복잡하고, 제 수당과 상여 등의 임금 항목이 기본급의 경직성을 보완하는 기능을 제대로 수행하지 못하고 있다는 점이다(강순희·황덕순, 1998).

3) 관련 법률

어느 기업에서나 자율적으로 도입할 수 있다. '노동법'에는 외부공정성(구성) 정책에 대해 직접 규정하는 내용이 없다. 기업이 어떤 외부공정성(구성) 정책을 추구하더라도 각각의 보상 유형 영역마다 의무적으로 준수해야 하는 법정보상제도를 무시할 수는 없기 때문에 보상 구성을 결정할 때 고려해야 한다.

4) 도입 조건

작은 조직이거나, 제대로 자리를 잡지 못한 제품을 만드는 조직이거나, 더 큰 미래의 보상을 위해 현재의 보상을 기꺼이 미루고 있는 젊은 전문가들이 근무하는 조직이거나, 벤처 자금의 지원을 받는 조직이거나, 장기간 자금 부족을 겪고 있는 조직이거나, 정리해고를 해야 하는 조직인 경우에는 변동임금이 더 도움이 될 수 있다. 경영진 계층이 적고, 빠르게 성장하고, 개인과 집단 사이에 내부 경쟁이 있고, 즉시 활용할 수 있는 성과지표가 있고, 강한 경쟁 압력이 있는 조직에서는 성과주의 임금을 운영한다(Gomez-Mejia et al., 2010). 구성원의 변동이 덜하고, 고객 만족과 충성심을 더 강조하고, 협력적인 업무 분위기가 필요한 조직에는 비금전보상정책이 더 맞다(Gomez-Mejia et al., 2010).

5) 도입 사례

한국피앤지는 보상 구성 비율을 일정하게 유지하는 것을 원칙으로 삼고 있으며, 직급별로 보상 구성 내용과 비율을 차별화해 과장 이하는 급여+복지, 부장 이상은 급여+복지+단기 성과급+스톡옵션으로 구성하고 있다(월간인사, 2005). LG그룹은 1999년에 보상제도를 개선하면서 총연봉 안에서 고정임금과 변동임금이 차지하는 비중을 기본 연봉 : 성과급여=90 : 10으로 할 것을 정책으로 정했다(LG텔레콤, 1999).

| 표 VII.5-2 | **삼성전자 보상 구성**

고정연봉(계약 연봉)				조직 인센티브		
기본급 (60%)	능력급 (40%)					
		상여(설/추석) (기본급의 200%)				
			능력가급 (능력급의 15~100%)			
				PI (생산성격려금) (기본급의 300%)		
					조직성과(Incentive) (고정 연봉의 20% 한도)	
						Profit Sharing (고정 연봉의 30% 한도)

자료: 박호환(2004: 61).

| 표 VII.5-3 | **삼성전자 외부공정성(구성) 정책(2011)**

고정임금	변동임금
기본급(12a): 매월 능력급(8a): 매월 귀성여비(2a): 설, 추석	능력가급(4a: 0~8a): 매월50%, 일시50% PI(1a: 0~2a): 연 2회 PS(6.5a: 0~13a): 일시 사이닝 보너스(signing bonus) 핵심인력 인센티브(500만~1억5,000만)
계: 22a(100%)	계: 11.5a(52%)+α(0~23a+α)
법정복지	**자율복지**
건강보험 국민연금 고용보험 산재보험	정기 건강검진 의료비 지원 통근 버스 자녀학 자금

기타 법정복지	경조사 자녀 의료비 지원 거주지 화재 피해 보상 지원 콘도 지원 캐리비언베이 지원 동호회 활동 지원 개인연금 지원

주: 연간 기준 계산 결과임. 기본급 : 능력급=60 : 40=12a : 8a, 귀성 여비=월 기본급×200%=2a, 능력가급=능력급×(0~100%)=0~8a(50%는 매월지급, 50%는 일시지급), PI=월 기본급×(0~300%)=0~3a, PS=고정연봉×(0~50%)=0~13a, 고정연봉=[(기본급+능력급+능력가급×50%)×12]+귀성여비=[12a+8a+4a]+2a

자료: http://www.samsung.com/sec/aboutsamsung/careers/say_hrpolicy_02.html(2014); 김성수·박찬희·김태호(2007: 130~136); 이병하·박우성(2008); ≪한국경제신문≫, 2011년 6월 7일 자.

6) 규정과 서식

보상 구성이나 외부공정성(구성) 정책에 대해서는 규정이나 서식으로 공식화하지 않고 비공식적인 지침이나 정책의 형식으로 운영하는 경우가 대부분이다.

| 표 VII.5-4 | **4인 이하 기업 보상 구성 기준(예시)**

고정임금	변동임금	일터환경
- 고정임금(연령, 근속, 직능, 기술, 역량, 역할, 직무) - 고정수당상여금 - 고정임금개인인상(호봉제, 임금피크제, 연봉제, 직무성과승급제도) - 고정임금제도인상(최저임금 조정,* 자율임금 조정)	- 개인성과변동임금(변동가산임금,* 고정가산임금, 개수임금, 영업수수료, 목표달성상여금, 직무성과상여금, 성과연봉제, 수시상여금, 개인인정시상, 입사상여금, 잔류상여금) - 집단성과변동임금(정기일시상여금, 명절고정상여금, 명절변동상여금, 팀성과급, 집단인정시상, 생산성배분, 목표달성배분, 이익배분, 주식부여)	- 근로계약서교부* - 근로시간 - 휴게시간* - 유연근무시간 - 해고·징계·정리해고제한 - 해고금지*(산재·출산전후휴가·육아휴직 기간) - 기간제·단시간·파견근로자보호* - 건강진단* - 성 차별 금지 - 성희롱 금지* - 성희롱 예방 교육* - 비정규직 차별 금지 - 연령 차별 금지* - 법정정년 60세(2017~)* - 장애인 차별 금지(30인 이상 기업) - 장애인 고용 의무(100인 이상 기업) - 외국인 차별 금지* - 최저임금 주지* - 취업규칙 작성 의무(10인 이상 기업) - 노사협의회 개최 의무(30인 이상 기업)
법정복지	**자율복지**	
- 4대 사회보험* - 유급주휴일* - 연차유급휴가 - 생리휴가 - 태아검진 시간 - 출산전후휴가* - 배우자 출산 휴가* - 육아휴직* - 육아기 근로시간 단축* - 가족돌봄휴직* - 공민권 행사 보장* - 근로자의 날 유급휴일* - 요양·휴업급여(3일 이내)* - 휴업수당 - 해고예고수당* - 실업급여* - 퇴직급여*	- 안식휴가 - 공휴일유급휴일 - 경조사휴가 - 병가 - 식대수당과 식사 제공 - 자가운전보조금 또는 차량유지비 - 상담지원제도(EAP) - 선택적 복지제도	

주: *는 의무 사항, 나머지는 선택해서 구성.

| 표 VII.5-5 | **5인 이상 기업 보상 구성 기준(예시)**

<table>
<tr><th>고정임금</th><th>변동임금</th><th>일터환경</th></tr>
<tr><td>- 고정임금(연령, 근속, 직능, 기술, 역량, 역할, 직무)
- 고정수당상여금
- 고정임금개인인상(호봉제, 임금피크제, 연봉제, 직무성과승급제도)
- 고정임금제도인상(최저임금조정,* 자율임금조정)</td><td>- 개인성과변동임금(변동가산임금,* 고정가산임금, 개수임금, 영업수수료, 목표달성상여금, 직무성과상여금, 성과연봉제, 수시상여금, 개인인정시상, 입사상여금, 잔류상여금)
- 집단성과변동임금(정기일시상여금, 명절고정상여금, 명절변동상여금, 팀성과급, 집단인정시상, 생산성배분, 목표달성배분, 이익배분, 주식부여)</td><td rowspan="3">- 근로계약서교부*
- 근로시간*
- 휴게시간*
- 유연근무시간
- 해고·징계·정리해고제한*
- 해고금지*(산재·출산전후휴가·육아휴직 기간)
- 기간제·단시간·파견근로자보호*
- 건강진단*
- 성차별 금지
- 성희롱 금지*
- 성희롱 예방 교육*
- 비정규직 차별 금지*
- 연령 차별 금지*
- 법정정년 60세(2017~)*
- 장애인 차별 금지(30인 이상 기업)*
- 장애인 고용 의무(100인 이상 기업)*
- 외국인 차별 금지*
- 최저임금 주지*
- 취업규칙 작성 의무(10인 이상 기업)*
- 노사협의회 개최 의무(30인 이상 기업)*</td></tr>
<tr><th>법정복지</th><th>자율복지</th></tr>
<tr><td>- 4대 사회보험*
- 유급주휴일*
- 연차유급휴가*
- 생리휴가*
- 태아검진시간*
- 출산전후휴가*
- 배우자출산휴가*
- 육아휴직*
- 육아기 근로시간 단축*
- 가족돌봄휴직*
- 공민권 행사 보장*
- 근로자의 날 유급휴일*
- 요양·휴업급여(3일 이내)*
- 휴업수당*
- 해고예고수당*
- 실업급여*
- 퇴직급여*</td><td>- 안식휴가
- 공휴일유급휴일
- 경조사휴가
- 병가
- 식대수당과 식사 제공
- 자가운전보조금 또는 차량유지비
- 상담지원제도(EAP)
- 선택적 복지제도</td></tr>
</table>

주: *는 의무 사항, 나머지는 선택해서 구성.

7) 제도 설계

외부공정성(구성) 정책을 결정할 때에는 기업의 특성을 먼저 고려해야 하고, 기업 내부에서도 사업부별 특성이나 직원계층별 특성을 고려해야 한다. 직원 계층이 올라갈수록 변동임금의 비중을 높이고 특히 기업 성과에 연계시키는 집단변동임금의 비중을 높이는 것이 일반적이다.

2. 4인 이하 기업과 5인 이상 기업의 보상 구성 기준

1) 정의와 특징

일반적으로 상시 근로자가 4인 이하인 기업의 보상 구성은 그보다 큰 기업과는 다르게 설계하게 된다. 기업 규모가 작고 단순하기 때문이기도 하지만, '근로기준법' 조항 중 4인 이하 기업에 적용되지 않는 것들이 적지 않기 때문이다. 사용자를 제외한 근로자가 상시적으로 4인 이하인 기업은 일반적으로 신생 기업 또는 소기업으로서, 체계화된 원칙이나 기준도 없는 상태에서 매우 단순하게 운영된다. 경영자도 경영에 필요한 충분한 지식이나 경험을 지니지 못하고, 재무 상태도 취약하기 때문에 보상에 충분하게 투자하기 어려운 경우가 대부분이다. 또한 '노동법' 규정 중에 일부만 준수하면 되는 특수성도 지니고 있다. 이런 기업은 기업의 생존 기반을 마련하는 데 모든 역량을 집중하고, 보상 구성 및 보상 시스템은 최대한 단순

| 표 VII.5-6 | **2015년도 한국 기업 규모별 노동비용 구성 비율**

(단위: %)

기업 규모	노동비용 총액										
		임금			복지				일터환경		
			정액 및 초과 급여	상여금및 성과금		퇴직 급여	법정 복지 비용	자율 복지 비용		채용 비용	교육 훈련 비용
6규모 (1000인 이상)	100.0	77.2	55.0	22.2	21.9	10.2	6.5	5.2	1.0	0.1	0.8
5규모 (500~999인)	100.0	79.6	63.6	16.1	19.8	8.9	6.7	4.1	0.6	0.1	0.5
4규모 (300~499인)	100.0	79.5	65.3	14.2	20.0	9.0	7.0	4.0	0.5	0.1	0.4
3규모 (100~299인)	100.0	79.8	68.2	11.7	19.7	9.1	6.8	3.9	0.4	0.1	0.3
2규모 (30~99인)	100.0	80.6	71.8	8.8	19.1	8.6	6.8	3.8	0.3	0.1	0.2
1규모 (10~29인)	100.0	82.2	75.6	6.6	17.7	7.3	6.9	3.4	0.1	0.0	0.1
규모별 변화 폭(%) [=(6-1)/1×100]		-6	-27	236	24	39	-7	53	709	393	793

자료: 고용노동통계포털(2015)를 이용해 작성.

하게 설계하고 운영하는 것이 바람직할 것이다.

일반적으로 상시 근로자가 5인 이상인 기업의 보상 구성은 그보다 작은 기업과는 다르게 설계된다. 사용자를 제외한 근로자가 상시적으로 5인 이상인 기업은 대체로 최소한도의 생존 기반은 마련한 소기업으로서 나름의 원칙이나 기준을 하나씩 만들어가게 된다. 시간이 흐르고 인원이 증가하고 매출 규모가 커질수록 기업 운영에 필요한 시스템을 마련해가며, 직원들에 대한 보상 수준도 높이고 보상제도도 체계화하게 된다. '노동법' 규정 중 대부분을 준수해야 하기 때문에 그것만으로도 시스템이 만들어지며 복잡해진다. 5인 이상 기업은 규모가 커지는 단계에 맞추어 주기적으로 경영전략을 새로 마련하고 그것을 뒷받침할 수 있도록 보상 구성 및 보상 시스템도 변화시켜나가야 한다.

2) 변화 추세와 통계

한국에서는 2015년 노동비용에 대해 기업의 규모가 증가할수록 임금이 차지하는 비중은 줄어들고(82.2→77.2), 그 대신 복지와 일터환경이 차지하는 비중은 증가하는(17.7→21.9, 0.1→1.0) 것으로 나타났으며, 특히 증가폭이 큰 보상 항목은 교육훈련 비용(793%), 상여금 및 성과금(236%), 자율복지 비용(53%), 퇴직급여(39%) 등으로 나타났다(고용노동통계포털, 2015). 이와 같은 현상은 금액을 기준으로 살펴보아도 마찬가지 현상이 나타났다. 따라서 기업 규모가 커질수록 고정임금보다 교육훈련 비용, 상여금 및 성과금, 자율복지 비용 등에 상대적으로 훨씬 더 많은 투자를 한다는 걸 알 수 있다.

3) 관련 법률

'노동법'에서는 상시 근로자의 숫자를 기준으로 1명 이상인 모든 기업, 4명 이하인 기업, 5명 이상인 기업, 10명 이상인 기업, 30명 이상인 기업, 100명 이상인 기업 등 몇 가지 단계를 구분해 개별 법률 규정의 의무적인 도입 여부를 다르게 정하고 있다.

제6장

외부공정성(수준) 정책

1. 외부공정성(수준) 정책

1) 정의와 특징

외부공정성(수준)(external fairness, external equity)은 직원들이 같은 노동이나 비슷한 사람을 기준으로 다른 기업에서 지급하는 보상과 비교해 자신들의 보상 수준을 공정한 것으로 인정하는 정도를 말한다. 일본과 한국에서는 외적공정성, 외부경쟁력, 외적공정성, 외부공정성 등으로 부른다. 보상 수준(compensation level, pay level)은 직원에게 지급하는 모든 보상금액을 직원 숫자로 나눈 금액 즉 1인당 평균 보상금액을 말한다. 외부공정성(수준) 정책은 보상 수준 정책(compensation level policy, pay level policy)이라고도 하는데, 경쟁 기업과 비교해 전체적으로 어느 수준의 보상을 직원들에게 지급할 것인지에 대해 수립한 원칙을 말한다. 외부공정성(수준) 정책에는 경쟁 기업과 비교해 높은 보상을 지급하는 선도정책, 낮은 보상을 지급하는 추종정책, 중간 수준의 보상을 지급하는 동반정책이 있다. 보상 수준은 외부공정성 인식, 보상만족도, 인재 확보, 이직, 기업 성과 등에 영향을 미칠 수 있기 때문에 중요하게 관리해야 한다.

2) 변화 추세와 통계

한국에서의 2009년 임금수준에 대한 직원들의 주관적인 판단을 보면 전반적으로 동종업계와 비슷한 수준이라고 생각(5점 척도: 2.91)하고 있는 것으로 나타났다(배규식·김정우·김기민, 2012).

| 표 VII.6-1 | **2015년도 한국 기업 규모별 노동비용 수준**

(단위: 1인당 연간, 천 원, 배)

기업 규모	노동비용 총액									
		임금			복지				일터환경		
			정액 및 초과 급여	상여금 및 성과금		퇴직 급여	법정 복지 비용	자율 복지 비용		채용 비용	교육 훈련 비용
1000인 이상	78,396	60,492	43,109	17,383	17,141	7,980,	5,062	4,099	762	97	665
500~999인	60,450	48,132	38,429	9,703	11,948	5,374	4,075	2,500	371	65	306
300~499인	54,022	42,955	35,300	7,655	10,793	4,862	3,767	2,164	274	61	212
100~299인	50,372	40,222	34,337	5,885	9,948	4,570	3,403	1,975	202	49	152
30~99인	46,295	37,306	33,223	4,081	8,862	3,959	3,134	1,769	127	36	91
10~29인	42,949	35,309	32,478	2,831	7,588	3149	2,971	1,468	52	11	41
변화 폭 1 (금액=6-1)	35,447	25,183	10,631	14,552	9,553	4831	2,090	2,632	710	86	624
변화 폭 2 (배수=6/1)	1.8	1.7	1.3	6.1	2.3	2.5	1.7	2.8	14.8	9.0	16.3

자료: 고용노동통계포털(2015)를 이용해 작성.

3) 관련 법률

어느 기업에서나 자율적으로 도입할 수 있다. 그러나 임금수준의 최저기준인 법정최저임금에 대해서는 상시 근로자가 1명 이상인 모든 기업에서 준수해야 한다. '노동법'에는 외부공정성(수준) 정책을 직접 규정하는 내용이 없다. 가능한 한 낮은 보상을 지급하는 추종정책을 추구하는 기업이라고 하더라도 최저임금 등 '노동법'에서 정한 기준에 미달하는 수준까지 보상 수준을 낮출 수는 없다. '노동법'에서 정한 보상 수준, 즉 근로조건은 법정 최저 기준으로서 기업이 의무적으로 지켜야 하기 때문이다.

4) 도입 조건

선도정책은 최상급의 인재를 확보할 필요가 있거나, 이직을 최소화할 필요가 있거나, 기업 성과를 끌어올릴 필요가 있거나, 빠르게 성장할 필요가 있을 때 도입할 수 있다. 보상경쟁력은 높일 수 있으나 인건비나 인건비율이 증가해 비용경쟁력은 낮아질 수 있기 때문에 생산

| 표 VII.6-2 | **X 업종 경쟁 3사의 외부공정성(수준) 정책 비교(2006)**

(단위: 천 원, %)

		사원		대리		과장		차장		부장	
		금액	비율	금액	비율	금액	비율	금액	비율	금액	비율
A사	합계	45,894	153	52,614	117	69,636	129	77,622	121	87,336	120
	변동	17,420	109	19,992	119	26,750	142	29,974	150	33,528	158
	고정	28,474	95	32,622	73	42,880	80	47,648	74	53,808	74
B사	합계	47,485	158	52,483	117	65,216	121	72,761	114	80,210	110
	변동	15,985	100	16,783	100	18,816	100	20,021	100	21,210	100
	고정	31,500	105	35,700	80	46,400	86	52,740	82	59,000	81
C사	합계	30,000	100	44,900	100	53,900	100	64,000	100	73,000	100
	변동	0	-	0	-	0	-	0	-	0	-
	고정	30,000	100	44,900	100	53,900	100	64,000	100	73,000	100

주: 1) A사는 변동임금 강조, C사는 고정임금 강조, B사는 균형을 강조하는 것으로 볼 수 있음.
2) 고정=고정임금, 변동=변동임금, 합계=고정임금+변동임금.
3) 직급별 초임 기준임.
4) 비율 계산 기준: 고정과 합계는 C사 대비, 변동은 B사 대비임.

성을 높일 수 있는 대안을 마련해야 한다. 추종정책은 확보하려는 인력이 저숙련 단순 인력이거나, 노동시장에서 인력 공급이 충분할 때 도입할 수 있다. 인건비를 낮출 수 있으나 적합한 인력을 확보하기 어렵고 이직률이 높아질 수 있기 때문에 인력의 확보와 유지를 위한 대안을 마련해야 한다. 동반 정책은 보상경쟁력과 비용경쟁력의 균형을 추구할 필요가 있을 때 도입할 수 있다.

5) 도입 사례

미국에서는 IBM(선도정책, 1995), Microsoft(선도정책, 1995), P&G(선도정책, 1995) 등을 들 수 있다. 한국에서는 대우중공업(동행정책, 1995), 삼성물산(선도정책, 1995), LG전자(선도정책, 1995), SKI(동행정책, 1995), 오리온(선도정책, 1995), 현대자동차(동행정책, 1995), 롯데그룹(추종정책, 2005), 대림산업(선도정책, 2013) 등을 들 수 있다. 삼성그룹은 1970년 이후 선도정책을 유지해왔는데, 선도정책은 직원에게 업계 최고라는 자부심을 심어주고 그룹의 일체감을 높이는 근간이 되어왔으며, 그룹의 성장을 뒷받침해온 우수 인력의 확보와 열심히 일하는 직원상을 형성하는 원초적 힘이 되었다(박준성, 1995). 추종정책을 추구하는 기업으로는 롯데그룹을 들 수 있는데, 보상 수준은 낮지만 고용안정은 다른 그룹에 비해 훨씬 높다(최종태·이준우, 2005: 229~230).

6) 제도 설계

보상 수준을 비교할 때에는 보상 유형(고정임금, 변동임금, 법정복지, 자율복지, 일터환경)과 비교 대상(직무, 기업 규모, 업종, 지역, 경쟁 관계, 경영전략)을 구분해 객관적이고 체계적으로 비교해야 한다. 선도정책은 상위 25% 이상, 추종정책은 하위 75% 이하, 동반정책은 50% 전후에서 보상 수준을 결정하는 것이 일반적이다. 외부공정성(수준) 정책은 경영전략과 인사전략에 따라 선택해서 결정한다. 보상 유형마다 구분해 예를 들면 고정임금은 선도정책, 변동임금은 추종정책으로 정할 수도 있고, 직무마다 구분해 연구개발직군은 선도정책, 나머지 직군은 동반정책으로 정할 수도 있다. 보상제도를 설계하거나 운영할 때에는 그 제도와 관련해 최저임금 등 '노동법'에서 정한 법정 최저 기준이 있는지를 확인해 그 수준 이상으로 설계하고 운영해야 한다.

2. 보상 수준 인상 기준

1) 정의와 특징

보상 수준(compensation level, pay level)은 직원에게 지급하는 모든 보상금액을 직원 숫자로 나눈 금액, 즉 1인당 평균 보상금액을 말한다. 보상 수준을 결정할 때의 기준은 무엇이고, 보상 수준을 인상할 때의 기준은 무엇인지는 기업으로서나 직원으로서나 가장 관심이 많은 쟁점 중 하나다. 기업에서 보상 수준을 결정할 때의 기준으로는 기업의 지불 능력을 상한선으로 삼고 근로자의 생계비를 하한선으로 삼은 범위 안에서 시장임금 수준, 경쟁 기업의 보상 수준, 최저임금 수준, 근로자의 교섭력, 노동조합의 교섭력, 기업의 보상전략 등을 고려해 결정할 수 있다(楠田丘, 2010: 20~23; 박준성, 2004: 157).

보상 수준을 한 번 결정한 후에 그 금액을 그대로 계속 유지하는 기업은 드물고, 시간이 지날수록 개인이나 전체 직원의 보상 수준은 상승하는 게 일반적이다. 실제로 상용 근로자 30명 이상 기업에서 최근 5년간(2011~2015) 보상 총액은 매년 평균 3.5%씩 증가해왔다(고용노동통계포털 자료로 계산함).

보상 수준을 상승시키는 요인에는 여러 가지가 있는데, 고정임금제도 자체에 포함되어 있는 승급제도(호봉 승급, 연봉 승급, 승격·승진 등)에 의한 임금 증가, 변동임금제도 자체에 포함되어 있는 기준을 달성한 데 따른 변동임금 증가, 복지제도 수혜자 증가를 반영한 복지 증가, 정부의 최저임금액 인상을 반영한 임금 증가, 정부에 의한 법정복지비 기준 인상을 반영한 복지 증가, 노동조합과의 교섭을 반영한 보상 증가, 기업의 자율적인 보상 수준 인상 결정에 따른 보상 증가 등을 들 수 있다. 이 요인들 중에 고정임금 승급제도, 복지제도 수혜자 증가는 그 제도를 설계할 때부터 제도 자체에 포함시킨 기준이나 절차 때문에 이후 계속해서 보상을 증가하게 한다. 변동임금 증가는 대체로 어느 정도의 성과를 낸 경우에만 발생하기 때문에 보상을 지속적으로 증가시키지는 않는다. 나머지 요인들은 임금제도나 복지제도의 기준 금액 자체를 상향 조정하는 제도 변경을 결정할 때에만 보상을 증가하게 하는데, 노사의 집단적인 관심과 논란은 주로 여기에 집중된다.

그런데 보상 수준을 시간이 지날수록 상승시키는 게 불가피하다면, 보상 수준을 무엇을 기준으로 얼마나 인상시키는 게 합리적인가? 즉 보상 수준의 인상 기준은 무엇인가? 이에 대해서는 대표적으로 다음과 같은 주장이 있으나 각각 일정한 타당성과 문제점을 지니고 있기 때문에 현실에서는 이들을 종합적으로 고려해 결정한다고 할 수 있다.

첫째, 생계비를 기준으로 삼아야 한다는 주장이 있다. 보상 수준은 최소한 근로자가 생활을 유지할 수 있는 수준(생계비)은 되어야 하며, 생활을 유지하는 데 드는 비용이 증가하는 만큼은 정기적으로 인상되어야 한다는 주장이다. 둘째, 물가를 기준으로 삼아야 한다는 주장이 있다. 보상 수준이 최소한 그 실질 가치를 유지하기 위해서라도 정기적으로 물가인상률만큼은 인상되지 않으면 안 된다는 주장이다. 셋째, 인건비율을 기준으로 삼아야 한다는 주장이 있다. 매출에서 인건비가 차지하는 적정 비율을 유지하는 선에서 보상 수준이나 인상률을 결정해야 한다는 주장이다. 넷째, 노동소득분배율을 기준으로 삼아야 한다는 주장이 있다. 부가가치에서 인건비가 차지하는 적정 비율을 유지하는 선에서 보상 수준이나 인상률을 결정할 수 있다는 주장이다. 다섯째, 노동생산성을 기준으로 삼아야 한다는 주장이 있다. 부가가치를 만드는 데 기여한 근로자의 기여도가 증가한 만큼을 인상률에 반영해야 한다는 주장이다.

보상 수준 인상률을 결정한 경우에 그 인상 예산을 고정임금, 변동임금, 법정복지, 자율복지, 일터환경 등 각각의 보상 분야에 얼마만큼씩 배분할 것인지도 중요한 문제가 아닐 수 없으며, 이 문제를 해결하기 위해서는 외부공정성(구성) 정책을 수립하고 그 기준에 따라 결정해야 일관성을 유지할 수 있다.

2) 변화 추세와 통계

독일의 최근 5년간(2011~2015) 연평균 명목임금 인상률은 2.7%, GDP성장률은 1.5%, 소비자물가 상승률은 1.3%로 나타났고, 노동생산성은 59.3달러로 나타났다(한국노동연구원, 2016a).

미국의 최근 5년간(2011~2015) 연평균 명목임금 인상률은 2.2%, GDP성장률은 2.0%, 소비자물가 상승률은 1.7%로 나타났고, 노동생산성은 62.2달러로 나타났다(한국노동연구원, 2016a).

체코의 최근 5년간(2011~2015) 연평균 명목임금 인상률은 1.8%, GDP성장률은 1.3%로 나타났다(한국노동연구원, 2016a).

이탈리아의 최근 5년간(2011~2015) 연평균 명목임금 인상률은 1.1%, GDP성장률은 0.7%, 소비자물가 상승률은 1.5%로 나타났고, 노동생산성은 47.0달러로 나타났다(한국노동연구원, 2016a).

일본의 최근 5년간(2011~2015) 연평균 명목임금 인상률은 -0.1%, GDP성장률은 0.6%, 소비자물가 상승률은 0.7%로 나타났고, 노동생산성은 39.2달러로 나타났다(한국노동연구원, 2016a).

한국의 최근 5년간(2011~2015) 연평균 명목임금 인상률은 2.7%, GDP성장률은 3.0%, 소비자물가 상승률은 1.9%로 나타났고, 노동생산성은 30.9달러로 나타났다(한국노동연구원, 2016a). 2008년에 취업규칙 가운데 30.4%가 정기 승급에 관한 규정을 두고 있고, 11.1%에서는 특별 승급에 관한 규정도 두고 있는 것으로 나타났다(김정한·문무기·윤문희, 2008: 77~78). 2009년에 단체협약 가운데 26.0%가 승급·승진에 관한 규정을 두고 있는 것으로 나타났다(김정한·김동배·문무기 외, 2009: 73). 2009년에 노동조합들이 임금인상률을 결정할 때 고려한 요소는 동종 업종 다른 기업의 임금인상률이 38.6%, 기업의 경영 성과가 19.1%, 상급단체의 지침이 13.7%, 물가인상률이 12.7%, 지역 내 다른 기업의 임금인상률이 7.5%, 전년도 임금인상률이 6.4%, 기타 2%로 나타났으며, 무노조사업체 중 24.9%가 노사협의회에서 임금 인상 논의를 한 것으로 나타났다(배규식·김정우·김기민, 2012: 149, 207). 1990년부터

| 표 VII.6-3 | **K기업 보상 수준 인상 기준(2001)**

1) 전사 인건비 한도 설정
   고정급(연봉)과 변동급(성과급)으로 구분하여 한도 설정
   고려 요소: 전사 인력 T/O, 당해 연도 서비스 매출액, 평균임금, 인력구성비, 국가정책
2) 총액 인상률 도출
   고정급 총액 인상률 결정
   고려 요소: 타사 임금수준, 정부 임금 인상 가이드라인, 물가상승률
3) 개인 승급에 따른 인상률 파악
   총량 규모의 승진급에 따른 고정 인상 규모 파악
   인력구성비에 따른 총책 인상 규모 파악
   고정 3% 및 진급자 임금 인상 규모 파악
4) 경영 평가 수준 결정
   지급 여력 및 회사 경영 실적 감안 경영 평가 결과 수준 결정
5) 집단인상에 따른 인상률 결정
   Base-Up 인상률=총액 인상률-Step-Up 인상률
6) 급여에 적용
   고정급: 개별적으로 연봉에 적용(1/1일부 소급)
   변동급: 전사 수준 공통 지급(전사 평가 산식 적용)
   개별 평가 기준 개별 적용(개인 성과 산식 적용)

2004년까지를 대상으로 분석한 결과 실제 임금인상률, 민주노총의 임금인상요구율, 한국노총의 임금인상요구율, 경총의 임금인상제시율은 모두 '경제성장률+물가상승률'과 높은 상관관계를 나타냈다(김유선, 2005: 109~113).

3) 관련 법률

어느 기업에서나 자율적으로 도입할 수 있다. 다만, 최저임금 인상에 대해서는 의무적으로 준수해야 한다. '노동법'에는 보상 수준 인상 기준을 직접 규정하는 내용이 없다. 최저임금은 고용노동부 장관이 매년 8월 5일까지 결정해(최임법§8①) 고시하면(최임법§10①) 다음 해 1년 동안 효력이 발생한다(최임법§10②). 취업규칙을 작성하거나 근로자에게 불리하지 않게 변경할 경우에는, 근로자 과반수나 근로자 과반수로 조직된 노동조합의 의견을 들으면 되지만(근기법§94①, 벌금 500만 원 이하), 근로자에게 불리하게 변경할 경우에는 근로자 과반수나 근로자 과반수로 조직된 노동조합의 동의를 얻어야 하며(근기법§94①, 벌금 500만 원 이하), 동의를 받지 못한 취업규칙은 변경 전에 재직하던 근로자들에게는 무효가 되고, 다만 변경 후에 입사한 근로자들에게는 유효하게 적용할 수 있다[대법(전합) 1992.12.22, 91다45165 등; 임

종률, 2015: 360에서 재인용]. 단체협약에는 2년을 초과하는 유효기간을 정할 수 없으며(노조법 §32①), 유효기간을 정하지 않은 경우나 2년을 초과하는 유효기간을 정한 경우에는 그 유효기간은 2년(노조법§32②)이 되기 때문에, 적어도 2년에 한 번씩은 교섭을 하게 된다.

4) 규정과 서식

보상 수준 인상 결과에 대해 직원들의 의견을 듣고 노동부에 신고하기 위해 취업규칙의 견청취서와 취업규칙변경신고서를 준비해야 한다.

제7장

보상운영 정책

1. 보상운영 정책의 정의와 관련 법률

1) 정의와 특징

보상운영 정책은 도입한 보상 제도들을 보상 목표나 보상전략에 맞게 일상적으로 운영하고 관리하기 위해 수립한 원칙을 말한다. 보상운영 정책을 수립할 때에는 보상 정보를 어느 정도까지 공개하고 공유할 것인지, 보상 의사 결정 권한을 어느 정도까지 부서에 위임할 것인가, 보상선택 권한을 어느 정도까지 직원에게 부여할 것인가, 보상비용의 관리 기준을 어떻게 정할 것인가, 경영전략에 맞게 보상을 운영하기 위해서는 어떤 변화가 필요한가 등을 결정해야 한다. 나아가 일상적인 보상운영 실무와 관련해 보상 관련 소통, 보상계약 체결, 보상금액 계산, 보상 지급 등에 대한 원칙과 기준을 결정해야 한다.

2) 관련 법률

'노동법'에는 보상운영 정책을 직접 규정하는 내용이 없다. 보상 정보의 공개와 관련해서는 근로조건에 대한 다양한 소통 의무(주지, 통지, 의견 청취, 동의 확보 등), 근로계약에 대한 소통 의무(설명, 서면 제공 등), 취업규칙에 대한 소통 의무(작성, 의견 청취, 동의 확보, 신고, 게시) 등을 '근로기준법'에 규정하고 있다.

2. 보상비용 관리 방법

1) 정의와 특징

보상비용은 기업이 지출하는 중요한 비용 또는 투자에 해당하기 때문에, 적정성 또는 효과 등을 고려해 최적의 상태를 유지할 수 있도록 관리할 필요가 있다. 보상비용 관리 방법과 관련해서는 일반적으로 노동유연화, 임금유연화, 총액 인건비 관리 등이 논의되고 있다.

보상비용 관리 방법은 단기적인 방법부터 장기적인 방법의 순서로 고용비용 예산 관리, 인력 관리, 보상제도 관리, 직원 역량 관리 등 크게 네 가지로 구분할 수 있다. 첫째, 고용비용 예산 관리는 보상비용으로 지출할 적정금액을 결정하고 배정하는 방법으로 고용비용이 최적의 상태를 유지하도록 관리하는 방법이다(Milkovich, 2008). 둘째, 인력 관리는 직원 수, 근로시간 수, 고용 형태(정규직, 비정규직 등)를 조정해 고용비용이 최적의 상태를 유지하도록 관리하는 방법이다(Milkovich, 2008: 583~587; 김동배·박우성·박호환 외, 2005: 1~2; 윤윤규·정승국·노용진 외, 2008: 5~7). 셋째, 보상제도 관리는 임금수준이나 임금 체계를 조정해 고용비용이 최적의 상태를 유지하도록 관리하는 방법이다(박우성, 2001: 275~276에서 재인용; 윤윤규·정승국·노용진 외, 2008: 5~7). 넷째, 직원 역량 관리는 직원의 직무수행 능력을 심화·확대·확보하는 방법을 통해 고용비용이 최적의 상태를 유지하도록 관리하는 방법이다(윤윤규·정승국·노용진 외, 2008: 5~7).

보상비용을 제대로 관리하기 위해서는 먼저 정기적으로 보상비용과 보상효과를 파악해 정확한 실태부터 확인할 필요가 있다. 또 여러 가지 보상비용 관리 방법을 충분히 이해하고 필요에 따라 효과를 고려해 활용해야 한다. 특히 기업이나 직원 어느 한쪽의 입장만을 고려하거나, 단기적인 방법이나 장기적인 방법 중 한쪽만 고려하는 방법으로는 부작용이 크게 발생할 수 있다.

2) 변화 추세와 통계

미국에서는 2002년에 정리해고를 한 기업은 55%로 나타났으며, 정리해고를 대신해 활용한 수단으로는 빈도가 높은 것부터 채용 동결, 임시직 활용, 일자리 나누기, 도급제 활용 등이었으며, 노동비용 절감 수단으로 활용한 수단으로는 빈도가 높은 것부터 연례 임금 인상 삭감 또는 동결, 변동임금 삭감 또는 동결, 희망퇴직, 조기은퇴, 간부 특혜 삭감, 근로시간 단축, 401(k) 부담금 삭감, 임금 대신 주식 부여, 의무적인 임금 삭감, 겸직 허용 등으로 나타났다(WorldatWork, 2002).

한국에서는 다음과 같이 나타났다.

2)-1 고용비용 예산 관리 관련

2009년 조사 대상 기업 중 37.5%가 정기적인 인력 계획을 수립하고 있다(배규식·김정우·김기민, 2012: 31).

2)-2 인력 관리 관련

2008년에 취업규칙 중 53.2%가 정리해고에 대한 규정을 두고 있다(김정한·문무기·윤문희, 2008: 173). 2009년에 단체협약 중 55.8%가 정리해고 시 노조 참여에 대한 규정을 두고 있다(김정한·김동배·문무기 외, 2009: 85). 2009년 조사 대상 기업 가운데 38.5%가 고용안전을 위해 인건비 절감과 생산성 향상을 위한 노력할 것을 합의했고, 4.6%가 선택적 근로시간제를 도입했으며, 5.8%가 탄력적 근로시간제를 도입했고, 전체 근로자 가운데 11.3%를 비정규근로자가 차지하고 있다(배규식·김정우·김기민, 2012: 19, 118, 307). 2010년 조사 대상 기업 중 월평균 평일 연장근로시간은 15.96시간으로 나타났고, 월평균 휴일근로일수는 1.62일로 나타났으며, 주평균 초과근로시간(연장근로+휴일근로)은 6.61시간으로 나타났다(배규식·김정우·김기민, 2012: 284, 285). 2016년에 비농전산업 10인 이상 사업체의 주당 소정 실근로시간은 37.7시간, 주당 초과 근로시간은 3.4시간, 주당 총근로시간은 41.1시간으로 나타났고, 제조업 10인 이상 사업체의 주당 소정 실근로시간은 37.1시간, 주당 초과 근로시간은 6.3시간, 주당 총근로시간은 43.4시간으로 나타났다(한국노동연구원, 2017: 108). 2016년에 전체 임금근로자 중 정규직 근로자는 67.2%, 비정규직 근로자는 32.8%를 차지하는 것으로 나타났다(한국노동연구원, 2017: 35).

2)-3 보상제도 관리 관련

2008년 취업규칙 중 36.9%가 취업규칙 불이익 변경 시 근로자 참여에 대한 규정을 두고 있다(김정한·문무기·윤문희, 2008: 42). 2009년 조사 대상 기업 가운데 52.22%가 순수호봉급 임금체계를 도입하고 있고, 임금수준을 동종업계 대비 거의 동일(5점 척도: 2.91)한 수준으로 관리하고 있으며, 3.3%에서 임금피크제를 도입하고 있고, 30.9%에서 성과배분제를 도입하고 있으며, 1.5%에서 스톡옵션제를 도입하고 있고, 5.89%에서 선택적 복지제도를 도입하고 있으며, 연차휴가 소진율은 59.42~61.81%로 나타났다(배규식·김정우·김기민, 2012: 50, 57, 59, 63, 92, 304).

2)-4 직원 역량 관리 관련

2008년 취업규칙 중 44.7%가 교육훈련에 대한 규정을 두고 있다(김정한·문무기·윤문희,

2008: 136). 2009년 조사 대상 기업 중 숙련 개발에 대한 최고경영진의 관심 수준은 3.65(5점 척도) 수준으로 나타났고, 80.9%가 교육훈련을 실시하거나 지원했다. 전체 근로자 수 대비 교육훈련 참여 근로자 수는 2.01로 나타났고, 근로자 1인당 연평균 공식 교육훈련시간은 20.4시간으로 나타났으며, 전체 근로자 1인당 연평균 교육훈련비는 18만 6800원으로 나타났고, 교육훈련 전담 부서나 전담자가 있는 기업은 65.9%로 나타났으며, 20.1%에서 정기적인 업무로테이션을 실시하고 있고, 14.8%에서 다기능화를 추진하고 있다(배규식·김정우·김기민, 2012: 231, 242~243, 245, 256).

3) 관련 법률

어느 기업에서나 자율적으로 도입할 수 있다. '노동법'에는 보상비용 관리 방법을 직접 규정하는 내용이 없다. 직원 수를 줄일 때에는 정리해고 절차를 거쳐야 하며(근기법§24), 근로시간 수를 줄이거나, 고용 형태를 변경하기 위해서는 일반적으로 정당한 절차를 거쳐 단체협약, 취업규칙, 근로계약 등을 변경해야 한다(노조법§31①; 근기법§94①). 임금수준을 저하시키거나, 임금 체계를 변경하기 위해서는 일반적으로 정당한 절차를 거쳐 단체협약, 취업규칙, 근로계약 등을 변경해야 한다(노조법§31①; 근기법§94①). 보상비용 관리 방법에 해당하는 대다수 방안에 대해서는 노사협의회에서 논의(의결, 협의, 보고)해야 한다(근참법§21§20§22).

4) 장점

기업으로서는 경영 상태와 고용비용과 고용이 최적의 관계와 상태를 유지할 수 있도록 관리하는 데 도움이 된다. 직원으로서는 합리적인 보상과 안정적인 고용을 확보하는 데 도움이 된다.

5) 단점

기업으로서는 대책을 마련하고 시행하는 데 상당한 시간과 비용과 노력이 필요하다. 직원으로서는 기업의 정책에 따라서는 보상과 고용이 악화되는 방향으로 진행될 수도 있다.

6) 규정과 서식

근로시간 수를 줄이거나, 고용 형태를 변경하거나, 임금수준을 저하시키거나, 임금 체계를 변경하기 위해 단체협약, 취업규칙, 근로계약 등을 변경해 신고하기 위해서는 단체협약신고서(노조칙 별지 8호), 취업규칙변경신고서(근기칙 별지 15호)를 준비해야 한다.

7) 제도 설계

보상비용 관리 방법을 선택할 때에는 경영 상태, 장단기 경영 목표, 장단기 전략, 보상비용 현황, 보상 효과, 보상비용 관리 방법마다 지닌 장단점과 장단기 단계적 적용 방안 등을 고려해 종합적인 관리 계획을 수립하고 추진할 필요가 있다.

3. 경영전략에 맞게 보상하기

1) 정의와 특징

수많은 보상 중에 검증된 가장 좋은 것 몇 가지를 선택해 도입하면 가장 좋은 보상 시스템을 유지할 수 있지 않을까? 그러나 많은 연구 결과에 따르면 보상제도 사이에서 절대적인 우열은 구분할 수 없고, 상황에 따라 가장 좋은 보상제도는 달라진다(Milkovich et al., 2008: 50). 그렇다면 수많은 보상 중에 어떤 기준으로 어떤 제도를 도입해야 하는가?

전략적 보상(strategic compensation, strategic rewards), 쉬운 말로 '경영전략에 맞게 보상하기'란 경영전략을 잘 뒷받침할 수 있고, 전략목표를 달성하는 데 도움이 될 수 있도록 보상하는 것을 말한다. 기업에서 보상 시스템은 기업의 환경과 상황, 경영전략을 고려해 설계하고 도입해야 하며 궁극적으로 기업의 경영목표를 달성하는 데 기여할 수 있어야 한다. 보상 시스템 안에는 앞에서 본 것처럼 수많은 구체적인 제도, 즉 선택할 수 있는 많은 대안이 존재한다. 전략적인 보상 방법론을 주장하는 전문가들은 선택할 수 있는 많은 대안 중에서 기업이 처한 환경이나 기업이 추구하는 전략적 목표에 적합한 것을 선택해야 한다고 강조한다(유규창·박우성, 2001: 15; Gomez-Mejia et al., 2010: 331). 경영전략에 맞게 보상하기의 구체적인 방법에 대해서는 매우 다양한 모형이 있다.

2) 변화 추세와 통계

한국에서는 2009년 조사 대상 기업에서 기업의 인사 관련 이슈가 사업전략과 밀접하게 통합되어 있는 정도는 3.33, 인사책임자가 사업전략 수립 과정에 공헌하고 있는 정도는

| 표 VII.7-1 | **경영전략에 맞게 보상하기 모형**

구분	혁신 전략	품질 향상 전략	비용 축소 전략
경쟁전략 의미	- 경쟁사와는 다른 새로운 제품이나 서비스의 개발에 초점	- 제품이나 서비스의 질을 높이는 것이 초점	- 최저가의 생산자가 되는 데 초점
인력 기획	- 높은 참여 - 암묵적 직무 분석	- 높은 참여 - 명시적 직무 분석	- 낮은 참여 - 명시적 직무 분석
인력 확보	- 외부 노동시장으로부터 인력 획득 - 넓은 경력 경로	- 어느 정도 외부 노동시장으로부터 인력 획득 - 좁은 경력 경로	- 대부분 내부 노동시장으로부터 인력 획득 - 좁은 경력 경로
평가제도	- 과정과 결과 기준 평가 - 장기적인 기준 - 동일 집단 기준	- 대부분 결과 기준 평가 - 대부분 단기적인 기준 - 동일 집단 기준	- 결과 기준 평가 - 단기적인 기준 - 대부분 개인 중심의 평가 기준
보상제도	- 어느 정도의 고용 안정 - 많은 인센티브 - 평등주의적 임금 지급	- 어느 정도의 고용 안정 - 어느 정도의 인센티브 - 평등주의적 임금 지급	- 고용안정 거의 없음 - 인센티브 별로 없음 - 계층적 임금 지급
훈련 개발	- 광범위한 훈련	- 광범위한 훈련	- 훈련 거의 없음
노사 관계	- 협력적 노사 관계	- 협력적 노사 관계	- 전통적 노사 관계

자료: 배종석(2006: 392).

3.38, 인사책임자가 최고경영자의 의사 결정에 영향을 미치는 정도는 3.49, 인사관리를 사업전략에 맞추어 설계하고 있는 정도는 3.59, 조직의 구성원들이 인사 부서를 조직의 변화주도자이자 사업의 중요한 파트너로 인식하고 있는 정도는 3.50, 인사관리가 사업전략 목표 달성을 지원하고 있는 정도는 3.55로 나타났다(각각 5점 척도)(배규식·김정우·김기민, 2012: 24).

3) 관련 법률

어느 기업에서나 자율적으로 도입할 수 있다. '노동법'에는 전략적 보상을 직접 규정하는 내용이 없다.

4) 장점

기업으로서는 보상 시스템의 통합성, 일관성, 효과를 높일 수 있다. 직원으로서는 보상 시스템을 이해하고 대응하는 데 도움이 된다.

5) 단점

기업으로서는 환경이나 경영전략의 변화를 추적하고 그에 따라 보상 시스템을 변경하는 데 시간과 노력이 필요하다. 직원으로서는 경영전략의 변화에 영향을 미치기 어렵다.

6) 도입 사례

| 표 VII.7-2 | 삼성전자의 전략적 보상

구분	연공·능력주의	능력주의	성과주의	핵심 역량	글로벌 초인류
시기	1969~1994	1995~1996	1997~1999	2000~2002	2003~
환경 특성	고성장, 안정적 환경	저성장, 안정적 환경	불확실한 환경		
경영전략	그룹 차원의 경영을 통한 시너지 추구	- 계열사별 독자 경영 - 성장 전략	- 사업부 중심 경영 - 생존 전략	견실 경영	미래경쟁력 확보
보상전략	- 연공 중심 급여제도 - 승격 중심 능력주의	- 급여 중심 능력주의 - 초우량 복지정책	-인센티브 중심 성과주의		
보상제도 및 주요 혁신 사례	- 그룹 공통 직급 및 급여 체계 - 특별 승급, 유급 제도 - 고과 결과에 따른 개인 및 집단 상여금 차등	- 신인사제도 - 한가족 Plan - 열린채용(학력/성차별 폐지) - 싱글전자, 사업본부 체제 - 삼성전자 독자적인 급여 테이블 운영 - 기능직과 사무직의 통합 직급 체계 - 고과승급제도 - 삼성의료보장제도	- 인적 자원 관리 - 구조조정 - 프로세스 조직 (GPM 체제) - 연봉제 도입 - 보상 체계 차별화	- 핵심 인력 확보, 양성 - 해외 인력 질적 고도화 - 변화/고객/기술 교육 - 성과인센티브 도입(PS, 스톡옵션 등) - 책임경영(GBM) 체제	- 글로벌 인재 경쟁력(핵심 인력) - Global Standard 인사교육 시스템 - 변화 대응/주도형 조직 및 기업문화

자료: 김성수·박찬희·김태호(2007: 131); 삼성전자(2003).

7) 제도 설계

경영전략에 맞게 보상 시스템을 설계하기 위해서는 다음과 같은 단계를 거쳐야 한다(유규창·박우성, 2001: 15).

1단계 비전과 경영전략 확인

2단계 핵심 성공 요인 확인

기업의 비전과 전략목표를 달성하기 위해 필요한 핵심 성공 요소가 무엇인지 확인한다.

3단계 핵심 성과 지표 도출

핵심 성공 요소의 성취를 위해 필요한 조직구성원들의 행위와 구성원들로부터 기대하는 직무 성과를 정의하고, 구성원들의 행위와 성과를 측정하기 위한 중요 성과 지표를 도출한다.

4단계 보상철학, 보상목표 수립

기업의 전략목표를 달성하기 위해 필요한 조직구성원의 행위와 성과를 강화할 수 있는 보상 관리의 목표와 원리, 기업의 경영철학에 부합하는 보상철학을 설정한다.

5단계 보상전략 수립

보상목표, 원리 및 철학에 기초한 구체적인 보상전략을 수립한다.

6단계 총체적 보상 시스템 설계

수립된 보상전략에 따라 총체적 보상 시스템을 구성하는 각각의 구성 요소를 구체적으로 설계한다.

제VIII부

보상운영제도

보상운영제도의 정의와 구분

1) 정의와 특징

보상운영제도는 기업이 도입한 보상제도들을 보상목표나 보상전략을 달성할 수 있도록 효과적이고 효율적으로 운영하고 관리하기 위한 절차를 말한다. 보상운영제도는 보상제도 소통, 보상계약 체결, 보상금액 계산, 보상금액 지급, 성과 평가 등으로 세분화할 수 있다.

| 표 VIII-1 | 보상운영제도의 구분

보상제도 소통	보상계약 체결	보상금액 계산	보상지급
법정소통의무 자율소통 방법	근로계약 체결 4대보험 신고 연봉계약 체결 포괄임금제 근로계약 체결 취업규칙 체결 단체협약 체결 임금동결 반납 삭감 기준 복지제도 축소 기준 법정 근로계약서류 기록보존 의무	- 최저임금 계산 - 통상임금 계산 변동가산임금 고정가산임금 유급주휴일수당 연차수당 휴가휴직자임금 해고예고수당 - 평균임금 계산 퇴직금 결근자 임금 징계 감봉자 임금 징계 정직자 임금 휴업자 임금 쟁의행위자 임금	임금 지급 방법 임금 체불 해결 방법

2) 관련 법률

대부분 의무적으로 도입해야 하며, 보상운영제도의 세부 항목마다 법률에서 정한 기업의 상시 근로자 수에 따라 의무적인 도입 여부가 달라진다. '노동법'에는 보상운영제도에 대해 직접 규정하는 내용이 없다. 보상제도 소통에 대해서는 '근로기준법'과 '최저임금법'에서 규정하고 있다. 보상 계약 체결에 대해서는 '근로기준법'과 '최저임금법'에서 규정하고 있다. 보상금액 계산에 대해서는 '최저임금법', '근로기준법', '노동조합 및 노동관계조정법', '근로자퇴직급여보장법' 등에서 규정하고 있다. 보상금액 지급에 대해서는 '근로기준법', '임금채권보장법' 등에서 규정하고 있다. 상시 근로자가 10명 이상인 기업의 경우에는 보상운영제도 가운데 임금의 결정·계산·지급 방법, 가족수당의 계산·지급 방법, 퇴직급여, 상여 및 최저임금에 관한 사항, 제재에 관한 사항에 대해서는 취업규칙에 명시해야 한다(근기법§93, 과태료 500만 원 이하).

3) 장점

기업으로서는 보상 목적과 목표를 달성하는 데 도움이 된다. 직원으로서는 보상의 공정성과 안정성을 확보하는 데 도움이 된다.

4) 단점

기업으로서는 운영하고 실행하는 데 적지 않은 시간과 노력과 비용이 필요하고, 부실하게 운영하면 불만과 갈등과 다툼을 유발하기 쉽다. 직원으로서는 필요한 지식과 정보를 확보하기 어렵다.

5) 규정과 서식

보상운영제도의 세부 항목마다 법률에서 정한 다양한 서식을 준비해야 한다.

제1장

보상제도 소통

1. 근로조건 소통 의무

1) 정의와 특징

근로조건 소통 의무는 근로조건 즉 보상을 정하거나 변경하거나 실행할 때 법률에서 정한 소통 의무를 지키도록 제한하는 제도다. 근로자 개인, 근로자 대표, 근로자 집단 등 대상자에 따라 주지 의무, 통지 의무, 의견 청취 의무, 동의 확보 의무 등의 소통 방법으로 법률에서 정한 의무를 이행해야 한다.

2) 변화 추세와 통계

일본 '노동기준법'에서는 근로조건의 결정, 변경, 통보 등과 관련해 노사의 소통을 촉진하기 위해 근로자 개인에 대한 통지 의무나 동의 확보 의무, 근로자 대표에 대한 의견 청취 의무나 동의 확보 의무, 근로자 집단에 대한 주지 의무나 의견 청취 의무나 동의 확보 의무 등을 규정하고 있다.

한국에서는 2014년 단체협약 가운데 46.8%에서 취업규칙의 제정·개정·폐지 시 노조의 참여를 규정하고 있는 것으로 나타났다(박명준·조성재·문무기, 2014: 265).

3) 관련 법률

대부분 의무적으로 도입해야 하며 내용에 따라 각각 상시 근로자가 1명 이상, 5명 이상, 10명 이상 기업에서 의무적으로 도입해야 한다. 근로조건 소통 의무에 대해서는 '근로기준법'과 '최저임금법'에서 규정하고 있다.

3)-1 근로자 개인에 대한 통지 의무

해고할 때(근기법§27, 벌칙 없음).

3)-2 근로자 개인에 대한 동의 확보 의무

금품 청산 기일을 연장할 때(근기법§36, 징역 3년, 벌금 2000만 원 이하), 연장근로를 시킬 때(근기법§53①, 징역 2년, 벌금 1000만 원 이하), 15세 이상 18세 미만 근로자를 연장근로를 시킬 때(근기법§69, 징역 2년, 벌금 1000만 원 이하), 18세 이상 여성 근로자를 야간 및 휴일에 근로시킬 때(근기법§70①, 징역 2년, 벌금 1000만 원 이하), 18세 미만 근로자를 야간 및 휴일에 근로시킬 때(근기법§70②1., 징역 2년, 벌금 1000만 원 이하), 산후 1년 이내인 여성 근로자를 야간 및 휴일에 근로시킬 때(근기법§70②2., 징역 2년, 벌금 1000만 원 이하), 임신 중인 여성 근로자를 야간 및 휴일에 근로시킬 때(근기법§70②3., 징역 2년, 벌금 1000만 원 이하) 근로자 개인의 동의를 얻어야 한다.

3)-3 근로자 대표에 대한 의견 청취 의무

정리해고를 할 때(근기법§24③, 벌칙 없음), 임산부와 18세 미만 근로자를 야간 및 휴일에 근로시키기 위해 노동부 장관의 인가를 받을 때(근기법§70③, 벌금 500만 원 이하), 퇴직급여제도(퇴직금제도, 확정급여형퇴직연금제도, 확정기여형퇴직연금제도)의 내용을 근로자에게 불리하지 않게 변경할 때(근퇴법§4④, 벌금 500만 원 이하)는 근로자 대표의 의견을 청취해야 한다.

3)-4 근로자 대표에 대한 동의 확보 의무

탄력적근로시간제를 도입할 때(근기법§51②, 벌칙 없음), 선택적근로시간제를 도입할 때(근기법§52, 벌칙 없음), 보상 휴가제를 도입할 때(근기법§57, 벌칙 없음), 간주근로시간제를 도입할 때(근기법§58②, 벌칙 없음), 재량간주근로시간제를 도입할 때(근기법§58③. 벌칙 없음), 근로시간 및 휴게시간의 특례를 도입할 때(근기법§59, 벌칙 없음), 연차유급휴가에 대한 대체휴가제도를 도입할 때(근기법§62, 벌칙 없음), 기숙사규칙을 작성 또는 변경할 때(근기법§99②, 과태료 500만 원 이하), 퇴직급여제도(퇴직금제도, 확정급여형퇴직연금제도, 확정기여형퇴직연금제도)의 내용을 근로자에게 불리하게 변경할 때(근퇴법§4④, 벌금 500만 원 이하)는 근로자 대표의 동의를 얻어야 한다.

3)-5 근로자 집단에 대한 주지 의무

'근로기준법'과 '근로기준법시행령'의 요지를 직원이 자유롭게 열람할 수 있는 장소에 항상 게시할 의무(근기법§14, 과태료 500만 원 이하), 최저임금을 직원이 쉽게 볼 수 있는 장소에 게시하거나 널리 알려야 할 의무(최저임금법§11, 과태료 100만 원 이하), 취업규칙을 직원이 자유롭게 열람할 수 있는 장소에 항상 게시할 의무(근기법§14, 과태료 500만 원 이하)가 있다.

3)-6 근로자 집단에 대한 의견 청취 의무

취업규칙을 작성 또는 변경할 때 직원 과반수 또는 노동조합의 의견을 얻을 의무(근기법§94①, 벌금 500만 원 이하)가 있다.

3)-7 근로자 집단에 대한 동의 확보 의무

취업규칙을 근로자에게 불리하게 변경할 때(근기법§94①, 벌금 500만 원 이하), 퇴직급여제도(퇴직금제도, 확정급여형퇴직연금제도, 확정기여형퇴직연금제도)를 설정하거나 다른 퇴직급여제도로 변경할 때(근퇴법§4③, 벌금 500만 원 이하)는 근로자 과반수의 동의를 얻어야 한다.

4) 규정과 서식

보상제도에 대한 소통 의무의 내용에 따라 법률 내용, 취업규칙, 취업규칙변경의견청취서, 취업규칙변경동의서, 통지서 등을 준비해야 한다.

2. 종업원가치제안(EVP)

1) 정의와 특징

종업원가치제안(EVP: employee value proposition)은 어느 기업이 그 직원에게 줄 수 있는 가치 있는 것들이 무엇인지를 정리한 내용을 말한다(Werner et al., 2011: 182; 김현기, 2005: 16~17; 마이클스·핸드필드존스·액슬로드, 2002: 88). 달리 말하면 직원으로 근무할 경우에 경험하고 얻을 수 있는 가치 있는 처우나 보상에 대해 기업에서 요약한 내용이라고 할 수 있다. 일터환경까지를 포함한 전체적인 보상제도에 대해 지향하는 방향, 내용, 특색, 우수한 점 등을 정리해 직원이나 입사 희망자들과 적극적으로 소통해 공감하는 입사 희망자들이 지원하게 하거나, 공감하는 직원들의 만족도나 몰입도, 동기부여 수준을 높이기 위해 종업원가치제안을 만들고 활용한다. 기업들이 상품을 알리기 위한 적극적인 수단으로 마케팅을 활용하는 것처럼 보상제도를 적극적으로 알리는 소통 활동 중 하나가 종업원가치제안이다. 종업원가치제안의 유형은 금전적 가치(임금과 복지)를 강조하는 EVP, 비금전적 가치(일터환경)를 강조하는 EVP, 금전적 가치와 비금전적 가치를 균형 있게 강조하는 EVP, 별다른 제안이 없어 EVP가 없는 유형 등으로 구분할 수 있다(김현기, 2005: 17 표).

2) 변화 추세와 통계

매킨지 컨설팅이 2000년에 중간 관리자 및 상급 관리자를 대상으로 입사 또는 계속 근무 여부를 결정할 때 무엇을 중요하게 생각하는가를 설문조사한 결과 〈표 VIII. 1-1〉과 같이 나타났다.

| 표 VIII.1-1 | **관리직 직원들이 입사 또는 계속 근무를 결정할 때 중요하다고 응답한 가치들**

(단위: %)

재미있고 도전적인 일	59
경영이 잘 되는 회사	48
내가 열정을 가진 일	45
상사와의 돈독한 관계	43
마음에 드는 기업문화와 가치관	39
개인의 공헌에 대한 보상과 인정	39
경영진에 대한 신뢰	38
경력개발의 기회	37
상당한 부를 창출할 기회	36
나를 향한 장기적인 기여도	35
경력을 개선할 스킬을 개발함	35
고성과에 대한 추가적인 보상	31
상급 관리자의 관심	30
성과에 따른 승진	28
존경하는 상사	26
매년 높은 현금 보상	26

주: 총 40개 문항 중 응답률이 높으면서 만족도와 밀접한 16개 문항만 발췌함.
자료: 마이클스·핸드필드존스·액슬로드(2002: 91).

3) 관련 법률

어느 기업에서나 자율적으로 도입할 수 있다. '노동법'에는 종업원가치제안을 직접 규정하는 내용이 없다. 다만 입사 희망자들에게 종업원가치제안을 할 때, 근로자를 채용할 때에는 채용 광고에서 제시한 근로조건을 정당한 사유 없이 구직자에게 불리하게 변경하면 안 된다(30인 이상 사업장, 채용절차법§4③, 과태료 500만 원 이하)는 규정을 고려해 지키지 못할 제안을 하지 않도록 주의해야 한다.

4) 장점

기업으로서는 기업의 방향에 더 맞고 좀 더 나은 인재를 채용하는 데 도움이 되고, 직원들의 만족도나 몰입도나 동기부여를 높이는 데 도움이 되며, 전체적인 보상제도의 효율성이나 효과를 높이는 데 도움이 된다. 직원으로서는 자신에게 더 맞는 기업을 선택하는 데 도움이 되며, 좀 더 만족스러운 직장생활을 하는 데 도움이 된다.

5) 단점

기업으로서 추진하기 위해서는 경영전략, 핵심 가치, 인재상, 보상전략 등을 준비해야 하는 등 시간과 노력이 필요하고, 전체적인 보상 수준이 높지 않거나 차별화할 수 있는 보상이 부족할 때에는 적극적으로 추진하기 어렵다. 직원으로서는 보상제도의 구체적인 실상을 아는 데에는 한계가 있다.

6) 도입 사례

미국에서는 금전적 EVP로 Cisco, 비금전적 EVP로 McKinsey, Amgen, SAS, 금전과 비금전 균형 EVP로 펩시, Cigna 등을 들 수 있다(김현기, 2005: 17 표). 한국에서는 보리출판사(하루 6시간 노동제, 2012), 안랩(삶의 가치를 높이는 場), MPK그룹(흥미 있는 일, 훌륭한 회사, 매력적인 보상, 자기 계발), 현대카드(PRIDE) 등을 들 수 있다(한국인사관리협회, 2015 등 참조).

7) 제도 설계

종업원가치제안을 설계할 때에는 임금만이 아니라 복지나 일터환경까지를 모두 범위에 포함시킨 가운데 정책에 따라 선택해 설계해야 하고, 직원들이 보편적으로 추구하는 가치(흥

| 표 VIII.1-2 | **현대카드의 종업원가치제안(PRIDE)**

1. 자기주도형 경력 개발: 자율적으로 자신의 업무를 결정한다. 2. 성과 중심 보상: 업적과 역량이 뛰어난 직원의 보상을 확실히 한다. 3. '현대카드스러운' 건강하고 선진화된 Work Style: 선진화된 기업문화 추구 4. 일하기 좋은 근무환경: 구성원 배려한 편의 시설 마련

자료: 한국인사관리협회(2015: 389~391).

미로운 일, 훌륭한 회사, 매력적인 임금, 자기 계발의 기회 등)를 포함시켜 설계해야 하며, 경영전략, 핵심가치 등을 고려하여 필요로 하는 인재의 특성에 맞추어 설계해야 하고, 직원 집단마다 특성이 크게 다르면 그에 맞추어 다양하게 설계할 수 있으며, 경쟁 기업과 비교하거나 대상자들의 일반적인 기대와 비교해 뛰어난 점이 있도록 설계해야 하고, 상황의 변화에 따라 지속적으로 개선해야 한다(마이클스·핸드필드존스·액슬로드, 2002: 109~116 등 참고).

제2장

보상계약 체결

1. 근로계약 체결 기준

1) 정의와 특징

근로계약 체결 기준은 근로계약을 체결할 때 법률에서 정한 의무를 지키도록 제한하는 제도다. 근로조건을 명확하게 정하도록 하여 나중에 근로계약의 내용에 대한 분쟁이 발생하는 것을 예방하기 위한 제도다. '노동법'은 사용자가 근로자에게 의무적으로 제공해야 할 다양한 보상(근로조건)들을 규정하고 있고, 근로계약을 체결하는 과정에서 지켜야 할 절차와 기준도 규정하고 있다. 근로계약을 체결할 때에는 상대방에 따라, 정해진 근로조건에 대해서는 서면으로 작성해 제공하거나 말로 설명하거나 서면으로 보여주어야 하며, 또는 일정한 요건을 갖춰 체결해야 한다.

2) 변화 추세와 통계

독일에서는 '중요 근로조건의 서면 명시에 관한 법률'에 중요 근로조건은 서면으로 작성하고 서명해 늦어도 근로관계 개시 후 1개월 이내에 근로자에게 줄 사용자의 의무를 규정하고 있으며, 이때 전자문서는 인정하지 않는다(김기선·박수근·강성태 외, 2013: 283~284).

미국에서는 원칙적으로 고용계약은 구두 합의로 성립할 수 있고, 대다수 근로자는 근로계약 기간이 없는 정규직으로 계약하기 때문에 고용계약서를 작성하지 않는다. 다만, 거의 모든 주에서는 '사기방지법'을 채택해, 계약 체결 후 1년 안에 이행을 종료하지 못할 계약에 대해서는 서면으로 작성해야만 법적 구속력을 인정함으로써, 1년을 초과하는 기간제 고용계약은 서면으로 작성하지 않으면 안 된다(이승길, 2005: 297~298).

일본에서는 다양한 내용으로 근로계약 체결 의무를 규정하고 있다.

한국에서는 2008년 취업규칙 가운데 76.1%가 근로계약서 체결에 대한 규정을 두고 있다(김정한·문무기·윤문희, 2008: 58).

| 표 VIII.2-1 | 근로 형태별 근로계약서 작성 비중

(단위: %)

근로 형태	임금근로자													
		정규직	비정규직											
				한시적 근로				비전형 근로						시간제 근로
					기간제	반복갱신	기대불가		파견	용역	특수형태 근로	가정 내 근로	일일근로	
작성	61.4	62.2	59.8	79.2	85.3	75.1	38.4	50.4	88.8	85.0	55.6	14.5	9.3	46.3

자료: 한국노동연구원(2016b: 49) 수정.

3) 관련 법률

상시 근로자가 1명 이상인 모든 기업에서 의무적으로 도입해야 한다. 근로계약 체결 기준에 대해서는 '근로기준법'에 규정하고 있다.

3)-1 금지계약 준수 의무

채용 광고에서 제시한 근로조건을 정당한 사유 없이 구직자에게 불리하게 변경하면 안 된다(30인 이상 사업장, 채용절차법§4③, 과태료 500만 원 이하). 근로계약을 체결할 때에는 '근로기준법'에 미달하는 내용을 포함시키더라도 아무런 효력이 없고, 그 내용은 자동으로 '근로기준법'에서 정한 내용을 적용하게 된다(근기법§15, 벌칙 없음). 근로계약을 체결할 때에는 취업규칙에 미달하는 내용을 포함시키더라도 아무런 효력이 없고, 그 내용은 자동으로 취업규칙에서 정한 내용을 적용하게 된다(근기법§97, 벌칙 없음). 근로계약을 체결할 때에는 근로자가 근로계약을 위반할 경우 일정액의 위약금이나 손해배상금을 물어야 한다는 내용을 포함시킬 수 없다(근기법§20, 벌금 500만 원 이하). 예를 들어 1년 안에 퇴직할 경우에는 얼마를 배상한다거나 임금의 몇 %를 반환한다는 방식의 근로계약을 할 수 없고, 여러 가지 이유를 들어 보증금 예치, 미수금 대납, 임금 미지급, 퇴직금 미지급 등을 정하는 방식은 금지된다. 다만 국내외 연수를 보내면서 연수비용을 대여하고 연수 후의 의무 근무기간이나 위반할 때의 반환금을 정하는 계약이나 신원보증계약 등은 가능하다. 근로자가 재직 과정에서 불법행위 등을 저질러 회사에 손해를 입히는 일이 발생할 때에는 그 손해 정도에 따라 손해배상을 청구하거나 구상권을 행사할 수 있다(하갑래, 2014: 205). 근로계약을 체결할 때에는 기본적으로 강제 저축이나 저축금의 관리를 규정하는 내용을 포함시킬 수 없고(근기법§22①, 징역 2년, 벌금 1000만 원 이하), 근로자가 요청해 저축을 관리하는 경우에는 근로자가 결정하도록 하고, 근로자 이름으로 저축하고 근로자가 요구하면 관련 자료를 보여주거나 반환해야 한다(근기법§22②, 벌금 500만 원 이하).

3)-2 정규직근로자에 대한 근로계약 체결 기준

서면으로 작성해서 근로자에게 제공해야 하는 근로조건으로는 임금(구성 항목, 계산 방법, 지급 방법), 소정근로시간, 주휴일, 연차유급휴가가 있다(근기법§17②, 벌금 500만 원 이하). 여기서 서면이란 근로계약서, 근로계약서나 첨부 서류, 취업규칙 요약서 등의 형식으로 작성할 수 있고, 서류나 이메일로 제공할 수 있다(임종률, 2015; 하갑래, 2014). 개인적인 근로조건에 대해서는 개인마다 따로 작성하고, 취업규칙에 포함되어 있는 공통의 근로조건에 대해서는 개인의 서면에 취업규칙에 따른다고 표시해도 된다.

근로자에게 말로 설명하거나 서면으로 보여주어야 하는 근로조건으로는 취업 장소와 담당 업무, 기숙사 규칙, 취업 규칙이 있다(근기법§17①, 벌금 500만 원 이하). 서면으로 보여주는 방법은 서류나 이메일로 제공하거나, 서류를 게시하거나, 웹 사이트에 게시할 수 있다.

근로자가 요구할 때 서면으로 작성해 제공해야 하는 근로조건으로는 임금(구성항목·계산방법·지급방법), 소정근로시간, 주휴일, 연차유급휴가가 단체협약 변경이나 취업규칙 변경이나 근로자 대표와의 서면 합의에 따라 변경되는 경우다(근기법§17②, 벌금 500만 원 이하).

3)-3 미성년자에 대한 근로계약 체결 기준

미성년 근로자(15~18세) 본인과 근로계약을 체결해야 하며, 친권자나 후견인과 근로계약을 체결하면 안 된다(근기법§67①, 벌금 500만 원 이하). 서면으로 작성해 근로자에게 제공해야 하는 근로조건으로는 임금, 소정근로시간, 주휴일, 연차유급휴가, 취업 장소와 담당 업무, 기숙사 규칙, 취업규칙이 있다(근기법§67③, §17①, 근기령§8, 벌금 500만 원 이하). 근로계약이 미성년자에게 불리하다고 판단하면 친권자나 후견인으로서는 미성년 근로자의 의사와 관계없이 근로계약을 해지할 수 있는 권한이 있다(근기법§67②).

3)-4 수습근로자에 대한 근로계약 체결 기준

법률에서는 수습근로자를 수습을 시작한 지 3개월 이내인 근로자로 정의한다(근기령§16). 이론에서는 수습을 이미 근로계약을 체결한 후 작업 능력이나 적응 능력을 키워주기 위한 기간으로 정의한다. 실제 기업에서는 수습 기간의 목적, 기간, 절차를 다양하게 정해 운영하고 있으며, 수습과 시용을 혼동하는 사례도 적지 않다. 수습 또는 수습 근로자에 대해서는 이미 근로계약을 체결해 채용을 완료한 후의 과정으로 인식할 필요가 있다. 만일 회사 측에서 근로계약의 체결을 완료하지 않고 채용을 완료하지 않은 상태를 유지하고자 할 경우에는 수습 과정 대신 명확한 시용계약을 체결하지 않으면 안 된다.

법률에서는 수습근로자에 대한 근로계약 체결 기준을 별도로 규정하고 있지 않다. 근로자와 근로계약을 체결할 때에는 그 후 수습 기간을 둘 예정인지와 관계없이, 서면으로 작성해 근로자에게 제공해야 하는 근로조건이나 말로 설명하거나 서면으로 보여주어야 하는 근로조건에 대해서는 수습 기간 뒤로 미룰 수 없고 법정 의무를 이행해야만 한다(근기법§17, 벌금 500만 원 이하). 수습 기간을 두기 위해서는 별도의 근로계약을 체결할 필요는 없고, 취업규칙이나 근로계약 안에 명시하면 된다. 수습 근로자에게도 '노동법'을 적용해야 하지만, 3개월 이내의 수습근로자에 대해서만 '노동법'의 일부를 예외적으로 적용할 수 있다. 정당한 이유가 있어 해고할 때에는 해고예고를 하지 않아도 되고(근기법§35, 근기령§16), 최저임금액을 10% 감액해 적용해도 되며(최임법§5②1., 최임령§3①), 근로조건을 다소 낮게 정해도 되고, 정당한 이유가 있어 해고할 때 다소 낮은 기준을 적용해도 된다.

3)-5 시용근로자에 대한 근로계약 체결 기준

'노동법'에서는 시용 또는 시용 근로자에 대해 직접 규정하고 있는 내용은 없다. 시용계약은 확정적인 근로계약(본채용)을 체결하기 전에 시험적으로 사용하기 위한 특수한 근로계약이다. 시용계약을 체결하기 위해서는 취업규칙과 시용근로계약서에 시용계약 내용을 명시해야 하며, 합리적인 범위에서 시용기간을 명시해야 하며, 실험의 내용과 본채용을 체결하기 위한 판단 기준을 제시해야 한다(하갑래, 2014). 본채용의 체결을 거부할 수 있는 정당한 사유로는 근무 성적 불량, 업무 적성 부족, 업무 태도 불량, 사실의 은폐나 허위신고 등을 들 수 있으며(김수복, 2014: 69; 임종률, 2015), 사유에 대한 관찰 결과를 근거로 공정하게 평가해 결정해야 한다. 정당하게 시용계약을 종료하고 본채용을 거부하는 것은 해고에 해당하지만, 이를 위해 별도의 징계 절차나 해고 절차를 거칠 필요는 없고, 해고예고제도를 적용할 의무도 없으며, 통보만으로도 가능하다. 시용기간은 원칙적으로는 연장할 수 없으며, 본채용 체결 없이 시용기간이 지나면 자동적으로 본채용을 체결한 것으로 본다. 시용기간에는 근로조건을 차등 적용하는 것도 가능하나, 시용기간은 근속기간에 포함시켜야 한다.

3)-6 채용 내정자에 대한 근로계약 체결 기준

'노동법'에는 채용 내정을 직접 규정하는 내용이 없다. 채용 내정은 확정적인 근로계약(본채용)을 체결하기 전에 일정한 요건이 충족되면 채용할 것을 약정하는 특수한 근로계약이다. 채용 내정 계약을 체결하기 위해서는 채용 내정 통지서를 전달해야 하며, 통지서에는 본채용을 체결하기 위한 요건과 채용 내정 취소 사유와 본채용 예정일을 명시해야 한다.

본채용을 체결하기 위한 요건으로는 졸업, 학위 취득, 서류 또는 서약서의 제출, 프로젝트 완성 등 자유롭게 정할 수 있다. 정당하게 채용 내정을 취소하거나 본채용을 거부하는 것은 해고에 해당하지만, 이를 위해서는 별도의 징계 절차나 해고 절차를 거칠 필요는 없고, 해고예고제도를 적용할 의무도 없으며, 통보만으로도 가능하다(임종률, 2014). 채용 내정자로서는 1개월 전에 통지만 하면 언제든지 채용 내정 계약을 취소할 수 있다(임종률, 2014). 채용 내정을 취소하거나 본채용을 거부할 수 있는 정당한 사유가 없음에도 본채용을 거부하면 채용 내정자는 손해배상 청구, 근로자 지위확인 소송 등을 제기할 수 있다.

3)-7 비정규직근로자에 대한 근로계약 체결 기준

기간제근로자, 단시간근로자, 파견근로자에 대한 근로계약 체결 기준에 대해서는 별도의 법률로 규정하고 있다.

4) 규정과 서식

기본적으로 근로계약서와 취업규칙을 준비해야 한다.

| 그림 VIII.2-1 | **근로계약서 사례(2016)**

표준근로계약서(기간의 정함이 없는 경우)

______(이하 "사업주"라 함)과(와) ______(이하 "근로자"라 함)은 다음과 같이 근로계약을 체결한다.

1. 근로개시일: 년 월 일부터
2. 근무장소:
3. 업무의 내용:
4. 소정근로시간: _시_분부터 _시_분까지(휴게시간 : 시 분 ~ 시 분)
5. 근무일/휴일: 매주 _일(또는 매일 단위) 근무, 주휴일 매주 _요일
6. 임금

- 월(일, 시간)급: ___________원
- 상여금: 있음( ) _______________원, 없음 ( )
- 기타급여(제수당 등): 있음 ( ), 없음 ( )
  - · ______________원, ______________원
  - · ______________원, ______________원
- 임금지급일: 매월(매주 또는 매일) ___일(휴일의 경우는 전일 지급)
- 지급방법: 근로자에게 직접지급( ), 근로자 명의 예금통장에 입금( )

7. 연차유급휴가

- 연차유급휴가는 근로기준법에서 정하는 바에 따라 부여함

8. 사회보험 적용여부(해당란에 체크)

□ 고용보험 □ 산재보험 □ 국민연금 □ 건강보험

9. 근로계약서 교부

- 사업주는 근로계약을 체결함과 동시에 본 계약서를 사본하여 근로자의 교부요구와 관계없이 근로자에게 교부함(근로기준법 제17조 이행)

10. 기타

- 이 계약에 정함이 없는 사항은 근로기준법령에 의함

년 월 일

(사업주) 사업체명: (전화 :)
주 소:
대 표 자: (서명)
(근로자) 주 소:
연 락 처:
성 명: (서명)

자료: 노동부(2016g: 1).

2. 4대보험 신고

1) 정의와 특징

4대보험은 한국에서 건강보험, 산재보험, 고용보험, 국민연금을 함께 부르는 편의적인 용어다. 4대보험은 모두 정부에서 사회보장의 확대를 위해 도입한 대표적인 사회보험제도로서 법정복지제도에 해당한다. 4대사회보험으로 부르기도 한다. 기업 안에서 4대보험을 운영할 때 실무에서 주로 문제가 되는 것은 보험 가입과 보험료 납부다.

| 표 VIII.2-2 | **4대보험의 기본 성격**

	건강보험	산재보험	고용보험	국민연금
도입 연도	1977	1964	1995	1988
주목적	의료 보장	산재 기간 소득 보장	실업 기간 소득 보장	노후 기간 소득 보장
주관 부처	보건복지부	고용노동부	고용노동부	보건복지부

2) 변화 추세와 통계

미국에서는 법정사회보험제도로 산재보험(workers' compensation), 실업보험(unemployment insurance), 노후지원보험(social security) 등 3대보험을 운영하고 있다(김원식·권병구, 2003: 84~86; Gomez-Mejia et al., 2010: 407~413). 2015년 민간 기업의 노동비용에서 3대보험이 차지하는 비중은 8.0%로 나타났고, 자율복지제도에 해당하는 퇴직급여가 차지하는 비중은 4.0%로 나타났다(BLS, 2015년도 분기별 보도 자료 평균값).

일본에서는 법정사회보험제도로 의료보험, 노동자재해보상보험, 고용보험, 연금보험, 간병보험 등 5대 보험을 운영하고 있다(윤조덕·김상호·박정란, 2008). 2015년 상용 노동자 30인 이상인 사업장에서 노동비용 중 법정복리비가 차지하는 비중은 11.4%로 나타났고, 별도의 자율복지제도에 해당하는 퇴직급여 비용이 차지하는 비중은 4.5%로 나타났다(厚生勞働省, 2017에서 계산함).

한국에서는 법정사회보험제도로 건강보험, 산재보험, 고용보험, 국민연금 등 4대보험을 운영하고 있고, 이와는 별도로 법정퇴직급여제도도 운영하고 있다. 2015년 상용 근로자가 30인 이상인 사업장에서 4대보험을 포함한 법정복리비가 차지하는 비중은 6.6%, 퇴직급여가 차지하는 비중은 9.5%로 나타났다(고용노동통계포털에서 계산함).

3) 관련 법률

근로자 1명 이상 모든 기업에서 의무적으로 도입해야 한다. '국민건강보험법', '산업재해보상보험법', '고용보험법', '국민연금법', '고용보험 및 산업재해보상보험의 보험료징수 등에 관한 법률' 등에서 각각 규정하고 있다.

| 표 VIII.2-3 | 4대보험 보험 가입(자격 취득) 대상자(예시)

		건강보험	산재보험			고용보험		국민연금	비고
			산재	임금채권*	석면*	실업급여	고용직능*		
사용자	법인 대표	○	△	×	×	×	×	○	△: 50인 미만 중소기업
	개인사업주	△	△	×	×	△	△	△	고용보험: 50인 미만 산재: 1인 사업장 사업주(퀵서비스, 예술인 등)
나이	65세 이후 고용	○	○	○	○	×	○	×	
	65세 이상	○	○	○	○	○	○	×	
	60세 이상	○	○	○	○	○	○	△	△: 임의 계속가입이 가능하나, 본인이 전액 부담
	18세 미만	○	○	○	○	○	○	△	
휴가 휴직	출산전후휴가	○	×	×	×	○	○	○	
	육아휴직	○	×	×	×	○	○	○	
	노조 전임	○	×	×	×	○	○	○	휴가휴직으로 간주
단시간 근로자 및 기간제 근로자	월 60시간 미만 근무	×	○	○	○	△	△	△	△: 생업 목적의 3개월 이상 근로
	시간강사	○	○	○	○	○	○	○	
	1개월 미만 고용자	×	○	○	○	○	○	×	
	아르바이트 학생	○	○	○	○	△	△	○	△: 휴학생, 야간학생은 대상자
	현장실습생	×	○	×	○	×	×	×	
	정부 지원 인턴	○	○	○	○	○	○	○	사업주가 임금 지급 경우
	연수생	×	×	×	×	×	×	×	노동부의 연수지원제
	공익근무 요원	×	×	×	×	×	×	×	
외국인 근로자		△	○	○	○	△	△	△	
해외 파견자		○	△	×	△	○	○	○	
국민기초생활수급권자		×	○	×	○	×	○	△	자활근로사업 참여자

주: *는 각각 임금채권부담금, 석면피해구제기금 및 석면피해구제분담금, 고용안정직업능력개발사업부담금의 줄임말임.
○는 의무 가입, ×는 가입 불가, △는 임의 가입 가능.
세부적인 설명 및 규정의 변화에 대해서는 해당 공단에 수시로 확인을 해야 함.
자료: 이항수 외(2014: 149~150); 이민석 외(2014: 464) 수정; 4대사회보험정보연계센터 웹 사이트 등 참조.

4대보험 기관 홈페이지 및 전화번호는 다음과 같다.

국민연금공단(http://www.nps.or.kr): 국번 없이 1355

국민건강보험공단(http://www.nhis.or.kr): 1577-1000

근로복지공단(http://www.kcomwel.or.kr): 1588-0075

고용센터(http://www.ei.go.kr): 국번 없이 1350

사회보험통합징수포털(http://si4n.nhis.or.kr): 1577-1000

3. 연봉계약 체결 기준

1) 정의와 특징

연봉계약은 연봉제에서 1년마다 개인에 대한 평가 결과에 따라 연봉 증감액을 결정하고 체결하는 계약을 말한다. 연봉계약을 체결하기 위해서는 일반적으로 직원에게 평가 결과와 연봉 증감액을 제시한 후 연봉계약을 확정하는 절차를 거친다. 세부적인 절차를 보면 인사평가를 실시해서 평가 결과를 도출하고, 평가 결과에 상응하는 연봉 증감액을 도출하며, 평가 결과와 연봉 증감액을 직원에게 설명하고, 의견을 듣는 면담을 진행하며, 직원의 이의 제기가 있으면 검토해 필요한 조치를 하고, 마지막으로 연봉계약을 체결한다. 연봉계약 체결 과정에서는 평가 결과나 연봉 증감액을 둘러싸고 기업과 직원 사이에 이견이나 갈등이 발생할 수 있다. 특히 평가 결과를 합리적인 과정을 거쳐 공정하게 도출하지 않으면 이견이나 갈등이 더욱 커질 수 있다. 연봉계약 체결 과정을 효과적으로 운영하기 위해서는 무엇보다도 보상제도와 인사평가제도를 공정하게 설계하고 운영해야만 하며, 평가 결과나 연봉 증감액에 대한 이의신청 절차를 두어 필요한 경우 이의제기를 할 수 있는 기회를 줄 필요가 있다.

2) 변화 추세와 통계

미국에서는 연봉제와 비슷한 직무성과승급제도가 일반화되어 있는데, 2009년에는 90% 기업에서 도입했다(밀코비치·뉴먼·거하트, 2016: 38에서 재인용).

일본에서는 2012년 30명 이상 기업 가운데 13.3%가 연봉제를 도입하고 있으며, 그 기

| 표 VIII.2-4 | **연봉제 도입 현황**

(단위: %)

연도	2009	2010	2011	2012	2013	2014	2015	2016
도입률	30.6	33.4	30.2	33.4	33.4	31.4	32.8	31.2

주: 상시 근로자 1명 이상 기업 기준.
자료: 임금근로시간정보 시스템.

업들에서는 전체 직원 중 16.8%에 대해 연봉제를 적용하고 있다.

한국에서는 2012년 상시 근로자가 30명 이상인 기업 중 64.5~75.2%가 연봉제를 도입하고 있다(임금근로시간정보 시스템). 2014년 단체협약 가운데 5%가 연봉제를 도입하고 있는 것으로 나타났고, 그중 1.1%에서만 평가 여부에 대한 규정을 두고 있는 것으로 나타났다(박명준·조성재·문무기, 2014: 167~168).

3) 관련 법률

어느 기업에서나 자율적으로 도입할 수 있다. 그러나 근로계약에 대한 사항은 상시 근로자가 1명 이상 모든 기업에서 의무적으로 도입해야 한다. '노동법'에는 연봉계약 체결 기준을 직접 규정하는 내용이 없다.

3)-1 근로계약 의무

연봉제를 도입하더라도 법정 근로계약 의무는 그대로 적용된다(하갑래, 2014: 466; 이 장의 '1. 근로계약 체결 기준' 참조). 연봉계약은 1년마다 근로계약의 일부를 갱신해 체결하는 것으로 보아야 하므로 매년 별도로 작성해야 하고, 서면으로 작성해야 하며, 구성 항목, 계산 방법, 지급 방법 등을 명시해 근로자에게 제공해야 하는 게 원칙이다(근기법§17②, 벌금 500만 원; 박(박우성·유규창·박종희, 2001: 101; 하경효, 2013: 347~348; 김수복, 2014: 118). 연봉의 변경에 따라 근로자가 요구할 때에는 연봉의 구성 항목, 계산 방법, 지급 방법을 명시한 연봉계약서를 제공해야 한다(근기법§17②, 벌금 500만 원 이하).

3)-2 연봉계약 기간

연봉계약 기간과 근로계약 기간은 전혀 다르기 때문에, 근로계약 기간이 끝나지 않은 상태에서는 연봉계약 기간이 끝났다는 이유만으로 근로자를 퇴직시킬 수 있는 것이 아니다.

3)-3 연봉 삭감

취업규칙이나 근로계약에 감액 또는 삭감된 연봉을 지급할 수 있다고 규정하고 있으면 인사평가 등의 절차를 거쳐 감액 또는 삭감된 연봉을 지급하더라도 위법한 것으로 볼 수 없고, '근로기준법' 제95조에 의한 감급 제재 위반으로 볼 수 없다(근기 68207-928, 2002.3.6; 근기 68207-3273, 2001.9.24; 서울행법 2006.4.25, 2005구합36455; 김수복, 2014: 122에서 재인용).

3)-4 연봉계약 합의와 이견

연봉제보상제도와 인사평가제도에 따라 산정한 연봉결정통지서를 근로자에게 통지해 근로자가 수락하면 연봉계약의 효력이 발생한다. 회사가 연봉제를 도입하며 평가 결과에 따라 하위 등급일 경우 연봉액이 하락될 수 있는 제도를 수립하고, 이에 대해 근로자 과반수의 동의를 받고 이 제도에 근거해 연봉액이 하락된 경우에는 새로 책정된 연봉액을 지급할 수 있다. 취업규칙상 사용자의 결정권을 인정하는 규정이 있으면 이에 따르되 그렇지 않다면 사용자가 제안한 연봉액을 최저연봉액으로 하는 취지의 합의를 긍정해야 할 것이다(일본 동경고재 2998.4.9; 김수복, 2014: 121에서 재인용). 근로자가 수락을 거부하면 연봉계약의 효력은 발생하지 않으며, 이때 근로자가 합리적인 이유 없이 수락을 거부하는 경우에는 연봉계약 기간이 만료된 후에는 근로계약을 해지(해고)할 수도 있으나(근로기준팀-1290, 2006.3.22; 근로기준팀-1115, 2005.11.11; 근로기준팀-973, 2005.11.4; 김수복, 2014: 121, 하경효, 2013: 348에서 재인용), 단, 사용자가 최소한의 설득 노력도 기울이지 않고 단지 근로자가 지나친 금액을 요구한다는 것만으로 해고하는 것은 정당성을 인정받을 수 없다(서울행법 2002.6.25, 2001구16469; 김수복, 2014: 119에서 재인용).

4) 장점

기업으로서는 평가 결과를 반영한 합리적인 보상을 실시할 수 있다. 직원으로서는 성과에 대해 보상받을 수 있다.

5) 단점

기업으로서는 평가 과정에서 공정성을 확보하지 못하면 이견이나 갈등을 초래할 수 있다. 직원으로서는 평가 과정에서 공정성을 확보하지 못하면 부당한 대우를 받을 수 있다.

6) 도입 조건

연봉제는 임금수준이 비교적 높은 수준에 도달해 있고, 기업과 직원 사이에 조직문화에 대한 공감대가 크며, 적용 대상자 범위가 넓고, 목표관리제도(MBO)가 충실하게 이루어지며, 연봉 삭감이 없을 때 효과를 내기 쉽다.

7) 도입 사례

이의신청 절차를 두고 있는 기업에는 한국농수산식품유통공사(2000), 코레일로지스(2004), 한국공항공사(2010), 고용정보원(2011), 한국폴리텍대학(2011) 등을 들 수 있다. 연봉계약서를 매년 체결하는 기업으로는 고용정보원(2011) 등을 들 수 있다. 연봉계약서 체결 대신 연봉통지서로 대체하는 기업으로는 한국농수산식품유통공사(2006), 한국공항공사(2010), 한국폴리텍대학(2011) 등을 들 수 있다.

8) 규정과 서식

연봉제를 도입하기 위해서는 연봉제 규정, 인사고과표, 연봉계약서, 연봉적용동의서, 연봉통보서, 연봉이의신청서 등의 규정과 서식을 준비해야 한다.

9) 제도 설계

연봉계약 체결 절차를 설계할 때에는 평가 결과 및 연봉 증감액 통지 방법, 평가 면담 또는 연봉 면담 방법, 이의신청 절차, 이의신청 처리 절차, 연봉계약 체결 방법 등을 결정해야 한다.

4. 포괄임금제 근로계약 기준

1) 정의와 특징

포괄임금제 근로계약은 기본임금을 미리 결정하지 않은 채 각종 수당까지 합한 금액을 월급여액이나 일당으로 정하거나 기본임금을 미리 결정하되, 별도로 매월 일정한 금액을 각종 수당으로 정해 지급하기로 규정한 근로계약을 말한다(임종률, 2015: 447). 포괄임금제 근로계약이 성립된 것으로 인정받고, 또한 포괄임금제의 유효성을 인정받기 위해서는 일정한 요건을 갖춰야 한다.

2) 변화 추세와 통계

포괄임금제는 한국에만 있는 제도로 보인다. 한국의 비제조업 사업장에서 널리 도입하고 있다(배규식·김정우·김기민, 2012: 301). 2009년 조사 대상 기업 중 36.9%가 포괄임금제를 실시하는 것으로 나타났다. 2010년에는 41.0%가 사무 관리 전문직에게 초과 근로수당을 연봉에 포괄해 반영하는 포괄임금제를 실시하는 것으로 나타났고, 이 중 연봉에 반영하는 초과근로수당은 평균 기본급 대비 15.66% 수준으로 나타났다(배규식·김정우·김기민, 2012: 300~302).

3) 관련 법률

어느 기업에서나 자율적으로 도입할 수 있다. '노동법'에는 포괄임금제 근로계약 체결 기준에 대해 직접 규정하는 내용이 없다. 대판 1997.4.25. 95다4056, 대판 2010.5.13. 2008다6052 등의 판례를 참고할 수 있다.

4) 도입 조건

근로시간 측정이 어려운 업무나 가능한 업무 모두에 대해 포괄임금제 적용이 가능하다. 일반적으로는 가산근로가 예정되어 있는 업무에서 근로시간 측정이 어렵거나 근로자에게 재량의 여지가 많은 경우 포괄임금제를 주로 도입한다. 포괄임금제가 성립된 것으로 인정받기 위해서는 근로계약, 취업규칙, 단체협약에 포괄임금제를 실시한다고 명시하고 있거나, 오랜 관행이 있어야 한다. 단체협약이나 취업규칙에 수당을 세부 항목으로 분리해 별도로 지급하도록 명시하고 있을 경우에는 수당을 합해 지급하는 포괄임금제가 성립된 것으로 인정받지 못한다. 단체협약이나 취업규칙에서 포괄임금에 포함시킨 내용을 초과하는 부분이나 아예 언급하지 않은 내용에 대해서는 포괄임금제가 성립된 것으로 인정받지 못한다. 포괄임금제가 유효성을 인정받기 위해서는 첫째, 근로시간 산정이 어려운 경우의 포괄임금제에서는 단체협약이나 취업규칙에서 정한 기준과 포괄임금을 비교했을 때 근로자에게 불이익하지 않아야 하며, 둘째, 근로시간 산정이 가능한 포괄임금제에서는 '근로기준법' 등의 법규에서 정한 기준에 위배되지 않아야 한다. 포괄임금에 포함된 수당의 종류, 시간 수, 금액을 명시해 언제든지 임금 계산을 확인할 수 있도록 하지 않으면 안 된다. 포괄임금에 포함시킬 수 있는 임금 항목으로는 가산임금(연장, 야간, 휴일)이 가능하며, 주휴수당과 연차수당은 휴일이나 휴가를 언제든지 사용하도록 보장할 경우에만 가능하고, 퇴직금은 불가능하다. 실제 시간 외 근로 여부나 휴일, 휴가의 사용 여부에 관계없이 포괄임금을 정한 대로 지급해야 하며 삭감하지 못한다.

5) 규정과 서식

단체협약, 취업규칙, 근로계약서에 포괄임금제를 실시한다는 내용과, 포괄임금에 포함시킬 수당의 종류와 시간 수, 금액을 명시해야 한다.

6) 제도 설계

포괄임금제나 고정가산임금제도를 설계하기 위해서는 대상자, 포함시킬 수당의 종류, 수당 금액, 수당 금액에 해당하는 시간 수, 수당 금액의 적법성 등을 결정해야 한다.

5. 취업규칙 체결 기준

1) 정의와 특징

취업규칙 체결 기준은 취업규칙을 작성하거나 변경할 때 법률에서 정한 의무를 지키도록 제한하는 제도다. 취업규칙은 집단근로계약, 집단보상계약으로서 전체 직원의 근로조건 즉 보상에 큰 영향을 미치기 때문에, 법률에서는 취업규칙을 작성하거나 변경하는 과정에서 사용자의 권한에 일정한 제한을 설정함으로써 근로자들을 보호하고 있다. 기업이 전체 근로자나 근로자 집단별로 적용하기 위해 근로조건이나 직장 규율을 정한 지침이나 규정이면 그 명칭을 취업규칙, 사규, 규정, 내규 등 어떻게 붙이든, 또는 제목을 붙이지 않든 간에 취업규칙에 해당한다.

2) 변화 추세와 통계

일본에서는 취업규칙, 공장규칙, 종업원규칙, 각종 규정 등으로 부른다. 상시 근로자가

10명 이상인 사업장에서는 취업규칙을 작성하고 신고해야 한다(노동기준법§89). 취업규칙을 작성 또는 변경할 때 노동자 과반수로 조직된 노동조합이나 근로자 과반수를 대표하는 자의 의견을 들어야 한다(노동기준법§90①). 근로자와의 합의가 없으면 취업규칙을 근로자에게 불이익하게 변경할 수 없다(노동계약법§9). 근로자가 받는 불이익 정도, 근로조건 변경 필요성, 변경 후의 취업규칙 내용의 상당성, 노동조합 등과의 교섭 상황, 그 밖에 취업규칙 변경에 관계되는 사정 등에 비추어 취업규칙의 변경이 합리적이고, 변경 후의 취업규칙을 근로자에게 주지시켰을 때에는 근로자와의 합의 없이도 불이익하게 변경할 수 있다(노동계약법§10; 스게노 카즈오, 2015: 155~162).

한국에서는 2008년 취업규칙 가운데 36.9%가 취업규칙 불이익 변경 시 근로자 참여에 관한 규정을 두고 있고, 그중 52.2%가 해당 조항 근로자의 개인적 동의를, 20.0%가 근로자 대표의 동의를, 10.9%가 의견 청취를, 3.0%가 근로자 대표와의 협의를, 0.6%가 근로자 대표와의 합의를 각각 그 요건으로 규정하고 있는 것으로 나타났다(김정한·문무기·윤문희, 2008: 41). 2014년 단체협약 가운데 46.8%가 취업규칙 제정·개정·폐지 시 노조의 참여를 규정하고 있는 것으로 나타났다(박명준·조성재·문무기, 2014: 265).

3) 관련 법률

상시 근로자가 10명 이상인 기업에서 의무적으로 도입해야 한다. 취업규칙은 '근로기준법'에서 규정하고 있다[취업규칙 사례는 이 책의 부록인 '노동부 표준취업규칙(2014)' 참조].

3)-1 취업규칙 작성과 신고 절차

상시 근로자가 10명 이상인 사업장에서는 취업규칙을 작성해 노동부에 신고해야 한다(근기법§93, 과태료 500만 원 이하). 취업규칙은 하나의 통합된 규칙으로 만들어도 되고, 근로조건 분야, 사업장, 직종, 근무 형태 등을 기준으로 세분화해 별도의 규칙으로 만들어도 된다(대법 2002.2.25, 98다11628; 임종률, 2015: 353에서 재인용). 명칭을 꼭 취업규칙으로 붙이지 않아도 되고(대법 2002.6.28, 2001다77970; 임종률, 2015: 353), 다른 명칭을 붙이더라도 취업규칙에서 제외되거나 신고가 면제되지도 않는다(근기 01254-8855 1991.6.21; 하갑래, 2014: 219에서 재인용). 취업규칙에는 다음의 1~12에 대한 사항을 포함시켜야 한다(근기법§93). 다만 교대 근로, 승급, 가족수당, 식비, 작업용품, 상여금, 교육 시설, 사업장 환경 개선, 업무 외의 재해 부조, 표창에 대해서는 시행하고 있는 경우에만 포함시키면 된다(근로기준과-1118 2009.4.24; 하갑래,

2014: 219에서 재인용).

1. 업무의 시작과 종료 시각, 휴게시간, 휴일, 휴가 및 교대 근로에 관한 사항
2. 임금의 결정·계산·지급 방법, 임금의 산정기간·지급시기 및 승급(昇給)에 관한 사항
3. 가족수당의 계산·지급 방법에 관한 사항
4. 퇴직에 관한 사항
5. 「근로자퇴직급여 보장법」 제4조에 따라 설정된 퇴직급여, 상여 및 최저임금에 관한 사항
6. 근로자의 식비, 작업용품 등의 부담에 관한 사항
7. 근로자를 위한 교육 시설에 관한 사항
8. 출산전후휴가·육아휴직 등 근로자의 모성 보호 및 일·가정 양립 지원에 관한 사항
9. 안전과 보건에 관한 사항
9의2. 근로자의 성별·연령 또는 신체적 조건 등의 특성에 따른 사업장 환경의 개선에 관한 사항
10. 업무상과 업무 외의 재해부조(災害扶助)에 관한 사항
11. 표창과 제재에 관한 사항
12. 그 밖에 해당 사업 또는 사업장의 근로자 전체에 적용될 사항

취업규칙을 신고하면 노동부에서는 20일 이내에 심사하고, 법령이나 단체협약에 위배되는 내용에 대해 3일 이내에 변경 명령을 하는데, 변경 명령을 정한 기한까지 이행하지 않는 사용자는 형사처벌 받을 수 있다(근기법§96, 벌금 500만 원; 근로감독관집무규정§75; 하갑래, 2014: 221에서 재인용).

3)-2 근로자 과반수의 의견 청취가 필요한 경우

취업규칙을 작성하거나 근로자에게 불리하지 않게 변경할 경우에는 근로자 과반수나 근로자 과반수로 조직된 노동조합의 의견을 들어야 한다(근기법§94①, 벌금 500만 원 이하). 의견을 듣기만 하면 되고 협의하거나 합의하거나 반대 의견을 반영해야 하는 것은 아니다(임종률, 2015: 353). 노동조합의 의견은 대표자의 의견을 말하며, 총회나 대의원회의 의결을 거쳐야 하는 것은 아니다(임종률, 2015: 354). 근로자 과반수의 의견은 근로자 과반수가 참석한 회의에서 듣는 것이 원칙이지만, 부서별로 회의·회람·서명을 통하더라도 개개인의 의견 표시의 자유가 보장되는 이상 무방하다(임종률, 2015: 354).

3)-3 근로자 과반수의 동의가 필요한 경우

취업규칙을 근로자에게 불리하게 변경할 경우에는 근로자 과반수나 근로자 과반수로 조직된 노동조합의 동의를 얻어야 하며(근기법§94①, 벌금 500만 원 이하), 동의를 받지 못한 취업규칙은 변경 전에 재직하던 근로자들에게는 무효가 되고, 다만 변경 후에 입사한 근로자들에게는 유효하게 적용할 수 있다[대법(전합) 1992.12.22, 91다45165 등; 임종률, 2015: 360에서 재인용]. 노동조합의 동의는 대표자의 동의를 말하며, 별도로 조합원 과반수의 동의를 받을 필요는 없다(대법 1997.5.16, 96다2507 등; 임종률, 2015: 356). 근로자 과반수의 동의는 집단의 의사결정 방식 또는 회의 방식에 따라야 한다. 즉 근로자가 같은 장소에 집합한 회의에서 근로자 개개인의 의견 표명을 자유롭게 할 수 있는 적절한 방법(무기명 투표 등)으로 의결한 결과 근로자의 과반수가 찬성하는 방식이어야 한다(대법 1977.7.26, 77다355 등; 임종률, 2015: 356). 다만 부서별로 사용자의 개입이나 간섭이 배제된 상태에서 근로자 사이에 의견을 교환해 찬반 의견을 집약한 후 이를 전체적으로 취합하는 방식도 허용된다(대법 1992.2.25, 91다25055; 대법 2005.5.12, 2003다52456; 임종률, 2015: 356).

4) 장점

기업으로서는 근로조건을 전체적이고 통일적으로 도입해 운영할 수 있고, 근로조건 관리의 효율성을 높일 수 있으며, 소통을 강화하는 데 도움이 된다. 직원으로서는 근로조건에 대한 정보를 확보하는 데 도움이 되고, 근로조건이 변경될 때 의사 결정에 참여할 수 있으며, 개인이 불합리하게 불이익을 받는 위험을 줄일 수 있다.

5) 단점

기업으로서는 변경할 때 근로자의 의견이나 동의를 얻어야 하고, 근로자 과반수가 반대할 경우에는 불이익 변경을 할 수 없다. 직원으로서는 근로조건에 대한 세부적인 정보를 확보하기는 어렵고, 취업규칙에 명시되지 않은 근로조건에 대해서는 정보를 확보하거나 보호를 받는 게 쉽지 않다.

6) 규정과 서식

취업규칙을 작성·변경하면서 근로자 과반수의 의견을 듣거나 동의를 받고 노동부에 신고하기 위해 취업규칙의견청취서, 취업규칙변경동의서, 취업규칙신고서, 취업규칙변경신고서를 준비해야 한다.

6. 단체협약 체결 기준

1) 정의와 특징

단체협약 체결 기준은 단체협약을 체결할 때 법률에서 정한 기준을 지키도록 제한하는 제도다. 단체협약은 노동조합이 사용자와 단체교섭에서 합의한 사항을 서면으로 작성해 날인한 문서를 말한다. 단체협약이 전체 조합원 또는 전체 근로자의 근로조건 즉 보상을 좌우하고 체결 과정에서 단체교섭과 단체행동이 이루어지기 때문에, 법률에서는 단체교섭, 단체행동, 단체협약과 관련해 노사의 권한과 책임을 '노동법'으로 규정하고 있다. 단체협약 체결에 대한 기준으로는 체결 권한, 성립 요건, 효력, 이행 책임 등이 있다.

근로계약은 기업이 주도해 개인과 체결하는 개별 근로계약이다. 취업규칙은 기업이 주도하지만, 전체 근로자 또는 특정 근로자 집단과 체결하는 집단근로계약이다. 단체협약은 기업이 아닌 근로자 측이 주도해 전체 조합원의 근로조건을 규정하는 집단근로계약이며, 체결 과정에서 근로자 측이 더 유리한 계약을 체결하기 위해 단체교섭과 단체행동을 활용할 수 있는 적극적인 집단근로계약이다.

2) 변화 추세와 통계

영국에서의 2013년 노동조합 조직률은 25.6%, 전체 조합원 수는 644만 9000명, 노동쟁의 행위 발생 건수는 114건, 노동쟁의 행위 참가자 수는 39만 5000명으로 나타났다(한국노동연구원, 2015: 104~108).

핀란드에서의 2013년 노동쟁의 행위 발생 건수는 121건, 노동쟁의 행위 참가자 수는 2만 명으로 나타났다(한국노동연구원, 2015: 104~108).

덴마크에서의 2013년 노동쟁의 행위 발생 건수는 197건, 노동쟁의 행위 참가자 수는 5만 7000명으로 나타났다(한국노동연구원, 2015: 104~108).

스페인에서의 2013년 노동쟁의 행위 발생 건수는 994건, 노동쟁의 행위 참가자 수는 44만 8000명으로 나타났다(한국노동연구원, 2015: 104~108).

호주에서의 2013년 노동조합 조직률은 17.0%, 전체 조합원 수는 174만 8000명, 노동쟁의 행위 발생 건수는 219건, 노동쟁의 행위 참가자 수는 13만 2000명으로 나타났다(한국노동연구원, 2015: 104~108).

미국에서의 2013년 노동조합 조직률은 11.3%, 전체 조합원 수는 1452만 8000명, 노동쟁의 행위 발생 건수는 15건, 노동쟁의 행위 참가자 수는 5만 5000명으로 나타났다(한국노동연구원, 2015: 104~108).

일본에서의 2013년 노동조합 조직률은 17.7%, 전체 조합원 수는 987만 5000명, 노동쟁의 행위 발생 건수는 31건, 노동쟁의 행위 참가자 수는 2000명으로 나타났다(한국노동연구원, 2015: 104~108).

한국에서는 2009년 노동조합이 있는 사업장 가운데 89.9%에서 단체교섭이 있었고, 평균 교섭 횟수(임금 교섭만 또는 임금 교섭과 단체 교섭을 함께 추진한 경우의 합계)는 본교섭 5.297회, 실무 교섭 5.063회로 나타났고, 파업이 있었던 사업체의 임금인상률은 8.48%, 없었던 사업체의 임금인상률은 3.44%로 나타났다(배규식·김정우·김기민, 2012: 146, 161). 2014년 단체협약 중 유효 기간에 대해 71.8%가 2년으로, 18.2%가 1년으로 규정하고 있는 것으로 나타났다(박명준·조성재·문무기, 2014: 382). 32.7%는 30일 전에 갱신 요청을 해야 한다고 규정하고 있다(박명준·조성재·문무기, 2014: 391). 2015년에 노동조합 조직률은 10.2%, 전체 조합원 수는 193만 9000명, 노사분규 발생은 105건, 노사분규 참가자는 7만 7000명, 단체협약에 의한 임금인상률은 3.7%(한국의 비농전산업 5인 이상 사업체의 명목임금 상승률은 3.3%)로 나타났다[한국노동연구원, 2017)(단체협약 사례는 이 책의 부록인 '현대중공업 단체협약(2014)'을 참고할 것. 현대중공업의 노사가 체결한 단체협약은 그 형식과 내용 모두가 한국에서 가장 표준적이고 모범적인 사례라고 할 수 있음].

3) 관련 법률

노동조합이 있는 사업장에서는 의무적으로 도입해야 한다. 단체협약 체결 기준은 '노동 노동조합 및 노동관계조정법'에서 규정하고 있다.

3)-1 단체협약의 체결 권한

노동조합의 대표자는 단체협약을 체결할 권한이 있다(노조법§29①). 사용자가 노동조합의 대표자 또는 노동조합으로부터 위임을 받은 자와의 단체협약 체결 기타의 단체교섭을 정당한 이유 없이 거부하거나 해태하는 행위는 부당 노동행위에 해당해 금지된다(노조법§81.3, 징역 2년, 벌금 2000만 원 이하). 다만 사용자가 노동조합이 요구하는 단체교섭 사항 또는 단체협약 제안을 무조건 받아들이거나 체결해야 할 책임이 있는 것은 아니고, 단체교섭에 성실히 참여하고 합의한 사항에 대해서만 단체협약을 체결하면 된다(대판 1998.5.22, 97누8706; 하갑래, 2013: 609에서 재인용).

3)-2 단체협약의 성립 요건

단체협약에는 2년을 초과하는 유효기간을 정할 수 없으며(노조법§32①), 유효기간을 정하지 않은 경우나 2년을 초과하는 유효기간을 정한 경우에는 그 유효기간은 2년이 된다(노조법§32②).

단체협약은 서면으로 작성해 당사자 쌍방이 서명 또는 날인해야 한다(노조법§31①). 단체협약은 하나의 통합된 협약으로 체결해도 되고, 근로조건 분야, 사업장, 직종, 근무 형태 등을 기준으로 세분화해 별도의 협약으로 체결해도 된다(임종률, 2015: 147; 하갑래, 2013: 356). 단체협약 서면의 명칭은 반드시 단체협약으로 붙여야 하는 것은 아니며, 합의서, 각서, 확인서, 협정, 규정 등 어떤 명칭을 붙여도 되고, 명칭을 붙이지 않아도 된다(임종률, 2015: 147; 하갑래, 2013: 356).

단체협약에는 노동조합과 사용자법인 또는 사용자단체의 명칭을 표기하고, 노동조합의 대표자와 사용자법인의 대표자 또는 사용자단체의 대표자를 표기하며, 각자가 단체의 직인이나 개인의 도장, 기명이나 지장 등으로 서명 또는 날인해야 한다(임종률, 2015: 147~148). 노사 대표자가 서명 또는 날인한 문서라도, 노사협의회에서 의결한 사항(근참법§23)이나 '근로기준법'에 따른 근로자 대표 자격으로 합의한 사항은 단체협약이 될 수 없다(임종률, 2015: 146). 단체협약은 체결하기 전에 노동조합의 총회 또는 대의원회에서 의결을 거쳐야 하는 것은 아니다(임종률, 2015: 148). 다만 체결하기 전에 인준 투표를 거치도록 노동조합규약으로 규정했음에도 인준 투표를 거치지 않고 체결한 단체협약의 성립 여부에 대해서는 찬반 논란이 있다.

단체협약은 체결일부터 15일 이내에 행정 관청에 신고해야 하고(노조법§31②, 과태료 300만 원 이하), 행정 관청은 단체협약 중 위법한 내용이 있는 경우에는 노동위원회의 의결을 얻어 그 시정을 명할 수 있다(노조법§31③, 벌금 500만 원 이하). 다만 신고하지 않았다는 사실만으로 단체협약의 성립이 부인되는 것은 아니다.

3)-3 단체협약의 효력

하나의 사업 또는 사업장에 상시 사용되는 동종의 근로자 반수 이상이 하나의 단체협약의 적용을 받을 때에는 그 사업 또는 사업장에 사용되는 다른 동종의 근로자에 대해서도 그 단체협약이 적용된다(노조법§35). 단체협약은 단체협약의 적용을 받은 근로자들에 대해서는 취업규칙이나 근로계약보다 우선 적용되기 때문에, 단체협약에서 정한 근로조건에 위반하는 취업규칙 또는 근로계약의 부분은 무효로 하며(노조법§33①), 무효로 된 부분이나 근로계약에 규정되지 않은 사항은 단체협약에 정한 기준에 의한다(노조법§33②).

3)-4 단체협약 이행 책임

단체협약으로 체결한 근로조건을 이행하지 않고 위반하면 형사처벌을 받을 수 있다(노조법§92.2, 벌금 1000만 원 이하).

4) 장점

기업으로서는 직원의 의견을 최대한 반영할 수 있고, 유효기간 동안에는 근로조건과 관련해 안정을 유지할 수 있다. 직원으로서는 적극적인 의견을 반영해 유리한 근로조건을 확보할 수 있고, 개인적인 불이익을 최소화할 수 있다.

5) 단점

기업으로서는 체결하는 과정에서 많은 시간과 노력이 필요하고, 노사의 이견이 심할 때에는 노동쟁의에 따른 노동 손실이 발생할 수 있으며, 근로조건의 유연한 적용이 어려워진다. 직원으로서는 체결하는 과정에서 많은 시간과 노력이 필요하고, 노사의 이견이 심할 때에는 노동쟁의에 따른 임금 손실이 발생할 수 있으며, 노동조합을 조직하고 운영하는 데 시간과 노력과 비용이 든다.

6) 규정과 서식

단체협약을 체결하기 위해서는 단체교섭 과정에서 합의한 사항을 서면으로 작성해 노동조합과 사용자법인이나 사용자단체의 명칭을 표기하고, 노동조합의 대표자와 사용자법인의 대표자 또는 사용자단체의 대표자를 표기하고, 각자가 단체의 직인이나 개인의 도장, 기명이나 지장 등으로 서명 또는 날인해야 한다. 체결한 단체협약은 따로 작성한 단체협약신고서(노조칙 별지 제8호 서식)에 첨부해 관할 행정 관청에 신고해야 한다.

7. 임금 동결·반납·삭감 기준

1) 정의와 특징

임금 동결·반납·삭감 기준은 임금을 동결·반납·삭감할 때 법률이나 판례에서 허용하는 기준을 지키도록 제한하는 제도다. 임금을 동결·반납·삭감할 때에는 기업이 일방적으로 할 수 없으며, 집단(노동조합 또는 근로자 과반수)이나 개별 근로자의 동의를 얻어야 가능하다. 동결·반납·삭감하고자 하는 임금이 단체협약이나 취업규칙으로 규정한 집단적인 사항이면 노동조합이나 근로자 과반수의 동의를 얻어야 가능하며, 단체협약이나 취업규칙으로 규정하지 않고 각각의 근로자와 근로계약으로 정한 사항이면 개인의 동의를 얻어야 가능하다. 이미 지급한 임금의 일부를 기업에 반납하는 것으로 취급해야 하는 임금 반납은 직원 개인의 동의가 없으면 불가능하며, 임금 반납에는 평균임금 계산 방법, 세금 처리 방법 등의 문제가 따를 수 있다.

기업의 경영 상태가 좋지 않을 때나 정리해고 과정에서는 경영 개선 방법 중 하나로 직원의 임금을 동결·반납·삭감하는 경우가 있다. 임금동결은 임금을 인상하지 않고 현재의 임금 수준으로 장래에도 계속 지급하는 것을 말한다. 임금 반납은 기왕의 근로에 대해 발생한 임금 또는 향후 근로에 대해 발생할 임금의 일부에 대한 청구권을 포기하기로 약정하고 기업에 반납하는 것을 말한다. 임금 삭감은 장래 일정 시점 이후부터 현재와 동일한 내용의 근로제공에 대해 종전보다 임금을 낮추어 지급하는 것을 말한다.

| 표 VIII.2-5 | 임금동결·반납·삭감 동의권

		동결	반납	삭감
단체협약 내용 또는 취업규칙 내용	개인의 동의권	×	○	×
	집단의 동의권	○	×	○
개별 근로계약 내용 (비단협·취업규칙)	개인의 동의권	○	○	○
	집단의 동의권	×	×	×

자료: 노동부(2009a: 18~20) 참조.

2) 변화 추세와 통계

일본에서는 2014년에 상시 근로자가 100명 이상인 기업 가운데 임금 삭감을 실시했거나 예정하고 있는 기업은 9.0%로 나타났다(厚生勞働省, 2014d: 9).

한국에서는 2007년 조사 대상 기업 중 66.1%가, 2009년 조사 대상 기업 중 80.0%에서 임금동결 등 임금과 관련해 양보 교섭이나 합의가 있었다(배규식·김정우·김기민, 2012: 119). 2014년 단체협약 가운데 75%가 기존 근로조건 및 기존 협약조건의 저하 금지를 규정하고 있는 것으로 나타났다(박명준·조성재·문무기, 2014: 22).

3) 관련 법률

단체협약을 개정해야 하는 사항은 단체협약이 체결되어 있는 사업장에 적용된다. 취업규칙을 개정해야 하는 사항은 취업규칙이 작성되어 있는 사업장에 적용된다. 근로계약을 변경해야 하는 사항은 어느 사업장에나 적용된다. '노동법'에는 임금의 동결, 반납, 삭감에 대해 직접 규정하고 있는 내용이 없고, 판례나 행정해석 등을 살펴보아야 하는데, 특히 행정해석(근로기준과-797 2009.3.26)이 도움이 될 수 있다.

3)-1 임금동결 동의권

단체협약이나 취업규칙에서 일정한 조건 아래 자동적으로 인상하기로 정한 임금(예를 들면 정기 호봉승급)을 일정 기간 동안 동결할 경우에는 노동조합이나 근로자 과반수의 동의를 얻어 단체협약이나 취업규칙을 개정해야 가능하다(근로기준과-797 2009.3.26). 단체협약, 취업규칙, 근로계약에서 규정한 내용이 없이 기업이 재량권을 행사해 결정할 수 있는 임금 항목(예를 들면 임금인상률)을 인상하지 않고 동결할 경우에는 기업이 결정하면 가능하다(근로기준과-797 2009.3.26). 단체협약이나 취업규칙에서 규정한 내용이 없으나 개인별 근로계약에서 일정한 조건 아래 자동적으로 인상하기로 정한 임금을 일정 기간 동안 동결할 경우에는 근로자 개인의 동의를 얻어 근로계약을 변경하면 가능하다(근로기준과-797 2009.3.26).

3)-2 임금반납 동의권

임금 반납은 적법하게 발생한 개인의 임금청구권을 포기하는 것으로, 동의권은 근로자 개인에게 있으며, 집단적인 임금 반납 결의가 있다고 하더라도 결의에 참여하지 않은 근로자에게는 임금 반납을 강제할 수 없다(근로기준과-797 2009.3.26). 그러나 임금 자체를 받지 않기로 한 합의, 연장근로수당을 받지 않기로 한 계약, 퇴직금청구권을 사전에 포기하는 약정 등은 임금 반납이 될 수 없고 무효가 된다(하갑래, 2014: 541). 임금반납액은 근로자가 반환을 요구하더라도 사용자는 반환할 책임이 없다(근로기준과-797 2009.3.26). 평균임금을 계산할 때에 임금반납액은 지급한 임금으로 취급해 평균임금에 포함시켜 계산해야 한다(근로기준과-797

2009.3.26).

3)-3 임금삭감동의권

단체협약이나 취업규칙에서 정한 임금을 일정 시점 이후부터 삭감할 경우에는 노동조합이나 근로자 과반수의 동의를 얻어 단체협약이나 취업규칙을 개정하면 가능하고, 개인의 동의를 받을 필요는 없다(근로기준과-797, 2009.3.26). 단체협약이나 취업규칙에서 규정한 내용이 없이 개인별 근로계약으로 정한 임금을 일정 시점 이후부터 삭감할 경우에는 근로자 개인의 동의를 얻어 근로계약을 변경하면 가능하다(근로기준과-797, 2009.3.26). 임금 삭감을 할 때에는 법정 최저임금 미만으로 삭감할 수 없으며, 법정 수당 미만으로 삭감할 수 없다(근로기준과-797, 2009.3.26). 소정근로시간 변경을 통해 임금 삭감을 할 경우에는 노동조합이나 근로자 과반수의 동의를 얻어 단체협약이나 취업규칙을 개정하면 가능하고, 개인의 동의를 받을 필요는 없다(근로기준과-797, 2009.3.26). 그러나 소정근로시간은 변경하지 않고 일정 기간 동안 실제 근로시간만 줄여 임금 삭감을 할 경우에는 단축한 시간에 대해 평균임금의 70%는 휴업수당으로 지급하지 않으면 안 된다(근로기준과-797, 2009.3.26). 연장근로시간을 단축 또는 폐지해 임금 삭감을 할 경우에는 기업이 결정하면 가능하다(근로기준과-797, 2009.3.26). 그러나 단체협약이나 취업규칙 또는 근로계약 등에 의해 고정적으로 일정한 시간을 연장근로 한 것으로 인정해 실질적인 연장근로 발생 여부와 관계없이 연장근로수당을 지급하고 있는 경우(포괄임금제), 연장근로수당을 지급하지 않으려면 단체협약, 취업규칙, 근로계약을 변경해야 가능하다(근로기준과-797, 2009.3.26).

4) 장점

기업으로서는 인건비를 일부 절감할 수 있고, 위기감 조성에 도움이 되며, 정리해고를 피하고 경영 위기를 극복하는 데 도움이 된다. 직원으로서는 정리해고의 위험을 줄일 수 있고, 경영 위기를 극복하면 회복할 기회가 있다.

5) 단점

기업으로서는 경영 위기가 심각할 때에는 큰 도움이 되지 않고, 직원들의 만족도 저하와 생산성 저하를 초래할 수 있다. 직원으로서는 임금이 줄어들고, 경영 위기가 해소되지 않을 경우 임금 삭감이나 정리해고 등을 거쳐 일자리도 잃고 퇴직금까지 줄어들 수 있다.

6) 도입 사례

한국경영자총협회는 일부 사업장에 대해 임금동결(1999, 2004, 2005, 2006, 2007, 2008, 2010, 2016, 2017) 또는 임금 삭감(1999)을 적용해야 한다는 지침을 발표한 사례가 있다(한국노동연구원, 2017: 152). 현대자동차에서는 1997~1998년에 임금동결과 과장급 이상 10% 삭감, 무급휴직 2018명, 희망퇴직 6451명, 정리해고 277명을 실시했다(김정한·김동배·문무기 외, 2009: 272~273).

7) 규정과 서식

임금의 동결, 반납, 삭감을 위해서는 집단에게 동의권이 있는 경우에는 단협이나 취업규칙의 변경과 신고가 필요하고, 개인에게 동의권이 있는 경우에는 근로계약의 변경이 필요하거나 동의서가 필요하다.

8) 제도 설계

임금의 동결, 반납, 삭감을 설계하기 위해서는 대상자, 적용 기간, 적용 금액 또는 비율, 동의권자 확인, 동의 방법 확인 등을 결정해야 한다. 반납의 경우에는 세금 처리, 퇴직급여 처리, 평균임금 계산 등의 적용 원칙도 추가로 결정해야 한다.

8. 자율복지제도 축소 기준

1) 정의와 특징

자율복지제도 축소 기준은 법정복지제도가 아닌 자율복지제도의 혜택을 축소 또는 저하시킬 때 법률이나 판례에서 허용하는 기준을 지키도록 제한하는 제도다. 일반적으로 임금에 해당하지 않는 자율복지제도에 대해서는 기업이 스스로 결정해 축소할 수 있다. 그러나 단체협약, 취업규칙, 근로계약 등에 따라 사용자에게 지급 의무가 있고, 계속적이고 정기적으로 지급하는 금품이면 비록 기업 내부에서 복지로 규정하더라도 법률에서는 임금에 해당하며(대법 1990.11.27, 90다카23868; 대법 2005.9.9, 2004다41217 등; 임종률, 2015: 392에서 재인용), 이처럼 실제로는 임금에 해당하는 형식적인 복지제도를 축소하려면 기본적으로 단체협약, 취업규칙, 근로계약 등을 변경해야만 한다(임금의 동결·반납·삭감 절차 참조). 물론 자율복지제도라고 하더라도 기업이 일방적으로 축소할 경우에는 직원들의 불만과 저항에 직면할 수 있기 때문에 직원들과 충분한 소통을 거쳐 왜 불가피한지에 대해 공감대를 얻는 과정이 필요할 것이다.

2) 변화 추세와 통계

한국에서는 2000년부터 2015년까지 상용 근로자가 10인 이상인 기업의 근로자 1인당 법정 외 복지 비용이 2000, 2004, 2008, 2010, 2014년에 각각 전년도보다 축소되었다(한국노동연구원, 2017: 77).

2008년 취업규칙 중 29.8%가 복리후생 시설에 대한 규정을 두고 있고, 1.7%가 복지기금 설치에 대한 규정을 두고 있으며, 0.4%가 선택적 복지제도와 관련한 규정을 두고 있고, 10.0%가 복리후생비에 대한 규정을 두고 있다(김정한·문무기·윤문희, 2008: 117, 121, 122, 125). 2009년 단체협약 중 89.2%에서 복리후생 시설에 대한 규정을 두고 있고, 37.4%가 급식 제공에 대한 규정을 두고 있으며, 7.7%가 체력단련비에 대한 규정을 두고 있고, 19.9%에서 의료비 지원에 대한 규정을 두고 있으며, 67.1%가 학자금 지원에 대한 규정을 두고 있다(김정한·김동배·문무기 외, 2009: 146, 148, 150, 151).

2009년 조사 대상 기업에서 시행하고 있는 자율복지제도로 도입 비율이 높은 것부터 살펴보면 경조비, 식사비 보조, 의료비 지원, 통근 비용 지원, 자녀 학비 보조, 문화·체육·오락 비용, 근로자 휴양, 주거비 보조, 보험료 지원, 자기 계발 지원, 사내 복지 기금, 근로자 상담, 보육비 지원, 저축장려금, 간병휴업제도, 종업원지주제가 있다(배규식·김정우·김기민, 2012: 76). 2009년 조사 대상 기업에서 근로자 1인당 복리후생비(사업체의 복리후생비와 손익계산서 외의 복리후생비 합계)는 473만 원으로 나타났다(배규식·김정우·김기민, 2012: 86~87). 2015년에 10인 이상 기업의 근로자 1인당 법정 외 복지 비용은 월 21만 원으로 노동비용 총액의 4.4%를 차지하는 것으로 나타났다(한국노동연구원, 2017: 77).

3) 관련 법률

어느 기업에서나 자율적으로 도입할 수 있다. '노동법'에는 자율복지제도 축소 기준에 대해 직접 규정하는 내용은 없다. 단체협약, 취업규칙, 근로계약 등에 따라 사용자에게 지급 의무가 있고, 계속적이고 정기적으로 지급하는 금품이면 비록 기업 내부에서 복지로 규정하더라도 법률에서는 임금에 해당하며(대법 1990.11.27, 90다카23868; 대법 2005.9.9, 2004다41217 등; 임종률, 2015: 392에서 재인용), 이와 같은 임금제도의 불이익을 변경하려면 기본적으로 단체협약, 취업규칙, 근로계약 등을 변경해야만 한다. 임금에 해당하지 않는 자율복지제도의 축소를 제한하는 법률 규정은 없기 때문에 기본적으로 사용자가 결정해 축소할 수 있다. 다만 벌칙은 없으나 협의·의결 등의 의무를 명시하고 있는 법률 규정들이 있다. 근로자의 복지 증진 사항에 대해서는 노사협의회에서 협의해야 한다(근참법§20①13). 복지시설의 설치와 관리 및 사내근로복지기금의 설치에 대해서는 노사협의회에서 의결을 거쳐야 한다(근참법§21.2, 21.3). 사내근로복지기금의 사업계획서 및 감사보고서의 승인 및 회사 내의 다른 근로복지제도와의 통합 운영 여부는 복지기금협의회에서 협의·결정한다(근로복지기본법§56①3., 5.).

4) 장점

기업으로서는 인건비를 일부 절감할 수 있고, 위기감 조성에 도움이 된다. 직원으로서는 정리해고나 임금 삭감에 비해 피해가 적고, 경영 위기를 극복하면 회복할 기회가 있다.

5) 단점

기업으로서는 인건비 절감 효과가 상대적으로 적고, 직원들의 만족도나 몰입도 저하와 생산성 저하를 초래할 수 있다. 직원으로서는 그동안 비용으로 지출했던 것을 지출할 수 없게 되어 불편을 겪을 수 있다.

6) 제도 설계

자율복지제도의 축소를 설계하기 위해서는 대상 복지 항목, 대상자, 적용 기간, 축소 금액 또는 비율, 축소 절차 등을 결정해야 한다.

9. 법정 근로계약 서류 기록·보존 의무

1) 정의와 특징

법정 근로계약 서류 기록·보존 의무는 근로자를 사용하는 동안 법률에서 정한 근로계약에 관한 중요한 서류를 기록하고 보존하도록 제한하는 제도다. '근로기준법' 위반 여부를 판단할 수 있는 근거를 확보해 근로자의 권익을 보호하기 위한 제도다(하갑래, 2014: 83). 근로자 명부, 임금대장을 비롯해 법률에서 정한 서류를 기록하고 보존해야 한다.

2) 관련 법률

상시 근로자 1명 이상 모든 기업에서 의무적으로 도입해야 한다. 법정 근로계약 서류 기록·보존 의무에 대해서는 '근로기준법'에서 규정하고 있다.

2)-1 근로계약 서류 기록 의무

근로자명부를 만들어 기록해야 하는 내용으로는 성명, 성별, 생년월일, 주소, 이력, 종사하는 업무의 종류, 고용 또는 고용갱신 연월일, 계약기간, 그 밖의 고용에 관한 사항, 해고퇴직사망 연월일과 사유(근기법§41, 과태료 500만 원 이하) 등이 있다. 30일 미만 사용하는 일용 근로자의 근로자명부는 기록하지 않아도 된다(근기령§21). 임금대장을 만들어 기록해야 하는 내용으로는 성명, 주민등록번호, 고용연월일, 종사하는 업무, 임금 및 가족수당 계산에 기초가 되는 사항, 근로일수, 근로시간 수, 연장야간휴일근로 시간 수, 임금의 내역별 금액을 지급할 때마다 적어야 한다(근기법§48, 과태료 500만 원 이하).

2)-2 근로계약 서류 보존 의무

3년 동안 보존해야 하는 서류로는 근로자명부, 근로계약서, 임금대장, 임금의 결정·지급 방법과 임금 계산의 기초에 관한 서류, 고용·해고·퇴직에 관한 서류, 승급·감급에 관한 서류, 휴가에 관한 서류, 고용노동부 장관으로부터 승인 인가를 받은 서류, 근로자 대표와 서면 합의한 서류, 연소자증명서(근기법§42, 과태료 500만 원 이하)가 있다. 재해 보상에 관한 중요한 서류는 재해 보상이 끝나거나 재해보상청구권이 소멸될 때까지 보존해야 한다(근기법§91, 과태료 500만 원 이하).

3) 규정과 서식

근로자명부, 임금대장, 근로계약서, 취업규칙(10인 이상 기업), 합의서, 연소자증명서 등을 준비해야 한다.

제3장

보상금액 계산

1. 최저임금 계산

1) 정의와 특징

최저임금(minimum wage)은 근로자에게 지급할 수 있는 가장 낮은 임금이다. 최저임금보다도 낮은 임금을 지급하면, 근로자가 요구하면 결국 최저임금보다 부족한 차액을 지급하지 않을 수 없게 되며, 법률에 따라 벌칙도 받을 수 있다. 따라서 임금수준이 낮은 직원이 있는 기업에서는 직원에게 지급할 임금이 최저임금보다 낮은지를 계산해보고, 근로계약을 할 때나 임금 지급할 때 반영해야 한다.

2) 변화 추세와 통계

최저임금의 최근 3년(2015~2017) 평균 인상률은 7.5%이다. 최저임금의 최근 3년(2010~2012) 평균 위반율은 7.3%이다. 위반자를 사법 처리한 비율은 평균 0.6%이고, 나머지는 시정 지시로 처리했다.

3) 관련 법률

상시 근로자 1명 이상 모든 기업에서 의무적으로 도입해야 한다. 최저임금 계산 기준에 대해서는 '최저임금법'에서 규정하고 있다.

| 표 VIII.3-1 | **최저임금액**

(단위: 원)

	2016	2017	2018
시간급	6,030	6,470	7 530
전년 대비 인상률	8.1%	7.3%	16.4%
일급	48,240	51,760	60,240
주급	289,440	310,560	361,440
월급	1,260,270	1,352,230	1,573,770
연봉	15,223,240	16,226,760	18,885,240

주: 주휴수당 포함. 일급=시급×8, 주급=시급×48, 월급=시급×209, 연봉=시급×209×12.

4) 도입 조건

최저임금에 미달하는지 여부를 판단하기 위해서는 지급한 임금 총액을 시간급으로 환산한 후 시간급 최저임금과 비교하는 것이 기본인데(판례, 행정해석), 지급한 임금 총액 중 법률에서 정한 임금 항목은 넣거나 빼고 시간급으로 환산(최임법§6④, ⑤; 최임칙§2; 최임칙 별표 1, 2; 최임령§5)한 후 비교해야 한다. 최저임금 위반 여부를 판단할 때 산출하는 시간급 환산 임금은 시간급 통상임금과 비슷하지만, 정의와 산출 기준도 다르기 때문에 같은 방식으로 산출하면 안 된다. 최저임금 위반 여부를 판단할 때에는 다음과 같은 순서로 한다.

① 1개월 동안 지급한 모든 보상 항목을 나열한다.

②(지급 의무 확인) 단체협약, 취업규칙 또는 근로계약 등에 임금 항목으로서 지급 근거가 명시되어 있거나 관례에 따라 지급하는 보상 항목은 포함한다(최임칙 별표2).

③(매월 정기성 확인) 매월 1회 이상 일정한 간격을 두고 미리 정한 시기에 계속적으로 지급한 보상 항목은 포함한다(최임칙 별표2).

④(일률성 확인) 모든 근로자에게 지급하거나 일정한 조건을 충족하는 모든 근로자에게 지급하는 보상 항목은 포함한다(최임칙 별표2).

⑤(매월 정기성 초과 확인) 1개월을 초과하는 기간마다 지급한 보상 항목은 제외한다(최임칙 별표 1).

예시: 1. 1개월을 초과하는 기간의 출근 성적에 따라 지급하는 정근 수당

2. 1개월을 초과하는 일정 기간의 계속근무에 대해 지급하는 근속수당

| 표 VIII.3-2 | **기준 시간 수(예시)**

기준 시간 수 유형	계산 방식	기준 시간 수(시간)	근로시간 유형
일 기준 시간 수	일 소정근로시간 수	8 ①	주 40시간 일 8시간 근무제
주 기준 시간 수	일 소정근로시간 수 ①× 5일+ 유급주휴일=8×5+8	48 ②	토요일 무급휴무제
	일 소정근로시간 수 ①× 5일+ 유급토요일+유급주휴일=8× 5+4+8	52 ②′	토요일 유급휴일제
월 기준 시간 수	주 기준 시간 수 ②× 월평균주 수 = 48×(365÷12÷7)	209 ③	토요일 무급휴무제
	주 기준 시간 수 ②′×월평균주 수=52×(365÷12÷7)	226 ③′	토요일 유급휴일제

3. 1개월을 초과하는 기간에 걸친 해당 사유에 따라 산정하는 장려가급(奬勵加給), 능률수당 또는 상여금
4. 그 밖에 결혼수당, 월동수당, 김장수당 또는 체력단련비 등 임시 또는 돌발적인 사유에 따라 지급하는 임금 및 수당이나, 지급 조건이 사전에 정해진 경우라도 그 사유의 발생일이 확정되지 않거나 불규칙적인 임금 및 수당

⑥ (소정근로 대가성 초과 확인) 소정근로시간이나 소정근로일에 대해 지급하는 보상 항목에 해당하지 않는 것은 제외한다(최임칙 별표 1).

예시: 1. 연차휴가 근로수당, 유급휴가 근로수당, 유급휴일 근로수당
2. 연장시간근로, 휴일근로에 대한 임금 및 가산임금
3. 야간근로에 대한 가산임금
4. 일직수당, 숙직수당
5. 그 밖에 명칭에 관계없이 소정근로에 대해 지급하는 임금이라고 인정할 수 없는 것

⑦ (생활 보조를 위한 수당 확인) 근로자의 생활을 보조하는 보상 항목은 제외한다(최임칙 별표 1).

예시: 가족수당, 급식수당, 주택수당, 통근수당 등 근로자의 생활을 보조하는 수당

⑧ (현물로 지급하는 급여 확인) 현물이나 현물과 유사한 형태로 지급하는 보상 항목은 제외한다(최임칙 별표 1).

예시: 식사, 기숙사·주택 제공, 통근차 운행 등 현물이나 이와 유사한 형태로 지급되는 급여

⑨ 이상에서 열거한 확인 사항 모두를 충족시키는 보상 항목만을 모두 더해 월급 환산 임금

을 계산한다.

⑩ 월 기준 시간 수를 구한다(최임령§5).

⑪ 월급 환산 임금을 월 기준 시간 수로 나누어 시간급 환산 임금을 계산한다(최임령§5).

⑫ 시간급 환산 임금이 시간급 최저임금보다 낮은지를 비교해 위반 여부를 판단한다.

⑬ 수습 기간 3개월 이내인 사람에 대해서는 시간급 환산 임금을 시간급 최저임금의 90% 금액보다 낮은지 비교해 위반 여부를 판단한다(최임법§5②; 최임령§3①).

2. 평균임금, 통상임금 판단 기준

1) 정의와 특징

한국에서 평균임금이나 통상임금이 문제가 되는 이유는 법률에서 정한 여러 보상금액을 계산할 때 기준이 되기 때문이다. 통상임금 또는 평균임금을 기준으로 계산해야 하는 보상 항목은 〈표 VIII.3-3〉과 같다.

평균임금에 포함되는 보상 항목을 복지로 취급하거나, 통상임금에 포함되는 보상 항목을 평균임금 또는 복지로 취급해 법정 보상 항목을 계산할 때 누락해 계산하고 법정 기준보다 적은 금액으로 지급하면 임금 체불에 해당하기 때문에 법적 다툼의 원인이 될 수 있고, 법률이 정한 벌칙을 받을 수도 있으며, 나중에라도 차액을 지급하지 않을 수 없다.

그런데 실무에서는 구체적인 보상 항목이 평균임금이나 통상임금에 포함되는지 여부를

| 표 VIII.3-3 | **법정 보상 항목의 계산 기준**

통상임금을 기준으로 계산	평균임금을 기준으로 계산
- 연장근로수당 - 야간근로수당 - 휴일근로수당 - 연차수당(평균임금을 기준으로 계산해도 무방) - 휴업수당(평균임금을 기준으로 산출한 결과가 통상임금을 초과할 때에는 통상임금을 지급해도 무방) - '노동법'에서 '유급'으로 규정하고 있는 각종 보상 항목(주휴일, 출산전후휴가 등) - 해고예고수당	- 산재 보상 - 퇴직급여 - 실업급여 - 연차수당(통상임금을 기준으로 계산해도 무방) - 휴업수당(산출 결과가 통상임금을 초과할 때에는 통상임금을 지급해도 무방) - 감봉

| 표 VIII.3-4 | 평균임금 통상임금 여부 판단 기준표

			판단 기준	임금 여부 검토		통상임금 여부 검토*	
				그렇다	그렇지 않다	그렇다	그렇지 않다
임금 여부 지표	통상임금 여부 지표	지급 의무	단체협약서에서 지급해야 하는 보상 항목으로 규정하고 있다.				
			취업규칙에서 지급해야 하는 보상 항목으로 규정하고 있다.				
			근로계약서에서 지급해야 하는 보상 항목으로 규정하고 있다.				
			지급해야 하는 보상 항목으로 당사자 대다수가 알고 있다.				
			지급할 수도 있고 지급하지 않을 수도 있다는 규정이 없다.				
			지급할지 말지를 기업이 아무 때나 마음대로 결정할 수는 없다.				
		정기성	지급할 시기가 구체적으로 정해져 있어 언제라도 그 날짜를 알 수 있다.				
			일정한 주기(매일, 매주, 매월, 격월, 분기별, 반기별, 매년 등)마다 계속해 지급한다.				
		일률성	모든 근로자에게 지급한다.				
			특정 집단에 속한 모든 근로자에게 지급한다(예: 사무직, 생산직, 영업직, 과장 이상, 대리 이하 가운데 지급 요건 해당자 등).				
			어떤 대상자에게 지급하는지에 대한 지급 요건이 정해져 있고, 그 지급 요건을 충족시킨 대상자에게 지급한다.				
		소정근로	소정근로 여부와 관계없이 지급한다.				
			소정근로를 하면 다른 지급 요건을 충족시킬 필요 없이 지급한다.				
			소정근로시간을 벗어난 시간의 근로에 대한 대가로 지급하는 보상 항목(연장근로수당 등)이 아니다.				
		고정성	지급할 지급액이나 지급률이 지급할 시점이 되기 전에 정해져 있어 언제라도 그 금액을 알 수 있다.				
			지급할 시기 전에 퇴직하면 전혀 지급하지 않는 보상 항목이 아니다.				
			지급할 시기 전에 퇴직하더라도 전부 또는 최소한 퇴직일까지의 기간에 해당하는 지급액이나 지급률만큼은 지급한다.				
			개인 업무 실적 확인, 개인 성과 평가, 부서 성과 평가, 기업 경영 실적 평가 등의 결과가 도출되어야 지급액이나 지급률을 결정할 수 있는 보상 항목이 아니다.				
종합 결과							
판단				평균임금 해당	복지 해당	통상임금 해당	평균임금 해당

주: * 임금 여부를 검토한 결과 평균임금으로 판단이 되면, 통상임금 여부도 검토함.

판단하는 것이 결코 쉽지 않다. 우선 '노동법'에는 평균임금이나 통상임금을 판단할 명확한 기준이 규정되어 있지 않다. 법원의 판결도 일관성이 부족한 실정이다. 또한 기업마다 보상을 구성하는 항목 수가 매우 많고, 그 성격도 매우 다양할 뿐 아니라 이름이 형식에 지나지 않는 경우도 많아 이름만으로는 그 성격을 판단할 수 없고, 실제로도 성격이 불명확하고 복합적인 경우가 적지 않다. 어떤 보상 항목이 평균임금이나 통상임금에 포함되는지 여부를 판단하는 기준에 대해 법원의 판례를 통해 정립된 내용은 다음과 같다.

평균임금 즉 임금의 범위에 포함되는 보상 항목은 지급 의무가 있고, 정기적으로 지급하고, 일률적으로 지급하는 특성이 모두 있어야 한다. 이와 같은 범위에 포함시킬 수 없는 보상 항목은 복지에 해당한다고 볼 수 있다. 평균임금에 포함되는 보상 항목 중 소정근로의 대가에 해당하고, 지급할 지급액이나 지급률이 미리 확정되어 있어 언제라도 지급할 금액을 알 수 있는 특성까지 있다면 통상임금에 포함된다. 어떤 보상 항목이 임금에 포함되는지 또는 복지에 해당하는지, 임금이라고 한다면 통상임금인지 판단하는 기준을 구체화하면 앞의 〈표 VIII.3-4〉와 같다.

2) 변화 추세와 통계

미국 '노동법'에는 통상임금을 직접 규정하는 내용이 없고, 법원의 판례를 통해 형성되고 있다. '공정노동기준법(FLSA: Fair Labor Standards Act)'에서 사용하는 regular rate(통상의 임금), 서비스계약법(SCA: Strategic Collaboration Agreement)과 계약노동근로시간및안전기준법(CWHSSA: Contract Work Hours and Safety Standards Act)에서 사용하는 basic rate(기본임금)가 통상임금에 가까운 개념이다. 통상의 임금은 매주 단위로 계산한다. 그 주에 수행한 근로에 대한 대가에 해당하는 항목 중 정기적으로 지급해야 하는 모든 항목을 포함시키되 법률에서 정한 항목[사용자의 증여, 경축일·휴가 등의 비근로시간에 대한 수당, 업무비의 상환분, 재량적인 보너스(bonus), 이익분배제도 또는 저축제도에 따른 급부, 근로자를 위한 보험제도의 부담금, 1일 또는 1주의 소정근로시간 또는 법정 근로시간을 초과하는 근로에 대한 비율 증가분과 휴일근로 또는 소정 시간 이외의 근로에 대한 할증분(50% 할증 이상인 경우에 한함) 등]은 제외한다[공정노동기준법§7(e); 이승욱·박은정·박귀천, 2014: 36~39; 이승길, 2005: 268].

일본 '노동법'에는 통상임금에 대해 직접 규정하고 있는 내용이 없다. 그러나 '노동기준법'에 통상의 노동시간 또는 통상의 노동일의 임금을 기준으로 할증 임금을 지급해야 한다고 규정하고 있으며, 시행규칙에 산정 방법을 구체적으로 규정하고 있다(노동기준법§37①⑤; 시행규칙§19~21). 가족수당, 통근수당, 별거수당, 자녀교육수당, 주택수당, 임시로 지불한 임금, 1개월을 초과하는 기간마다 지불하는 임금 등은 포함시키지 않는다(노동기준법§37⑤; 시행규칙§21). 평균임금은 해고예고수당, 휴업수당, 연차수당, 산재보상의 계산 기준이 되는데, 임시임금, 3개월을 넘는 기간마다 지불하는 임금, 통화 아닌 현물로 지급하는 임금은 평균임금에 포함되지 않는다고 '노동기준법'에 규정하고 있다(스게노 카즈오, 2015: 294).

한국에서는 1978년에 대법원이 처음으로 통상임금의 의의를 설명했고(대법 1978.10.10, 78다1372), 1982년에는 '근로기준법' 시행령을 개정해 통상임금에 대한 정의 규정(근기령§6①)을 두었으며(김정한·문무기·윤문희, 2008: 141), 2013년에는 대법원전원합의체 판결[대법(전합) 2013.12.18, 2012다89399; 대법(전합) 2013.12.18, 2012다94643]을 계기로 좀 더 명확해졌다. 2014년 단체협약 중 25.4%가 통상임금의 정의에 대한 규정을 두고 있고, 통상임금으로는 19%가 기본급(본봉)을, 9%가 통상수당을, 2%가 고정 상여금을, 나머지에서 기타 등을 각각 포함시키고 있는 것으로 나타났다(박명준·조성재·문무기, 2014: 154).

3) 관련 법률

상시 근로자 1명 이상 모든 기업에서 의무적으로 도입해야 한다.

3)-1 통상임금

'노동법'에는 통상임금의 정의와 계산 방법에 대해 직접 규정하고 있는 내용은 없다. 행정해석과 판례를 통해 일관성이 부족한 상태로 형성되어오다가 2013년에 대법원전원합의체 판결을 계기로 좀 더 명확해졌다. 평균임금과 마찬가지로, 구체적으로 직원에게 지급한 여러 가지 임금 항목 중 어느 것을 어떤 방법으로 통상임금에 포함시켜야 하는지에 대해서는 판례를 참고해야 하는 경우가 많다. 통상임금을 기준으로 계산해야 하는 각종 법정 보상 항목은 '근로기준법' 등에서 규정하고 있다. '통상임금'이란 근로자에게 정기적이고 일률적으로 소정근로 또는 총근로에 대해 지급하기로 정한 시간급 금액, 일급 금액, 주급 금액, 월급 금액 또는 도급 금액을 말한다(근기령§6①). 개별 임금 항목은 소정근로의 대가로 정기적·일률적·고정적으로 지급하는 임금이어야 통상임금에 포함시킬 수 있다(판례). 통상임금액은 시간급, 일급, 주급, 월급, 연봉 등 다양한 단위로 산출할 수 있다(근기령§6①).

3)-2 평균임금

평균임금은 '근로기준법'에서 규정하고 있다. 그러나 구체적으로 직원에게 지급한 여러 가지 임금 항목 중에 어떤 것을 어떤 방법으로 평균임금에 포함시켜야 하는지에 대해서는 판례를 참고해야 하는 경우가 많다. 평균임금액을 기준으로 계산해야 하는 각종 법정 보상제도는 '근로기준법', '산업재해보상보험법', '근로자퇴직급여 보장법', '고용보험법' 등에 규정하고 있다. 평균임금이란 이를 산정해야 할 사유가 발생한 날 이전 3개월 동안에 그 근로자에게 지급된 임금의 총액을 그 기간의 총일수로 나눈 금액을 말한다(근기법§2①6.). 임금의 총액에서는 임시로 지급한 것과 통화가 아닌 것으로 지급한 것은 제외한다(근기령§2②). 기본적으로는 모든 금액을 더해야 하는데, 단체협약·취업규칙·근로계약에서 지급 의무를 명시하지 않은 것이거나 부정기적·일시적으로 지급하는 금액은 임금에 해당하지 않으므로 뺀다(판례).

3. 통상임금 계산

1) 정의와 특징

한국의 '통상임금'이란 근로자에게 정기적이고 일률적으로 소정근로 또는 총근로에 대해 지급하기로 정한 시간급 금액, 일급 금액, 주급 금액, 월급 금액 또는 도급 금액을 말한다(근기령§6①). 좀 더 명확히 말하자면 통상임금은 소정근로의 대가로 정기적·일률적·고정적으로 지급하는 임금 합계액이라고 할 수 있다(판례). 좀 더 쉽게 말하면 통상임금은 직원이 정상 근무만 하면 당연히 근무 시간 또는 근무 기간에 비례 계산해 지급하는 임금 합계액이라고 할 수 있다. 단순한 예를 들면 급여명세서에 포함되어 있는 여러 보상 상목 중에 한 달 중 7일만 근무했어도 한 달분 중 30분의 7만큼 청구할 수 있는 보상 항목이 통상임금이다.

통상임금(원) = 소정근로의 대가로 정기적·일률적·고정적으로 지급하는 임금 합계액(원)

통상임금은 가산임금(연장/야간/휴일근로수당), 연차수당, 해고예고수당, 기타 유급수당 금액을 계산할 때 기준이 된다.

2) 변화 추세와 통계

미국 '노동법'에는 통상임금에 대해 직접 규정하는 내용은 없고, 법원의 판례를 통해 형성되고 있다. 초과근로수당을 계산할 때 통상임금은 매주 단위로 판단하고, 1시간당 금액으로 계산한다. 통상의 임금 범위에 포함되는 1주일 동안의 금액 합계액을 그 주의 소정근로시간 수(소정근로시간 수가 정해져 있지 않은 경우에는 실근로시간 수)로 나누어 계산한다[공정노동기준법 §7(e); 이승욱·박은정·박귀천, 2014: 36~39; 이승길, 2005: 268].

일본 '노동기준법' 시행규칙에서 산정 방법을 구체적으로 규정하고 있다(노동기준법§37① ⑤; 시행규칙§19~21).

3) 관련 법률

상시 근로자가 1명 이상인 모든 기업에서 의무적으로 도입해야 한다. '노동법'에서는 통상임금의 계산 방법에 대해 직접 규정하는 내용은 없다. 통상임금액은 시간급, 일급, 주급, 월급, 연봉 등 다양한 단위로 산출할 수 있다(근기령§6①).

4) 도입 조건

통상임금을 계산할 때에는 시간급, 일급, 주급, 월급, 연봉 등 필요에 따라 얼마든지 다양한 단위로 산출할 수 있다(근기령§6①). 통상임금은 가장 기초적인 시간급 통상임금액을 계산한 후 필요에 따라 다른 단위로 환산해 사용하는 게 일반적이다.

$$\text{시간급 통상임금(원)} = \frac{\text{소정근로의 대가로 정기적 · 일률적 · 고정적으로 지급하는 임금 합계액(원)}}{\text{산정 기준 시간 수(시간)}}$$

시간급 통상임금액을 계산할 때에는 다음과 같은 순서로 한다.

① 지난 1년 동안 지급한 모든 보상 항목을 나열한다.
② (지급 의무 확인) 단체협약, 취업규칙, 근로계약 등에 지급 의무를 명시한 보상 항목을 표시한다.
③ (정기성 확인) 일정한 간격을 두고 미리 정한 시기에 계속적으로 지급한 보상 항목을 표시한다.
④ (소정근로 대가성 확인) 소정근로시간만 근무하면 지급하기로 미리 확정해놓은 보상 항목을 표

| 표 VIII.3-5 | **통상임금 산정 기준 시간 수(예시)**

기준 시간 수 유형	계산 방식	기준 시간 수(시간)	근로 시간 유형
일 기준 시간 수	일 소정근로 시간 수	8 ①	주 40시간, 일 8시간 근무제
주 기준 시간 수	일 소정근로 시간 수 ①×5일+유급 주휴일=8×5+8	48 ②	토요일 무급휴무제
	일 소정근로 시간 수 ①×5일+유급 토요일+유급 주휴일 =8×5+4+8	52 ②′	토요일 유급휴일제
월 기준 시간 수	주 기준 시간 수 ②×월평균 주 수 =48×(365÷12÷7)	209 ③	토요일 무급휴무제
	주 기준 시간수②′×월평균주 수 =52×(365÷12÷7)	226 ③′	토요일 유급휴일제
연 기준 시간 수	주 기준 시간수②×연평균주 수 =48×(365÷7)	2503 ④	토요일 무급휴무제
	주 기준 시간수②′×연평균주 수 =52×(365÷7)	2711 ④′	토요일 유급휴일제

시한다.

⑤ (일률성 확인) 모든 근로자에게 지급하거나 일정한 조건을 충족하는 모든 근로자에게 지급하는 보상 항목을 표시한다.

⑥ (고정성 확인) 업적, 성과 등 추가적인 조건과 관계없이 지급하기로 금액이 미리 확정되어 있는 보상 항목을 표시한다.

⑦ 위에서 열거한 확인 사항 모두를 충족시키는 보상 항목만 통상임금에 포함시킨다.

⑧ 통상임금에 포함되는 보상 항목 각각에 대해 1개월분의 금액을 산출한 후 모두 더해 월급 통상임금을 구한다.

⑨ 월 기준 시간 수를 구한다.

⑩ 월급 통상임금을 월 기준 시간 수로 나누어 시간급 통상임금을 산출한다.

⑪ 필요하면 시간급 통상임금을 일급, 주급, 월급, 연급 통상임금으로 환산한다.

일급 통상임금(원)=시간급 통상임금(원)×일 기준 시간 수(시간)

주급 통상임금(원)=시간급 통상임금(원)×주 기준 시간 수(시간)

월급 통상임금(원)=시간급 통상임금(원)×월 기준 시간 수(시간)

연급 통상임금(원)=시간급 통상임금(원)×연 기준 시간 수(시간)

4. 변동가산임금(변동 시간 외 수당) 계산

1) 정의와 특징

한국에서 변동가산임금은 연장근로, 휴일근로, 야간근로에 대해 임금 지급 시점이 되었을 때 그때까지 실제로 발생한 시간을 확인해 통상임금에 가산하여 지급하는 임금을 말한다(임종률, 2015: 445; 하경효, 2013: 127). 연장근로, 야간근로, 휴일근로에 대해서는 통상임금을 기준으로, 50% 이상의 가산임금을 추가해 150% 이상의 임금을 지급해야 한다.

가산임금=가산 근로시간 수×시간급 통상임금×150%

2) 변화 추세와 통계

독일에서는 가산임금에 대한 법률 규정을 두고 있지 않으며, 기업에서는 가산근로에 대해서는 주로 근로시간계좌제를 통해 보상 휴가를 사용하는 제도를 운영하고 있다(하경효, 2013: 133~134). 2015년에 취업자의 연평균 실제 근로시간은 1371시간으로 OECD 37개 국가 중 가장 적었다(OECD.Stat).

미국에서는 근로시간이 주 40시간을 초과하는지만 따져 통상의 임금의 1.5배 이상을 지급하도록 정하고 있으나(공정노동기준법§207(a)(1)), 단체협약이 체결된 기업은 대다수가(92%) 1일 8시간을 초과하는 근로시간에 대해서도 동일한 기준으로 가산임금을 지급하도록 정하고 있다(김장호, 2000: 23에서 재인용).

일본에서는 주 40시간 또는 일 8시간을 초과해 노동을 시키면(=시간 외 노동) 통상의 임금의 25% 이상(1개월 단위로 60시간을 초과하는 시간분에 대해서는 50% 이상)을 할증임금으로 지급해야 한다(노동기준법§37; 할증률령; 스게노 카즈오, 2015: 373).

3) 관련 법률

상시 근로자가 5명 이상인 사업장에서는 의무적으로 도입해야 한다(근기령 별표 1). 변동가산임금의 계산은 '근로기준법'에서 규정하고 있다. 연장근로, 야간근로, 휴일근로에 대해서는 통상임금을 기준으로, 50% 이상을 가산해 150% 이상의 임금을 지급해야 한다(근기법 §56, 징역 3년, 벌금 2000만 원 이하). 연장근로, 야간근로, 휴일근로가 중복되는 근로시간에 대해서는 가산임금을 중복해 각각 지급해야 한다. 1일 법정 근로시간을 초과하는 연장근로시간 수와 1주 법정 근로시간을 초과하는 연장근로시간 수가 다른 경우에는 많은 쪽을 기준으로 가산임금을 지급한다(근기 01254-3558, 1988.3.9). 소정근로시간을 기준으로 보면 연장근로에 해당하지만 법정 근로시간을 기준으로 보면 연장근로에 해당하지 않을 때에는 가산임금을 지급하지 않아도 된다. 단, 단시간 근로자에 대해서는 소정근로시간을 기준으로 연장근로에 해당하면 가산임금을 지급해야 한다(기단법§6③).

4) 도입 조건

변동가산임금을 계산할 때에는 다음과 같은 순서로 한다.

① 가산임금 근로에 해당하는 시간대와 시간 수를 확인한다. 이때 같은 시간대에 연장근로, 야간근로, 휴일근로가 중복되어 해당되면 각각을 별도의 시간 수로 취급한다.

② 모든 가산임금 근로시간 수를 합산한다.

③ 통상임금 계산 방법에 따라 시간급 통상임금을 산출한다.('통상임금 계산' 참조)

④ 가산임금을 계산한다.

가산임금 = 가산임금근로시간 수 × 시간급 통상임금 × 150%

5) 규정과 서식

임금 구성 항목, 임금 계산 방법, 소정근로시간, 주휴일 등을 명시한 근로계약서를 체결하여 근로자에게 주어야 한다(근기법§17②, 벌금 500만 원 이하). 상시 근로자 10명 이상 사업장에서는 업무의 시작과 종료 시각, 휴게 시간, 휴일 등에 관한 사항과 임금의 계산 방법 등에 관한 사항 등을 포함시켜 취업규칙을 작성하고 신고해야 한다(근기법§93.1, 93.2, 과태료 500만 원 이하). 임금대장을 만들어 성명, 주민등록번호, 고용연월일, 종사하는 업무, 임금 및 가족수당의 계산기초가 되는 사항, 근로일수, 근로시간 수, 연장야간휴일근로 시간 수, 임금의 내역별 금액을 지급할 때마다 적어야 한다(근기법§48, 과태료 500만 원 이하). 근로계약서나 임금대장은 3년 동안 보존해야 한다(근기법§42, 과태료 500만 원 이하).

5. 유급주휴일수당 계산

1) 정의와 특징

한국에서 유급주휴일수당액은 일급 통상임금액을 지급하면 된다. 쉽게 말해 통상임금 기준으로 일당을 지급하면 된다.

- 유급주휴일수당액 = 일급 통상임금액 = 주 5일 40시간 근로자의 경우 8시간분 통상임금액
- 단시간근로자(1주 15~40시간)의 유급주휴일수당액 = 단시간근로자의 시간급 통상임금액 × (단시간근로자의 4주 소정근로시간 ÷ 통상근로자의 4주 소정근로일)(근기령, 별표2 참고)

2) 변화 추세와 통계

무급이 아닌 유급주휴제를 도입한 나라로는 한국, 타이완, 태국 정도이며(하갑래, 2016: 413), 대다수 나라에서는 휴일만 주면 될 뿐 주휴일수당을 계산할 일이 없다.

3) 관련 법률

상시 근로자가 1명 이상인 모든 기업에서 의무적으로 도입해야 한다. 유급주휴일수당에 대해서는 '노동법'에 직접 규정하고 있지 않고 판례나 행정해석을 참고해야 한다. 1주일을 개근하지 않은 경우에는 휴일은 주되 무급으로 주면 된다(근기령§30). 주휴일에 대한 유급주휴일수당은 일급 통상임금을 지급하면 된다. 단시간근로자의 일급 통상임금을 산정하기 위한 1일 소정근로시간 수는 4주 동안의 소정근로시간을 그 기간의 통상근로자의 총소정근로일수로 나눈 시간 수로 한다(근기령 별표2.2)

유급주휴일수당이 이미 월급에 포함되어 있는 것으로 인정하는 월급제근로자나 시간급적 월급제근로자에게는 월급을 지급하면 별도로 유급주휴일수당을 지급할 필요가 없다(근로조건지도과-2455, 2008.7.8). 결근, 지각, 조퇴의 경우에도 임금을 깎지 않는 것을 원칙으로 정한 순수월급제근로자에게는 1주일을 개근하지 않아도 월급에서 결근일의 임금이나 유급주휴수당을 공제할 수 없으나, 임금을 깎는 것을 원칙으로 정한 시간급적 월급제근로자에게는 1주일을 개근하지 않으면 결근일의 임금과 유급주휴수당을 공제할 수 있다.

4) 도입 조건

유급주휴일수당액을 계산할 때에는 다음과 같은 방법으로 한다.

① 통상임금 계산 방법에 따라 시간급 통상임금을 산출한다('통상임금 계산' 참조).

② 일급 통상임금으로 환산하면 유급주휴일수당이 된다.

일급 통상임금(원)=시간급 통상임금(원)×일 기준 시간 수(시간)

③ 단시간근로자(1주 15~40시간)의 경우 {단시간근로자의 시간급 통상임금액×(단시간근로자의 4주 소정근로시간÷통상근로자의 4주 소정근로일)}의 계산 방법으로 일급 통상임금액을 산출하면 유급주휴일수당이 된다.

5) 규정과 서식

주휴일에 관한 사항을 명시하기 위해 취업규칙과 서면근로계약서를 준비해야 한다.

6. 연차유급휴가수당 계산

1) 정의와 특징

한국에서 유급연차휴가수당액은 연차휴가 1일마다 일급 통상임금액으로 계산해 지급하면 된다. 쉽게 말해 연차휴가 1개당 통상임금 기준 1일분을 지급하면 된다.

- 유급연차휴가수당액=일급 통상임금액=주 5일 40시간 근로자의 경우 8시간분 통상임금액
- 단시간근로자(1주 15~40시간)의 유급연차휴가수당액=단시간근로자의 시간급 통상임금액×(단시간근로자의 4주 소정근로시간÷통상근로자의 4주 소정근로일)

2) 관련 법률

상시 근로자 5명 이상 기업에서는 의무적으로 도입해야 한다. 주 15시간 미만으로 근무하는 단시간근로자나 소정근로일이 없이 1일 단위로 근로계약을 체결하는 실질적인 일용직 근로자를 제외한 모든 유형의 근로자에게 적용해야 한다. 연차유급휴가수당에 대해서는 '노

동법'에 직접 규정되어 있지 않으므로 판례나 행정해석을 참고해야 한다. 유급연차휴가수당액은 일급 통상임금액을 지급하면 된다(대판 1990.12.26, 90다카12493; 대판1991.6.28, 90다카14758; 하갑래, 2014: 373에서 재인용). 단시간근로자의 임금 산정 단위는 시간급을 원칙으로 하며, 시간급 임금을 일급 통상임금으로 산정할 경우에는 1일 소정근로시간 수에 시간급 임금을 곱해 산정한다. 단시간근로자의 1일 소정근로시간 수는 4주 동안의 소정근로시간을 그 기간의 통상근로자의 총소정근로일수로 나눈 시간 수로 한다(근기령 별표2.2).

만일 적법하게 연차유급휴가수당을 포함시킨 포괄임금제 근로계약을 체결한 경우에는, 포함시킨 금액에 해당하는 연차유급휴가수당액에 대해서는 포괄임금 외에 별도로 지급할 필요는 없지만, 법적 기준에 따라 당연히 지급해야 할 전체 연차유급휴가수당액과 포괄임금에 포함시킨 금액 사이에 차액이 있을 경우에는 포괄임금과 별도로 지급해야 한다. 또한 포괄임금에 포함시킨 연차유급휴가도 언제든지 사용할 수 있도록 보장해야 하고, 사용한 휴가에 대해서는 포괄임금에서 공제할 수 없고 포괄임금을 그대로 지급해야 한다.

3) 도입 조건

연차유급휴가수당액을 계산할 때에는 다음과 같은 방법으로 한다.

① 통상임금 계산 방법에 따라 시간급 통상임금을 산출한다('통상임금 계산' 참조).

② 일급 통상임금으로 환산한다.

일급 통상임금(원) = 시간급 통상임금(원) × 일 기준 시간 수(시간)

③ 단시간근로자(1주 15~40시간)의 경우 {단시간근로자의 시간급 통상임금액×(단시간근로자의 4주 소정근로시간÷통상근로자의 4주 소정근로일)}의 계산방법으로 일급 통상임금액을 산출한다.

④ 연차유급휴가수당액을 계산한다.

연차유급휴가수당액 = 연차휴가 개수 × 일급 통상임금

4) 규정과 서식

임금대장을 만들어 연차유급휴가수당을 기록하고(근기법§48, 과태료 500만 원 이하), 3년간 보존해야 한다(근기법§42, 과태료 500만 원 이하). 연차유급휴가의 발생, 적치, 사용, 잔여, 지급 등 운영 내역을 관리하기 위한 현황 서식을 준비해야 한다.

5) 제도 설계

연차유급휴가제도를 설계할 때에는 기본적인 철학 및 정책, 적용 제외 대상자, 대체제도 도입 여부와 방법, 산정기간 기산일 유형, 출근율 계산 기준, 적치 기간, 사용 기간, 신청 절차, 전결권자, 촉진정책, 지급정책 등을 결정해야 한다.

7. 휴가휴직자 임금 계산

1) 정의와 특징

한국에서 휴가휴직자에 대해서는 휴가나 휴직마다 유급, 일부 유급, 무급 등에 따라 임금을 달리 계산해야 한다. 휴가나 휴직이란 출근할 의무가 있는 소정근로일에 사전에 정한 조건을 충족하면 근로자의 신청이나 사용자의 승인 또는 명령에 따라 출근하지 않고 쉬는 기간을 말한다. 휴가휴직마다 법정-자율, 유급-일부 유급-무급, 직권-의원 등 각기 특성이 있다. 법정 휴가휴직에는 유급인 연차유급휴가, 보상 휴가, 일부 유급인 출산전후휴가, 유산사산휴가, 배우자출산휴가, 육아휴직, 무급인 생리휴가, 가족돌봄휴직 등이 있다. 자율 휴가휴직에는 경조휴가, 병가, 하계휴가, 리프레시휴가, 상병휴직, 가사휴직, 유학휴직 등이 있다.

| 표 VIII.3-6 | **휴가·휴직자 임금 지급 기준**

	휴가·휴직	휴가·휴직 기간에 대한 임금 지급 기준
유급	연차유급휴가	사용자가 통상임금 지급
	보상휴가	사용자가 통상임금 지급
일부 유급	출산전후휴가	사용자가 최초 60일(쌍둥이 75일)을 통상임금 지급하고(우선 지원 대상 기업에 대해서는 고용보험이 한도 금액(월 135만 원) 안에서 지급하고, 나머지를 사용자가 지급), 고용보험이 30일(쌍둥이 45일)을 한도 금액(월 135만 원) 안에서 지급
	유사산휴가	출산전후휴가와 동일
	배우자출산휴가	사용자가 최초 3일을 통상임금 지급
	육아휴직	사용자는 지급 의무가 없고, 고용보험이 월 50~100만 원 지급(사용자가 지급하면 고용보험이 감액해 지급)
무급	생리휴가	미지급
	가족돌봄휴직	미지급

2) 관련 법률

출산전후휴가와 육아휴직은 상시 근로자가 1명 이상인 모든 기업에서 의무적으로 도입해야 하고, 나머지 휴가휴직은 상시 근로자가 5명 이상인 기업에서 의무적으로 도입해야 한다. 휴가와 휴직에 대해서는 '근로기준법'과 '남녀고용평등과 일·가정 양립 지원에 관한 법률'에서 규정하고 있다.

3) 도입 조건

유급휴가휴직의 경우에는 휴가휴직 기간에 대해 통상임금을 지급해야 한다. 월급제근로자에게는 휴가휴직을 사용한 기간을 출근과 동일하게 처리하고 미리 정한 월급을 삭감 없이 지급해야 한다. 일급제근로자에게는 휴가휴직을 사용한 기간을 출근과 동일하게 처리하고 일급 통상임금을 지급해야 한다(임종률, 2015: 456). 무급휴가휴직의 경우에는 휴가휴직 기간에 대해 임금을 지급하지 않는다. 월급제근로자에게는 휴가휴직을 사용한 기간을 결근과 동일하게 처리하고 통상임금을 삭감해 지급하면 된다. 일급제근로자에게는 휴가휴직을 사용한 기간을 결근과 동일하게 처리하고 임금을 지급하지 않으면 된다. 그러나 주휴일이나 연차유급휴가 등을 부여하기 위해 출근율을 계산할 때에는 생리휴가일은 소정근로일수에 포함시키고 출근한 것으로 계산해야 한다. 포괄임금제 근로계약을 체결한 근로자의 경우에는 휴가휴직 기간과 관련해 임금을 지급하거나 삭감할 때 통상임금 외에 포함된 포괄임금까지 지급하거나 삭감하면 된다.

4) 규정과 서식

취업규칙에는 휴가에 관한 사항을 명시해야 한다. 휴가나 휴직을 청구할 때 필요한 신청서 서식을 준비하는 것이 좋다.

8. 해고예고수당 계산

1) 정의와 특징

한국에서 해고예고수당액은 일급 통상임금액을 기준으로 30일분 이상을 지급하면 된다.

쉽게 말해 통상임금 기준으로 일당 30일분을 지급하면 된다.

- 해고예고수당액 = 일급 통상임금액×30일 = 주 5일 40시간 근로자의 경우 8시간분 통상임금액×30일
- 단시간근로자(1주 40시간 미만)의 해고예고수당액 = 단시간근로자의 시간급 통상임금액×(단시간근로자의 4주 소정근로시간÷통상근로자의 4주 소정근로일)×30일

2) 관련 법률

상시 근로자가 1명 이상인 모든 기업에서 의무적으로 도입해야 한다. 해고예고수당에 대해서는 '근로기준법'에서 규정하고 있다. 적법한 사유로 근로자를 해고할 때에는, 적어도 30일 전에 예고를 하거나, 그렇게 하지 않을 경우에는 30일분 이상의 통상임금을 해고예고수당으로 지급해야 한다(근기법§26, 징역 2년, 벌금 1000만 원 이하). 단시간근로자의 임금 산정 단위는 시간급을 원칙으로 하며, 시간급 임금을 일급 통상임금으로 산정할 경우에는 1일 소정근로시간 수에 시간급 임금을 곱해 산정한다. 단시간근로자의 1일 소정근로시간 수는 4주 동안의 소정근로시간을 그 기간의 통상근로자의 총소정근로일수로 나눈 시간 수로 한다(근기령 별표 2.2).

3) 도입 조건

해고예고수당액을 계산할 때에는 다음과 같은 방법으로 한다.

① 통상임금 계산 방법에 따라 시간급 통상임금을 산출한다('통상임금 계산' 참조).

② 일급 통상임금으로 환산한다.

일급 통상임금(원) = 시간급 통상임금(원)×일 기준 시간 수(시간)

③ 단시간근로자(1주 15~40시간)의 경우 {단시간근로자의 시간급 통상임금액×(단시간근로자의 4주 소정근로시간÷통상근로자의 4주 소정근로일)}의 계산 방법으로 일급 통상임금액을 산출한다.

④ 해고예고수당액을 계산한다.

해고예고수당액 = 일급 통상임금×30일

4) 규정과 서식

해고예고를 하는 경우에는 해고예고통지서와 해고통지서를 통합한 통지서를 준비해야 하고, 해고예고 없이 즉시 또는 미리 해고를 하는 경우에는 해고통지서를 준비해야 한다.

9. 평균임금 계산

1) 정의와 특징

한국에서 평균임금이란 법정용어인데, 이를 산정하여야 할 사유가 발생한 날 이전 3개월 동안에 그 근로자에게 지급된 임금의 총액을 그 기간의 총일수로 나눈 금액을 말한다(근기법§2①6.). 쉽게 말하면 그 사람의 최근 임금 총액을 1일분으로 환산한 금액을 말한다.

$$\text{평균임금(원)} = \frac{\text{사유가 발생한 날 이전 3개월 동안의 임금 총액(원)}}{\text{사유가 발생한 날 이전 3개월 동안의 총일수(일)}}$$

평균임금액은 퇴직급여, 감봉, 휴업수당, 산재보상, 실업급여의 금액을 계산할 때 필요하다.

2) 관련 법률

평균임금에 대해서는 '근로기준법'에서 규정하고 있다. 평균임금은 이를 산정해야 할 사유가 발생한 날 이전 3개월 동안에 그 근로자에게 지급된 임금의 총액을 그 기간의 총일수로 나누어 산출한다(근기법§2①6.). 총일수에 수습 기간, 휴업 기간, 출산전후휴가 기간, 산재로 휴업한 기간, 육아휴직 기간, 적법한 쟁의행위 기간, 현역/예비군/민방위로 휴직하거나 근로하지 못한 기간(임금을 지급받은 경우는 제외), 사용자의 승인을 받아 휴업한 기간, 육아기 근로시간 단축 기간 등이 포함되어 있으면 일수와 금액을 모두 빼야 한다(근기령§2①, 고평법§19의3④). 계산한 평균임금액이 통상임금액보다 적을 때에는 통상임금액을 평균임금액으로 한다(근기법§2②).

3) 도입 조건

평균임금액을 계산할 때에는 다음과 같은 순서로 한다.

① 사유가 발생한 날을 확인한다.

예: 퇴직일, 감봉 제재 통지 도달일, 휴업 개시일, 산재사고 발생일이나 질병 발생 확진일

② 이전 3개월에 해당하는 기간을 확인하고 총일수를 계산한다.

③ 이전 3개월에 지급한 모든 금액을 더한다(단체협약/취업규칙/근로계약에 지급 의무를 명시한 것이거나, 정기적·계속적으로 지급하는 것).

④ 총일수에서 빼주어야 하는 일수와 금액은 뺀다.

예: 수습 기간, 휴업 기간, 출산전후휴가 기간, 산재로 휴업한 기간, 육아휴직 기간, 적법한 쟁의행위 기간, 현역/향토예비군/민방위로 휴직하거나 근로하지 못한 기간, 사용자의 승인을 받아 휴업한 기간, 육아기 근로시간 단축 기간

⑤ 임시로 지급한 임금은 뺀다.

예: 해외 근무 기간에만 추가해 지급한 금액이나 수당

⑥ 통화 외의 것으로 지급한 임금은 뺀다.

예: 식사를 하지 않은 사람에게 식사에 상당하는 금액을 따로 지급하지 않는 현물 식대

⑦ 임금에 해당하지 않는 금액은 뺀다(단체협약/취업규칙/근로계약에 지급 의무를 명시하지 않은 것이거나, 부정기적·일시적으로 지급하는 것).

예: 차량 소유자에게만 지급하는 차량유지비, 포상금, 격려금, 집단(기업, 사업부 등)의 이익에 따라 지급하는 이익배분제, 집단(기업, 사업부, 팀 등)의 목표달성도에 따라 지급하는 목표 달성 상여금(인센티브)

⑧ 고정상여금은 이전 1년 동안 지급한 전액을 더한 후 3개월분을 계산한 금액을 더한다.

⑨ 연차수당은 이전 1년 동안 지급한 전액을 더한 후 3개월분을 계산한 금액을 더한다.

⑩ 체결한 임단협 합의에 의한 소급분이 있으면 반영한다.

⑪ 임금 총액을 총일수로 나눈다.

⑫ 계산한 평균임금액이 통상임금액보다 적을 때에는 통상임금액을 평균임금액으로 한다.

10. 퇴직금 계산

1) 정의와 특징

한국에서 퇴직금을 지급할 때에는 근속기간 1년에 대해 평균임금 기준으로 30일분의 비율로 계산해 지급하면 된다. 근속기간이 1년 미만이면 지급하지 않아도 되고, 근속기간이 1년을 초과하는 일, 월, 연에 대해서는 각각 그 기간에 비례하는 금액을 지급해야 한다.

퇴직금액=(계속근로일수÷365일)×평균임금 1일분×30일

2) 관련 법률

상시 근로자가 1명 이상인 모든 기업에서 의무적으로 도입해야 한다. 퇴직금에 대해서는 '근로자퇴직급여 보장법'에서 규정하고 있다. 퇴직금은 계속근로 기간 1년에 대해 30일분 이상의 평균임금을 기준으로 지급해야 하며(근퇴법§8①), 계속근로 기간이 1년 미만이면 지급하지 않아도 되고(근퇴법§4①), 계속근로 기간이 1년을 초과하는 일, 월, 연에 대해서는 각각 그 기간에 비례하는 금액을 지급해야 한다(대판 1987.9.22, 86다카1651; 노동부 예규 제47호, 2012.9.25). 계속근로 기간이란 근로계약이 지속된 기간을 말한다. 기본적으로는 근로계약의 시작일부터 종료일(마지막 날)까지가 계속근로 기간이며, 해당하는 전체 일수로 계산한다(예: 1973일). 근로계약이 여러 차례 있었던 경우에는 구체적인 사정에 따라 최초 근로계약의 시작일부터 마지막 근로계약의 종료일까지가 계속근로 기간이 될 수도 있다.

근로계약의 종료일과 관련해 퇴직일, 퇴사일, 이직일, 상실일 등의 용어가 뒤섞여 큰 혼란이 있는데, 퇴직일, 퇴사일, 이직일, 상실일 등은 퇴직금 계산을 위해 법률에서 정의한 용어가 아니며, 각자 필요에 따라 정의해 사용하고 있는 용어이기 때문에 주의가 필요하다. 근로계약이 지속되는 마지막 날까지가 계속근로 기간에 포함되는 데는 혼란이 없으나, 그날(기업에서는 이날을 '퇴직일'이라 부르는 경우가 많음) 또는 그다음 날(노동부는 이날을 '퇴직일'로 해석함) 가운데 어느 날을 퇴직일 또는 퇴사일이라고 부를지에 대해서나 또는 근로계약의 마지막 날에 근로를 하도록 할지 아니면 쉬도록 할지에 대해서는 서로 오해가 발생하지 않도록 명확하게 정하면 된다.

근로계약이 지속되는 한 그 기간 도중에 여러 가지 사유로 근로하지 않은 기간(휴일, 휴무일, 결근, 휴가, 휴직, 징계, 휴업, 유학, 파업, 노동조합 전임, 형사처벌 등)도 계속근로 기간에 포함시켜야 하며, 다만 4주 평균 주당 15시간 근로 미만과 이상을 반복하는 경우에는 이상인 기간만 계속근로 기간에 포함시키면 되고, 정년퇴직자를 재고용할 경우 당사자가 합의하면 재고용 이후의 기간만 계속근로 기간에 포함시킬 수 있다. 퇴직할 때 지급하는 게 아니라 미리 연봉 등에 포함시키거나 연봉 등과 함께 매월 지급할 경우에는 퇴직금으로서 효력이 없고, 그렇게 지급한 금액은 돌려받기 어려운 임금으로 보아야 한다(하갑래, 2014: 577).

3) 도입 조건

퇴직금을 계산할 때에는 다음과 같은 순서로 한다.

① 근로계약 시작일을 확인한다.

② 근로계약 종료일(근로계약 기간의 마지막 날)을 확인한다.

③ 근로계약 기간 가운데 계속근로 기간에서 제외해야 하는 기간을 확인한다.

예: 4주 평균 주당 15시간 근로 미만 기간

④ 계속근로일수를 계산한다.

계속근로일수 = 근로계약일수(근로계약시작일~근로계약종료일) − 계속근로 제외 일수

⑤ 평균임금 계산 방법에 따라 평균임금 1일분을 산출한다('평균임금 계산' 참조).

⑥ 계산한 평균임금액이 통상임금액보다 적을 때에는 통상임금액을 평균임금액으로 한다.

⑦ 퇴직금을 계산한다.

퇴직금액 = (계속근로일수 ÷ 365일) × 평균임금 1일분 × 30일분

4) 규정과 서식

퇴직금 계산을 둘러싼 논란을 줄이기 위해서는 근로계약서, 사직서 등 근로계약 기간을 파악할 수 있는 서식을 운영할 필요가 있다.

11. 결근자 임금 계산

1) 정의와 특징

한국에서 결근자에 대해 기본적으로 결근일의 임금과 결근이 있는 주의 유급주휴수당을 계산해 공제할 수 있다.

결근자에게 지급하지 않는 임금 = 결근일의 임금 + 결근이 있는 주의 유급주휴수당

결근(absence from work hours)이란 근로할 의무가 있는 소정근로일에 근로하지 않고 휴가 또는 휴직도 사용하지 않은 것을 말한다. 회사의 승인을 받지 않거나 정당한 이유가 없이 결근하는 경우 무단결근이라 부르고, 무단결근에 해당하지 않는 결근을 유계결근이라 부른다. 소정근로일에 모두 출근하는 경우 개근이라 부른다. 근로자의 가장 기본적인 의무는 근로 제공 즉 출근이기 때문에 결근하는 근로자에게는 근로의 대가인 임금을 지급하지 않을 수 있고 출근율에 따라 결정하는 보상에서 불이익을 줄 수 있으며 징계조치도 할 수 있는데, 결근이 심할 경우에는 해고 조치까지 가능하다.

2) 관련 법률

어느 기업에서나 자율적으로 도입할 수 있다. '노동법'에는 결근자 임금 계산을 직접 규정하는 내용이 없다. 결근한 기간에 대해서는 임금 지급 의무가 없다(근기 01254-18756, 1987.11.26). 1주에 결근이 포함되어 있으면 유급주휴수당은 지급할 의무가 없다(근기령§30). 그러나 단체협약, 취업규칙, 근로계약으로 출근율과 관계없이 매월 고정급을 지급하기로 약정한 경우에는 결근한 기간에 대해서도 임금을 지급해야 한다(근기 01254-18756, 1987.11.26). 월 전체를 결근한 경우에도 월에 포함되어 있는 유급주휴일을 제외한 유급휴일에 대한 수당은 지급해야 한다. 여러 번의 지각, 조퇴를 1일의 결근으로 간주하기로 정하더라도 법정 휴일이나 휴가를 부여하기 위한 출근율 계산 시에는 결근으로 볼 수 없으며, 결근에 해당하는 임금을 공제할 수 없다(하갑래, 2014: 819).

3) 규정과 서식

결근할 때 승인을 받거나 신고하는 데 사용할 결근신청서를 준비해야 한다.

12. 징계정직자 임금 계산

1) 정의와 특징

한국에서 징계정직자에 대해 기본적으로 정직일의 임금과 정직이 있는 주의 유급주휴수당을 계산해 공제할 수 있다. 다만 실무에서는 이와 같은 계산 방법 대신에 평균임금 1일분을 산출한 후 정직 시작일부터 종료일까지 총일수와 곱한 금액만큼 공제하는 방법을 흔히 적용한다.

정직자에게 지급하지 않는 임금 (1) = 정직일의 임금 + 정직이 있는 주의 유급주휴수당

정직자에게 지급하지 않는 임금 (2) = 평균임금 1일분 × 정직 기간 총일수

정직이란 일시적으로 근로자의 출근을 금지하는 징계 유형이며, 출근 정지, 자택 근신, 징계휴직, 강제휴직 등으로도 부른다(임종률, 2015: 512; 근로기준과-3296, 2009.9.1). 법정 용어가 아니어서 사용하는 사람에 따라 정의가 다를 수 있고, 직위 해제, 대기 발령, 휴직 등과도 혼재되어 사용한다.

2) 변화 추세와 통계

한국에서는 취업규칙 가운데 80.7%(김정한·문무기·윤문희, 2008: 160), 단체협약 가운데 44.0%(김정한·김동배·문무기 외, 2009: 99)가 정직 규정을 두고 있다.

3) 관련 법률

어느 기업에서나 자율적으로 도입할 수 있다. '노동법'에는 정직에 대해 직접 규정하는 내용이 없다. 정당한 이유가 있어 정직징계를 받아 출근하지 못한 근로자에 대해서는 원칙적으로 임금을 지급할 의무가 없다(근기 01254-5280, 1988.4.8). 정직징계를 지속시킬 수 있는 기간

에 대해 법률에서 제한을 두고 있지 않다(임종률, 2015: 512). 정직 기간은 근로자의 책임으로 근로를 제공하지 못한 기간이므로 연차휴가 발생 여부를 판단하기 위한 출근율 계산 시에는 출근해야 하는데 결근한 날로 처리해 불이익을 줄 수 있다(근로기준과-3296, 2009.9.1). 정직 기간을 포함한 기간에 대해 평균임금을 계산할 때에는 정직 기간은 근로자의 책임으로 근로를 제공하지 못한 기간이므로 총일수에 포함시키고 임금 총액에는 지급하지 않은 상태로 계산해 불이익을 줄 수 있으나(근기령§2①, 고평법§19의3④), 통상임금액보다 적은 금액으로 평균임금액을 적용할 수는 없다(근기법§2②). 월 전체를 정직시키더라도 월에 포함되어 있는 유급주휴수당을 제외한 유급휴일의 수당은 지급해야 한다.

4) 규정과 서식

취업규칙에는 징계에 관한 내용을 포함시켜야 한다(근기법§93). 정직징계를 줄 때에는 징계통지서를 준비해야 한다.

13. 휴업수당 계산

1) 정의와 특징

한국에서 휴업수당은 기본적으로 휴업 기간에 대해 평균임금의 70%를 곱해 산출한 금액을 지급하면 된다. 쉽게 말해 평균 일당의 70%로 계산한 금액만큼을 휴업 기간에 비례해 지급하면 된다.

휴업수당액 = 평균임금액 70% 이상 = 평균임금 1일분 × 70% × 휴업 기간 총일수

2) 관련 법률

상시 근로자 5명 이상 기업에서는 의무적으로 도입해야 한다. 휴업수당에 대해서는 근로기준법에서 규정하고 있다. 사용자의 귀책사유로 휴업하는 경우에 사용자는 평균임금의 70% 이상의 수당을 지급해야 하며(근기법§46①, 징역 3년, 벌금 2000만 원 이하), 그 금액이 통상임금을 초과하는 경우에는 통상임금을 휴업수당으로 지급할 수 있다(근기법§46①). 8시간 미

만 휴업의 경우에는 1일분 평균임금에서 근로를 제공한 시간분에 대한 통상임금액을 뺀 금액의 70%를 지급하면 된다(하갑래, 2014: 533). 휴업 기간에 임금의 일부를 지급한 경우에는 평균임금에서 지급한 임금을 뺀 나머지 금액에 70%를 곱하여 휴업수당을 계산한다(근기령 §26). 휴업수당을 지급하면 평균임금에 산입되는 상여금 등에 대해서는 휴업수당과 별도로 지급할 의무는 없다(임금 32240-5247 1990.2.29; 하갑래, 2014: 534에서 재인용). 휴업 기간 중간에 주휴일이나 약정유급휴일이 포함되어 있으면 그 휴일도 휴업 기간에 포함시키며, 1주간의 소정근로일 전부를 휴업한 경우에는 소정근로일 개근 시 부여하는 유급주휴일도 휴업 기간에 포함시켜야 한다.

3) 도입 조건

휴업수당액을 계산할 때에는 다음과 같은 순서로 한다.

① 평균임금 계산 방법에 따라 평균임금 1일분을 산출한다('평균임금 계산' 참조).
② 계산한 평균임금액이 통상임금액보다 적을 때에는 통상임금액을 평균임금액으로 한다.
③ 휴업수당액=평균임금액 70% 이상=평균임금액×70%×휴업 기간
④ 휴업 기간에 임금의 일부를 지급한 경우의 휴업수당액=(휴업 기간에 해당하는 평균임금액-지급한 임금)×70%=(평균임금액×휴업 기간-지급한 임금)×70%
⑤ 8시간 미만 휴업한 경우의 휴업수당액=(1일분 평균임금액-근로를 제공한 시간분에 대한 통상임금액) ×70%

14. 쟁의행위 기간의 임금 계산

1) 정의와 특징

쟁의행위 참여자에 대해서는 그 기간 동안 어떠한 임금도 지급하지 않거나 공제할 수 있는 것이 원칙이다. 그러나 쟁의행위 참여자에 대해 임금의 일부 또는 전부를 지급한다는 단체협약, 취업규칙, 당사자 사이의 약정이나 관행이 있는 경우에는 그에 따라 지급해야 한다(임종률, 2015: 251; 하갑래, 2016: 285).

쟁의행위참여자에게 지급하지 않는 임금=그 기간의 일체의 임금(유급주휴수당, 유급휴가 수당 등 포함)

2) 변화 추세와 통계

스웨덴에서는 2013년 노동쟁의 행위 발생 건수가 11건, 노동쟁의 행위 참가자는 3000명, 노동 손실 일수는 7000일로 나타났다(한국노동연구원, 2016a: 109~111).

미국에서는 2014년 노동조합 조직률이 11.1%, 노동쟁의 행위 발생 건수가 11건, 노동쟁의 행위 참가자는 1만 5000명, 노동손실일수는 20만 일로 나타났다(한국노동연구원, 2016a: 108~111).

일본에서는 2014년 노동조합 조직률이 17.6%, 노동쟁의 행위 발생 건수가 27건, 노동쟁의 행위 참가자는 3만 4000명, 노동 손실 일수는 2만 일로 나타났다(한국노동연구원, 2016a: 108~111).

한국에서는 2014년 노동조합 조직률이 10.3%, 노동쟁의 행위 발생 건수가 111건, 노동쟁의행위 참가자는 13만 3000명, 노동 손실 일수는 65만 1000일로 나타났다(한국노동연구원, 2016a: 108~111). 단체협약 가운데 10.8%가 쟁의행위 기간의 임금 지급에 관한 규정을 두고 있는데, 규정의 구체적인 내용으로는 임금 미지급이 8.8%, 미확인이 1.1%, 임금 지급이 0.8%, 다른 명목으로 지급이 0.2%를 차지하고 있으며, 단체협약 가운데 3.9%가 불법쟁의 행위에 대한 책임 규정을 두고 있다(김정한·김동배·문무기 외, 2009: 189~190).

3) 관련 법률

쟁의행위에 대해서는 '노동조합 및 노동관계조정법'에서 규정하고 있다. 쟁의행위란 노동조합이 주장을 관철할 목적으로 업무의 정상적인 운영을 저해하는 행위를 말하며, 사용자가 노동조합의 쟁의행위에 대항하기 위해 업무의 정상적인 운영을 저해하는 행위도 쟁의행위에 포함된다(노조법§2). 사용자는 쟁의행위에 참가해 근로를 제공하지 않은 근로자에 대해 임금을 지급할 의무가 없다(노조법§44①). 그러나 임금을 지급할 수도 있으며, 단체협약, 취업규칙, 근로계약 등으로 임금을 지급하기로 정할 경우 지급해야 한다[대판(전합) 1995.12.21, 94다26721 등. 임종률, 2015: 251; 하갑래, 2016: 285]. 다만 노동조합은 쟁의행위 기간에 대해 임금 지급을 요구하며 쟁의행위를 할 수 없다(노조법§44②, 징역 2년, 벌금 2000만 원 이하). 파업에 참가해 근로를 제공하지 않은 근로자에 대해서는 반대가 되는 특약이나 관행이 없는 이상 유급휴일이나 유급휴가도 포함해 어떤 명목의 임금이든 모두 지급하지 않을 수 있다[대판(전합) 1995.12.21, 94다26721; 대판 2009.12.24, 2007다73277; 근로기준과-499, 2010.8.13 등; 임종률, 2015: 251; 하갑래, 2013: 253).

태업에 참가한 근로자에 대해서도 근로자 개개인이 평상시에 할 근로의 질과 양에 비추어 얼마만큼의 불완전이행이 있었는지를 개별적·구체적으로 산정해 그 비율만큼 임금을 지급하지 않을 수 있고, 생산량이 감소한 비율이나 수행하지 않은 업무의 비율 등을 적용할 수 있는데, 실제로 적용하기에는 어려움이 따른다(대판 2013.11.28, 2011다39946, 임종률, 2015: 253~254에서 재인용). 정당하게 파업에 참가한 기간은 연차휴가 발생 여부를 판단하기 위해 출근율을 계산할 경우 출근해야 할 날이나 결근한 날 모두에서 제외하여 불이익을 주지 않도록 해야 하나(대판 2013.12.26, 2011다4629. 하갑래, 2014: 335에서 재인용), 불법 파업 참가 기간은 출근해야 할 날임에도 결근한 날로 처리해 불이익을 줄 수 있다(임종률, 2015: 255).

쟁의행위 기간인데도 참가하지 않고 실제로 근로를 제공한 근로자에게는 임금을 지급해야 한다. 쟁의행위 기간에 쟁의행위에는 참가하지 않고 근무하기를 희망했지만 실제로는 근로를 제공할 수 없게 된 근로자에 대해서는, 근로희망자가 수행할 일거리가 있어 근로가 가능함에도 사용자가 거부한 경우에는 임금을 지급해야 하며, 근로희망자가 수행할 일거리가 없어 사용자가 거부한 경우나 노동조합의 저지로 근로가 불가능했던 경우에는 임금을 지급하지 않아도 된다(임종률, 2015: 255~256; 하갑래, 2013: 265).

정당한 파업에 참가한 근로자는 파업이 종료된 후 직장에 복귀할 권리가 있고 사용자는 이를 거부할 수 없으나(노조법§81, 징역 2년, 벌금 2000만 원 이하), 불법 파업에 참가한 근로자에 대해서는 사용자가 직장 복귀를 거부하는 등 불이익을 줄 수 있다(임종률, 2015: 254; 하갑래, 2013: 567).

4) 규정과 서식

노동조합이 있는 사업장에서는 쟁의행위 참가자에 대해 임금 지급 여부를 놓고 논란이 발생하지 않도록 단체협약이나 취업규칙에 명시해야 한다.

15. 징계감봉자 임금 계산

1) 정의와 특징

한국에서 징계감봉자에 대해 감봉을 적용할 때에는 1건의 징계로 몇 달에 걸쳐 감봉하는지에 관계없이 그 징계로 감봉할 수 있는 감봉 총액은 그 근로자의 월 급여의 10% 이내, 매월 감봉할 수 있는 월 감봉액은 평균임금 기준 0.5일분 이내에서만 감봉할 수 있다. 감봉 기간에 따라 감봉할 수 있는 감봉총액과 월감봉액이 달라진다.

예를 들면 월 급여 300만 원인 근로자에 대해 감봉 3개월의 징계를 의결한 후 집행할 경우, 이 징계로 이 근로자에게 감봉할 수 있는 감봉 총액은 300만 원의 10%인 30만 원이 상한선이고, 한 달에 감봉할 수 있는 월 감봉액은 300만 원의 0.5일분인 5만 원이 상한선이다. 그런데 감봉 기간을 3개월로 정했기 때문에 이 근로자에 대해서는 월 감봉액 상한선인 5만 원을 기준으로 3회만 감봉할 수 있어 결국 감봉 총액은 최대 15만 원만 가능한 셈이다. 이 근로자에게 감봉 6개월을 적용할 경우에는 월 감봉액 5만 원씩 6개월 동안 최대 30만 원을 감봉할 수 있고, 감봉 12개월을 적용할 경우에는 월 감봉액 2만 5000원씩 12개월 동안 최대 30만 원까지 감봉할 수 있다.

2) 관련 법률

상시 근로자가 5명 이상인 기업에서는 의무적으로 도입해야 한다. 감봉에 대해서는 '근로기준법'에서 규정하고 있다. 감봉징계는 정당한 이유가 있을 때에만 할 수 있다(근기법§23①). 정당한 이유가 있어 감봉징계를 할 때에도 '근로기준법'이 허용하는 범위에서 감봉 총액과 감봉 총횟수를 결정해 할 수 있는데, 한 번의 징계로 감봉할 수 있는 감봉 총액은 1임금지급기 임금 총액의 10% 이내, 감봉할 수 있는 1회 금액은 평균임금 반일분 이내에서만 가능하다(근기법§95, 벌금 500만 원; 근기68207-997, 1999.12.30). 비슷한 기간에 서로 다른 징계 사유로 여러 차례 감봉징계를 줄 때에도 1임금지급기에 감봉할 수 있는 총액은 1임금지급기 임금 총액의 10% 이내에서만 가능하다(근기 01254-1833, 1988.2.5). 한 번의 감봉징계를 총 몇 회, 몇 개월에 걸쳐 나누어 시행할 것인지에 대한 제한은 없다.

3) 도입 조건

감봉 금액을 계산할 때에는 다음과 같은 순서로 한다.

① 평균임금 계산 방법에 따라 평균임금 1일분을 산출한다('평균임금 계산' 참조).

② 계산한 평균임금액이 통상임금액보다 적을 때에는 통상임금액을 평균임금액으로 한다.

③ 평균임금의 0.5일분을 계산한다(A).

④ 감봉징계 통지 도달일이 포함되는 임금지급기의 임금 총액을 계산하고 10%를 계산한다(B).

⑤ 감봉 총액은 B 이내, 1회 금액(월 감봉액)은 A 이내가 될 수 있도록 감봉 총액, 감봉 횟수, 1회 감봉액을 결정한다.

4) 규정과 서식

취업규칙에는 징계에 관한 내용을 포함시켜야 한다(근기법§93). 감봉징계를 줄 때에는 징계통지서를 준비해야 한다.

제4장

보상금액 지급

1. 임금 지급 방법

1) 정의와 특징

한국에서 임금은 통화로 직접 근로자에게 전액을 매월 1회 이상 일정한 날짜를 정해 지급해야 한다. 근로자가 사용자에게서 빌린 대여금이라도 근로자의 자유로운 동의 없이 임금에서 공제하면 안 된다. 근로자가 퇴직한 경우에는 14일 이내에 일체의 금품을 지급해야 한다.

근로자는 임금을 안전하게 받아 편리하게 쓸 수 있어야 하고, 제3자에게 임금을 가로채이는 일이 없어야 하며, 부당하게 공제당하지 않아야 하고, 합리적인 기간마다 정기적으로 받아 생활 안정을 유지할 수 있어야 한다(임종률, 2015: 409~413). 이와 같은 목적을 달성하고 근로자가 임금을 안정적으로 받을 수 있도록 하기 위해 '노동법'에서는 임금 지급 방법을 규정하고 있다.

2) 변화 추세와 통계

일본에서 임금은 통화로 직접 노동자에게 전액을 매월 1회 이상 일정한 날짜를 정해 지급해야만 한다(노동기준법§24). 전차금이나 그 밖에 노동할 것을 조건으로 하는 전대채권과 임금을 상계하지 못한다(노동기준법§17). 근로자가 출산, 질병, 재해, 그 밖에 시행령으로 정한 비상 상황의 경우에 그 비용을 충당하기 위해 청구하면 지급 기일 전이라도 이미 제공한 노동에 대해 임금을 지급하지 않으면 안 된다(노동기준법§25).

한국에서는 2008년 취업규칙 중 93.4%가 임금 지급 시기에 대한 규정을 두고 있고, 그 중 59.2%가 매월, 32.4%가 익월, 8.4%가 별도 규정을 정하고 있다(김정한·문무기·윤문희, 2008: 65). 71.5%에서 상여금 지급 시기에 대한 규정을 두고 있다(김정한·문무기·윤문희, 2008: 72). 75.5%에서 비상시 임금 지급 규정을 두고 있다(김정한·문무기·윤문희, 2008: 66).

3) 관련 법률

상시 근로자 1명 이상 모든 기업에서 의무적으로 도입해야 한다. 임금 지급 방법에 대해서는 '근로기준법'에서 규정하고 있다.

3)-1 임금 지급 방법 명시

사용자는 임금 지급 방법 등이 명시된 근로계약서를 근로자에게 주어야 한다(근기법§17②, 벌금 500만 원 이하). 상시 10명 이상의 근로자 사용자는 취업규칙을 작성해 신고해야 하며, 그 내용에는 임금 지급 방법 등을 포함시켜야 한다(근기법§93.2, 과태료 500만 원 이하).

3)-2 통화 지급 원칙

임금은 통화로 지급해야 한다(근기법§43①, 징역 3년, 벌금 2000만 원 반의사불벌죄). 통화란 한국은행이 만든 돈을 말하며, 은행이 발행한 자기앞수표도 통화로 인정한다. 임금을 외국 돈, 당좌수표, 상품교환권, 주식, 식권, 상품, 제3자에 대한 채권 등으로 지급하는 것을 금지한다. 다만 법령 또는 단체협약에 특별한 규정이 있는 경우에는 임금을 통화 이외의 것으로 지급할 수 있다(근기법§43①).

3)-3 직접 지급 원칙

임금은 직접 근로자에게 지급해야 한다(근기법§43①, 징역 3년, 벌금 2000만 원 반의사불벌죄). 근로자 본인에게 주거나 근로자가 지정한 근로자 명의의 예금계좌로 송금하거나 근로자에게 불가피한 사정이 있으면 근로자가 대신 보낸 수령인에게 주거나(임종률, 하갑래, 김형배, 박상필, 김수복 등의 의견), 근로자가 사망한 경우에는 재산상속권자에게 주면 직접 지급한 것으로 인정한다. 임금을 채권자, 친권자, 후견인, 근로자의 임의 대리인 등에게 지급하는 것은 금지된다.

3)-4 전액 지급 원칙

임금은 전액을 지급해야 한다(근기법§43①, 징역 3년, 벌금 2000만 원 반의사불벌죄). 다만 법령 또는 단체협약에 특별한 규정이 있는 경우에는 임금의 일부를 공제할 수 있다(근기법§43①).

법령에 규정이 있는 소득세, 지방소득세, 건강보험료, 장기요양보험료, 국민연금보험료, 실업급여보험료, 고용안정직업능력개발사업보험료 등에 대해서는 임금에서 공제할 수 있다. 단체협약에 규정이 있으면 노동조합비 등을 공제할 수 있다. 결근, 휴직, 정직, 파업 등으로 근로하지 않아 임금을 공제하는 것은 가능하다. 근로자의 자발적인 동의가 있는 경우에는 근로자에 대해 사용자가 가지고 있는 채권(학자금 대출금, 주택자금 대출금 등)을 임금에서 공제할 수 있다(대법 2001.10.23, 2001다25184; 임종률, 2015: 412에서 재인용). 계산 착오 등으로 초과 지급한 임금에 대해서는 상계 시기가 근접해 있고, 금액과 방법을 예고해 생활안정을 해칠 우려가 없을 때에는 상계 또는 공제할 수 있다[대법(전합) 1995.12.21, 94다26721; 대법(전합) 2010.5.20, 2007다90760; 임종률, 2015: 412에서 재인용].

3)-5 정기 지급 원칙

임금은 매월 1회 이상 일정한 날짜를 정해 지급해야 한다(근기법§43①, 징역 3년, 벌금 2000만 원 반의사불벌죄). 일정한 날짜란 주기적으로 돌아오는 특정일(하갑래, 2014: 502)을 말하며, 임금 산정 기간이 지난 다음이나 지나기 전이나 모두 가능하다(임종률, 2015: 413). 1개월을 초과하는 기간의 근무를 전제로 지급하는 임금이나 수당은 매월 1회 이상 일정한 날짜를 정해 지급하지 않아도 된다(근기법§43②; 근기령§23.1~3). 부정기적으로 지급하는 모든 수당은 매월 1회 이상 일정한 날짜를 정해 지급하지 않아도 된다(근기법§43②; 근기령§23.4).

3)-6 전차금 상계 금지 원칙

전차금이나 그 밖에 근로할 것을 조건으로 하는 전대채권과 임금을 상계하지 못한다(근기법§21, 벌금 500만 원 이하). 전차금이나 그 밖에 근로할 것을 조건으로 하는 전대채권이란 근로를 제공하고 받게 될 임금을 가지고 변제하는 조건으로 근로자가 사용자에게 빌린 대여금을 말한다(하갑래, 2014: 208). 모든 전차금 상계가 금지되는 것은 아니며, 퇴직의 자유를 제약해 강제 근로의 위험성이 있을 때로 한정된다(임종률, 2015: 408). 근로자의 자발적인 동의가 있는 경우에는 근로자에 대해 사용자가 가지고 있는 채권(학자금 대출금, 주택자금 대출금 등)을 임금에서 공제할 수 있다(대법 2001.10.23, 2001다25184; 임종률, 2015: 412에서 재인용).

3)-7 비상시 선지급 원칙

근로자의 출산, 질병, 재해, 혼인, 사망의 경우나 부득이한 사유로 1주일 이상 귀향하게 된 경우에는, 그 비용에 충당하기 위해 임금 지급을 청구하면 지급 기일 전이라도 이미 제공한 근로에 대해 임금을 지급해야 한다(근기법§45; 근기령§25, 벌금 1000만 원 이하).

3)-8 퇴직 14일 이내 지급 원칙

근로자가 퇴직한 경우에는 14일 이내에 일체의 금품을 지급해야 한다(근기법§36, 징역 3년, 벌금 2000만 원 이하). 퇴직이란 사직, 근로계약 기간 종료, 정년퇴직, 해고, 사망 등이 모두 포함된다(임종률, 2015: 566; 하갑래, 2014: 799). 일체의 금품에는 근로자에게 주어야 할 일체의 금품이 포함되는데, 임금, 상여금, 퇴직금, 유급연차휴가수당, 재해보상금, 휴업수당, 해고예고수당, 적립금, 저축금, 보증금, 근로자가 맡긴 물품 등이 모두 해당한다(임종률, 2015: 566; 하갑래, 2014: 799). 다만 당사자의 합의가 있는 경우에는 지급 기일을 합의한 기간만큼 연장할 수 있다(근기법§36; 대판 1998.10.15, 98도1759; 하갑래, 2014: 799).

4) 규정과 서식

임금 지급 방법 등을 명시한 근로계약서를 체결해 근로자에게 주어야 한다(근기법§17②, 벌금 500만 원 이하). 상시 근로자 10명 이상 사업장에서는 임금 지급 방법 등을 포함시켜 취업규칙을 작성하고 신고해야 한다(근기법§93.2, 과태료 500만 원 이하).

2. 임금 체불 해결 방법

1) 정의와 특징

임금 체불이란 근로자에게 지급해야 할 금품을 지급하지 않은 행위를 말한다. 임금은 근로자와 가족의 주요 수입원으로, 임금이 체불되면 생계가 어려워질 뿐 아니라 미래의 노동에도 심각한 장애가 발생할 수 있다(강승복, 2012: 1). '노동법'에는 임금 체불을 방지하고 해결하기 위한 여러 가지 기준을 마련하고 있다. 근로자가 임금 체불을 해결할 수 있는 대응 수단은 직접 사용자를 독촉해 해결하는 방법, 노동부에 진정이나 고소를 하여 해결하는 방법, 법원에 소송을 하여 해결하는 방법, 노동부에 체당금을 청구해 해결하는 방법으로 구분할 수 있다. 임금 체불에 대해서는 사업주나 사업 경영 담당자(대표이사 등)가 책임을 지는 것이 원칙이지만, 도급·하청 관계의 경우에는 직상수급인 또는 직상수급인의 상위 수급인도 하수급인과 연대해 책임을 진다. 임금 체불 행위를 한 체불 사업주에 대해서는 지연 이자를 지급하게 하거나 형사처벌을 받게 하거나 노동부 웹 사이트에 체불 사업주로서 인적 사항 등을 공개하거나, 종합신용정보집중기관에 체불 사업주로서 인적 사항과 체불액 등에 관한 자료를 제공하는 등 제재를 가할 수 있다.

2) 변화 추세와 통계

2008년에 미국에서 노동성에 체불 임금 진정서를 제출한 근로자 수는 22만 3845명, 종결된 진정 건수는 22만 8242건, 체불임금을 받은 근로자 수는 222만 9000 명, 진정서 종결까지 걸린 평균 기간은 997일, 회수한 체불임금액은 1억 8528만 8000달러로 나타났다(배효진, 2012: 71; 강승복, 2012에서 재인용).

한국에서 2010년에 체당금을 지급한 사업체는 2888개, 인원은 5만 8718명, 금액은 2639억 원이다(노동부, 2011; 강승복, 2012: 10에서 재인용). 2011년에 체불임금에 대한 신고 건수는 19만 3536건, 근로자 수는 27만 8494명, 금액은 1조 874억 원으로 나타났으며, 그중 지도로 해결된 금액은 6105억 원(56.1%), 사법 처리 금액은 4195억 원(38.6%), 처리 중인 금액은 574억 원(5.3%)로 나타났다(강승복, 2012: 17). 2011년에 임금 체불 근로자 중 근로계약서를 작성한 근로자는 38.5%로 나타났다(강승복, 2012: 28). 임금 체불 근로자가 생각할 때 임금 체불의 주요 원인은 회사가 어려워서가 42.9%, 떼어먹으려고가 21.6%, 사용자와 근로자의 다툼 때문에가 10.4%로 나타났다(강승복, 2012: 31). 2015년에 임금 체불 근로자 수는 29만 5677명, 체불 금액은 1조 2993억 원, 1인당 체불액은 439만 원으로 나타났다(≪연합뉴스≫, 2016.1.27). 2017년 8월 현재 노동부의 웹 사이트에는 975명의 임금 체불 사업주 명단이 공개되어 있다(http://www.moel.go.kr/view.jsp?cate=3&sec=12).

3) 관련 법률

상시 근로자 1명 이상 모든 기업에서 의무적으로 도입해야 한다. 임금 체불에 대해서는 '근로기준법'과 '임금채권보장법' 등에서 규정하고 있다.

3)-1 임금 체불의 의미

근로자에게 지급해야 할 일체의 금품을 지급하지 않은 경우 임금 체불에 해당한다(근기법§43의2①). 임금은 통화로 직접 근로자에게 전액을 매월 1회 이상 일정한 날짜를 정해 지급해야 하고(근기법§24), 연장근로, 야간근로, 휴일근로에 대해서는 통상임금의 50% 이상을 가산해서 지급해야 하며(근기법§56), 근로자가 퇴직한 경우에는 14일 이내에 임금, 보상금, 그 밖에 일체의 금품을 지급해야 한다(근기법§36). 이런 기준을 어기고 지급해야 할 금품을 지급하지 않으면 임금 체불에 해당한다.

3)-2 임금 체불에 대한 근로자의 대응 수단

근로자가 임금 체불을 해결할 수 있는 대응 수단은 직접 사용자에게 독촉해 해결하는 방법, 노동부에 진정이나 고소해 해결하는 방법, 법원에 소송을 해 해결하는 방법, 노동부에 체당금을 청구해 해결하는 방법으로 구분할 수 있다.

3)-3 임금 체불의 책임자

임금 체불에 대해서는 사업주나 사업 경영 담당자(대표이사 등)가 책임을 진다(하갑래, 2014: 510). 사업이 여러 차례 도급에 따라 행해지는 경우 하수급인이 직상수급인의 귀책사유로 임금을 지급하지 못한 경우에는 그 직상수급인은 그 하수급인과 연대해 책임을 지고, 직상수급인의 귀책사유가 그 상위수급인의 귀책사유에 의해 발생한 경우에는 그 상위수급인도 연대해 책임을 진다(근기법§44, 징역 3년, 벌금 2000만 원 반의사불벌죄). 귀책사유에는 정당한 사유가 없음에도 도급 금액을 지급하지 않거나, 원자재 공급을 늦게 하거나 공급을 하지 않거나, 도급 계약의 조건을 이행하지 아니하여 하수급인이 도급 사업을 정상적으로 수행하지 못한 경우가 이에 해당한다(근기령§24).

건설업에서 두 차례 이상 공사도급이 이루어진 사업의 경우에 하수급인이 그가 사용한 근로자에게 임금을 지급하지 못하면 그 직상수급인은 하수급인과 연대해 하수급인이 사용한 근로자의 임금을 지급할 책임을 지며, 그 직상수급인이 건설업자가 아닌 때에는 그 상위 수급인 중에서 최하위의 건설업자를 직상수급인으로 본다(근기법§44의2, 징역 3년, 벌금 2000만 원 반의사불벌죄). 건설업에서 공사 도급이 이루어진 경우에, 직상수급인이 하수급인을 대신해 하수급인이 사용한 근로자에게 지급해야 하는 임금을 직접 지급할 수 있다는 의사와 그 지급 방법 및 절차에 관해 직상수급인과 하수급인이 합의하는 등의 경우에는, 직상수급인은 하수급인에게 지급해야 하는 하도급 대금 범위에서 그 하수급인이 사용한 근로자가 청구하면 하수급인이 지급해야 할 임금에 해당하는 금액을 근로자에게 직접 지급해야 한다(근기법§44의3).

3)-4 임금 체불에 대한 제재

퇴직한 때부터 14일 이내에 지급하지 않은 체불 임금과 체불 퇴직금에 대해서는 특별한 사정이 없는 이상 그다음 날부터 지급하는 날까지 지연일수에 대해 연 20%의 지연 이자를 지급해야 한다(근기법§37①). 다만 천재사변, 임금채권보장법에 따라 노동부 장관이 미지급

임금을 대신해 지급하는 경우, 법령상의 제약에 따라 자금을 확보하기 어려운 경우, 지급이 지연되고 있는 임금 및 퇴직금의 전부 또는 일부의 존부를 법원이나 노동위원회에서 다투는 것이 적절하다고 인정되는 경우, 그 밖에 이들에 준하는 사유가 있는 경우 등 특별한 사정이 있을 때에는 지연이자를 지급하지 않아도 된다(근기법§37②; 근기령§18; 임금채권보장법§7①).

임금 체불 행위에 대해서는 사업주나 사업 경영 담당자(대표이사 등) 개인에게 형사처벌을 줄 수 있다.

체불사업주가 명단 공개 기준일 이전 3년 이내 임금 등을 체불해 2회 이상 유죄가 확정된 자로서 명단 공개 기준일 이전 1년 이내 임금 등의 체불 총액이 3000만 원 이상인 경우에는 그 인적 사항 등을 공개할 수 있다(근기법§43의2).

체불사업주가 체불 자료 제공일 이전 3년 이내 임금 등을 체불해 2회 이상 유죄가 확정된 자로서 체불 자료 제공일 이전 1년 이내 임금 등의 체불 총액이 2000만 원 이상인 경우에는 종합신용정보집중기관이 요구하면 체불사업주의 인적 사항과 체불액 등에 관한 자료를 제공할 수 있다(근기법§43의3).

부록

한국 15개 산업의 인원 규모별 1인당 평균 보상 총액 수준 (2013~2015)

한국 15개 산업의 1인당 평균 보상 총액 수준 종합 (2013~2015)

(천 원/연/인, %)

산업별		2013				2014				2015			
		보상 총액	임금	복지	환경	보상 총액	임금	복지	환경	보상 총액	임금	복지	환경
연간 금액	1. 전기·가스·증기 및 수도사업	93,038	73,771	17,069	2,198	92,430	74,538	16,033	1,859	96,916	77,564	17,538	1,813
	2. 금융 및 보험업	90,302	69,822	19,568	912	90,578	69,937	19,788	853	95,254	74,143	20,276	835
	3. 제조업	62,718	48,614	13,704	400	64,478	49,129	14,963	386	64,769	50,296	14,107	367
	4. 출판·영상·방송통신 및 정보서비스업	61,063	48,214	12,113	737	61,082	49,009	11,334	739	61,699	50,209	10,868	622
	5. 전문 과학 및 기술서비스업	54,217	44,858	9,064	295	57,281	47,274	9,630	377	59,102	48,468	10,234	401
	6. 광업	57,131	42,364	14,731	36	56,252	42,162	14,064	26	57,822	43,321	14,471	29
	7. 건설업	55,078	43,597	11,216	264	55,501	44,046	11,254	202	56,743	45,038	11,508	196
	8. 도매 및 소매업	50,268	40,254	9,587	427	52,901	42,926	9,625	349	53,213	43,043	9,847	323
	9. 예술·스포츠 및 여가 관련 서비스업	51,419	40,355	10,672	392	51,997	40,633	10,945	419	51,700	41,034	10,289	377
	10. 하수·폐기물 처리, 원료 재생 및 환경 복원	42,577	34,882	7,646	50	44,094	36,314	7,727	53	46,164	37,614	8,500	49
	11. 운수업	40,296	32,417	7,735	144	41,780	33,646	8,010	125	42,587	34,400	8,057	130
	12. 협회 및 단체, 수리 및 기타 개인서비스업	41,369	33,607	7,316	445	40,985	33,653	7,237	95	42,204	34,477	7,631	97
	13. 부동산업 및 임대업	35,952	29,936	5,876	138	36,874	30,919	5,832	122	39,115	32,658	6,332	125
	14. 숙박 및 음식점업	35,640	27,590	7,784	265	36,691	29,117	7,370	204	36,935	29,328	7,409	198
	15. 사업시설 관리 및 사업 지원 서비스업	25,778	21,707	3,991	80	27,161	22,640	4,424	96	27,559	23,072	4,398	89

전년 대비 증가율	1. 전기·가스·증기 및 수도사업	1.9	5.9	-14.8	39.5	-0.7	1.0	-6.1	-15.4	4.9	4.1	9.4	-2.5
	2. 금융 및 보험업	-0.5	0.8	-3.9	-20.3	0.3	0.2	1.1	-6.4	5.2	6.0	2.5	-2.1
	3. 제조업	2.1	4.6	-5.7	-13.1	2.8	1.1	9.2	-3.3	0.5	2.4	-5.7	-5.0
	4. 출판·영상·방송통신 및 정보서비스업	5.4	4.3	9.0	26.6	0.0	1.7	-6.4	0.3	1.0	2.4	-4.1	-15.9
	5. 전문 과학 및 기술서비스업	3.3	3.2	3.7	4.2	5.7	5.4	6.2	27.6	3.2	2.5	6.3	6.4
	6. 광업	4.0	4.0	3.8	87.5	-1.5	-0.5	-4.5	-26.7	2.8	2.7	2.9	9.1
	7. 건설업	4.3	4.9	1.9	5.8	0.8	1.0	0.3	-23.6	2.2	2.3	2.3	-3.0
	8.도매 및 소매업	-1.1	-0.2	-5.6	22.8	5.2	6.6	0.4	-18.3	0.6	0.3	2.3	-7.6
	9. 예술·스포츠 및 여가 관련 서비스업	1.3	1.9	-1.5	18.9	1.1	0.7	2.6	6.7	-0.6	1.0	-6.0	-10.0
	10. 하수·폐기물 처리, 원료 재생 및 환경 복원	4.5	6.8	-4.7	-19.2	3.6	4.1	1.1	4.8	4.7	3.6	10.0	-6.8
	11. 운수업	-1.2	1.4	-11.1	15.4	3.7	3.8	3.6	-13.3	1.9	2.2	0.6	3.8
	12. 협회 및 단체, 수리 및 기타 개인서비스업	-2.2	2.1	-20.8	204.1	-0.9	0.1	-1.1	-78.7	3.0	2.4	5.4	2.5
	13. 부동산업 및 임대업	1.0	0.8	1.2	36.9	2.6	3.3	-0.8	-11.3	6.1	5.6	8.6	2.0
	14. 숙박 및 음식점업	6.2	9.0	-3.0	13.9	2.9	5.5	-5.3	-23.1	0.7	0.7	0.5	-2.9
	15. 사업 시설 관리 및 사업 지원 서비스업	1.6	3.3	-6.9	-13.0	5.4	4.3	10.9	19.4	1.5	1.9	-0.6	-7.5

주: 1) 상용 근로자(정규직과 1년 이상의 기간제) 10명 이상 기업 기준, 유급 임원도 포함 기준, 2) 보상 총액=임금+복지+환경(=채용비+교육비), 3) 순서는 2015년 순위 기준으로 정렬함.

자료: 고용노동통계포털에서 계산함.

한국 전기·가스·증기 및 수도사업의 1인당 평균 보상 총액 수준 (2013~2015)

(천 원/연/인, %)

기업 규모별		2013				2014				2015			
		보상 총액	임금	복지	환경	보상 총액	임금	복지	환경	보상 총액	임금	복지	환경
연간 금액	전 규모(10인 이상)	93,038	73,771	17,069	2,198	92,430	74,538	16,033	1,859	96,916	77,564	17,538	1,813
	6규모(1000인이상)	94,595	76,063	15,610	2,922	94,074	77,474	14,256	2,345	98,790	80,029	16,444	2,317
	5규모(500~999인)	92,047	64,075	27,245	727	99,863	70,907	28,171	785	106,756	82,246	23,368	1,141
	4규모(300~499인)	89,988	69,307	19,690	991	96,676	71,905	23,893	877	99,971	77,498	21,608	865
	3규모(100~299인)	101,454	80,027	20,909	518	90,100	73,072	15,972	1,056	92,641	73,679	18,335	628
	2규모(30~99인)	75,288	60,898	13,902	490	74,473	58,409	15,350	714	77,413	58,985	17,983	445
	1규모(10~29인)	59,348	49,616	9,539	193	57,624	47,618	9,871	134	69,335	52,639	16,565	131
전년 대비 증가율	전 규모(10인 이상)	1.9	5.9	-14.8	39.5	-0.7	1.0	-6.1	-15.4	4.9	4.1	9.4	-2.5
	6규모(1000인이상)	0.2	5.9	-24.5	54.1	-0.6	1.9	-8.7	-19.8	5.0	3.3	15.3	-1.2
	5규모(500~999인)	18.0	1.0	93.9	48.2	8.5	10.7	3.4	7.9	6.9	16.0	-17.1	45.4
	4규모(300~499인)	8.6	8.4	14.0	-39.1	7.4	3.7	21.3	-11.5	3.4	7.8	-9.6	-1.4
	3규모(100~299인)	-9.6	0.6	-33.9	-47.1	-11.2	-8.7	-23.6	103.7	2.8	0.8	14.8	-40.6
	2규모(30~99인)	9.4	9.6	8.2	12.1	-1.1	-4.1	10.4	45.8	3.9	1.0	17.2	-37.6
	1규모(10~29인)	23.4	25.0	15.6	41.2	-2.9	-4.0	3.5	-30.4	20.3	10.5	67.8	-2.7
구성 비율	전 규모(10인 이상)	100.0	79.3	18.3	2.4	100.0	80.6	17.3	2.0	100.0	80.0	18.1	1.9
	6규모(1000인이상)	100.0	80.4	16.5	3.1	100.0	82.4	15.2	2.5	100.0	81.0	16.6	2.3
	5규모(500~999인)	100.0	69.6	29.6	0.8	100.0	71.0	28.2	0.8	100.0	77.0	21.9	1.1
	4규모(300~499인)	100.0	77.0	21.9	1.1	100.0	74.4	24.7	0.9	100.0	77.5	21.6	0.9
	3규모(100~299인)	100.0	78.9	20.6	0.5	100.0	81.1	17.7	1.2	100.0	79.5	19.8	0.7
	2규모(30~99인)	100.0	80.9	18.5	0.7	100.0	78.4	20.6	1.0	100.0	76.2	23.2	0.6
	1규모(10~29인)	100.0	83.6	16.1	0.3	100.0	82.6	17.1	0.2	100.0	75.9	23.9	0.2
규모 간 격차	전 규모(10인 이상)	91.7	92.2	62.6	75.2	92.6	96.2	56.9	79.3	90.8	94.3	75.1	78.2
	6규모(1000인이상)	93.2	95.0	57.3	100.0	94.2	100.0	50.6	100.0	92.5	97.3	70.4	100.0
	5규모(500~999인)	90.7	80.1	100.0	24.9	100.0	91.5	100.0	33.5	100.0	100.0	100.0	49.2
	4규모(300~499인)	88.7	86.6	72.3	33.9	96.8	92.8	84.8	37.4	93.6	94.2	92.5	37.3
	3규모(100~299인)	100.0	100.0	76.7	17.7	90.2	94.3	56.7	45.0	86.8	89.6	78.5	27.1
	2규모(30~99인)	74.2	76.1	51.0	16.8	74.6	75.4	54.5	30.5	72.5	71.7	77.0	19.2
	1규모(10~29인)	58.5	62.0	35.0	6.6	57.7	61.5	35.0	5.7	64.9	64.0	70.9	5.6

주: 1) 상용 근로자(정규직과 1년 이상의 기간제) 10명 이상 기업 기준, 유급 임원도 포함 기준, 2) 보상 총액=임금+복지+환경(=채용비+교육비).

자료: 고용노동통계포털에서 계산함.

한국 금융 및 보험업의 1인당 평균 보상 총액 수준(2013~2015)

(천 원/연/인, %)

기업 규모별		2013				2014				2015			
		보상 총액	임금	복지	환경	보상 총액	임금	복지	환경	보상 총액	임금	복지	환경
연간 금액	전 규모(10인 이상)	90,302	69,822	19,568	912	90,578	69,937	19,788	853	95,254	74,143	20,276	835
	6규모(1000인이상)	91,448	69,907	20,552	989	95,071	72,470	21,670	931	99,096	75,786	22,343	967
	5규모(500~999인)	88,657	66,582	21,239	836	80,947	65,477	14,639	832	95,347	76,802	17,832	713
	4규모(300~499인)	103,159	82,982	19,286	892	80,777	62,340	17,424	1,014	55,510	46,170	8,881	458
	3규모(100~299인)	80,545	65,210	14,574	761	76,691	60,235	15,815	640	81,827	65,885	15,502	439
	2규모(30~99인)	91,810	76,927	14,386	497	80,838	65,442	15,043	354	84,508	69,972	14,222	313
	1규모(10~29인)	76,619	65,084	11,222	312	73,595	61,762	11,544	290	88,597	76,134	12,133	329
전년 대비 증가율	전 규모(10인 이상)	-0.5	0.8	-3.9	-20.3	0.3	0.2	1.1	-6.4	5.2	6.0	2.5	-2.1
	6규모(1000인이상)	-2.2	-0.4	-6.3	-26.2	4.0	3.7	5.4	-5.8	4.2	4.6	3.1	3.9
	5규모(500~999인)	8.8	9.2	7.2	16.0	-8.7	-1.7	-31.1	-0.6	17.8	17.3	21.8	-14.3
	4규모(300~499인)	19.6	14.8	44.4	42.3	-21.7	-24.9	-9.7	13.7	-31.3	-25.9	-49.0	-54.8
	3규모(100~299인)	9.4	11.9	-0.7	7.1	-4.8	-7.6	8.5	-15.9	6.7	9.4	-2.0	-31.3
	2규모(30~99인)	-5.4	-4.2	-11.8	23.6	-12.0	-14.9	4.6	-28.7	4.5	6.9	-5.5	-11.5
	1규모(10~29인)	-1.9	-2.0	-1.8	2.8	-3.9	-5.1	2.9	-6.9	20.4	23.3	5.1	13.2
구성 비율	전 규모(10인 이상)	100.0	77.3	21.7	1.0	100.0	77.2	21.8	0.9	100.0	77.8	21.3	0.9
	6규모(1000인이상)	100.0	76.4	22.5	1.1	100.0	76.2	22.8	1.0	100.0	76.5	22.5	1.0
	5규모(500~999인)	100.0	75.1	24.0	0.9	100.0	80.9	18.1	1.0	100.0	80.6	18.7	0.7
	4규모(300~499인)	100.0	80.4	18.7	0.9	100.0	77.2	21.6	1.3	100.0	83.2	16.0	0.8
	3규모(100~299인)	100.0	81.0	18.1	0.9	100.0	78.5	20.6	0.8	100.0	80.5	18.9	0.5
	2규모(30~99인)	100.0	83.8	15.7	0.5	100.0	81.0	18.6	0.4	100.0	82.8	16.8	0.4
	1규모(10~29인)	100.0	84.9	14.6	0.4	100.0	83.9	15.7	0.4	100.0	85.9	13.7	0.4
규모 간 격차	전 규모(10인 이상)	87.5	84.1	92.1	92.2	95.3	96.5	91.3	84.1	96.1	96.5	90.8	86.4
	6규모(1000인이상)	88.6	84.2	96.8	100.0	100.0	100.0	100.0	91.8	100.0	98.7	100.0	100.0
	5규모(500~999인)	85.9	80.2	100.0	84.6	85.1	90.3	67.6	82.0	96.2	100.0	79.8	73.7
	4규모(300~499인)	100.0	100.0	90.8	90.2	85.0	86.0	80.4	100.0	56.0	60.1	39.7	47.4
	3규모(100~299인)	78.1	78.6	68.6	76.9	80.7	83.1	73.0	63.1	82.6	85.8	69.4	45.4
	2규모(30~99인)	89.0	92.7	67.7	50.2	85.0	90.3	69.4	34.9	85.3	91.1	63.7	32.4
	1규모(10~29인)	74.3	78.4	52.8	31.6	77.4	85.2	53.3	28.6	89.4	99.1	54.3	34.0

주: 1) 상용 근로자(정규직과 1년 이상의 기간제) 10명 이상 기업 기준, 유급 임원도 포함 기준, 2) 보상 총액=임금+복지+환경(=채용비+교육비)

자료: 고용노동통계포털에서 계산함.

한국 제조업의 1인당 평균 보상 총액 수준(2013~2015)

(천 원/연/인, %)

기업 규모별		2013				2014				2015			
		보상 총액	임금	복지	환경	보상 총액	임금	복지	환경	보상 총액	임금	복지	환경
연간 금액	전 규모(10인 이상)	62,718	48,614	13,704	400	64,478	49,129	14,963	386	64,769	50,296	14,107	367
	6규모(1000인이상)	93,611	70,873	21,841	896	97,840	70,146	26,756	937	96,774	73,490	22,387	896
	5규모(500~999인)	67,380	51,602	15,312	466	68,335	53,100	14,788	449	71,782	55,802	15,535	443
	4규모(300~499인)	58,589	45,296	13,007	286	60,125	47,401	12,491	233	61,854	48,029	13,594	232
	3규모(100~299인)	50,335	39,623	10,516	197	52,007	41,071	10,780	156	54,715	42,808	11,743	164
	2규모(30~99인)	44,927	35,851	8,948	126	45,559	36,890	8,579	90	46,793	36,871	9,810	112
	1규모(10~29인)	40,152	32,658	7,448	46	41,806	34,526	7,230	49	42,542	34,848	7,668	26
전년 대비 증가율	전 규모(10인 이상)	2.1	4.6	-5.7	-13.1	2.8	1.1	9.2	-3.3	0.5	2.4	-5.7	-5.0
	6규모(1000인이상)	2.1	5.8	-7.4	-17.4	4.5	-1.0	22.5	4.6	-1.1	4.8	-16.3	-4.4
	5규모(500~999인)	10.1	8.5	15.7	15.5	1.4	2.9	-3.4	-3.6	5.0	5.1	5.1	-1.3
	4규모(300~499인)	-4.9	-4.2	-6.9	-17.4	2.6	4.6	-4.0	-18.5	2.9	1.3	8.8	-0.5
	3규모(100~299인)	0.0	3.0	-10.0	19.7	3.3	3.7	2.5	-20.7	5.2	4.2	8.9	5.4
	2규모(30~99인)	3.6	5.2	-2.3	-12.5	1.4	2.9	-4.1	-28.6	2.7	-0.1	14.4	24.0
	1규모(10~29인)	3.5	5.7	-4.8	-15.6	4.1	5.7	-2.9	7.9	1.8	0.9	6.1	-46.3
구성 비율	전 규모(10인 이상)	100.0	77.5	21.9	0.6	100.0	76.2	23.2	0.6	100.0	77.7	21.8	0.6
	6규모(1000인이상)	100.0	75.7	23.3	1.0	100.0	71.7	27.3	1.0	100.0	75.9	23.1	0.9
	5규모(500~999인)	100.0	76.6	22.7	0.7	100.0	77.7	21.6	0.7	100.0	77.7	21.6	0.6
	4규모(300~499인)	100.0	77.3	22.2	0.5	100.0	78.8	20.8	0.4	100.0	77.6	22.0	0.4
	3규모(100~299인)	100.0	78.7	20.9	0.4	100.0	79.0	20.7	0.3	100.0	78.2	21.5	0.3
	2규모(30~99인)	100.0	79.8	19.9	0.3	100.0	81.0	18.8	0.2	100.0	78.8	21.0	0.2
	1규모(10~29인)	100.0	81.3	18.6	0.1	100.0	82.6	17.3	0.1	100.0	81.9	18.0	0.1
규모 간 격차	전 규모(10인 이상)	67.0	68.6	62.7	44.6	65.9	70.0	55.9	41.2	66.9	68.4	63.0	41.0
	6규모(1000인이상)	100.0	100.0	100.0	100.0	100.0	100.0	100.0	100.0	100.0	100.0	100.0	100.0
	5규모(500~999인)	72.0	72.8	70.1	51.9	69.8	75.7	55.3	47.9	74.2	75.9	69.4	49.4
	4규모(300~499인)	62.6	63.9	59.6	31.9	61.5	67.6	46.7	24.8	63.9	65.4	60.7	25.8
	3규모(100~299인)	53.8	55.9	48.1	22.0	53.2	58.6	40.3	16.6	56.5	58.2	52.5	18.3
	2규모(30~99인)	48.0	50.6	41.0	14.1	46.6	52.6	32.1	9.6	48.4	50.2	43.8	12.4
	1규모(10~29인)	42.9	46.1	34.1	5.1	42.7	49.2	27.0	5.2	44.0	47.4	34.3	2.9

주: 1) 상용 근로자(정규직과 1년 이상의 기간제) 10명 이상 기업 기준, 유급 임원도 포함 기준, 2) 보상 총액=임금+복지+환경(=채용비+교육비)

자료: 고용노동통계포털에서 계산함.

한국 출판·영상·방송통신 및 정보서비스업의 1인당 평균 보상 총액 수준 (2013~2015)

(천 원/연/인, %)

기업 규모별		2013				2014				2015			
		보상 총액	임금	복지	환경	보상 총액	임금	복지	환경	보상 총액	임금	복지	환경
연간 금액	전 규모(10인 이상)	61,063	48,214	12,113	737	61,082	49,009	11,334	739	61,699	50,209	10,868	622
	6규모(1000인이상)	80,945	61,390	17,844	1,711	80,292	61,744	16,888	1,660	82,142	65,197	15,488	1,457
	5규모(500~999인)	71,312	55,524	14,918	869	69,010	55,199	13,116	695	72,820	59,420	12,829	570
	4규모(300~499인)	59,341	46,435	12,178	728	65,297	51,518	12,844	935	70,879	56,504	13,382	992
	3규모(100~299인)	57,876	46,732	10,831	313	57,516	48,031	9,152	332	57,769	47,857	9,576	336
	2규모(30~99인)	49,079	39,667	9,221	191	46,034	38,597	7,374	62	47,876	40,234	7,523	120
	1규모(10~29인)	41,004	35,132	5,780	91	38,737	32,996	5,688	53	43,117	35,588	7,426	103
전년 대비 증가율	전 규모(10인 이상)	5.4	4.3	9.0	26.6	0.0	1.7	-6.4	0.3	1.0	2.4	-4.1	-15.9
	6규모(1000인이상)	8.8	7.0	12.9	39.7	-0.8	0.6	-5.4	-3.0	2.3	5.6	-8.3	-12.2
	5규모(500~999인)	9.8	12.2	0.8	36.9	-3.2	-0.6	-12.1	-20.0	5.5	7.6	-2.2	-18.0
	4규모(300~499인)	2.2	-2.7	25.0	25.7	10.0	10.9	5.5	28.3	8.5	9.7	4.2	6.2
	3규모(100~299인)	-1.7	-0.6	-5.9	-5.1	-0.6	2.8	-15.5	6.1	0.4	-0.4	4.6	1.1
	2규모(30~99인)	9.3	6.7	22.3	-1.9	-6.2	-2.7	-20.0	-67.3	4.0	4.2	2.0	92.3
	1규모(10~29인)	6.0	4.7	13.3	145.2	-5.5	-6.1	-1.6	-42.1	11.3	7.9	30.5	95.5
구성 비율	전 규모(10인 이상)	100.0	79.0	19.8	1.2	100.0	80.2	18.6	1.2	100.0	81.4	17.6	1.0
	6규모(1000인이상)	100.0	75.8	22.0	2.1	100.0	76.9	21.0	2.1	100.0	79.4	18.9	1.8
	5규모(500~999인)	100.0	77.9	20.9	1.2	100.0	80.0	19.0	1.0	100.0	81.6	17.6	0.8
	4규모(300~499인)	100.0	78.3	20.5	1.2	100.0	78.9	19.7	1.4	100.0	79.7	18.9	1.4
	3규모(100~299인)	100.0	80.7	18.7	0.5	100.0	83.5	15.9	0.6	100.0	82.8	16.6	0.6
	2규모(30~99인)	100.0	80.8	18.8	0.4	100.0	83.8	16.0	0.1	100.0	84.0	15.7	0.3
	1규모(10~29인)	100.0	85.7	14.1	0.2	100.0	85.2	14.7	0.1	100.0	82.5	17.2	0.2
규모 간 격차	전 규모(10인 이상)	75.4	78.5	67.9	43.1	76.1	79.4	67.1	44.5	75.1	77.0	70.2	42.7
	6규모(1000인이상)	100.0	100.0	100.0	100.0	100.0	100.0	100.0	100.0	100.0	100.0	100.0	100.0
	5규모(500~999인)	88.1	90.4	83.6	50.8	85.9	89.4	77.7	41.9	88.7	91.1	82.8	39.1
	4규모(300~499인)	73.3	75.6	68.2	42.6	81.3	83.4	76.1	56.3	86.3	86.7	86.4	68.1
	3규모(100~299인)	71.5	76.1	60.7	18.3	71.6	77.8	54.2	20.0	70.3	73.4	61.8	23.1
	2규모(30~99인)	60.6	64.6	51.7	11.2	57.3	62.5	43.7	3.8	58.3	61.7	48.6	8.2
	1규모(10~29인)	50.7	57.2	32.4	5.3	48.2	53.4	33.7	3.2	52.5	54.6	47.9	7.1

주: 1) 상용 근로자(정규직과 1년 이상의 기간제) 10명 이상 기업 기준, 유급 임원도 포함 기준, 2) 보상 총액=임금+복지+환경(=채용비+교육비).

자료: 고용노동통계포털에서 계산함.

한국 전문 과학 및 기술서비스업의 1인당 평균 보상 총액 수준(2013~2015)

(천 원/연/인, %)

기업 규모별		2013				2014				2015			
		보상 총액	임금	복지	환경	보상 총액	임금	복지	환경	보상 총액	임금	복지	환경
연간 금액	전 규모(10인 이상)	54,217	44,858	9,064	295	57,281	47,274	9,630	377	59,102	48,468	10,234	401
	6규모(1000인 이상)	69,421	57,731	11,214	476	83,437	66,713	15,722	1,001	72,923	58,304	13,544	1,073
	5규모(500~999인)	67,012	52,630	13,619	763	77,779	60,978	15,959	842	73,464	59,796	13,196	472
	4규모(300~499인)	54,665	46,801	7,764	101	63,239	53,765	9,246	229	60,246	49,768	9,986	492
	3규모(100~299인)	63,164	51,757	10,955	454	62,227	51,438	10,374	415	65,803	54,001	11,378	422
	2규모(30~99인)	51,961	43,429	8,328	204	47,167	39,268	7,709	192	52,409	43,498	8,756	155
	1규모(10~29인)	42,884	35,714	7,019	151	40,993	35,390	5,542	62	46,214	38,562	7,578	74
전년 대비 증가율	전 규모(10인 이상)	3.3	3.2	3.7	4.2	5.7	5.4	6.2	27.6	3.2	2.5	6.3	6.4
	6규모(1000인 이상)	8.5	11.9	-6.8	19.6	20.2	15.6	40.2	110.1	-12.6	-12.6	-13.9	7.2
	5규모(500~999인)	20.7	15.5	39.0	351.1	16.1	15.9	17.2	10.4	-5.5	-1.9	-17.3	-44.0
	4규모(300~499인)	3.0	3.8	-1.0	-27.6	15.7	14.9	19.1	127.4	-4.7	-7.4	8.0	114.7
	3규모(100~299인)	7.9	7.7	9.4	-8.5	-1.5	-0.6	-5.3	-8.5	5.7	5.0	9.7	1.7
	2규모(30~99인)	-6.5	-6.6	-4.2	-47.5	-9.2	-9.6	-7.4	-5.9	11.1	10.8	13.6	-19.4
	1규모(10~29인)	6.3	6.5	4.1	152.0	-4.4	-0.9	-21.0	-58.7	12.7	9.0	36.7	19.2
구성 비율	전 규모(10인 이상)	100.0	82.7	16.7	0.5	100.0	82.5	16.8	0.7	100.0	82.0	17.3	0.7
	6규모(1000인 이상)	100.0	83.2	16.2	0.7	100.0	80.0	18.8	1.2	100.0	80.0	18.6	1.5
	5규모(500~999인)	100.0	78.5	20.3	1.1	100.0	78.4	20.5	1.1	100.0	81.4	18.0	0.6
	4규모(300~499인)	100.0	85.6	14.2	0.2	100.0	85.0	14.6	0.4	100.0	82.6	16.6	0.8
	3규모(100~299인)	100.0	81.9	17.3	0.7	100.0	82.7	16.7	0.7	100.0	82.1	17.3	0.6
	2규모(30~99인)	100.0	83.6	16.0	0.4	100.0	83.3	16.3	0.4	100.0	83.0	16.7	0.3
	1규모(10~29인)	100.0	83.3	16.4	0.4	100.0	86.3	13.5	0.2	100.0	83.4	16.4	0.2
규모 간 격차	전 규모(10인 이상)	78.1	77.7	66.6	38.7	68.7	70.9	60.3	37.6	80.5	81.1	75.6	37.4
	6규모(1000인 이상)	100.0	100.0	82.3	62.4	100.0	100.0	98.5	100.0	99.3	97.5	100.0	100.0
	5규모(500~999인)	96.5	91.2	100.0	100.0	93.2	91.4	100.0	84.2	100.0	100.0	97.4	44.0
	4규모(300~499인)	78.7	81.1	57.0	13.2	75.8	80.6	57.9	22.9	82.0	83.2	73.7	45.9
	3규모(100~299인)	91.0	89.7	80.4	59.4	74.6	77.1	65.0	41.5	89.6	90.3	84.0	39.4
	2규모(30~99인)	74.8	75.2	61.2	26.7	56.5	58.9	48.3	19.2	71.3	72.7	64.6	14.4
	1규모(10~29인)	61.8	61.9	51.5	19.8	49.1	53.0	34.7	6.2	62.9	64.5	55.9	6.9

주: 1) 상용 근로자(정규직과 1년 이상의 기간제) 10명 이상 기업 기준, 유급 임원도 포함 기준, 2) 보상 총액=임금+복지+환경(=채용비+교육비).

자료: 고용노동통계포털에서 계산함.

한국 광업의 1인당 평균 보상 총액 수준(2013~2015)

(천 원/연/인, %)

기업 규모별		2013 보상 총액	2013 임금	2013 복지	2013 환경	2014 보상 총액	2014 임금	2014 복지	2014 환경	2015 보상 총액	2015 임금	2015 복지	2015 환경
연간 금액	전 규모(10인 이상)	57,131	42,364	14,731	36	56,252	42,162	14,064	26	57,822	43,321	14,471	29
	6규모(1000인 이상)												
	5규모(500~999인)	91,205	58,597	32,546	60	90,193	58,528	31,602	64	96,322	60,527	35,772	23
	4규모(300~499인)	50,340	37,716	12,580	44	53,645	40,987	12,570	88	65,268	50,119	15,059	89
	3규모(100~299인)	71,666	51,690	19,942	35	70,434	51,653	18,744	37	68,549	50,233	18,256	60
	2규모(30~99인)	52,261	40,506	11,746	10	53,302	41,117	12,173	12	54,115	41,101	13,003	11
	1규모(10~29인)	48,083	37,243	10,794	46	46,798	36,782	9,998	17	48,799	38,932	9,835	32
전년 대비 증가율	전 규모(10인 이상)	4.0	4.0	3.8	87.5	-1.5	-0.5	-4.5	-26.7	2.8	2.7	2.9	9.1
	6규모(1000인 이상)												
	5규모(500~999인)	4.1	11.6	-7.3	117.4	-1.1	-0.1	-2.9	6.0	6.8	3.4	13.2	-64.2
	4규모(300~499인)					6.6	8.7	-0.1	97.3	21.7	22.3	19.8	1.4
	3규모(100~299인)	5.5	7.8	-0.3	262.5	-1.7	-0.1	-6.0	6.9	-2.7	-2.7	-2.6	61.3
	2규모(30~99인)	0.9	0.4	2.9	-63.6	2.0	1.5	3.6	25.0	1.5	0.0	6.8	-10.0
	1규모(10~29인)	6.1	2.7	19.7	216.7	-2.7	-1.2	-7.4	-63.2	4.3	5.8	-1.6	92.9
구성 비율	전 규모(10인 이상)	100.0	74.2	25.8	0.1	100.0	75.0	25.0	0.0	100.0	74.9	25.0	0.0
	6규모(1000인 이상)												
	5규모(500~999인)	100.0	64.2	35.7	0.1	100.0	64.9	35.0	0.1	100.0	62.8	37.1	0.0
	4규모(300~499인)	100.0	74.9	25.0	0.1	100.0	76.4	23.4	0.2	100.0	76.8	23.1	0.1
	3규모(100~299인)	100.0	72.1	27.8	0.0	100.0	73.3	26.6	0.1	100.0	73.3	26.6	0.1
	2규모(30~99인)	100.0	77.5	22.5	0.0	100.0	77.1	22.8	0.0	100.0	76.0	24.0	0.0
	1규모(10~29인)	100.0	77.5	22.4	0.1	100.0	78.6	21.4	0.0	100.0	79.8	20.2	0.1
규모 간 격차	전 규모(10인 이상)	62.6	72.3	45.3	60.0	62.4	72.0	44.5	30.1	60.0	71.6	40.5	32.4
	6규모(1000인 이상)	0.0	0.0	0.0	0.0	0.0	0.0	0.0	0.0	0.0	0.0	0.0	0.0
	5규모(500~999인)	100.0	100.0	100.0	100.0	100.0	100.0	100.0	72.6	100.0	100.0	100.0	25.7
	4규모(300~499인)	55.2	64.4	38.7	74.0	59.5	70.0	39.8	100.0	67.8	82.8	42.1	100.0
	3규모(100~299인)	78.6	88.2	61.3	58.0	78.1	88.3	59.3	42.5	71.2	83.0	51.0	67.6
	2규모(30~99인)	57.3	69.1	36.1	16.0	59.1	70.3	38.5	13.7	56.2	67.9	36.4	12.2
	1규모(10~29인)	52.7	63.6	33.2	76.0	51.9	62.8	31.6	19.2	50.7	64.3	27.5	36.5

주: 1) 상용 근로자(정규직과 1년 이상의 기간제) 10명 이상 기업 기준, 유급 임원도 포함 기준, 2) 보상 총액=임금+복지+환경(=채용비+교육비).

자료: 고용노동통계포털에서 계산함.

한국 건설업의 1인당 평균 보상 총액 수준(2013~2015)

(천 원/연/인, %)

기업 규모별		2013				2014				2015			
		보상 총액	임금	복지	환경	보상 총액	임금	복지	환경	보상 총액	임금	복지	환경
연간 금액	전 규모(10인 이상)	55,078	43,597	11,216	264	55,501	44,046	11,254	202	56,743	45,038	11,508	196
	6규모(1000인 이상)	92,142	71,551	19,758	833	89,735	68,593	20,483	659	90,924	71,218	19,079	629
	5규모(500~999인)	66,133	48,168	17,720	245	71,174	55,200	15,820	155	68,459	52,838	15,427	193
	4규모(300~499인)	73,520	56,855	16,590	74	64,694	51,533	13,043	119	65,294	52,183	12,856	256
	3규모(100~299인)	57,950	44,519	13,229	203	57,463	45,532	11,812	120	60,430	47,975	12,317	138
	2규모(30~99인)	46,972	38,082	8,747	143	48,522	39,065	9,371	85	52,507	41,952	10,466	89
	1규모(10~29인)	36,107	29,789	6,245	73	37,307	30,895	6,367	44	41,436	33,251	8,111	73
전년 대비 증가율	전 규모(10인 이상)	4.3	4.9	1.9	5.8	0.8	1.0	0.3	-23.6	2.2	2.3	2.3	-3.0
	6규모(1000인 이상)	-0.6	-2.3	7.1	-13.7	-2.6	-4.1	3.7	-20.9	1.3	3.8	-6.9	-4.6
	5규모(500~999인)	2.3	1.5	4.9	-15.4	7.6	14.6	-10.7	-36.8	-3.8	-4.3	-2.5	24.8
	4규모(300~499인)	-5.9	-0.6	-19.5	-78.1	-12.0	-9.4	-21.4	59.7	0.9	1.3	-1.4	115.2
	3규모(100~299인)	11.3	13.8	3.4	56.5	-0.8	2.3	-10.7	-40.8	5.2	5.4	4.3	15.0
	2규모(30~99인)	-0.2	0.9	-5.6	124.5	3.3	2.6	7.1	-40.3	8.2	7.4	11.7	4.2
	1규모(10~29인)	4.2	6.5	-5.7	48.8	3.3	3.7	2.0	-39.3	11.1	7.6	27.4	64.9
구성 비율	전 규모(10인 이상)	100.0	79.2	20.4	0.5	100.0	79.4	20.3	0.4	100.0	79.4	20.3	0.3
	6규모(1000인 이상)	100.0	77.7	21.4	0.9	100.0	76.4	22.8	0.7	100.0	78.3	21.0	0.7
	5규모(500~999인)	100.0	72.8	26.8	0.4	100.0	77.6	22.2	0.2	100.0	77.2	22.5	0.3
	4규모(300~499인)	100.0	77.3	22.6	0.1	100.0	79.7	20.2	0.2	100.0	79.9	19.7	0.4
	3규모(100~299인)	100.0	76.8	22.8	0.3	100.0	79.2	20.6	0.2	100.0	79.4	20.4	0.2
	2규모(30~99인)	100.0	81.1	18.6	0.3	100.0	80.5	19.3	0.2	100.0	79.9	19.9	0.2
	1규모(10~29인)	100.0	82.5	17.3	0.2	100.0	82.8	17.1	0.1	100.0	80.2	19.6	0.2
규모 간 격차	전 규모(10인 이상)	59.8	60.9	56.8	31.7	61.9	64.2	54.9	30.6	62.4	63.2	60.3	31.1
	6규모(1000인 이상)	100.0	100.0	100.0	100.0	100.0	100.0	100.0	100.0	100.0	100.0	100.0	100.0
	5규모(500~999인)	71.8	67.3	89.7	29.4	79.3	80.5	77.2	23.5	75.3	74.2	80.9	30.7
	4규모(300~499인)	79.8	79.5	84.0	8.9	72.1	75.1	63.7	18.0	71.8	73.3	67.4	40.6
	3규모(100~299인)	62.9	62.2	67.0	24.4	64.0	66.4	57.7	18.2	66.5	67.4	64.6	21.9
	2규모(30~99인)	51.0	53.2	44.3	17.1	54.1	57.0	45.7	12.9	57.7	58.9	54.9	14.1
	1규모(10~29인)	39.2	41.6	31.6	8.8	41.6	45.0	31.1	6.7	45.6	46.7	42.5	11.6

주: 1) 상용 근로자(정규직과 1년 이상의 기간제) 10명 이상 기업 기준, 유급 임원도 포함 기준, 2) 보상 총액=임금+복지+환경(=채용비+교육비).

자료: 고용노동통계포털에서 계산함.

한국 도매업 및 소매업의 1인당 평균 보상 총액 수준(2013~2015)

(천 원/연/인, %)

기업 규모별		2013				2014				2015			
		보상 총액	임금	복지	환경	보상 총액	임금	복지	환경	보상 총액	임금	복지	환경
연간 금액	전 규모(10인 이상)	50,268	40,254	9,587	427	52,901	42,926	9,625	349	53,213	43,043	9,847	323
	6규모(1000인 이상)	50,986	39,462	10,984	540	53,345	42,148	10,697	499	49,877	39,282	10,229	366
	5규모(500~999인)	67,958	52,480	14,555	924	64,520	52,918	11,114	488	68,065	55,415	12,116	534
	4규모(300~499인)	64,073	48,518	14,690	864	67,361	51,588	15,048	725	57,160	45,892	10,739	529
	3규모(100~299인)	54,431	43,415	10,520	496	58,028	48,152	9,493	382	60,786	48,155	11,981	650
	2규모(30~99인)	51,996	42,792	8,796	408	54,065	44,484	9,084	497	56,269	46,080	9,844	344
	1규모(10~29인)	41,569	34,708	6,716	145	45,991	37,805	8,148	40	47,381	39,205	8,106	70
전년 대비 증가율	전 규모(10인 이상)	-1.1	-0.2	-5.6	22.8	5.2	6.6	0.4	-18.3	0.6	0.3	2.3	-7.6
	6규모(1000인 이상)	-7.2	-7.3	-5.6	-27.9	4.6	6.8	-2.6	-7.6	-6.5	-6.8	-4.4	-26.7
	5규모(500~999인)	3.9	3.2	5.2	31.4	-5.1	0.8	-23.6	-47.1	5.5	4.7	9.0	9.3
	4규모(300~499인)	2.9	1.2	7.3	31.9	5.1	6.3	2.4	-16.1	-15.1	-11.0	-28.6	-27.0
	3규모(100~299인)	1.0	2.7	-6.7	43.9	6.6	10.9	-9.8	-23.0	4.8	0.0	26.2	70.4
	2규모(30~99인)	1.9	5.6	-14.5	95.4	4.0	4.0	3.3	21.8	4.1	3.6	8.4	-30.7
	1규모(10~29인)	-1.8	-0.5	-9.3	290.3	10.6	8.9	21.3	-72.7	3.0	3.7	-0.5	75.8
구성 비율	전 규모(10인 이상)	100.0	80.1	19.1	0.8	100.0	81.1	18.2	0.7	100.0	80.9	18.5	0.6
	6규모(1000인 이상)	100.0	77.4	21.5	1.1	100.0	79.0	20.1	0.9	100.0	78.8	20.5	0.7
	5규모(500~999인)	100.0	77.2	21.4	1.4	100.0	82.0	17.2	0.8	100.0	81.4	17.8	0.8
	4규모(300~499인)	100.0	75.7	22.9	1.3	100.0	76.6	22.3	1.1	100.0	80.3	18.8	0.9
	3규모(100~299인)	100.0	79.8	19.3	0.9	100.0	83.0	16.4	0.7	100.0	79.2	19.7	1.1
	2규모(30~99인)	100.0	82.3	16.9	0.8	100.0	82.3	16.8	0.9	100.0	81.9	17.5	0.6
	1규모(10~29인)	100.0	83.5	16.2	0.3	100.0	82.2	17.7	0.1	100.0	82.7	17.1	0.1
규모 간 격차	전 규모(10인 이상)	74.0	76.7	65.3	46.2	78.5	81.1	64.0	48.2	78.2	77.7	81.3	49.6
	6규모(1000인 이상)	75.0	75.2	74.8	58.4	79.2	79.6	71.1	68.9	73.3	70.9	84.4	56.3
	5규모(500~999인)	100.0	100.0	99.1	100.0	95.8	100.0	73.9	67.4	100.0	100.0	100.0	82.1
	4규모(300~499인)	94.3	92.5	100.0	93.5	100.0	97.5	100.0	100.0	84.0	82.8	88.6	81.4
	3규모(100~299인)	80.1	82.7	71.6	53.6	86.1	91.0	63.1	52.6	89.3	86.9	98.9	100.0
	2규모(30~99인)	76.5	81.5	59.9	44.2	80.3	84.1	60.4	68.5	82.7	83.2	81.2	53.0
	1규모(10~29인)	61.2	66.1	45.7	15.7	68.3	71.4	54.1	5.5	69.6	70.7	66.9	10.7

주: 1) 상용 근로자(정규직과 1년 이상의 기간제) 10명 이상 기업 기준, 유급 임원도 포함 기준, 2) 보상 총액=임금+복지+환경(=채용비+교육비).

자료: 고용노동통계포털에서 계산함.

한국 예술·스포츠 및 여가 관련 서비스업의 1인당 평균 보상 총액 수준 (2013~2015)

(천 원/연/인, %)

기업 규모별		2013				2014				2015			
		보상 총액	임금	복지	환경	보상 총액	임금	복지	환경	보상 총액	임금	복지	환경
연간 금액	전 규모(10인 이상)	51,419	40,355	10,672	392	51,997	40,633	10,945	419	51,700	41,034	10,289	377
	6규모(1000인 이상)	79,105	60,580	17,323	1,202	81,955	62,141	18,540	1,274	79,777	61,561	17,105	1,110
	5규모(500~999인)	52,830	41,042	11,117	671	52,057	41,664	9,634	760	54,643	43,874	9,474	1,295
	4규모(300~499인)	47,473	36,085	11,202	186	54,917	41,084	12,919	913	42,931	33,280	9,215	437
	3규모(100~299인)	46,872	37,309	9,449	114	47,920	37,124	10,745	50	49,715	39,228	10,403	83
	2규모(30~99인)	38,668	30,912	7,711	44	39,430	31,944	7,423	62	41,038	33,358	7,619	62
	1규모(10~29인)	35,077	28,729	6,326	22	35,989	29,472	6,466	52	38,561	31,626	6,851	84
전년 대비 증가율	전 규모(10인 이상)	1.3	1.9	-1.5	18.9	1.1	0.7	2.6	6.7	-0.6	1.0	-6.0	-10.0
	6규모(1000인 이상)	2.6	6.1	-9.3	37.8	3.6	2.6	7.0	6.0	-2.7	-0.9	-7.7	-12.9
	5규모(500~999인)	-2.3	-8.3	28.4	6.7	-1.5	1.5	-13.3	13.2	5.0	5.3	-1.7	70.5
	4규모(300~499인)	-43.2	-42.1	-46.8	-6.1	15.7	13.9	15.3	391.0	-21.8	-19.0	-28.7	-52.2
	3규모(100~299인)	0.9	-0.2	5.6	1.1	2.2	-0.5	13.7	-55.8	3.7	5.7	-3.2	64.3
	2규모(30~99인)	-2.7	-0.9	-8.4	-72.2	2.0	3.3	-3.7	40.5	4.1	4.4	2.6	0.0
	1규모(10~29인)	-3.9	-6.2	8.6	-30.8	2.6	2.6	2.2	138.9	7.1	7.3	6.0	62.8
구성 비율	전 규모(10인 이상)	100.0	78.5	20.8	0.8	100.0	78.1	21.0	0.8	100.0	79.4	19.9	0.7
	6규모(1000인 이상)	100.0	76.6	21.9	1.5	100.0	75.8	22.6	1.6	100.0	77.2	21.4	1.4
	5규모(500~999인)	100.0	77.7	21.0	1.3	100.0	80.0	18.5	1.5	100.0	80.3	17.3	2.4
	4규모(300~499인)	100.0	76.0	23.6	0.4	100.0	74.8	23.5	1.7	100.0	77.5	21.5	1.0
	3규모(100~299인)	100.0	79.6	20.2	0.2	100.0	77.5	22.4	0.1	100.0	78.9	20.9	0.2
	2규모(30~99인)	100.0	79.9	19.9	0.1	100.0	81.0	18.8	0.2	100.0	81.3	18.6	0.2
	1규모(10~29인)	100.0	81.9	18.0	0.1	100.0	81.9	18.0	0.1	100.0	82.0	17.8	0.2
규모 간 격차	전 규모(10인 이상)	65.0	66.6	61.6	32.6	63.4	65.4	59.0	32.9	64.8	66.7	60.2	29.1
	6규모(1000인 이상)	100.0	100.0	100.0	100.0	100.0	100.0	100.0	100.0	100.0	100.0	100.0	85.7
	5규모(500~999인)	66.8	67.7	64.2	55.8	63.5	67.0	52.0	59.6	68.5	71.3	55.4	100.0
	4규모(300~499인)	60.0	59.6	64.7	15.5	67.0	66.1	69.7	71.7	53.8	54.1	53.9	33.7
	3규모(100~299인)	59.3	61.6	54.5	9.5	58.5	59.7	58.0	4.0	62.3	63.7	60.8	6.4
	2규모(30~99인)	48.9	51.0	44.5	3.7	48.1	51.4	40.0	4.9	51.4	54.2	44.5	4.8
	1규모(10~29인)	44.3	47.4	36.5	1.8	43.9	47.4	34.9	4.0	48.3	51.4	40.1	6.5

주: 1) 상용 근로자(정규직과 1년 이상의 기간제) 10명 이상 기업 기준, 유급 임원도 포함 기준, 2) 보상 총액=임금+복지+환경(=채용비+교육비).

자료: 고용노동통계포털에서 계산함.

한국 하수·폐기물 처리, 원료 재생 및 환경 복원의 1인당 평균 보상 총액 수준(2013~2015)

(천 원/연/인, %)

기업 규모별		2013				2014				2015			
		보상 총액	임금	복지	환경	보상 총액	임금	복지	환경	보상 총액	임금	복지	환경
연간 금액	전 규모(10인 이상)	42,577	34,882	7,646	50	44,094	36,314	7,727	53	46,164	37,614	8,500	49
	6규모(1000인 이상)	45,097	35,917	9,011	169	51,596	42,462	8,903	232	55,530	44,924	10,384	222
	5규모(500~999인)	50,266	39,695	10,451	120	53,302	41,891	11,279	131	58,547	48,154	10,276	119
	4규모(300~499인)												
	3규모(100~299인)	49,474	40,561	8,839	73	48,670	40,170	8,438	61	48,336	39,770	8,508	58
	2규모(30~99인)	43,301	35,411	7,859	31	44,746	36,840	7,873	32	47,480	38,033	9,412	35
	1규모(10~29인)	38,866	32,120	6,707	40	40,348	33,300	7,008	40	41,884	34,735	7,122	26
전년 대비 증가율	전 규모(10인 이상)	4.5	6.8	-4.7	-19.2	3.6	4.1	1.1	4.8	4.7	3.6	10.0	-6.8
	6규모(1000인 이상)	3.7	0.7	17.7	-6.0	14.4	18.2	-1.2	36.9	7.6	5.8	16.6	-4.1
	5규모(500~999인)	20.9	22.2	16.6	-1.0	6.0	5.5	7.9	9.0	9.8	15.0	-8.9	-9.2
	4규모(300~499인)												
	3규모(100~299인)	-11.3	-9.4	-19.1	-40.2	-1.6	-1.0	-4.5	-16.4	-0.7	-1.0	0.8	-5.9
	2규모(30~99인)	11.5	12.7	6.6	-33.3	3.3	4.0	0.2	3.8	6.1	3.2	19.5	7.4
	1규모(10~29인)	3.8	8.0	-12.3	-10.8	3.8	3.7	4.5	0.0	3.8	4.3	1.6	-33.3
구성 비율	전 규모(10인 이상)	100.0	81.9	18.0	0.1	100.0	82.4	17.5	0.1	100.0	81.5	18.4	0.1
	6규모(1000인 이상)	100.0	79.6	20.0	0.4	100.0	82.3	17.3	0.4	100.0	80.9	18.7	0.4
	5규모(500~999인)	100.0	79.0	20.8	0.2	100.0	78.6	21.2	0.2	100.0	82.2	17.6	0.2
	4규모(300~499인)												
	3규모(100~299인)	100.0	82.0	17.9	0.1	100.0	82.5	17.3	0.1	100.0	82.3	17.6	0.1
	2규모(30~99인)	100.0	81.8	18.1	0.1	100.0	82.3	17.6	0.1	100.0	80.1	19.8	0.1
	1규모(10~29인)	100.0	82.6	17.3	0.1	100.0	82.5	17.4	0.1	100.0	82.9	17.0	0.1
규모 간 격차	전 규모(10인 이상)	84.7	86.0	73.2	29.8	82.7	85.5	68.5	22.8	78.8	78.1	81.9	22.2
	6규모(1000인 이상)	89.7	88.6	86.2	100.0	96.8	100.0	78.9	100.0	94.8	93.3	100.0	100.0
	5규모(500~999인)	100.0	97.9	100.0	70.9	100.0	98.7	100.0	56.5	100.0	100.0	99.0	53.5
	4규모(300~499인)	0.0	0.0	0.0	0.0	0.0	0.0	0.0	0.0	0.0	0.0	0.0	0.0
	3규모(100~299인)	98.4	100.0	84.6	43.3	91.3	94.6	74.8	26.4	82.6	82.6	81.9	25.9
	2규모(30~99인)	86.1	87.3	75.2	18.4	83.9	86.8	69.8	14.0	81.1	79.0	90.6	15.7
	1규모(10~29인)	77.3	79.2	64.2	23.4	75.7	78.4	62.1	17.1	71.5	72.1	68.6	11.9

주: 1) 상용 근로자(정규직과 1년 이상의 기간제) 10명 이상 기업 기준, 유급 임원도 포함 기준, 2) 보상 총액=임금+복지+환경(=채용비+교육비).

자료: 고용노동통계포털에서 계산함.

한국 운수업의 1인당 평균 보상 총액 수준 (2013~2015)

(천 원/연/인, %)

기업 규모별		2013				2014				2015			
		보상 총액	임금	복지	환경	보상 총액	임금	복지	환경	보상 총액	임금	복지	환경
연간 금액	전 규모(10인 이상)	40,296	32,417	7,735	144	41,780	33,646	8,010	125	42,587	34,400	8,057	130
	6규모(1000인 이상)	69,446	55,027	14,054	365	74,478	58,745	15,355	379	75,744	59,800	15,570	373
	5규모(500~999인)	55,788	44,118	11,316	354	62,404	48,347	13,735	322	63,868	50,418	13,090	360
	4규모(300~499인)	47,004	36,098	10,822	84	46,672	36,596	10,014	62	52,909	41,603	11,149	157
	3규모(100~299인)	33,884	27,740	6,037	107	31,766	26,086	5,609	72	34,042	27,841	6,133	67
	2규모(30~99인)	28,802	23,209	5,521	72	32,356	26,471	5,840	44	30,652	25,475	5,129	48
	1규모(10~29인)	35,495	29,620	5,838	37	32,824	27,600	5,186	36	35,726	29,297	6,385	44
전년 대비 증가율	전 규모(10인 이상)	-1.2	1.4	-11.1	15.4	3.7	3.8	3.6	-13.3	1.9	2.2	0.6	3.8
	6규모(1000인 이상)	1.2	5.1	-11.4	-10.1	7.2	6.8	9.3	3.9	1.7	1.8	1.4	-1.6
	5규모(500~999인)	15.8	17.9	6.5	175.7	11.9	9.6	21.4	-9.2	2.3	4.3	-4.7	11.9
	4규모(300~499인)	-0.2	-2.1	9.4	-73.4	-0.7	1.4	-7.5	-25.7	13.4	13.7	11.3	151.9
	3규모(100~299인)	-5.3	-1.5	-20.2	122.5	-6.3	-6.0	-7.1	-32.6	7.2	6.7	9.3	-6.7
	2규모(30~99인)	3.9	5.1	-2.0	252.9	12.3	14.1	5.8	-38.3	-5.3	-3.8	-12.2	8.1
	1규모(10~29인)	-1.0	1.4	-11.1	-39.2	-7.5	-6.8	-11.2	-3.2	8.8	6.1	23.1	23.3
구성 비율	전 규모(10인 이상)	100.0	80.4	19.2	0.4	100.0	80.5	19.2	0.3	100.0	80.8	18.9	0.3
	6규모(1000인 이상)	100.0	79.2	20.2	0.5	100.0	78.9	20.6	0.5	100.0	78.9	20.6	0.5
	5규모(500~999인)	100.0	79.1	20.3	0.6	100.0	77.5	22.0	0.5	100.0	78.9	20.5	0.6
	4규모(300~499인)	100.0	76.8	23.0	0.2	100.0	78.4	21.5	0.1	100.0	78.6	21.1	0.3
	3규모(100~299인)	100.0	81.9	17.8	0.3	100.0	82.1	17.7	0.2	100.0	81.8	18.0	0.2
	2규모(30~99인)	100.0	80.6	19.2	0.2	100.0	81.8	18.1	0.1	100.0	83.1	16.7	0.2
	1규모(10~29인)	100.0	83.4	16.4	0.1	100.0	84.1	15.8	0.1	100.0	82.0	17.9	0.1
규모 간 격차	전 규모(10인 이상)	58.0	58.9	55.0	39.5	56.1	57.3	52.2	32.9	56.2	57.5	51.7	34.7
	6규모(1000인 이상)	100.0	100.0	100.0	100.0	100.0	100.0	100.0	100.0	100.0	100.0	100.0	100.0
	5규모(500~999인)	80.3	80.2	80.5	97.0	83.8	82.3	89.4	84.8	84.3	84.3	84.1	96.5
	4규모(300~499인)	67.7	65.6	77.0	23.0	62.7	62.3	65.2	16.5	69.9	69.6	71.6	42.1
	3규모(100~299인)	48.8	50.4	43.0	29.3	42.7	44.4	36.5	19.0	44.9	46.6	39.4	18.0
	2규모(30~99인)	41.5	42.2	39.3	19.7	43.4	45.1	38.0	11.7	40.5	42.6	32.9	12.9
	1규모(10~29인)	51.1	53.8	41.5	10.2	44.1	47.0	33.8	9.5	47.2	49.0	41.0	11.9

주: 1) 상용 근로자(정규직과 1년 이상의 기간제) 10명 이상 기업 기준, 유급 임원도 포함 기준, 2) 보상 총액=임금+복지+환경(=채용비+교육비).

자료: 고용노동통계포털에서 계산함.

한국 협회 및 단체, 수리 및 기타 개인서비스업의 1인당 평균 보상 총액 수준(2013~2015)

(천 원/연/인, %)

기업 규모별		2013				2014				2015			
		보상 총액	임금	복지	환경	보상 총액	임금	복지	환경	보상 총액	임금	복지	환경
연간 금액	전 규모(10인 이상)	41,369	33,607	7,316	445	40,985	33,653	7,237	95	42,204	34,477	7,631	97
	6규모(1000인 이상)	122,938	80,627	41,843	469	83,176	58,992	23,960	223	65,568	52,152	13,067	349
	5규모(500~999인)	60,083	46,894	12,890	299	61,164	44,556	16,072	536	59,016	42,605	16,109	302
	4규모(300~499인)	52,390	41,699	10,658	32	43,628	34,789	8,694	145	39,878	31,361	8,382	136
	3규모(100~299인)	43,812	36,068	7,621	122	44,398	35,684	8,580	133	42,816	34,196	8,464	157
	2규모(30~99인)	41,230	34,500	6,610	120	38,914	32,810	6,005	98	42,379	35,173	7,098	108
	1규모(10~29인)	34,913	28,537	5,556	820	36,128	30,504	5,596	29	38,699	32,131	6,538	29
전년 대비 증가율	전 규모(10인 이상)	-2.2	2.1	-20.8	204.1	-0.9	0.1	-1.1	-78.7	3.0	2.4	5.4	2.5
	6규모(1000인 이상)	-2.7	3.3	-11.7	-52.4	-32.3	-26.8	-42.7	-52.4	-21.2	-11.6	-45.5	56.5
	5규모(500~999인)					1.8	-5.0	24.7	79.5	-3.5	-4.4	0.2	-43.6
	4규모(300~499인)	16.7	22.3	0.8	-83.6	-16.7	-16.6	-18.4	348.1	-8.6	-9.9	-3.6	-6.6
	3규모(100~299인)	-5.2	-1.4	-18.2	-59.2	1.3	-1.1	12.6	8.8	-3.6	-4.2	-1.4	18.0
	2규모(30~99인)	3.4	5.4	-7.2	669.2	-5.6	-4.9	-9.2	-18.0	8.9	7.2	18.2	9.8
	1규모(10~29인)	15.2	13.4	10.0	904.4	3.5	6.9	0.7	-96.5	7.1	5.3	16.8	0.0
구성 비율	전 규모(10인 이상)	100.0	81.2	17.7	1.1	100.0	82.1	17.7	0.2	100.0	81.7	18.1	0.2
	6규모(1000인 이상)	100.0	65.6	34.0	0.4	100.0	70.9	28.8	0.3	100.0	79.5	19.9	0.5
	5규모(500~999인)	100.0	78.0	21.5	0.5	100.0	72.8	26.3	0.9	100.0	72.2	27.3	0.5
	4규모(300~499인)	100.0	79.6	20.3	0.1	100.0	79.7	19.9	0.3	100.0	78.6	21.0	0.3
	3규모(100~299인)	100.0	82.3	17.4	0.3	100.0	80.4	19.3	0.3	100.0	79.9	19.8	0.4
	2규모(30~99인)	100.0	83.7	16.0	0.3	100.0	84.3	15.4	0.3	100.0	83.0	16.7	0.3
	1규모(10~29인)	100.0	81.7	15.9	2.3	100.0	84.4	15.5	0.1	100.0	83.0	16.9	0.1
규모 간 격차	전 규모(10인 이상)	33.7	41.7	17.5	54.3	49.3	57.0	30.2	17.7	64.4	66.1	47.4	27.8
	6규모(1000인 이상)	100.0	100.0	100.0	57.2	100.0	100.0	100.0	41.6	100.0	100.0	81.1	100.0
	5규모(500~999인)	48.9	58.2	30.8	36.5	73.5	75.5	67.1	100.0	90.0	81.7	100.0	86.6
	4규모(300~499인)	42.6	51.7	25.5	4.0	52.5	59.0	36.3	27.1	60.8	60.1	52.0	38.8
	3규모(100~299인)	35.6	44.7	18.2	14.9	53.4	60.5	35.8	24.8	65.3	65.6	52.5	45.0
	2규모(30~99인)	33.5	42.8	15.8	14.6	46.8	55.6	25.1	18.3	64.6	67.4	44.1	30.9
	1규모(10~29인)	28.4	35.4	13.3	100.0	43.4	51.7	23.4	5.4	59.0	61.6	40.6	8.2

주: 1) 상용 근로자(정규직과 1년 이상의 기간제) 10명 이상 기업 기준, 유급 임원도 포함 기준, 2) 보상 총액=임금+복지+환경(=채용비+교육비).
자료: 고용노동통계포털에서 계산함.

한국 부동산업 및 임대업의 1인당 평균 보상 총액 수준(2013~2015)

(천 원/연/인, %)

기업 규모별		2013				2014				2015			
		보상 총액	임금	복지	환경	보상 총액	임금	복지	환경	보상 총액	임금	복지	환경
연간 금액	전 규모(10인 이상)	35,952	29,936	5,876	138	36,874	30,919	5,832	122	39,115	32,658	6,332	125
	6규모(1000인 이상)	27,577	23,255	4,178	144	34,724	29,587	4,988	149	33,758	26,568	7,034	156
	5규모(500~999인)	39,719	32,270	7,120	329	38,514	31,045	7,178	290	39,377	32,473	6,559	346
	4규모(300~499인)	39,894	34,144	5,658	92	39,542	33,571	5,898	74	48,181	41,302	6,778	103
	3규모(100~299인)	33,574	28,474	5,023	77	33,428	27,983	5,347	97	37,428	32,459	4,894	76
	2규모(30~99인)	37,840	30,155	7,544	139	34,684	29,221	5,386	77	35,699	29,369	6,239	91
	1규모(10~29인)	43,532	36,522	6,924	86	42,113	35,023	7,012	78	45,185	38,790	6,332	62
전년 대비 증가율	전 규모(10인 이상)	1.0	0.8	1.2	36.9	2.6	3.3	-0.8	-11.3	6.1	5.6	8.6	2.0
	6규모(1000인 이상)	5.3	0.5	39.8	135.3	25.9	27.2	19.4	3.3	-2.8	-10.2	41.0	4.8
	5규모(500~999인)	2.9	3.8	-1.1	3.8	-3.0	-3.8	0.8	-11.7	2.2	4.6	-8.6	19.0
	4규모(300~499인)	-0.2	1.1	-7.8	26.2	-0.9	-1.7	4.2	-19.5	21.8	23.0	14.9	38.7
	3규모(100~299인)	-4.2	-3.7	-7.3	16.4	-0.4	-1.7	6.5	26.6	12.0	16.0	-8.5	-22.2
	2규모(30~99인)	7.5	4.6	20.0	36.5	-8.3	-3.1	-28.6	-44.8	2.9	0.5	15.8	18.8
	1규모(10~29인)	5.1	8.0	-8.1	24.1	-3.3	-4.1	1.3	-9.7	7.3	10.8	-9.7	-20.0
구성 비율	전 규모(10인 이상)	100.0	83.3	16.3	0.4	100.0	83.9	15.8	0.3	100.0	83.5	16.2	0.3
	6규모(1000인 이상)	100.0	84.3	15.2	0.5	100.0	85.2	14.4	0.4	100.0	78.7	20.8	0.5
	5규모(500~999인)	100.0	81.2	17.9	0.8	100.0	80.6	18.6	0.8	100.0	82.5	16.7	0.9
	4규모(300~499인)	100.0	85.6	14.2	0.2	100.0	84.9	14.9	0.2	100.0	85.7	14.1	0.2
	3규모(100~299인)	100.0	84.8	15.0	0.2	100.0	83.7	16.0	0.3	100.0	86.7	13.1	0.2
	2규모(30~99인)	100.0	79.7	19.9	0.4	100.0	84.3	15.5	0.2	100.0	82.3	17.5	0.3
	1규모(10~29인)	100.0	83.9	15.9	0.2	100.0	83.2	16.6	0.2	100.0	85.8	14.0	0.1
규모 간 격차	전 규모(10인 이상)	82.6	82.0	77.9	42.0	87.6	88.3	81.2	42.1	81.2	79.1	90.0	36.1
	6규모(1000인 이상)	63.3	63.7	55.4	43.8	82.5	84.5	69.5	51.2	70.1	64.3	100.0	45.1
	5규모(500~999인)	91.2	88.4	94.4	100.0	91.5	88.6	100.0	100.0	81.7	78.6	93.2	100.0
	4규모(300~499인)	91.6	93.5	75.0	28.1	93.9	95.9	82.2	25.6	100.0	100.0	96.3	29.9
	3규모(100~299인)	77.1	78.0	66.6	23.4	79.4	79.9	74.5	33.5	77.7	78.6	69.6	21.9
	2규모(30~99인)	86.9	82.6	100.0	42.3	82.4	83.4	75.0	26.4	74.1	71.1	88.7	26.4
	1규모(10~29인)	100.0	100.0	91.8	26.3	100.0	100.0	97.7	26.9	93.8	93.9	90.0	18.1

주: 1) 상용 근로자(정규직과 1년 이상의 기간제) 10명 이상 기업 기준, 유급 임원도 포함 기준, 2) 보상 총액=임금+복지+환경(=채용비+교육비).

자료: 고용노동통계포털에서 계산함.

한국 숙박 및 음식점업의 1인당 평균 보상 총액 수준(2013~2015)

(천 원/연/인, %)

기업 규모별		2013				2014				2015			
		보상 총액	임금	복지	환경	보상 총액	임금	복지	환경	보상 총액	임금	복지	환경
연간 금액	전 규모(10인 이상)	35,640	27,590	7,784	265	36,691	29,117	7,370	204	36,935	29,328	7,409	198
	6규모(1000인 이상)	37,228	28,351	8,459	418	39,522	31,105	8,090	325	39,541	30,881	8,338	323
	5규모(500~999인)	36,226	27,708	8,272	246	37,324	30,096	7,092	136	31,106	25,516	5,446	145
	4규모(300~499인)	38,425	27,812	10,398	215	38,312	29,569	8,549	194	41,202	31,943	9,059	200
	3규모(100~299인)	35,675	28,583	6,968	124	35,975	28,206	7,649	120	37,126	29,030	7,976	119
	2규모(30~99인)	30,940	25,568	5,323	48	31,326	25,957	5,339	30	32,350	26,887	5,434	29
	1규모(10~29인)	31,390	25,151	6,216	23	30,658	24,731	5,890	38	32,034	26,549	5,442	43
전년 대비 증가율	전 규모(10인 이상)	6.2	9.0	-3.0	13.9	2.9	5.5	-5.3	-23.1	0.7	0.7	0.5	-2.9
	6규모(1000인 이상)	14.7	18.2	3.9	24.7	6.2	9.7	-4.4	-22.1	0.0	-0.7	3.1	-0.7
	5규모(500~999인)	-8.3	-3.9	-20.0	-23.8	3.0	8.6	-14.3	-44.9	-16.7	-15.2	-23.2	7.1
	4규모(300~499인)	-22.8	-18.5	-33.2	171.2	-0.3	6.3	-17.8	-9.5	7.5	8.0	6.0	3.1
	3규모(100~299인)	9.3	11.3	2.6	-15.6	0.8	-1.3	9.8	-2.9	3.2	2.9	4.3	-1.0
	2규모(30~99인)	3.2	4.6	-2.8	2.6	1.2	1.5	0.3	-37.5	3.3	3.6	1.8	-4.0
	1규모(10~29인)	18.1	10.2	67.4	-32.1	-2.3	-1.7	-5.3	68.4	4.5	7.4	-7.6	12.5
구성 비율	전 규모(10인 이상)	100.0	77.4	21.8	0.7	100.0	79.4	20.1	0.6	100.0	79.4	20.1	0.5
	6규모(1000인 이상)	100.0	76.2	22.7	1.1	100.0	78.7	20.5	0.8	100.0	78.1	21.1	0.8
	5규모(500~999인)	100.0	76.5	22.8	0.7	100.0	80.6	19.0	0.4	100.0	82.0	17.5	0.5
	4규모(300~499인)	100.0	72.4	27.1	0.6	100.0	77.2	22.3	0.5	100.0	77.5	22.0	0.5
	3규모(100~299인)	100.0	80.1	19.5	0.3	100.0	78.4	21.3	0.3	100.0	78.2	21.5	0.3
	2규모(30~99인)	100.0	82.6	17.2	0.2	100.0	82.9	17.0	0.1	100.0	83.1	16.8	0.1
	1규모(10~29인)	100.0	80.1	19.8	0.1	100.0	80.7	19.2	0.1	100.0	82.9	17.0	0.1
규모 간 격차	전 규모(10인 이상)	92.8	96.5	74.9	63.5	92.8	93.6	86.2	62.7	89.6	91.8	81.8	61.3
	6규모(1000인 이상)	96.9	99.2	81.4	100.0	100.0	100.0	94.6	100.0	96.0	96.7	92.0	100.0
	5규모(500~999인)	94.3	96.9	79.5	58.9	94.4	96.8	83.0	41.7	75.5	79.9	60.1	45.0
	4규모(300~499인)	100.0	97.3	100.0	51.4	96.9	95.1	100.0	59.8	100.0	100.0	100.0	62.1
	3규모(100~299인)	92.8	100.0	67.0	29.6	91.0	90.7	89.5	36.9	90.1	90.9	88.1	36.8
	2규모(30~99인)	80.5	89.5	51.2	11.5	79.3	83.4	62.5	9.2	78.5	84.2	60.0	8.9
	1규모(10~29인)	81.7	88.0	59.8	5.5	77.6	79.5	68.9	11.8	77.7	83.1	60.1	13.4

주: 1) 상용 근로자(정규직과 1년 이상의 기간제) 10명 이상 기업 기준, 유급 임원도 포함 기준, 2) 보상 총액=임금+복지+환경(=채용비+교육비).
자료: 고용노동통계포털에서 계산함.

한국 사업시설 관리 및 사업 지원 서비스업의 1인당 평균 보상 총액 수준 (2013~2015)

(천 원/연/인, %)

기업 규모별		2013				2014				2015			
		보상 총액	임금	복지	환경	보상 총액	임금	복지	환경	보상 총액	임금	복지	환경
연간 금액	전 규모(10인 이상)	25,778	21,707	3,991	80	27,161	22,640	4,424	96	27,559	23,072	4,398	89
	6규모(1000인 이상)	25,601	21,367	4,108	127	27,523	22,892	4,460	170	28,403	23,442	4,795	166
	5규모(500~999인)	24,697	20,954	3,694	50	27,245	22,840	4,338	67	25,118	21,330	3,734	54
	4규모(300~499인)	26,831	22,871	3,919	41	28,825	23,677	5,098	52	29,496	25,015	4,438	44
	3규모(100~299인)	24,788	20,850	3,859	78	24,301	20,188	4,067	47	25,393	21,558	3,788	47
	2규모(30~99인)	26,630	22,499	4,100	31	28,440	24,149	4,232	59	28,998	24,302	4,658	37
	1규모(10~29인)	29,750	25,187	4,520	43	28,091	23,291	4,738	62	29,054	24,054	4,974	26
전년 대비 증가율	전 규모(10인 이상)	1.6	3.3	-6.9	-13.0	5.4	4.3	10.9	19.4	1.5	1.9	-0.6	-7.5
	6규모(1000인 이상)	0.1	3.3	-13.1	-23.2	7.5	7.1	8.6	34.0	3.2	2.4	7.5	-2.8
	5규모(500~999인)	3.2	4.3	-1.8	-32.3	10.3	9.0	17.4	33.3	-7.8	-6.6	-13.9	-19.6
	4규모(300~499인)	20.4	20.5	19.1	54.5	7.4	3.5	30.1	26.5	2.3	5.7	-12.9	-14.0
	3규모(100~299인)	-3.5	-2.8	-7.9	66.7	-2.0	-3.2	5.4	-40.0	4.5	6.8	-6.8	0.0
	2규모(30~99인)	-5.2	-3.0	-15.4	-45.8	6.8	7.3	3.2	88.5	2.0	0.6	10.1	-36.7
	1규모(10~29인)	3.8	4.0	3.2	-29.4	-5.6	-7.5	4.8	44.4	3.4	3.3	5.0	-57.7
구성 비율	전 규모(10인 이상)	100.0	84.2	15.5	0.3	100.0	83.4	16.3	0.4	100.0	83.7	16.0	0.3
	6규모(1000인 이상)	100.0	83.5	16.0	0.5	100.0	83.2	16.2	0.6	100.0	82.5	16.9	0.6
	5규모(500~999인)	100.0	84.8	15.0	0.2	100.0	83.8	15.9	0.2	100.0	84.9	14.9	0.2
	4규모(300~499인)	100.0	85.2	14.6	0.2	100.0	82.1	17.7	0.2	100.0	84.8	15.0	0.2
	3규모(100~299인)	100.0	84.1	15.6	0.3	100.0	83.1	16.7	0.2	100.0	84.9	14.9	0.2
	2규모(30~99인)	100.0	84.5	15.4	0.1	100.0	84.9	14.9	0.2	100.0	83.8	16.1	0.1
	1규모(10~29인)	100.0	84.7	15.2	0.1	100.0	82.9	16.9	0.2	100.0	82.8	17.1	0.1
규모 간 격차	전 규모(10인 이상)	86.6	86.2	88.3	63.2	94.2	93.8	86.8	56.3	93.4	92.2	88.4	53.6
	6규모(1000인 이상)	86.1	84.8	90.9	100.0	95.5	94.8	87.5	100.0	96.3	93.7	96.4	100.0
	5규모(500~999인)	83.0	83.2	81.7	39.6	94.5	94.6	85.1	39.4	85.2	85.3	75.1	32.6
	4규모(300~499인)	90.2	90.8	86.7	32.1	100.0	98.0	100.0	30.3	100.0	100.0	89.2	26.8
	3규모(100~299인)	83.3	82.8	85.4	61.3	84.3	83.6	79.8	27.5	86.1	86.2	76.2	28.3
	2규모(30~99인)	89.5	89.3	90.7	24.5	98.7	100.0	83.0	34.5	98.3	97.2	93.7	22.5
	1규모(10~29인)	100.0	100.0	100.0	34.0	97.5	96.4	92.9	36.6	98.5	96.2	100.0	15.9

주: 1) 상용 근로자(정규직과 1년 이상의 기간제) 10명 이상 기업 기준, 유급 임원도 포함 기준, 2) 보상 총액=임금+복지+환경(=채용비+교육비).

자료: 고용노동통계포털에서 계산함.

부록 2

노동부 표준취업규칙(2014)

제1장 총칙

제1조(목적)

이 규칙은 ○○주식회사(이하 "회사"라 한다) 사원의 채용·복무 및 근로조건 등에 관한 사항을 정함을 목적으로 한다.

제2조(적용범위)

① 이 규칙은 회사의 사업장에 근무하는 사원에게 적용한다.

② 사원의 복무 및 근로조건에 관하여 법령, 단체협약, 그 밖에 회사규정에 별도로 정함이 있는 경우를 제외하고는 이 규칙이 정하는 바에 의한다.

제3조(사원의 정의)

이 규칙에서 "사원"이라 함은 단시간사원을 제외한 무기계약사원과 기간제사원을 의미한다.

제2장 채용 및 근로계약

제4조(채용기회)

회사는 사원의 모집 및 채용에 있어서 합리적인 이유 없이 성별, 연령, 신앙, 사회적신분, 출신지역, 출신학교, 혼인·임신·출산 또는 병력(病歷) 등에 의한 차등을 두지 않는다.

제5조(전형 및 채용서류)

회사에 입사를 지원하는 자는 다음 각 호의 서류를 제출하여야 한다.

1. 이력서 1통
2. 자기소개서 1통

제6조(근로계약)

① 회사는 채용이 확정된 자와 서면으로 근로계약을 체결하고, 해당자에게 근로계약서 사본 1부를 내어 준다.

② 회사는 근로계약 체결 시 사원에게 임금, 소정근로시간, 휴일, 연차 유급휴가, 취업의 장소와 종사하여야 할 업무에 관한 사항, 근로기준법 제93조제1호부터 제12호까지의 규정(취업규칙의 작성·신고사항)에서 정한 사항, 근로기준법 제10장의 기숙사에 관한 사항(기숙사가 있는 경우에 한함)을 명확히 제시한다.

③ 회사는 제2항의 내용 중 임금의 구성항목·계산방법·지급방법, 소정근로시간, 휴일, 연차유급휴가에 관한 사항, 취업의 장소와 종사하여야 할 업무에 관한 사항을 서면으로 명확히 제시하여 교부한다. 또한 기간제 근로자인 경우 근로계약기간도 함께 명시한다.

④ 회사는 근로계약 체결 시 제2항 및 제3항의 사항이 적시된 취업규칙을 제시하거나 교부함으로써 제2항의 명시 및 제3항의 서면명시 및 교부의무를 대신할 수 있다.

제7조(수습기간)

① 신규로 채용된 자는 최초로 근무를 개시한 날부터 ○개월간을 수습기간으로 한다.

② 제1항의 수습기간은 근속년수에 포함하며, 평균임금 산정 기간에는 포함하지 아니한다.

제3장 복무

제8조(복무의무)

사원은 다음 각 호의 사항을 준수하여야 한다.

1. 사원은 맡은바 직무를 충실히 수행하여야 한다.
2. 사원은 직무상 지득한 비밀을 엄수하고 회사기밀을 누설해서는 아니 된다. 단, 공익신고자 보호법상의 '공익신고자'의 경우에는 적용되지 아니한다.
3. 사원은 회사의 제반규정을 준수하고 상사의 정당한 직무상 지시에 따라야 한다.
4. 사원은 사원으로서 품위를 손상하거나 회사의 명예를 실추시키는 행위를 하여서는 아니 된다.

5. 사원은 그 밖에 제1호 내지 제4호에 준하는 행위를 하여서는 아니 된다.

제9조(출근, 결근)

① 사원은 업무시간 시작 전까지 출근하여 업무에 임할 준비를 하여 정상적인 업무수행에 차질이 없도록 하여야 한다.

② 질병이나 그 밖의 부득이한 사유로 결근하고자 하는 경우에는 사전에 소속부서의 장의 승인을 받아야 한다. 다만, 불가피한 사유로 사전에 승인을 받을 수 없는 경우에는 결근 당일에라도 그 사유를 명확히 하여 사후 승인을 받아야 하며 정당한 이유 없이 이러한 절차를 이행하지 아니한 경우 무단결근을 한 것으로 본다.

제10조(지각·조퇴 및 외출)

① 사원은 질병 그 밖의 부득이한 사유로 지각하게 되는 경우에는 사전에 부서의 장 또는 직근 상급자에게 알려야 하며, 부득이한 사정으로 사전에 알릴 수 없는 경우에는 사후에라도 지체없이 이 사실을 알려야 한다.

② 사원은 근로시간 중에 사적으로 근무 장소를 이탈할 수 없다. 다만, 질병이나 그 밖의 부득이한 사유로 인하여 조퇴 또는 외출 하고자 할 경우에는 소속부서의 장의 승인을 받아야 한다.

③ 사원이 지각·조퇴 및 외출한 시간은 무급으로 처리함을 원칙으로 한다.

제11조(공민권행사 및 공의 직무 수행)

① 회사는 사원이 근무시간 중 선거권, 그 밖의 공민권을 행사하거나 공(公)의 직무를 수행하기 위하여 필요한 시간을 청구할 경우 이를 거부할 수 없으며, 그 시간은 유급으로 처리한다.

② 회사는 제1항의 권리 행사나 공(公)의 직무를 수행하는데 지장이 없는 범위 내에서 사원이 청구한 시간을 변경할 수 있다.

제12조(출장)

① 회사는 업무수행을 위하여 필요한 경우 사원에게 출장을 명할 수 있다.

② 회사는 행선지별 여비, 숙박비, 현지교통비 등 실비에 충당될 수 있는 비용을 지급한다.

제4장 인사

제1절 인사위원회

제13조(인사위원회의 구성)

① 인사위원회(이하 "위원회"라 한다.)는 대표이사와 부서장 또는 그에 준하는 직급의 사원 중 대표이사가 임명하는 자로 총 5명 이내로 구성하되 근로자위원을 최소 1명이상 포함되도록 한다.

② 위원회의 위원장은 대표이사 또는 대표이사가 위임한 자로 한다.

③ 위원회에는 인사(총무)담당자 1명을 간사로 둔다.

제14조(위원회의 기능) 위원회는 다음 각 호의 사항을 의결한다.

1. 사원의 표창에 관한 사항
2. 사원의 징계에 관한 사항
3. 그 밖에 사원의 인사에 관하여 위원회의 의결이 필요한 사항

제15조(위원회의 소집 및 운영)

① 위원회는 제14조의 의결사항이 있을 경우 위원장이 소집한다.

② 위원장은 회의를 소집하고자 하는 경우 원칙적으로 회의개최 7일전에 회의일시, 장소, 의제 등을 각 위원에게 통보한다.

③ 위원회는 재적위원 과반수의 출석과 출석위원 과반수의 찬성으로 의결한다. 다만, 징계에 관한 사항은 재적위원 3분의 2이상의 찬성으로 의결한다.

④ 위원장은 표결권을 가지며 가부동수일 때에는 결정권을 가진다.

⑤ 위원회의 회의는 공개하지 아니하며 회의내용과 관련된 사항은 누설하여서는 아니 된다. 다만, 위원회의 의결로 공개할 수 있다.

⑥ 위원회의 의결사항이 특정위원에 관한 사항을 의결할 때에는 당해위원은 그 건의 의결에 참여할 수 없다.

⑦ 위원회의 운영방법 등 기타 필요한 사항에 대하여는 별도의 규정으로 정할 수 있다.

제2절 배치·전직 및 승진

제16조(배치, 전직, 승진)

① 회사는 사원의 능력, 적성, 경력 등을 고려하여 부서의 배치, 전직, 승진 등 인사발령을 하며, 사원은 정당한 사유 없이 이를 거부할 수 없다.

② 회사는 제1항의 인사발령을 함에 있어서 합리적인 이유 없이 남녀를 차별하지 아니한다.

③ 승진 등 인사발령과 관련하여 필요한 사항에 대하여는 별도의 규정으로 정한다.

제3절 휴직 및 복직

제17조(휴직)

① 회사는 다음 각 호의 어느 하나에 해당하는 사유로 사원이 휴직원을 제출하는 경우에는 휴직을 승인할 수 있다. 이 경우 제3호의 휴직 외에는 무급을 원칙으로 한다.

1. 업무 외 질병, 부상, 가사 등으로 직무수행이 어렵다고 인정되는 경우: 필요하다고 인정되는 기간
2. 병역법, 기타 법령에 의해 징집 및 소집되었을 때: 징집 및 소집기간
3. 연수, 직무 등의 사유로 회사가 휴직이 필요하다고 하는 경우: 필요하다고 인정되는 기간

② 휴직자는 휴직기간 중 거주지의 변동 등의 사유가 있을 때에는 회사에 즉시 그 사실을 알려야 한다.

제18조(육아휴직)

① 회사는 만 8세 이하 또는 초등학교 2학년 이하의 자녀(입양한 자녀를 포함한다)를 가진 남녀 사원이 그 자녀의 양육을 위하여 육아휴직을 청구하는 경우에는 이를 허용한다. 단, 계속 근로한 기간이 1년 미만이거나 같은 영유아에 대하여 배우자가 육아휴직 중인 경우에는 허용하지 않을 수 있다.

② 육아휴직 기간은 1년 이내로 한다.

③ 회사는 육아휴직을 이유로 해고나 그 밖의 불리한 처우를 하지 않으며 특히 육아휴직기간에는 해고하지 아니한다.

④ 회사는 사원이 육아휴직을 사용할 경우 고용보험법령이 정하는 육아휴직급여를 받을 수 있도록 증빙서류를 제공하는 등 적극 협조한다.

제19조(가족돌봄휴직 등)

① 회사는 사원이 부모, 배우자, 자녀 또는 배우자의 부모(이하 "가족"이라 한다)의 질병, 사고, 노령으로 인하여 그 가족을 돌보기 위한 휴직(이하 "가족돌봄휴직"이라 한다)을 신청하는 경우 이를 허용하여야 한다. 다만, 대체인력 채용이 불가능한 경우, 정상적인 사업 운영에 중대한 지장을 초래하는 경우 등 남녀고용평등법 시행령으로 정하는 경우에는 그러하지 아니하다.

② 제1항 단서에 따라 가족돌봄휴직을 허용하지 아니하는 경우에는 해당 사원에게 그 사유를 서면으로 통보하고, 다음 각 호의 어느 하나에 해당하는 조치를 하도록 노력하여야 한다.

1. 업무를 시작하고 마치는 시간 조정
2. 연장근로의 제한
3. 근로시간의 단축, 탄력적 운영 등 근로시간의 조정
4. 그 밖에 사업장 사정에 맞는 지원조치

③ 가족돌봄휴직 기간은 연간 최장 90일로 하며, 이를 나누어 사용할 수 있다. 이 경우 나누어 사용하는 1회의 기간은 30일 이상이 되어야 한다.

④ 회사는 가족돌봄휴직을 이유로 해당 근로자를 해고하거나 근로조건을 악화시키는 등 불리한 처우를 하여서는 아니 된다.

⑤ 가족돌봄휴직 기간은 근속 기간에 포함한다. 다만, 근로기준법 제2조 제1항 제6호에 따른 평균임금 산정 기간에서는 제외한다.

⑥ 회사는 소속 근로자가 건전하게 직장과 가정을 유지하는 데에 도움이 될 수 있도록 필요한 심리상담 서비스를 제공하도록 노력하여야 한다.

제20조(복직)

① 사원은 휴직사유가 소멸되었을 때에는 지체없이 복직원을 제출해야 하며, 휴직기간이 만료된 때에는 그 만료일 7일전까지 복직원을 제출하여야 한다.

② 사원은 부득이한 사유가 있는 경우 승인을 얻어 휴직기간을 연장할 수 있다.

③ 회사는 휴직중인 사원으로부터 복직원을 제출 받은 경우에는 최대한 빠른 시일 내에 휴직 전의 직무에 복직시키도록 노력하되, 부득이한 경우에는 그와 유사한 업무나 동등한 수준의 급여가 지급되는 직무로 복귀시키도록 노력한다.

제21조(근속 기간의 계산)

휴직기간은 근속 기간에 산입한다. 다만, 제17조 제1항 제2호의 병역법에 의한 군복무기간은 퇴직금 산정을 위한 계속 근로년수에서 제외한다.

제5장 근로조건

제1절 근로시간

제22조(근무형태)

근무형태는 주간근무를 원칙으로 하며, 필요할 경우 사원의 대표와 합의하여 교대근무제를 시행할 수 있다.

제23조(근로시간)

① 1주간의 근무일은 ○요일부터 ○요일까지 ○일로 하고 이 경우 매주 토요일은 무급휴무일로 한다.
② 1주간의 근로시간은 휴게시간을 제외하고 40시간으로 한다.
③ 1일의 근로시간은 8시간으로 하되, 제24조의 휴게시간을 제외하고 ○○:○○부터 ○○:○○시까지로 한다. 단, 18세 미만 사원의 경우 1일의 근로시간은 7시간 이내로 한다.

제24조(휴게)

휴게시간은 제23조 제3항의 근로시간 중 ○○:○○시부터 ○○:○○시까지로 한다. 다만, 업무사정에 따라 휴게시간을 달리 정하여 운영할 수 있다.

제25조(탄력적 근로시간제)

① 회사는 ○○월부터 ○○월까지 ○○개월 동안 생산직사원에 대하여 다음 각 호에 정하는 바에 따라 2주단위의 탄력적 근로시간제를 시행한다.
  1. 주당 근무시간: 첫 주 ○○시간, 둘째 주 ○○시간
  2. 첫 주의 1일 근무시간: ○요일부터 ○요일까지 ○○시간(○○:○○부터 ○○:○○까지, 휴게시간은 ○○:○○부터 ○○:○○까지)
  3. 둘째 주의 1일 근무시간: ○요일부터 ○요일까지 ○○시간(○○:○○부터 ○○:○○까지, 휴게시간은 ○○:○○부터 ○○:○○까지)
② 회사는 제1항에 따라 사원이 첫 주에 ○○시간을 근무한 경우 8시간을 초과한 시간에 대하여는 가산수당을 지급하지 아니한다.
③ 15세 이상 18세 미만의 사원과 임신 중인 여성사원은 탄력적 근로시간제를 적용하지 아니한다.

제26조(간주근로시간제)

① 사원이 출장, 파견 등의 이유로 근로시간의 일부 또는 전부를 사업장 밖에서 근로하여 근로시간을 산정하기 어려운 경우에는 1일 8시간을 근로한 것으로 본다.

② 사원이 출장, 파견 등의 업무를 수행하기 위하여 통상적으로 1일 8시간을 초과하여 근로할 필요가 있는 경우에는 1일 10시간을 근로한 것으로 본다. 다만, 사원의 대표와 서면 합의를 통하여 이를 달리 정할 수 있다.

제27조(연장 · 야간 및 휴일근로)

① 연장근로는 1주간 12시간을 한도로 사원의 동의하에 실시할 수 있다. 단, 18세 미만 사원은 1일 1시간, 1주일에 6시간을 한도로 사원의 동의하에 실시할 수 있으며, 산후 1년이 지나지 아니한 여성사원에 대하여는 단체협약이 있는 경우라도 1일 2시간, 1주 6시간, 1년 150시간을 한도로 사원의 동의하에 실시할 수 있으며, 임신 중인 여성사원은 연장근로를 실시할 수 없다.

② 연장 · 야간 및 휴일근로에 대하여는 통상임금의 50%를 가산하여 지급한다.

③ 회사는 사원의 대표와 서면 합의하여 연장 · 야간 및 휴일근로에 대하여 임금을 지급하는 것을 대신하여 휴가를 줄 수 있다.

제28조(야간 및 휴일근로의 제한)

① 18세 이상의 여성 사원을 오후 10시부터 오전 6시까지 근로하게 하거나 휴일에 근로를 시킬 경우 당해 사원의 동의를 얻어 실시한다.

② 임산부와 18세 미만인 사원에 대하여는 오후 10시부터 오전 6시까지의 시간 및 휴일에 근로를 시키지 않는 것을 원칙으로 한다. 다만, 다음 각 호의 어느 하나에 해당 하는 경우에는 그 시행 여부와 방법 등에 관하여 사원의 대표와 성실히 협의한 후 고용노동부장관의 인가를 받아 야간 및 휴일근로를 실시할 수 있다.

1. 18세 미만자의 동의가 있는 경우
2. 산후 1년이 지나지 아니한 여성의 동의가 있는 경우
3. 임신 중의 여성이 명시적으로 청구하는 경우

제29조(근로시간 및 휴게 · 휴일의 적용제외)

① 다음 각 호의 하나에 해당하는 사원에 대하여는 1주 40시간, 1일 8시간을 초과하여 연장근로하거나 휴일에 근로하더라도 연장근로 및 휴일근로 가산임금을 지급하지 않는다.

1. 감시 · 단속적 업무로서 고용노동부장관의 승인을 받은 경우

2. 관리·감독 업무 또는 기밀취급 업무에 종사하는 경우

② 제1항의 각 호에 해당하는 사원이 야간에 근로한 경우 통상임금의 50%를 가산하여 지급한다.

제2절 휴일·휴가

제30조(유급휴일)

① 1주 동안 소정근로일을 개근한 사원에 대하여는 일요일을 유급주휴일로 부여한다.

② 근로자의 날(5월 1일)은 유급휴일로 한다. 다만, 근로자의 날에 근로를 한 경우 「근로기준법」 제57조(보상 휴가제)에 따라 보상 휴가를 줄 수 있다.

③ 관공서의 휴일에 관한 규정에 따른 휴일과 회사의 창립기념일인 ○○월 ○○일은 유급휴일로 한다. 다만 공직선거법 제34조에 따른 임기만료에 의한 선거일은 제11조에서 별도로 정하는 바에 따른다.

제31조(연차유급휴가)

① 1년간 8할 이상 출근한 사원에게는 15일의 유급휴가를 준다. 다만, 1년간 80퍼센트 미만 출근한 사원에게도 개근한 1월에 대하여 1일의 유급휴가를 준다

② 계속하여 근로한 기간이 1년 미만인 사원에게는 1개월 개근 시 1일의 유급휴가를 준다.

③ 최초 1년 간의 근로에 대하여 유급휴가를 주는 경우에는 제2항에 따른 휴가를 포함하여 15일로 하고, 사원이 제2항에 따른 휴가를 이미 사용한 경우에는 그 사용한 휴가 일수를 15일에서 뺀다.

④ 3년 이상 근속한 사원에 대하여는 제1항 규정에 의한 휴가에 최초 1년을 초과하는 계속 근로연수 매 2년에 대하여 1일을 가산한 유급휴가를 주며, 가산휴가를 포함한 총 휴가일수는 25일을 한도로 한다.

제32조(연차휴가의 사용)

① 사원의 연차유급휴가는 1년간 행사하지 아니하면 소멸된다. 다만, 사용자의 귀책사유로 사용하지 못한 경우에는 그러하지 아니하다.

② 회사는 근로기준법 제61조에 따라 연차유급휴가 사용을 촉진할 수 있다. 회사의 사용촉진조치에도 불구하고 사원이 사용하지 아니한 연차유급휴가에 대하여는 금전으로 보상 하지 아니한다.

제33조(연차유급휴가의 대체)

회사는 사원의 대표와 서면합의에 의하여 연차유급휴가일에 대신하여 특정한 근로일에 사원을 휴

무시킬 수 있다.

제34조(하기휴가)

사원은 ○○월 ○○일부터 ○○월 ○○일까지 사이에 하기휴가를 사용할 수 있다. 이 경우 휴가개시일 3일 전에 부서의 장에게 승인을 받아야 한다.

제35조(경조사휴가)

① 회사는 다음 각 호의 어느 하나에 해당하는 범위에서 사원의 신청에 따라 유급의 경조사휴가를 부여한다.

1. 본인의 결혼: 5일
2. 배우자의 출산: 5일
3. 본인·배우자의 부모 또는 배우자의 사망: 5일
4. 본인·배우자의 조부모 또는 외조부모의 사망: 2일
5. 자녀 또는 그 자녀의 배우자의 사망: 2일
6. 본인·배우자의 형제자매 사망: 1일

② 제1항에 따른 경조사휴가 기간 중 휴일 또는 휴무일이 포함되어 있는 경우에는 이를 포함하여 휴가기간을 계산한다.

제36조(생리휴가)

회사는 여성 사원이 청구하는 경우 월 1일의 무급생리휴가를 부여한다.

제37조(병가)

① 회사는 사원이 업무 외 질병·부상 등으로 병가를 신청하는 경우에는 연간 60일을 초과하지 않는 범위 내에서 병가를 허가할 수 있다. 이 경우 병가기간은 무급으로 한다.

② 상해나 질병 등으로 1주 이상 계속 결근 시에는 검진의사의 진단서를 첨부하여야 한다.

제3절 모성보호

제38조(임산부의 보호)

① 임신 중의 여성 사원에게 출산 전과 출산 후를 통하여 90일(한 번에 둘 이상 자녀를 임신한 경우에는 120일)의 출산전후휴가를 준다. 이 경우 반드시 출산 후에 45일(한 번에 둘 이상 자녀를

임신한 경우에는 60일) 이상 부여한다.

② 임신 중인 여성 사원이 유산의 경험 등 근로기준법 시행령이 정하는 사유로 제1항의 휴가를 청구하는 경우 출산 전 어느 때라도 휴가를 나누어 사용할 수 있도록 한다. 이 경우 출산 후의 휴가 기간은 연속하여 45일(한 번에 둘 이상 자녀를 임신한 경우에는 60일) 이상이 되어야 한다.

③ 임신 중인 여성 사원이 유산 또는 사산한 경우로서 해당 사원이 청구하는 경우에는 다음 각 호에 따른 휴가를 부여 한다. 다만, 모자보건법에서 허용되지 않는 인공중절 수술은 제외한다.

1. 유산 또는 사산한 여성 사원의 임신기간이 11주 이내인 경우: 유산 또는 사산한 날로부터 5일까지
2. 유산 또는 사산한 여성 사원의 임신기간이 12주 이상 15주 이내인 경우: 유산 또는 사산한 날로부터 10일까지
3. 유산 또는 사산한 여성 사원의 임신기간이 16주 이상 21주 이내인 경우: 유산 또는 사산한 날로부터 30일까지
4. 유산 또는 사산한 여성 사원의 임신기간이 22주 이상 27주 이내인 경우: 유산 또는 사산한 날로부터 60일까지
5. 임신기간이 28주 이상인 경우: 유산 또는 사산한 날로부터 90일까지

④ 회사는 사원이 출산전후휴가 급여 등을 신청할 경우 고용보험법에 따라 출산전후휴가 급여 등을 받을 수 있도록 증빙서류를 제공하는 등 적극 협조한다.

⑤ 제1항 및 제2항에 따른 휴가 기간 중에 사원이 고용보험법에 따라 지급 받은 출산전후휴가 등 급여액이 그 사원의 통상임금보다 적을 경우 회사는 최초 60일분(한 번에 둘 이상 자녀를 임신한 경우의 출산전후휴가는 75일분)의 급여와 통상임금의 차액을 지급한다.

⑥ 임신 중의 여성 사원에게 연장근로를 시키지 아니하며, 요구가 있는 경우 쉬운 종류의 근로로 전환시킨다.

⑦ 회사는 임신 후 12주 이내 또는 36주 이후에 있는 여성 근로자가 1일 2시간의 근로시간 단축을 신청하는 경우 이를 허용하여야 한다. 다만, 1일 근로시간이 8시간 미만인 근로자에 대하여는 1일 근로시간이 6시간이 되도록 근로시간 단축을 허용할 수 있다.

⑧ 회사는 제7항에 따른 근로시간 단축을 이유로 해당 근로자의 임금을 삭감하여서는 아니 된다.

⑨ 회사는 임산부 등 여성근로자에게 근로기준법65조에 따른 도덕상 또는 보건상의 유해·위험한 직종에 근로시키지 아니한다.

제39조(태아검진 시간의 허용 등)

① 회사는 임신한 여성 사원이 모자보건법 제10조에 따른 임산부 정기건강진단을 받는데 필요한

시간을 청구하는 경우 이를 허용한다.

② 회사는 제1항에 따른 건강진단 시간을 이유로 사원의 임금을 삭감하지 않는다.

제40조(육아기 근로시간 단축)

① 회사는 제18조제1항에 따라 육아휴직을 신청할 수 있는 남녀 사원이 육아휴직 대신 근로시간의 단축(이하 "육아기 근로시간 단축"이라 한다)을 신청하는 경우에는 이를 허용하여야 한다. 다만, 대체인력 채용이 불가능한 경우, 정상적인 사업 운영에 중대한 지장을 초래하는 경우 등 남녀고용평등법 시행령이 정하는 경우에는 그러하지 아니하다.

② 회사가 육아기 근로시간 단축을 허용하지 아니하는 경우에는 해당 사원에게 그 사유를 서면으로 통보하고 육아휴직을 사용하게 하거나 그 밖의 조치를 통하여 지원할 수 있는지를 해당 사원과 협의하여야 한다.

③ 회사가 해당 사원에게 육아기 근로시간 단축을 허용하는 경우 단축 후 근로시간은 주당 15시간 이상이어야 하고 30시간을 넘어서는 아니 된다.

④ 육아기 근로시간 단축의 기간은 1년 이내로 한다.

⑤ 회사는 사원이 육아기 근로시간 단축을 사용할 경우 고용보험법령이 정하는 육아기 근로시간 단축 급여를 받을 수 있도록 증빙서류를 제공하는 등 적극 협조한다.

제41조(육아기 근로시간 단축 중 근로조건 등)

① 회사는 제40조에 따라 육아기 근로시간 단축을 하고 있는 사원에 대하여 근로시간에 비례하여 적용하는 경우 외에는 육아기 근로시간 단축을 이유로 그 근로조건을 불리하게 하여서는 아니 된다.

② 제40조에 따라 육아기 근로시간 단축을 한 근로자의 근로조건(육아기근로시간 단축 후 근로시간을 포함한다)은 회사와 그 사원 간에 서면으로 정한다.

③ 회사는 제40조에 따라 육아기 근로시간 단축을 하고 있는 사원에게 단축된 근로시간 외에 연장근로를 요구할 수 없다. 다만, 그 사원이 명시적으로 청구하는 경우에는 회사는 주 12시간 이내에서 연장근로를 시킬 수 있다.

④ 육아기 근로시간 단축을 한 사원에 대하여 「근로기준법」 제2조제6호에 따른 평균임금을 산정하는 경우에는 그 사원의 육아기 근로시간 단축 기간을 평균임금 산정 기간에서 제외한다.

제42조(육아휴직과 육아기 근로시간 단축의 사용형태)

사원은 제18조와 제40조에 따라 육아휴직이나 육아기 근로시간 단축을 하려는 경우에는 다음 각 호의 방법 중 하나를 선택하여 사용할 수 있다. 이 경우 어느 방법을 사용하든지 그 총 기간은 1년을 넘을 수 없다.

1. 육아휴직의 1회 사용
2. 육아기 근로시간 단축의 1회 사용
3. 육아휴직의 분할 사용(1회만 할 수 있다)
4. 육아기 근로시간 단축의 분할 사용(1회만 할 수 있다)
5. 육아휴직의 1회 사용과 육아기 근로시간 단축의 1회 사용

제43조(육아시간)

생후 1년 미만의 아동이 있는 여성 사원의 청구가 있는 경우 제24조의 휴게시간 외에 1일2회 각 30분씩 유급 수유시간을 준다.

제6장 임금

제44조(임금의 구성항목)

① 사원에 대한 임금은 기본급 및 ○○수당과 연장·야간·휴일근로수당 등 법정수당으로 구성한다.

② 제23조의 근로시간을 초과하여 근로한 경우, 야간에 근로한 경우(22:00~06:00), 휴일에 근로한 경우에는 각각 시간급 통상임금의 50%를 가산하여 지급한다.

③ 제2항의 통상임금에 산입하는 임금의 범위는 기본급 및 ○○수당으로 하되, 시간급 통상임금은 월 통상임금을 209시간으로 나누어 계산한다.

제45조(임금의 계산 및 지급방법)

① 임금은 매월 초일부터 말일까지를 산정기간으로 하여 해당 월의 ○○일 사원에게 직접 지급하거나 사원이 지정한 사원 명의의 예금계좌에 입금하여 지급한다. 다만, 지급일이 토요일 또는 공휴일인 경우에는 그 전일에 지급한다.

② 신규채용, 승진, 전보, 퇴직 등의 사유로 임금을 정산하는 경우에는 발령일을 기준으로 그 월액을 일할 계산하여 지급한다.

제46조(비상시 지급)

사원이 다음 각 호의 사유로 청구하는 경우에는 지급기일 전이라도 이미 제공한 근로에 대한 임금을 지급한다.

1. 사원 또는 그의 수입에 의하여 생활을 유지하는 자의 출산, 질병 또는 재해의 비용에 충당하는 경우
2. 사원 또는 그의 수입에 의하여 생활하는 자의 혼인 또는 사망 시 그 비용에 충당하는 경우
3. 사원이 부득이한 사정으로 1주일 이상 귀향하는 경우

제47조(휴업수당)

① 회사의 귀책사유로 휴업하는 경우에는 휴업기간 동안 사원에게 평균임금의 100분 70의 수당을 지급한다. 다만, 평균임금의 100분의 70에 해당하는 금액이 통상임금을 초과하는 경우에는 통상임금으로 지급한다.

② 부득이한 사유로 사업을 계속하는 것이 불가능한 경우에는 노동위원회의 승인을 받아 제1항에 정한 금액에 못 미치는 휴업수당을 지급 할 수 있다.

제48조(상여금지급)

① 회사는 기본급의 ○○%를 상여금으로 지급한다. 다만, 단체협약에서 달리 정할 경우 그 기준에 의한다.

② 상여금은 연 ○회 각 ○○%를 지급하고 지급사유로 속한 달의 정기 임금지급일에 지급한다.

③ 퇴직자의 경우 상여금 지급일을 기준으로 일할 계산하여 지급하고 계속근로 3개월 미만인 자는 지급대상에서 제외한다.

제7장 퇴직·해고 등

제49조(퇴직 및 퇴직일)

① 회사는 사원이 다음 각 호에 해당할 때에는 사원을 퇴직시킬 수 있다.

1. 본인이 퇴직을 원하는 경우
2. 사망하였을 경우
3. 정년에 도달하였을 경우
4. 근로계약기간이 만료된 경우
5. 해고가 결정된 경우

② 제1항에 의한 퇴직의 퇴직일은 다음 각 호와 같다.

1. 사원이 퇴직일자를 명시한 사직원을 제출하여 수리되었을 경우 그 날
2. 사원이 퇴직일자를 명시하지 아니하고 사직원을 제출하였을 경우 이를 수리한 날. 단, 회사

는 업무의 인수인계를 위하여 사직원을 제출한 날로부터 30일을 넘지 않는 범위 내에서 퇴직일자를 지정하여 수리할 수 있다.

3. 사망한 날
4. 정년에 도달한 날
5. 근로계약기간이 만료된 날
6. 해고가 결정·통보된 경우 해고일

제50조(해고)

사원이 다음 각 호의 경우와 같이 사회통념상 근로관계를 더 이상 존속하기 어렵다고 인정될 정당한 이유가 있는 경우 해고할 수 있다.

1. 신체 또는 정신상 장애로 직무를 감당할 수 없다고 인정되는 경우(의사의 소견이 있는 경우에 한함)
2. 휴직자로서 정당한 사유 없이 휴직기간 만료일 후 7일이 경과할 때까지 복직원을 제출하지 않은 경우
3. 징계위원회에서 해고가 결정된 경우
4. 기타 제1호 내지 제3호에 준하는 경우로서 정당한 이유가 있는 경우

제51조(해고의 제한)

① 사원이 업무상 부상 또는 질병의 요양을 위하여 휴업한 기간과 그 후 30일 동안은 해고하지 아니한다. 다만, 근로기준법 제84조에 따라 일시보상을 하였을 경우에는 해고할 수 있다.

② 산전(産前)·산후(産後)의 여성 사원이 근로기준법에 따라 휴업한 기간과 그 후 30일 동안은 해고 하지 아니한다.

③ 제1항 본문 및 제2항에도 불구하고 사업을 계속할 수 없게 된 경우에는 해당사원을 해고할 수 있다.

제52조(해고의 통지)

① 회사는 사원을 해고하는 경우에는 서면으로 그 사유 및 날짜를 기재하여 통지한다.

② 회사는 제1항에 따라 해고를 통지하는 경우 해고일로부터 적어도 30일 전에 해고예고를 하거나, 30일 전에 해고예고를 하지 아니하였을 때에는 30일분의 통상임금을 지급한다.

제53조(해고예고의 예외)

다음 각 호의 사원에게는 해고예고를 하지 아니한다.

1. 일용 사원으로서 3개월을 계속 근무하지 아니한 자
2. 2개월 이내의 기간을 정하여 사용된 자
3. 월급제 사원으로서 6개월이 되지 아니한 자
4. 계절적 업무에 6개월 이내의 기간을 정하여 사용된 자
5. 수습기간 중인 자(3개월 이내)
6. 사원이 고의로 사업에 막대한 지장을 초래하거나 재산상 손해를 끼친 경우로서 고용노동부령이 정하는 사유에 해당하는 자

제54조(정년)

정년은 만○○세에 도달한 날로 한다.

제55조(차별 금지)

퇴직·해고·정년에서 남녀를 차별하지 않는다.

제8장 퇴직급여

제56조(퇴직급여제도의 설정 등)

① 회사는 1년 이상 근무한 사원이 퇴직할 경우에는 계속근로기간 1년에 대하여 30일분의 평균임금을 퇴직금으로 지급한다.

② 회사는 근로자퇴직급여보장법 제4조에 따라 제1항의 퇴직금을 지급하는 대신 사원의 과반수 동의를 얻어 퇴직연금제도를 도입할 수 있다.

제57조(중간정산)

회사는 주택구입 등 근로자퇴직급여보장법 시행령에서 정한 사유로 사원이 요구하는 경우에는 퇴직하기 전에 해당 사원의 계속근로기간에 대한 퇴직금을 미리 정산하여 지급할 수 있다. 이 경우 미리 정산하여 지급한 후의 퇴직금 산정을 위한 계속 근로기간은 정산시점부터 새로이 기산한다.

제9장 표창 및 징계

제58조(표창)

① 회사는 사원이 다음 각 호의 1에 해당하는 경우 표창할 수 있다.

1. 회사의 업무능률향상에 현저한 공로가 인정된 자
2. 회사의 영업활동에 크게 기여한 자
3. 업무수행 성적이 우수한 자
4. 기타 표창의 필요가 인정되는 자

② 표창 대상자 및 표창의 방법은 위원회를 거쳐 결정한다.

제59조(징계)

회사는 다음 각 호에 해당하는 사원에 대하여 징계위원회의 의결을 거쳐 징계할 수 있다.(이 경우 징계위원회는 제13조의 인사위원회로 대신한다).

1. 부정 및 허위 등의 방법으로 채용된 자
2. 업무상 비밀 및 기밀을 누설하여 회사에 피해를 입힌 자
3. 회사의 명예 또는 신용에 손상을 입힌 자
4. 회사의 영업을 방해하는 언행을 한 자
5. 회사의 규율과 상사의 정당한 지시를 어겨 질서를 문란하게 한 자
6. 정당한 이유 없이 회사의 물품 및 금품을 반출한 자
7. 직무를 이용하여 부당한 이익을 취한 자
8. 회사가 정한 복무규정을 위반한 자
9. 직장 내 성희롱 행위를 한 자
10. 기타 이에 준하는 행위로 직장질서를 문란하게 한 자

제60조(징계의 종류)

사원에 대한 징계의 종류는 다음과 같다.

1. 견책: 징계사유 발생 자에 대하여 시말서를 받고 문서로 견책한다.
2. 감봉(감급): 1회에 평균임금 1일분의 2분의 1, 총액은 월 급여금총액의 10분의 1을 초과하지 않는 범위의 금액을 감액한다.
3. 정직: 중대 징계사유 발생 자에 대하여 3월 이내로 하고, 그 기간 중에 직무에 종사하지 못하며 그 기간동안 임금을 지급하지 아니한다.

4. 해고: 근로계약을 해지하는 것으로 한다.

제61조(징계심의)

① 징계위원회의 위원장은 징계의결을 위한 회의 7일 전까지 징계위원회의 위원들에게는 회의일시, 장소, 의제 등을, 징계대상 사원에게는 서면으로 별지2의 출석통지를 각 통보한다.

② 징계위원회는 징계사유를 조사한 서류와 입증자료 및 당사자의 진술 등 충분한 증거를 확보하여 공정하게 심의한다. 이 경우, 징계대상자가 징계위원회에 출석을 원하지 아니하거나 서면진술을 하였을 때는 별지2 하단의 진술권포기서 또는 별지3의 서면진술서를 징구하여 기록에 첨부하고 서면심사만으로 징계의결을 할 수 있다.

③ 징계위원회의 위원이 징계대상자와 친족관계에 있거나 그 징계사유와 관계가 있을 때에는 그 위원은 그 징계의결에 관여하지 못한다.

④ 징계위원회는 의결 전에 해당사원에게 소명할 기회를 부여한다.

⑤ 징계위원회는 징계 대상자가 2회에 걸쳐 출석요구에 불응하거나 소명을 거부하는 경우 또는 소명을 포기 하는 의사를 표시하는 경우에는 소명 없이 징계의결 할 수 있다.

⑥ 간사는 징계의결을 위한 회의에 참석하여 회의록을 작성하고 이를 보관한다.

제62조(징계결과 통보)

징계결과통보는 해당 사원에게 별지5의 징계처분사유 설명서에 의한다.

제63조(재심절차)

① 징계처분을 받은 사원은 징계결정이 부당하다고 인정될 때 징계통보를 받은 날로부터 7일 이내에 서면으로 재심신청을 할 수 있다.

② 재심을 요청받은 경우 징계위원회는 10일 이내에 재심을 위한 회의를 개최하여야 하며 그 절차는 제61조 및 제62조를 준용한다.

제10장 교육 및 성희롱의 예방

제64조(직무교육)

① 회사는 사원의 직무능력향상을 위하여 필요한 경우 직무교육을 시킬 수 있으며 사원은 교육과정에 성실히 임하여야 한다.

② 제1항에 의한 직무교육과 제65조에 의한 직장 내 성희롱 예방교육은 근무시간 중에 실시하는

것을 원칙으로 하고 교육을 받는 시간은 근로를 제공한 것으로 본다. 다만, 사원과 합의로 근무시간 외에 직무교육을 받도록 할 수 있으며 이 경우의 처우에 관하여는 교육의 장소·일정 등을 고려하여 따로 정한다.

③ 회사는 교육에 있어 남녀를 차별하지 않는다.

제65조(성희롱의 예방)

① 회사는 직장내 성희롱을 예방하고 사원이 안전한 근로환경에서 일할 수 있는 여건 조성을 위해 1년에 1회 이상 성희롱 관련 법령의 요지, 성희롱 예방을 위한 사업주의 방침, 성희롱 피해자의 권리구제 방법과 가해자의 조치 등을 내용으로 성희롱 예방교육을 한다.

② 회사의 모든 임원 및 사원은 남녀고용평등법에서 금지한 직장 내 성희롱에 해당하는 행위를 하여서는 안된다.

③ 직장 내 성희롱을 하여 물의를 일으킨 임·직원에 대하여는 해고 등의 징계 조치를 취하여야 하며, 성희롱 피해자와 같은 장소에 근무하지 않도록 인사이동을 병행하여 실시한다.

④ 회사는 직장 내 성희롱 피해자의 고충을 해결을 위하여 별도의 고충처리위원회를 둘 수 있으며, 이 경우 고충처리위원은 남녀 동수로 구성하고 피해자의 요청이 있는 경우를 제외하고는 직장 내 성희롱에 대해서는 비공개를 원칙으로 한다.

제11장 안전보건

제66조(안전보건관리규정)

① 회사는 사업장의 안전·보건을 유지하기 위하여 다음 각 호의 사항이 포함된 안전보건관리규정을 작성하여 각 사업장에 게시하거나 갖춰 두고, 이를 근로자에게 알려야 한다.

1. 안전 · 보건 관리조직과 그 직무에 관한 사항
2. 안전 · 보건교육에 관한 사항
3. 작업장 안전관리에 관한 사항
4. 작업장 보건관리에 관한 사항
5. 사고 조사 및 대책 수립에 관한 사항
6. 그 밖에 안전 · 보건에 관한 사항

② 각 부서는 회사의 안전보건관리규정에 따라 각 작업장의 안전보건관리를 실시하여야 한다.

③ 사원은 안전보건관리계획의 효과적인 운용을 위하여 적극적으로 협력하여야 한다.

제67조(안전보건 교육)

회사는 사원의 산업재해예방을 위하여 안전 및 보건에 관한 정기교육, 채용 시의 교육, 작업내용 변경 시의 교육, 유해위험 작업에 사용 시 특별안전 교육 등 산업안전보건법령에 따른 제반 교육을 실시하며 사원은 이 교육에 성실하게 참여하여야 한다.

제68조(위험기계·기구의 방호조치)

회사는 유해하거나 위험한 작업을 필요로 하거나 동력을 작동하는 기계·기구에 대하여 유해·위험 방지를 위한 방호조치를 하여야 하며 사원은 다음 각 호의 위험기계·기구의 방호조치 사항을 준수하여야 한다.

1. 방호조치를 해체하고자 할 경우 소속부서의 장의 허가를 받아 해체할 것
2. 방호조치를 해체한 후 그 사유가 소멸한 때에는 지체없이 원상으로 회복시킬 것
3. 방호장치의 기능이 상실된 것을 발견한 때에는 지체없이 소속부서의 장에게 신고할 것

제69조(보호구의 지급 및 착용)

회사는 사원이 유해·위험작업으로부터 보호 받을 수 있도록 보호구를 지급하여야 하며 사원은 작업시 회사에서 지급하는 보호구를 착용하여야 한다.

제70조(물질안전보건자료의 작성·비치)

회사는 사업장에서 사용하는 고용노동부령이 정하는 화학물질 및 화학물질을 함유한 제제에 대하여는 물질안전보건자료를 취급근로자가 쉽게 볼 수 있는 장소에 게시하거나 갖추어야 한다.

제71조(작업환경측정)

① 회사는 산업안전보건법에 의한 작업환경측정을 실시하되, 원칙적으로 매 6개월에 1회 이상 정기적으로 실시한다.

② 제1항의 작업환경측정 시 사원 대표의 요구가 있을 때에는 사원 대표를 입회시킨다.

③ 회사는 작업환경측정의 결과를 사원에게 알려주며 그 결과에 따라 당해 시설 및 설비의 설치 또는 개선, 건강진단 등 적절한 조치를 한다.

제72조(건강진단)

① 회사는 사원의 건강보호·유지를 위하여 산업안전보건법이 정하는 바에 따라 매년 1회 일반건강진단을 실시한다. 단, 사무직은 매2년에 1회 실시한다.

② 회사는 산업안전보건법이 정하는 바에 따라 필요한 경우 특수·배치전·수시·임시건강진단 등을 실시한다.

③ 사원은 회사가 실시하는 건강진단을 성실히 받아야 한다.

第73조(산업안전보건법 준수)

① 회사는 이 규칙에서 정하지 아니한 사항에 대하여는 산업안전보건법에 따라 산업재해 예방을 위한 기준을 지켜 사원의 신체적 피로와 정신적 스트레스 등에 의한 건강장해를 예방하고 안전 및 보건을 유지·증진시킨다

② 사원은 산업안전보건법에서 정하는 사항과 그 외에 업무에 관련되는 안전보건에 관하여 상사로부터 지시받은 사항을 정확하게 이행하여야 한다.

제12장 재해보상

第74조(재해보상)

① 사원이 업무상 부상 또는 질병에 걸린 경우와 사망하였을 때의 보상은 산업재해보상보험법에 의한다.

② 산업재해보상보험법의 적용을 받지 않는 업무상 부상 또는 질병에 대하여는 근로기준법이 정하는 바에 따라 회사가 보상한다.

제13장 취업규칙

第75조(취업규칙의 비치)

회사는 본 규칙을 사업장 내의 사무실 · 휴게실 등에 비치하여 사원들이 자유롭게 열람할 수 있도록 한다.

第76조(취업규칙의 변경)

이 규칙을 변경할 때에는 사원의 과반수로 조직된 노동조합이 있는 경우 그 노동조합, 근로자의 과반수로 조직된 노동조합이 없는 경우 근로자의 과반수 의견을 청취하도록 한다. 다만, 취업규칙을 불리하게 변경하는 경우에는 그 동의를 얻어야 한다.

부록 3

현대중공업 단체협약(2014)

현대중공업노동조합(http://www.hhiun.or.kr)

전문

현대중공업주식회사(이하"회사"라 한다)와 현대중공업노동조합(이하 "조합"이라 한다)은 노사간 신뢰를 바탕으로 상호 협조하여 헌법과 노동관계법의 근본정신에 입각, 조합원의 노동조건을 유지 개선하여 후생, 복지를 증대함으로써 그 정치, 경제, 사회, 문화적 지위를 향상시켜 인간다운 삶을 누리게 하고 또한 조합과 회사의 지속적인 발전을 위함과 더 나아가 산업평화유지 및 국가경제 발전에 기여함을 목적으로 이 협약을 체결하며, 상호 준수하여 성실히 이행할 것을 확약한다.

제1장 총칙

제1조(단체교섭 및 협약체결권)

(1) 회사는 조합이 조합원을 대표하여 단체협약 및 기타 사항에 대하여 교섭하는 교섭단체임을 인정한다.

(2) 조합이 노동관계법령에 따라 교섭대표노동조합으로 결정된 때에는 교섭을 요구한 모든 조합 및 조합원을 위하여 회사와 교섭하고 단체협약을 체결할 권한을 가진 교섭단체로 인정한다.

제2조(적용범위)

협약은 회사와 조합 및 조합원에게 적용되며, 노동조합및노동관계조정법 제35조에 따른다.

제3조(협약의 우선)

본 협약에 정한 기준은 회사가 정한 제규칙, 규정 및 조합원과 맺은 개별 노동(근로)계약보다 우선

하며, 노동관계법령을 이유로 본 협약을 저하시킬 수 없다.

제4조(협약준수의무)

회사와 조합은 쌍방이 본 협약을 성실히 준수하고 이행할 책임이 있다.

제5조(기득권 및 노동조건 저하금지)

회사는 본 협약에 누락됨을 이유로 조합이 이미 확보하였거나 실시하여 온 기득권 및 노동조건을 조합과 합의없이는 저하시킬 수 없으며, 조합원임을 이유로 불이익 처우를 할 수 없다.

제6조(조합원의 범위)

(1) 회사의 종업원 중 다음 각 호에 해당하는 자를 제외하고, 신규입사자는 입사와 동시에 조합원이 된다. 단, 기타 사무소는 자유로이 조합에 가입할 수 있다.

1. 과장급 이상
2. 인사, 노무담당
3. 원가, 회계담당
4. 임원과 임원에 준한 자의 비서
5. 교환, 통신, 의전, 홍보, 경비 등 총무담당(생산기술직 및 별정직은 제외)
6. 예비군 및 민방위 상시 근무자
7. 수습사원, 일용 및 촉탁사원
8. 기타 노사 쌍방이 합의한 자

(2) 조합간부(집행부)가 임기중 승진 및 승급으로 인하여 비조합원이 되는 경우, 당해 임기 종료시까지 조합원 자격을 유지한다.

(3) 조합원의 탈퇴는 조합의 통보에 따른다.

제7조(보충협약)

(1) 사회적, 경제적 여건의 변화로 인하여 불가피하게 수정되어야 할 사항이 발생한 경우, 본 협약의 기본정신에 입각하여 회사와 조합은 일방의 요청에 의하여 보충협약을 체결할 수 있으며, 보충협약은 본 협약과 동일한 효력을 갖는다.

(2) 보충협약의 요청은 유효기간 중 노사 양측에서 각각 1회만 할 수 있다.

(3) 보충협약 요청이 있을 경우, 15일 이내에 협상을 시작해야 한다.

제8조(문서열람 편의 및 자료제공)

(1) 회사는 정당한 조합활동을 위해 사용목적을 명기하여 요청한 문서 및 간행물의 열람과 필요시 사본을 제공한다.
단, 조합은 회사가 대외비로 구분한 사항에 대해서는 보안을 유지해야 한다.

(2) 회사는 분기별 조합원의 각종 임금현황 및 기초자료를 조합이 요청할 시 조합에 적기에 제공한다.

제9조(통지의 의무)

회사와 조합은 다음 각 호에 해당하는 경우는 이를 조속히 상호 문서로써 통지하여야 한다.

1. 회사가 통지하여야 할 사항
   1) 상호의 변경
   2) 정관의 변경
   3) 취업규칙, 인사규정 및 조합원 신상에 영향을 미치는 여타 형식의 규정의 제정 및 개폐
   4) 임직원의 인사변동 사항
   5) 부서의 신설 및 폐지
   6) 조합원의 복지증진에 관한 사항
   7) 연간 교육계획에 관한 사항
   8) 사내협력업체 현황
   9) 기타 제반 인사결정 사항
2. 조합이 통지하여야 할 사항
   1) 명칭의 변경
   2) 규약과 그 변경
   3) 조합의 타 단체 가입 또는 탈퇴
   4) 조합원이 조합과 관계있는 단체의 임원이 된 사항
   5) 조합원 제명 등 징계에 관한 사항
   6) 조합 전임자의 변경 사항

제2장 조합활동

제10조(조합활동의 원칙)

(1) 조합활동은 조합 전임자를 제외하고는 취업시간 외에 행함을 원칙으로 한다.

(2) 하기 각 호에 해당하는 조합활동의 경우에는 조합이 회사에 사전 통보하면 취업시간 중이라도 조합활동을 할 수 있으며, 회사는 노동조합및노동관계조정법 제24조에 따라 근로시간면제(Time-off)한도 범위내에서 이를 근무한 것으로 인정할 수 있다.

1. 대의원대회
2. 운영위원회
3. 회계감사시
4. 노사협의회 참석시
5. 단체교섭 참석시
6. 사내근로복지기금 협의회 참석시
7. 산업안전보건 협의회 참석시
8. 정기 대의원수련회
9. 기타 노사합의한 사항

단, 근무시간에 개최되는 대의원대회는 사전 노사합의 한다.

제11조(조합활동의 보장)

(1) 회사는 조합원의 자유로운 조합활동을 보장하고, 여하한 이유로도 조합운영에 개입해서는 아니되며, 정당한 조합활동을 이유로 어떠한 불이익 처분을 하지 못한다. 또한, 노동조합및노동관계조정법 제81조에 대한 문제가 발생시 조합의 조사활동에 최대한 협조한다.

(2) 회사는 조합이 요청한 방문자의 신분을 확인 후 출입을 보장한다.

제12조(조합 전임자)

(1) 조합은 조합의 일상업무를 전담하는 전임자를 두며, 전임자 수는 상호협의로 정한다.

(2) 전임자의 임금 및 급여 일체는 조합이 부담하며, 회사로부터 그 일체의 지급을 요구할 수 없다

(3) 전임 해제시 회사는 원직에 즉시 복귀시키며, 동 부서의 소멸로 그것이 불가능 할시는 본인의 의사를 존중하여 원직과 대등하거나 동등 이상의 대우로 복귀시킨다.

(4) 전임기간은 무급휴직자에 준하여 처리함을 원칙으로 하되, 그 기간은 근속년수에 포함하며 전임을 이유로 일체의 불이익 처우를 하지 않 는다.

(5) 조합의 업무 추진을 위한 임시 상근자는 노사협의로 조정할 수 있다.

다만, 임시 상근자는 근로시간면제(Time-off)한도 범위 내에서 그 시간을 사용할 수 있다.

(6) 회사는 조합 전임자 및 임시 상근자 등이 조합업무로 인하여 부상 또는 질병을 당했을 경우 산재자와 동일하게 산재요양을 신청한다.

제13조(홍보활동 보장)

회사는 조합이 정당한 조합활동을 위하여 조합이 발행 혹은 인가한 인쇄물의 게시, 배포는 질서를 지키며 자유로이 할 수 있도록 한다.

제14조(사내유선방송)

(1) 회사는 조합의 요청이 있을시 사전 협의하여 조합이 회사의 유선방송시설을 활용할 수 있도록 협조한다.

(2) 쟁의기간 중에는 조합과 관련된 사항을 방송할 수 없다.

제15조(회사시설의 이용)

(1) 회사는 조합에 사무실 기타 조합 사무활동에 필요한 시설을 제공한다.

(2) 조합이 회의, 교육, 행사를 위하여 회사의 시설 및 장소의 이용 요청시 조합활동에 지장이 없도록 편의를 제공한다.

제16조(조합원 교육)

(1) 회사는 신입사원 입직교육시 교섭대표노조의 임원이 노조현황, 노조역할을 인식할 수 있도록 교육할 수 있는 시간을 부여한다.(4시간 이내)

(2) 회사는 계약직, 기간제 등에서 정규직으로 채용된 조합원 가입대상 해당자에게 제1항의 조합원 교육기회를 부여한다.

(3) 회사는 연간 교육계획에 의거 회사의 경영방침 및 계획 등에 관하여 조합원을 대상으로 연간 1회 이상 교육을 실시한다. 이 교육기간 중 교섭대표노동조합이 직접 교육할 수 있도록 4시간을 할애한다.

(4) 교육의 강사(사내·외)는 회사와 사전 협의하여 조합에서 선임하고, 사내 강사의 경우 강의에 소요되는 시간은 유급으로 한다.

제17조(조합비 및 조합부과금 일괄공제)

회사는 종업원의 급료지급시에 조합원의 조합비 및 조합이 결의(총회)하여 요청한 항목을 일괄공제하여, 급료지급일로 부터 7일 이내에 조합의 구좌에 불입하여 조합활동에 편의를 제공한다. 단, 조합비 공제명세표는 조합에 제출하여야 하며, 조합은 신규 및 변동 공제대상자 명단과 부과금 부과의결서를 회사측에 사전 통보하여야 한다.

제3장 인사

제18조(인사원칙)

회사는 조합원에 대한 제반 인사원칙을 적용함에 있어 본 협약 및 인사규정에 정해진 기준에 따라 공정을 기하며, 조합원임을 이유로 차별대우나 부당한 조치를 하지 아니한다.

1. 조합간부(전임자, 대의원)의 인사는 사전에 조합과 협의하며, 재임기간 중 부서단위의 조직변경에 의하지 않거나, 본인이 원하지 않고는 전환배치를 하지 아니한다.
2. 조합원의 전환배치에 대하여 사전 본인의 의사를 우선적으로 반영토록 하고, 조합이 부당하다고 판단하여 이의를 제기하면 조합과 협의 한다.
3. 조합원에게 1개월 이상 본사 이외의 타지역 전보 또는 타사 파견 및 지원근무를 명할시에는 사전 본인의 의사를 최대한 반영토록 한다.
4. 조합원의 인사변동 사항은 배포전에 조합에 우선 통보한다.
5. 전 조합원의 인사고과는 승진시에만 적용하고, 임금인상이나 상여금 지급시는 별도 고과로 하되, 항목은 노사 합의하에 정한다.
6. 별정직에서 생산기술직으로 전환하고자 할 때에는 노사 협의한다.

제19조(채용)

(1) 회사는 종업원을 신규채용할 때에는 공개채용을 원칙으로 하고, 조합활동의 편의를 위하여 그 결과를 입사조치와 동시 조합에 통보한다.

(2) 회사는 종업원을 신규채용할 시 동일한 조건하에서는 종업원의 자녀를 우대한다.

(3) 신규사원 채용시 집단 감원자를 우선 채용하도록 노력한다.

제20조(장기근속자 우대)

회사는 조합원의 승진, 승급(昇級)이 경합되는 인사결정, 기타 복지혜택에 있어서 근속년수가 많은 자에게 우선권을 부여함을 원칙으로 한다.

제21조(수습기간)

(1) 신규직원의 수습기간은 2개월로 한다.

(2) 수습기간은 근속년수에 산입한다.

제22조[승진·승급(昇級)]

회사는 정기승진, 승급(昇級)을 매년 1월 1일에 시행하고, 전년 12월 31일 이전에 발표함을 원칙으로 하며, 표창을 받은 조합원으로서 그 공적이 인정될 경우나 필요한 경우에는 특별승진, 승급(昇級)할 수 있다.

제23조(휴직)

회사는 조합원이 다음 각 호에 해당할 때 본인의 휴직 요청이 있을시 휴직 처리한다. 단, 본인이 원할시 연·월차로 사용할 수 있다.

1. 업무 외 부상이나 질병으로 인하여 10일 이상의 요양을 요할 때
2. 일신상의 사정으로 10일 이상 계속 결근하여야 할 때
3. 신체상 또는 정신상의 장애로 업무수행이 곤란하다고 판정되었을 때
4. 형사사건으로 구속, 기소되었을 때
5. 병역법, 전시근로동원법 기타 법령에 의하여 20일 이상의 징소집 명령을 받았을 때
6. 제3, 4, 5호의 경우 회사가 휴직을 명할 수 있다.

제24조(휴직기간)

(1) 제23조 1,3호의 경우: 휴직기간은 3개월 이내로 하되, 본인의 원에 의해 1회에 한하여 추가로 6개월까지 연장할 수 있다.

(2) 제23조 2호의 경우: 휴직기간은 3개월 이내로 하되, 본인의 원에 의해 1회에 한하여 추가로 3개월까지 연장할 수 있다.

(3) 제23조 4호의 경우: 1심 판결이 선고된 때까지. 단, 실형의 경우 항소시에는 2심 판결이 선고된 때까지이며, 노사 관계로 인한 실형(구금)의 경우 대법원 판결시까지로 한다.

(4) 제23조 5호의 경우: 그 소요기간

(5) 중증 질환으로 추가적인 요양이 필요한 경우 추가로 6개월간 휴직기간을 연장할 수 있다.(총 15개월)

(6) 휴직기간은 불가피한 경우 노사 협의 후 연장할 수 있다.

제25조(휴직자의 처우)

(1) 휴직기간은 근속년수에 산입하며, 종업원으로서의 신분을 보유하나 회사의 업무에 취업하지 못한다. 다만, 휴직자는 휴직기간 중 회사의 제반 규정을 준수 하여야 한다.

(2) 휴직이 본 협약 제23조 1,3호의 사유에 의한 것일 때에는 휴직발령일로부터 6개월까지 통상임

금의 100분의 60을 지급한다.

다만, 입원으로 추가적인 요양이 필요한 경우는 3개월 연장하여 9개월까지 지급한다.

(3) 업무상 상병으로 인한 휴직자에 대하여는 승진, 승급(昇級) 및 기타 인사상 불이익 처우를 하지 아니한다.

제26조(복직)

(1) 회사는 휴직기간이 만료된 자 또는 휴직기간 중이라도 그 사유가 소멸되어 증빙서류를 첨부, 복직원을 제출하거나 만료 후 10일 이내에 복직원을 제출하였을 경우, 회사는 즉시 원직 또는 원직이 소멸했을 경우 본인의 의사를 존중하여 동등한 직책으로 복직시킨다(단, 군 전역자는 30일 이내).

(2) 휴직기간 중 사망한 자에 대해서는 퇴직금 산정시 근로기준법 제2조 제1항 제6호에 규정된 「사유가 발생한 날」이라 함은 휴직개시일로 간주한다.

제27조(포상)

회사는 조합원이 다음 각 호의 1에 해당할 시 포상하며, 조합활동을 이유로 포상에 차별이 있어서는 아니된다.

1. 기술상, 업무상 유익한 발명 또는 고안을 한 자
2. 근무성적이 타에 모범이 된 자
3. 재해의 미연방지 또는 수습에 특별한 공로가 있는 자
4. 조합에서 추천한 자(노동절, 조합창립기념일)
5. 대내외적으로 회사의 명예를 선양한 자
6. 회사는 1년에 1회 이상 조합에서 요청한 우수 조합원 30명 이상으로 해외연수의 기회를 준다.
7. 장기근속자 및 정년퇴직자를 우대할 수 있는 특별포상은 노사합의한 포상규정에 준한다.
8. 기타 명시되지 않은 사항에 대해서는 회사의 포상규정에 준한다.

제28조(입증책임)

징계사유에 대한 객관적 입증책임은 징계를 요구한 측에 있으며, 이를 결하고는 징계할 수 없다. 또한 해당 조합원이 징계의 부당성을 증명하지 못함을 이유로 징계 사유 입증을 대신할 수 없다.

제29조(조합의 징계요구)

(1) 종업원이 조합의 활동을 방해하거나 유해를 끼쳤을 경우 조합의 의견서를 첨부하여 회사에 징

계를 요구할 수 있다.

(2) 징계를 요구할 경우 회사는 7일 이내에 징계위원회 개최를 조합에 서면 통보한다.

第30조(징계의 종류)

(1) 경고: 경위서 징구, 구두상의 주의

(2) 견책: 전말서, 시말서 징구

(3) 감봉: 1회에 3월을 초과할 수 없으며, 기본급 월액의 1/10을 초과할 수 없다.

(4) 출근정지: 5일 이내 1회에 한함(무급)

(5) 정직: 2개월 이내로 함(무급, 신분은 유지)

(6) 강격: 1직급 이내로 함(1년 이내) 단, 1년 경과 후 승진기회 부여

(7) 징계해고

第31조(징계적용)

징계에 의한 인사평가 감점적용은 각 1회에 한한다. 단, 경고와 견책(1회)은 임금 및 승진에 반영하지 않는다.

第32조(징계의 절차)

감봉 이상의 징계는 징계위원회를 통해야 하며 다음 절차에 의하지 않은 징계는 무효다.

1. 회사는 징계를 하고자 할 때에는 대상자의 징계사유, 징계위원회의 개최일시 및 장소를 명시하여 해당 조합원과 조합에 회의 7일전까지 서면 통보한다.
2. 징계위원회는 해당 조합원에게 소명의 기회를 부여하여야 하며, 조합임원 등 3인이 참석하여 변론할 수 있으며, 3인 이내의 증인신청을 할 수 있다.
3. 본 협약 제35조에 의거 이의제기를 하였을 경우, 회사는 요청받은 날로부터 15일 이내에 징계위원회를 개최하고 결정한 날로부터 7일 이내에 피징계자에게 통보한다.

第33조(감면)

징계사유에 해당하는 자 및 징계를 받은 자가 그 정도가 경미하고 개전의 정이 현저하거나, 정상 또는 재직중의 공로를 참작할 여지가 있다고 인정될 때에는 그 징계를 경감 또는 면제할 수 있다.

第34조(부당징계)

해고 및 정직 4주 이상이 노동위원회 또는 법원의 판결에 의해 부당징계로 판명되었을 때에는 회

사는 다음의 조치를 취한다.

1. 판정서 혹은 결정서 접수 당일부로 징계무효처분을 본인에게 통보한다.
2. 임금 미지급분에 대해서는 출근시 당연히 받았어야 할 임금과 기본급의 100%를 가산 지급한다.
3. 회사가 해당기관의 판정에 불복하여 재심을 청구하거나 행정소송을 제기하더라도 일단 초심결정에 따라 즉각 부당징계 해제조치를 취하여야 하며, 전 2호를 시행하여야 한다.

제35조(이의제기)

조합원이 중징계(정직 이상)에 대하여 10일 이내에 이의를 제기하였을 때에는 재심하여 결정한다. 단, 확정일까지는 인사명령이 유보된다.

제36조(해고예고)

회사는 조합원을 해고할 때에는 60일 전에 예고한다. 다만, 천재, 사변, 기타 부득이한 사유로 사업계속이 불가능한 경우 또는 노동자가 고의로 사업에 막대한 지장을 초래하거나 재산상 손해를 끼친 경우에 노동부장관의 승인을 받은 때에는 그러하지 아니하다.

제37조(해고수당)

예고하지 아니하고 해고할 때에는 30일분 이상의 평균임금을 해고수당으로 지급한다.

제38조(정년)

(1) 정년은 만 60세로 하되, 임금은 별도합의서에 정한 조건으로 한다.
(2) 정년은 당해연도 말일부로 한다.
(3) 회사는 조합원 명예정년퇴직을 제도적으로 시행토록 하며 시행에 관한 사항은 노사 합의한다.
(4) 회사는 신규채용이 있을 때, 정년퇴직자의 요청에 의해, 그 직계자녀의 능력을 심사하여 우선 채용함을 원칙으로 한다.
(5) 정년퇴직자에 한해서, 회사는 정년퇴직 6개월전에 특별 명예승진 발령한다. 단, 승진년한 해당자에 한한다.

제39조(근태)

(1) 지각은 시업시간으로부터 2시간 이내에 출근함을 말한다.
(2) 조퇴는 시업시간으로부터 2시간 경과 후 종업시간 이전에 퇴근함을 말한다.

제40조(규정제정 및 개폐)

회사는 취업규칙과 인사규정의 임금 및 징계에 관한 사항을 제정, 개폐하고자 할 경우에는 조합과 사전 합의하고, 조합원에게 영향을 미치는 회사의 제규정, 규칙을 제정, 개폐하고자 할 경우에는 시행일 전에 협의한다.

제4장 고용보장

제41조(인원정리)

(1) 회사는 인원의 일부를 하도급으로 전환하고자 할 때에는 사전에 조합과 협의하며, 인원에 대해서는 합의한다.

(2) 회사는 조합원의 실질 고용보장을 위해 노력하되, 인원정리가 불가피할 경우 동일직종에 대한 신규채용의 금지, 교육훈련 시행, 사내외 외주 금지, 순환휴가, 노동시간 단축, 기타 고용유지를 위한 합리적 조치 등 해고를 피하기 위해 필요한 조치를 취한다.

(3) 회사는 기업의 축소 또는 부득이한 사유로 인원을 정리하고자 할 때에는 60일 이전에 조합에 통보한다.

(4) 집단감원 사유가 발생하였을 때에는 감원방법, 규모, 처우 등에 대하여 반드시 조합과 사전 협의하며, 그 절차는 조합과 사전 합의한다. 감원 대상자는 희망자순으로 결정하되, 희망자는 퇴직시 위로금으로 통상임금의 90일분 이상을 지급하는 조건으로 우선 모집한다.

(5) 회사 경영상 그룹사간 편입 되어온 종업원 중 전 소속회사의 인력수급 상황을 감안, 사간(社間) 협의하여 희망자는 우선 전출 조치할 수 있다.

제42조(하도급 및 용역업체 등록)

회사는 외주(하청)계약이 체결되면 체결 즉시 외주(하청)인원 및 사업품목 등을 조합에 통보한다. 단, 임금이나 퇴직금을 지급하지 않을 목적으로 위장폐업한 경우, 당해 업체 및 당해 업체 대표자의 친인척과는 재계약을 하지 않는다.

제43조(분할, 양도)

회사는 사업의 전부 또는 일부를 분할(분사), 양도, 합병하고자 할 때에는 40일전에 조합에 통보하고 조합원의 노동조건 승계에 불이익이 없도록 한다.

제44조(고용안정기금)

회사는 고용보험법에 의한 고용안정기금을 적립하며, 조합원의 고용안정을 위해 최대한 노력한다.

제5장 노동시간

제45조(노동시간)

(1) 노동시간이라 함은 통상 근로형태별 시업시간으로부터 작업종료시간까지의 휴게시간을 제외한 근무시간을 말하며, 작업준비시간, 분임활동시간, 청소시간, 교육시간 그리고 회사가 주관하는 행사시간을 포함한다.

(2) 기본 노동시간은 중식시간을 제외하고 1일 8시간으로 하되, 근무는 월요일부터 금요일까지 1주 40시간 하는 것을 원칙으로 하며, 임금은 주간 48시간분으로 계산 지급한다. 단, 주간 소정근로일을 만근한 경우 토요일은 유급휴일로 처리하고 근무시 휴일근로 수당을 지급한다.

(3) 유해위험 작업장은 산업안전보건법 제46조, 동 시행령 제32조의 8에 따른다. 단, 기 적용 사업장(합병사 포함)은 계속 유지한다.

제46조(휴게시간)

(1) 1일 8시간에 대한 휴게시간은 오전, 오후 각 10분으로 하고, 식사시간은 60분으로 하되, 동·하계절의 휴게시간은 노사 협의를 거쳐 연장 조정할 수 있다.

(2) 휴게시간은 조합원이 자유로이 이용할 수 있으며, 정문출입에 불편이 없도록 노사 협조한다.

(3) 휴게시간 중 식사시간은 근무시간에 포함되지 않는다.

(4) 혹서기간은 7/10~8/31일로 한다.

제47조(시업 및 종업시간)

(1) 시업시간은 상시 08:00, 야근자는 20:00로 한다.

(2) 종업시간은 상시 17:00, 야근자는 05:00로 한다.

(3) 교대작업 및 작업 공정상 부득이한 경우에는 당사자와 합의하여 통상 시업 및 종업시간을 변경 실시할 수 있다.

(4) 재해 및 긴급을 요하는 사유가 발생시 회사와 조합 협의하에 변경할 수 있다.

제48조(연장 및 휴일노동)

(1) 사전 조합과 협의하여 연장 및 휴일노동을 할 수 있다.

(2) 근로기준법 제53조에 의거, 연장 및 휴일노동을 할 수 있다.
(3) 당직근무자는 명일 유급휴무하며, 당직비는 당직규정에 따른다.
(4) 시간 외 연장노동을 거부한 이유로 회사는 조합원에 대한 불이익 처분을 하지 못한다.
(5) 유급휴일 노동수당은 각 호에 따라 지급한다.

1. 08:00~17:00 통상임금의 150%
2. 17:00~22:00 통상임금의 300%(식사시간은 제외)
3. 22:00~06:00 통상임금의 350%
4. 06:00~08:00 통상임금의 300%

(6) 주야간 근무를 마치고 예비군 훈련에 소집되었을 경우 실제 훈련에 응한 시간을 근무시간으로 인정한다.
(7) 별정직중 감시·단속적 업무에 종사하는 조합원에 대해서 제45조(노동시간) 제2항에 준한 주 4시간을 추가로 인정한다.

제49조(유급휴일)

회사는 다음 각 호에 해당하는 날을 유급휴일로 한다.

1. 주휴일(주간 개근한 자에 한함)
2. 법정공휴일
3. 노동절(5.1일)
4. 조합창립기념일
5. 회사창립기념일
6. 추석휴가(4일)
7. 신정휴가(2일)
8. 설날휴가(4일) 단, 6, 7, 8호는 법정공휴일을 포함한 기간임.
9. 정부에서 지정하거나 법 개정으로 인한 법정공휴일 및 임시공휴일로 지정한 날
10. 기타 노사합의로 결정한 날

제50조(월차유급휴가)

(1) 회사는 조합원으로서 1개월간 소정의 노동일을 개근한 자에게 1일의 월차유급휴가를 준다.
(2) 제1항에 의한 유급휴가는 조합원의 자유의사로 1년간 적치하여 사용하거나 분할하여 사용할 수 있다.
(3) 회사는 조합원이 청구한 월차휴가에 대해서는 청구일에 부여함을 원칙으로 한다.

(4) 미사용 월차휴가는 익년 입사월에 통상임금의 120%로 정산하여 지급한다.

제51조(연차유급휴가)

(1) 회사는 조합원의 입사일을 기준으로 1년간 소정 노동일수를 개근한 조합원에게 다음과 같이 연차유급휴가를 준다.

1. 연 개근했을 때 10일
2. 연 95% 이상 출근시 9일
3. 연 90% 이상 출근시 8일

단, 본 협약 제24조 1, 3호에 의거 휴직한 자의 휴직기간이 30일 초과 60일 이내의 경우, 근속년수에 따른 가산 연차휴가는 발생한다.

(2) 회사는 2년 이상 계속 근무한 조합원에 대해 1년을 초과하는 매 1년마다 1일의 유급휴가를 가산한다.

(3) 연차유급휴가는 1년에 한하여 적치 분할하여 사용할 수 있다.

(4) 회사는 조합원이 청구한 연차휴가에 대해서는 청구일에 부여함을 원칙으로 한다.

(5) 제1, 2항의 미사용 연차휴가는 익년 입사월에 통상임금의 120%로 정산하여 지급한다.

(6) 총 연차일수가 20일을 초과할 시는 초과하는 휴가일수에 통상임금의 120%를 지급하고, 휴가를 주지 않을 수 있으며 본인이 특별한 이유로 원할 시 추가 적치할 수 있다.

(7) 관계법령 및 본 협약에 의한 각종 휴일, 휴가와 회사 귀책사유로 인한 휴업기간, 업무상 재해 및 질병에 의한 요양기간은 연차휴가일수 산정에 있어 출근한 것으로 간주한다.

제52조(생리휴가)

(1) 회사는 여자 조합원에게 월 1일의 유급 생리휴가를 청구한 날에 준다. 단, 임신중인 조합원에게는 월 1일의 정기검진을 위한 유급휴가를 준다.

(2) 미사용 생리휴가는 해당월 급여지급일에 통상임금으로 지급한다.

제53조(하기휴가)

회사는 조합원의 건강증진과 사기앙양을 위하여 7월 1일부터 8월 31일 사이에 공휴일을 제외한 9일간의 유급휴가를 실시한다.

제54조(휴가의 통산)

특별휴가기간 중에 해당하는 유급휴일은 휴가일수에 통산한다. 단, 기복휴가가 토요일을 제외한

유급휴일과 중복될 경우 중복일수 만큼 다음 근무일을 유급휴일로 한다.(단 하기휴가 제외)

제55조(특별휴가)

회사는 조합원이 다음 각 호에 해당하는 경우에는 소정 기간의 유급휴가를 실시하고, 경조금은 공조회 규정에 따른다.

1. 축하휴가
   1) 본인 결혼: 7일
   2) 자녀 결혼: 3일
   3) 자녀 출생: 5일(3일 유급, 2일 무급. 단 30일 이내 청구일에 부여)
   4) 본인 및 배우자의 형제자매 결혼: 2일
   5) 본인 및 배우자의 부모 회갑, 칠순: 2일
   6) 본인의 백숙부모 회갑: 1일
   7) 본인의 입학 및 졸업: 각 1일
   8) 본인 회갑: 2일
2. 기복휴가
   1) 본인 및 배우자의 부모 사망: 7일
   2) 배우자 사망: 10일
   3) 자녀 사망: 6일
   4) 본인 및 배우자의 조부모 사망: 3일
   5) 본인의 형제자매 사망: 3일
   6) 배우자의 형제자매 사망: 3일
   7) 본인 형제자매의 배우자 사망: 2일
   8) 본인의 백숙부모 사망: 2일
   9) 배우자 탈상, 본인 및 배우자의 부모 탈상, 승중상 탈상: 1일
   10) 승중상: 7일
   11) 본인의 외조부모 사망: 2일
3. 공무휴가
   1) 병역관계법에 의한 검사, 출두 및 근무소집: 그 소요일수
   2) 공민권 행사: 그 소요되는 시간 또는 일수

   단, 조합원이 광역 또는 기초지방자치단체의 장 또는 의원으로 피선되었을 경우, 임기동안에는 무급휴직 처리하되 기타 후생복지 혜택과 근속 기간은 인정한다.

3) 천재지변 및 전염병 예방법에 의한 교통차단으로 출근이 불가능하게 된 때: 그 소요일수
4) 공무로 인한 법원, 검찰, 기타 공공 기관으로부터 증인, 감정인, 참고인의 출두요구를 받았을 때: 이에 소요되는 시간 또는 일수

4. 기타휴가
1) 천재지변 등 기타 중대한 재해를 당했을 때: 협의에 의한 소요일수
2) 종업원이 영구 불임수술을 받고 요양을 원할 때: 3일
3) 본인 결혼시 부서동료 하객 1일(2명)과 부모, 배우자, 배우자 부모
사망시는 부서 동료 문상객 2일(2명) 출장 처리 또는 상객 도우미 2일(2명) 중 선택
4) 특례만료시 휴가: 3일
5) 해외파견 근무자 귀국시 휴가
· 해외파견 1개월 이상 3개월 미만: 2일
· 해외파견 근무기간 3개월 이상 6개월 미만: 4일
· 해외파견 근무기간 1년 미만: 6일
· 해외파견 근무기간 1년 이상: 8일
6) 기타 회사가 인정하는 사유가 있을 때: 허가일수

제56조(대체휴일제)

어린이날과 추석 휴무기간이 토요일과 중복될 경우 다음 근무일을 휴일로 한다.

제6장 남녀평등과 모성보호

제57조(출산 전·후 휴가)

(1) 회사는 임신 중의 여성 조합원에게는 출산 전·후를 통해서 90일(다태아는 120일)의 보호휴가를 청구에 의하여 주되, 휴가기간 중 최초 60일(다태아는 75일)은 유급으로 한다.
(2) 위 1항의 휴가 90일(다태아는 120일) 중 45일(다태아는 60일) 이상을 출산후에 준다.
(3) 임신 중인 조합원에 대하여는 시간 외 근로를 금지하고, 경미한 작업에 종사시켜서 산모를 보호한다.
(4) 회사는 생후 1년 미만의 유아를 가진 여성 조합원에게는 1일 2회 30분씩의 수유시간을 정기적으로 준다.
(5) 휴가기간이 종료되더라도 난산으로 추가요양이 필요하다는 의사의 진단이 있을 시 통상임금의 80%를 지급하는 조건으로 휴가를 1개월 이내로 연장할 수 있다.

(6) 임신 후 12주 이내 또는 36주 이후에 있는 여성 조합원이 2시간의 근로시간 단축을 신청할 경우 이를 허용한다.
(7) 그 외 세부사항은 관련법에 의한다.

제58조(유산, 사산 휴가)

(1) 여성 조합원이 유산·사산하는 경우 근로기준법 시행령 제43조에 따라 유산·사산 휴가를 부여하고 임시 기간별 휴가 일수는 다음과 같다.
  1) 임신기간이 11주 이내: 유산 또는 사산한 날부터 5일
  2) 임신기간이 12주 이상 15주 이내인 경우: 유산 또는 사산한 날부터 10일
  3) 임신기간이 16주 이상 21주 이내인 경우: 유산 또는 사산한 날부터 30일
  4) 임신기간이 22주 이상 27주 이내인 경우: 유산 또는 사산한 날부터 60일
  5) 임신기간이 28주 이상인 경우: 유산 또는 사산한 날부터 90일
(2) 그 외 세부사항은 관련법에 의한다.

제59조(부모육아휴직)

(1) 회사는 남녀고용평등과 일·가정 양립지원에 관한 법률에 의거 부모육아휴직을 신청하는 경우 이를 허용하며, 이 기간은 근속연수에 포함한다.
(2) 회사는 부모육아휴직을 이유로 조합원에게 임금, 승진 및 기타 불이익 처우를 하지 않는다.
(3) 부모육아휴직 기간의 급여는 관계법령에 의한다.
(4) 부모육아휴직을 신청할 수 있는 조합원이 부모육아휴직 대신 육아기 근로시간 단축을 신청할 수 있다.
(5) 그 외 세부사항은 관련법에 의한다.

제60조(직장내 성희롱 방지 및 폭력금지)

(1) 남녀고용평등과 일·가정 양립 지원에 관한 법률 제12조에 의거 사업주, 상급자 및 근로자는 직장 내에서 성희롱을 금지하고 성희롱 또는 성폭력 행위가 발생할 경우 피해 당사자 또는 피해 당사자의 동의를 받은 조합의 요청이 있을시 회사의 조사에 의해 가해자를 징계위원회에 회부한다.
(2) 회사는 직장내 성희롱, 성폭력을 사전에 예방하기 위해 남녀고용평등과 일·가정양립 지원에 관한 법률 제13조의 취지에 따라 성희롱 예방교육을 실시한다.

제61조(명예고용평등감독관)

(1) 남녀고용평등과 일·가정 양립지원에 관한 법률 제24조에 의거 명예고용평등 감독관을 둔다.

(2) 회사와 노동조합이 추천하는 자를 명예고용평등감독관으로 위촉 요청한다.

(3) 명예고용평등감독관의 활동을 위해 별도의 상담실을 두며, 필요 교육 이수 등에 소요되는 시간과 사유발생시 상담에 필요한 시간은 유급으로 한다.

제7장 임금, 퇴직금, 상여금 및 제 수당

제62조(임금의 정의)

회사는 조합원의 임금을 다음과 같이 통상임금과 평균임금으로 구분한다.

1. 통상임금은 노동자에게 정기적, 일률적으로 소정 노동에 대하여 지급하기로 정해진 수당 및 기본급을 의미한다.
2. 평균임금은 산정할 사유가 발생한 날 이전 3개월간의 지급된 총액을 그 기간의 총일수로 나눈 금액을 말한다.

제63조(제수당)

세부사항은 수당지급규정에 의한다.

제64조(임금지급)

회사는 조합원에게 매월 10일(10일이 휴일인 경우 그 전일)을 임금지급일로 하여 은행개인구좌 등 현금통화로 지급한다. 단, 특별한 경우 노사 합의에 의해 지급일을 다소 변경할 수 있다.

제65조(공제)

회사는 조합원의 임금에서 조합원의 조세공과금, 조합비, 제 대출 원리금, 제 저축금, 각종 보험료, 국민연금, 기타 관행에 의하여 공제하고 있는 사항 및 노사 합의에 의한 사항에 대하여 공제할 수 있다.

제66조(임금인상)

회사와 조합은 단체교섭을 통하여 임금인상을 실시한다. 단, 인상내역과 임금인상 시효는 별도 임금협정서에 의한다.

제67조(비상시 지불)

회사는 조합원이 다음 각 호에 해당할 시는 임금지급일 전이라도 기왕의 노동한 분의 임금을 본인 또는 정당한 권리자가 청구할 시 이를 지급할 수 있다.

1. 휴직, 퇴직, 해고시
2. 배우자 혹은 본인의 출산시
3. 직계가족(본인 포함)이 사망했거나, 질병, 재해, 사고를 당했을 때
4. 자녀 진학시
5. 대통령령으로 정한 비상시(천재지변)
6. 기타 합당한 사유가 발생시

제68조(휴업지불)

회사는 다음 각 호의 사유로 휴업하는 경우에는 관계법령 및 회사규정에 따라 휴업 지불한다.

1. 우천, 정전, 단수로 인한 휴업기간
2. 원료 및 자재 수급부족, 기계보수 및 점검으로 휴업하는 기간
3. 기타 회사 귀책사유로 휴업하는 기간(단, 명휴시는 출근일수로 인정한다.)

제69조(상여금)

회사는 조합원에게 다음과 같이 상여금을 지급한다.

1. 지급기준은 기본급, 지역/복지수당, 근속수당, 가족수당, 직무환경수당과 환산시간 20시간을 포함한다.
2. 상여금 지급률 및 지급시기는 매년 임금협상시 결정한다.
3. 세부사항은 상여금 지급규정에 의한다.

제70조(퇴직금)

(1) 회사는 조합원으로서 만 1년 이상 근속한 자가 퇴직, 해고 또는 사망하였을 때에는 계속 근속년수 1년에 대하여 30일분 이상의 평균임금으로 퇴직금을 정산하여 통화로 지급한다.

(2) 1년 미만의 단수에 대해서는 일할계산 지급한다.

(3) 평균임금이 통상임금보다 낮을 경우 통상임금을 기준으로 한다.

(4) 퇴직금 및 일체의 미청산 금품은 퇴직결정 후 14일 이내에 지급명세서와 함께 지급한다. 단, 각종 대출금은 퇴직금으로 상쇄할 수 있다.

(5) 휴직중인 자가 사직원을 제출할 경우 퇴직일은 휴직원을 제출한 날로 하며, 휴직기간은 근속

년수에 산입하지 않는다.

(6) 노동자가 사실상 근로를 계속하면서, 퇴직금 중도청산을 한 후 재입사 형식을 취했다 하더라도 계속근로가 인정되는 한 당초 입사시부터 계속근로를 계산하여 퇴직금을 지급한다. 단, 본인의 요구에 의하여 중도청산한 경우에는 제외하며, 이미 지급된 퇴직금은 공제할 수 있다.

(7) 회사는 20년 이상 근속 정년퇴직자에게 퇴직금 이외에 위로금으로 기본급 1개월분을 지급한다.

(8) 퇴직금 중도청산의 경우 퇴직금 중도청산 규정에 의한다.

제71조(퇴직금 적립의무)

회사는 조합원의 퇴직금 보장을 위하여 퇴직연금제를 도입하고, 매년 연말까지 전년도 퇴직금의 100%를 사외에 적립하고 노동조합이 요청할 경우 그 결과를 서면으로 통보한다.

제72조(임금저하금지)

회사는 경영부실의 이유로 종전의 임금액을 저하시키지 못한다.

제8장 복지후생 및 교육훈련

제73조(복지후생시설)

(1) 회사는 사업장 내외에 다음과 같은 시설을 마련하여 조합원이 용이하게 사용할 수 있도록 한다.

1. 식당	2. 휴게실
3. 목욕탕	4. 세면장
5. 이·미용소	6. 탈의장
7. 의무실	8. 매점
9. 도서실	10. 실내외 체육관
11. 하계휴양소	12. 기숙사
13. 면회실	14. 복지회관
15. 탁아소	16. 기타 노사 협의된 사항

(2) 회사는 조합이 조합원의 복지증진을 위해 오토바이 및 자전거 수리점과 공판장 설립을 요청할 시 장소를 제공하되, 운영방법 등은 노사 협의를 거쳐 결정한다.

(3) 회사는 조합원의 작업복 세탁을 위한 편의를 제공하되, 대상 및 세탁비 등 관련 시행기준은 별도 정하는 바에 의한다.

제74조(교통편의)

회사는 조합이 자체행사, 교육 등으로 인해 편의를 요청할 시 특별한 사정이 없는 한 교통편의를 제공한다.

제75조(기숙인에 대한 처우)

(1) 회사는 기숙인의 사생활을 최대한 보장하며, 기숙인의 기숙사 생활 중 집단생활의 규율을 필요로 하는 사항에 대하여는 기숙사 규칙에 의함을 원칙으로 한다.

(2) 회사는 기숙인 대표, 노동조합과 협의하여 기숙사 규칙을 작성, 시행하며 기숙인은 기숙사 규칙을 성실히 준수하여야 한다.

(3) 기숙사운영에 관한 사항은 기숙사 규칙의 정하는 바에 의한다.

(4) 회사는 기숙인의 조·석식 식대 중 일부를 부담할 수 있다.

(5) 회사는 기숙사 월별 급식메뉴 작성시 기숙인 대표, 노동조합과 협의하여 결정한다.

(6) 기숙인은 기숙사 유지 관리에 필요한 최소한의 관리비(숙소료)를 부담하여야 한다.

(7) 회사는 조합원이 기숙사를 요청하면 기숙할 수 있도록 최대한 노력한다.

(8) 회사는 기숙사를 임의폐쇄 또는 집단 이숙조치할 시에는 사전 조합과 합의한다.

제76조(주택에 관한 사항)

(1) 회사는 조합원의 주생활 안정을 위해 조합원의 내집 마련을 위하여 조합의 주택조합 사업추진에 필요한 제반 사항을 협조하며, 추진은 조합의 주택 추진계획에 의한다.

(2) 회사는 기숙사 및 조합원의 사택(임대주택) 입주시 무료로 기본적인 생활과 관련되는 부분을 수리해 주어야 한다.

(3) 회사는 사원기숙사, 사택(임대주택)시설 보수 및 사내외에 있는 사용상 편리한 시설에 관하여 조합의 요청이 있을 시, 적극적으로 협조하여야 한다.

(4) 회사는 분양, 사택(임대주택) 관리 및 운영규정 중 개선사항이 있으면 조합과 수시 협의토록 한다. 단, 주택분양시 모델하우스 공개 후 분양한다.

제77조(급식)

(1) 회사는 다음 각 호의 경우 회사 부담으로 급식을 제공한다.

1. 주간 근무자의 중식(1주일에 2회 이상 특식 제공)
2. 2시간 이상 연장근무자에 대한 간식
3. 3시간 초과 연장근무자에 대한 석식

4. 야간 교대근무자에 대한 야식(1주일에 2회 이상 특식 제공)

(2) 회사는 월별 급식메뉴 작성 및 식당운영에 대하여 조합의 의견을 종합, 결정한다.

제78조(피복지급)

회사는 조합원에게 피복지급규정에 따라 피복을 지급한다.

제79조(의료혜택)

(1) 회사는 조합원의 건강진단, 조합원 및 가족의 질병치료를 위하여 울산대학교병원을 회사 지정 병원으로 한다.

(2) 회사는 조합원 및 배우자와 건강보험증에 등재된 부모, 자녀 및 동거 부양중인 배우자의 부모가 전국 병, 의원 및 한방병원(한의원 제외)에서 질병 치료시 다음과 같이 의료혜택을 부여한다.

1) 입원진료: 건강보험공단과 본인이 공동부담하는 건강보험 급여항목의 본인부담금 전액

2) 외래진료: 건강보험공단과 본인이 공동부담하는 건강보험 급여항목의 본인부담금 중 본인은 전액, 배우자·부모·배우자의 부모·자녀는 반액

3) 개인별 연간 의료비 지원금액은 3,000만원 이내로 한다.

4) 연간 외래진료비 및 약값의 합이 30만원 미만인 경우 년1회 12월 급여에 10만원을 보전한다.

5) 연간 외래진료비 및 약값의 합이 30만원 이상인 경우 연 30만원까지 10만원을 지급하고, 초과된 금액은 별도계산 지급한다.

6) 외래진료비 및 약값은 년2회(6월, 12월 급여) 정산 지급한다.

(3) 회사는 의무실을 설치 운영하며, 조합원의 구급조치 및 질병예방에 최선을 다한다.

(4) 회사는 건강진단결과 유소견자(D2급 이상) 및 40세 이상으로서 5년 이상 근속한 조합원에 대하여 2년 1회 회사부담으로 종합정밀건강진단을 실시한다.

제80조(교육, 문화 및 체육활동)

(1) 회사와 조합은 조합원의 교육훈련, 문화 및 체육활동을 통하여 건전한 사회생활과 보람찬 직장생활을 할 수 있도록 공동 노력한다.

(2) 회사는 신입사원에 대하여 일정기간 수련대회를 실시한다.

제81조(체육대회)

회사는 조합원의 체력단련 및 정신건강을 위해 제반 체육시설을 마련하여 정기적으로 체육대회 및 위안회를 노사 협의하여 실시한다. 단, 행사는 평일에 실시하며, 노사협의하여 조정할 수 있다.

제82조(노사단합)

회사는 노사 단합을 위하여 연 1회 이상 노사단합대회를 개최하며, 그 방법은 노사합의에 의한다.

제83조(공조회 운영)

(1) 회사는 조합원 상호간의 상부상조 및 협동정신을 도모하기 위하여 공조회를 운영한다.

(2) 공조회 가입자격, 운영기금, 부조금 지급기준과 지급절차, 운영심의회 구성 등 공조회 운영에 관하여는 노사 협의에 의한다.

제84조(장학제도)

(1) 회사는 3년 이상 근속한 조합원의 자녀에 대해 다음 각 호와 같이 장학금을 지급한다.

1. 중·고교생은 전자녀에게 매학기 등록금 전액을 지급한다. 단, 특수학교의 경우는 인문 및 실업계 학교에 준한다.
2. 정규대학생(전문대포함) 전 자녀에 대해 각 8학기 한도내에서 등록금 전액을 지급한다.
3. 등록금은 입학금, 수업료 및 운영지원비(기성회비)를 말한다.

(2) 취학 전 자녀에 대해 유아교육 지원금으로 취학 전 1년간 매월 15만원씩 지급한다.

(3) 장애자녀 교육지원비로 월 25만원을 지급한다.(만 30세 미만의 장애등급이 부여된 자녀)

(4) 세부사항은 장학금 지급 규정에 의한다.

제85조(사내근로복지기금)

(1) 회사는 근로복지기본법에 의한 사내근로복지기금을 설치한다.

(2) 근로복지기본법에 의한 협의회 운영사항은 관계법령 및 정관에 의한다.

제86조(연금제도)

회사는 전 종업원에게 개인연금 월 20,000원씩을 퇴직시까지 불입한다.

제87조(지역사회복지)

회사와 조합은 지역사회 복지향상을 위해 공동노력하며, 다음 각 호의 성실한 이행을 위해 서로 협력한다.

1. 사는 사내 및 기숙사의 급식에 필요한 각종 재료는 국내의 것으로 하며, 울산 및 인근지역의 생산물을 우선 구매한다.
2. 지역사회의 문화발전 및 복지향상

3. 조합원 및 지역주민의 쾌적한 삶을 위한 환경보존 및 개선

第88조(우리사주)

회사는 우리사주 조합의 민주적 운영에 적극 협조한다.

제9장 산업안전보건 및 재해보상

第89조(당사자의 책무)

(1) 사는 쾌적한 작업환경을 조성하므로써, 종업원의 안전과 보건을 유지, 증진하도록 하며 산업재해의 예방에 노력한다.

(2) 조합원은 산업재해예방을 위하여 회사에서 정한 안전보건관리규정을 준수하여야 하며, 회사가 실시하는 산업재해예방에 관한 조치에 따른다.

第90조(산업안전보건위원회)

산업안전 및 보건에 관한 사항을 심의 또는 의결 수행하기 위하여 산업안전보건위원회를 설치 운영하며, 운영에 관한 사항은 산업안전보건위원회의 협의에 의한다.

1. 산업안전보건위원회는 노사협의회와는 별도로 구성하여 회의는 정기 노사협의회시 개최하며, 산업안전보건위원회시 합의된 사항은 홍보하고 반드시 시행토록 한다.
2. 본 위원회는 분기별 정기회의를 개최하며, 일방의 요청이 있을 시 5일 이내에 임시회의를 개최하고, 특별한 사정이 없는 한 거부할 수 없다.
3. 노사 어느 일방이 산업안전과 관련된 통계자료를 제출하도록 요구할 때에는 이에 응한다.
4. 산업안전에 관련된 교육이 있을 경우에는 본 위원회 위원 중 조합측 위원을 우선적으로 참가하도록 한다.
5. 조합이 안전보건문제에 대한 조사나 작업장 환경측정에 관한 예비활동을 수행하고자 할 때에는 산업안전보건위원회에서 상호 협의하여 실시한다.
6. 회사는 조합이 산업안전 및 보건활동을 수행하기 위하여 산업안전보건위원의 상근을 요청할 시 협의에 의하여 상근시킨다.

第91조(안전보건관리자 선임)

(1) 회사는 산업안전보건법에 규정된 유자격 안전보건관리자를 선임하고 조합에 지체없이 통보한다.

(2) 회사는 제1항에 규정된 안전보건관리자에 대하여 안전보건 활동을 이유로 여하한 불이익을

주지 아니한다.

(3) 안전보건관리자(안전요원)는 안전사고 예방을 위해 안전점검을 실시하여야 하며, 문제점 발생시 즉시 작업중지와 시정조치를 취하여야 한다.

제92조(안전보건교육)

(1) 회사는 노동자를 채용 또는 작업내용을 변경할 시, 새로운 기계도입 및 배치전환으로 새로운 직무를 담당하게 될 때에는 산업안전보건법에 의거 안전교육을 실시하며, 유해위험 작업장에 종사할 경우에는 해당 노동자에 대하여 산업안전보건법 제31조 3항, 동법 시행규칙 제33조에 의거 특별안전교육을 실시한다.

(2) 회사는 연간 산업안전보건교육 계획시간 중 상·하반기 각 4시간씩을 조합 주관하에 교육을 실시토록 할애하고, 조합의 교육계획 및 교안에 대하여는 사전에 회사와 협의하며, 교육에 필요한 시설에 대하여 최대한 협조한다. 단, 교육을 위한 강사(사내·외)는 회사와 사전 협의하여 조합에서 선임하며, 사내 강사의 경우 교육에 필요한 시간은 유급으로 한다.

(3) 회사는 중대재해(사망) 발생시 당해 부서에 대해 특별안전교육을 실시하고 그 사례를 전 사업장에 공지한다.

(4) 연간 산업안전보건 교육계획은 매년 1월중에 작성, 산업안전보건위원회의 심의를 거쳐 시행한다.

제93조(안전보호구)

(1) 회사는 조합원에게 작업성격에 따라 필요한 안전보호구를 지급규정에 따라 무상으로 지급하여야 하며, 규격 및 품질은 법령에 규정한 검정품을 지급한다.

(2) 지급된 안전보호장구는 소중히 취급하여야 하고, 작업 중 안전보호구 착용을 원칙으로 하며, 이 의무를 소홀히 해서는 아니된다.

(3) 퇴사시 사용 중인 개인 지급품을 반납하는 조합원에 대하여는 지급품대를 공제하지 않는다.

(4) 안전보호장구의 지급품목, 지급규정 등 구체적인 내용은 산업안전보건위원회에서 심의하여 결정한다.

제94조(작업환경 측정)

(1) 회사는 관계법령이 정하는 바에 따라 조합의 입회하에 매년 2회 이상 작업환경 측정을 실시하고 그 결과서를 산업안전보건위원회 및 해당 부서에 통보하고 유해요인이 있을 경우에는 즉시 제거 또는 개선대책을 수립하여야 한다.

(2) 회사는 조합측에서 특별히 유해하다고 요청하는 공정은 필요에 따라 측정하고, 그 결과서를 산업안전보건위원회에 통보하며, 유해요인이 발견될 시 본 위원회에서 그 대책 및 계획을 협의한다.

(3) 작업환경측정(측정기관 선정, 구체적인 계획 및 방법 등) 실시에 관한 사항은 산업안전보건위원회에서 협의한다.

(4) 회사는 작업환경 측정 결과치의 모든 자료를 조합에 통보한다.

(5) 회사는 작업환경 측정 결과를 해당부서에 게시한다.

제95조(청결 및 소독)

(1) 회사는 작업환경 및 제반 복리후생시설을 청결히 해야 한다.

(2) 회사는 오염가능성이 있는 구역을 정기적으로 소독하며, 전염병의 유행시기나 하절기에는 수시로 소독을 실시한다.

(3) 회사는 사내 식수의 수질관리에 만전을 기하며, 연 2회 이상 정기적으로 수질 검사를 실시한다. 단, 노사 협의로 조정할 수 있다.

제96조(건강진단)

회사는 조합원의 건강관리를 위하여 관계법령이 규정한 건강진단을 실시하여야 한다.

1. 건강진단은 산업안전보건법 시행규칙 제98조, 99조에 의한다.
2. 조합원에 대한 건강진단 비용은 회사가 부담하며, 건강진단에 소요되는 시간은 근무시간으로 간주한다.
3. 조합원은 정당한 이유없이 건강진단을 거부할 수 없다. 단, 조합원이 건강진단 결과에 이의를 제기할 경우 조합원이 원하는 공인기관에서 자비로 진단을 받을 수 있으며, 이때 회사측에서 지정한 병원의 오진이 판명될 때에는 직업병 관련 유소견에 대하여 조합에서 지정하는 동일 직종 10명의 인원을 조합이 지정하는 타 검진기관에서 재검진토록 하고, 재검진 비용은 회사에서 부담한다.
4. 건강진단 결과의 보고는 산업안전보건법 시행규칙 제105조에 의한다.
5. 조합원의 직종(검진분류)이 실제 직무와 상이할 경우 주 업무로 하고 있는 업무에 대한 특수검진을 받을 수 있도록 한다.
6. 건강진단 항목은 별도 합의서에 따른다.

제97조(직업병)

(1) 각종 건강진단결과 관계법령이 규정한 업무상 질병이 발견되었을 경우에는 회사는 필요한 제반 조치를 해야 한다.

(2) 회사는 조합원의 직업병 파악을 위하여 1년에 50명 이내의 조합원을 노동조합 에서 선발하여 전문단체에 의뢰할 시 소요되는 시간을 인정한다.

(3) 회사는 직업병 판정으로 작업장을 전환한 조합원의 임금을 저하시키지 않는다. 단, 직종 및 작업장 특성에 따른 수당은 제외한다.

(4) 회사는 건강진단 결과에 따라 뇌심혈관계 기초질환자(고혈압, 고지혈증, 당뇨병)에 대해 산업보건의의 소견에 따라 적절한 사후조치를 하고 뇌심혈관계 기초질환 발생 현황 및 예방에 대한 내용을 건강진단 결과 설명회에 포함 실시한다.

(5) 근골격계질환 및 뇌심혈관계질환 등 직업병 예방을 위한 근골격계 예방관리 프로그램 및 뇌심혈관계질환 예방프로그램을 노사 공동으로 개발하여 실시한다.

제98조(건강진단 사후조치)

(1) 회사는 건강진단 결과 직업병 판정을 받은 자에 대하여 산재보험법에 의한 요양신청과 해당 부서의 작업환경 개선에 만전을 기한다.

(2) 회사는 건강진단 결과 건강관리상 주의를 요하는 자(D1, D2)로서 기존의 노동을 계속할 경우 병세가 악화될 우려가 있는 조합원에 대하여는 경미한 작업으로 전환배치한다.

(3) 회사는 특수건강진단 결과 필요하다고 인정될 때에는 임시 작업환경 측정을 실시한다.

(4) 회사는 건강진단 결과 보고서, X선 사진 판독소견서 등 건강진단과 관련된 모든 자료를 6년간 보관하여야 하며, 6년 후 본인이 원할 경우 본인에게 교부한다.

(5) 회사는 요양을 마친 조합원을 지체없이 원직에 복귀시키고 정상작업에 적응할 수 있도록 하며, 재발 가능성이 있을 때에는 본인과 협의하여 작업전환 등 필요한 조치를 취해야 한다.

(6) 회사는 건강진단 결과를 익년도 1/4분기 정기 산업안전보건위원회에 보고하여야 한다.

제99조(요보호자의 취급)

공상자 또는 법으로 보호를 인정한 자에 대하여는 보건관리자의 의견을 들어 적합한 업무에 근무토록 한다.

제100조(여자, 연소자, 미경험자의 보호)

회사는 여자, 연소자 및 미경험자를 위험 또는 안전보건상 유해한 업무에 종사 시키지 못한다.

제101조(조합의 산업안전보건활동)

회사는 조합이 안전보건 문제에 대한 조사, 작업환경 측정 등 예방활동을 수행하고자 할 때에 이를 적극 협력한다.

제102조(재해발생시 대책)

(1) 회사는 안전사고 발생시 조합에 지체없이 통보하고, 재해자 구호 및 요양, 보상에 만전을 기하며, 재해요인을 조사하고 명백한 위험요소들이 있는 경우 회사는 시설보완 등 필요한 조치를 하여 작업이 가능토록 한 후 그 내용을 조합에 지체없이 통보한다.

(2) 회사는 업무상 질병 및 부상자가 발생하면 지체없이 치료를 받도록 하고 근로복지공단에 요양신청을 하여야 하며, 그렇지 않을 경우에는 산업재해조사표를 작성하여 노동조합 또는 명예산업안전감독관의 확인을 거쳐 관할지방노동관서에 제출하여야 한다.

(3) 회사는 중대재해가 발생한 때에는 즉시 노동조합 또는 명예산업안전감독관과 공동으로 다음 각 호의 사항을 조사하고, 그 결과를 노동조합에 즉시 통보하여야 한다.

1) 발생개요 및 피해상황

2) 조치 및 전망

3) 기타 중요한 사항

제103조(요양보상)

(1) 조합원의 업무상 부상 또는 질병에 대한 재해에 관하여 회사는 필요한 요양을 행하고 요양비를 부담한다.

(2) 업무상 질병과 요양의 범위는 법령으로 정하는 바에 의한다.

(3) 업무상 상병으로 요양이 끝난 후, 재요양이 필요하다는 산재 지정병원의 진단서가 제출되면 회사는 즉시 행정관청에 재요양을 신청한다.

제104조(생계보조)

회사는 업무상 상병으로 4주를 초과하여 요양중인 조합원에 대하여 산재보험법상 지급되는 휴업급여와는 별도로 요양 개시일로부터 6개월간 평균임금의 20%를 생계보조금으로 지급한다.

제105조(업무상 재해보상)

각종 업무상 부상 또는 질병에 대한 보상은 본 협약과 관계법령에 따라 행한다.

1. 조합원이 업무상 부상 또는 질병으로 요양할 시에는 회사는 요양 중 평균임금의 70%의 휴업보

상을 받도록 조치한다.

2. 휴업보상비의 지급일은 급료지급일과 동일하다. 단, 요양기간 중 임금변동이 발생하였을 시 회사는 관계기관에 평균임금 개정 신청을 한다.
3. 합원이 업무상 부상 또는 질병이 완치된 후 이를 원인으로 신체에 장해가 생길 때에는 관계법령에 의한 장해보상을 받도록 조치한다.
4. 업무상 재해로 사망했거나 장해가 남아 있을 경우 회사는 유족과 재해자의 신청에 의해 회사는 행정관청에 산재보상을 신청한다.
5. 업무상 재해로 사망했거나 장해가 남아 있을 경우 회사는 본인(유족)과 합의하여 보상하되, 원만한 해결을 위하여 조합과 협의한다.
6. 회사는 업무상 재해로 인하여 산업재해보상보험법 제57조(추상장해등급)에 해당된 자에 대하여는 성형수술비용을 부담한다.
7. 출·퇴근시 회사내에서 발생되는 제반 재해에 대하여 회사는 행정관청에 산재보상을 신청한다.
8. 조합원이 업무상 부상 또는 질병으로 인하여 사망하였을 경우 회사는 유자녀 1인을 우선 채용한다.

제106조(안전상의 조치)

(1) 회사는 안전보건에 관한 규정을 작성 또는 변경코자 할 경우 산업안전보건위원회의 심의를 거치며, 이를 조합원에게 알려야 한다.

(2) 회사는 산업안전보건관계법상의 안전시설 미비시 시설보완 등 필요한 조치를 취한 후 작업을 재개토록 한다.

(3) 회사는 산업안전보건관계법상의 안전시설 미비상태에서는 작업을 시키지 않는다.

(4) 전 2항의 내용을 조합이 요청하였음에도 불구하고 회사가 이를 시행하지 않을시 조합은 작업을 중지시키고 회사에 통보하며 회사는 안전보건상의 조치를 취한 후 작업을 재개한다.

제107조(자체검사)

회사는 회사의 계획에 의한 기계 및 기구에 대한 자체검사를 관계법에 따라 실시하되, 사전에 자체검사 계획을 조합에 통보하고, 실시결과는 조합이 요청하는 항목에 대해 조합에 제출한다.

1. 검사주기, 검사기준, 검사방법, 검사결과의 판정기준 등은 기계·기구 자체검사 기준에 의한다.(산업안전보건법 제36조 1항, 시행규칙 제9장 제73조 전항 등)
2. 자체검사 요원은 부서별로 지정된 유자격자로 한다.
3. 검사결과 이상이 발견되어 산재발생 위험이 있을 때에 자체 검사원은 기계와 작업 중인 업무를

중지시키고 노동자를 안전한 장소로 대피시켜야 하고 안전·보건상의 조치를 취한 후 작업을 재개토록 한다.

4. 회사는 산업안전보건법 제47조에서 정하는 유자격자를 해당 장비에 근무토록 한다.

제108조(장례비 지급)

회사는 조합원이 업무상 사망한 경우에는 평균임금의 150일분의 장례비와 장례에 관한 편의시설을 지원한다.

제109조(명예산업안전감독관 활동보장)

1. 조합은 회사의 의견을 들어 관할 노동관서에 명예산업안전감독관을 추천한다.
2. 회사는 산업안전보건법에 규정된 명예산업안전감독관의 사내외 업무수행을 위해 노동조합이 요청한 활동시간을 노사협의하여 그 시간을 근무시간으로 인정한다.
3. 회사는 명예산업안전감독관으로서 정당한 활동을 수행한 것을 이유로 해당 명예산업안전감독관에 대하여 인사상 어떠한 불이익한 처우를 하여서는 아니된다.

제10장 노사협의회

제110조(협의회 구성)

회사와 조합은 각 6명 이상 10명 이하의 위원으로 노사협의회를 구성하고 쌍방 대표자가 참석한다.

제111조(운영)

(1) 정기 노사협의회는 매년 3, 6, 9, 12월 중에 개최한다.

(2) 일방이 임시 노사협의회를 요청할 시 상대방은 이에 응해야 한다. 단, 요구는 일시, 장소, 안건을 첨부하여 문서로써 제출한다.

(3) 쌍방은 1명씩 간사를 임명하여 회의록을 작성케 하며, 회의종료 후 대표자가 서명 날인하여 노사 1부씩 보관한다.

(4) 대표자가 부득이한 사정으로 참석하지 못한 경우 대리 참석자는 결정권을 위임하는 위임장 원본을 필히 제출하여야 한다.

(5) 본 장에 명시되지 않은 부분은 근로자참여및협력증진에관한법률 및 별도 노사 협의회 규정에 따른다.

제112조(협의사항)

(1) 협의회가 협의하여야 할 사항은 다음 각 호와 같다.

1. 생산성 향상과 성과배분
2. 근로자의 채용·배치 및 교육훈련
3. 노동쟁의의 예방
4. 근로자의 고충처리
5. 안전·보건 기타 작업환경 개선과 근로자의 건강 증진
6. 인사·노무관리의 제도개선
7. 경영상 또는 기술상의 사정상으로 인한 인력의 배치전환·재훈련·해고 등 고용조정의 일반원칙
8. 작업 및 휴게시간의 운영
9. 임금의 지불방법·체계·구조 등의 제도개선
10. 신기계·기술의 도입 또는 작업공정의 개선
11. 작업수칙 제정 또는 개정
12. 종업원 지주제 기타 근로자의 재산형성에 관한 지원
13. 근로자의 복지증진
14. 기타 노사협조에 관한 사항

(2) 협의회는 제1항 각 호의 사항에 대하여 근로자 참여 및 협력증진에 관한 법률 제14조의 규정에 따라 의결할 수 있다.

제113조(의결사항)

사용자는 다음 각 호의 1에 해당하는 사항에 대하여는 협의회의 의결을 거쳐야 한다.

1. 근로자의 교육훈련 및 능력개발 기본계획의 수립
2. 복지시설의 설치와 관리
3. 사내근로복지기금의 설치
4. 고충처리위원회에서 의결되지 아니한 사항
5. 각종 노사공동위원회의 설치

제114조(보고사항 등)

(1) 사용자는 정기회의에 다음 각 호의 1에 해당하는 사항에 관하여 성실하게 보고, 설명하여야 한다.

1. 경영계획 전반 및 실적에 관한 사항
2. 분기별 생산계획과 실적에 관한 사항

3. 인력계획에 관한 사항

4. 기업의 경제적 · 재정적 상황

(2) 근로자 위원은 근로자의 요구사항을 보고, 설명할 수 있다.

(3) 사용자가 제1항에 규정에 의한 보고·설명을 이행하지 아니하는 경우에는 근로자 위원은 제1항 각 호에 관한 자료의 제출을 요구할 수 있으며 사용자는 이에 성실히 응하여야 한다.

제115조(합의사항 이행)

노동자와 회사는 협의회의 합의사항을 성실하게 이행하여야 한다.

제11장 단체교섭

제116조(단체교섭 원칙)

단체교섭은 신의에 따라 성실과 화합의 정신으로 행하여야 하며, 상대방은 정당한 이유없이 이를 거절하지 못한다.

제117조(단체교섭의 절차)

(1) 회사와 조합이 단체교섭을 요청하고자 할 경우에는 다음 내용을 구비한 단체교섭 요구서를 10일 전에 제출하며, 교섭도중 교섭위원 변경은 불가함을 원칙으로 하고, 불가피한 경우가 발생할 때에는 2일 전에 문서로써 통보하여야 한다.

1. 교섭일시 및 장소

2. 교섭위원 명단

3. 교섭에 관한 구체적 사항(교섭안)

4. 기타 필요한 사항

(2) 단체교섭 요청을 받은 경우에는 교섭요청일 3일전까지 상대방에게 회신하여야 한다.

제118조(신속교섭의 의무)

회사와 조합 중 일방의 단체교섭 요구가 있는 경우, 성실히 교섭에 응하여야 하며, 부득이한 경우 일시 변경을 요청할 수 있다. 단, 연기는 7일을 초과하지 못한다.

제119조(단체교섭 회의)

교섭회의는 노사쌍방 대표자는 참석해야 하며, 불가피한 사정이 있는 경우 결정권을 위임받은 자가 대리 참석할 수 있다. 단, 결정권을 위임받은 자는 반드시 단체교섭 권한 위임장 원본을 상대방에게 제출하여야 한다.

제120조(교섭위원)

(1) 단체교섭 위원은 회사와 조합 각 10명씩 동수로 하며, 쌍방의 교섭위원이 각각 7인 이상 출석 시 전원 참석한 것으로 간주한다.

(2) 단체교섭에는 교섭위원 이외의 자는 출석할 수 없다. 다만, 교섭사항의 설명을 위하여 필요한 때에는 그러하지 아니한다.

제121조(회의록 유지)

(1) 쌍방은 교섭 위원회에 간사 1명씩을 임명하여 교섭 회의록을 작성토록 하며, 회의 종료시 쌍방 대표자의 날인으로 회의록을 채택하여 노사 1부씩 보관한다.

(2) 간사는 단체교섭의 회의준비 및 자료제출, 상호 연락의 창구가 된다.

제122조(자료제출)

일방이 단체교섭에 필요한 근거자료를 요구할 시 상대방은 이를 제시하여야 하며, 제시된 자료 중 기밀사항이 있을 시는 그 기밀을 쌍방이 준수하여야 한다.

제123조(서명날인)

단체교섭의 결과, 합의가 성립된 사항은 서면으로 작성, 쌍방 대표자를 포함한 교섭위원 전원이 서명 날인하여 단체협약으로 효력을 발생한다.

제12장 노동쟁의

제124조(쟁의)

쟁의에 관한 일반 원칙은 노동조합및노동관계조정법에 의한다.

제125조(평화의무)

(1) 회사와 조합은 단체교섭과 노사 협의를 통하여 상호간의 분쟁사항을 평화적이며 건설적인 방향으로 해결하도록 노력하여야 하며, 쟁의 중일지라도 어느 일방의 단체교섭 및 노사협의 요청이 있을 경우, 이를 거부하여서는 안된다.

(2) 회사와 조합은 본 협약의 유효기간 중 협약 내용을 성실히 준수하며, 본 협약을 개정, 폐기 또는 실질적으로 이와 동등한 결과를 가져올 목적으로 쟁의행위를 할 수 없다.

제126조(쟁의제기)

회사가 단체교섭을 정당한 이유없이 거부 또는 해태하는 경우나, 노사 쌍방간에 합의를 위한 노력을 계속하였음에도 자주적 교섭에 의한 합의여지가 없는 경우에 조합은 조정을 신청할 수 있다.

제127조(노동쟁의의 조정)

(1) 회사와 조합은 노동위원회의 조정에 적극 협조하여야 한다.

(2) 회사와 조합은 노동조합및노동관계조정법 제52조(사적조정·중재)에 따라 노동위원회의 임의중재위원 중 노사 쌍방이 사전 선임하에 자주적으로 노동쟁의를 해결할 수 있도록 노동조정위원회를 구성, 운용한다.

(3) 노동위원회의 조정에도 불구하고 타결이 안되어 중재를 요청할 시 반드시 노사 쌍방의 명의로 신고하며, 어느 일방의 신고는 무효로 간주한다.

제128조(협정노동자)

조합이 쟁의를 할 때에는 다음 각 호에 해당하는 조합원은 협정노동자로서 자신의 본연의 직무에 종사하여야 한다.

1. 유류탱크 및 가스탱크 관리자
2. 통신시설 관계자와 전화교환원 및 전산 관리자
3. 안전시설 관리자, 기밀문서 관리자
4. 변전실, 보일러실, DOCK PUMP실 및 정수장 관리자
5. 각종 복리후생 시설 종사자
6. 영빈용 운전원 및 의무실 근무자
7. 기타 노사 합의된 자

제129조(쟁의중의 신분보장)

회사는 쟁의에 대하여 간섭, 방해 및 불이익한 조치를 취하지 못하며, 쟁의기간 중에는 어떠한 사유에 의한 징계, 부서이동 등 인사조치를 취할 수 없다. 단, 쟁의기간이라 함은 조합 결의기관이 발생결의를 한 날로부터 쟁의행위 종결일까지를 말한다.

제130조(출입의 자유)

회사는 조합이 적법한 쟁의행위 중 조합원 및 조합 상급단체 간부에 대한 출입을 제한하지 않는다.

제131조(시설이용)

회사는 조합이 적법한 쟁의행위 중 조합원의 쟁의행위를 위한 회사내의 최소한의 회사시설 이용 및 정상적인 일상생활을 할 수 있도록 한다.

제132조(비상시 협력)

조합은 쟁의행위 중이라도 천재지변 등 중대한 재해가 발생하였을 경우 쟁의행위를 일시 중단하고 재해복구에 협조하여야 한다.

제133조(채용제한)

회사는 노동조합의 쟁의행위 기간 중 노동조합및노동관계조정법 제43조에 의해 채용 또는 대체근무가 제한된 자를 근무시킬 수 없다.

제134조(통고의 의무)

회사와 조합은 어느 일방이 노동쟁의 발생시 또는 노동위원회에 조정을 신청할 때에는 사전에 상대방에게 서면으로 통보한다.

제13장 부칙

제135조(유효기간 및 효력)

(1) 본 협약의 유효기간은 2014년 6월 1일부터 2016년 5월 31일까지 2년간으로 한다.

(2) 본 협약의 갱신은 기간만료 40일전에 어느 일방이 갱신안을 제출하고 30일 전에 갱신 체결을 위한 단체교섭에 착수한다.

(3) 본 협약의 유효기간은 만료시를 전후하여 쌍방이 새로운 단체협약을 체결하고자 교섭을 계속하였음에도 불구하고, 새로운 단체협약이 체결되지 아니한 때에는 본 협약은 만료일로부터 3개월까지 계속 효력을 갖는다. 단, 기 체결된 단체협약서는 새로운 단체협약 체결시까지 본 협약의 효력을 갖는다.

(4) 본 협약은 노동조합및노동관계조정법 제33조에 의한 효력을 가지며, 본 협약 중 법정 기준에 미달하는 사항은 법규정에 의한다.

第136條(재교섭)

유효기간중이라도 관계법령이 개정되어 갱신할 필요가 있을 때 해당 사항에 관한 재교섭을 할 수 있다.

第137條(준용)

본 협약에 명시되지 아니한 노동조건은 관계법령에 따르고, 관계법령에 명시되지 아니한 사항은 취업규칙에 준하여 노사 합의 후 결정한다.

第138條(명칭변경 후 효력)

본 협약 유효기간 중 회사나 조합의 명칭이 변경되었을 때에도 본 협약은 계속 유효로 한다.

第139條(불이행 책임)

본 협약 불이행으로 인하여 발생하는 모든 책임은 불이행한 측에 있다.

第140條(협약의 보관)

본 협약을 증하기 위하여 본서 3통을 작성하여 회사와 조합이 각 1통씩 보관하고, 노동조합및노동관계조정법에 의거, 행정관청에 신고한다.

2015년 2월 17일

현대중공업노동조합　현대중공업주식회사

(노사의 서명자 생략)

임금협약서

현대중공업주식회사와 교섭대표노조인 현대중공업노동조합은 2014년도 임금협상을 통해 다음과 같이 합의하고 이를 임금협약으로 체결한다.

-다 음-

Ⅰ. 임금 부문

1. 기본급: 37,000원 인상(호봉승급분 23,000원 포함)/정액 인상
2. 직무환경수당: 10,000원 인상

   (2014. 6. 1부 적용 후 2015. 1. 1부 기본급 전환)
3. 통상임금 관련 사항
   1) 상여금 700%를 통상임금에 포함하여 연장(휴일)근로수당, 연월차 수당(120%) 계산에 적용.
   2) 그 외 통상임금 관련 사항은 현재 진행중인 통상임금 소송 결과에 따름.
   3) 위 1)항에 대해서는 통상임금소송에 영향을 미치지 않는다.

Ⅱ. 성과금: 현행 지급기준에 의거 산출 지급(단, 현행 성과금 지급 기준은 폐지하고 2015년 임금교섭에서 새로운 성과금 지급 기준을 마련해 적용키로 한다)

Ⅲ. 임금 외 부문

1. 격려금: 현행 통상임금의 150%+200만원(150%는 우리 회사 주식으로 지급하되 통상임금 150%가 300만원 미만인 경우는 300만원을 기준으로 주식 배정)

   * 주식 지급 기준

   - 기준가: 2차 잠정합의일(2/11) 기준, 이전 1개월 평균 주가(109,643원)에서 30% 할인된 금액 적용
   - 1주에 미달한 금액은 소급분 지급 시 지급
2. 사내근로복지기금: 30억원 출연
3. 노동조합 휴양소 건립기금: 20억원 출연
4. 임단협 타결 선물: 현대오일뱅크 상품권 20만원 지급
5. 임단협 타결 특별휴무: 2/23(월)

Ⅳ. 임금체계 개선

- 적용대상: 대리(기원)이하 전 종업원
- 적용시기: 2015. 1. 1부
- 시행내용
  ① 7급~6급 초임 조정: 20,000~67,000원
  ② 연차 조정: 13,000~80,000원(별첨 참조)

Ⅴ. 효력 및 유효기간

1. 본 협약은 단체협약과 동일한 효력을 가진다.
2. 본 협약의 유효기간은 2014년 6월 1일부터 2015년 5월 31일까지 1년간으로 한다.

이상은 노사가 합의하고, 본 협약을 증하기 위하여 본 협약서 3통을 작성, 노사 쌍방 대표자가 날인하여 회사와 조합이 각 1통씩 보관하고, 노동조합및노동관계조정법 제31조 및 동 시행령 제15조에 의거 행정관청에 신고한다. 끝

2015년 2월 17일

현대중공업노동조합　현대중공업주식회사

(노사의 서명자는 생략)

(단체협약서, 임금협약서를 제외한 나머지 별도합의서는 생략함)

참고문헌

강선희. 2013.『포괄임금제의 성립 및 유효성 판단기준』(노동법포럼 제10호). 사단법인노동법이론실무학회.

강순희· 황덕순. 1998.『능력개발형 임금체계의 구축방안』. 한국노동연구원.

강승복. 2012.『체불임금의 실태와 정책과제』. 한국노동연구원.

경제단체협의회 엮음. 2014.『2014 단체협약체결지침』.

구자숙. 2008.『굿모닝 병원』. 한국노동연구원.

국가인권위원회. 2014.『국가인권위원회 성희롱 시정권고 사례집』, 제6집.

국민건강보험공단. 2016.「2016 사업장 업무편람」.

국민연금공단. 2015.「2016년 알기 쉬운 국민연금 사업장실무 안내」.

권석균·이영면. 1999,『감량경영 & 고용조정』. 한국언론자료간행회.

권성욱. 2006.「도요타의 인사·노무관리」. 한국자동차산업연구소.

권순원. 2014.「생활임금(Living Wage) 캠페인의 효과와 과제」(정책토론회 '지방선거, 생활임금을 보장하라' 자료집).

기획재정부. 2016.「공공기관 성과연봉제 권고안」.

김근웅 외. 2003.「미국 뉴욕주의 실업보험제도」(노동부 연수보고서).

김기선·박수근·강성태 외 편역. 2013.『독일 노동법전』. 한국노동연구원.

김대환. 2009.「한국 노동시장의 유연안전화를 위한 정책방안 연구」(노동부 연구과제 보고서).

김동배. 2014.「임금 직무체계 개편 지원방안 연구」(노동부 연구과제 보고서).

김동배·강혜형·오학수 외. 2006.「우리나라 임금체계의 실태와 정책과제(Ⅱ)」(노동부 연구과제 보고서).

김동배·김주일. 2004.「연구의 이론적 배경」. 김동배·김주일·배규식 외.『고용유연화와 인적자원관리 과제』. 한국노동연구원.

김동배·박우성·박호환 외. 2005.『임금체계와 결정방식』. 한국노동연구원.

김동배·정진호. 2006.『우리나라 임금체계의 실태와 정책과제』. 한국노동연구원.

김동원 외. 2008.『한국 우량기업의 노사관계 DNA』. 박영사.

김동원·유규창. 2000.『집단성과배분제도』. 한국노동연구원.

김성수. 2006.『전략적 인적자원관리』. 서울대학교출판부.

______. 2011.『다음커뮤니케이션의 전략적 인사관리』. 서울대학교출판문화원.

______. 2012.『기업의 인재관리 전략 하나금융그룹 사례를 중심으로』. 서울대학교출판문화원.

김성수·박찬희·김태호. 2007.『한국기업 성과급제도의 변천』. 서울대학교출판부.

김성환 외. 1993.『취업규칙분석』. 한국노동연구원.

김성훈. 2006.「미국의 휴가제도」. ≪국제노동브리프≫, 4권 7호. 한국노동연구원.

김수복. 2014.『채용에서 퇴직까지 법률지식』. 중앙경제.

김영두·인수범·권혜자. 2004.「주요 자동차업체의 임금체계: 현황과개선방향」(전국금속산업노동조합연맹 연구보고서).

김영옥·김종숙·배호중. 2013.「일·가정양립 실태조사(2013)」(노동부 연구과제 보고서).

김용민·박기성·이수일. 2008.「몰입형 HR관행과 기업성과」(한국직업능력개발원 연구과제 보고서).

김원식·권병구 엮음. 2003.『선택적 근로자복지제도의 이해』. 홍.

김유선. 2003.「기업의 비정규직 사용비율 결정요인」(학술대회 발표자료).

______. 2005.『한국노동자의 임금실태와 임금정책』. 후마니타스.

______. 2010.『KLSI 고용지표: OECD국가비교』. 한국노동사회연구소.

______. 2015,「한국의 노동 2016」. 한국노동사회연구소.

김장호. 1997.『미국 근로자 복지제도』. 한국노동연구원.

______. 2000.「미국의 근로시간: 변화추이와 제도적 특징」(노사정위원회 연구과제 보고서).

김정한·김동배·문무기 외. 2009.「단체협약 비교분석연구」(노동부 연구과제 보고서).

김정한·문무기·윤문희. 2008.『취업규칙분석(Ⅱ)』. 한국노동연구원.

김정한·박찬임·오학수. 2004.『기업복지의 실태와 정책과제』. 한국노동연구원.

김정혜·소라미·윤지영. 2011.「여성노동자 직장 내 성희롱 실태조사 및 대안 연구」(민주노총 연구과제 보고서).

김종진. 2016a.「직장인의 휴게시간과 휴가 사용실태」.

______. 2016b.「지방정부 노동정책으로서 생활임금 현황과 과제」.

김지형. 2001.『근로기준법해설 법률지식』. 청림출판.

김학린·김태기. 2010.「한국과 일본의 자동차 산업 노사관계 비교: 현대자동차와 도요타자동차를 중심으로」. 한일산업기술협력재단.

김현기. 2005.「종업원가치제안(EVP), 포인트를 분명히 하라」. LG경제연구원.

김환일. 2000.「일본기업의 최근 인센티브상여제도 동향」. ≪임금연구≫, 2000년 봄호. 한국경영자총협회.

김희성. 2015.「비정규고용의 대책에 관한 연구(Ⅱ): 기간제근로를 중심으로」. 한국경제연구원.

노, 헬렌벡(Noe·Hollenbeck)·게하트 라이트(Gerhart Wright). 2010.『인적자원관리론』(3판), 정진철 외 옮김. 한국맥그로힐.

노동부. 2016e.「사업체노동력조사부가조사통계표(2016년)」.

______. 2001.「성과배분제 도입 매뉴얼」.

______. 2002a.「선택적 근로자복지제도 도입방안 연구」.

______. 2002b.「우리의 근로시간제도」.

______. 2004.「일본 노동기준법령 해설」.

______. 2009a.「위기극복을 위한 인력운영 매뉴얼」.

______. 2009b.「임금피크제 도입 매뉴얼」.

______. 2010a.『ILO주요협약』.

______. 2010b.「정년 및 임금피크제 도입현황과 과제」.

______. 2011.「선진기업복지제도 업무매뉴얼」.

______. 2012.「기간제·단시간·파견근로자를 위한 차별시정제도를 알려드립니다」.

______. 2013.「2013회계연도 기업체노동비용 조사결과」(보도자료).

______. 2014a.「2013회계연도 기업체노동비용 조사결과」(보도자료).

______. 2014b.「표준취업규칙」.

______. 2015.「2014회계연도 기업체노동비용 조사결과」(보도자료).

______. 2016a.「사업체노동력조사 부가조사표」.

______. 2016b.「사업체노동력조사 부가조사 통계표(2009년~2013년)」.

______. 2016c.「사업체노동력조사 부가조사 통계표(2014년)」.

______. 2016d.「사업체노동력조사 부가조사 통계표(2015년)」.

______. 2016f.「임금체계 개편을 위한 가이드북」.

______. 2016g.「표준근로계약서(5종)」.

______. 각 연도.「사업체노동력조사 부가조사 통계표」.

대한상공회의소. 2016.「한국기업의 조직건강도와 기업문화 진단보고서」.

라이커, 제프리(Jeffrey K. Liker). 2004.『도요타방식』. 김기찬 옮김. 가산출판사.

로빈스, 스티븐(Stephen P. Robbins)·티모시 A. 저지(Timothy A. Judge). 2011.『조직행동론』. 이덕로·김태열·박기찬 외 옮김. 피어슨에듀케이션코리아.

류성민·김선웅. 2008.「2008년 임금제도 실태조사」(노동부 연구과제 보고서).
마이클스, 에드(Ed Michaels)·헬렌 핸드필드존스(Helen Handfield-Jones)·베스 액슬로드(Beth Axelrod). 2002.『인재전쟁: 맥킨지 컨설팅의 21세기 인재 전략 리포트』. 최동석·김성수 옮김. 세종서적.
미국노동통계국(BLS: Bureau of Labor Statistics), "Employer Costs for Employee Compensation News Release," http://www.bls.gov
밀코비치, 조지(George Milkovich)·제리 뉴먼(Jerry Newman)·배리 거하트(Barry Gerhart). 2016.『밀코비치의 보상』. 이덕재 옮김. 문.
박두석. 2007.「DHL Korea의 직무급제 운영사례」. ≪임금연구≫, 15권 2호. 경총 노동경제연구원.
박명준·조성재·문무기. 2014.「단체협약 실태조사」(노동부 연구과제 보고서).
박선영·권혜자·김원정. 2009.『여성인권 보장 및 차별해소를 위한 관련법제 정비 연구(Ⅲ) 남녀고용평등법 시행 20년의 성과와 과제』(한국여성정책연구원).
박우성. 2001.「스톡옵션제」. 유규창 외 엮음.『21세기형 성과주의 임금제도: 보상체계 혁신의 이론과 사례』. 명경사.
박우성·유규창·박종희. 2001.「연봉제」. 유규창 외 엮음.『21세기형 성과주의 임금제도: 보상체계 혁신의 이론과 사례』. 명경사.
박우성·이병하. 2016.「역할급의 이론적 검토와 시사점」. ≪노동정책연구≫, 16권 2호. 한국노동연구원.
박우성·임광동. 2001.「이익분배제」. 유규창 외 엮음.『21세기형 성과주의 임금제도: 보상체계 혁신의 이론과 사례』. 명경사.
박원우. 2006.『한국 팀제의 역사, 현황과 발전방향』. 서울대학교출판부.
박준성. 1995.『인재육성형 신인사제도』. 비·북스.
______. 2004.『임금관리 이론과 실제』. 명경사.
박지순. 2012.「근로시간과 휴일에 관한 각국의 법규정」.
박지순·김희성·김기선. 2014.「해고제도의 합리적 개선방안 마련을 위한 연구」(노동부 연구과제 보고서).
박찬임. 2002.『산재보험제도의 국제비교연구』. 한국노동연구원.
박호환. 2007.「직무급임금제도의 활용 및 운영 사례」. ≪임금연구≫, 15권 2호. 경총 노동경제연구원.
박호환·박우성. 2004.「유한킴벌리 평가보상제도의 특징 및 확산을 위한 성공조건」. 한국노동연구원부설 뉴패러다임센터.
배규식·김정우·김기민. 2012.『한국 고용관계의 현상: 2005~2009년 사업체패널조사 분석 결과』. 한국노동연구원.
배규식·조성재·홍민기 외. 2011.『장시간노동과 노동시간단축(Ⅰ): 장시간 노동 실태와 과제』. 한국노동연구원.

배종석. 2006.『사람기반 경쟁우위를 위한 인적자원론』. 홍문사.

백경민·박기태. 2013.「한국 사업장의 배우자출산휴가제도 위반: 두 가지 위반형태를 중심으로」. ≪노동정책연구≫, 13권 2호. 한국노동연구원.

스게노 카즈오(菅野和夫). 2007.『일본노동법』. 이정 옮김. 법문사.

______. 2015.『일본노동법』. 이정 옮김. 법문사.

신영석·황도경·강길원. 2010.『건강보험정책 현황과 과제』. 한국보건사회연구원.

신정식. 2004.『한국형 연봉제』. 한국경영개발협회.

안희탁. 1999.『성과주의 시대의 연봉제 실천 매뉴얼』. 학문사.

오학수. 2006a.「일본의 근로시간단축과 휴일·휴가제도」. ≪국제노동브리프≫, 4권 7호. 한국노동연구원.

______. 2006b.「일본의 임금체계 사례」. 김동배 외.「우리나라 임금체계의 실태와 정책과제(Ⅱ)」(노동부 연구과제 보고서).

원동호. 2016.「2016년 최저임금 인상과 미국경제」. KOTRA 디트로이트무역관.

유규창. 2014.「한국기업의 임금체계: 직무급이 대안인가?」. ≪노동리뷰≫, 2월 호. 한국노동연구원.

유규창·김향아. 2006.「모성보호제도 도입의 결정요인과 기업성과에 미치는 영향에 관한 연구」. ≪노동정책연구≫, 6권 3호. 한국노동연구원.

유규창·박우성. 2001.「기업경쟁력과 보상체계의 혁신」, 유규창 외 엮음,『21세기형 성과주의 임금제도: 보상체계 혁신의 이론과 사례』. 명경사.

유규창·조규성. 2001.「선택적 복리후생제도」. 유규창 외 엮음,『21세기형 성과주의 임금제도: 보상체계 혁신의 이론과 사례』. 명경사.

유길상. 1992.『일본의 고용보험제도 연구』. 한국노동연구원.

유길상·민동세. 2008.「최저임금제도 적용실태 및 제도개선방안에 관한 연구」(노동부 연구과제 보고서).

유길상·홍성호. 1999.『주요국의 고용보험제도 연구』. 한국노동연구원.

유한킴벌리. 2016.「유한킴벌리 2016 지속가능성보고서」.

윤윤규·정승국·노용진 외. 2008.『산업별 노동유연성에 대한 국제비교연구』. 한국노동연구원.

윤조덕·김상호·박정란. 2008.『사회보험과 노동조합의 역할: 한국·독일·일본 비교』. 한국노동연구원.

윤진호·강병구. 2004.「비정규직 차별시정을 위한 기초 현황조사」(국가인권위원회 연구과제 보고서).

이강성·윤종만. 1996.『한국기업의 승진관리 실태와 개선방안』. 한국경영자총협회.

이문호·곽상신. 2008.『사람중심의 한국적 경영혁신 사례 연구』. 한국노동연구원부설뉴패러다임센터.

이민석·이경복. 2014.『인사노무 급여관리 실무: 채용에서 4대보험·임금·퇴직급여관리까지』. 미래와경영.

이병하·박우성. 2008.「기업인사시스템의 역사적 변화와 시사점: 삼성전자 사례를 중심으로」. ≪경영사학≫,

제23집 2호. 한국경영사학회.
이성희. 2012. 『비정규직 차별시정제도 운영실태 및 개선방안』. 한국노동연구원.
이승길. 2005. 『미국의 노동법제』. 한국경영자총협회.
이승렬. 2015. 『근로자의 근로시간, 건강 생산성의상관성연구』. 한국노동연구원.
이승욱·박은정·박귀천. 2014. 「통상임금 제도 개선을 위한 외국의 운용사례 연구」(노동부 연구과제 보고서).
이영면. 2007. 「미국의 비전형근로(NonstandardWork)와 법적보호」, ≪임금연구≫, 15권 1호. 경총 노동경제연구원.
이영면·정승국·김동배 외. 2015. 「국내외 임금체계 사례연구」(경제사회발전노사정위원회 연구과제 보고서).
이정. 2013. 『한·일 비교를 통한 임금법제 이론과 실무』. 법문사.
이정일. 2004. 「조직에 새로운 활력을 주는 다양한 리프레시 제도」. ≪인사관리≫, 7월 호. 한국인사관리협회.
이진영. 2015. 「법적 해고비용 추정 및 국제비교: OECD와 BRICS 국가를 중심으로」. 한국경제연구원.
이철수. 1999. 「휴일·휴가제도에 관한 연구」(한국노동연구원 연구과제 보고서).
이항수·김성중. 2014. 『핵심쏙쏙 인건비 & 4대보험실무 비법전수』. 영화조세통람.
이현주·정홍주·이홍무. 2004. 『외국의 산재보험제도 연구: 선보장·후정산제도를 중심으로』. 한국노동연구원.
인천국제공항공사. 2014. 「취업규칙」.
임종률. 2015. 『노동법』(제13판). 박영사.
임창희. 2008. 『조직행동』(제4판). 비앤엠북스.
장애인고용공단고용개발원. 2015. 「2015 장애인 통계」.
______. 2016. 「한 눈에 보는 2016 장애인 통계」.
장지연·정혜선·류임량 외. 2004. 『여성근로자 모성보호의 현황과 정책방안: 모성관련 휴가제도를 중심으로』. 한국노동연구원.
정승국·노광표·김혜진. 2014. 『직무급과 한국의 노동』. 한국노동연구원.
정영훈. 2015. 「일본의 생활임금 확보를 위한 운동의 역사와 현황」. ≪노동리뷰≫, 통권 119호. 한국노동연구원.
정종태. 2013. 『인사관리 기본과 실제(개정판)』. 시그마프레스.
조동훈. 2010. 「외국인과 국내근로자 임금격차 분석」. ≪노동정책연구≫, 10권 3호. 한국노동연구원.
조용만. 2006. 「미국의 '고용상연령차별금지법(ADEA)'」(국제노동브리프 연령차별금지특집. 한국노동연구원.
참여연대. 2014. "[성과]우리나라도 생활임금 도입!".
최봉·김범식·정현철. 2013. 「서울시 생활임금제 도입 및 실행방안 연구」.

최재혁. 2014. 「생활임금 토론」, 정책토론회 '지방선거, 생활임금을 보장하라' 자료집.

최저임금위원회. 2016. 『Point 정리, 최저임금제』.

최종태. 2000. 『현대인사관리론: 의사결정론적 시스템 어프로치(전정판)』. 박영사.

최종태·박준성·이준우. 2007. 『한국기업의 임금관리』. 서울대학교출판부.

최종태·이준우. 2005. 『한국 대기업집단 경영가치와 인적자원관리』. 한국학술정보.

통계청. 2016.10.20. 「2016년 외국인고용조사 결과」(보도자료).

하갑래. 2013. 『집단적노동관계법』. 중앙경제.

______. 2014. 『근로기준법』. 중앙경제.

하갑래·최미나. 2012. 「포괄임금제의 운영실태 및 개선방안에 관한 연구」(노동부 연구과제 보고서).

하경효. 2013. 『임금법제론』. 신조사.

한국경영자총협회. 2005. 「정기승급 실태조사 주요 내용」(보도자료 2005.8.24).

______. 2011. 「2011년 승진·승급관리 실태조사 결과」(실태조사 보고서).

한국노동연구원. 2014. 『2014 KLI 노동통계』. 한국노동연구원.

______. 2015. 『2015 KLI 노동통계』. 한국노동연구원.

______. 2016a. 『2016 KLI 해외노동통계』. 한국노동연구원.

______. 2016b. 『2016 KLI 비정규직 노동통계』. 한국노동연구원.

______. 2017. 『2017 KLI 노동통계』. 한국노동연구원.

한국인사관리협회. 2015. 『100 HR Best Practice Ⅱ』. 한국인사관리협회.

한주희. 2014. 「미국의 연방최저임금 인상안에 따른 고용과 임금추이 예측」. ≪국제노동브리프≫, 12권 4호. 한국노동연구원.

황선자. 2015. 「세계 주요도시 생활임금 도입현황과 효과, 전망」. ≪서울경제≫, Vol.120. 서울연구원.

황수경. 2005. 「임금체계와 노동시장: 연공임금을 중심으로」. 황수경 외. 『한국의 임금과 노동시장 연구』. 한국노동연구원.

______. 2008. 「유연안정성을 향한 도전」. ≪국제노동브리프≫, 2008년 3월 호. 한국노동연구원.

≪한국경제신문≫. 2011.6.7. "삼성, 10년만에 PS손질… 직원간 격차 줄인다."

고용노동통계, http://laborstat.molab.go.kr/

고용보험, www.ei.go.kr

국가통계, KOSIS; http://kosis.kr/

임금근로시간 정보시스템, http://www.wage.go.kr

찾기쉬운 생활법령정보, http://oneclick.law.go.kr

4대사회보험 정보연계센터, http://www.4insure.or.kr

BLS(Bureau of Labor Statistics). "Employer Costs for Employee Compensation News Release." http://www.bls.gov.

BLS. 2015. "National Compensation Survey: Employee Benefits in the United States, March 2015"

DeCenzo, D. A. and S. P. Robbins. 2010. *Human Resource Management Tenth Edition*(New Jersey: John Wiley & Sons(Asia) Pre Ltd.

Dessler, G. 2008. *Human Resource Management 11th Edition*. Pearson Education.

Gomez-Mejia, L. R., D. B. Balkin, R. L. Cardy. 2010. *Manage Human Resources 6th Edition*. New Jersey: Pearson Education.

Hunger, J. David, Thomas L. Wheelen. 2011. *Essentials of Strategic Management Fifth Edition*. Pearson Education.

Ledford Jr. Gerald E., Robert L. Heneman and Aino Slimaki. 2008. "Skills, Knowledge, and Competency-Based Pay" in L. Berger and D. Berger(eds). *The Compensation Handbook Fifth Edition*. The McGraw-Hill Companies, Inc.

Lim, G. S., R. L. Mathis and J. H. Jackson. 2010. *Human Resource Management: An Asia Edition*. Singapore: Cengage Learning Asia Pte Ltd.

Martocchio, Joseph J. 2011. *Strategic Compensation*. Pearson Education.

Milkovich, G. T. and J. M. Newman. 2008. *Compensation 9th Edition*. McGraw-Hill/Irwin.

Milkovich, G. T., J. M. Newman and B. Gerhart. 2011. *Compensation 10th Edition*, McGraw-Hill/Irwin

Mondy, R. Wayne. 2012. *Human Resource Management 12th Edition*. Pearson Education.

OECD. Stat, http://stats.oecd.org/

Reed, S. M. and A. M. Bogardus. 2012. *PHR/SPHR: Professional in Human Resources Certification Study Guide, Fourth Edition*. John Wiley & Sons, Inc.

Shields, John. 2007. *Managing Employee Performance and Reward*. New York: Cambridge University Press.

Snell, S. and G. Bohlander. 2010. *Principles of Human Resource Management 15th Edition*. Cengage Learning.

Werner, S., R. S. Schuler and S. E. Jacson. 2012. *Human Resource Management Eleventh International*

Edition. Cengage Learning.

WorldatWork. 2002. "2002 Layoff Trends Survey".

______. 2007. *The WorldatWork Handbook of Compensation, Benefits & Total Rewards*. John Wiley & Sons, Inc.

______. 2011. "Reward Fairness".

______. 2012. "Compensation Programs and Practices 2012".

______. 2014. "Incentive Pay Practices Survey: Privately Held Companies".

高橋宏. 2007.『賃金管理の基本と實務』. 東京: 株式會社日本實業出版社.

廣石忠司. 2005.『ゼミナール人事労務』. 東京: 八千代出版株式會社.

吉田壽. 2010.『賃金制度の教科書』. 東京: 株式會社労務行政.

楠田丘. 2010.『改訂9版 賃金テキスト』. 東京: 經營書院.

笹島芳雄. 2008.『最新アメリカの賃金·評価制度: 日米比較から學ぶもの』. 東京: 日本經團連出版.

安熙卓. 2011.『韓國企業の人的資源管理: その特質と變容』. 東京: 株式會社文眞堂.

日本生産性本部. 2014.「第14回日本的雇用·人事の變容に關する調查」.

厚生労働省. 2010.「平成24年就労條件總合調查 調查票」.

______. 2012.「平成24年就労條件總合調查の概況」.

______. 2013.「平成25年就労條件總合調查の概況」.

______. 2014a.「每月勤労統計調查 平成25年分結果確報」.

______. 2014b.「平成25年賃金構造基本統計調查(全國)の概況」.

______. 2014c.「平成26年就労條件總合調查の概況」.

______. 2014d.「平成26年賃金引上げ等の實態に關する調查の概況」.

______. 2015.「平成27年就労條件總合調查の概況」.

______. 2017.「平成28年就労條件總合調查の概況」.

찾아보기

ㄱ

ㅂ

ㅅ

ㅇ

ㅊ

ㅋ·ㅌ

ㅍ·ㅎ

기타

지은이

김부창은 서울대학교 철학과를 졸업했다. 청계피복노동조합과 서울지하철공사에서 노동조합운동에 참여했으며, 한국지엠 인사 팀에서 실무 경험을 쌓았다. 공인노무사 자격을 취득해 HR컨설팅 회사인 다산 E&E에서 실무를 익힌 뒤, 파트너스인사노무컨설팅을 설립해 운영했다. 현재 노무 법인 유앤의 파트너노무사로 재직하고 있다. HR · ER 컨설턴트로서 노사 모두가 건강하게 성장할 수 있는 노사 관계와 인사제도를 설계하고 지원하기 위해 노력해왔다.

E-mail: bckgreen@hanmail.net

한울아카데미 2038

넓고 깊고 종합적으로 보는 임금과 복지

지은이 | 김부창
펴낸이 | 김종수
펴낸곳 | 한울엠플러스(주)
편 집 | 최진희

초판 1쇄 인쇄 | 2017년 9월 20일
초판 1쇄 발행 | 2017년 9월 29일

주소 | 10881 경기도 파주시 광인사길 153 한울시소빌딩 3층
전화 | 031-955-0655
팩스 | 031-955-0656
홈페이지 | www.hanulmplus.kr
등록번호 | 제406-2015-000143호

Printed in Korea.
ISBN 978-89-460-7038-7 93330

※ 책값은 겉표지에 표시되어 있습니다.